Thorsten Quandt · Jeffrey Wimmer · Jens Wolling (Hrsg.)

Die Computerspieler

Thorsten Quandt · Jeffrey Wimmer
Jens Wolling (Hrsg.)

Die Computerspieler

Studien zur Nutzung von
Computergames

2. Auflage

VS VERLAG FÜR SOZIALWISSENSCHAFTEN

Bibliografische Information der Deutschen Nationalbibliothek
Die Deutsche Nationalbibliothek verzeichnet diese Publikation in der
Deutschen Nationalbibliografie; detaillierte bibliografische Daten sind im Internet über
<http://dnb.d-nb.de> abrufbar.

1. Auflage 2008
2. Auflage 2009

Lektorat: Barbara Emig-Roller

VS Verlag für Sozialwissenschaften ist Teil der Fachverlagsgruppe Springer Science+Business Media.
www.vs-verlag.de

Umschlaggestaltung: KünkelLopka Medienentwicklung, Heidelberg
Druck und buchbinderische Verarbeitung: Krips b.v., Meppel
Gedruckt auf säurefreiem und chlorfrei gebleichtem Papier
Printed in the Netherlands

ISBN 978-3-531-16703-9

Inhalt

Vorwort

Wenn man mit der Fertigstellung eines Buches nicht so zügig vorangekommen ist, wie man wollte und wie man es angekündigt hatte, dann sucht man nach Gründen. Eine nahe liegende Erklärung ist natürlich, dass die zahlreichen Autoren, auf deren pünktliches Mitwirken man als Herausgeber angewiesen ist, ihre Beiträge nicht rechtzeitig wie vereinbart abgegeben haben. Dies wäre eine gute Entschuldigung, aber sie ist in unserem Fall völlig falsch, alle Autoren haben mit großer Gewissenhaftigkeit die Termine eingehalten. Und es war nicht nur ein Termin!

Wir haben uns als Herausgeber die Freiheit genommen, die Beiträge, die wir erhalten haben, einem Begutachtungsprozess zu unterziehen und unsere Kommentare und Verbesserungsvorschläge den Autoren mitzuteilen. Wir haben dies gemacht, nicht weil wir glauben, dass wir uns besser auskennen, es besser wissen oder weil wir eine bestimmte Sichtweise durchsetzen wollten, sondern weil wir meinen, dass ein wissenschaftlicher Publikationsprozess in eine Diskussion eingebettet werden sollte. Die hohe Wertschätzung, die wir Beiträgen aus wissenschaftlichen Fachzeitschriften schenken, beruht nicht nur darauf, dass schlechtere Beiträge ausgesondert werden, sondern kommt auch daher, dass die Autoren durch die Reviews Hinweise erhalten, was man anders interpretieren könnte, welche Argumente fehlen, wo theoretische Anknüpfungspunkte sind usw. Die Autoren haben dann die Chance, sich mit diesen Einwänden auseinander zu setzen. Im Bereich der Zeitschriftenpublikationen ist diese Vorgehensweise normal und Pflicht, in der Welt der Sammelbände allerdings eher die Ausnahme.

Wir danken allen Autoren, die an diesem Band mitgewirkt haben, dass sie sich trotzdem darauf eingelassen haben und sich nicht nur einmal – sondern fast immer zweimal – mit großer Geduld mit unseren Anmerkungen und Spitzfindigkeiten auseinander gesetzt haben.[1] Und das alles für einen Beitrag in einem Sammelband, einer Publikationsform, deren Reputation nicht eben hoch gehandelt wird. Wenn man es zeitökonomisch betrachtet, dann haben wir uns an allen Mitwirkenden versündigt. Wir glauben aber, dass es sich dennoch gelohnt hat. Wir haben das gute Gefühl, dass wir zusammen mit den Autoren ein Ergebnis erarbeitet haben, dass sich sehen lassen kann: Ein vielfältiges Spektrum aktueller Forschung zu einem spannenden Forschungsgegenstand.

Neben den Autoren danken wir Christian Friedewald, der uns beim Setzen der Beiträge unterstützt hat, insbesondere aber Christina Schumann, die viele der Beiträge durchgesehen und kritisch kommentiert hat. Ein ganz großes Dankeschön geht an Nina Springer, die mit großem Engagement das gesamte Werk nicht nur orthographisch und sprachlich, sondern oft auch inhaltlich redigiert hat. Ohne ihren kritischen Blick hätte sich zweifellos so mancher Fehler unentdeckt bis zum Druck durchgemogelt. Für die Zeichensetzungs-, Tipp-, und Grammatikfehler, die jetzt sicherlich immer noch vorhanden sind, übernehmen natürlich die Herausgeber die Verantwortung. Dank gilt schließlich auch der Sozialwissenschaftlichen Fakultät der LMU sowie dem Institut für Medien- und Kommunikationswissenschaft der TU Ilmenau, die den Druck des Werkes mitfinanziert haben.

---

[1] Dem Prozess des mehrfachen gegenseitigen Kommentierens wurden übrigens auch die Beiträgen unterzogen, die einer oder zwei der Herausgeber (mit) zu verantworten haben. Hier hat Christina Schumann dafür gesorgt, dass von jeweils mindestens zwei Gutachtern Anmerkungen vorlagen.

Der allergrößte Dank geht aber an die vielen tausend Computerspieler, die an den in diesem Buch dokumentierten Studien teilgenommen haben. Ohne ihre große Bereitschaft mitzuwirken, wäre dieses Buch nicht möglich gewesen. Wir hoffen, dass sich neben der Fachöffentlichkeit auch der eine oder andere dieser Spieler für die Forschung über sein faszinierendes Hobby interessiert.

Jens Wolling, Thorsten Quandt und Jeffrey Wimmer

Ilmenau, Berlin und Bremen, im September 2007

Kapitel 1

Einführung

Warum Computerspieler mit dem Computer spielen

Vorschlag eines Analyserahmens für die Nutzungsforschung

Jens Wolling, Thorsten Quandt und Jeffrey Wimmer

1   Computerspielen – ein Thema für die Kommunikationswissenschaft?

Computerspiele sind faszinierend – nicht nur für Kinder und Jugendliche, sondern auch für viele Erwachsene. ‚Gamer' findet man inzwischen in allen Altersgruppen, und entgegen dem populären Vorurteil des ‚Spielzeugs für männliche Jugendliche' lassen sich in der Nutzerschaft auch immer mehr Spielerinnen ausmachen. Doch warum verbringen so viele Menschen – ob jung oder alt – große Teile ihrer Freizeit mit Computerspielen? Was führt die *World of Warcraft*-Spielerin immer wieder zurück in die virtuelle Welt von Azeroth, warum treten jugendliche Shooter-Fans im Wettbewerb gegeneinander an, warum investieren voll im Arbeitsleben stehende Erwachsene große Teile ihrer Freizeit in allabendliches Konsolen-Spielen? Worin die Faszination liegt, die so unterschiedliche Gruppen erfasst hat – zur Beantwortung dieser Frage will dieses Buch beitragen. Die hier versammelten Autoren nähern sich dabei der Fragestellung von unterschiedlichen Seiten. Im ersten Abschnitt liegt der Fokus auf den theoretischen Erklärungen, im zweiten werden dann verschiedene Spielergruppen identifiziert und analysiert. Im dritten Teil geht es schließlich um die Präferenzen für bestimmte Computerspielgenres und um spezifische Spielweisen.

Computerspiele sind allerdings nicht nur für ganz unterschiedliche Spielergruppen attraktiv – sie sind auch für verschiedene Wissenschaftsdisziplinen (vgl. Klimmt in diesem Band) ein faszinierender Untersuchungsgegenstand. Die Kommunikationswissenschaft gehört zu den Disziplinen, die sich in den letzten Jahren – nach anfänglichem Zögern – verstärkt mit Computerspielen beschäftigt haben. Doch warum setzen sich Kommunikationswissenschaftler mit diesem Untersuchungsgegenstand überhaupt auseinander? Ist es wirklich sinnvoll, die Nutzung von Computerspielen zum Thema der Kommunikationswissenschaft zu machen – einer Disziplin, die sich vor allem der öffentlichen Kommunikation verschrieben hat (DGPuK 2001)? Lässt man sich von einer „Technikfaszination anstecken", die verschleiert, dass man sich eigentlich nur mit Phänomenen auseinandersetzt, die man schon von „Brettspielen" und „Spielhallen" kennt, die aber gar nicht von kommunikationswissenschaftlichem Interesse sind und die man „in wenigen Jahren […] banal" finden wird (Brosius 2003, 47)?

Um diese Fragen zu beantworten, muss zunächst geklärt werden, ob die Nutzung von Computerspielen überhaupt etwas mit gesellschaftlich relevanter Kommunikation zu tun hat. Versteht man Kommunikation in Anlehnung an die grundlegende Definition von Weber als jene Form des sozialen Handelns, welches vom Handelnden mittels *Symbolen* sinnhaft auf das Verhalten anderer bezogen wird und sich an diesem Verhalten orientiert, dann lässt sich die Fragestellung konkretisieren und ausdifferenzieren. Drei Fragen sind zu beantworten:

- *Wer kommuniziert mit den Spielern?*
- *Handeln die Computerspieler mittels Symbolen, und um welche Symbole handelt es sich?*
- *Mit wem kommunizieren die Nutzer eines Computerspiels?*

Diese Fragen sollen im Folgenden zunächst beantwortet werden (Abschnitt 2), bevor auf dieser Basis ein heuristisches Modell des Computerspielens aus der Nutzungsperspektive entworfen wird (Abschnitt 3).

2   Computerspielen als kommunikatives Handeln

2.1   Wer kommuniziert mit den Spielern?

Die erste der oben genannten Fragen ist auf verschiedenen Ebenen zu beantworten, denn Computerspiele sind einerseits massenmediale Angebote, andererseits kann es sich bei ihnen aber auch um Plattformen zur Realisation interpersonaler Kommunikation handeln. Dass Computerspiele – bedingt durch ihr Interaktionspotenzial – sogar als eine ganz neue Form medienvermittelter Kommunikation verstanden werden können, die Alltagsleben und Identitätsprozesse stark beeinflusst, wird z.B. von Krotz in diesem Band diskutiert.

An dieser Stelle wollen wir uns zunächst auf den massenmedialen Aspekt konzentrieren, denn bei Computerspielen handelt es sich zuvorderst um massenmediale Angebote, weil hier wenige Kommunikatoren mit vielen Empfängern kommunizieren. Wie die Produzenten eines Kinofilms sind auch die Produzenten von Computerspielen als Kommunikatoren zu begreifen, die bei der Entwicklung des jeweiligen Angebots mit Hilfe von Symbolen – insbesondere grafischen Symbolen – Bedeutung herstellen. Sie beziehen sich bei der Entwicklung des Spiels auf den angestrebten und zu erwartenden Umgang der Spieler mit dem Medienangebot.

2.2   Handeln die Computerspieler mittels Symbolen, und um welche Symbole handelt es sich?

Die zweite Frage ist schwieriger zu beantworten. Die Nutzer des Spiels interpretieren die von den Entwicklern durch den Zeichengebrauch in die Kommunikationsangebote eingeschriebenen Bedeutungen und reagieren darauf im Spiel. Das tun sie, indem sie selbst Symbole generieren oder – wesentlich häufiger – indem sie aus einer Palette der vom Spielentwickler angebotenen Zeichen die aus ihrer Sicht geeigneten auswählen. Wenn beispielsweise in einer Simulationssoftware dem Spieler angezeigt wird, dass die Bewohner seiner virtuellen Stadt mit den ‚Lebensbedingungen' in dieser Stadt unzufrieden sind, dann hat der Spieler üblicherweise verschiedene Optionen, darauf zu reagieren: Er kann die Steuern senken, mehr Grünflächen bauen oder die Sicherheit durch mehr Polizei erhöhen. Er kann aber auch die Lebensbedingungen weiter verschlechtern, um Unruhen der Bürger zu provozieren.

All dies geschieht durch die Auswahl und Manipulation von Symbolen. Von diesen kommunikativen Handlungen und Reaktionen der Spieler erfährt der Spielentwickler

(Kommunikator) allerdings häufig wenig, was ihn aber nicht vom Produzenten eines Films oder den Machern irgendeines anderen massenmedialen Angebots unterscheidet. Denn Filmproduzenten oder Zeitungsmacher wissen oft wenig oder nichts von den unmittelbaren tatsächlichen Reaktionen der Nutzer. Vor allem bei Computerspielen im Singleplayermodus ist die Kommunikation der Spieler, die durch den Rückkanal den Entwickler erreichen kann, nur schwach ausgeprägt und beschränkt sich auf wenige, häufig ambivalente Verhaltensindikatoren (insbesondere das Kaufverhalten) und eingeschränkte Reaktionsmöglichkeiten (z.B. Brief/Emails an den Hersteller).

Wenn es sich allerdings um ein Online-Computerspiel handelt, ist das Potenzial des Rückkanals wesentlich größer. Vor allem ist eine deutlich breitere Palette an Nutzerhandlungen (Nutzungsdauer, Nutzungsaktivitäten) für die Kommunikatoren beobachtbar und interpretierbar. Andere Formen des Feedbacks (Email, Chat) sind insofern einfacher, als sie ohne Medienbruch vollzogen werden können. Betrachtet man Computerspiele also als massenmediale Angebote, dann entsprechen die Handlungsweisen von Machern und Nutzern zweifellos denen, die bei traditionellen Massenmedien zu beobachten sind.

Um von massenmedialer Kommunikation im oben genannten Sinne sprechen zu können, ist es übrigens nicht notwendig, dass die vom User verwendeten Symbole vom Kommunikator wahrgenommen werden (können). Es genügt, wenn der Nutzer (Spieler) so handelt, als ob die medialen Darstellungen ein reales soziales Gegenüber wären. In diesem Fall kann man von parasozialen Handlungen sprechen. Solche parasozialen Kommunikationshandlungen sind bei Computerspielen noch wahrscheinlicher als bei klassischen massenmedialen Angeboten. Einen Gegner ‚schonen' oder sich an ihm ‚rächen', die Spielfiguren ‚anschreien' oder sie ‚loben', all dies sind Beispiele für solche kommunikativen Aktionen.

2.3   Mit wem kommuniziert der Nutzer eines Computerspiels?

Computerspieler kommunizieren also, ähnlich wie die Nutzer eines ‚traditionellen' Massenmediums. Wenn ein Computerspiel von mehreren Gamern genutzt wird – und dazu ist nicht einmal ein Multiplayermodus notwendig – dann handelt es sich beim Computerspiel zudem um ein Medium der interpersonalen Kommunikation. Wenn beispielsweise ein Spieler A bei einem (rundenbasierten) Strategiespiel mit Hilfe der im Spiel vorhandenen Symbole (Text, Figuren, etc.) eine Spielhandlung vollführt, dann bezieht diese Handlung sich auf das vorherige und/oder zu erwartende Handeln des Gegenspielers B. Der Spieler B wird sich anschließend – ebenfalls mit Hilfe von Symbolen – auf die von Spieler A realisierten Handlungen beziehen und damit erneut kommunikativ handeln. Viele Onlinespiele bieten darüber hinaus die Möglichkeit unmittelbarer sprachbasierter Kommunikation per Chat oder VoIP (Voice over IP). Das Computerspiel wird damit sogar zu einem multimedialen, vielkanaligen Medienangebot der interpersonalen Kommunikation.

2.4   Computerspielen als öffentliche und öffentlichkeitsrelevante Kommunikation

Fasst man die obigen Antworten auf die Fragen nach dem kommunikativen Charakter des Computerspielens zusammen, so kann man konstatieren: Die Computerspieler kommunizieren – wenn man die Spiele als Massenmedien betrachtet – mit den Anbietern, und sie kommunizieren – wenn man sie als Individualmedien betrachtet – miteinander. Die Symbole, die dabei verwendet werden, umfassen dabei potenziell das gesamte Repertoire verfügbarer Symbole. Dazu gehören Schriftzeichen ebenso wie Ikons, Bilder und Emoticons, aber auch Töne bzw. gesprochene Sprache und mittlerweile auch symbolische Bewegungen bei der *Wii*-Konsole. Bei der Produktion, Verbreitung und Nutzung von Computerspielen handelt es sich also zweifellos um Kommunikationsprozesse. Zudem erfolgen die kommunikativen Aktivitäten der Spieleanbieter öffentlich und sie erfahren zum Teil auch große Aufmerksamkeit – man denke nur an die öffentlichen Debatten über ‚Killerspiele'. Da schließlich sogar die Nutzung teilweise in einer spezifischen Form des öffentlichen Raums erfolgt (in Computernetzwerken), handelt es sich bei der Erforschung von Computerspielkommunikation zweifellos um einen zentralen Bereich der Kommunikationswissenschaft, denn nach eigenem Verständnis steht die indirekte, durch Massenmedien vermittelte ‚öffentliche Kommunikation' im Zentrum des Fachs (DGPuK 2001).

Die Beschäftigung mit Computerspielen ist also durchaus ein originäres Forschungsfeld der Kommunikationswissenschaft, aber handelt es sich dabei auch um ein wichtiges Feld? Die Relevanz eines wissenschaftlichen Gegenstandes lässt sich auf unterschiedliche Weise begründen: Die ökonomische Bedeutung, die große Verbreitung, schwerwiegende gesellschaftliche Auswirkungen, der praktische Nutzen sind denkbare Relevanzkriterien. Für die Beschäftigung mit Computerspielen und speziell für die Beschäftigung mit der Nutzung von Computerspielen werden einige dieser Gründe immer wieder genannt: Die Tatsache, dass die Computerspielindustrie mittlerweile mehr Geld umsetzt als die Kinobranche, dass insbesondere viele Jugendliche erhebliche Teile ihrer Freizeit mit Computerspielen verbringen sowie die befürchteten negativen Auswirkungen auf schulische Leistungen und das soziale Verhalten gehören zu den vielfach genannten Begründungen.

Ungeachtet dieser gesellschaftlichen Relevanzkriterien ist die Erforschung des Umgangs mit Computerspielen aber auch aus rein wissenschaftlicher Perspektive ein – sowohl in theoretischer als auch in methodischer Hinsicht – vielversprechendes Thema. Die oben umrissenen unterschiedlichen Varianten von Kommunikation, die bei der Nutzung von Computerspielen auftreten (können), machen Computerspiele zu einem komplexen und anspruchsvollen Untersuchungsgegenstand und stellen die Kommunikationswissenschaft vor neue Herausforderungen. Nicht nur die tendenzielle Auflösung traditioneller Trennlinien zwischen Massen- und Individualkommunikation, sondern auch die Multimedialität und die Interaktivität machen Computerspiele zu einem strategischen Forschungsobjekt, das es uns ermöglicht, einen Blick in die Zukunft der Kommunikationsgesellschaft zu werfen. Die dafür notwendigen methodischen Weiterentwicklungen, die theoretischen Innovationen und die in diesem Feld erzielten empirischen Forschungsergebnisse können für das, was uns auch in anderen Bereichen einer digitalen Medienzukunft erwartet, von geradezu paradigmatischer Bedeutung sein. Am Beispiel der Diskussion über die zunehmende Bedeutung von User Generated Content, zuletzt im Zusammenhang mit Web 2.0-Technologien geführt – lässt sich aufzeigen, dass bestimmte Gemeinschaften von Computerspielern in diesem Bereich als Zukunftswerkstätten begriffen werden können. Einen Einblick in eine solche Werkstatt gewährt zum Beispiel Behr in diesem Band, wenn sie die Mod-Szene eingehender analysiert.

3   Die Computerspieler aus der Nutzungsperspektive

Im Mittelpunkt dieses Bandes stehen die Computerspieler, nicht die Produzenten und auch nicht die Spiele selbst. Uns interessiert, was die Spieler mit den Computerspielen machen, d.h. wir betrachten die Spieler aus einer Nutzungsperspektive. Wir wollen herausfinden, wer welche Spiele auswählt und wie die Spiele genutzt werden. Vor allem geht es aber darum zu erkunden, warum die Spieler die unterschiedlichen Spiele nutzen. Dabei kommen zwangsläufig auch Wirkungsfragen in den Blick, denn die Nutzung der Spiele lässt die Spieler nicht unbeeinflusst. Begreifen wir die Beschäftigung mit Spielen als einen Rezeptionsprozess, dann sind nicht nur emotionale Effekte, sondern auch Wirkungen auf Kognitionen und Einstellungen zu erwarten und zu untersuchen. Ganz zentral sind zweifellos auch die unmittelbaren Auswirkungen auf das Alltagshandeln der Spieler, die sich allein schon durch die für das Spielen notwendige zeitliche Investition ergeben. Veränderungen im Zeitbudget sind dann wiederum für anschließende Nutzungsentscheidungen von Bedeutung und deswegen spielen sie in verschiedenen Beiträgen eine Rolle. Davon bleibt jedoch die grundsätzliche Ausrichtung dieses Buches unbeeinflusst: Es geht um die Erklärung der Nutzung, und nur am Rande werden Wirkungsfragen thematisiert.

Abbildung 1:   Einflussfaktoren auf die Computerspielenutzung

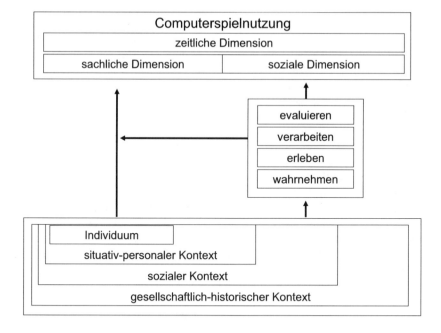

Um einen Überblick über das so umrissene Forschungsfeld ‚Computerspielenutzung' zu gewinnen, ist es hilfreich, die relevanten Faktoren in einem Modell zu ordnen (vgl. Abbildung 1). Dabei sind drei grundlegende Elemente zu unterscheiden: Das zu erklärende Phänomen (abhängige Variable), die potenziellen Ursachen für das zu erklärende Phänomen (unabhängige Variable) sowie die beteiligten Verarbeitungsprozesse, die als intervenierende Variablen interpretiert werden können. Das Modell wird genutzt, um die Forschung zur Computerspielnutzung zu systematisieren und die Beiträge des Bandes entsprechend zu verorten. Es ist aber so allgemein gehalten, dass es sich auch auf die Forschung zur Nutzung anderer Medienangebote übertragen lässt.

Zunächst zum Phänomen selbst, der abhängigen Variable ‚Computerspielenutzung': Nutzung ist ein mehrdimensionales Konstrukt. Drei zentrale Dimensionen lassen sich für die Beschreibung medienbezogener Nutzungsprozesse heranziehen: Die Sach-, die Zeit- und die Sozialdimension (Luhmann 1984).

Zentral ist dabei zunächst die Zeitdimension: Wann wie viel Zeit mit dem Medienangebot verbracht wird, ist die wohl erste und grundlegendste Frage jeder Nutzungsforschung. So wie die Fernsehforschung sich aber nicht nur für die Nutzungsdauer des Fernsehens allgemein interessiert, sondern auch für die Zuwendung zu einzelnen Programmen, Sendungstypen oder speziellen Einzelsendungen, so sind auch bei Computerspielen Differenzierungen vorzunehmen. Deswegen werden auf der Sachdimension die Eigenschaften der Spiele unterschieden. Dazu gehören beispielsweise das Genre (Shooter, Rollenspiel, Managerspiel etc.), die Eigenschaften der Grafik (fotorealistisch, ikonisch-abstrakt, surreal etc.), der Handlungsrahmen (Sportwettkampf, Krieg, Familiengründung etc.).

Anders als bei den meisten anderen Medienangeboten ist auch die soziale Situation der Nutzung nicht nur eine wichtige Randbedingung, sondern eine zentrale Beschreibungsdimension: Besonders deutlich wird dies, wenn man die grundlegende Unterscheidung von Singleplayer- und Multiplayernutzung betrachtet.

Aspekte der Zeit-, Sach- und Sozialdimension sind für die Beschreibung unverzichtbar, sie bieten darüber hinaus aber auch Erklärungsangebote. Das gilt insbesondere für die Sach- und Sozialdimension. Man verbringt Zeit mit einem Spiel, weil es bestimmte Eigenschaften hat, und man verbringt Zeit damit, weil man es mit anderen spielen (Multiplayer) oder sich dabei zurückziehen kann (Singleplayer). Und selbst die Zeitkomponente ist eine mögliche Erklärung für die Zeitverwendung: Spieler verbringen Zeit mit einem Spiel, weil es möglich ist, damit auf angenehme Weise die Zeit zu verbringen.

Wenn man nach weiteren potenziellen Ursachen für die Nutzung sucht, dann findet man diese angeordnet auf einem Kontinuum zwischen Individuum und Gesellschaft. Im Modell wird dieses Kontinuum durch vier ‚Sphären' aufgespannt: Das Individuum, der situativ-personale Kontext, der soziale Kontext und der gesellschaftlich-historische Kontext. Die meisten Ansätze der kommunikationswissenschaftlichen Nutzungsforschung konzentrieren sich auf die Eigenschaften des Individuums. Traditionell werden dabei vor allem soziodemographische Merkmale wie Alter, Bildung, Geschlecht etc. betrachtet. Des Weiteren wird beispielsweise nach den Motiven, den Einstellungen oder den Emotionen der Nutzer gesucht, um deren Selektionsentscheidungen zu erklären. Bereits wesentlich seltener werden Persönlichkeitsfaktoren oder gar biologische Faktoren wie der Gesundheitszustand in den Erklärungsmodellen berücksichtigt.

Auch in diesem Band stehen die personalen Faktoren im Mittelpunkt der Forschung. Hartmann beschäftigt sich in seinem Beitrag beispielsweise mit der Wetteiferneigung und der Selbstwirksamkeitserwartung der Spieler, um deren Selektionsentscheidungen zu erklären. Motive spielen beispielsweise in den Studien von Lehmann et al. über Shooterspieler sowie Seifert und Jöckel zu *World of Warcraft* ein Rolle. Jenderek geht in seinem Beitrag über Mudder zusätzlich auch auf Persönlichkeitsmerkmale ein.

Der situativ-personale Kontext der jeweiligen Nutzungssituation wird zum einen durch die Person des Nutzers geprägt, zum anderen spielen jedoch in den konkreten Kommunikationssituationen auch gesellschaftliche Einflüsse eine Rolle. Die Entscheidung, sich am Nachmittag nach der Schule an den Computer zu setzen und virtuelle Abenteuer zu erleben, beruht sicherlich grundsätzlich auf den personalen Dispositionen. Wenn dann jedoch überraschend Freunde vorbeischauen, die gemeinsam etwas unternehmen wollen, oder die Eltern den Familiencomputer benötigen, um Einladungen für eine Geburtstagsfeier zu schreiben, dann können diese sozialen Einflüsse die Art und den Zeitpunkt der Nutzung deutlich beeinflussen. Dennoch bleibt festzuhalten, dass die jeweiligen Nutzungskontexte vom Individuum mitgestaltet werden können: Auf die Wahl des Ortes, den Zeitpunkt, die Anwesenden und die damit verbundenen Handlungsalternativen hat das Individuum beträchtliche Einflussmöglichkeiten.

In den meisten Nutzungsstudien wird der situativ-personale Kontext allerdings ausgeblendet. Zum einen liegt dies daran, dass die Nutzung zumeist auf einem höheren Abstraktionsniveau betrachtet wird – es geht nicht um einzelne spezielle Nutzungshandlungen, sondern um generelle Nutzungsmuster. Zum anderen sind die konkreten Nutzungssituationen methodisch schwer zu erfassen, denn die Computerspielnutzung (auch die in Netzwerken) findet überwiegend in privater Umgebung statt, zu der der Forscher normalerweise keinen Zugang hat. Der einzige zuverlässige methodische Weg, den situativ-sozialen Kontext zu erforschen, besteht jedoch in der Beobachtung der Nutzer beim Umgang mit dem Medienangebot. Diese methodische Vorgehensweise ist nur dann praktikabel, wenn die Nutzung des Medienangebots in einer öffentlichen Situation stattfindet. Bei Computerspielen ist dies teilweise der Fall, nämlich im Rahmen von LAN-Partys (vgl. Hepp & Vogelgesang in diesem Band). Hier lassen sich situative Faktoren identifizieren, die das Spiel beeinflussen, allerdings in einer sehr speziellen Situation, die kaum Rückschlüsse auf das sonstige Spielverhalten erlaubt.

Der soziale Kontext des Spielers ist die dritte Einflusssphäre, die im Modell unterschieden wird. Zum sozialen Kontext gehören die mittel- bis langfristig stabilen Lebensbedingungen, in denen sich die Mediennutzer befinden. Die Lebensbedingungen werden wiederum durch verschiedene Faktoren bestimmt: z.B. die Größe des Wohnorts und die damit verbundenen Freizeitmöglichkeiten, die Dichte und Homogenität des Beziehungsnetzwerkes, die Wohnsituation, die Arbeitsbedingungen und natürlich auch die Verfügbarkeit von Medien sowohl im Bezug auf die notwendige Hardware als auch im Hinblick auf die Verfügbarkeit bestimmter Inhalte und Programme. Bei der Analyse der Bedeutung des sozialen Kontextes kann auch die zeitliche Entwicklung der Bedingungen Berücksichtigung finden. Die sich im Zeitverlauf verändernden Lebensumstände sind in dieser Perspektive Faktoren der lebenslangen Sozialisation, die in Form allmählicher Anpassungsprozesse oder aber durch einschneidende Ereignisse (Wohnortwechsel, Eintritt ins Arbeitsleben, Heirat etc.) Veränderungen in der Lebensgestaltung hervorrufen, welche sich natürlich auch auf die Mediennutzung allgemein und das Computerspielen speziell auswirken können. In ihrem Beitrag verdeutlichen Grüninger, Quandt und Wimmer am besonderen Beispiel der älteren Spieler und ,Spielesenioren' solche Interaktionsprozesse.

Da der soziale Kontext im Unterschied zu den situativen Faktoren eine größere Konstanz aufweist, kommt er bei der Analyse des mittelfristig stabilen durchschnittlichen Mediennutzungsverhaltens eher in den Blick und wird in Nutzungsstudien etwas häufiger berücksichtigt. Im Vergleich zur Bedeutung jener Erklärungsfaktoren, die in der Person des

Nutzers verortet sind, finden die Variablen des sozialen Kontextes in der bisherigen Forschung jedoch meistens nur eine eher geringe Beachtung. Daher loten die Studien von Klink et al. und Babayigit et al. die Bedeutung des sozialen Kontextes aus: Erstere untersucht die Nutzung von Computerspielen im Zusammenhang mit nicht-medialen Sportvorlieben der Spieler, während die zweite die Wechselwirkungen zwischen der Nutzung eines bestimmten Fußballmanagerspiels und der sonstigen fußballbezogenen Mediennutzung betrachtet. Auch in der Untersuchung von Lehmann et al. wird die Lebenssituation der Spieler und die strukturelle Kopplung zwischen Alltagswelt und Spielwelt betrachtet.

Das Soziale im Sinne eines Gemeinschaftserlebnisses beim Computerspielen analysieren im vorliegenden Band mehrere Autoren: Hepp und Vogelgesang widmen sich dem gemeinschaftlichen und Identität stiftenden Spielvergnügen im Rahmen von LAN-Spielen. Neuartige (virtuelle) Spielgemeinschaften werden in den Studien von Fritz am Beispiel der Browsergames sowie von Wimmer, Quandt und Vogel am Beispiel der Clan-Spieler thematisiert. Quandt und Wimmer können aufgrund einer repräsentative Befragung der deutschen Onlinespieler sowohl Gemeinsamkeiten der Spielerschaft als auch Unterschiede zwischen einzelnen Spielergruppen aufzeigen. Die vielfältigen Ergebnisse verdeutlichen die starke soziale und medienkulturelle Einbettung der Computerspiele, die in der öffentlichen Diskussion oft verkannt wird.

Der gesellschaftlich-historische Kontext der Mediennutzung kommt nur in den Blick, wenn ein längerer Zeitraum oder unterschiedliche Gesellschaften betrachtet werden, wenn also eine internationale oder eine zeitliche Vergleichsperspektive eingenommen wird. Beide Untersuchungsanlagen – Längsschnittstudien als auch interkulturell vergleichende Studien – sind generell in der Kommunikationswissenschaft und speziell in der Computerspielforschung sehr selten. Obwohl es durchaus Hinweise darauf gibt, dass beispielsweise zwischen asiatischen und europäischen Computerspielerkulturen erhebliche Unterschiede bestehen, gibt es hierzu keine vergleichenden Untersuchungen. Auch der vorliegende Band kann dieses Defizit nicht schließen. Immerhin werden in einem Beitrag von Wolling einige grundlegende Daten der Computerspielnutzung über einen etwas längeren Zeitraum hinweg aufbereitet und damit der Blick auch auf den gesellschaftlichen historischen Kontext der Spielenutzung gelenkt.

Somit sind die wesentlichen Beschreibungsdimensionen der Nutzung und die wesentlichen Erklärungsbereiche umrissen und erläutert. Zwischen den vorgeschlagenen Einflussfaktoren und den jeweiligen zu erklärenden Nutzungsentscheidungen sind im Modell verschiedene Erlebens- und Verarbeitungsprozesse verortet. Je nachdem, welche Spielerfahrungen beim Spiel gemacht werden und wie diese verarbeitet werden, ist zum einen damit zu rechnen, dass der Rezeptionsprozess modifiziert wird, zum anderen ist aber auch zu erwarten, dass das Erleben direkte Effekte auf die Nutzung hat.

An einem Beispiel lässt sich dies verdeutlichen: Grundsätzlich ist zu vermuten, dass starke Nutzungsmotive zu einer hohen Nutzung von Computerspielen führen. Durch das Spielerleben kann ein solcher Zusammenhang aber relativiert werden: Wenn ein Spieler sich mit einem Computerspiel beschäftigt, um Abstand vom Alltag zu gewinnen, die Anforderungen des Spiels ihn aber überfordern und er keinen Spielerfolg hat, dann ist damit zu rechnen, dass er das Spiel wahrscheinlich nicht weiterspielt. Wenn er hingegen erfolgreich spielt, ist gegebenenfalls sogar mit einer Ausdehnung der Spielzeit zu rechnen. Das Spielerleben modifiziert den Effekt des Motivs. Zum Kontrast denken wir uns einen anderen Spieler, der primär durch den Wunsch motiviert wird, in seiner sozialen Bezugsgruppe

Anerkennung zu gewinnen und deswegen häufig spielt. Dieser Spieler wird sich durch geringen Erfolg im Spiel vermutlich nicht so schnell abschrecken lassen und möglicherweise seine Nutzung sogar erhöhen, um erfolgreicher zu werden. Wenn der Spieler hingegen erfolgreich wäre, würde er evtl. sogar die Nutzung verringern, weil ihm die Anerkennung auch ohne viel Üben sicher wäre. Darüber hinaus ist aber auch ein unmittelbarer Effekt des Spielerlebens plausibel, denn – um beim Beispiel zu bleiben – insgesamt betrachtet ist sicherlich zu erwarten, dass ein positives Spielerleben die Nutzung eher befördert als hemmt.

Erlebens- und Verarbeitungsprozesse werden im Beitrag von Wünsch und Jenderek theoretisch erörtert. Im Mittelpunkt steht dabei das Unterhaltungserleben. Empirisch wird das Spielerleben von Seifert und Jöckel sowie von Jenderek untersucht. Die Autoren konzentrieren sich dabei in ihren Beiträgen – wie von Wünsch und Jenderek vorgeschlagen – auf eine spezifische Form des Unterhaltungserlebens, das so genannte ‚Flow-Erleben'. In der Studie von Behr, Klimmt und Vorderer werden mehrere unterschiedliche Erlebensformen berücksichtigt und gezeigt, welche Effekte diese Erlebensweisen auf die präferierten Nutzungsweisen haben.

Anhand des vorgestellten Modells kann gezeigt werden, welche Bereiche in diesem Band und in der Forschung insgesamt intensivere, und welche nur eine randständige Beachtung erfahren haben. Damit soll nicht impliziert werden, dass alle Forschungsfelder gleich wichtig sind und gleiche Beachtung verdienen. Vielmehr soll das Modell als heuristisches Instrument zur Identifikation von offenen Fragestellungen und Defiziten dienen. Freilich wird durch die Strukturierung der hier vorliegenden Studien entlang dieser Heuristik aber auch deutlich: Trotz einiger noch bestehender Lücken ist der Beitrag der Kommunikationswissenschaft zur Erforschung des Phänomens Computerspiele durchaus beachtlich, insbesondere wenn man bedenkt, dass sich die Disziplin erst seit wenigen Jahren damit auseinandersetzt. Insofern ist der vorliegende Band auch als ein Startpunkt anzusehen – für weitergehende Studien eines in vielfacher Hinsicht ‚faszinierenden' kommunikationswissenschaftlichen Forschungsfeldes.

Literaturverzeichnis

Brosius, H.-B. (2003): Aufgeregtheiten durch Technikfaszination. Trotzdem oder gerade deshalb: Die neue ist die alte Kommunikationswissenschaft. In: M. Löffelholz & T. Quandt (Hrsg.): *Die neue Kommunikationswissenschaft*. Wiesbaden: Westdeutscher Verlag, 43-48.

DGPuK (Deutsche Gesellschaft für Publizistik und Kommunikationswissenschaft) (2001): *Die Mediengesellschaft und ihre Wissenschaft. Herausforderungen für Kommunikations- und Medienwissenschaft als akademische Disziplin*. München: o.V.

Luhmann, N. (1984): *Soziale Systeme*. Frankfurt am Main: Suhrkamp.

Weber, M. (1922/1980): *Wirtschaft und Gesellschaft: Grundriß der verstehenden Soziologie* (5. Auflage, hrsg. von Johannes Winckelmann). Tübingen: J.C.B. Mohr.

Kapitel 2

Computerspiele:
(K)Ein Thema für die Medien- und
Kommunikationswissenschaft?

2.1

Computerspiele als neuer Kommunikationstypus
Interaktive Kommunikation als Zugang zu komplexen Welten

Friedrich Krotz

1   Einleitung

Eine der großen Attraktionen des 18. Jahrhunderts war der von Wolfgang von Kempelen konstruierte und später von Johan Nepomuk Maelzel betriebene so genannte „Schachtürke", eine auf Jahrmärkten und in Salons gezeigte Maschine, die anscheinend nicht einmal schlecht Schach spielen konnte (Krotz 2005; Völker 2003). Wie wir heute wissen, handelte es sich um einen Trick: In Wahrheit saß ein Kleinwüchsiger in dem Apparat, der den Schachtürken bediente. Es blieb damals noch dabei, dass nur der Mensch auf rationale Weise denken und komplexe Spiele spielen konnte, auch wenn Charles Babbage in jener Zeit bereits das Prinzip des Computers entwickelte (Hörisch 2004, 318 f.). Schachspielen blieb noch einige Jahrhunderte eine Art der emotional motivierten, aber zugleich nach abstrakten und analytischen Prinzipien geführten Kommunikation zwischen Menschen, die auf einem Spielfeld und nach strengen Spielregeln stattfand.

Die programmierbare Universalmaschine Computer und die darauf aufbauenden digitalen Medien wie Internet und digitales Fernsehen haben das grundlegend verändert, ohne dass wir uns der Konsequenzen dessen so recht bewusst geworden sind. Menschen spielen heute mit Computern komplexe Spiele wie eben Schach. Der Computer *Deep blue* hat schon 1996 den damals amtierenden Schachweltmeister Kasparow in einem Turnier geschlagen und erst jüngst besiegte das kommerzielle Schachprogramm *Deep Fritz* den 14. Schachweltmeister, Wladimir Kramnik, mit 4:2. Fast alle heute billig zu kaufenden Schachcomputer spielen das Spiel besser als die meisten menschlichen Schachspieler. Computer können vermutlich immer noch nicht denken, fühlen oder spielen, und ‚Kreativität' ist auch nicht der richtige Ausdruck für das, womit sie uns überraschen, aber Computer können heute Dialoge mit Menschen führen und von ihnen als Dialogpartner anerkannt werden (Krotz 2007).

Die Fähigkeit zum Schachspielen war ebenso wie das Spielen komplexer Musikstücke oder das Tanzen als regelgeleitetes erotisches Spiel früher ein ‚Alleinstellungsmerkmal' des Menschen. Natürlich spielen, musizieren oder balzen auch Tiere. Aber sie tun es anders, nämlich instinktiv und im Rahmen vergleichsweise enger Sozialisationsprozesse. Sie ‚denken' beim Spielen (soweit wir wissen) weder reflexiv noch abstrakt, sie verhalten sich ohne Begriffe, ohne Sprache und ohne die Kreativität, durch die Menschen immer neue Formen von Spielen generieren. Menschen dagegen definieren sich über ihre Fähigkeit zu kommunizieren und zu denken.

Die am Massachusetts Institute of Technology arbeitende Psychoanalytikerin Sherry Turkle (1998) hat sich mit den ‚denkenden Maschinen' empirisch auseinander gesetzt und die damit verbundenen Implikationen erforscht. Sie beschreibt, wie sich parallel zur Entwicklung des Computers die Vorstellungen von Kindern und Erwachsenen über das Besondere des Menschen gewandelt haben: vom einzigen Wesen, das logisch-abstrakt denken kann, zum einzigen, das logisch-abstraktes Denken mit Emotionen verbinden kann. Was aber genau das sein wird, was letztlich den Menschen von allem anderen unterscheidet, wenn man nicht nur PC und Internet, sondern auch Gentechnik und weitere Entwicklungen der modernen Gesellschaft berücksichtigt, ist insgesamt offen.

Kommunikationswissenschaftlich ausgedrückt sind Computer zunächst einmal Medien, die verschiedene Kommunikationsformen möglich machen: Wir können damit vorgegebene Inhalte rezipieren, etwa wenn wir eine Website oder einen Text im Internet lesen. Wir benutzen Computer auch, um uns im Chat oder per E-Mail mit anderen Menschen zu verständigen: Computer ermöglichen den Menschen also auch interpersonale Kommunikation. Sie ermöglichen uns insbesondere eine dritte Art der Kommunikation, die es ohne Computer nicht gab: *Interaktive Kommunikation,*[1] verstanden beispielsweise als Kommunikation eines Menschen mit GPS-Systemen und Robotern, mit Schreibprogrammen, Bedienungsoberflächen und – dabei handelt es sich heute um die eindrücklichste und auffälligste Form – mit Computerspielen. Dieser Typus von Kommunikation, den Wissenschaft und Öffentlichkeit erst langsam in seiner Besonderheit wahrnehmen, wird auf Dauer die Formen des menschlichen Zusammenlebens und das alltägliche Leben noch viel radikaler verändern als es schon das Internet bisher getan hat. Damit beschäftigt sich der vorliegende Text.

Die Frage nach dem Selbstverständnis des Menschen und seiner Besonderheit kann hier natürlich nicht beantwortet werden. Wenn wir sie thematisiert haben, so um deutlich zu machen, dass die Entwicklung der Computermedien nicht einfach nur neue Techniken in den Alltag der Menschen einführt. Vielmehr werden durch diese Technologien das Selbstverständnis der Menschen und damit die Formen ihres Zusammenlebens berührt und in Frage gestellt.

Der vorliegende Text beschäftigt sich vor diesem Hintergrund in den folgenden Abschnitten nun genauer mit Computerspielen als Form interaktiver Kommunikation und den dadurch aufgeworfenen Fragestellungen. Im nächsten, dem zweiten Abschnitt werden Computerspiele charakterisiert, dann wird im dritten auf die besonderen kommunikativen Potenziale eingegangen, die sie ihren Nutzern bieten. Daraus werden wir im vierten Absatz ableiten, dass es heute nicht mehr nur eine Form von Kommunikation gibt, sondern verschiedene Typen, die man getrennt untersuchen und theoretisch fassen muss. In Anlehnung daran werden wir im fünften Teilkapitel eine Definition von ‚interaktiver Kommunikation' entwickeln und an weiteren Beispielen verdeutlichen. Der abschließende sechste Absatz wird dann exemplarisch die These begründen, warum die aufkommenden Medien der interaktiven Kommunikation für die Formen des menschlichen Zusammenlebens von Bedeutung sind.

---

[1]   In Anlehnung an MacMillan (2004) und anderen verstehen wir interaktive Kommunikation als eine Form der Mensch-Maschine-Kommunikation. Insbesondere fällt dann (im Gegensatz zu anderen Ansätzen) interpersonale Kommunikation *nicht* unter den Begriff der interaktiven Kommunikation.

2 Diskurse über Computerspiele: Spielen, Medien und Weltentwürfe

Computerspiele sind *Spiele mit dem Computer*. Im Normalfall meint man damit, dass der Computer einerseits die Spielumgebung und andererseits zugleich den Gegner darstellt oder simuliert.

Man kann den Computer zwar auch als bloßes Spielbrett verwenden – wenn zwei Menschen zum Beispiel Schach spielen und der Computer nur anzeigt, welche Figuren die Spieler wohin bewegen. Computerspiele im eigentlichen Sinn beginnen aber erst dann, wenn der Computer sich selbst ‚aktiv' am Spiel ‚beteiligt'. Das kann im Prinzip auf drei Weisen passieren: Es ist einmal möglich, dass der Computer nur die Spielumgebung und die Spielanforderungen beeinflusst, etwa wenn Zeitabläufe beschleunigt werden oder neue Typen von Hindernissen auftauchen. Es ist zweitens möglich, dass der Computer die Spielbedingungen nicht beeinflusst, aber der oder einer der Gegner ist – etwa, wenn man gegen den PC Schach spielt. Drittens ist es aber auch möglich, dass der Computer sowohl die Spielumgebung entwirft und die Regeln bestimmt als auch (einen Teil der) Mitspieler bzw. Gegner simuliert. Das ist zum Beispiel bei internetbasierten Mehrpersonen-Spielen wie *World of Warcraft* der Fall. Hier inszeniert der Computer komplexe Umgebungen, in denen unterschiedliche Arten von Aufgaben unter unterschiedlichen Bedingungen zu lösen sind, in denen vom Computer simulierte und gesteuerte Figuren und Mitspieler auftauchen, aber auch von Menschen gesteuerte Akteure auftreten. Immer dann, wenn der Computer also nicht nur ein unveränderliches Spielfeld zur Verfügung stellt, ist er ‚aktiv' am Geschehen und am Spiel beteiligt.

Computerspiele sind deshalb aus einer theoretischen Perspektive einerseits als Computer*spiele* Spiele, andererseits sind sie als *Computer*spiele eine besondere Klasse von Spielen, die eben mit Hilfe des Computers stattfinden.

Als Computer*spiele* sind sie Teil des komplexen Begriffsfeldes „Spiel". Anthropologen (Huizinga 1956), Psychologen (Oerter 1999), Soziologen, Philosophen und Kulturwissenschaftler haben sich immer wieder damit beschäftigt (vgl. Haase 2003 mit weiteren Literaturangaben). Jakob Moreno hat das Rollenspiel sogar zur Basis psychotherapeutischen Arbeitens gemacht (vgl. z.B. von Ameln, Gerstmann & Kramer 2004). Johan Huizingas (1956, 9-33) komplexe Begriffsdiskussion kann man etwa folgendermaßen zusammenfassen: Spielen ist ein Handeln des Menschen, das sein Ziel in sich selbst hat. Es beruht auf einer freien Vereinbarung der Mitspieler über Zeit, Ort und Raum und auf freiwillig akzeptierten Regeln, die für das Spiel dann bindend sind. Die Spieler sind mit Gefühlen der Spannung und Freude, aber auch mit dem im Prinzip präsenten Wissen dabei, dass sie während des Spiels außerhalb des gewöhnlichen Lebens handeln. In inhaltlicher Hinsicht können Spiele zwar kulturelle Themen aus dem ‚wirklichen Leben' aufnehmen; was im Spiel geschieht, ist aber immer ein ‚als ob' und darf mit dem wirklichen Leben nicht verwechselt werden.

Natürlich ist dies keine vollständige und abgrenzende Definition, wie es sich die analytische Begriffslehre eigentlich wünscht, aber in den Sozialwissenschaften sind derartige analytische Definitionen oft nicht möglich. Das liegt vor allem daran, dass solche Begriffe stets historisch und kulturell bestimmt sind: So zeigt Huizinga (1956, 43 ff.), dass das deutsche Wort Spielen zu verschiedenen Zeiten ganz unterschiedliche Bedeutungen gehabt hat. Zudem haben manche Kulturen für das, was wir heute mit Spielen bezeichnen, kein Wort, andere Sprachen dafür aber gleich mehrere – beispielsweise ist auf Englisch ‚game' nicht das gleiche wie ‚play'. Schon deshalb ist es kaum möglich, ‚Spielen' allgemeingültig und erschöpfend zu definieren. Und es ist auch relativ einfach, Grenzfälle zu finden, die im Hinblick auf die obige Definition von Spielen nicht recht zuordenbar sind: Ist das Spielen von Lernspielen ein Spiel, oder ist es eine Art zu lernen, die dann über Schulnoten mitentscheidet?

Trotzdem reicht die obige Definition für eine Verständigung darüber aus, worüber man spricht, weil die wesentlichen Besonderheiten des Wirklichkeitsbereichs ‚Spiel' damit benannt sind. Es wird daran auch erkennbar, dass das Nutzen von Computerspielen nicht immer heißt, dass jemand spielt, denn es gibt auch professionelle ‚Spieler': Wenn jemand berufsmäßig Figuren im Spiel entwickelt und sich hohe Spiellevels erarbeitet, um sie dann zu verkaufen, dann handelt es sich um einen der neuen ‚Jobs', die mit Computerspielen heute verbunden sind.[2] Die Angestellten des FC Bayern München, die ‚die Mannschaft' bilden, werden demnach auch zu Unrecht als Spieler bezeichnet, weil das Ziel ihres Handelns (wie in jedem Brotberuf) nicht in sich selbst liegt. Auch wenn es für sie natürlich auch Phasen geben mag, in denen sie tatsächlich Fußball spielen.

Spielen ist, wie es Huizinga postuliert und detailliert begründet, die Basis für das Entstehen von Kultur in ihren Ausdifferenzierungen – hier werden Handlungsweisen erprobt, Probleme gelöst, Sinn produziert, Gewohnheiten und Traditionen geschaffen. Über das Spielen wird Kultur zudem reproduziert, weil Kinder darüber in die Kultur eingeführt werden, in die sie hineingeboren wurden. Daher können wir mit einiger Plausibilität vermuten, dass die Tatsache, dass die heutigen Kinder und Jugendlichen mit Computerspielen aufwachsen, unsere Kultur nicht unbeeinflusst lassen wird.

Computerspiele sind andererseits aber auch *Computer*spiele, und damit sind sie ebenso wie Film oder Fernsehen, Comic oder (um ein ausgefallenes Beispiel zu wählen) gedruckte Bastelbögen eine eigenständige mediale Form, die mit anderen medialen Formen Gemeinsamkeiten aufweist, aber auch ihre Besonderheiten hat.

Ebenso wie beispielsweise Fernsehen und Buch bieten Computerspiele mehr oder weniger *komplexe Weltentwürfe* an, auf die sich der Spieler einlassen muss, und ebenso wie es beim Fernsehen ganz unterschiedliche Genres und Gattungen gibt, gibt es eine Vielfalt von unterschiedlichen Computerspielen. Über die Einteilung in Genres hat mittlerweile ein wissenschaftlicher Diskurs begonnen (Klimmt 2001; Fritz & Fehr 1997), da sie natürlich anders angelegt sein muss als jene der Genres des Fernsehens oder der Zeitungen.

In der *Wiederholung* und Wiederholbarkeit liegt eine wesentliche mediale Besonderheit von Computerspielen. Literarische Bücher und Filme sind meist einmalige Angebote, die nur selten Fortsetzungen haben; ebenso rezipieren die meisten Menschen einen Film oder eine bestimmte Nachrichtensendung nur einmal.[3] Dennoch ist Fernsehen eher ein serielles Medium, dessen Programmstruktur heute recht regelmäßig angelegt ist – es gibt meist feste Zeiten für spezifische Genres, so dass zwar nicht Inhalte im einzelnen wiederholt werden, aber immer ähnliche Erwartungen von Zuschauern befriedigt werden. Auch Spielen ist etwas, was man immer wieder tut und das im Allgemeinen von einer Wiederholbarkeit lebt; die meisten Menschen spielen Skat und Fußball ebenso wie *Moorhuhnjagd* oder *Tetris* nicht nur einmal, sondern immer wieder. Auch Spiele wie *Doom* oder *Super Mario*, die dem Spieler ein klares Ziel setzten, werden von vielen Fans immer wieder neu begonnen, weil sie immer wieder neue Lösungswege und neuen Spielspass ermöglichen.

---

[2]   Vgl. etwa das Angebot auf http://www.web-zweb.de/kategorie19_50.html (abgefragt am 6.8.2006).
[3]   Vgl. hierzu Hoffmann (2006).

Computerspiele – zum Beispiel *Sim City* oder *Civilization* – sind als Spiele oft wesentlich komplexer als alles, was man ohne Computer spielen kann: Das Spiel kann darin bestehen, ganze Städte oder Welten aufzubauen und zu entwickeln, Autorennen zu fahren, Menschen in einer komplexen Umwelt zu führen oder aufwändige Schlachten zu schlagen. Computerspiele sind damit Entwürfe eines Ausschnittes der Welt und generieren mehr oder weniger realitätsbezogene Wirklichkeiten, zu denen die Spieler spielerischen Zugang erhalten, und die dann in ihrer Entwicklung einen einmaligen Verlauf nehmen. Die Spieler müssen sich in komplexen Umwelten orientieren und handeln, und dafür nicht nur die technische Bedienung erlernen, sondern auch die gültigen Regeln.

3   Computerspielen: Aktiv dabei als Spielfigur und als Mitgestalter

Computerspiele verlangen wie alle Spiele, dass der Spieler aktiv in das Spiel involviert ist. Lesen, was in einem Buch steht, und verstehen, was eine Fernsehsendung kommuniziert, bedarf ebenfalls der fokussierenden und interpretierenden Aktivität des Lesers bzw. Zuschauers, ohne die es nichts gibt, was man Wahrnehmung oder Konstruktion von Wirklichkeit nennen könnte. Insofern gibt es keine Mediennutzung und Medienrezeption, die ausschließlich passiv ist. Zu dieser Einsicht ist die Kommunikationswissenschaft bereits in den fünfziger und sechziger Jahren des letzten Jahrhunderts gekommen, und hat auf dieser Basis den Uses and Gratifications Approach entwickelt, der letztlich besagt, dass Mediennutzung auf aktivem Wählen beruht (Hasebrink & Krotz 1991). Um ein Computerspiel zu spielen, muss der Spieler aber nicht nur wahrnehmen, selektieren, interpretieren und wählen, sondern in zweierlei Weise darüber hinaus aktiv sein:

1. *Er ist aktiv durch seine mittelbare oder unmittelbare Repräsentanz als ‚handelnde' Spielfigur*: Der Spieler verfügt in einem Computerspiel meist über eine eigene Repräsentanz, zum Beispiel wenn er als eine Spielfigur wie bei ‚Mensch-ärgere-dich-nicht' auftritt. Oft ist diese Repräsentanz auch nur mittelbar vorhanden, etwa wenn ein Spieler beim Spielen eines Ego-Shooters wie *Doom* über den Lauf einer Waffe in die Welt blickt: er wird durch die Art der Darstellung subjektiv als Handelnder einbezogen. Dieser Einbezug wird spätestens dann unverkennbar, wenn man vom Gegner erschossen wird, weil das Spiel dadurch endet, ganz gleich, ob der Spieler vor dem Bildschirm damit einverstanden ist oder nicht. Der Spieler kann auch in verschiedenen Formen abstrakt involviert sein: In *Sim City* ist er der Steuermann des Ganzen, kann sich aber mit seinen computergenerierten Helfern beraten und sich ein Denkmal setzen lassen; im Computerspiel *Black & White* handelt er als Gott, der durch eine überdimensionierte Hand dargestellt ist, mit der er ins Geschehen eingreifen kann. Beim Gameboy-Spiel *Super Mario* blickt der Spieler auf eine hüpfende Gestalt, und bei den *Sims* auf den Charakter, den er dirigiert und der das Produkt seines Handelns ist.[4] Auch in diesem Fall ist der Spieler unmittelbar im Spiel präsent, weil er es sich selbst zurechnet, wenn etwas schief läuft oder etwas gelingt. Das hat natürlich seine Grenzen, weil der Verlierer eines Gefechts auf dem Bildschirm nicht wirklich tot ist oder nach der Pleite

---

[4]   Hier scheint es wie bei Comics oder bei Filmen interessante interkulturell begründete Unterschiede zu geben: In japanischen Medien ist die Draufsicht häufiger, während die Designer von US-amerikanischen Spielen sich eher damit beschäftigen, den Spieler aktiv durch Avatare mit einzubeziehen (Grassmuck 1998).

im Monopoly nicht wirklich unter der Brücke schlafen muss: Spielen, so haben wir gesagt, findet unter ‚Als-ob'-Bedingungen statt. Das weiß der Spieler zwar nicht in jedem Augenblick, aber doch jederzeit.

2. *Er ist aktiv durch seine aktive Beteiligung und Verantwortlichkeit für den Verlauf:* Der Spieler verfügt im Spiel über aktive Handlungs- und Gestaltungsmöglichkeiten und ist deshalb für den Spielverlauf von zentraler Bedeutung. In der damit verbundenen Wahrnehmung der eigenen Rolle als relevant für das Geschehen liegt die zweite Bedeutungsebene des aktiven Involvements. Bei der Rezeption von Massenmedien zum Beispiel beziehen sich alle Zuschauer auf den *gleichen, unveränderbaren Inhalt* – und genau das gilt für die Spieler, die ein Computerspiel mitgestalten, nicht. Die Realität des Spiels wird vom Computersystem aus Hard- und Software und vom Nutzer sowie eventuellen Mitspielern gemeinsam hergestellt. Deshalb sprechen wir hier von interaktiver Kommunikation. Dies wird in den nächsten Abschnitten noch genauer ausgeführt.

Bevor wir dies aber tun, wollen wir darauf hinweisen, dass in diesen beiden Eigenschaften, der Repräsentanz des Spielers im Spiel und seiner aktiven Beteiligung und Verantwortlichkeit für den Spielverlauf, der Grund dafür zu finden ist, warum Spielen, Identität und Kultur zusammenhängen: Über die Art der Beteiligung, über Erfolg und Misserfolg im Spiel erlebt sich der Spieler als beteiligtes Individuum, und dadurch entstehen der Sinn des Spielens und seine Bedeutung für die Identität des Spielers (Krotz 2004). Zudem findet, wenn mehrere Spieler gemeinsam ein Spiel spielen, eine spielerisch verfremdete Form medial vermittelter interpersonaler Kommunikation statt, an der sich das Computersystem ‚beteiligt', und die ebenso wie etwa Chats neue Rollen, neue Beziehungsmöglichkeiten und neue Erprobungen von Identität eröffnet. Wie schon Turkle (1998) herausgearbeitet hat, liegt bei den so genannten ‚Multi User Dungeons' (einer Art textueller Rollenspiele, ausführlich dazu Jenderek in diesem Band) der besondere Reiz darin, dass das Spielen hier eigentlich nichts anderes ist als eine kontinuierliche Inszenierung des Selbst des Spielers den anderen Mitspielern gegenüber. Bei anderen Spielen wie First-Person-Shootern oder Autorennen sind diese Inszenierungsmöglichkeiten für die Spieler meist in sehr viel bescheidenerem Ausmaß vorhanden. Man kann sich hier nur als besonders geschickter Spieler inszenieren, indem man die Regeln besonders gut erfüllt.

Insofern beinhalten Computerspiele auch interessante Erfahrungspotenziale für Erwachsene. In jedem Fall sind die kulturellen und sozialen Handlungsweisen, die man in Computerspielen erlernt, keineswegs virtuell, sondern sehr real, weil sie von Spielern mit ihren sonstigen Erfahrungen verarbeitet werden müssen. Wobei der ‚Als-ob'-Charakter des Spielens von Bedeutung ist: Wenn ein Spieler im Spiel eine Welt erschafft oder Menschen tötet, so handelt es sich nicht um außerhalb des Spiels existierende ‚wirkliche' Welten und auch nicht um ein ‚wirkliches' Töten, wohl aber um Erfahrungen, die der Spieler als eigene verarbeiten muss. Überdies rückt beim Online-Spielen neben den sonstigen Anforderungen die Fähigkeit des Spielers in den Vordergrund, mit anderen Mitspielern adäquat zu kooperieren. Das beschränkt sich nicht nur auf das Verhalten im Spiel, sondern ist auch auf einer Metaebene relevant: Während ich ein Spiel mit dem PC jederzeit abbrechen kann, produziert ein nicht nachvollziehbarer Abbruch des Spiels bei meinen menschlichen Mitspielern oder Gegnern soziale Irritationen, die nicht innerhalb des Sonderregelraums Spiel bleiben, sondern darüber hinaus reale Beziehungen beeinflussen können.

4   Computerspielen als eigenständige Form von Kommunikation

Im letzten Absatz hat sich bereits angekündigt, dass das Spiel mit dem Computer in kommunikationswissenschaftlicher Sicht einen neuen Typus von Kommunikation markiert, nämlich interaktive Kommunikation. Im folgenden Abschnitt soll dieser Begriff in einer allgemeinen Perspektive genauer diskutiert und bestimmt werden.[5]

Wir wählen dabei einen anderen Ansatz als etwa Oliver Quiring und Wolfgang Schweiger (2006). Diese operieren und argumentieren auf der Basis eines Kommunikationsverständnisses, das Kommunikation als Informationstransport versteht, und versuchen davon ausgehend interaktive Kommunikation zu bestimmen.

Traditionell orientieren sich große Teile der Kommunikationswissenschaft in ihrem Kommunikations- und Wissenschaftsverständnis an der berühmten Ausgangsfrage Harold Lasswells, wer was zu wem über welchen Kanal und mit welcher Wirkung sagt (McQuail 1994, 50). Das trägt jedoch als Basis für eine Kommunikationswissenschaft in der Medien- und Informationsgesellschaft nicht mehr: Man muss angesichts der komplexen medialen Potenziale heute von unterschiedlichen Typen von Kommunikation sprechen. Denn man muss etwa Mensch-Roboter-Kommunikation von Mensch-Mensch-Kommunikation unterscheiden, ebenso wie man das Lesen eines Buches oder das Anhören einer Radiosendung nicht mit dem Sprechen mit einem anderen Menschen verwechseln darf. Hinzu kommt, dass in der Medien- und Kommunikationswissenschaft diese verschiedenen Fälle von Kommunikation im Hinblick auf unterschiedliche Fragestellungen, theoretische Orientierungen und zum Teil auch mit unterschiedlichen empirischen Herangehensweisen und Methoden untersucht werden und auch werden müssen: Die klassische Inhaltsanalyse, an Printmedien entwickelt, greift etwa bei Computerspielen nicht recht, weil sie ohne Spieler keinen messbaren Inhalt haben. Der Korpus von Theorien zur interpersonalen mediatisierten Kommunikation unterscheidet sich grundlegend von den Theorien, die für die Erklärung der Bedeutung bzw. Wirkung von Massenkommunikation entwickelt wurden, und aus ethischen Gründen wie auch angesichts der vielfältigen Handlungsebenen und -potenziale in Computerspielen sollte man die Kommunikation mit Figuren in solch einem Spiel nicht als etwas behandeln, das sich von Face-to-face-Kommunikation zwischen Menschen nicht wesentlich unterscheidet.

Deshalb schlagen wir vor, *verschiedene Typen von Kommunikation zu unterscheiden* und damit neue Arbeitsfelder der Kommunikationswissenschaft zu eröffnen, in denen dann die sich ausdifferenzierenden Kommunikationsformen angemessen empirisch untersucht und theoretisch begriffen werden können. Um das zu verdeutlichen, werden wir in einem kurzen Exkurs ein semiotisches Kommunikationsverständnis skizzieren, auf das wir uns hier beziehen:

Eigentlich hat Kommunikation mit Informationstransport nicht viel zu tun. Wenn ein Mensch etwas sagt, gestikuliert oder mit seiner Mimik etwas ausdrückt, wird nichts transportiert, es werden vielmehr inhaltlich bedeutsam gemeinte Symbole produziert und präsentiert. Auch für den Zuhörer oder Zuschauer ist es nicht so relevant, ob etwas transportiert wird oder nicht. Vielmehr nimmt er die Symbole – mögen es Laute oder andere Zeichen sein – zur Kenntnis, und wenn er vermutet, dass damit etwas Relevantes gemeint sein soll, wird er versuchen zu verstehen, was das ist. Kommunikation ist also nicht Informations-

---

[5]   Wir können dies hier nur in Ausschnitten tun und verweisen auf Krotz (2007) sowie auf weitere dort aufgeführte Literatur.

transport, sondern Symbolproduktion und Symbolverstehen, intendierte Präsentation und Interpretation. Kommunikation kommt also nur zustande, wenn beides stattfindet, wobei der gemeinte und der verstandene Sinn sich natürlich immer unterscheiden können.

Als Kommunikationswissenschaftler wissen wir, dass Kommunikation gattungsgeschichtlich mit Mimik und Gestik als von mehreren Menschen gemeinschaftlich betriebene, wechselseitige Verständigung begonnen hat: Darauf aufbauend hat die Menschheit im Laufe ihrer Entwicklung Sprache, Kultur und Gesellschaft geschaffen, was ohne Kommunikation nicht möglich gewesen wäre. Diese gattungsgeschichtliche Entwicklung der Menschheit vollzieht in der Folge jedes Kind individualgeschichtlich nach – es kommt nicht mit einer fertigen Sprache auf die Welt, sondern erlernt Sprache und Sprechen, damit verbundene Symbole und Bedeutungen, Traditionen, Werte und Normen, Handlungsweisen, Wahrnehmungen und Emotionen durch Kommunizieren mit anderen (und denkend mit sich selbst). Dabei erlernt es zugleich mediatisierte Kommunikation.

Auch ohne Medien differenzieren sich die Kommunikationsweisen aus – zum Beispiel sind Vorträge oder Befehle Sonderformen eines Gesprächs. Neue *Typen* von Kommunikation entstehen dann durch Medien und medienvermittelte Kommunikation, insofern Telefonieren, Lesen, Schreiben, Rauchzeichen, ein Bild in den Sand malen oder das Bewegtbild im Kino Formen mediatisierter Kommunikation sind, die aus dem mimisch-gestisch-gestützten Gespräch hervorgehen. Wenn wir uns diese unterschiedlichen Kommunikationsarten ansehen, so können wir sie (nach dem jeweiligen Gegenüber eines Menschen) in die folgenden drei Basistypen unterteilen:

- Brief und Telefon dienen der *mediatisierten interpersonalen Kommunikation* zwischen zwei Menschen; mobiles Telefon, SMS, E-Mail oder Chat im Internet etc. tun dies ebenso. Sie ermöglichen es, dass Menschen über Raum bzw. Zeit hinweg ‚Gespräche‘ führen, auch wenn sie dabei Wahrnehmungseinschränkungen in Kauf nehmen oder spezifische Ausdrucksformen wie die Schrift entwickeln müssen.

- Die traditionelle Kommunikationswissenschaft hat sich vor allem mit einem anderen Typus von Kommunikation, nämlich mit *Kommunikation mit Massenmedien* beschäftigt: Hier produzieren im allgemeinen mehrere Menschen im Rahmen einer Organisation Medieninhalte, die dann als allgemein adressierte, standardisierte Kommunikate präsentiert und von anderen rezeptiv aufgenommen werden. Die Herstellung und Nutzung von Zeitung, Radio und Fernsehen oder auch Websites ist Kommunikation dieser Art.
  Diese Form der Kommunikation als ‚Massenkommunikation‘ zu bezeichnen führt aber auf falsche Fährten, weil es nicht um Massen geht, die kommunizieren. Vielmehr handelt es sich einerseits um *präsentative Kommunikation* allgemein adressierter, standardisierter Inhalte. Auf der anderen Seite bedarf es *rezeptiver Kommunikation*, die für das steht, was die Zuschauer, Hörer, Leser tun. Hier fallen die in einem Gespräch eigentlich abwechselnd ausgeübten Funktionen auseinander; jeder agiert, ohne den komplementären Teilnehmer an der gemeinsamen Kommunikation tatsächlich zu kennen. So lässt sich Massenkommunikation im traditionellen Sinn als ein Fall von verketteter präsentativer/rezeptiver Kommunikation begreifen; es macht keinen Sinn, diese wie interpersonale Kommunikation zwischen Individuen zu behandeln.

• Neben mediatisierter interpersonaler und präsentativer/rezeptiver Kommunikation –
mit je eigenen Besonderheiten – fallen Computerspiele offensichtlich unter eine dritte
Form von Kommunikation. Denn selbst wenn sie zwischen Menschen stattfindet,
spielt der Computer dabei eine eigenständige Rolle, indem er das ‚Spielfeld' gestaltet
und/oder weitere Mitspieler simuliert, so dass diese Art der Kommunikation nicht wie
ein Telefongespräch oder wie Kommunikation per Brief behandelt werden kann. Man
kann das Verhalten eines Computerspielers aber auch nicht wie etwa beim Fernsehen
als rezeptive Kommunikation bezeichnen, denn das Spiel läuft nicht einfach ab wie eine Fernsehsendung, und es liegt auch nicht einfach vor wie ein Buch, das man nur
umblättern muss. Vielmehr müssen sich Computersystem und Mensch wie in einem
Gespräch wechselseitig aufeinander einstellen, um richtige Spielpartner werden zu
können. Wir sprechen deshalb hier von *interaktiver Kommunikation*. Als weitere Beispiele für diese Form kann man die Kommunikation mit einem Tamagotchi anführen:
das kleine Plastik-Ei mit integriertem Bildschirm, das man pflegen und päppeln musste, mit dem man sich unterhielt, das zu Millionen in deutschen Haushalten starb und
dem im Internet Memorials gebaut wurden – oder die Kommunikation mit dem Entertainmentroboter AIBO (eine Art künstlicher Hund, vgl. Krotz 2007). Interaktive Kommunikation lässt sich also als Simulation eines Gesprächs begreifen, in der Computer
und Mensch zusammenwirken und wechselweise präsentative und rezeptive Beiträge
leisten – wobei man allerdings nicht sagen kann, dass der Computer etwas ‚versteht'
oder etwas ‚präsentieren will'; seine Antworten werden nur so interpretiert.

Wir fassen bis hierher zusammen: wir unterscheiden drei Typen mediatisierter Kommunikation, nämlich wechselseitig interpersonale, präsentative/rezeptive und interaktive Kommunikation. Sie alle sind Modifikationen der ursprünglichen Face-to-face-Kommunikation
von Menschen, die wir als wechselseitiges Gespräch mit Mimik und Gestik charakterisiert
haben. Natürlich gibt es Fragen wie etwa die nach der Wirkung von Gewaltdarstellungen,
die mehrere Formen von Kommunikation betreffen und vergleichend analysiert werden
können. Dennoch muss jede dieser Kommunikationsarten auch auf ganz eigene Weise
untersucht werden, weil jede ihre konstitutiven Besonderheiten hat.

5   Computerspielen als interaktive Kommunikation

Wie soll interaktive Kommunikation nun genau definiert werden? Skizzieren wir dazu ein
weiteres Beispiel, nämlich Kommunikation mit dem vom späteren Computerkritiker Josef
Weizenbaum entwickelten Computerprogramm ELIZA (vgl. Weizenbaum 1982).[6] Es handelt sich dabei um eine Software, die einer psychotherapeutischen Methode nachempfunden
ist, der so genannten ‚nondirektiven Gesprächspsychotherapie'. ELIZA ist unglaublich simpel programmiert, aber es markiert einen wesentlichen Schritt der künstlichen Intelligenz-
forschung (Weizenbaum 1982).
        Das folgende Protokoll eines ‚Gesprächs', das der Autor mit ELIZA geführt hat, zeigt
exemplarisch, wie ein solcher kommunikativer Kontakt verläuft:

---

[6]   Viele Versionen dieses Programms, die in ganz unterschiedlichen Computersprachen programmiert und zum
       Teil mit zusätzlichen Elementen versehen sind, kann man sich aus dem Internet herunterladen, z.B. unter
       http://www.manifestation.com/neurotoys/eliza.php3, abgefragt am 6.8.2006.

ELIZA: HI, I AM ELIZA. WHAT'S YOUR PROBLEM?

I am sad

ELIZA: HOW LONG HAVE YOU BEEN SAD?

Since two days

ELIZA: I SEE

I do not like to be sad

ELIZA: WHY NOT?

Because it makes me helpless.

ELIZA: IS THIS THE REAL REASON?

Yes

ELIZA: ARE YOU SURE?

Yes

ELIZA: PLEASE DON'T REPEAT YOURSELF!

Why not?

ELIZA: WHY DO YOU ASK?

Because I do not understand your answer

ELIZA: DON'T ANY OTHER REASONS COME TO MIND?

Yes, I am angry.

ELIZA: Do You BELIEVE IT IS NORMAL TO BE ANGRY?

Natürlich versteht ELIZA dabei nichts, es ist einfach nur eine Programmroutine, die einzelne Worte wie „sad" aufnimmt und sie in weiterführende Fragen einbaut, die einem Beobachter als sinnvoll vorkommen können. ELIZA verfügt zudem über Routinen, um ein Ausweichen des menschlichen Gesprächspartners zu verhindern, im obigen Beispiel etwa „Please don't repeat yourself!" oder „Why do you ask". An solchen Punkten ist es für einen Menschen natürlich einfach, das Gespräch sinnlos zu machen, indem man ELIZA überfordert. Man kann auf diese Weise auch jedes Computerspiel sinnlos machen, etwa wenn man bei einem Autorennen kein Gas gibt, nicht lenkt oder die Straße verlässt – für derartige Reaktionsweisen gibt es nur in bestimmten Fällen Gründe (vgl. dazu beispielsweise Behr, Klimmt & Vorderer in diesem Band) .

Stattdessen bemühen sich die User meistens, den Dialog mit einem Computer-System – sei es ELIZA, sei es ein Computerspiel – trotz seiner Mängel aufrecht zu erhalten, indem man im Rahmen dessen bleibt, womit ein solches Programm umgehen kann. Wer ein ‚intelligentes' GPS-System benutzt, um sicher an ein Ziel zu gelangen, ist selten daran interessiert, es durch destruktive Fragen oder Anweisungen lahm zu legen. Dementsprechend berichtet Weizenbaum (1982) von Beobachtungen, wonach Menschen, obwohl sie ELIZA in seiner Schlichtheit kannten, es trotzdem nutzten, um sich über die Hintergründe eines Sachverhalts, der sie selbst betraf, klarer zu werden – entsprechend dem Zweck, den ein nondirektiver Gesprächspsychotherapeut ja mit seinen Fragen verfolgt.

Der Dialog mit ELIZA ist also ein Fall eines Mensch-Maschine-Dialogs, bei dem sich beide ‚Partner' wechselseitig aufeinander einstellen. Das Programm realisiert dabei im Grunde das, was Alan Turing (1994, 49) in seiner berühmten Schrift über die Frage, ob Computer denken können, begründet hat: Er erklärte diese Frage für unwissenschaftlich, weil man sie nicht objektiv entscheiden könne. Man könne nur feststellen, ob ein Computer auf Fragen von außen in einer Weise reagiert, die von einem Beobachter als sinnvolle Reaktion und damit als Antwort gedeutet werden, indem er selbst wieder eine Antwort gibt. ELIZA kann das, wenn auch in bescheidenem Rahmen, der japanische Entertainmentroboter AIBO kann das so ähnlich wie ein ‚richtiger' Hund (Krotz 2005; 2003). Kommunikation mit einem Computer ist deshalb ein Fall einer einerseits simulierten, andererseits zugeschriebenen Kommunikation.

Heute ist dieser Typus von Kommunikation im Vergleich zu dem, was die Anfang der 1960er Jahre entstandene ELIZA konnte, bereits sehr viel komplexer möglich: ELIZA ist in gewisser Weise determiniert, weil sie in jedem Programmschritt Entscheidungen treffen muss, und wie man an ihrem Programm sehen kann, trifft sie unter gleichen Bedingungen immer die gleiche Entscheidung. Computerspiele sind heute komplexer, weil sie zum Beispiel Zufallsgeneratoren enthalten und so trotz gleicher Eingaben durch den beteiligten Menschen unterschiedliche ‚Antworten' des Hardware/Software-Systems zustande kommen können. Aber schon ELIZA ist interaktiv, weil ihre Programmierung darauf abzielt, sich auf ihr menschliches Gegenüber individuell einzustellen, ebenso wie ein AIBO daraufhin angelegt ist, Kontakt mit anderen aufzunehmen, und es Menschen gibt, die sich darauf einlassen.

Weiter ist *zu betonen, dass man Interaktivität nicht mit dem soziologischen Begriff der Interaktion verwechseln sollte* – damit ist ursprünglich ein wechselseitig bezogenes Handeln mehrerer Menschen gemeint, und darunter fällt auch Kommunikation zwischen ihnen, aber eben auch anderes. Mittlerweile wird der Begriff ‚Interaktion' meist in einem weiteren Sinn verwendet, nämlich als Handeln eines Menschen in Bezug auf einen beliebigen Gegenstand (Jäckel 1995). Damit ist er von ‚Interaktivität' immer noch deutlich unterschieden, denn von *Interaktivität* wird üblicherweise nur gesprochen, wenn es um ein Interagieren eines Menschen mit einem Computersystem geht, auf das der Computer auf spezifische Art und Weise ‚antwortet'. Sally McMillan (2004, 169 ff.) unterscheidet in dieser Hinsicht drei Typen von Interaktivität: Danach ist User-to-user-Interaktivität einfach nur ein anderer Begriff für computervermittelte interpersonale Kommunikation, während User-to-text-Interaktivität die Rezeption von ‚Texten', also von vorgegebenen Inhalten am Computer meint (wenn man also etwas liest, hört oder ansieht). Unter User-to-system-Interaktivität versteht McMillan dagegen die reziproke Kommunikation eines Menschen mit einem Computersystem bzw. der darauf laufenden Software, also genau das, was mit ELIZA, bei Computerspielen oder mit einem AIBO oder Tamagotchi möglich ist und geschieht.

Von interaktiver Kommunikation soll also dann die Rede sein, wenn Mensch und Computersystem an einem reziprok angelegten Kommunikationsprozess teilhaben und ihn beide mitgestalten. Anders ausgedrückt simuliert der Computer dabei die Beiträge eines Menschen zu einem ‚Gespräch'. Es liegt auf der Hand, dass Computerspiele ein Beispiel dafür sind: Der Computerspieler reagiert auf auftauchende Mitspieler sowie auf die Umwelt, die ihm der Computer als Spielfeld anbietet, und auf seine Antworten reagiert umgekehrt wiederum der Computer.

Damit sind Computerspiele – und interaktive Kommunikation allgemein – in kommunikationswissenschaftlicher Sicht etwas Neues, das erst durch den Computer möglich geworden ist. Der Computer kann das, weil er als universelle Maschine nicht nur auf einen Zweck festgelegt ist, sondern mit wechselnder Software so ausgerüstet werden kann, dass er auf komplexe und als sinnvoll wahrgenommene Weise auf menschliche Interventionen reagieren kann. Dieses Vermögen des Computers, über das er in die Welt eingreifen kann, wird bisher vor allem für Computerspiele sowie für Roboter genutzt, die die Fabrikhallen bevölkern. In den nächsten Jahrzehnten werden vermutlich immer mehr Geräte mit Prozessoren und Speichern ausgerüstet und auf diese Weise ‚intelligent' werden – und deshalb wird sich die Welt, in der wir aufwachsen und leben, auf fundamentale Weise verändern. *Tote Dinge* werden *kommunikationsfähig* und damit in gewissem Sinn *lebendig.* Beispiele hierfür sind Autos, die automatisch abbremsen, wenn der Abstand zum ‚Vordermann' zu gering wird; der Kühlschrank, der ‚mitdenkt' und eine Bestellung auslöst, wenn die Milch alle ist; eine Spracherkennung an der Eingangstür, die Unbekannten den Zutritt verweigert, und die Zeitung, die sich ‚automatisch' den Interessen der Nutzer anpasst.

6   Die Bedeutung von Computerspielen als Fall interaktiver Kommunikation

Wir können nun auf die eingangs gemachte Behauptung zurückkommen, dass Computerspiele nicht nur Spiele sind, sondern als ein Fall interaktiver Medien wesentlich dazu beitragen werden, die Formen des Zusammenlebens der Menschen ebenso wie die menschlichen Konzeptionen der subjektiven oder objektiven Sinnhaftigkeit zu verändern. Wir werden uns bei dieser Diskussion auf Computerspiele beschränken und eine Reihe einzelner ergänzender Anmerkungen machen.

1. Computerspiele werden insbesondere auch (wenn auch nicht nur) von Kindern und Jugendlichen gespielt.[7] Sie bilden ein interessiertes und bereitwilliges Publikum, das über die Kompetenz verfügt, solche Angebote zu suchen, zu nutzen und zu genießen. Das wirkt sich auch ökonomisch aus: schon im Jahr 2000 lag der Umsatz von Produkten des interaktiven Entertainments auch in Europa höher als die Ausgaben fürs Kino (Europäische Audiovisuelle Informationsstelle 2001). Computerspiele sind damit einerseits *wesentliche Agenten der kindlichen und jugendlichen Sozialisation,* zugleich aber auch ein *Teil der jugendlichen Populärkultur der Industrieländer.*
    Die zuständigen Wissenschaften haben sich bisher nur sehr marginal damit beschäftigt, und auch die Öffentlichkeit hat allenfalls auf Warnungen vor antisozialen Folgen reagiert. Es hat Jahrzehnte gedauert, bis sich eine deutsche medienpädagogische wissenschaftliche Zeitschrift dazu entschlossen hat, ein Schwerpunktheft zu publizieren, das nach dem Nutzen von Computerspielen fragte (die Zeitschrift MERZ mit ihrer Ausgabe 3 im Jahr 2004). Die emotionale Dimension, auf deren Grundlage sich Computerspieler auf simulierte Wirklichkeiten einlassen, blieb im Rahmen von Medienkompetenzdiskussionen meist unberücksichtigt. Aus diesen Gründen blieben Computerspiele bisher weitgehend Peer-group-Medien von Jugendlichen, und viele Eltern wissen bis heute nicht, dass auch ihr Kind spätestens ab zwölf Jahren das eine oder andere indizierte Computerspiel auf der Festplatte hat.

2. Computerspiele – und allgemeiner: interaktive Medien – sind insbesondere für die Sozialisation von Kindern und Jugendlichen von großer Bedeutung. Denn die Menschen erwerben ihre medienbezogenen Gewohnheiten meist als Heranwachsende, und

---

[7]   Wenn ich mich hier besonders auf Kinder und Jugendliche konzentriere, so soll das nicht heißen, dass Erwachsene keine Computerspiele spielen. Interessant ist aber in dem hier diskutierten Zusammenhang insbesondere die sozialisatorische Bedeutung von Computerspielen, aus der sich die in diesem Beitrag thematisierten Konsequenzen ergeben.

mehr noch als die Kinder und Jugendlichen der neunziger Jahre werden die Heranwachsenden des laufenden und der nächsten Jahrzehnte den Computer als universelle
persönliche Maschine nicht nur des instrumentellen Handelns, sondern auch des emotionalen Erlebens konstituieren. Sie lassen sich so auf das ein, was Computer – und
zwar nur Computer – anbieten: auf eine Welt der Simulation und auf das interaktive
und reflexive Kommunizieren darin. Die Reduktion der öffentlichen Diskussion auf
die Problematik von Gewaltspielen ist deswegen problematisch und beunruhigend,
und trägt nicht dazu bei, dass diese sozialisatorischen Impulse ernst genommen werden.

3.   Eine damit aufgeworfene Frage ist, welche Bedeutung Computerspiele für die sozial
     eingebettete Konstitution von Wirklichkeit durch die Spieler haben und welche sozia-
     len, kulturellen und psychischen Konsequenzen die Spielmaschine Computer auf lange
     Sicht hat. Spielen ist ein Fall sozialen Handels, und in unserem sozialen Handeln kon-
     stituieren wir Kultur und Gesellschaft, soziale Beziehungen und Identität. Die Frage ist
     dann nicht so sehr *ob*, sondern *wie* sich soziales Handeln der Individuen und die For-
     men des Zusammenlebens der Menschen auch durch das Potenzial des Computerspie-
     lens langfristig verändern: Der Mensch des Zeitalters, in dem nur wenige auf Perga-
     ment schreiben konnten, unterscheidet sich von dem der oralen Kulturen, von dem aus
     der Zeit des Rotationsdrucks oder dem des Fernsehzeitalters (Krotz 2001). Von daher
     müssen wir davon ausgehen, dass auch die Kinder, die im Zeitalter der interaktiven
     Medien aufwachsen, einen ganz anderen Sozialcharakter und ganz andere Kommuni-
     kationsbedürfnisse und -kompetenzen besitzen als frühere Generationen. In den zu-
     nehmend von der Erwachsenenkultur abgekoppelten Kinderwelten – die Pokemon-
     Kindersubkultur beispielsweise ist gezielt darauf angelegt, von Erwachsenen nicht
     verstanden zu werden (Dreier, Kubisch & Lampert 2000) – tragen Computerspiele und
     die Formen interaktiver Kommunikation auf komplexe Weise zu Wissen und Vorstel-
     lungen von Wirklichkeit, zu Träumen und Phantasien und damit zur Alltagskonstruk-
     tion bei, und dies auf ganz andere Weise als bei früheren Generationen.

4.   Spielen am Computer findet nicht im luftleeren Raum und auch nicht in einer ge-
     schützten Kindheit statt, sondern ist Teil der Gesellschaft. Spiele sind kulturindustriell
     hergestellte Produkte (Horkheimer & Adorno 1971), und private Unternehmen wie
     auch gesellschaftliche Institutionen versuchen, sie sich für ihre Zwecke dienstbar zu
     machen: Zum einen durch klassische Werbung, also die Einbindung von Firmenlogos
     oder Markenprodukten in das Computerspiel, die als Teil der natürlichen Umgebung
     auf dem Bildschirm erscheinen. Die Bandenwerbung in den Stadien von Fußballsimu-
     lationen wird beispielsweise heute schon gezielt verkauft.
     Zum anderen werden immer mehr Computerspiele von Firmen, Parteien oder sonsti-
     gen gesellschaftlichen oder ökonomischen Akteuren konzipiert, veranlasst und vertrie-
     ben. Man konnte in der kurzen Geschichte der Computerspiele durchs Land der Bifi-
     Würste ziehen, Moorhühner für eine Whisky-Marke jagen, mit der Telekom ,Kommu-
     nikationsgegner' bekämpfen oder als ,Tony Tiger' Punkte im Kampf gegen Ameisen
     gewinnen, indem man die Vitamine in den Produkten von Kelloggs einsammelt.
     Neben der in den Medien allgegenwärtigen Werbung offerieren Computerspiele den
     Nutzern natürlich auch Normen und Werte, Einstellungen und Handlungsweisen, die
     ihre Architekten darin angelegt haben. Erfolg im Spiel kann man nur haben, wenn man

sich ihnen unterwirft, Zielsetzungen übernimmt und Strafen vermeidet. Im Allgemeinen werden Werte und Normen nicht offen ausgewiesen und sind im Gang des Spiels weder reflexions- noch diskussionsfähig, sondern in spannende und involvierende Szenarien integriert. Die Spieler erarbeiten sie sich selbst, indem sie versuchen, das Spiel zu einem guten Ende zu bringen. Wird durch die Spiele, die vom Umweltministerium etwa zum Themenbereich Ökologie vertrieben wurden, eine Beeinflussung der Spieler zu gesellschaftlich verantwortungsvollem Handeln beabsichtigt, so können andere Spiele natürlich auf ganz andere Ziele und Erfolge ausgerichtet werden. Was will die Gesellschaft hier?

5. Computerspiele sind ein Fall interaktiver Kommunikation, und interaktive Kommunikation ist eine der Kommunikationsformen, die sich auf digitale Medien bezieht. Computerspiele muss man deshalb einerseits zwar für sich untersuchen, andererseits aber auch als Teil eines gewaltigen Veränderungsprozesses sehen, der seinen Ausdruck in sich wandelnden Medien und Kommunikationsformen findet. Diese Entwicklung, die in ihrer Bedeutung anderen fundamentalen Entwicklungen wie Globalisierung und Individualisierung in nichts nachsteht, lässt sich als historisch übergreifender Metaprozess einer Mediatisierung von Alltag und Sozialisation, sozialen Beziehungen, Kultur und Gesellschaft sehen und theoretisieren (Krotz 2001). Dieser Prozess begann spätestens mit der Erfindung der Schrift und beeinflusst das Zusammenleben der Menschen seither grundsätzlich. Ein solch umfassendes Konzept kann als Rahmen für die Untersuchung von Computerspielen dienen, insofern sich daran unter anderem eine Mediatisierung von Kindheit wie auch eine Mediatisierung von Freizeit zeigt. In diesem Kontext ist es wichtig im Blick zu haben, dass diese Entwicklungen immer auch mit Ökonomisierung und Konsumorientierung zusammenfallen. Dieser Prozess ist zurzeit auf der Ebene der Computerspiele einseitig an den Zielen und Interessen der Hersteller und ihrer Finanziers orientiert. Schon die alten Medien tendierten zu einer Vermachtung und Enteignung des öffentlichen Diskurses, was sich etwa im Journalismus durch die zunehmende Nachrangigkeit journalistischer Kriterien gegenüber wirtschaftlichen Zielsetzungen äußert, aber auch durch die zunehmende Kooperation zwischen Politik, Wirtschaft und Medien deutlich wird (Habermas 1987; 1990), während die Zivilgesellschaft eher außen vor bleibt.

Computerspiele lassen sich deshalb auch als ein ‚take over' kindlicher bzw. jugendlicher Phantasien durch Unternehmen begreifen; das bedeutet, sie sollten auch unter diesem Aspekt empirisch untersucht werden. Hier ist die Zivilgesellschaft gefragt, die diese Prozesse beobachten, kontrollieren und dafür sorgen muss, dass die Menschen angemessene und gute Spiele auswählen können.

Literaturverzeichnis

Ameln, F. von, Gerstmann, R. & Kramer, J. (Hrsg.) (2004): *Psychodrama*. Berlin u.a.: Springer.

Dreier, H., Kubisch, S. & Lampert, C. (2000): Komm' schnapp' sie dir. Das Phänomen Pokémon. *tv diskurs*, 14, 74-79.

Europäische audiovisuelle Informationsstelle (Hrsg.) (2001): *Statistisches Jahrbuch 2001*. Strassburg: Europäische audiovisuelle Informationsstelle.

Fritz, J. & Fehr, W. (1997): *Handbuch Medien: Computerspiele*. Bonn: Bundeszentrale für politische Bildung.

Grassmuck, V. (1998): Osu, ugoku, ureshii. Elektronische Spiele in Japan. In: S. Scholz-Cionca (Hrsg.): *Japan. Reich der Spiele*. München: iudicium, 399-438.

Haase, H. (2003): Spiel. In: H.-O. Hügel (Hrsg.): *Handbuch populäre Kultur*. Stuttgart, Weimar: J.B. Metzler, 416-421.

Habermas, J. (1987): *Theorie kommunikativen Handelns* (2 Bände, 4. Auflage). Frankfurt am Main: Suhrkamp.

Habermas, J. (1990): *Strukturwandel der Öffentlichkeit* (2. Auflage). Frankfurt am Main: Suhrkamp.

Hasebrink, U. & Krotz, F. (1991): Das Konzept der Publikumsaktivität in der Kommunikationswissenschaft. *SPIEL* (Siegener Periodikum für Internationale Empirische Literaturwissenschaft), 10(1), 115-139.

Hörisch, J. (2004): *Eine Geschiche der Medien*. Frankfurt am Main: Suhrkamp.

Hoffmann, J. (2006): "Play it again, Sam" – A differentiating view on repeated exposure to narrative media. *Communications*, 31(3), 389-403.

Horkheimer, M. & Adorno, T. W. (1971): *Dialektik der Aufklärung*. Frankfurt am Main: Fischer.

Huizinga, J. (1956): *Homo Ludens. Vom Ursprung der Kultur im Spiel*. Reinbek: Rowohlt

Jäckel, M. (1995): Interaktion: Soziologische Anmerkungen zu einem Begriff. *Rundfunk und Fernsehen*, 43(4), 463-476.

Klimmt, C. (2001): Ego Shooter, Prügelspiel, Sportsimulation? Zur Typologisierung von Computer- und Videospielen. *Medien und Kommunikationswissenschaft*, 49(4), 480-497.

Krotz, F. (1995): Elektronisch mediatisierte Kommunikation – Überlegungen zu einer Konzeption einiger zukünftiger Forschungsfelder der Kommunikationswissenschaft. *Rundfunk und Fernsehen*, 43(4), 445-462

Krotz, F. (2001): *Die Mediatisierung kommunikativen Handelns. Wie sich Alltag und soziale Beziehungen, Kultur und Gesellschaft durch die Medien wandeln*. Wiesbaden: Westdeutscher Verlag.

Krotz, F. (2003): Kommunikation mittels und mit digitalen Maschinen. Inhaltliche und methodologische Überlegungen aus Sicht der Kommunikationswissenschaft. In: C. Kumbruck, M. Dick & H. Schulze (Hrsg.): *Arbeit – Alltag – Psychologie. Über den Bootsrand geschaut. Festschrift für Harald Witt*. Heidelberg: Asanger, 315-330.

Krotz, F. (2004): Mediatisierte soziale Beziehungen und ihr Beitrag zur kommunikativen Konstitution von Identität. *Medien und Erziehung*, 48(6), 32-46.

Krotz, F. (2005): Der AIBO als Medium und wie er funktioniert. Ergebnisse eines Forschungsprojekts. In: L. Fischer (Hrsg.): *Programm und Programmatik*. Konstanz: UVK, 400-411.

Krotz, F. (2007): *Mediatisierung: Fallstudien zum Wandel von Kommunikation*. Wiesbaden: Verlag für Sozialwissenschaften.

McMillan, S. J. (2004): Exploring models of interactivity from multiple research traditions: Users, documents and systems. In: L. A. Lievrouw & S. Livingstone (Hrsg.): *Handbook of new media. Social shaping and consequences of ICTs* (Reprint). London: Sage, 163-183.

McQuail, D. (1994): *Mass communication theory* (3. Auflage). London: Sage.

Quiring, O. & Schweiger, W. (2006): Interaktivität – ten years after. Bestandsaufnahme und Analyserahmen. *Medien- und Kommunikationswissenschaft*, 54(1), 5-24.

Turing, A. M. (1994): Kann eine Maschine denken? In: W. C. Zimmerli & S. Wolf, S. (Hrsg.): *Künstliche Intelligenz: Philosophische Probleme*. Stuttgart: Philipp Reclam Junior, 39-77.

Turkle, S. (1998): *Leben im Netz. Identität in Zeiten des Internet*. Reinbek bei Hamburg: Rowohlt.

Völker, K. (2003): Androide. In: H.-O. Hügel (Hrsg.): *Handbuch populäre Kultur*. Stuttgart, Weimar: J.B. Metzler, 109-114.

Weizenbaum, J. (1982): *Die Macht der Computer und die Ohnmacht der Vernunft* (3. Auflage). Frankfurt am Main: Suhrkamp.

2.2

Computerspielen als Unterhaltung

Carsten Wünsch und Bastian Jenderek

1   Einleitung

Woher beziehen Computerspiele ihre Anziehungskraft? Wieso geben weltweit Millionen Spieler Milliarden Dollar für diesen Zeitvertreib aus und verwenden dafür viele Stunden ihrer Zeit? Auf die Frage, warum Computerspiele so attraktiv sind, erhält man viele unterschiedliche Antworten. Besonders häufig jedoch wird zur Erklärung der Attraktivität die Annahme herangezogen, dass Computerspiele die Nutzer gut unterhalten. Dieses Unterhaltungspotenzial der Computerspiele scheint völlig plausibel zu sein, allerdings weisen Computerspiele im Vergleich zu klassischen Unterhaltungsmedien wie dem Fernsehen einige Besonderheiten auf, die dem Unterhaltungserleben entgegenstehen könnten. So ist z.B. die Intensität, in welcher sich die Spieler aktiv einbringen können und müssen, wesentlich höher. Dass eine solche Herausforderung als unterhaltsam erlebt wird, ist nicht selbstverständlich und bedarf einer theoretischen Erklärung.

Im Rahmen dieses Beitrags wollen wir daher die Frage diskutieren, ob Computerspielen tatsächlich eine Form des Unterhaltungserlebens darstellt. Wenn das der Fall sein sollte, wäre zu erörtern, welche Besonderheiten es im Vergleich zum Unterhaltungserleben bei anderen Medien aufweist. Dazu wird zunächst ein theoretisches Verständnis von Unterhaltung (Abschnitt 2) und Spiel (Abschnitt 3) erläutert und anschließend die in diesem Zusammenhang relevanten spezifischen Eigenschaften des Computerspielens verdeutlicht (Abschnitt 4). Auf dieser Basis wird dann diskutiert, ob und inwiefern man bei Computerspielen von Unterhaltungsmedien sprechen kann (Abschnitt 5).

2   Unterhaltung: Begriff und Theorie

Obwohl der Begriff ‚Unterhaltung' intuitiv sofort verständlich zu sein scheint, zeigt sich beim Versuch, ihn genauer zu fassen, wie vielschichtig und schwer definierbar er ist (vgl. dazu Früh 2006; Wünsch 2006). Wir wollen uns deswegen hier auf solche Definitionen konzentrieren, welche den Begriff Unterhaltung zur Beschreibung der Rezeption und begleitender psychologischer Prozesse verwenden. Diese Definitionen betrachten Unterhaltung als eine bestimmte ‚Art und Weise', mit medialen Angeboten umzugehen. Dabei handelt es sich um eine Vielzahl unterschiedlicher Prozesse, die an der Rezeption von Inhaltsangeboten beteiligt sind. Um klären zu können, ob beim Computerspielen solche Rezeptionsprozesse auftreten, werden wir auf die Triadisch-Dynamische Unterhaltungstheorie (TDU) von Früh (2002) zurückgreifen. Diese versteht sich als Rahmentheorie, deren Aussagen zwar in einigen Teilen eher unspezifisch sind, die auf diese Weise jedoch eine umfassende Definition von Unterhaltung vorlegt, bei der das Phänomen nicht auf einen bestimmten Kontext (z.B. Spielfilme im Fernsehen) beschränkt wird: Die TDU ermöglicht es, Unterhaltung in ganz unterschiedlichen Zusammenhängen (z.B. bei den Fernsehnachrichten oder auf einem Live-Konzert etc.) zu identifizieren und zu beschreiben. Im Folgenden soll geprüft werden, ob dies auch für Computerspiele gilt.

Die TDU definiert Unterhaltung als eine „angenehm erlebte Makroemotion [...] unter der Bedingung, dass der Rezipient [...] die Gewissheit hat, die Situation souverän zu kontrollieren" (Früh 2002, 240). Unterhaltung wird also überwiegend als angenehm empfunden, was aber nicht automatisch gleichzusetzen ist mit einem hedonistischen Lust- oder Spaßerleben: Das angenehme Erleben kann auch durch einen ‚überstandenen' Horrorfilm ausgelöst werden, oder durch den Eindruck, bei einer Nachrichtensendung etwas Wichtiges gelernt zu haben. Es ist also eher ein im weiteren Sinne positives, zufriedenes, angenehmes und freudiges Erleben gemeint, das als ‚Makroemotion' bezeichnet werden kann. Damit ist auch schon die Entstehung des Unterhaltungserlebens angesprochen: Hierbei handelt es sich um einen spezifischen Verarbeitungsprozess. Bei diesem werden Informationen und Emotionen, die auf der Wahrnehmungsebene mit einem konkreten und unmittelbaren Bezug zum Inhalt verbunden sind (z.B. einzelne Szenen oder Handlungssequenzen eines Spielfilms), auf der ‚Makroebene' eingeordnet und verarbeitet. Das Erleben auf der ‚Makroebene' bezieht sich dann auf die gesamte Rezeption. Dazu gehören sowohl bereits rezipierte Teile eines Stimulus (z.B. bisherige Handlung eines Spielfilms) als auch antizipierte Aspekte (Vermutungen, wie die Handlung weiter verlaufen wird) und der gesamte situative und gesellschaftliche Kontext der Rezeption. Insofern ist die Makroebene von ganzheitlicher Natur.

Ein Beispiel soll die beschriebenen Prozesse verdeutlichen: Eine Filmszene zeigt, wie eine Person tot zu Boden fällt. Auf der Mikroebene wird die Information ‚ein Mensch fällt tot um' normalerweise unmittelbar mit dem Erleben von Angst, Trauer oder Mitgefühl einhergehen. Auf der Makroebene wird der Rezipient hingegen weitere Informationen hinzuziehen, um diese Szene zu verstehen und zu bewerten: Auf Grund der bisherigen Handlung des Spielfilms erkennt der Zuschauer den tot zu Boden gefallenen Menschen beispielsweise als den lange gesuchten Serienkiller. Das Wissen des Zuschauers über den Aufbau von Thrillern lässt ihn diese Szene als eine Ankündigung des Filmendes verstehen, und sein Wissen über mediale Darstellungsformen hilft ihm, diesen Tod als fiktionale Filmhandlung einzustufen. Die negativen Empfindungen von Angst, Trauer oder Mitgefühl auf der Mikroebene werden auf der Makroebene eher als Erleichterung, Entspannung und Freude über das Happy End erlebt. Auf diese Weise kann auch erklärt werden, wie sich ein Rezipient gleichzeitig ausgezeichnet unterhalten und wohl fühlen kann – und im gleichen Moment so unangenehme Dinge wie Angst oder Ekel spürt. Beide Empfindungen spielen sich demnach auf unterschiedlichen Verarbeitungsebenen ab (vgl. Wünsch 2006).

Ein weiterer in der Definition von Früh (2002) angesprochener Aspekt betrifft die ‚Souveränität und Kontrolle' in der Situation. Diese beiden Elemente sind insofern wichtig, weil sie Unterhaltung von anderen angenehmen, aber eben nicht-unterhaltenden Erlebensweisen abgrenzen (wie z.B. das Glück nach dem Gewinn einer ‚Lotto-Million'). Mit Souveränität sind vor allem die Dispositions- und Entscheidungsfreiheiten des Rezipienten gemeint. Der Rezipient entscheidet, wann und wie er sich unterhält. Er hat die Freiheit, aber nicht die Verpflichtung, den situativen Kontext zu gestalten (z.B. durch die Entscheidung, welchen Film er in welchem Kino ansehen will). Diese Freiheit – zu entscheiden, wann sich eine Person unterhalten will – ist mit einem weiteren Punkt eng verknüpft: Unterhaltung ist Selbstzweck und kann nicht erzwungen werden. Außerhalb der eigentlichen Rezeption liegende Ziele oder Aufgaben mindern die Souveränität so stark, dass in der Regel keine Unterhaltung mehr möglich ist. Man kann niemanden beauftragen, die in ‚Winnetou' dargestellten Rollenbilder der amerikanischen Ureinwohner zu analysieren, und zugleich erwarten, dass sich diese Person dabei unterhält. Wenn die Person diese Analyse jedoch aus eigenem Willen durchführt, kann das für sie durchaus unterhaltsam sein.

Kontrolle – als weitere Voraussetzung für die Entstehung von Unterhaltungserleben – bezieht sich auf die Beherrschbarkeit und Überschaubarkeit der Konsequenzen der Rezeption. Damit sind sowohl Medieninhalte angesprochen, die über die Rezeption hinaus bedeutsam sind (z.B. ob der Wetterbericht Auswirkungen für ein geplantes Picknick hat), als auch Konsequenzen der Rezeption an sich. Beispielswiese kann die Rezeption eines Konzerts einer angesagten Boygroup nachhaltig die soziale Anerkennung in der Peergroup verändern oder ein Kinobesuch von der Vorbereitung einer anstehenden Klausur abhalten.

Für beide Aspekte gilt, dass sie nicht als ein quasi ‚objektives' Merkmal der Rezeption zu verstehen sind, sondern dass die ‚gefühlte' Souveränität und Kontrolle gemeint sind. Diese wird zwar durch den ‚objektiven' situativen Kontext mitbestimmt, kann diesen aber im Zweifelsfall auch negieren, indem bestimmte Restriktionen – welche der Souveränität und Kontrolle entgegenstehen – einfach nicht zur Kenntnis genommen oder verdrängt werden. So kann sich beispielsweise ein Journalist einen Film ansehen mit dem Ziel, anschließend eine Kritik über ihn zu verfassen. Wird er aber von der Geschichte des Films derart mitgerissen, dass er darüber seine eigentliche Aufgabe vergisst, kann er sich zwar gut unterhalten, wird aber seine eigentliche Aufgabe weniger effektiv erfüllen (da er sie für die Dauer des Films verdrängt). Obwohl diese Aufgabe ‚objektiv' gesehen natürlich die gesamte Zeit über existiert.

Bei der bisherigen Beschreibung der Konzepte Souveränität und Kontrolle haben wir ausschließlich auf passive Elemente verwiesen, d.h. es wurden nur die für Unterhaltung notwendigen Freiräume genannt. Darüber hinaus sind aber auch aktive Aspekte von Bedeutung: Der Rezipient muss, um sich zu unterhalten, zumindest in einem geringen Umfang auf das Unterhaltungsangebot eingehen, indem er z.B. mit den Protagonisten empathisch mitfühlt oder die dargestellte Geschichte im Geiste ‚weiterspinnt' oder aber in der Phantasie ganz ‚verrückte', in der Realität nicht mögliche Dinge tut. Er muss sich ein Stück weit auf das Medienangebot einlassen.

Fassen wir zusammen: (1) Unterhaltung entsteht als eine so genannte ‚Makroemotion', d.h. ein emotionales Erleben, welches sich nicht auf einen einzelnen Stimulus (z.B. eine Filmszene), sondern auf dessen weiteren Kontext bezieht (z.B. den Film im Ganzen mit seinem situativen und kulturellen Umfeld). (2) Dieses Erleben wird als positiv empfunden und geht (3) mit passiver und aktiver Souveränität und Kontrolle einher. (4) Unterhaltung ist in dieser Form stimulusunspezifisch, d.h. dieser Erlebensmodus kann prinzipiell bei der Rezeption jedes Mediums und jedes Inhalts entstehen, muss aber nicht.

Wir sagten zu Beginn, dass sich die TDU als eine Rahmentheorie versteht, welche zwar eine grundlegende Definition und Modellierung von Unterhaltung liefert, deren Aussagen in anderen Teilen aber weniger konkret sind. Damit bietet sie hinreichend Flexibilität, um die Vielschichtigkeit des Phänomens Unterhaltung differenziert zu analysieren – auch unter Bezugnahme auf andere Theorien. Unter Rückgriff auf die TDU lassen sich viele dieser ‚Schichten' als unterschiedliche Möglichkeiten verstehen, wie während der Rezeption die angenehme Makroemotion ‚Unterhaltung' unter der Bedingung von Souveränität und Kontrolle entstehen kann.

Wir wollen zur weiteren Konkretisierung des Unterhaltungsbegriffs auf einige Rezeptionsphänomene eingehen, welche an der Entstehung von Unterhaltungserleben beteiligt sein können. Dazu werden wir auf einen Vorschlag von Vorderer et al. (2004, 395) zurückgreifen. Die Autoren nennen mehrere rezeptionsbegleitende Phänomene, welche an der Entstehung von Unterhaltungserleben beteiligt sein können:

- *Suspension of Disbelief*: Unterhaltungserleben kann sich häufig im Kontext fiktionaler Medieninhalte entfalten. Solche Inhalte sind in ihren Darstellungen nicht an die Grenzen der Realität gebunden. Besonders deutlich wird dies beim Genre der Science-Fiction-Produktionen, gilt aber beispielsweise auch für Krimis oder Actionfilme, bei denen Stuntmen und Tricktechnik helfen, die gewohnten Grenzen naturwissenschaftlicher Gesetzmäßigkeiten (scheinbar) zu überwinden. Damit hierbei Unterhaltung entstehen kann, muss der Zuschauer das Bewusstsein über die Irrealität des Geschehens verdrängen, also seinen Zweifel am Realitätsgehalt ‚unterdrücken'.

- *Empathie*: Mit Empathie werden Prozesse des Mitempfindens und -fühlens mit den Akteuren der dargestellten Handlung bezeichnet. Diese sind Voraussetzung, um positive oder ablehnende Einstellungen zu den Akteuren zu entwickeln. Zudem bildet Empathie die Grundlage für den Aufbau eines Spannungserlebens, das durch das Hoffen auf ein gutes Ende für den Protagonisten und ein schlechtes Finale für den Antagonisten entsteht (vgl. dazu die Affective-disposition-Theorie; Zillmann 1996). Aufbauend auf den empathischen Reaktionen kann ein Rezipient auch mit ihnen (para-)sozial interagieren und auf diese Weise (para-)soziale Beziehungen zu den Akteuren entwickeln.

- *Präsenzerleben*: Mit dem Präsenzerleben bezeichnen die Autoren das Gefühl der räumlichen Anwesenheit in der dargestellten Geschichte, der fiktionalen, künstlichen oder virtuellen Umgebung (s.u.). Eine notwendige Bedingung hierfür ist das *domainspezifische Interesse*. Damit ist eine Kognition gemeint, die das Interesse an einem speziellen Gegenstand beinhaltet. Diese wird als Indikator für starkes kognitives Involvement gesehen und ist Voraussetzung für die Bündelung der Aufmerksamkeit auf eine Situation, welche wiederum eine der Voraussetzungen für Präsenzerleben ist.

Bevor geprüft werden kann, ob sich die erläuterten allgemeinen Unterhaltungskriterien der TDU auf das Computerspielen übertragen lassen und ob dabei die gleichen Rezeptionsphänomene eine Rolle spielen (können) wie von Vorderer et al. (2004, 395) für die Unterhaltung durch andere Medien beschrieben, müssen zunächst die wesentlichen Merkmale von Computerspielen aus kommunikationswissenschaftlicher Perspektive bestimmt werden.

3   Spiel: Begriff und Theorie

Wir werden Computerspiel im Folgenden als eine spezielle Form von ‚Spiel' betrachten. Für das Verständnis der Kategorie ‚Spiel' orientieren wir uns an der klassischen Definition von Huizinga (1956, 20; Hervorhebung im Original):

Der Form nach betrachtet, kann man das Spiel also zusammenfassend eine freie Handlung nennen, die als *nicht so gemeint* und außerhalb des gewöhnlichen Lebens stehend empfunden wird und trotzdem den Spieler völlig in Beschlag nehmen kann, an die kein materielles Interesse geknüpft ist und mit der kein Nutzen erworben wird [...].

Wir wollen dies in Anlehnung an Oerter (1999) noch etwas konkretisieren. Das Spiel als Handlung (und damit charakterisiert durch Intentionalität und Gegenstandsbezug) ist durch formale, inhaltliche und strukturelle Merkmale gekennzeichnet und geht mit spezifischen Formen des subjektiven Erlebens des Spielers einher.

(1) Formale Merkmale

- *Zweckfreiheit:* Das Spiel verfolgt keinen Zweck außer dem Spiel selbst. Der Nutzen des Spiels liegt in dessen (erfolgreichem) Vollzug, im Erleben des Spieles. Darüber hinausgehende Motivationen (z.B. die vertraglichen Vereinbarungen eines Profifußballspielers) führen dazu, dass die vollzogene Tätigkeit nicht mehr als Spiel, sondern als Pflicht oder Arbeit empfunden wird.

- *Intrinsische Motivation:* Direkt an diese Zweckfreiheit schließt sich ein weiteres Merkmal an: Ein Spiel muss von Spielern aus ‚freien Stücken' gespielt werden; die Motivation muss vom Spieler im Spiel selbst gesehen werden. Dies gilt auch dann, wenn ein von außen kommender Anreiz Anlass zu einem Spiel ist: Wenn ein Spieler intrinsisch motiviert ist, wird er die externe Motivation vergessen oder ausblenden.

(2) Inhaltliche Merkmale

- *Wechsel des Realitätsbezuges:* Die Spielhandlung bewegt sich in einem eigenen Realitätsrahmen. Dieser kann abstrakt und symbolisch über Konventionen bzw. Spielregeln definiert werden, wie beispielsweise die Abseitsregel beim Fußball. Er kann konkret und gegenständlich beschaffen sein, z.B. ein Stock als Schwert beim ‚Ritter-Spielen'. Diese ‚neue' Realität lässt sich virtuell erleben und ausleben, wenn dort Tätigkeiten ‚simuliert' werden (können): „Die Spielsituation zeigt in der ‚Einbildung' eine neue Realität, in der Tätigkeiten, die aus der ursprünglichen (gesellschaftlichen) Realität stammen, herausgelöst und ausgeführt, eben gespielt werden können" (Oerter 1999, 9). Teil der Spielhandlung ist es, sich diese Realität zu konstruieren. Diese Konstruktion ist nur bedingt an die Regeln und Gesetze des normalen Lebens gebunden und kann sich über Restriktionen der ‚objektiven' Welt hinwegsetzen. Von zentraler Bedeutung ist dabei die Möglichkeit, stets das Spiel beenden oder neu beginnen zu können – ganz anders als in der Realität.

- *Anlehnung an vorhandene Lebenswelten:* Der Wechsel des Realitätsbezuges bzw. die Konstruktion einer neuen Realität kann nicht beliebig erfolgen – der neue Realitätsrahmen muss sich an der Lebenswelt des Spielers orientieren, sich darauf beziehen oder sie symbolisch abbilden. Nur so können die Spieler dem Spiel Bedeutung beimessen, es interpretieren und mit Inhalt füllen. Diese Orientierung an der Lebenswelt des Spielers kann sehr abstrakt erfolgen. So symbolisiert das Schachspiel mit dem Spielbrett und den Spielfiguren eine kriegerische Auseinandersetzung zwischen zwei Parteien. Eine eher konkrete Symbolisierung eines lebensweltlichen Bezuges wäre hingegen die Verwendung von Spielgeld bei Monopoly.

(3) Strukturelle Merkmale

Aus den genannten inhaltlichen Merkmalen lassen sich weitere strukturelle Merkmale des Spiels ableiten (vgl. Oerter 1999, 15 ff.).

- *Ritual:* Jedes Spiel besteht aus Wiederholungen von Handlungen bzw. Handlungsklassen. Es setzt sich aus einer begrenzten Anzahl an Handlungsoptionen und möglichen Handlungsabfolgen zusammen, welche dann innerhalb des Spiels kombiniert und wiederholt werden. Dies ist u.a. auf die begrenzte Komplexität des neuen Realitätsrahmens zurückzuführen, oder auf die begrenzte Anzahl an Regeln, nach denen diese ‚Spiele-Realität' funktioniert.

- *Wiederholbarkeit/Reproduzierbarkeit*: Der eigene Realitätsrahmen und die konventionalisierten Spielregeln ermöglichen Wiederholungen eines Spiels, sowie dessen Abbruch, Fortsetzung und Neustart.

(4) Merkmale des Spiel-Erlebens

Spielen als Handlung ist weiterhin eng mit bestimmten subjektiven Erlebensweisen verknüpft. Im Gegensatz zu den bisher genannten Punkten definieren sie nicht die Handlung ‚Spiel', sondern treten häufig – aber nicht zwingend – als Wirkung oder Begleiterscheinung des Spiels auf. Das Spiel bietet sozusagen die Möglichkeit zu solchen Erlebensweisen. Zu nennen sind hier zwei wichtige Formen:

- *Flusserleben*: Das so genannte „Flow-Erleben" (Oerter 1999, 6 f.) kann während des Spielens eintreten; der Spieler verliert dabei das Bewusstsein, sich in einem anderen Realitätsrahmen zu bewegen (mehr dazu im nächsten Abschnitt).

- *Kontrollierter Kontrollverlust*: Früh (2002) bezeichnet den so genannten „kontrollierten Kontrollverlust" als eine spezifische Form des Unterhaltungserlebens. Unseres Erachtens ist dieses Konstrukt auch gut geeignet, spezifische Erlebensformen beim Spiel zu beschreiben. Das Phänomen baut auf dem Vorhandensein von zwei verschiedenen Realitätsebenen auf, mit denen ein Spieler konfrontiert wird: Zum einen die Ebene der realen Umwelt, in welcher das Spielbrett oder die Spielkonsole aufgebaut wird, zum anderen die Ebene der Spielrealität mit ihren eigenen Regeln. Dies ermöglicht, dass sich eine Person dem Spiel ausliefert, indem sie sich dessen Regeln unterwirft, also ‚mitspielt'. Dadurch ist der Spieler nicht mehr souveräner Herr über seine Handlungen und deren Folgen. Er muss – im Rahmen des Spieles – auf das Spielgeschehen reagieren und kann dabei auch die Kontrolle über die eigenen Handlungen oder das Spielgeschehen insgesamt abgeben. Durch den Wechsel des Realitätsbezuges ist jedoch sichergestellt, dass er den Kontrollverlust in der ‚Spielrealität' vollziehen kann, ohne Konsequenzen für sein Leben auf der Ebene der realen Umwelt befürchten zu müssen. Durch Beenden des Spieles kann er stets die Kontrolle über seine Handlungen zurückerhalten – mit anderen Worten: Sein Kontrollverlust ist kontrolliert.

4 Merkmale von Computerspielen

Das Computerspielen weist zunächst einmal die gleichen Merkmale auf wie das Spielen im Allgemeinen, d.h. es ist im Normalfall ebenfalls eine freie, innerhalb eines eigenen Realitätsrahmens intrinsisch motivierte, ‚zweckfreie' Handlung. Als spezifisches Merkmal kommt allerdings der Einsatz des Computers bzw. einer entsprechenden technischen Einrichtung (z.B. Spielekonsole) hinzu. Dies ist mit einigen wichtigen Konsequenzen verbunden, d.h. das Spiel bekommt in Form des Computerspiels eine spezifische Prägung. Wie diese Prägung ausfällt, hängt (1) von der Art der Spielplattform (Computer, Konsole, tragbare Konsole/ Handy, Arcade-Game, ...) und (2) der Art des Spiels, dessen Genre, ab (z.B. Echtzeitstrategie, Wirtschaftssimulation, Ego-Shooter ...). Durch den ersten Punkt werden vor allem die technischen Grenzen des Spiels gesetzt, der zweite betrifft die konkrete Ausgestaltung eines Spielangebots innerhalb dieser technischen Grenzen. Insbesondere die Genreeigenschaften haben erhebliche Auswirkungen auf die Art der möglichen Spielhandlungen und die damit verbundenen subjektiven Erlebensformen.[1]

Ein Computerspiel im Allgemeinen wollen wir als Spiel definieren, bei dem der Spielende durch technisch vermittelte Simulation und Regelüberwachung (‚Spielleitung') eine ‚Stimulation' erfährt und die Kommunikation innerhalb der Simulation, also die Interaktion mit dem Spielgeschehen und den Spielpartnern, ebenfalls technisch vermittelt erfolgt.

1. *Simulation*: Die Spielwelt wird mittels Computer erzeugt und symbolisch abgebildet. Ein wesentlicher Aspekt ist dabei die Berücksichtigung und Überwachung der Regeln des Spiels bzw. der Spielrealität durch den Computer oder vielmehr durch die Software. Weiterhin übernimmt der Computer auch die Regelmitteilung, z.B. in Form eines Tutorials oder einer Kontexthilfe. Da dieses Regelwerk im Allgemeinen fest in die Software einprogrammiert ist, sind in Computerspielen Regeländerungen nur in sehr engen Grenzen oder gar nicht möglich, im Gegensatz zu anderen Formen des Spiels.

2. *Stimulation:* Der Realitätsrahmen des Spieles bzw. die entsprechende Simulation wird dem Spieler auf mehreren Sinneskanälen (auditiv, optisch, evtl. auch haptisch) vermittelt. Die Technologie erlaubt eine aufwändige, realistische und detailgetreue Abbildung der Simulation. Dabei werden dem Spieler weit mehr und detailliertere Informationen geboten, als dies für die Kommunikation des Regelwerks (siehe erster Punkt) oder für die Kommunikation zwischen den Spielern und den Spielfiguren (siehe dritter Punkt) nötig wäre. Insofern sprechen wir hier von einer besonderen Qualität der Computerspiele, einer ‚Stimulation' der Sinne des Spielers.

3. *Kommunikation:* Der Computer kann Mittel der Kommunikation mit anderen Spielern (z.B per Chat) sein. Er ermöglicht weiterhin eine Kommunikation und Interaktion mit Spielfiguren. Häufig besitzt der Spieler einen ‚elektronischen Stellvertreter' (Avatar), der mit anderen Spielfiguren und der Spielwelt interagiert. Die anderen Spielfiguren können von Spielern oder vom Rechner gesteuert werden. Hier kommt die Fähigkeit des Computers zum Tragen, Mitspieler durch die Simulation ihrer elektronischen

---

[1] Im Rahmen des Beitrags ist es nicht möglich diese Differenzierungen weiter zu verfolgen, deswegen wird im Folgenden plattform- und genreübergreifend argumentiert. Dies führt dazu, dass wir uns auf einer allgemeineren Ebene bewegen, welche sich auf den gemeinsamen Kern der verschiedenen Typen von Computerspielen bezieht. Wir werden also nur Eigenschaften herausarbeiten, welche im Wesentlichen für alle Genres gelten, andernfalls werden wir explizit auf Ausnahmen verweisen.

Stellvertreter zu ersetzen. Es können also im Spiel ‚gleichberechtigte' Spielfiguren auftreten, welche vom Computer und nicht von einem Mitspieler gesteuert werden. Weitere kommunikative Funktionen übernimmt der Computer beim Austausch von Informationen über die Spielrealität: Der Spieler bekommt Informationen über deren Aufbau und Regeln und kann diese Spielwelt steuern und verändern. Je nach Art des Spiels sind diese Möglichkeiten mehr oder weniger ausgeprägt. Insbesondere dieser letzte Punkt verweist auf das Merkmal der Interaktivität von Computerspielen.

5   Computerspiel und Unterhaltungserleben

Wir wollen nun zunächst auf dieser konzeptuellen Ebene eine Gegenüberstellung der beiden Konstrukte vornehmen. Unterhaltung haben wir als eine spezifische subjektive Erlebensform vorgestellt. Das Spiel – und damit auch das Computerspiel – wird hingegen als eine Handlung betrachtet, die durch Intentionalität und Gegenstandsbezug gekennzeichnet ist. Allerdings ist diese Handlung systematisch mit bestimmten Erlebensweisen verbunden. Wir wollen nun mit Hilfe der oben vorgestellten Merkmale des Unterhaltungserlebens die Handlung des Spiels analysieren, und rufen uns dazu nochmals in Erinnerung, dass das Unterhaltungserleben eine angenehme Makroemotion ist, die mit Souveränität und Kontrolle verbunden ist.

Wie beim Erlebensmodus ‚Unterhaltung' gibt es auch beim Computerspielen ein Erleben auf zwei Ebenen – der Mikro- und Makroebene. Im Zusammenhang mit medialer Unterhaltung nannten wir als Mechanismen des Aufbaus einer Makrostruktur beispielsweise den Rückgriff auf Informationen und Hypothesen über den Aufbau der gesamten dargestellten Story – inklusive des vermuteten weiteren Verlaufs – sowie Wissen über das konkrete Genre und um die Fiktionalität eines Films. Solche Mechanismen finden bei Computerspielen genauso Anwendung: Auch diese haben einen konkreten, auf ein einzelnes Spiel bezogenen als auch genretypischen Handlungsverlauf. Auch das Wissen um die künstliche Spielrealität wird, analog zur Rezeption von audiovisuellen Angeboten, zur Bildung einer Makrostruktur herangezogen. Die Tötung eines Gegners in einem Computerspiel – z.B. einem Ego-Shooter – wird normalerweise als eine nicht-reale Handlung empfunden und bewertet, abgesehen möglicherweise von pathologischen Ausnahmefällen.

Eine weitere Gemeinsamkeit zwischen den Konstrukten Computerspielen und Unterhaltungserleben schließt am letzten Punkt an: Souveränität und Kontrolle sind beim Computerspielen ebenfalls von wesentlicher Bedeutung. Insbesondere in Form von Dispositions- und Entscheidungsfreiheiten, also bei der Möglichkeit festzulegen, wann und wo, was und wie gespielt wird, sind deutliche Parallelen zu sehen. In einem Aspekt ermöglichen Spiele sogar besonders große Dispositions- und Entscheidungsfreiheiten: Im Rahmen der Spielregeln kann der Stimulus, also das Spiel und dessen Verlauf, selbst beeinflusst und gesteuert werden. Weiterhin gehört zum Bereich der Souveränität und Kontrolle auch die Zweckfreiheit eines Spiels sowie die Freiheit und Möglichkeit, im Bewusstsein zwischen der Spiele-Realität und der Realität der Rezeptionssituation wechseln zu können, was in Abschnitt 3 als ‚kontrollierter Kontrollverlust' bezeichnet wurde.

Als einen anderen Aspekt von Souveränität und Kontrolle nannten wir die Notwendigkeit, dass sich der Rezipient emotional oder kognitiv zumindest etwas beteiligen und auf das Unterhaltungsangebot einlassen muss. Diese Bedingung ist beim Computerspielen deutlich gegeben, denn ein Spiel lebt von den Aktivitäten des Spielers und erfordert diese explizit – die Handlung ‚Spiel' ist ohne eine aktiv handelnde Person nicht möglich. Allerdings muss eine Handlung nicht zwangsläufig mit einem angenehmen Erleben – und damit auch nicht mit Unterhaltung – einhergehen. Wenn wir allerdings die in unserer Definition genannten Motive für die Handlung des (Computer-)Spielens näher betrachten, so sehen wir, dass auch diese Bedingung erfüllt ist. Ein Spiel ist definiert als eine intrinsisch motivierte Handlung, d.h. sie muss vom Spieler an sich als belohnend und angenehm erlebt werden. Die erhaltenen Gratifikationen, welche den Spieler in seinem Handeln motivieren, müssen im Spiel selbst und im subjektiven Erleben des Spielers liegen.

Auf dieser konzeptuellen Ebene lässt sich also festhalten, dass Spiel als Handlung und Unterhaltung als Erlebensform zwar voneinander abzugrenzen sind, dass aber das Spiel exzellent geeignet ist, Unterhaltungserleben entstehen zu lassen. Betrachten wir ein Unterhaltungsmedium als ein Medium, welches die Entstehung von Unterhaltungserleben ermöglicht, können wir Computerspiele somit fast schon als Prototyp eines Unterhaltungsmediums betrachten.

Wir haben zunächst auf einer eher allgemeinen Ebene gezeigt, dass der Erlebensmodus ‚Unterhaltung' beim Computerspiel auftreten kann. Wir hatten aber bereits in der Einleitung die Vermutung geäußert, dass Computerspiele einige Besonderheiten im Vergleich zu anderen Unterhaltungsmedien – insbesondere dem Fernsehen – aufweisen. Wir werden abschließend diese Überlegung wieder aufgreifen. Dazu werden wir zwei spezifische Rezeptionsphänomene herausgreifen, anhand derer wir die Besonderheiten der Unterhaltung durch Computerspiele diskutieren. Es handelt sich dabei um das ‚Flow-Erleben' und das ‚Präsenzerleben'. Diese beiden Phänomene sind besonders markante Erlebnisformen des Computerspiels, weshalb es nicht überraschen kann, dass sie ein zentraler Gegenstand der Computerspieleforschung sind (vgl. z.B. Fritz 1997; Sherry 2004; Klimmt 2006, 112; Jöckel & Seifert sowie Jenderek in diesem Band).

5.1 Flow-Erleben

Die wohl prominenteste Theorie zur Beschreibung von Erlebnisqualitäten entwickelte Csikszentmihalyi (z.B. 2000; erstmals 1975) unter dem Namen ‚Flow'. Diese Theorie erklärt, was die Freude und das Vergnügen an Tätigkeiten ausmacht und welche Merkmale bei diesen Tätigkeiten dazu führen, dass sich der Handelnde dabei selbst ‚vergessen' kann.

Csikszentmihalyi untersuchte dabei verschiedenste Arten von Tätigkeiten, z.B. Freizeitaktivitäten sowie berufliche Tätigkeiten. Entsprechend allgemein sind auch seine theoretischen Annahmen formuliert. Der Fokus liegt dabei auf dem inneren Erleben bei speziellen Tätigkeiten, die von Csikszentmihalyi als „autotelisch" oder auch als Flow-Erlebnisse bezeichnet werden. Die Ursachen für die empfundene Freude (und somit für die intrinsische Motivation) beim Verrichten solcher Tätigkeiten sucht er nicht in Eigenschaften von Reizen oder Stimuli, sondern in Merkmalen der Tätigkeiten: „Autotelisches Erleben ist ein psychologischer Zustand, der auf konkretem Feedback beruht und insofern als Verstärkung wirkt, als er in Abwesenheit anderer Belohnungen das Verhalten andauern lässt" (Csikszentmihalyi 2000, 44 f.). Es handelt sich also um ein Erleben, welches als so anstrebenswert und angenehm erlebt wird, dass Tätigkeiten, welche dieses Erleben herbeiführen können, nur um dieses Erlebens willen ausgeübt werden. Ein externer Anreiz ist nicht nötig.

Abbildung 1:   a) Modell des Flow-Zustandes (Csikszentmihalyi 2000, 75; eigene
                     Überarbeitung)
                 b) Übertragung des Modells auf Computerspiele (eigene Darstellung).

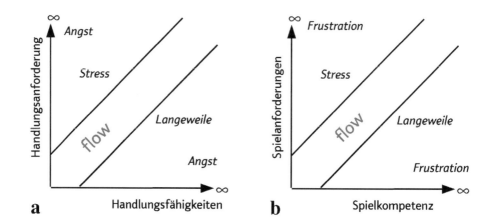

Anmerkung: Flow ist in jenem Bereich möglich, in dem Anforderungen der Handlung und Fähigkeiten des Handelnden übereinstimmen. Kommt es zu extremer Über- oder Unterforderung, entsteht Angst (bzw. Frustration bei
Computerspielen), geringere Über- oder Unterforderung führt zu Sorge bzw. Langeweile.

Auf unseren Gegenstand bezogen lautet die Fragestellung nun nicht, welche Eigenschaften
eines Computerspiels (des Stimulus) zu einem angenehmen Erleben führen, sondern welche
Merkmale der Tätigkeit Computerspielen dazu führen, dass Computerspielen an sich als
angenehme Tätigkeit empfunden wird und eben deswegen eine beliebte Freizeitaktivität ist.
    Das wichtigste Merkmal von Flow-Erlebnissen, die wir hier auf die Nutzung von
Computerspielen beziehen, ist nach Csikszentmihalyi (2000) zunächst eine klare und eindeutige Zielsetzung innerhalb der Tätigkeit. Beim Computerspiel wären dies klar definierte
und für den Spieler erkennbare Spielziele, wie beispielsweise das Erreichen des nächsten
Levels. Weiterhin erfolgt ein ständiges und direktes Feedback auf das eigene Handeln in
Form einer unmittelbaren und nachvollziehbaren Reaktion des Spiels auf die Eingaben und
Steuerungsversuche des Spielers. Auch besteht meistens die Möglichkeit, die Anforderungen der Tätigkeit an die eigenen Fähigkeiten[2] anzupassen, sodass die Spieler vom Spiel
weder unter- noch überfordert werden (vgl. Abbildung 1). Des Weiteren ist die Situation
durchgehend kontrollierbar, es besteht also die Möglichkeit, das Spiel jederzeit abzuspei-
chern, zu laden, aufzuhören und neu zu beginnen. Zudem erfolgt eine vollständige Konzentration auf das Spielen und somit eine Ausblendung aller störenden Stimuli: „Das vielleicht deutlichste Anzeichen von flow ist das Verschmelzen von Handlung und Bewusstsein. Ein Mensch im Flow-Zustand hat keine dualistische Perspektive: Er ist sich zwar
seiner Handlungen bewusst, nicht aber seiner selbst" (ebd., 61). Mit anderen Worten: Der

---

[2]   Dies ist ebenfalls kein Merkmal des Stimulus (des Spiels), sondern der Tätigkeit des Spielens, da Über-
      bzw. Unterforderung keine Eigenschaft eines Spiels, sondern eine Eigenschaft der Kombination ‚Spiel-
      Spieler' ist und erst während des Spielens, also während der Tätigkeit, auftreten kann.

Spieler und seine Aufmerksamkeit sind im Spiel ‚gefangen'. Man könnte auch von einem speziellen, sehr intensiven Unterhaltungserleben sprechen, denn alle oben aufgeführten Bedingungen für Unterhaltung treffen für Flow ebenfalls zu. Entscheidend bei der Benennung der Merkmale ist, dass Csikszentmihalyi (2000, 25) diese nicht als messbare (also quasi-objektive) Merkmale der Tätigkeiten oder des Erlebens sieht:

> Um zu verstehen, wie dies möglich ist [das Erreichen des Flow-Erlebnisses; Anm. d. Verf.], genügt es nicht, die objektiven Merkmale der betreffenden äußeren Gegebenheiten zu kennen oder das Muster der von einer Person gelernten Assoziationen zu lustvollen Erfahrungen. Ein holistischer, ganzheitlicher Ansatz tut Not, welcher auch die Ziele und Fähigkeiten der Person sowie ihre subjektive Beurteilung der äußeren Situation mit berücksichtigt. Es ist die komplexe Wechselwirkung dieser subjektiven Prozesse, welche bestimmt, ob eine Erfahrung tief befriedigend und freudvoll [...] ist.

Flow und Unterhaltung im Computerspiel

Die beim Flow auftretenden Phänomene sind für uns insofern von besonderem Interesse, als dass sie eine sehr intensive Variante beschreiben, wie sich ein Rezipient auf das Unterhaltungsangebot und dessen ‚eigene' Realität einlassen kann und so seine Souveränität und Kontrolle in der Situation aktiv ausnutzt. Eine Einschränkung muss an dieser Stelle allerdings gemacht werden: Ein solcher Flow darf nicht so weit gehen, dass die dualistische Perspektive – das Unterscheiden können zwischen der künstlichen Spielrealität und der Lebensrealität – gänzlich verschwindet, denn dann würde aus dem Spiel ein Ernstfall. Der Spieler verlöre die Möglichkeit, sich jederzeit aus der Spielrealität zurückzuziehen (vgl. dazu Früh 2002).

Die Tiefe des Flows hängt davon ab, auf welchem Level sich Anforderung und Kompetenz treffen. Bei der Tätigkeit des Fernsehens sind diese Anforderungen als eher gering einzustufen, weshalb Csikszentmihalyi hier auch nur von „Microflows" spricht (Csikszentmihalyi 2000, 81). Im Vergleich zur Fernsehrezeption ist das Anforderungsniveau beim Computerspielen weitaus anspruchsvoller. Dies ermöglicht einen tieferen Flow und liefert damit das Potenzial zu einem besonders intensiven Unterhaltungserleben. Beim Computerspiel sind die Anforderungen zudem meistens leicht an die Kompetenz des Spielers anpassbar, beispielsweise über den Schwierigkeitslevel. Auch dies ermöglicht einen viel leichteren und wahrscheinlicheren Zugang zum Flow-Erleben.

5.2 Präsenzerleben

Die Forschung zum Erleben von Präsenz (Presence) geht der Frage nach, wie es dazu kommt, dass Personen in einer virtuellen Realität (VR) (also z.B. in einem Computerspiel) ein Gefühl der Anwesenheit („being there") entwickeln. Präsenz wird definiert „as the subjective experience of being in one place or environment, even when one is physically situated in another" (Witmer & Singer 1998, 225), oder noch einfacher als „illusion that a mediated experience is not mediated" (Lombard & Ditton 1997). Ähnlich wird auch der Begriff der Immersion verwendet (z.B. Fritz 1995, 1997), wobei sich Präsenz ausdrücklich auf medienvermittelte Rezeption bezieht. Immersion hingegen ist ein allgemeiner Zustand: „Immersion is a psychological state characterized by perceiving oneself to be enveloped by, included in, and interacting with an environment that provides a continuous stream of stimuli and experiences" (Witmer & Singer 1998, 227).Wenn die Umgebung wie bei Computerspielen eine virtuelle ist, sind beide Begriffe deckungsgleich: Sie beschreiben das Gefühl, in eine künstliche Realität ,einzutauchen' und ,dort zu sein', also in unserem Fall das Gefühl des Spielers, Teil des Spiels zu sein und in die ,Spielwelt' einzutauchen. Für Computerspiele ist der Aspekt der Präsenz entscheidend, denn durch die ,Anwesenheit' des Spielers in der künstlichen Welt vollzieht sich der Wechsel des Realitätsbezuges, der für ein Spiel konstituierend ist (s.o.). Spiele erfordern immer ein Minimum des Gefühls der Präsenz in der Welt des Spiels. Wir wollen das Phänomen der Präsenz unter zwei Gesichtspunkten betrachten: die physische Präsenz und die soziale Präsenz.

Physische Präsenz

Wenden wir uns zunächst der physischen Präsenz zu: Psychologisch kann diese Erlebensform durch den Aufbau eines mentalen Modells der virtuellen Umgebung beschrieben werden (Schubert, Friedmann & Regenbrecht 2001, 269). Die Entstehung von Präsenz in einer VR bzw. deren Ausmaß hängt von verschiedenen Faktoren ab. Auf unseren Gegenstand bezogen lautet die Fragestellung: Welche Bedingungen ermöglichen es dem Spieler eines Computerspiels, sich ein kognitives Modell des Spieles zu erstellen und sich innerhalb dieses Modells zurechtzufinden? Und daran anknüpfend: Wie kommt es dazu, dass der Spieler eines Computerspiels das Gefühl empfindet, ,im Spiel' bzw. ,Teil' des Spiels zu sein? IJsselsteijn und Kollegen (2000) fassen insgesamt vier Gruppen von Merkmalen zusammen, die das Präsenzempfinden beeinflussen:

- *Umfang und Glaubwürdigkeit der sensorischen Informationen*: Je mehr Sinneskanäle beim Nutzer konsistent in einer naturgetreuen Form angesprochen werden, desto besser entsteht ein Präsenzerleben. Bei Computerspielen wurden bisher vor allem die visuelle Komponente (Grafik) und die akustischen Reize (Sound) im Rahmen des technisch Möglichen eingesetzt, um Präsenzerleben zu unterstützen. Neuere Entwicklungen sprechen auch den haptischen Kanal an (Vibrieren des Pads im Rhythmus des Herzschlags, wenn der Avatar Angst hat) oder verlangen vom Spieler die Nachahmung realistischer Bewegungen statt der Verwendung von Tastenkombinationen (*Wii*): Je besser – d.h. je mehr, je naturgetreuer und je glaubwürdiger – ein Computerspiel Sinneseindrücke vermittelt, desto einfacher kann der Spieler Präsenz im Spiel empfinden (Freeman et al. 1999; Freeman et al. 2000).

- *Kopplung der sensorischen und visuellen Informationen*: Je besser die Kopplung zwischen den Aktionen des Nutzers (Inputs) und den Reaktionen der VR (Outputs) ausfällt, desto stärker kann ein Präsenzerleben entstehen. Auf Computerspiele bezogen bedeutet dies: Je zeitnäher und konsistenter die Reaktion des Spiels auf die Eingaben des Spielers ausfällt, desto besser kann beim Spieler Präsenzerleben entstehen. Daher können sich Mängel in der Technik negativ auf den Prozess des Eintauchens auswirken: Das Fehlen einer sofortigen Rückmeldung, beispielsweise durch das Auftreten von ,Rucklern' beim Bildaufbau oder ,Hängern' des Rechners, führt dann zu einem verminderten Präsenzerleben des Spielers. Der Spieler wird in diesem Fall auf die technische Vermitteltheit bzw. Simulation seiner Tätigkeit aufmerksam. Dies wiederum hat negative Konsequenzen für die Ausprägung des ,suspension of disbelief', also die Verdrängung des Bewusstseins über die Irrealität des Geschehens (s.o.).

Diese beiden Bedingungen können als ‚technische' Bedingungen aufgefasst werden, deren Realisierung weitgehend von der Leistung der beteiligten Computersysteme und der Güte der Spieleprogrammierung abhängt. Durch die technische Weiterentwicklung der Rechen- und Programmiertechnik wird Präsenzerleben immer besser ermöglicht werden. Im Folgenden sollen zwei weitere Bedingungen für Präsenzerleben vorgestellt werden; dabei handelt es sich um Eigenschaften des Spiels und des Spielers.

- *Inhaltsfaktoren*: Präsenzförderlich ist (1) die Interaktivität des Inhaltes. Dies kann bei allen Computerspielen vorausgesetzt werden, da sie ausnahmslos auf Eingaben des Spielers reagieren. Weiterhin kann (2) die visuelle Repräsentation des Nutzers in der VR, d.h. die Darstellung der Spielfigur im Spiel, die Präsenz verstärken. Auch (3) die Fähigkeit der Akteure und Objekte der VR, autonom zu agieren und zu handeln, hat einen positiven Einfluss. Relevant ist hier, wie ausgereift die KI (Künstliche Intelligenz) des Computerspiels ist, wie eigenständig und ‚vernünftig' sich die simulierten Mitspieler und Objekte dementsprechend verhalten. Schließlich (4) beeinflussen auch die sozialen Elemente den Umfang des Präsenzerlebens. Wir kommen weiter unten darauf zurück.

- *Nutzercharakteristika*: Perzeptive, kognitive und motorische Fähigkeiten sind Voraussetzungen für die präsenzfördernden Aufmerksamkeitsprozesse. Für Präsenzerleben in Computerspielen ist ein gewisses Maß an Spielkompetenz erforderlich: Der Spieler muss die Reize des Spiels wahrnehmen (Perzeption), sinnvoll im Rahmen des Spiels interpretieren (Kognition) und darauf mittels der Eingabegeräte (Tastatur, Joystick...) gezielt auf eine bestimmte Art und Weise reagieren (Motorik). Auch situative (z.B. Stimmungen) und stabile Persönlichkeitsmerkmale können das Präsenzerleben beeinflussen.

Soziale Präsenz

Wenn der Rezipient sich auf das Mediengeschehen einlässt, sich in die Rollen der Medienakteure hineinversetzt und in eine mit Hilfe der Medien erschaffene Realität ‚eintaucht', verschafft die Mediennutzung dem Rezipienten Gratifikationen vergleichbar mit denen des realen sozialen Kontaktes. Für den Spieler ist der Ort seiner sozialen Präsenz das Spiel: Er interagiert mit den virtuellen Figuren der Spielwelt und behandelt diese während des Spiels wie ‚reale' Personen. Durch diese Interaktion entstehen ähnliche Wirkungen wie durch den sozialen Kontakt mit ‚echten' Personen. Zwei Konzepte der sozialen Präsenz lassen sich unterscheiden:

- *Identifikation*: Der Spieler versetzt sich in die Rolle seiner Spielfigur. So kann er an deren Erfahrungen, Erlebnissen und Emotionen stellvertretend teilhaben. Beispielsweise kann der Spieler erleichtert oder zufrieden über den Ausgang eines Kampfes seiner Spielfigur sein, was eine ähnliche Erleichterung bzw. Zufriedenheit auslöst, als ob er selbst gekämpft hätte. Auch der Sprachgebrauch der Computerspieler („Ich bin den Wasserfall hinaufgeschwommen" statt „Lara Croft ist den Wasserfall hinaufgeschwommen") ist ein Indikator für eine vollzogene Identifikation mit der Spielfigur.

- *Parasoziale Interaktion*: Die medialen Akteure werden wahrgenommen und behandelt, als ob sie ein reales Gegenüber wären (vgl. z.B. Vorderer 1996a; Gleich 1997). Der Spieler beteiligt sich an der sozialen Interaktion der computersimulierten Figuren der

Spielwelt und schreibt ihnen dieselben Motivationen und Emotionen zu wie realen Personen. Er behandelt alle Figuren wie Personen – egal, ob der Rechner oder ein Spieler sie steuert. Indikatoren für eine vollzogene parasoziale Interaktion wären demnach Äußerungen wie: „Geh mir aus dem Weg, du fieser Ork!"

Präsenz und Unterhaltung im Computerspiel

Das Konzept des Präsenzerlebens liefert eine differenzierte Beschreibung des Gefühls der Spieler, ‚in' der Spielwelt zu sein. Es beschreibt das Spiel-Erleben als Äquivalent zum Erleben realer Sozialkontakte. Die Gratifikationen einer solchen Spielenutzung sind denen der realen sozialen Interaktion sehr ähnlich. Die Interaktion erfolgt im Fall des Computerspiels in einem selbstgewählten und geschützten Bereich, und wie auch bei medialer Unterhaltung geht es „den Rezipienten augenscheinlich nicht um eine Flucht aus ihrer Realität, sondern allenfalls um Schonräume, in denen sie sich einer fremden Welt gefahrlos, aber nicht ohne Belastungen aussetzen können" (Vorderer 1996b, 323). Wie bei der physischen Präsenz liegt hier das Augenmerk auf den ‚Schonräumen': Die soziale Präsenz im Spiel ist ein Indikator für den vollzogenen Wechsel des Realitätsbezuges, und in dieser virtuellen Welt ist die Möglichkeit zum kontrollierten Kontrollverlust gegeben. Ernsthafte Konsequenzen sind nur im Rahmen der Spielwelt zu erwarten. Durch diese Mechanismen wird innerhalb eines Spiels Kontrolle durch den Spieler sichergestellt und innerhalb der Spielrealität eine intensive ‚Nutzung' dieser Souveränität ermöglicht. Beide Aspekte sind im Rahmen einer interaktiven Simulation in einer intensiveren Form möglich als bei der Rezeption nicht-interaktiver Angebote wie beispielsweise dem Fernsehen.

6   Fazit

Das Ziel dieses Beitrages war es, Computerspiele im Hinblick auf das damit verbundene Unterhaltungserleben zu analysieren. Ausgehend vom theoretischen Ansatz der TDU wurde zunächst das Phänomen ‚Unterhaltung' genauer beschrieben und definiert und die daraus resultierenden Erkenntnisse auf die Konzepte ‚Spiel' und ‚Computerspiel' übertragen. Es zeigte sich, dass Spiele als Unterhaltungsangebote betrachtet werden können und auch sollten, denn während des Spielens entsteht in der Regel Unterhaltungserleben. Das gilt ebenso – und erst recht – für Computerspiele: Wie bei der Darstellung des Flow- und Präsenzerlebens erläutert, eignen sich Computerspiele sogar besonders gut zur Unterhaltung, bedingt durch ihre technische Vermitteltheit und den daraus resultierenden Eigenschaften.

So kann das konstituierende Merkmal von Unterhaltung (als eine angenehm erlebte Makroemotion unter der Bedingung der souveränen Kontrolle) beim Computerspielen sehr gut realisiert werden: Auch wenn einzelne Spielerlebnisse eventuell negativ erlebt werden, kann die Tätigkeit des Spielens an sich positiv empfunden werden. Des Weiteren ermöglicht das Medium Computerspiel durch das Bereitstellen einer künstlichen Umgebung den Spielern eine einfache Möglichkeit, einen kontrollierten Kontrollverlust in einer geschützten, von der Realität abgegrenzten Umgebung zu erleben. Das Unterhaltungserleben beim Computerspiel stellt darüber hinaus eine besonders ‚aktive' Form der Unterhaltung dar, da die Spieler die Möglichkeit haben, das Spiel durch eigenes Handeln zu gestalten. So können Computerspiele auch und vor allem durch ihre technischen Voraussetzungen die Bedingungen für Unterhaltung hervorragend erfüllen.

Literaturverzeichnis

Bryant, J. & Vorderer, P. (Hrsg.) (2006): *Psychology of entertainment.* Mahwah, NJ: Lawrence Erlbaum.

Csikszentmihalyi, M. (1975): *Beyond boredom and anxiety.* San Francisco: Jossey-Bass.

Csikszentmihalyi, M. (2000): *Das flow-Erlebnis: Jenseits von Angst und Langeweile: im Tun aufgehen.* Stuttgart: Klett-Cotta.

Freeman, J., Avons, S. E., Pearson, D.E. & IJsselsteijn, W.A. (1999): Effects of sensory information and prior experience on direct subjective ratings of presence. *Presence: Teleoperators and Virtual Environments*, 8, 1-13.

Freeman, J., Avons, S. E., Meddis, R., Pearson, D. E., & IJsselsteijn, W. A. (2000): Using behavioral realism to estimate presence: A study of the utility of postural responses to motion stimuli. *Presence: Teleoperators and Virtual Environments*, 9, 149-164.

Fritz, J. (1995): Modelle und Hypothesen zur Faszinationskraft von Bildschirmspielen. In: J. Fritz (Hrsg): *Warum Computerspiele faszinieren: Empirische Annäherungen an Nutzung und Wirkung von Bildschirmspielen.* Weinheim, München: Juventa, 11-38.

Fritz, J. (1997): Langeweile, Streß und Flow. Gefühle beim Computerspiel. In: J. Fritz & W. Fehr (Hrsg.): *Computerspiele: Theorie, Forschung, Praxis.* Bonn: Bundeszentrale für politische Bildung, 207-216.

Fritz, J. & Fehr, W. (Hrsg.) (1997): *Computerspiele: Theorie, Forschung, Praxis.* Bonn: Bundeszentrale für politische Bildung.

Früh, W. (2002): *Unterhaltung durch das Fernsehen. Eine molare Theorie* (unter Mitarbeit von Schulze, A.-K. und Wünsch, C.). Konstanz: UVK.

Früh, W. (2006): Unterhaltung. Konstrukt und Beweislogik. In: W. Wirth, H. Schramm & V. Gehrau (Hrsg): *Unterhaltung durch Medien.* Theorie und Messung. Köln: Halem, 25-46.

Gleich, U. (1997): *Parasoziale Interaktionen und Beziehungen von Fernsehzuschauern mit Personen auf dem Bildschirm. Ein theoretischer und empirischer Beitrag zum Konzept des aktiven Rezipienten.* Landau: Verlag Empirische Pädagogik.

Huizinga, J. (1956): *Homo ludens. Vom Ursprung der Kultur im Spiel.* Hamburg: Rowohlt.

IJsselsteijn, W. A., de Ridder, H., Freeman, J. & Avons, S. E. (2000): Presence: Concept, determinants and measurement. *Proceedings of the SPIE, Human Vision and Electronic Imaging V, 3959-76.* Presented at Photonics West – Human Vision and Electronic Imaging V, San Jose, CA, 23-28 January 2000.

Klimmt, C. (2006): *Computerspielen als Handlung. Dimensionen und Determinanten des Erlebens interaktiver Unterhaltungsangebote.* Köln: Halem.

Lombard, M. & Ditton, T. (1997): At the heart of it all: The concept of presence. *Journal of Computer Mediated Communication*, (3). Online erhältlich: http://www.ascusc.org/jcmc/vol3/issue2/lombard.html.

Oerter, R. (1999): *Psychologie des Spiels.* Weinheim, Basel: Beltz.

Schubert, T., Friedman, F. & Regenbrecht, H. (2001): The experience of presence: Factor analytic insights. *Presence: Teleoperators, and Virtual Environments*, 10, 266-281.

Sherry, J. (2004): Flow and media enjoyment. *Communication Theory*, 14, 328-347.

van Dijk, T. A. (1980): *Macrostructures. An interdisciplinary study of global structures in discourse, interaction, and cognition.* Hillsdale: Lawrence Erlbaum.

Vorderer, P. (Hrsg.) (1996a): *Fernsehen als ,Beziehungskiste'.* Opladen: Westdeutscher

Vorderer, P. (1996b): Rezeptionsmotivation: Warum nutzen Rezipienten mediale Unterhaltungsangebote? *Publizistik*, 41, 310-326.

Vorderer, P., Klimmt, C. & Ritterfeld, U. (2004): Enjoyment. At the heart of media entertainment. *Communication Theory*, 14, 388-408.

Witmer, B. G. & Singer, M. J. (1998): Measuring presence in virtual environments: A presence questionnaire. *Presence: Teleoperators and Virtual Environments*, 7, 225-240.

Wünsch, C. (2006): *Unterhaltungserleben. Ein hierarchisches Zwei-Ebenen-Modell affektiv-kogniti-*
    ver Informationsverarbeitung. Köln: Halem.
Zillmann, D. (1996): The psychology of suspense in dramatic exposition. In: P. Vorderer, H. J. Wulf
    & M. Friedrichsen (Hrsg): *Suspense: Conceptualizations, theoretical analyses, and empirical*
    explorations. Mahwah, NJ: Lawrence Erlbaum, 199-231.

2.3

Die Nutzung von Computerspielen
Interdisziplinäre Perspektiven

Christoph Klimmt

1   Einführung

Lange Zeit war der Aufstieg von Computerspielen zu einem Schlüsselmedium (zumal für Kinder und Jugendliche) von den meisten Wissenschaftsdisziplinen übersehen oder vernachlässigt worden. Zumindest gewinnt man diesen Eindruck, wenn man resümiert, wie wenig gesichertes Wissen über Produktion, Angebotsweisen, Inhalte, Nutzung und Wirkungen von Computerspielen vorliegt. Erst seit wenigen Jahren werden die Forschungsanstrengungen in verschiedenen Wissenschaftsdisziplinen ausgeweitet (Hartmann 2006; Klimmt 2006; Vorderer & Bryant 2006) und empirische Studien (vgl. z.B. Anderson 2004 sowie diverse Beiträge in diesem Band) zum Thema ‚Games' vorgelegt.

Gegenstand dieses Beitrags ist die Rekonstruktion dieser Forschungsanstrengungen. Computerspielen ist ein (Medien-)Phänomen, das in hohem Maße international und interdisziplinär erforscht wird. Die Gegenüberstellung der Perspektiven, aus denen die verschiedenen beteiligten Disziplinen auf Computerspiele blicken, hat im Kontext des vorliegenden Bandes zwei Funktionen: Zum einen soll damit die Möglichkeit geschaffen werden, die Forschung zur Spielenutzung in einen breiteren Wissenschaftskontext zu stellen, sowie die außerhalb Deutschlands betriebene Computerspiele-Forschung in diese interdisziplinäre Vororientierung einzuordnen. Zum anderen soll diese Rekonstruktion an dem Beispiel des Mediums Computerspiel zeigen, wie die Kommunikationswissenschaft dank ihrer starken Bezüge zu benachbarten Disziplinen in der Lage ist, die vielen Facetten eines Forschungsgegenstands integrierend zu beschreiben und zu erklären. Der Beitrag ist somit auch ein programmatischer Appell an die Kommunikationswissenschaft, das Thema Computerspiele Ernst zu nehmen und dabei ihre Vorteile auszuspielen, vor allem die ‚interdisziplinären Bezüge', um den Wissensstand auch auf internationaler Ebene voranzutreiben und die Fragmentierung der disziplinären Spezial-Perspektiven auf Computerspiele zu überwinden.

2   Zum Stand der internationalen Forschung über die Nutzung von Computerspielen

Der Mangel an wissenschaftlichen Erkenntnissen im Forschungsbereich Computerspiele beginnt bereits bei der einfachen Quantifizierung der Computerspielenutzung. Weltweit gibt es überraschend wenige, zumeist disparate und wenig kontinuierlich betriebene Forschungsbemühungen, die Verbreitung (gewissermaßen den ‚weitesten Spielerkreis') und den zeitlichen Nutzungsumfang (die ‚Spieldauer') von Computerspielen zu bemessen (vgl. hierzu die Beiträge von Wolling sowie Quandt & Wimmer in diesem Band). Die Datenlage zur Nutzung von Computerspielen ist im Vergleich zur Nutzung konventioneller Massenmedien ausgesprochen dürftig. Dafür gibt es wohl zwei zentrale Gründe. Zum einen dürfte der Mangel an persönlichen Erfahrungen und Alltagswissen über Computerspiele bei den meisten Forschern und Gutachtern in vielen Wissenschaftsdisziplinen die Implementation umfangreicher thematischer Erhebungen lange Zeit unterbunden haben. Zum anderen dürfte die Tatsache, dass der Werbeträger Computerspiele bisher als weitgehend irrelevant eingeschätzt wurde, dazu geführt haben, dass sich die Initiatoren der großen Markt-Media-Studien nicht oder allenfalls am Rande für die Messung der Spielenutzung interessiert haben. Ohne kommerzielle Mediaforschung wäre indes auch der Kenntnisstand zur TV- oder Printnutzung ausgesprochen dürftig, so dass hier wohl die zentrale Erklärung für den Mangel an (validen) Nutzungsdaten im Spielebereich begründet liegt. Neueste Entwicklungen (z.B. spezifische Formen des Product Placement und Adaptionen konventioneller Werbeformen, vgl. Nelson 2002) dürften diese Sachlage allerdings mittelfristig ändern.

Noch gibt es nirgendwo in der Welt eine kontinuierliche und/oder apparative Messung der Spielenutzung, wie sie etwa im TV-Bereich verbreitet ist. Was wir über die Nutzung von Computerspielen wissen, stammt ausschließlich aus Befragungsstudien. Bei Selbstauskünften zur zeitlichen Nutzung sind grundsätzlich erhebliche Validitätsprobleme zu befürchten. Nur ein Teil der publizierten Befragungen verwendet die besser geeignete Methode der Tagebucherhebung (Greenberg et al. 2005).

Trotz dieser Einschränkungen kann man aus dem bestehenden Datenmaterial einige wichtige Aussagen ableiten. So zeigen die verfügbaren Daten für die wichtigsten Spielemärkte – Japan, USA, Großbritannien und Deutschland (zum Beispiel die „Typologie der Wünsche", www.tdwi.com) – einen langfristigen Anstieg des ‚weitesten Spielerkreises', also der Personen, die zumindest selten Computer- und/oder Videospiele nutzen (vgl. Klimmt 2006; ausführlich dazu Wolling in diesem Band). Die wenigen verfügbaren validen Nutzungszahlen belegen die massenhafte Verbreitung von Computerspielen als Unterhaltungsmedium insbesondere bei jungen Altersgruppen. Allerdings sind nur wenige präzise zeitbezogene Daten (z.B. Roberts, Foehr & Rideout 2005) vorhanden, und aufgrund der unterschiedlichen Erhebungsinstrumente bestehen Vergleichbarkeitsprobleme zwischen Ländern, aber auch in diachronischer Perspektive innerhalb einzelner Länder. Erschwerend kommen die vielen unterschiedlichen Manifestationsformen des Computerspielens hinzu: Online-Spielen (vgl. z.B. Quandt & Wimmer in diesem Band), mobiles Spielen (z.B. Quandt & Wimmer 2006) und LAN-Partys (vgl. z.B. Vogelgesang & Hepp in diesem Band) sind nur einige Beispiele dafür, wie sich die Mediennutzungsform ‚Computerspielen' ausdifferenziert hat. Daraus ergeben sich neue Messungs- und Vergleichbarkeitsprobleme. Es ist zwar unzweifelhaft, dass die Nutzung von Computerspielen in den wohlhabenden Ländern weit verbreitet ist und auch – insbesondere in nachwachsenden ‚Generationen' – noch weiter zunehmen dürfte. Exakter lässt sich aber das Phänomen, aus dem sich mithin die Relevanz der Computerspiele-Forschung ergibt, kaum beschreiben. So bleibt zu hoffen, dass die (kommerzielle) Medienforschung hier in Zukunft mehr Transparenz schaffen wird, von der auch die wissenschaftliche Forschung profitieren würde.

3 Wissenschaftliche Zugänge zum Computerspielen: (Inter-)Disziplinäre Perspektiven

In den folgenden Abschnitten wird versucht, die unterschiedlichen Sichtweisen verschiedener Disziplinen auf das Thema Computerspiele sowie ihre Nutzung zu charakterisieren und einander gegenüberzustellen. Der Kommunikationswissenschaft kommt hierbei, wie sich zeigen wird, eine integrierende Rolle zu. Die Liste der hier besprochenen acht Zugänge erhebt keinen Anspruch auf Vollständigkeit, sollte jedoch den Großteil der systematisch-wissenschaftlichen Erforschung des Computerspielens abdecken. Auf weitere alternative oder komplementäre Zugänge gehen verschiedene Beiträge im vorliegenden Band ein, darunter etwa die mediensoziologischen Überlegungen von Krotz oder Hepp und Vogelgesang (in diesem Band).

3.1 Ingenieurwissenschaftlicher Zugang: ‚Entertainment Computing' als neues Design-Paradigma

Eng verbunden mit wissenschaftlichen Fragen nach der Produktion von Computerspielen ist die technikorientierte Perspektive der Ingenieurwissenschaften. Computer Science, Informatik, Elektronik, Elektrotechnik und viele andere Bereiche der Ingenieurwissenschaften haben mittlerweile die wachsende Relevanz von Computerspiele-Software erkannt. Dafür gibt es vornehmlich wirtschaftliche Gründe, die eng mit den Berufsaussichten von Absolventen aus den genannten Bereichen verflochten sind: Die Spiele-Industrie ist auf hochqualifizierte Software-Entwickler angewiesen, so dass die Ingenieurwissenschaften das Feld des ‚Entertainment Computing' (auch) betreten haben, um einer spezifischen Nachfrage nach akademischer Qualifikation entgegenzukommen. Diese Qualifikation wiederum setzt umfassendes Know-How der Spiele-Entwicklung voraus, so dass sich die Computerwissenschaften seit einigen Jahren ernsthaft mit dem Thema befassen (vgl. z.B. Masuch & Fromme 2003). Zu den Arbeitsgebieten, die auch für andere disziplinäre Zugänge – etwa die kommunikationswissenschaftliche Unterhaltungsforschung – bedeutsam sind, gehören zum einen Verfahren der dreidimensionalen Raumrepräsentation in Echtzeit (z.B. Masuch & Röber 2003). Dabei entstehen hochgradig immersive Spielwelten, die mit dem auch kommunikationswissenschaftlich untersuchten Erlebensaspekt der ‚Präsenz' verknüpft sind (Tamborini & Skalski 2006). Zum anderen wird an Technologien geforscht, die virtuellen Figuren ‚Intelligenz' und ‚Autonomie' verleihen (z.B. Laird & van Lent 2001) und damit für die Spielerinnen und Spieler den Eindruck erwecken, an authentischen Kommunikationssituationen teilzunehmen. Hier bestehen beispielsweise enge Bezüge zum kommunikationswissenschaftlichen Konzept der parasozialen Interaktion (Klimmt & Vorderer 2002). Andere interdisziplinär interessante Aspekte beziehen sich auf die technische Integration narrativer Elemente mit den interaktiven Handlungsfreiräumen der Spielerinnen und Spieler. Insgesamt ist festzuhalten, dass der ingenieurwissenschaftliche Zugang, für den Computerspiele eine neuartige Variante von zu entwickelnder bzw. zu optimierender Software darstellen, bislang relativ wenig Erkenntnisse aus anderen Disziplinen verarbeitet hat. Zugleich wäre es für die anderen involvierten Wissenschaftszweige von großer Relevanz, die ingenieurwissenschaftlichen Paradigmen der Computerspiel-Entwicklung zu verstehen und zu verfolgen. Denn hier werden die Qualitäten des ‚Medienangebots' vorgedacht, deren individuelle und soziale Implikationen für die Spielnutzung wiederum Gegenstand der Bemühungen anderer Forschungszweige sein könnten. Wood, Griffiths, Chappell und Davies (2004) haben beispielsweise die zentrale Bedeutung von ‚Realismus' aus Nutzerperspektive hervorgehoben. Wie sich Realismus in Computerspielen darstellt, kann durch Einbezug ingenieurwissenschaftlicher Perspektiven (z.B. Masuch & Röber 2003) sehr viel genauer verstanden und für die Nutzungsforschung berücksichtigt werden.

3.2 Entwicklungspsychologischer Zugang: Die Fortsetzung des Spiels mit anderen Mitteln

Innerhalb der Psychologie weist die Entwicklungspsychologie die größte Nähe zu jungen Generationen und ihren aktuellen Gewohnheiten auf. Weil Computerspielen von Beginn an eine vornehmlich für junge Menschen typische Aktivität war, verwundert es nicht, dass die Entwicklungspsychologie bereits sehr früh das Phänomen der (damals vorwiegend über Automaten und Spielkonsolen realisierten) Computerspielnutzung beschrieben und untersucht hat (z.B. Greenfield 1984). Im Lauf der Zeit folgten zahlreiche weitere entwicklungspsychologische Arbeiten – sowohl empirische Einzelstudien als auch umfassendere theoretische Überlegungen. Aus entwicklungspsychologischer Sicht stellen Computerspiele weniger ein neues Medium dar, sondern vielmehr eine neuartige Form des Spiels, die sich der Computertechnologie bedient, um spezifische Handlungs- und Erlebensweisen zu schaffen (Oerter 1999). Spielen ist in der Entwicklungspsychologie wohl die am intensivsten untersuchte menschliche Handlungskategorie. In der Kommunikationswissenschaft ist sie erst in jüngerer Zeit auf größeres Interesse gestoßen (Rössler, Scherer & Schlütz 2002). Computerspiele lassen sich zweifellos in eine Linie mit traditionellen Spielformen reihen, wodurch Rückschlüsse auf Zuwendungsmotivationen, Erlebensweisen und Spielwirkungen möglich werden (Ohler & Nieding 2006). Die entwicklungspsychologische Spieleforschung verfügt durch ihr handlungstheoretisches Instrumentarium (z.B. Oerter 1999) auch über besonders geeignete Mittel, das zentrale Merkmal von Computerspielen, ihre *Interaktivität*, zu untersuchen (Vorderer 2000). Durch ihren Fokus auf den ‚Sinn' von Spielhandlungen trägt die entwicklungspsychologische Computerspiele-Forschung in hohem Maße dazu bei, die in der Öffentlichkeit häufig anzutreffende Konstruktion von Computerspielen als vermeintlich sinnfreie Tätigkeit als dogmatische Sichtweise zu entlarven, und die Bedeutung von Computerspielen als wichtige Form aktiver und positiv-nützlicher Entwicklungsarbeit zu erfassen (Durkin & Barber 2002). Aus diesem Grund bietet die entwicklungspsychologische Spieleforschung wichtige Ansatzpunkte, um die Einbettung von Computerspielen in den Alltag junger Menschen zu verstehen, so dass Einzelfragestellungen anderer Disziplinen, etwa zu den Themen Unterhaltung, Lernen und Aggression (vgl. dazu weiter unten) durch Anbindung an die Entwicklungspsychologie vollständig(er) aufgearbeitet werden können. Angesichts der Tatsache, dass auch immer mehr ältere Menschen Computerspiele nutzen (vgl. Grüninger, Quandt & Wimmer in diesem Band), kann die Ausweitung der entwicklungspsychologischen Perspektive auf die ‚Lebensspanne' jenseits der nach wie vor dominanten jungen Spieler-Gruppen wichtige Beiträge zum Verständnis der Computerspielnutzung leisten (z.B. Goldstein et al. 1997).

3.3 Sozialpsychologischer Zugang: Computerspiele und soziale (Kognitions-)Prozesse

Für die Sozialpsychologie sind Computerspiele zunächst interessant geworden, weil sie angesichts der in vielen Titeln auftretenden Gewaltszenarien (Smith, Lachlan & Tamborini 2003) Anlass dazu geben, die in diesem Zweig der Psychologie schon früh etablierte Forschungslinie zu Mediengewalt und Aggression fortzusetzen. Zahlreiche Einzelstudien wurden publiziert (im Überblick vgl. Anderson 2004), die vor allem mit dem Standard-Instrument der Sozialpsychologie, dem Experiment, operierten (z.B. Carnagey & Anderson 2005) oder aber auf Querschnittsbefragungen basierten (z.B. Krahé & Möller 2004). In analytischer Hinsicht baut dieser Forschungszweig auf leistungsfähige theoretische Grundlagen der allgemeinen Aggressionsforschung auf (vornehmlich das General Aggression Model von Bushman & Anderson 2002). Da der Bereich Spielgewalt und Aggression auch in der Kommunikationswissenschaft intensiv erforscht wird (z.B. Weber, Ritterfeld & Matthiak 2006), bestehen hier enge theoretische wie methodische Anknüpfungspunkte.

Interessanterweise scheint die Mehrzahl der sozialpsychologischen Arbeiten zu Computerspielen die medialen Spezifika des Angebots und der Rezeption kaum zur Kenntnis zu nehmen (Klimmt & Trepte 2003). Für viele sozialpsychologische Experimentaldesigns sind gewalthaltige Spiele einfach ein häufig anzutreffender ‚Reiz' oder sonstiger Auslöser für aggressionsbezogene soziale Kognitionsprozesse wie etwa feindselige Erwartungshaltungen (Bushman & Anderson 2002). Hier bestehen Möglichkeiten, die theoretisch-methodische Substanz dieses Forschungszweigs durch kommunikationswissenschaftliche Expertise über Medien und Rezeption (z.B. mit Blick auf Medienkompetenz, Realitäts-Fiktions-Unterscheidungen, Rezeptionsmotivation) zu ergänzen (Klimmt & Trepte 2003).

Neben dem Aspekt der Spielgewalt hat die Sozialpsychologie durch das Aufkommen von Online-Spielen auch begonnen, andere soziale Interaktions- und Kognitionsprozesse im Bereich Computerspiele zu thematisieren. Internetbasierte Beziehungs- und Interaktionsphänomene gehören schon länger zu den Arbeitsgebieten der Sozialpsychologie (Bargh & McKenna 2004); und neuerdings werden diese Themen auch in Bezug auf Online-Computerspiele bearbeitet (z.B. Griffiths, Davies & Chappel 2003). Hier ergeben sich wiederum interessante Anknüpfungspunkte zur Kommunikationswissenschaft (vgl. z.B. Pena & Hancock 2006). Insgesamt kann die Sozialpsychologie aufgrund ihres reichhaltigen Theorienkorpus, ihrer sehr gut ausgearbeiteten Methoden und ihres hohen Professionalisierungsgrads für viele verschiedene Fragestellungen, die die Kommunikationswissenschaft im Bereich Computerspielesnutzung interessieren (sollten), als Partner dienen. Sozialpsychologische Forschung kann beispielsweise Spielmotivationen, spezifische Verarbeitungsprozesse während der Nutzung oder soziale und kognitive Folgen der Spielenutzung theoretisch abbilden und empirisch erfassen.

3.4 Pädagogischer Zugang: Computerspielen als Konkurrenz zum konventionellen Lernen?

Der Fokus der ‚allgemein'-pädagogischen Perspektive, die hier von einer medienpädagogischen Perspektive abgegrenzt wird (vgl. dazu Abschnitt 3.5), liegt auf der Optimierung institutionalisierter Bildungsprozesse, namentlich des schulischen Bildungserfolgs. Computerspiele werden in diesem Diskussionsfeld deswegen thematisiert, weil die zunehmende

Verbreitung unter Kindern und Jugendlichen sowie die beachtlichen Zeitumfänge, die viele Schülerinnen und vor allem Schüler in Computerspiele investieren, die Frage aufgeworfen haben, inwiefern hier eine ernsthafte Bedrohung für dauerhaft erfolgreiches Lernen vorliegt. In öffentlichen, zumeist außerwissenschaftlichen Diskussionen werden immer wieder Befürchtungen geäußert, wonach Jugendliche durch Computerspielnutzung in ihrem Bildungserfolg gefährdet seien. Begründet wird dies beispielsweise damit, dass sie die Zeit für Hausaufgaben mit Spielen ‚verschwenden' oder dass Computerspielen durch neuronal-destruktive Prozesse ihre Gedächtnisleistung korrumpieren (Spitzer 2005). Darüber hinaus werden auch allgemeine personale und soziale Defizite als Folge des Spielkonsums befürchtet, die durch Computerspiele-Sucht entstehen könnten (Salguero & Moran 2002).

Diese Sorgen bilden den Anlass für die Durchführung verschiedener (pädagogisch-psychologisch motivierter) Studien. So haben van Schie und Wiegman (1997) die Computerspielnutzung von Kindern mit deren Schulleistungen korreliert. Nur langsam scheint indes die ‚allgemein'-pädagogische Forschung zur Kenntnis zu nehmen, was in der medienpädagogischen Forschung und Praxis seit langem anerkannt wird: Computerspiele gehören zur (veränderten) Medienökologie des 21. Jahrhunderts und dürften aus der Bildungsperspektive nicht einfach als Konkurrent betrachtet werden, sondern können bei konstruktiver Einbindung (ganz unverhoffte) Lernprozesse unterstützen (vgl. dazu genauer Abschnitt 3.5). Trotz der vielfach beobachtbaren normativ-ablehnenden Voreinstellung pädagogischer Computerspiele-Forschung ist dieser Zugang interdisziplinär zweifellos von Interesse, weil er seinen Beitrag dazu leisten kann, motivationale Fragen (kindlichen und jugendlichen) Mediengebrauchs besser zu verstehen, und die Rolle genauer herauszuarbeiten, welche die Mediennutzung für aktive Lern- und Entwicklungsarbeit in der modernen Gesellschaft spielt (vgl. dazu auch Ritterfeld & Weber 2006).

3.5 *Medienpädagogischer Zugang: Computerspiele als Lernwerkzeug der Zukunft(?)*

Die Medienpädagogik wird hier getrennt vom ‚allgemein'-pädagogischen Zugang diskutiert, weil diesem Feld eine Schlüsselrolle an der Schnittstelle zwischen Pädagogik (als deren Teilbereich sich die Medienpädagogik versteht) und Medien- und Kommunikationswissenschaft[1] gerade für die Computerspiele-Forschung zukommt.

Inhaltlich erscheint die Trennung des ‚allgemein'-pädagogischen Zugangs von der medienpädagogischen Perspektive auch deswegen sinnvoll, weil Letztere deutlich andere – nämlich optimistischere – Erwartungen an das neue Unterhaltungsmedium richtet. Für den medienpädagogischen Zugang geht es nämlich zum einen darum, inwiefern Kinder und Jugendliche spezifische Medienkompetenz (vgl. dazu Paus-Haase 1999) erwerben und/oder benötigen, wenn sie Computerspiele nutzen wollen, und zum anderen um die Frage, inwiefern Computerspielen in Lehr-/Lernkontexten konstruktiv eingebunden werden kann. Empirische Befunde zu ‚Lernwirkungen' von Computerspielen kommen bislang vornehmlich aus pädagogisch-psychologischen Experimenten, die etwa die Verbesserung von Aufmerksamkeitsleistungen (Greenfield, DeWinstantley, Kilpatrick & Kaye 1994) oder räumlichen Denkfähigkeiten (Sims & Mayer 2002) durch Spielenutzung gezeigt haben. Es gibt aber auch Hinweise, dass komplexere Kompetenzen durch Computerspielen erworben werden,

---

[1]	Innerhalb der Medien- und Kommunikationswissenschaft hat sich beispielsweise die Fachgruppe ‚Medienpädagogik' in der Deutschen Gesellschaft für Publizistik- und Kommunikationswissenschaft etabliert.

etwa im Bereich des Problemlösens (Ohler & Nieding 2000). Optimistische Erwartungen an die Lehr- und Lernpotenziale von Computerspielen speisen sich unter anderem aus den Erfahrungen des ‚Entertainment-Education'-Paradigmas, das insbesondere lernförderliche motivationale Prozesse als Folge unterhaltsamer ‚Verpackung' von Lernthemen belegen konnte (Singhal & Rogers 1999; in Bezug auf Computerspiele: Ritterfeld & Weber 2006), sowie aus der ‚Edutainment'-Forschung, die von spielpädagogischen Grundlagen aus Computerspiele als motivierende Lernumgebungen betrachtet (Amory, Naicker, Vincent & Adams 1999).

Konsequente Anwendungen dieser Überlegungen münden neuerdings in so genannte ‚serious games': Für spezifische Lehr-/Lernthemen werden interaktive Multimedia-Produkte entwickelt, die die Beschäftigung mit dem jeweiligen Gegenstand in der Logik und Darstellungsqualität moderner Computerspiele ermöglichen. Nach bemerkenswerten Erfolgen mit Pilotprojekten, etwa beim Sprachtraining für US-amerikanische Offiziersanwärter (Johnson et al. 2004), ist mit einer Ausdehnung von ‚serious games' im Aus- und Weiterbildungssektor zu rechnen. Insofern bleiben viele Herausforderungen und Anwendungsmöglichkeiten für den medienpädagogischen Zugang, der stark von empirisch-systematischer Forschung profitieren kann, wie sie etwa in der pädagogischen Psychologie betrieben wird (z.B. Blumberg 2000). Aufgrund der zentralen Rolle motivationaler Faktoren bei der Verknüpfung von Computerspielen und Lehr-/Lernvorhaben besteht auch eine wichtige konzeptuelle Verbindung zur kommunikationswissenschaftlichen Unterhaltungsforschung (Ritterfeld & Weber 2006; vgl. dazu Abschnitt 3.8). Außerdem sind die medienpädagogischen Perspektiven natürlich auch für die Forschung zur Nutzung von Computerspielen bedeutsam, da die zunehmende Ausbreitung von Computerspielen über den reinen Unterhaltungssektor hinaus Implikationen für die Art und den Umfang des Spielgebrauchs haben dürfte.

3.6 Medienwissenschaftlich-kulturwissenschaftlicher Zugang: Computerspiele als Gegenstand hermeneutisch-ästhetischer Reflexion

Die geisteswissenschaftlich ausgerichtete Medien- und Kulturwissenschaft hat Computerspiele bereits relativ früh als neue mediale Ausdrucksform entdeckt, die eingehende (hermeneutische) Betrachtungen verlangt. Dabei stellt die Interaktivität von Computerspielen die traditionell auf die Analyse von manifesten (Medien-)Texten ausgerichtete Disziplin in ähnlicher Weise vor Herausforderungen wie andere Wissenschaftszweige (vgl. z.B. Kücklich 2003): Hier ‚schreiben' die Rezipientinnen und Rezipienten den Text (mit), schaffen eigene Sinnstrukturen und Bedeutungsmuster. Zugleich bestehen interessante inhaltliche, formale, ästhetische, historische Parallelen und Überschneidungen zu anderen Medien- und Textsorten (vgl. z.B. Wolf & Perron 2003). Insofern liegen beim ‚Produkt' Computerspiele verschiedene Ebenen für die Beschreibung und Analyse vor, denn die hermeneutische Interpretation und (historische) Analyse kann sich sowohl auf die Aspekte beziehen, die direkt auf die Entwickler zurückgehen, als auch auf die Aspekte, die erst individuell bei der Spielnutzung entstehen (z.B. Wright, Boria & Breidenbach 2002). Daraus ergeben sich auch für den medien- und kulturwissenschaftlichen Zugang neue methodische Anforderungen (Eichner 2005) sowie eine Fülle von Einzelfragen, die – meist in Bezug auf Fallstudien an einzelnen Spieltiteln, wie zum Beispiel dem populären Action-Horror-Survival-Spiel Silent Hill (Nohr, Neitzel & Bopp 2005) – erarbeitet werden.

Im Gefüge der verschiedenen an Computerspielen interessierten Disziplinen kommt dem medien- und kulturwissenschaftlichen Zugang eine zentrale Bedeutung zu, weil er sich gründlicher als alle anderen Zugänge mit spezifischen Details einzelner Spieltitel und -gattungen befasst und am ehesten auch eine (medien-/ästhetisch-)historische Perspektive einnimmt. Daher stammt aus diesem Zugang das umfassendste Wissen über den ‚Gegenstand' Computerspiele – auch wenn er nicht in der systematisch-geordneten Form vorliegt, wie ihn etwa die quantitativ ausgerichteten Forschungszweige anstreben würden. Dennoch lohnt sich für die anderen Disziplinen die Beschäftigung mit medien- und kulturwissenschaftlichen Arbeiten, da sie in besonderer Weise geeignet sind, das für die meisten anderen Disziplinen typische verkürzte Verständnis von Computerspielen (z.B. Computerspiel ‚nur als Spiel' oder ‚nur als (gewalthaltiger) Prime') zu überwinden und eine integrierte, ‚ganzheitliche' Gegenstandsrekonstruktion zu erreichen. Dies ist auch und gerade für die Forschung zur Nutzung von Computerspielen von zentraler Bedeutung, etwa hinsichtlich subjektiver Sinngebungen und Spielmotivationen, individueller Verarbeitungs- und Wirkungsprozesse, aber eben auch in Bezug auf das Verständnis von Computerspielen als alltagskulturellem Handeln.

3.7 Medienökonomischer Zugang: Computerspiele und (neue) mediale Wertschöpfung

Computerspiele sind für die medienwirtschaftliche Forschung aus mehreren Gründen von Interesse. Zum einen bilden Computer- und Videospiele einen abgrenzbaren Medienmarkt (vgl. dazu Ottler & Muhr 2005), dessen ökonomische Strukturen und Prozesse durchaus wissenschaftlich und anwendungsbezogen interessante Besonderheiten aufweisen (vgl. auch Müller-Lietzkow, Bouncken & Seufert 2006). Von besonderer Relevanz sind hierbei die inhaltlichen Verflechtungen der Spiele-Industrie und ihrer Produkte mit anderen Branchen der medialen Unterhaltungsindustrie, die meist mit so genannten ‚Lizenzvereinbarungen' formalisiert sind (Müller-Lietzkow & Bouncken 2006). So existieren offizielle Computerspiele zu den wichtigsten regelmäßigen Sportveranstaltungen (z.B. Fußball: FIFA-Weltmeisterschaft; UEFA-Champions League; Fußballbundesliga) und stark positionierten Fiction-Themenwelten wie Lord of the Rings oder Harry Potter (Gunder 2003). Solche Medien-Marken dienen nicht nur als ‚Materialquelle' für Computerspiele-Produzenten, sondern verlängern auch mediale Wertschöpfungsketten, an deren Anfang ein Computerspiel steht: Beispielsweise existieren Kinofilme mit bekannten Spielfiguren wie Lara Croft (Klimmt & Vorderer 2002) oder Nintendos Mario als Protagonisten.

Ein zweiter Aspekt, der das medienwirtschaftliche Interesse an Computerspielen geweckt hat, ist der Aufstieg von Online-Spielen wie World of Warcraft (vgl. Seifert & Jöckel in diesem Band) zu massenhaft und dauerhaft genutzten – das heißt im Abonnement-Verfahren abgerechneten – Unterhaltungsdienstleistungen. Diese Spiele erzielen nicht nur bemerkenswerte Qualitäten in der Kundenbindung, die im Medienbereich so noch nicht zu finden war (Choi & Kim 2004), sondern sie haben auch die Entstehung ganz neuer Wirtschaftsformen stimuliert (Taylor 2003), etwa den mit realen Geldtransaktionen verbundenen Handel mit Spiel-Gegenständen (z.B. mächtigen Zauberschwertern) oder den durch intensives Spielen erreichten ‚Aufbau' leistungsstarker Spielfiguren, die dann gegen reales

Geld an andere Spielerinnen oder Spieler verkauft werden. Mit solchen Dienstleistungen rund um Online-Spiele werden schon bemerkenswerte Umsätze erzielt und damit möglicherweise auch neue ökonomische Motivationen der Spielenutzung begründet.

Ein weiterer Grund, aus dem heraus die Medienwirtschaft Interesse an Computerspielen und ihrer Erforschung hat, ist deren Aufkommen als Werbeträger (z.B. Nelson 2002). Schon heute finden sich in Computerspielen sehr viele unterschiedliche Formen der Werbung und des Product Placements. Aufgrund des sich wandelnden Medienmenüs vieler werberelevanter Zielgruppen erlangen Computerspiele (theoretisch) immer größere Bedeutung für viele Mediastrategien. Praktisch hat sich jedoch bislang keine systematisch wiederkehrende Werbe-Geschäftspraxis in der Spiele-Industrie etabliert, etwa weil bislang nur wenige Hinweise auf die reale Medialeistung und Werbewirkung vorliegen, und weil die Zyklen der Spieleentwicklung mit denen der konventionellen Werbe- und Mediaplanung bislang kaum zu synchronisieren sind. Mit Blick auf die künftige Spielenutzungsforschung dürfte der Umgang mit Werbung (z.B. ,Zapping' und Werbevermeidung) jedoch größeres Gewicht erhalten, so dass sich hier interessante Verknüpfungen zwischen der medienökonomischen Perspektive und der Nutzungsforschung abzeichnen.

Insgesamt findet die medienwirtschaftliche Forschung in Computerspielen also ein reichhaltiges Betätigungsfeld mit vielen offenen Fragen, die beispielhaft für die Herausforderungen der digitalen Ökonomie sind. Methodisch stellt die Medienwirtschaft neben ihrem Inventar an Modellen und Theorien vor allem Marktdaten zur Verfügung, die für die Nutzungsforschung von großem Wert sind; zugleich kann der für die Medienwirtschaft typische Fokus auf die Produzentensicht helfen, den Gesamtkomplex ,Computerspiele' besser abzubilden, den andere Forschungszweige eher aus einer inhaltsbezogenen (z.B. Medien- und Kulturwissenschaft) oder wirkungsbezogenen (z.B. Sozialpsychologie) Perspektive rekonstruieren.

3.8 Kommunikationswissenschaftlicher Zugang: Soziale Realität, Unterhaltungsforschung und die ,interdisziplinären Bezüge' des Fachs

Dass die sozialwissenschaftlich ausgerichtete kommunikationswissenschaftliche Perspektive an das Ende dieser transdisziplinären Forschungssynopse gestellt wird, sollte nicht als (implizite) Inanspruchnahme einer Schlüsselposition dieses Zugangs zu Computerspielen missverstanden werden. Vielmehr geht es darum, die Spezifika dieses Zugangs in der Weise zu beschreiben, wie es für die anderen Zugänge versucht wurde, und zugleich zu überlegen, welche Anknüpfungspunkte die sozialwissenschaftlich orientierte Kommunikationsforschung im Spiele-Bereich mit Blick auf die anderen Zugänge nutzen könnte und sollte.

Gleichwohl kann man mit einigem Recht argumentieren, dass die Kommunikationswissenschaft erhebliche Potenziale zur Integration multi- und interdisziplinärer Bemühungen der Computerspiele-Forschung besitzt. Wie bereits in mehreren Abschnitten angeklungen ist, interessiert sich die Kommunikationswissenschaft für viele der Aspekte, die auch für andere Zugänge zentral sind. Zugleich verfolgt sie jedoch Ansätze, die in der Auflistung der verschiedenen Forschungsschwerpunkte einzigartig sind oder zumindest von den anderen Zugängen nur am Rande bearbeitet werden. Dies gilt insbesondere für die Frage nach der Repräsentation von sozialer Wirklichkeit in Computerspielen und den damit verbundenen Implikationen für deren Nutzer sowie für die Frage des Rezeptionserlebens, also die theoretisch-empirische Rekonstruktion motivationaler und experientieller Prozesse im Kontext der Computerspielnutzung. Durch andere Zugänge – etwa der Entwicklungspsychologie – kann dies nicht in gleicher Vollständigkeit erreicht werden, wie es eine kommunikationswissenschaftliche Herangehensweise vermag (z.B. Hartmann 2006; Klimmt 2006; Vorderer & Bryant 2006).

Die Darstellung sozialer Realität in Computerspielen ist für die Kommunikationswissenschaft deswegen eine relevante Fragestellung, weil deren Analyse die Ausdehnung eines traditionsreichen Arbeitsbereichs des Fachs (z.B. Früh 1994) auf das neue Medium Computerspiel darstellt. Daher betreibt das Fach intensive inhaltsanalytische Forschung, zum Beispiel zur Darstellung der Geschlechter in den Medien, die in jüngster Zeit mit (wissenschaftlich wie politisch-normativ) interessanten Ergebnissen auf Computerspiele übertragen wurde (Jansz & Martis 2003). Parallel dazu wird die Rückwirkung medialer Realitätsdarstellungen auf das Publikum untersucht. Hier ist vor allem der theoretische Ansatz der Kultivierung von Bedeutung, der ebenfalls bereits auf Computerspiele übertragen wurde (van Mierlo & van den Bulck 2004).

Daneben zeichnet sich der kommunikationswissenschaftliche Zugang dadurch aus, dass er sich intensiv mit dem Prozess der Medienrezeption auseinandersetzt und einen mittlerweile beachtlichen Wissensstand zur Unterhaltungsforschung erarbeitet hat (Bryant & Vorderer 2006; Vorderer 2004; Früh 2002; Rössler et al. 2002; Zillmann & Vorderer 2000). Für die Rekonstruktion des Spielvernügens kann die (empirische) Kommunikationswissenschaft daher als in besonderem Maße kompetent gelten (vgl. Wünsch & Jenderek in diesem Band; Vorderer & Bryant 2006; Hartmann 2006). Die ‚Unterhaltungskompetenz' der Kommunikationswissenschaft besteht interessanterweise gerade darin, dass sie auf (Motivations-)Theorien anderer Disziplinen zurückgreift (etwa der psychologischen Leistungsmotivationsforschung, vgl. Behr et al. in diesem Band; Klimmt & Hartmann 2006) und diese mit Erkenntnissen zum Unterhaltungserleben bei der Rezeption nicht-interaktiver Medien zu komplexen Gesamtmodellen verbindet (z.B. Klimmt 2006; Sherry 2004; Vorderer, Klimmt & Ritterfeld 2004). Solche theoretischen Vorarbeiten wurden mittlerweile auch empirisch überprüft, so dass den anderen Zugängen zur Computerspiele-Forschung gesichertes Wissen zur Rezeption und zum Erleben von Computerspielen zur Verfügung gestellt werden kann (z.B. Klimmt 2006; Vorderer, Hartmann & Klimmt 2006). Zugleich ist aber festzustellen, dass durch die Interaktivität des Mediums neue methodische Probleme für diesen Zugang auftreten (Klimmt, Vorderer & Ritterfeld 2004).

Neben diesen ‚Spezial'-Gebieten – mit denen der kommunikationswissenschaftliche Zugang hilfreiche Ergänzungen zur Computerspiele-Forschung liefert, die von den anderen Zugängen nicht unbedingt zu erwarten sind – kommt der Kommunikationswissenschaft schließlich auch eine wichtige Funktion bei der Dokumentation des Phänomens ‚Computerspielnutzung' selbst zu. Dazu wäre es freilich erforderlich, die traditionsreiche und methodisch weit gereifte Publikumsforschung auf das neue Medium auszudehnen. Denn bislang liegen nur wenige valide Ergebnisse zu Nutzerkreisen, Nutzungsdauer und diachronischen Entwicklungen des Spielepublikums vor (vgl. dazu Abschnitt 2).

Die Kommunikationswissenschaft hat also nicht nur spezifische Felder der Computerspiele-Forschung ‚besetzt', sondern besitzt auch das Potenzial, für die meisten anderen Fragestellungen, die von wissenschaftlicher und von gesellschaftlicher Seite an Computerspiele(nutzung) herangetragen werden, ein wichtiges Kompetenzzentrum darzustellen. Zum einen stehen verschiedene Zugänge (insbesondere der medienpädagogische und der medienwirtschaftliche) in einem sehr engen inhaltlichen und forschungsorganisatorischen Bezug zur Kommunikationswissenschaft. Zum anderen ist das Fach sehr aktiv und kreativ darin, Erkenntnisse aus ‚ferneren' Disziplinen (wie etwa der Sozial- oder Entwicklungspsychologie) in ihre eigene Theoriearbeit und/oder empirische Forschung einzubinden (z.B. Vorderer & Bryant 2006).

4 Schlussbetrachtung

In diesem Beitrag wurde ein interdisziplinärer Rundgang durch die Computerspiele-Forschung absolviert (vgl. Tabelle 1), dessen Hauptschlussfolgerung sicherlich darin besteht, dass der wissenschaftliche Gegenstand ‚Computerspiele(n)' ein Paradebeispiel für die Notwendigkeit und den Nutzen interdisziplinärer Integration und Kooperation darstellt.

Tabelle 1: Übersicht verschiedener Forschungszugänge zur Computerspielnutzung

Zugang	Zentrale Problemstellungen	Zentrale Methoden und Vorgehensweisen
ingenieur-wissenschaftlich	Technische Grundlagen des Spielerlebens, z.B. immersive 3D-Welten und ‚intelligente Agenten'	Entwicklung und nutzungsorientierte Erprobung neuer Computerspiel-Technologien und -Programmbausteine
entwicklungs-psychologisch	Gebrauch und Funktion von Computerspielen über die Lebensspanne, vor allem bei Kindern und Jugendlichen	Experimente, Beobachtungsstudien, Längsschnittstudien mit (jungen) Spielnutzerinnen und -nutzern
sozial-psychologisch	Computerspiele als Auslöser und Gegenstand sozialer Kognition, zum Beispiel Aggression, soziale Beziehungen	Experimente, Längsschnittstudien
pädagogisch	Die Relation der Nutzung von Computerspielen zu schulischem Lernen	Befragungsstudien zum Zeitgebrauch von Schülerinnen und Schülern
medien-pädagogisch	Informelles und gezielt induziertes Lernen durch die Nutzung von Computerspielen	Didaktische Konzeptionen und Prototypen für ‚serious games', Lehr-/Lern-Studien mit Computerspielnutzerinnen und -nutzern
medien- und kulturwissenschaftlich	Die Nutzung von Computerspielen als kulturelles Handeln und ästhetische Rezeption	Historisch-hermeneutische Spielanalysen und Betrachtungen von Spielnutzerinnen und -nutzern
medienökonomisch	Computerspiele als Wirtschaftsfaktor: Marktbedingungen und -entwicklung, cross-mediale Verflechtungen	Marktanalysen und Potenzialabschätzungen
kommunikations-wissenschaftlich	Inhalte, Rezeption und Wirkung von Computerspielen als neues Massenmedium	Inhaltsanalysen von Spielen, Befragungs-/Experimentalstudien mit Spielnutzerinnen und -nutzern

Die grundlegenden Eigenschaften und vielfältigen Erscheinungsformen des Gegenstands bieten für viele Disziplinen Anlass, etablierte Forschungsperspektiven auf ihn auszudehnen und anzuwenden. Dabei verursachen die Aspekte des Gegenstands, die jeweils *nicht* zu einem konventionellen Zugang passen (und die oft mit der Interaktivität zu tun haben), den Bedarf, über Theorien und Methoden (etwa Medienwirkungstheorien, Software-Design-Paradigmen oder experimentelle Forschungsprozeduren) neu nachzudenken.

Für jenes ‚Neu-Nachdenken' lohnt sich – und das gilt für alle interessierten Disziplinen – der Blick über die Disziplingrenzen: Oftmals sind gerade die neuartigen, unbekannten Aspekte für andere Fächer Bestandteil des gesicherten Wissens. So konnte beispielsweise die kommunikationswissenschaftliche Unterhaltungsforschung durch Anleihen bei der Entwicklungspsychologie den Aspekt des (inter)aktiven Spielens, der bei Computerspielen den zentralen Unterschied zu konventionellen Unterhaltungsmedien darstellt, sehr viel besser verstehen und rekonstruieren (Ohler & Nieding 2006; Rössler et al. 2002). Die sozialpsychologische Spielgewaltforschung kann von medien- und kommunikationswissenschaftlichen Überlegungen bezüglich des Unterschieds von Realität und medialer Realitätskonstruktion profitieren, um die spezifischen Unterschiede in Aggressionsprozessen genauer abzubilden (Klimmt & Trepte 2003). In diesem Sinne ließe sich die Liste der (potenziell) fruchtbaren interdisziplinären Arbeitsbeziehungen fortsetzen. Entscheidend ist jedoch, dass die Erforschung der Art und des Umfangs der Computerspielenutzung von allen hier diskutierten Forschungsdisziplinen und -ansätzen profitieren kann, etwa durch Berücksichtigung historisch-hermeneutischer Aspekte aus der kulturwissenschaftlichen Perspektive oder die Anwendung sozialpsychologischer Theorien der Informationsverarbeitung für die Formulierung von Modellen der Spielrezeption.

Insgesamt unterstützen die Ergebnisse des Rundgangs durch die Computerspiele-Forschung die Forderung nach Publikations- und Veranstaltungsformen, die als Foren für den disziplinübergreifenden Austausch dienen können (z.B. Vorderer & Bryant 2006; Nohr et al. 2005). Wünschenswert – und vor dem Hintergrund der nach wie vor wachsenden Verbreitung und Popularität unterschiedlichster Erscheinungsformen von Computerspielen dringend notwendig – ist darüber hinaus die enge Vernetzung von Forschungsteams unterschiedlicher disziplinärer Ausrichtung zur gemeinsamen Beantwortung spezifischer Fragestellungen. Dadurch können interdisziplinäre Synergien und Komplimentaritäten bereits im Forschungsprozess entstehen. Die Computerspiele-Forschung wird daher zahlreiche Forschungsprojekte anstoßen müssen, die an mehreren Standorten und an ganz unterschiedlichen Fachbereichen durchgeführt werden. Beispielhaft sei das europäische Forschungsprojekt „FUGA" erwähnt, das 2006 bis 2009 als Kooperation von Kommunikationswissenschaftlern, Psychophysiologen, Informatikern und Neurowissenschaftlern neue Theorien und Messmethoden für das Unterhaltungserleben beim Computerspielen erarbeiten will (www. http://project.hkkk.fi/fuga).

Dass Computerspiele zur interdisziplinären Kooperation geradezu einladen, heißt freilich nicht, dass die Nutzung solcher Forschungszusammenarbeit zwangsläufig und mühelos auch eintreten wird. Ganz im Gegenteil: Solche Kooperationen sind aufwändig, erfordern viel ‚grundsätzliche Arbeit' wie etwa die Klärung von Begriffen und die Einarbeitung in die jeweils fremddisziplinäre Denkweise und Perspektive auf Computerspiele. Gerade empirisch arbeitende Kolleginnen und Kollegen werden oft Schwierigkeiten haben, die Erkenntnisse und Arbeitsformen nicht-empirischer Forschungszweige in ihre Logik zu übersetzen und zu integrieren. Es wird daher sowohl intelligenter Forschungsorganisation als auch engagierter operativer ‚Zusammen-Arbeit' bedürfen, um die großen wissenschaftlichen Herausforderungen der Computerspiele und ihrer Nutzung interdisziplinär zu bewältigen.

Wie bereits angedeutet wurde, kommt der Kommunikationswissenschaft bei dieser Aufgabe eine wichtige Brückenfunktion zu, weil das Fach vielfältige interdisziplinäre Verknüpfungen aufweist und besondere Wissensbestände über Medien und Medienrezeption einbringen kann. Auch die Internationalisierung der Computerspiele-Forschung kann die Kommunikationswissenschaft vorantreiben. In inhaltlicher Hinsicht ist die Internationalisierung beispielsweise deshalb sinnvoll, weil die ländervergleichende Perspektive den Blick für die kulturspezifische Einbettung von Computerspielen in den Alltag schärft – hier bestehen beispielsweise in Asien völlig andere Nutzungsstile und -muster als in Europa, und wieder andere als in den USA. In organisatorischer Hinsicht ist die schnell wachsende Interest Group ‚Game Studies' innerhalb der International Communication Association (ICA) bereits heute ein wichtiges Forum für Computerspiele-Forscher aus aller Welt. Insofern zeichnet sich der weitere Bedeutungszuwachs des Gegenstands Computerspiele(nutzung) innerhalb und außerhalb des Fachs ab. Der Erfolg dieser Forschungsbemühungen wird in hohem Maße davon abhängen, ob es gelingt, die Erfordernisse der Interdisziplinarität einzulösen.

Literaturverzeichnis

Amory, A., Naicker, K., Vincent, J. & Adams, C. (1999): The use of computer games as an educational tool: Identification of appropriate game types and game elements. *British Journal of Educational Technology*, 30(4), 311-321.

Anderson, C. A. (2004): An update on the effects of playing violent video games. *Journal of Adolescence*, 27(1), 113-122.

Bargh, J. A. & McKenna, K. Y. A. (2004): The internet and social life. *Annual Review of Psychology*, 55, 573-590.

Blumberg, F. C. (2000): The effects of children's goals for learning on video game performance. *Journal of Applied Developmental Psychology*, 21(6), 641-653.

Bryant, J. & Vorderer, P. (Hrsg.) (2006): *Psychology of entertainment*. Mahwah, NJ: Lawrence Erlbaum Associates.

Bushman, B. J. & Anderson, C. A. (2002): Violent video games and hostile expectations: A test of the general aggression model. *Personality and Social Psychology Bulletin*, 28(12), 1679-1686.

Carnagey, N. L. & Anderson, C. A. (2005): The effects of reward and punishment in violent video games on aggressive affect, cognition, and behaviour. *Psychological Science*, 16(11), 882-889.

Choi, D. & Kim, J. (2004): Why people continue to play online games: In search of critical design factors to increase customer loyalty to online contents. *CyberPsychology & Behavior*, 7(1), 11-24.

Durkin, K. & Barber, B. (2002): Not so doomed: Computer game play and positive adolescent development. *Applied Developmental Psychology*, 23, 373-392.

Eichner, S. (2005): Videospielanalyse. In: L. Mikos & C. Wegener (Hrsg.): *Qualitative Medienforschung: Ein Handbuch*. Konstanz: UVK, 474-483.

Früh, W. (1994): *Realitätsvermittlung durch Massenmedien. Die permanente Transformation der Wirklichkeit*. Opladen: Westdeutscher Verlag.

Früh, W. (2002): *Unterhaltung durch das Fernsehen: Eine molare Theorie*. Konstanz: UVK

Goldstein, J., Cajko, L., Oosterbroek, M., Michielsen, M., van Houten, O. & Salverda, F. (1997): Video games and the elderly. *Social Behavior and Personality*, 25(4), 345-352.

Greenberg, B. S., Eastin, M. S., Skalski, P., Cooper, L., Levy, M. & Lachlan, K. (2005): Comparing survey and diary measures of internet and traditional media use. *Communication Reports*, 18(1), 1-8.

Greenfield, P. (1984): *Mind and media: The effects of television, video games, and computers.* Cambridge, MA: Harvard University Press.

Greenfield, P. M., DeWinstantley, P., Kilpatrick, H. & Kaye, D. (1994): Action video games and informal education: Effects on strategies for dividing visual attention. *Journal of Applied Developmental Psychology*, 15, 105-123.

Griffiths, M. D., Davies, M. N. & Chappel, D. (2003): Breaking the stereotype: The case of online gaming. *CyberPsychology & Behavior*, 6(1), 81-91.

Gunder, A. (2003): As if by magic: On Harry Potter as a novel and a computer game. In: M. Copier & J. Raessens (Hrsg.): *Level up: Digital games research conference* [CD-ROM]. Utrecht: Utrecht University.

Hartmann, T. (2006): *Die Selektion unterhaltsamer Medienangebote am Beispiel von Computerspielen: Struktur und Ursachen.* Köln: von Halem.

Jansz, J. & Martis, R. (2003): The representation of gender and ethnicity in digital interactive games. In: M. Copier & J. Raessens (Hrsg.): *Level up: Digital games research conference.* Utrecht: Utrecht University, 260-269.

Johnson, W. L., Marsella, S., Mote, N., Vilhjalmsson, H., Narayanan, S. & Choi, S. (2004): Tactical Language Training System: Supporting the rapid acquisition of foreign language and cultural skills. *Proceedings of InSTIL/ICALL2004 – NLP and Speech Technologies in Advanced Language Learning Systems*, Venedig, 17.-19.06.2004. (Online: http://sisley.cgm.unive.it/ICALL2004/papers/005Johnson.pdf).

Klimmt, C. (2006): *Computerspielen als Handlung: Dimensionen und Determinanten des Erlebens interaktiver Unterhaltungsangebote.* Köln: von Halem.

Klimmt, C. & Hartmann, T. (2006): Effectance, self-efficacy, and the motivation to play video games. In: P. Vorderer & J. Bryant (Hrsg.): *Playing video games: Motives, responses, and consequences.* Mahwah: Lawrence Erlbaum Associates, 132-145.

Klimmt, C. & Trepte, S. (2003): Theoretisch-methodische Desiderata der medienpsychologischen Forschung über die aggressionsfördernde Wirkung gewalthaltiger Computer- und Videospiele. *Zeitschrift für Medienpsychologie*, 15(4), 114-121.

Klimmt, C. & Vorderer, P. (2002): „Lara ist mein Medium". Parasoziale Interaktionen mit Lara Croft im Vergleich zur Lieblingsfigur aus Film und Fernsehen. In: P. Roessler, S. Kubisch & V. Gehrau (Hrsg.): *Empirische Perspektiven der Rezeptionsforschung.* München: Reinhard Fischer, 177-192.

Klimmt, C., Vorderer, P. & Ritterfeld, U. (2004): Experimentelle Medienforschung mit interaktiven Stimuli: Zum Umgang mit Wechselwirkungen zwischen ‚Reiz' und ‚Reaktion'. In: W. Wirth, E. Lauf & A. Fahr (Hrsg.): *Forschungslogik und -design in der Kommunikationswissenschaft*, Band 1., Köln: von Halem, 142-156.

Krahé, B. & Möller, I. (2004): Playing violent electronic games, hostile attributional style, and aggression-related norms in German adolescents. *Journal of Adolescence*, 27(1), 53-69.

Kücklich, J. (2003): The playability of texts versus the readability of games: Towards holistic theory of fictionality. In: M. Copier & J. Raessens (Hrsg.): *Level up: Digital games research conference.* Utrecht: Utrecht University, 100-107.

Laird, J. & Lent, M. van (2001): Human-Level AI's killer application: Interactive computer games. *AI Magazine*, 22(2), 15-26.

Masuch, M. & Fromme, J. (2003): Computerspiele in der universitären Ausbildung. Zur interdisziplinären Entwicklung und Analyse von Computerspielen. *merz – Medien und Erziehung*, o. Jg.(1), 35-40.

Masuch, M. & Röber, N. (2003): Game graphics beyond realism: Then, now and tomorrow. In: M. Copier & J. Raessens (Hrsg.): *Level up: Digital games research conference* [CD-ROM]. Utrecht: University of Utrecht.

Mierlo, J. van & Bulck, J. van den (2004): Benchmarking the cultivation approach to video game effects: A comparison of the correlates of TV viewing and game play. *Journal of Adolescence*, 27(1), 97-111.

Müller-Lietzkow, J. & Bouncken, R. B. (2006): Vertikale Erweiterung der Wertschöpfungskette: Das zweischneidige Schwert der Zusammenarbeit der Filmwirtschaft mit der Computer- und Videospieleindustrie. *Medienwirtschaft*, 3(2), 6-19.

Müller-Lietzkow, J., Bouncken, R. & Seufert, W. (2006): *Gegenwart und Zukunft der Computer- und Videospielindustrie in Deutschland*. München: Entertainment Media.

Nelson, M. R. (2002): Recall and recognition of brand placements in computer/video games. *Journal of Advertising Research*, 42(3), 80-92.

Nohr, R., Neitzel, B. & Bopp, M. (Hrsg.) (2005): *„See? I'm real." Multidisziplinäre Zugänge zum Computerspiel am Beispiel von ‚Silent Hill'*. Münster: Lit.

Oerter, R. (1999): *Psychologie des Spiels. Ein handlungstheoretischer Ansatz*. Weinheim: Beltz.

Ohler, P. & Nieding, G. (2000): Was läßt sich beim Computerspielen lernen? Kognitions- und spielpsychologische Überlegungen. In: R. Kammerl (Hrsg.): *Computerunterstütztes Lernen*. München: Oldenbourg, 188-215.

Ohler, P. & Nieding, G. (2006): Why play? An evolutionary perspective. In: P. Vorderer & J. Bryant (Hrsg.): *Playing video games: Motives, responses, consequences*. Mahwah, NJ: Lawrence Erlbaum Associates, 101-115.

Ottler, S. & Muhr, T. (2005): Der Markt der Videospiele. *Medienwirtschaft*, 2(3), 120-128.

Paus-Haase, I. (1999): Medienrezeption und Medienaneignung von drei- bis zehnjährigen Kindern und daraus resultierende Ansatzpunkte für die Förderung von Medienkompetenz. In: F. Schell (Hrsg.): *Medienkompetenz: Grundlagen und pädagogisches Handeln*. München: KoPäd Verlag, 81-91.

Pena, J. & Hancock, J. T. (2006): An analysis of socioemotional and task communication in online multiplayer video games. *Communication Research*, 33(1), 92-109.

Quandt, T. & Wimmer, J. (2006): Mobile gaming. *Ästhetik & Kommunikation*, 37(135), 41-48.

Ritterfeld, U. & Weber, R. (2006): Games for entertainment and education. In: P. Vorderer & J. Bryant (Hrsg.): *Playing video games: Motives, responses, consequences*. Mahwah, NJ: Lawrence Erlbaum Associates, 399-414.

Roberts, D. F., Foehr, U. G. & Rideout, V. J. (2005): *Generation M: Media in the lives of 8-18 year olds. A Kaiser Family Foundation study* (Online: http://www.kff.org).

Rössler, P., Scherer, H. & Schlütz, D. (Hrsg.) (2002): *Nutzung von Medienspielen – Spiele der Mediennutzer*. München: R. Fischer.

Salguero, R. A. T. & Moran, R. M. B. (2002): Measuring problem video game playing in adolescents. *Addiction*, 97, 1601-1606.

Schie, E. G. M. van & Wiegman, O. (1997): Children and videogames: Leisure activities, aggression, social integration, and school performance. *Journal of Applied Social Psychology*, 27(13), 1175-1194.

Sherry, J. L. (2004): Flow and media enjoyment. *Communication Theory*, 14(4), 328-347.

Sims, V. K. & Mayer, R. E. (2002): Domain specificity of spatial expertise: The case of video game players. *Applied Cognitive Psychology*, 16, 97-115.

Singhal, A. & Rogers, E. M. (1999): *Entertainment education: A communication strategy for social change*. Mahwah, NJ: Lawrence Erlbaum Associates.

Smith, S. L., Lachlan, K. & Tamborini, R. (2003): Popular video games: Quantifying the presentation of violence and its context. *Journal of Broadcasting and Electronic Media*, 47(1), 58-76.

Spitzer, M. (2005): *Vorsicht Bildschirm: Elektronische Medien, Gehirnentwicklung, Gesundheit und Gesellschaft*. Stuttgart: Klett.

Tamborini, R. & Skalski, P. (2006): The role of Presence in the experience of electronic games. In: P. Vorderer & J. Bryant (Hrsg.): *Playing video games: Motives, responses, consequences*. Mahwah, NJ: Lawrence Erlbaum Associates, 225-240.

Taylor, T. L. (2003): Power gamers just want to have fun? Instrumental play in a MMOG. In: M. Copier & J. Raessens (Hrsg.): *Level up: Digital games research conference.* Utrecht: Utrecht University, 300-311.

Vorderer, P. (2000): Interactive entertainment and beyond. In: D. Zillmann & P. Vorderer (Hrsg.): *Media entertainment: The psychology of its appeal.* Mahwah, NJ: Lawrence Erlbaum Associates, 21-36.

Vorderer, P. (2004): Unterhaltung. In: R. Mangold, P. Vorderer & G. Bente (Hrsg.): *Lehrbuch der Medienpsychologie.* Göttingen: Hogrefe, 543-564.

Vorderer, P. & Bryant, J. (2006): *Playing video games: Motives, responses, consequences.* Mahwah, NJ: Lawrence Erlbaum Associates.

Vorderer, P., Hartmann, T. & Klimmt, C. (2006): Explaining the enjoyment of playing video games: The role of competition. In: D. Marinelli (Hrsg.): *ICEC conference proceedings 2003: Essays on the future of interactive entertainment.* Pittsburgh: Carnegie Mellon University Press, 107-120.

Vorderer, P., Klimmt, C. & Ritterfeld, U. (2004): Enjoyment: At the heart of media entertainment. *Communication Theory*, 14(4), 388-408.

Weber, R., Ritterfeld, U. & Matthiak, K. (2006): Does playing violent video games induce aggression? Empirical evidence of a functional magnetic resonance imaging study. *Media Psychology*, 8(1), 39-60.

Wolf, M. J. P. & Perron, B. (Hrsg.) (2003): *The video game theory reader.* London: Routledge.

Wood, R. T. A., Griffiths, M. D., Chappell, D. & Davies, M. N. O. (2004): The structural characteristics of video games: A psycho-structural analysis. *CyberPsychology & Behavior*, 7(1), 1-10.

Wright, T., Boria, E. & Breidenbach, P. (2002): Creative player action in FPS online video games. *Game Studies*, 2(2), Artikel 4 (Online: http://gamestudies.org/0202/wright).

Zillmann, D. & Vorderer, P. (Hrsg.) (2000): *Media entertainment. The psychology of its appeal.* Mahwah, NJ: Lawrence Erlbaum Associates.

2.4

Entwicklungstrends in der Computerspielnutzung bei Kindern, Jugendlichen und Erwachsenen

Jens Wolling

1   Einleitung

Wie groß ist der Anteil der Kinder, Jugendlichen und Erwachsenen, die ihre Freizeit mit Computerspielen verbringen? Haben Computerspiele in allen Bevölkerungsgruppen an Popularität gewonnen? Sind es vor allem die Hauptschüler, die ihre Zeit mit dem Spielen am Computer verbringen? Wie hat sich die Nutzung von Online- und Handyspielen in den zurückliegenden Jahren entwickelt? Um solche Fragen zu beantworten, benötigt man Daten aus repräsentativen Trendstudien. Die meisten Untersuchungen zur Nutzung von Computerspielen beruhen jedoch auf einmaligen Querschnitterhebungen und verwenden Stichproben aus kleinen Grundgesamtheiten oder Daten aus nicht-repräsentativen Gelegenheitsstichproben. Aufgrund forschungsökonomischer Restriktionen wird sich dies auch in Zukunft nicht grundsätzlich ändern. In vielen Fällen ist die fehlende oder eingeschränkte Repräsentativität kein gravierendes Problem, in anderen wäre es aber durchaus wünschenswert, Aussagen darüber treffen zu können, in wie weit die ermittelten Ergebnisse verallgemeinerbar sind.

Um die Reichweite von Befunden aus nicht-repräsentativen Erhebungen besser einschätzen zu können, besteht die Möglichkeit, die grundlegenden Strukturmerkmale der jeweils realisierten Stichprobe mit den Befunden aus repräsentativen Erhebungen zu vergleichen. Die dabei beobachtbaren Abweichungen geben dann Hinweise darauf, mit welchen Verzerrungen zu rechnen ist. Allerdings sind die dafür notwendigen repräsentativen Vergleichsdaten nicht ohne weiteres zugänglich. Zwar findet man in vielen Beiträgen einzelne Ergebnisse zur Computerspielnutzung aus unterschiedlichen (bevölkerungs)repräsentativen Erhebungen (z.B. Opaschowski 1999, 45 ff.; Schlütz 2002, 18 f.; Klimmt 2004: 696; Emmer 2005, 117 ff.; van Eimeren & Frees 2005, 371; Langness, Leven & Hurrelmann 2006, 78 ff.), eine systematische Überblicksdarstellung repräsentativer Nutzungszahlen liegt aber bislang nicht vor.

Dank der Unterstützung durch das Institut für Demoskopie Allensbach und durch den Medienpädagogischen Forschungsverbund Südwest (mpfs)[1] ist es an dieser Stelle möglich, Daten zu präsentieren, die einen breit angelegten Überblick über die Nutzung von Computerspielen in Deutschland vermitteln. Dabei handelt es sich um Ergebnisse aus der ACTA

[1]   Ich danke Dr. Peter Voß und Thomas Rathgeb für die Unterstützung bei der Anfertigung dieses Beitrags. Dr. Voß hat die relevanten ACTA-Trenddaten zusammengestellt und von Thomas Rathgeb wurden die Auswertungen der JIM- und KIM-Studien vorgenommen.

(Allensbacher Computer- und Technik-Analyse) sowie um Befunde aus den Studien KIM (Kinder und Medien) und JIM (Jugend, Information, (Multi-)Media). Die drei Untersuchungen ergänzen sich sehr gut, da mit den Daten von KIM und JIM die Computerspielnutzung von Kindern und Jugendlichen abgebildet wird, während die ACTA Befunde zum Umgang der Erwachsenen mit Computerspielen bereitstellt. Besonders wertvoll sind die Daten durch die Tatsache, dass es sich bei allen drei Studien um Längsschnittuntersuchungen handelt, in deren Rahmen groß angelegte Befragungen in regelmäßigen Abständen durchgeführt werden.[2] Dadurch ist es möglich, Nutzungstrends zu identifizieren. Die nachfolgend vorgestellten Ergebnisse sind bislang nur in Teilen und verstreut veröffentlicht worden (z.B. Feierabend & Klingler 1999, 2000, 2001, 2002, 2003a und 2003b; Feierabend & Rathgeb 2005).

Begonnen wird mit der Darstellung der Ergebnisse zur Computerspielnutzung der Jugendlichen (JIM-Studie; s. Abschnitt 2). Die Jugendlichen werden als Referenzpunkt gewählt, weil die Beschäftigung mit Computerspielen in dieser Altersgruppe besonders verbreitet ist. Darauf hin werden die Befunde aus der Kinderstudie (KIM; s. Abschnitt 3) und abschließend dann die Nutzungsdaten der Erwachsenen (ACTA; s. Abschnitt 4) präsentiert.[3] Die jeweiligen Ergebnisse werden in zeitlicher, sachlicher und sozialer Hinsicht differenziert.

Zeitliche Differenzierung
Alle drei Studien sind langfristig angelegt. Dadurch kann gezeigt werden werden, wie sich die Nutzung von Computerspielen in den zurückliegenden Jahren entwickelt hat.

Sachliche Differenzierung
Der Gegenstand der Betrachtung – die unterschiedlichen Varianten der Computerspielenutzung – lässt sich in vielfacher Weise ausdifferenzieren. Im Rahmen dieses Beitrags wird zwischen dem Spielen am Computer allgemein, Onlinespielen und Spielen auf dem Handy unterschieden. Weitergehende Differenzierungen in sachlicher Hinsicht – beispielsweise hinsichtlich der Nutzung einzelner Genres oder Plattformen (Konsole / PC) – sind aufgrund der Datenlage nur vereinzelt möglich.

Soziale Differenzierung
Die soziale Differenzierung dient dazu, die Computerspieler genauer zu beschreiben. Wie unterscheiden sich die verschiedenen soziodemographischen Gruppen hinsichtlich ihres Spielverhaltens? In der Zusammenschau der verschiedenen Datenquellen entsteht so ein Gesamtbild der Entwicklung der Spielnutzung in allen Altersgruppen der Bevölkerung.

---

[2]   Bei der ACTA handelt es sich um eine mündliche face to face Befragung mit standardisiertem Fragebogen. Die Stichprobe wird nach dem Quoten-Auswahlverfahren gebildet und ist repräsentativ für die deutsche Bevölkerung zwischen 14 und 64 Jahren in Privathaushalten. Bei der JIM-Studie handelt es sich um eine computergestützte telefonische Befragung (CATI). Die Studie ist repräsentativ für Jugendliche zwischen 12 und 19 Jahren in Telefonhaushalten der BRD. Bei der KIM-Studie handelt es sich um eine repräsentative mündliche face to face Befragung von deutschsprachigen Kindern zwischen sechs und 13 Jahren in der BRD sowie einer schriftlich Befragung von deren primärer Erziehungsperson (meistens die Mutter).

[3]   Prinzipiell wäre es wünschenswert gewesen, die Ergebnisse der Studie stärker zu integrieren. Aufgrund der unterschiedlichen Befragungsinstrumente und Auswertungsstrategien der Institute war dies aber nicht möglich.

Ein wichtiges Anliegen des Beitrags ist die Bereitstellung möglichst umfangreichen Datenmaterials. Um dies zu gewährleisten und gleichzeitig den Rahmen des Aufsatzes nicht zu sprengen, werden jeweils nur die auffälligsten Befunde aus den Tabellen herausgegriffen und erörtert.

2 Entwicklung der Computerspielnutzung bei Jugendlichen

Nur diejenigen Jugendlichen, die überhaupt einen Computer verwenden, sind auch potenzielle Computerspieler. Deswegen muss die Entwicklung der Spielnutzung vor dem Hintergrund der Daten zur Computernutzung interpretiert werden. Dabei zeigt sich, dass sowohl bei Jungen und Mädchen als auch bei Schülern aller Schultypen die Nutzung des Computers kontinuierlich zugenommen hat (Tabelle 1). Dasselbe gilt für die verschiedenen Altersgruppen. Mittlerweile ist der Anteil der Jugendlichen ohne Computererfahrung in fast allen Segmenten deutlich unter 10 % gesunken. Auffällig ist zudem, dass sich im Untersuchungszeitraum die vorhandenen Nutzungsklüfte wesentlich abgeschwächt haben – und zwar sowohl zwischen den Geschlechtern als auch hinsichtlich der Bildung.

Tabelle 1: Computernutzung durch Jugendliche (JIM-Studie): Prozent aller Jugendlichen, die den Computer ‚mindestens einmal im Monat' nutzen (Computernutzer)

Jahr	1998	1999	2000	2001	2002	2003	2004	2005
n =	803	1204	1200	2018 [4]	1092	1209	1000	1203
Gesamt	71	76	81	83	93	93	94	95
Mädchen	63	70	76	79	92	90	92	94
Jungen	78	82	86	87	94	95	95	95
12-13 J.	71	77	78	83	90	91	93	93
14-15 J.	74	80	85	87	95	94	93	97
16-17 J.	72	74	83	83	92	93	93	97
18-19 J.	67	73	77	79	94	93	96	92
Hauptschule	58	65	69	72	84	88	89	89
Realschule	72	77	83	81	93	92	94	95
Gymnasium	78	82	85	91	97	95	96	98

Betrachtet man nun die Entwicklung der Computer*spiel*nutzung, dann fällt auf, dass der Anteil der Spieler von 53 % auf 38 % deutlich zurückgegangen ist (Tabelle 2). Bei der Interpretation dieses Befundes ist aber zu bedenken, dass dabei nicht die Jugendlichen insgesamt, sondern nur die Computernutzer die Basis der Prozentuierung bilden. Wenn man dies berücksichtigt, dann stellt man fest, dass der Anteil der Computerspieler auf alle Ju-

---

4   Die Stichprobe 2001 umfasst auch eine Zusatzstichprobe von Jugendlichen aus Baden Württemberg und Rheinland-Pfalz (Aufstockung auf je 500), die aber für die Auswertung heruntergewichtet wurde (Feierabend & Klingler 2002).

gendlichen bezogen weitgehend konstant geblieben ist. 1998 waren 37 % der Jugendlichen Spieler, 2005 waren es 36 %.

In den verschiedenen soziodemographischen Segmenten waren die Entwicklungen aber nicht einheitlich: Während bei den Jungen der relative Anteil der Spieler an den Computernutzern weitgehend konstant blieb und damit die absolute Zahl der männlichen Spieler zunahm, ist bei den Mädchen sowohl die relative als auch die absolute Spielerzahl kleiner geworden. In den verschiedenen Altersgruppen sind Reichweitenverluste vor allem bei den Jüngeren zu verzeichnen, bei den älteren Spielern ist die absolute Zahl der Nutzer hingegen gestiegen. Im Bezug auf die Schulbildung der Spieler ist festzuhalten, dass der relative Nutzeranteil bei allen drei Schultypen geringer geworden ist, der absolute Anteil hat sich hingegen kaum verändert.

Wenn man nun nicht so sehr auf die Entwicklung der Nutzerzahlen achtet, sondern mehr auf die Unterschiede zwischen den Nutzergruppen, dann stellt man fest, dass (a) deutlich mehr Jungen als Mädchen häufig mit dem Computer spielen, dass (b) unter den Jüngeren mehr Vielspieler sind als unter den Älteren und das (c) Hauptschüler häufiger als Realschüler und diese wiederum häufiger als Gymnasiasten ihre Zeit mit Computerspielen verbringen. In nicht repräsentativen Studien haben viele der Befragten oft einen relativ hohen Bildungsabschluss, sodass teilweise verallgemeinernd vom „hochgebildeten Gamer" (Theunert, Demmler & Kirchhoff 2002, 142) die Rede ist. Angesichts der hier präsentierten Zahlen müssen solche Aussagen sicherlich relativiert werden. Bemerkenswert ist aber auch, dass die schulform- und altersbedingten Unterschiede im Zeitverlauf tendenziell eher geringer geworden sind.

Tabelle 2:   Computerspielnutzung durch Jugendliche (JIM-Studie): Prozent der Computernutzer, die ‚mehrmals pro Woche' oder ‚täglich' am Computer spielen

Jahr	1998	1999	2000	2001	2002	2003	2004	2005
n =	568	913	969	1676	1013	1121	935	1142
Gesamt	53	56	48	49	44	45	41	38
Mädchen	37	39	28	30	21	24	20	15
Jungen	66	70	65	65	66	64	61	61
12-13 J.	66	71	59	68	60	58	47	43
14-15 J.	71	63	59	55	50	53	48	48
16-17 J.	48	52	41	40	39	38	41	34
18-19 J.	26	39	31	30	27	27	31	30
Hauptschule	63	65	61	52	46	53	53	43
Realschule	56	57	46	50	46	47	39	39
Gymnasium	47	51	44	47	42	38	38	36

Spielen ist nicht immer – aber doch sehr häufig – eine gemeinschaftliche Tätigkeit, und auch beim Computerspielen gibt es vielfach die Option (bei manchen sogar die Notwendigkeit), gemeinsam mit anderen zu spielen. Selbst bei jenen Spielen, die über keinen Multiplayermodus verfügen, besteht die Möglichkeit, sich mit Freunden zum Computerspielen zu treffen und sich dann beim Spielen am Computer abzuwechseln. LAN-Partys und verschiedene Formen von Onlinespielen sind weitere Formen des gemeinsamen Spiels. In der JIM-Studie wurden die verschiedenen Varianten des gemeinsamen Computerspielens nicht ermittelt. Von daher ist nicht zu entscheiden, auf welche Formen des gemeinsamen Spielens sich die Antworten jeweils beziehen. Für die Interpretation der Befunde wäre dies aber durchaus interessant, denn es zeigt sich relativ deutlich, dass die Bedeutung des gemeinsamen Spiels rückläufig ist (Tabelle 3). Und zwar in doppelter Hinsicht: Zum einen sinkt der Anteil der Jugendlichen, die überwiegend gemeinsam spielen, und zum anderen wird auch der Prozentanteil derjenigen geringer, die sagen, dass sie beides gleich häufig machen. Gerade angesichts der Tatsache, dass sich das Angebot an Multiplayer-Spielen in den zurückliegenden Jahren ohne Zweifel erheblich vergrößert hat, ist dies sicherlich ein bemerkenswerter Befund. Der Rückgang könnte auf die zunehmende Diffusion der Computertechnologie zurückzuführen sein: Für viele Jugendliche besteht einfach nicht mehr die Notwendigkeit, bei/mit anderen zu spielen, da sie mittlerweile selbst einen Computer haben und nicht mehr zu Freunden gehen müssen, wenn sie spielen wollen. Die nachlassende Bedeutung des gemeinsamen Spiels und die steigende Anzahl der Einzelspieler sind sowohl bei den Mädchen als auch bei den Jungen festzustellen, allerdings sind die Tendenzen bei den Jungen etwas ausgeprägter. Im Ergebnis führte dies dazu, dass im Jahr 2005 in dieser Hinsicht kaum noch Unterschiede zwischen den Geschlechtern festzustellen sind.

Tabelle 3: Computerspiel allein oder zusammen (JIM-Studie): Prozent aller Computernutzer, die überwiegend allein oder überwiegend mit anderen spielen

	Jahr	1998	1999	2000	2001	2002	2003	2004	2005
	n =	517	823	842	1383	840	922	721	846
Computerspielen überwiegend allein	Gesamt	26	28	30	35	35	38	48	46
	Mädchen	33	31	34	39	38	36	49	49
	Jungen	21	27	28	33	33	40	48	45
Computerspielen überwiegend mit anderen	Gesamt	20	17	17	18	15	14	12	15
	Mädchen	23	16	17	19	14	17	12	14
	Jungen	18	18	17	17	15	11	12	15

Die Frage zu den Lieblingsgenres im Bereich der Computerspiele wurde den Jugendlichen zum ersten Mal im Jahr 2000 gestellt: Die Daten belegen, dass die sechs berücksichtigten Spielgenres sich hinsichtlich ihrer Attraktivität deutlich unterscheiden. Diese Unterschiede in den Genrepräferenzen veränderten sich während der Untersuchungszeit nicht grundsätzlich, sondern nur graduell (Tabelle 4). Die größte Popularität haben die Strategiespiele, die geringste die Jump'n'Runs. Zum Teil findet man, dass die Vorlieben der Geschlechter erheblich variieren: Action- und Simulationsspiele werden von den Jungen in allen Untersuchungsjahren wesentlich stärker bevorzugt. Bei den Actionspielen sind die Vorlieben im Laufe der Zeit sogar noch weiter auseinandergedriftet: mehr Jungen bezeichnen Actionspiele als ihre Favoriten, bei den Mädchen sinkt der Anteil tendenziell.

Tabelle 4:   Computerspielgenrepräferenzen der Jugendlichen (JIM-Studie): Prozent der
Computernutzer, die das jeweilige Genre genannt haben

Lieblingsspielgenre	Jahr	2000	2001	2002	2003	2004	2005
bis zu 3 Nennungen	n =	842	1383	840	922	721	846
Strategie	Mädchen	49	60	67	70	71	70
	Jungen	55	58	47	55	50	53
Action	Mädchen	24	23	24	23	17	19
	Jungen	42	43	56	58	58	55
Simulation	Mädchen	16	17	23	19	24	21
	Jungen	48	40	42	37	49	41
Adventure	Mädchen	22	15	17	21	15	10
	Jungen	22	12	15	8	7	8
Rollenspiel	Mädchen	2	0	5	5	12	9
	Jungen	10	10	12	9	10	11
Jump'n'Run	Mädchen	3	5	3	4	4	1
	Jungen	1	2	0	1	2	1

Bei den Simulationen ist hingegen eher ein Annäherungsprozess zu beobachten. Die Strate-
gie- und Rollenspiele wiederum haben in den sechs betrachteten Jahren bei den Mädchen
an Attraktivität gewonnen, während sich bei den Jungen keine Veränderungen zeigen.
Teilweise schwanken die Präferenzen zwischen den Jahren recht deutlich. Das kann auf
verschiedene Faktoren zurückzuführen sein: Zum einen kann es sich um Stichprobenfehler
handeln, zum anderen kann dafür aber auch der Markteintritt attraktiver Titel verantwortlich sein.[5] Und schließlich ist zu bedenken, dass es sich bei diesen Kategorien um sehr
breite und keinesfalls immer trennscharfe Genrebezeichnungen handelt, die den Befragten
einigen Interpretationsspielraum lassen.

Wie oben bereits angemerkt, ist die Möglichkeit zur Computernutzung die Voraussetzung dafür, dass man das Gerät als Spielmedium verwendet. Um mit dem Computer Onlinespiele spielen zu können, muss zusätzlich die Gelegenheit zur Onlinenutzung gegeben
sein. Deswegen muss – bevor die Befunde zur Onlinespielnutzung interpretiert werden
können – zunächst betrachtet werden, wie sich der Anteil der Onliner in den verschiedenen
Bevölkerungsgruppen entwickelt hat (Tabelle 5). Der Befund ist eindeutig: In allen betrachteten Gruppen ist der Anteil der Onliner sehr deutlich gestiegen. Die Unterschiede zwischen
den Schülern der verschiedenen Schultypen sind in allen Jahren nachzuweisen; die zwischen Mädchen und Jungen sind hingegen im Laufe der Jahre verschwunden. Betrachtet
man die Altersgruppen, dann findet man nur wenig Varianz. Allein bei den 12- bis 13-
Jährigen ist der Anteil der Onliner immer um gut zehn Prozentpunkte geringer als bei allen
anderen.

---

[5]   Die Ergebnisse von Quandt & Wimmer in diesem Band sprechen für diese Interpretation.

Tabelle 5:   Onlinenutzung durch Jugendliche (JIM-Studie): Prozent aller Jugendlichen, die zumindest ‚selten' Online gehen (Onliner)

Jahr	1998	1999	2000	2001	2002	2003	2004	2005
n =	803	1204	1200	2018	1092	1209	1000	1203
Gesamt	18	29	57	63	83	81	84	86
Mädchen	14	23	51	59	83	81	84	86
Jungen	21	35	62	67	83	87	86	87
12-13 J.	12	20	47	53	74	77	75	77
14-15 J.	19	32	59	70	85	86	85	88
16-17 J.	20	30	62	66	85	86	88	92
18-19 J.	20	33	60	63	89	88	91	87
Hauptschule	11	20	45	49	69	74	75	71
Realschule	16	24	53	58	80	83	84	87
Gymnasium	23	38	66	74	92	90	91	94

Vor diesem Hintergrund sind die in Tabelle 6 präsentierten Zahlen zu lesen: Sie zeigen auf den ersten Blick, dass sich der Anteil der Onlinespieler an den Onlinern im betrachteten Zeitraum nicht gravierend verändert hat. Zwischen neun und 15 % der jugendlichen Onliner geben an, ‚täglich' oder ‚mehrmals die Woche' online zu spielen. Hinter diesem relativ stabilen Anteil verbirgt sich aber ein enormes absolutes Wachstum, denn die Zahl der Onliner ist in dem betrachteten Zeitraum um fast 500 % gestiegen. Dass Onlinespiele in kurzer Zeit so schnell an Zuspruch gewinnen konnten, ist sicherlich vor allem auf die schnelleren (DSL) und preisgünstigeren (Flatrate) Internetzugänge zurückzuführen. Wie schon bei den Computerspielern generell, findet man bei den Onlinespielern Nutzungsunterschiede zwischen den Geschlechtern, die hier sogar noch deutlicher ausfallen.

Computerspiele können nicht nur am PC, sondern auch auf anderen Plattformen gespielt werden. Von besonderer Bedeutung – insbesondere für Jugendliche – sind dabei die Spielkonsolen. Der Anteil der Jugendlichen, die eine Spielkonsole besitzen, ist von 1998 bis 2005 um über 50 % gestiegen (Tabelle 7).

Die zahlreichen Hardware-Neuerscheinungen, die insbesondere seit der Jahrtausendwende auf dem Markt platziert wurden (*PS2, XBox, Game Cube, XBox 360, Playstation 3* etc.), haben zu dieser Entwicklung sicherlich entscheidend beigetragen. Das relativ kontinuierliche Wachstum ist in allen soziodemographischen Gruppen zu beobachten. Die schon bei den PC- und Onlinespielen festgestellten Unterschiede zwischen Mädchen und Jungen finden sich auch bei den Konsolen. Beim Alter sind die Zusammenhänge etwas anders. In den drei jüngeren Altersgruppen ist der Anteil der Konsolenbesitzer sehr ähnlich, nur bei den über 18-Jährigen ist er im gesamten Zeitverlauf geringer. Schaut man auf den Schultyp, dann findet man das gleiche Muster wie bei den PC-Spielen generell: Unter den Hauptschülern sind mehr Konsolenbesitzer als unter den Realschülern, und bei denen wiederum gibt es mehr Konsolenspieler als unter den Gymnasiasten.

Tabelle 6:   Nutzung von Onlinespielen durch Jugendliche (JIM-Studie): Prozent der
Onliner, die ‚mehrmals pro Woche' oder ‚täglich' Onlinespiele nutzen

Jahr	1998	1999	2000	2001	2002	2003	2004	2005
n =	142	347	681	1272	904	1017	850	1040
Gesamt	15	14	9	14	11	11	9	13
Mädchen	5	9	5	6	2	3	3	3
Jungen	22	18	12	21	20	19	14	22
12-13 J.	26	14	12	16	13	10	3	11
14-15 J.	16	21	9	18	11	13	5	12
16-17 J.	20	8	6	12	11	12	12	13
18-19 J.	5	14	10	9	9	10	7	15
Hauptschule	13	28	12	17	16	17	10	16
Realschule	16	18	11	15	11	12	10	11
Gymnasium	15	8	7	13	10	10	7	13

Tabelle 7:   Besitz einer Spielkonsole bei Jugendlichen (JIM-Studie): Prozent aller
Jugendlichen, die eine Spielkonsole besitzen

Jahr	1998	1999	2000	2001	2002	2003	2004	2005
N =	803	1204	1200	2018	1092	1209	1000	1203
Gesamt	23	31	31	32	35	34	34	37
Mädchen	11	16	19	18	22	21	19	20
Jungen	34	44	44	46	48	47	49	52
12-13 J.	27	38	37	38	40	37	40	41
14-15 J.	21	35	34	38	39	36	34	41
16-17 J.	26	29	32	33	34	34	33	40
18-19 J.	17	21	23	20	28	30	30	25
Hauptschule	32	38	36	40	47	46	50	45
Realschule	25	34	34	37	39	39	35	42
Gymnasium	16	24	26	24	26	26	26	27

Tabelle 8:   Besitz eines Handys bei Jugendlichen (JIM-Studie): Prozent aller
Jugendlichen, die ein Handy besitzen

Jahr	1998	1999	2000	2001	2002	2003	2004	2005
n =	803	1204	1200	2018	1092	1209	1000	1203
Gesamt	8	14	49	74	82	87	90	92
Mädchen	8	14	51	80	87	89	91	94
Jungen	7	14	46	69	77	84	88	90

Neben PC und Konsole werden auch unterschiedliche tragbare Geräte zum Spielen genutzt. In der JIM-Studie liegen hierzu nur Ergebnisse im Hinblick auf die Nutzung des Handys als Spielmedium vor. Der Handybesitz ist in den acht Untersuchungsjahren sowohl bei den Mädchen als auch bei den Jungen von unter 10 % auf über 90 % gestiegen (Tabelle 8). Hinsichtlich der Nutzung von Handyspielen lassen sich solche Tendenzen nicht aufzeigen, denn es liegen nur Daten aus dem Jahr 2003 vor. Diese zeigen, dass ein Großteil der jugendlichen Handybesitzer das Gerät auch zum Spielen nutzt. Bei den Mädchen waren es 79 %, bei den Jungen 77 %. Mit zunehmendem Alter werden die Handys jedoch seltener als Spielgerät eingesetzt. Von den jüngsten Handybesitzern (12-13 Jahre) verwenden es 88 % zum Spielen. Bei den älteren Jugendlichen (18-19 Jahre) beträgt der Anteil der Spieler nur noch 66 %. Haupt- und Realschüler nutzen Handyspiele etwas häufiger (80 bzw. 82 %) als Gymnasiasten (73 %).

3   Entwicklung der Computerspielnutzung bei Kindern

Anders als bei der JIM-Studie liegen bei der KIM-Studie nur Befragungsdaten von fünf Messzeitpunkten vor. Aus den zuvor bereits genannten Gründen ist es hier ebenfalls notwendig, zunächst die Entwicklung der Computernutzung (Tabelle 9) zu betrachten: Wie schon bei den Jugendlichen nimmt bei den Kindern die Zahl der Computernutzer gleichfalls zu. Auch hier vollzieht sich das Wachstum in allen soziodemografischen Gruppen, allerdings – aufgrund des geringeren Alters der Befragten – auf einem niedrigeren Niveau als bei den Jugendlichen. Aber nicht nur im Vergleich zu den Jugendlichen, auch innerhalb der Kinderstichprobe findet man deutliche Unterschiede zwischen den Jahrgängen. Zwar hat selbst bei den 6- bis 7-jährigen Kindern mittlerweile schon die Hälfte Erfahrungen mit dem Computer gesammelt, bei den ältesten Kindern (12-13 Jahre) ist der Anteil aber bereits auf über 90 % angestiegen. Die zwischen den Geschlechtern im Jahr 1999 noch deutlich vorhandenen Nutzungsklüfte sind im Jahr 2005 weitgehend verschwunden. Die Nutzungsunterschiede zwischen den Schülern der verschiedenen Schulsysteme haben sich im Laufe der Jahre ebenfalls abgeschwächt, sind jedoch im Jahr 2005 noch immer vorhanden.

Tabelle 9:   Computernutzung durch Kinder (KIM-Studie): Prozent aller Kinder, die den Computer zumindest ,selten' nutzen (Computer-Kids)

Jahr	1999	2000	2002	2003	2005
n =	1058	1228	1241	1201	1203
Gesamt	51	60	63	70	76
Mädchen	45	55	59	69	74
Jungen	57	66	67	72	79
6-7 J.	39	34	39	46	52
8-9 J.	45	52	55	63	71
10-11 J.	56	70	74	81	84
12-13 J.	61	80	82	84	91
Grundschule	43	47	51	58	64
Hauptschule	45	63	62	77	79
Realschule	65	81	80	82	92
Gymnasium	79	90	94	92	94

Im Unterschied zur JIM-Studie findet man bei der KIM-Studie keine Angaben dazu, wie groß der Gesamtanteil der Kinder ist, die sich regelmäßig mit Computerspielen beschäftigen. Bei den Kindern liegen diese Daten nur jeweils separat für das ,gemeinsame Spiel' und für das ,Einzelspiel' vor. Angegeben sind auch nicht die Zahlen zum Anteil der Spieler, die ,täglich' bzw. ,mehrmals die Woche' am Rechner spielen, wie bei der JIM-Studie, sondern hier wird die Prozentzahl der Kinder ausgewiesen, die ,mindestens einmal die Woche' spielen. Die Antworten lassen sich zudem nicht direkt mit der Auswahlfrage vergleichen, die den Jugendlichen in der JIM-Studie vorgelegt wurde, denn die Kinder wurden nicht aufgefordert zu entscheiden, ob sie häufiger alleine oder häufiger zusammen spielen, sondern die Nutzungshäufigkeit wurde jeweils separat erhoben.

Auch wenn es aufgrund dieser Unterschiede schwer ist, die Ergebnisse direkt miteinander zu vergleichen, lässt sich doch konstatieren, dass die Daten der KIM-Studie ein Bild zeigen, das in mehrfacher Hinsicht von den Ergebnissen der JIM-Studie abweicht (Tabelle 10): Auffällig ist erstens, dass bei den Kindern die Zahl der Spieler nicht nur konstant bleibt, sondern im Untersuchungszeitraum sogar gewachsen ist. Dieses Wachstum ergibt sich aus zwei Tendenzen: Zum einen ist der Anteil der Spieler unter den Computer-Kids von 1999 bis 2005 leicht gestiegen. Einen bedeutenderen Effekt hat aber, dass die Gesamtzahl der computernutzenden Kinder deutlich größer geworden ist.

Der zweite Unterschied bezieht sich auf die beiden Nutzungsmodi. Während bei den Jugendlichen die Bedeutung des Gruppenspiels rückläufig ist, findet man bei den Kindern nicht nur bei den Singleplayern, sondern auch bei den Gruppenplayern einen Anstieg der Nutzerzahlen.

Der dritte Unterschied – dass hier bei beiden Spielvarianten die Jungen vorne liegen – ist vermutlich darauf zurückzuführen, dass die Kinder keine Auswahlentscheidungen treffen mussten, sondern jede der beiden Nutzungsformen einzeln abgefragt wurde. Vermutlich deswegen ähneln die Ergebnisse in dieser Hinsicht eher den Befunden zur allgemeinen Computerspielnutzung der Jugendlichen. Allerdings ist der Abstand zwischen Jungen und Mädchen nicht annähernd so groß wie bei der JIM-Studie. Das kann teilweise darauf zurückzuführen sein, dass bei der Kinderbefragung nicht nur solche Kinder als Spieler gezählt wurden, die besonders hohe Nutzungsfrequenzen aufweisen, sondern auch diejenigen, die hinsichtlich der Nutzungshäufigkeit eher als ,Durchschnittsspieler' bezeichnet werden können. In dieser Gruppe ist der Anteil der Mädchen meistens höher; Vielspieler sind hingegen häufiger die männlichen Kids.

Tabelle 10: Computerspiel allein oder zusammen (KIM-Studie): Prozent aller Computer-Kids, die ,mindestens einmal pro Woche' allein oder mit anderen spielen

	Jahr	**1999**	**2000**	**2002**	**2003**	**2005**
	n =	537	740	782	842	919
Nutzung Computerspiele allein	Gesamt	58	63	70	70	63
	Mädchen	50	58	65	60	55
	Jungen	63	66	74	79	70
	6-7 J.	42	56	64	51	52
	8-9 J.	52	65	66	70	58
	10-11 J.	61	62	71	69	66
	12-13 J.	68	64	73	78	69
	Grundschule	49	62	65	65	58
	Hauptschule	58	56	69	71	68
	Realschule	62	68	81	74	70
	Gymnasium	74	65	69	72	61
Nutzung Computerspiele mit anderen gemeinsam	Gesamt	48	46	51	53	50
	Mädchen	40	42	43	47	45
	Jungen	54	49	59	59	56
	6-7 J.	40	40	44	40	43
	8-9 J.	37	42	51	49	45
	10-11 J.	59	46	50	56	54
	12-13 J.	52	51	56	59	54
	Grundschule	39	44	48	47	45
	Hauptschule	60	45	58	67	58
	Realschule	50	54	53	51	53
	Gymnasium	62	44	48	58	50

Ein anderer Indikator für das Spielverhalten ist die Nutzungsdauer. Schaut man auf die Dauer, die mit dem Computerspiel verbracht wird, dann stellt man fest, dass unter den Jungen mehr Intensivspieler zu finden sind als unter den Mädchen. Wenn der Computer einmal eingeschaltet ist, dann neigen vor allem die Jungen zu langen Nutzungszeiten (Tabelle 11). Der Anteil der Jungen, die sich in einer normalen Spielsession länger als eine Stunde mit Computerspielen beschäftigen, ist ungefähr doppelt so hoch wie der Prozentanteil bei den Mädchen. Diese Relation hat sich insgesamt nur geringfügig verändert. Eine Ausnahme bilden dabei nur die ganz jungen Kids. Bei ihnen ist der Anteil der Intensivspieler im Beobachtungszeitraum kontinuierlich gestiegen.

Tabelle 11: Spieldauer von Computerspielen an Nutzungstagen (KIM-Studie): Prozent aller Computer-Kids, die an Nutzungstagen ‚länger als 60 Minuten' spielen

Jahr	2000	2002	2003	2005
n =	740	782	842	919
Gesamt	15	17	19	18
Mädchen	10	11	13	12
Jungen	20	21	24	23
6-7 J.	3	5	8	11
8-9 J.	11	11	11	11
10-11 J.	18	15	19	18
12-13 J.	20	27	28	25

Zu den Genrepräferenzen der Kinder liegen erst drei Messzeitpunkte vor. Anders als bei den Jugendlichen findet man bei den Kindern keine klaren Favoriten (Tabelle 12). Fast alle abgefragten Genres wurden in den drei Befragungen jeweils von rund 15 bis 30 % der Kinder als Lieblingsgenre genannt. Jedoch gibt es auch Gemeinsamkeiten: Sowohl Action- als auch Simulationsspiele werden bereits im Kindesalter von den Jungen häufiger als Lieblingsgenre genannt. Hinsichtlich der Sportspiele zeigt sich, dass sie eindeutig von den männlichen Kids präferiert werden. Ob diese Vorliebe auch bei den männlichen Jugendlichen festzustellen ist, lässt sich nicht abschließend beantworten, da Vergleichsdaten aus der JIM-Studie fehlen. Ergebnisse von Klink et al. (in diesem Band) sprechen allerdings dafür. Die Genrepräferenzen der Mädchen zwischen sechs und 13 Jahren liegen eindeutig bei Lernspielen, Fun-Games und Jump'n'Runs. Das starke Interesse der Mädchen an Strategiespielen zeigt sich bereits im kindlichen Alter. Allerdings unterscheiden sie sich in dieser Hinsicht nicht von den Jungen. Der Vorsprung gegenüber den männlichen Spielern entwickelt sich erst in der Jugend.

Klare Trends, die darauf hindeuten, dass sich die Genrepräferenzen der Computer-Kids verändern, lassen sich den drei Messzeitpunkten nicht entnehmen.

Tabelle 12: Computerspielgenrepräferenzen der Kinder (KIM-Studie): Prozent der Computer-Kids, die das jeweilige Genre genannt haben

Lieblingsspiel	Jahr	2002	2003	2005
bis zu 3 Nennungen	n =	764	807	846
Strategie	Mädchen	30	32	33
	Jungen	34	35	36
Action	Mädchen	22	28	17
	Jungen	24	33	25
Simulation	Mädchen	21	27	29
	Jungen	31	46	42
Adventure	Mädchen	19	14	11
	Jungen	19	19	13
Sportspiel	Mädchen	7	9	4
	Jungen	20	25	23
Jump'n'Run	Mädchen	22	17	27
	Jungen	17	13	19
Fun / Gesellschaftsspiele	Mädchen	27	31	28
	Jungen	18	24	21
Lernspiele	Mädchen	19	15	20
	Jungen	10	8	10

Um die Entwicklung der Onlinespielnutzung der Kinder angemessen zu interpretieren, muss wiederum zunächst die generelle Onlinenutzung betrachtet werden. Auch hier ist der Befund eindeutig: Wie schon bei den Jugendlichen hat sich auch bei den Kindern die Onlinenutzung erheblich ausgeweitet (Tabelle 13). Der Anteil der Computer-Kids, die zumindest ‚selten' online gehen, hat sich von 31 % auf 66 % in fünf Jahren mehr als verdoppelt. Diese Wachstumsraten findet man in allen soziodemographischen Gruppen. Nutzungsklüfte, die auf das Geschlecht zurückgeführt werden können, sind nicht erkennbar. Die Unterschiede zwischen den Schülern der verschiedenen Schulsysteme sind in den Jahren geringer geworden und mittlerweile so gut wie verschwunden. Einzig die altersbedingten Unterschiede bestehen weiter: Von den 6- bis 7-jährigen Computer-Kids haben 2005 gut 2/3 noch keine Onlineerfahrungen, bei den 12- bis 13-jährigen ist dies nur noch eine Minderheit von unter 20 %.

Tabelle 13: Onlinenutzung durch Kinder (KIM-Studie): Prozent aller Computer-Kids, die zumindest ‚selten' online gehen (Online-Kids)

Jahr	2000	2002	2003	2005
n =	740	782	842	919
Gesamt	31	52	60	66
Mädchen	30	51	62	66
Jungen	32	53	58	66
6-7 J.	16	36	38	32
8-9 J.	24	45	52	51
10-11 J.	33	49	63	71
12-13 J.	37	66	71	83
Grundschule	24	41	48	46
Hauptschule	32	53	60	79
Realschule	28	62	70	80
Gymnasium	49	69	80	86

Wie schon bei den Jugendlichen hat sich auch bei den Kindern der Anteil der Onlinespieler im Untersuchungszeitraum nicht wesentlich verändert (Tabelle 14). Und auch hier findet man in den verschiedenen soziodemographischen Gruppen zum Teil erhebliche Schwankungen zwischen den Jahren. Dies unterstützt die Vermutung, dass bei Kindern und Jugendlichen begriffliche Unklarheiten vorhanden sind, was genau mit einem Onlinegame gemeint ist. Hinzu kommt, dass sich gerade bei den Onlinespielen die Angebotssituation rasch verändert hat, was die Variationen sicherlich mit erklären kann.

Auf den ersten Blick scheinen die Daten somit auf zwei widersprüchliche Eigenschaften dieser Nutzergruppe hinzudeuten: Zum einen handelt es sich bei den Kindern offenbar um eine eher volatile Nutzerschaft, zum anderen erweist sich die Gruppe im Aggregat als weitgehend stabil. Dabei sollte man jedoch nicht vergessen, dass sich – aufgrund der größer werdenden Zahl von Computer- und Online-Kids – hinter der prozentualen Stagnation eine wachsende Anzahl von Kindern verbirgt, die sich regelmäßig mit Onlinespielen beschäftigt.

Auch bei den Kindern wurde neben der Nutzung des PCs als Spielmedium gleichfalls erfragt, ob sie die Möglichkeit haben, mit einer Konsole zu spielen. Daten zum Handyspiel oder zur Nutzung anderer mobiler Spielgeräte wurden allerdings nicht erhoben. Nicht nur unter Jugendlichen, sondern auch bei Kindern haben die Spielkonsolen im Jahr 2005 eine größere Verbreitung als im Jahr 1999. Die unterschiedliche Ausstattung von Jungen und Mädchen mit Konsolen, die bei den Jugendlichen festzustellen war, ist ebenfalls bei den Kindern zu beobachten (Tabelle 15). Die Prozentwerte zur Verbreitung von Konsolen unter den Schülern verschiedener Schultypen variieren zwischen den Erhebungen relativ stark. Hier lassen sich keine eindeutigen Trends ablesen. Klar erkennbar ist aber, dass bei Kindern unter zehn Jahren der Anteil der Konsolenbesitzer in allen Erhebungen geringer ist. Betrachtet man die Ergebnisse der JIM- und KIM-Studien im Zusammenhang, dann ist ersichtlich, dass Konsolen das Computer-Spielzeug der 10- bis 17-Jährigen sind.

Tabelle 14: Nutzung von Onlinespielen durch Kinder (KIM-Studie): Prozent der Online-Kids, die ‚mindestens einmal pro Woche' Onlinespiele nutzen

Jahr	2000	2002	2003	2005
n =	227	406	505	624[6]
Gesamt	22	15	18	23
Mädchen	24	11	13	17
Jungen	20	17	23	28
6-7 J.	20	7	16	23
8-9 J.	22	13	18	14
10-11 J.	17	12	20	21
12-13 J.	25	19	17	26
Grundschule	21	10	20	22
Hauptschule	18	28	18	16
Realschule	34	10	18	30
Gymnasium	17	15	15	18

Tabelle 15: Besitz einer Spielkonsole bei Kindern (KIM-Studie): Prozent aller Kinder, die eine Spielkonsole besitzen (nach Angabe der Mutter)

Jahr	1999	2000	2002	2003	2005
n =	1058	1228	1241	1201	1203
Gesamt	28	26	25	27	35
Mädchen	22	23	18	26	26
Jungen	34	30	32	30	44
6-7 J.	19	16	24	23	23
8-9 J.	25	25	18	24	24
10-11 J.	35	28	27	40	40
12-13 J.	34	34	32	47	47
Grundschule	23	21	21	22	27
Hauptschule	35	35	21	37	41
Realschule	34	38	38	26	44
Gymnasium	48	31	37	31	44

---

[6]　Veränderte Fragestellung: bis 2003 „Netzspiele spielen", ab 2005: „mit anderen Internetnutzern Spiele spielen".

4   Entwicklung der Computerspielnutzung bei Erwachsenen

Um die Entwicklung der Computerspielnutzung bei den Erwachsenen zu rekonstruieren, wird auf die ACTA zurückgegriffen. Die Daten der ACTA wurden allerdings anders aufbereitet als die der JIM- und KIM-Studie. Die Prozentzahlen beziehen sich bei der ACTA immer auf die Gesamtbevölkerung (14-64 Jahre). Deswegen ist es bei den Erwachsenen nicht zwingend nötig, sich die Entwicklung der allgemeinen Computer-, Online- oder Handynutzung vorher separat anzusehen.

Anders als bei den Kindern und ähnlich wie bei den Jugendlichen hat sich die Computerspielnutzung der Erwachsenen in der Zeit von 1998 bis 2005 nur geringfügig verändert. Die Tendenz ist zwar nicht linear, insgesamt sprechen die Daten aber für eine gewisse Zunahme der Nutzerzahlen.[7] Dieser Zuwachs ist vor allem auf die Männer sowie auf die jüngeren Personen zurückzuführen. Insbesondere bei den 14- bis 24-Jährigen (die teilweise auch im Rahmen der JIM-Studie befragt wurden) ist ein deutlicher Anstieg zu verzeichnen. Bei den 25- bis 39-Jährigen fällt der Zuwachs schon deutlich schwächer aus und bei den über 40-Jährigen sind die Anteile weitgehend konstant. Die schon 1998 deutlich vorhandenen altersbedingten Nutzungsunterschiede haben sich somit noch weiter verstärkt. Das Gleiche gilt für die Nutzungsdiskrepanz zwischen Männer und Frauen. Auch der Abstand zwischen den Geschlechtern hat sich tendenziell vergrößert.

Die Tatsache, dass insbesondere bei den Jüngeren ein Anstieg der Nutzerzahlen zu verzeichnen ist, korrespondiert mit den deutlichen Zuwachsraten bei den ungebundenen Personen ohne Lebensgefährten sowie bei den Befragten, die sich noch in Ausbildung befinden. 1998 war sowohl bei den Verheirateten als auch bei den Ungebundenen (mit oder ohne Lebensgefährten) der Nutzeranteil gleich groß. 2005 sind nun erhebliche Unterschiede festzustellen.

Durchaus bemerkenswert ist sicherlich auch, dass die bei den Kindern und Jugendlichen ermittelten Nutzungsunterschiede zwischen den Bildungsgruppen (bzw. Schultypen) sich bei den Erwachsenen ganz anders darstellen. Bei den Erwachsenen ist der Anteil der Computerspieler in der Gruppe der höher Gebildeten größer. Dieser Effekt ist zwar im Wesentlichen darauf zurückzuführen, dass Bildung und Alter miteinander korrelieren, dennoch bleibt festzuhalten, dass die erwachsenen Spieler keinesfalls überwiegend zu den geringer Gebildeten gehören.

Während sich die Nutzungsunterschiede zwischen den Geschlechtern und den Altersgruppen im Untersuchungszeitraum vergrößert haben, findet man zwischen den Einkommensgruppen einen gegenläufigen Trend: 1998 war der Anteil der Spieler bei Personen mit hohem Einkommen deutlich höher als bei denen mit niedrigem Einkommen; im Jahr 2005 sind keine einkommensbedingten Unterschiede mehr festzustellen. Die Spiele sind breitflächig in die Gesellschaft diffundiert. Finanzielle Restriktionen sind demnach kein Hinderungsgrund mehr, sich mit Computerspielen zu beschäftigen.

---

[7]   Wortlaut des Items: „Wozu nutzen Sie persönlich den/die Computer zu Hause? Was von dem, was hier steht, machen Sie mit dem Computer?" Antwortvorgabe: ‚Spielen'.

Tabelle 16: Computerspielnutzung durch Erwachsene (ACTA): Prozent der Befragten, die ‚Spielen' als Tätigkeit genannt haben, zu der sie den Computer nutzen

Jahr	1998	1999	2000	2001	2002	2003	2004	2005
n =	9558	10132	10012	10039	10507	10424	10287	10329
Gesamt	32	35	28	31	32	35	34	37
Frauen	29	32	22	27	27	29	30	31
Männer	35	37	34	36	38	40	39	42
14-17 Jahre	55	60	58	67	65	76	71	74
18-24 Jahre	40	48	44	50	52	56	56	57
25-39 Jahre	34	38	34	38	38	39	41	42
40-49 Jahre	38	39	26	29	29	30	31	33
50-64 Jahre	16	17	11	12	17	17	15	17
verheiratet	32	34	23	25	28	27	27	30
mit Lebensgefährten	31	34	31	35	33	36	38	37
ohne Lebensgefährten	32	36	36	40	40	45	43	46
Hauptschule	23	31	17	20	23	25	27	28
Realschule	36	52	34	38	39	40	39	41
Abitur	44	44	39	43	41	43	40	44
in Ausbildung	54	58	55	63	60	66	65	69
berufstätig	32	36	28	31	33	35	36	36
nicht berufstätig	20	22	14	16	21	23	21	24
unter 1000 Euro[8]	16	21	19	22	27	29	32	33
1000-2000 Euro	25	27	25	27	28	32	31	34
2000-3500 Euro	39	42	31	34	36	37	37	39
über 3500 Euro	46	47	35	39	36	37	36	37

Im Vergleich zur allgemeinen Computerspielnutzung ist die Nutzung von Onlinespielen[9] sehr deutlich und kontinuierlich angestiegen, von 2 % im Jahr 1998 auf 17 % im Jahr 2005 (Tabelle 17). Das Wachstum ist in allen hier unterschiedenen Gruppen zu verzeichnen, vollzieht sich aber mit unterschiedlicher Dynamik: Besonders große Zuwachsraten sind bei den Männern, den höher Gebildeten und vor allem bei den jüngeren Befragten zu verzeichnen.

---

[8] Einkommenskategorien bis einschließlich 2001 in DM: unter 2000, 2000-3999, 4000-5999, 6000 und mehr.

[9] Wortlaut des Items: „Es gibt ja ganz verschiedene Angebote im Internet. Hier auf diesen Karten steht eine Auswahl. Bitte verteilen Sie die Karten entsprechend auf das Bildblatt hier." Onlinespieler sind diejenigen Befragten, die ‚häufig/regelmäßig (…)', ‚ab und zu (…)' oder ‚nur ganz selten Spiele gegen Computer oder andere Nutzer' im Internet machen.

Tabelle 17: Nutzung von Onlinespielen durch Erwachsene (ACTA): Prozent der Befragten, die mindestens ‚selten' Onlinespiele nutzen

Jahr	1998	1999	2000	2001	2002	2003	2004	2005
n =	9558	10132	10012	10039	10507	10424	10287	10329
Gesamt	2	2	4	12	15	16	16	17
Frauen	1	1	2	8	10	11	11	12
Männer	3	3	6	16	19	21	20	23
14-17 Jahre	4	5	12	34	39	44	43	47
18-24 Jahre	3	5	9	26	30	34	34	36
25-39 Jahre	2	2	5	16	16	17	17	19
40-49 Jahre	1	1	2	8	11	12	10	11
50-64 Jahre	0	0	1	3	5	6	5	6
verheiratet	1	1	2	8	10	10	9	10
mit Lebensgefährten	2	3	5	15	15	16	16	20
ohne Lebensgefährten	3	3	7	20	22	25	24	26
Hauptschule	1	1	2	8	10	12	11	13
Realschule	2	4	4	15	18	17	18	19
Abitur	2	2	7	18	19	21	19	22
in Ausbildung	5	5	13	34	35	39	40	43
berufstätig	2	1	3	12	15	16	15	17
nicht berufstätig	1	0	1	4	7	8	8	9
unter 1000 Euro	1	2	3	10	11	15	15	16
1000-2000 Euro	2	1	4	11	12	15	14	15
2000-3500 Euro	2	2	4	13	16	16	16	19
über 3500 Euro	2	3	5	15	19	18	18	18

Das führt dazu – wie schon bei den Computerspielen allgemein –, dass sich auch der Nutzeranteil bei den Ungebundenen sowie bei denen, die sich in der Ausbildung befinden, dementsprechend schnell entwickelt hat. In Folge dessen sind die Diskrepanzen, die mit diesen Personenmerkmalen verbunden sind, im Jahr 2005 erheblich größer. Bemerkenswert – gerade im Vergleich zur Entwicklung der allgemeinen Computerspielnutzung – ist sicherlich, dass sich die Ausweitung der Onlinespielnutzung in allen Einkommensklassen in nahezu gleicher Geschwindigkeit vollzogen hat (vgl. Quandt & Wimmer in diesem Band).

Was für die Onlinespiele gesagt wurde, lässt sich nahezu eins zu eins auf die Handyspiele übertragen: In allen Bevölkerungsgruppen ist eine schnelle Verbreitung dieser Spiele zu verzeichnen.[10] Bei den Handyspielen sind es ebenfalls die Jüngeren, bei denen die Handyspiele schnell an Popularität gewonnen haben (Tabelle 18). Unterschiede zur Diffusion der Onlinespiele findet man hinsichtlich des Geschlechts. Die Handyspiele sind der einzige Bereich der Spielwelt, bei dem sich kaum Nutzungsunterschiede zwischen den Geschlechtern zeigen. Dies gilt nicht nur für Mädchen und Jungen (JIM-Studie), sondern auch für Frauen und Männer. Anders als bei den Onlinespielen findet man bei den Handyspielen keine Unterschiede zwischen den Bildungsgruppen, und auch das Einkommen ist für die Nutzung von Handyspielen irrelevant.

Tabelle 18: Nutzung von Handyspielen durch Erwachsene (ACTA): Prozent der Befragten, die ‚Spiele' als Funktion des Handys nannten, die sie ‚tatsächlich nutzen'

Jahr	2000	2001	2002	2003	2004	2005
n =	10012	10039	10507	10424	10287	10329
Gesamt	8	16	21	25	25	22
Frauen	6	15	19	24	23	20
Männer	11	18	23	27	26	24
14-17 Jahre	17	43	55	63	67	63
18-24 Jahre	22	38	47	53	52	48
25-39 Jahre	10	19	25	30	28	26
40-49 Jahre	5	11	13	18	17	14
50-64 Jahre	2	4	6	7	8	6
verheiratet	5	10	13	16	15	13
mit Lebensgefährten	11	21	24	31	29	25
ohne Lebensgefährten	13	26	32	38	37	34
Hauptschule	6	13	18	21	21	20
Realschule	10	19	24	29	28	24
Abitur	9	18	22	27	26	23
in Ausbildung	19	40	50	57	59	53
berufstätig	8	16	22	26	25	21
nicht berufstätig	4	8	11	15	13	14
unter 1000 Euro	7	15	21	28	27	24
1000-2000 Euro	8	16	20	24	23	22
2000-3500 Euro	9	16	22	26	26	23
über 3500 Euro	10	18	21	26	24	20

---

[10] Fragestellung: „Viele Handys haben ja eine Reihe von Zusatzfunktionen oder besonderen Ausstattungen. Hier auf dieser Liste haben wir mal aufgeschrieben, was es gibt. Was davon nutzen Sie? Ich meine jetzt alles, was Sie tatsächlich nutzen." Handyspieler sind jene, die ‚Spielefunktion, eingebaute Spiele' antworten.

5   Resümee

Durch die Gegenüberstellung der Daten aus den drei Studien war es möglich, ein facetten-reiches Bild der Computerspielnutzung von Kindern, Jugendlichen und Erwachsenen zu entwerfen. Es wird darauf verzichtet, einzelne Befunde hier noch einmal herauszugreifen und hervorzuheben. Wichtiger erscheint es, die grundlegenden Vorzüge und Grenzen der vorhandenen Daten noch einmal deutlich zu machen.

Vor allem die Möglichkeit, durch die Längsschnittperspektive Entwicklungstrends aufzeigen zu können, hat sich als sehr nützlich erwiesen: Bei einigen Angeboten und eini-gen Nutzersegmenten ist nämlich die Entwicklung überraschend undramatisch verlaufen (z.B. hinsichtlich des generellen Anteils der jugendlichen Computerspielernutzer), was die Aufregung um die immer wieder hervorgehobene rasante Entwicklung des Marktes etwas relativiert. In anderen Bereichen wiederum (z.B. bei der Anzahl der Onlinespieler) findet man jedoch genau diese stürmische Ausweitung der Nutzerzahlen. Wieder andere Zeitrei-hen verdeutlichen, dass keinesfalls nur lineare Trends zu beobachten sind, sondern teilweise erhebliche Schwankungen von Jahr zu Jahr auftreten. Ein Beispiel hierfür sind die Genre-präferenzen der Jugendlichen, aber auch die Ergebnisse zur allgemeinen Computerspielnut-zung der Erwachsenen. Diese Schwankungen und die zum Teil gegenläufigen Trends bei unterschiedlichen Angebotsformen und in verschiedenen Nutzergruppen zeigen, wie behut-sam einzelne Querschnittsstudien interpretiert werden sollten. Vor allem verbietet es sich, aus Unterschieden in Querschnittanalysen auf Trends zu schließen.

Andererseits ist aber auch zu konstatieren, dass die vorliegenden Daten zwar einen breiten Überblick über die Nutzung von Computerspielen in Deutschland vermitteln, dass auf diesem Weg jedoch kaum etwas über Beweggründe, Spielweisen und Umstände der Nutzung herausgefunden werden kann. Dafür bedarf es ergänzender Studien, die einzelne Spielergruppen genauer betrachten oder spezifische Genres und Spielformen detailliert analysieren.

Literaturverzeichnis

Allensbacher Computer- und Technik-Analyse (o.J.). URL: http://www.acta-online.de [7.1.2006]

Eimeren, B. v. & Frees, B. (2005): ARD/ZDF-Online-Studie 2005: Nach dem Boom: Größter Zu-wachs in internetfernen Gruppen. *Media Perspektiven*, (8), 362-379.

Emmer, M. (2005): *Politische Mobilisierung durch das Internet.* München: R. Fischer.

Feierabend, S. & Klingler, W. (2003a): Fünf Jahre JIM-Studie Jugend, Information, (Multi-) Media: Medienverhalten Jugendlicher in Deutschland. *Media Perspektiven*, (10), 450-462.

Feierabend, S. & Klingler, W. (2003b): Kinder und Medien 2002. Ergebnisse der Studie KIM 2002 zum Medienumgang Sechs- bis 13-Jähriger in Deutschland. *Media Perspektiven*, (6), 278-289.

Feierabend, S. & Klingler, W. (1999): Kinder und Medien 1999. Ergebnisse der Studie KIM 99 zur Mediennutzung von Kindern. *Media Perspektiven*, (12), 610-625.

Feierabend, S. & Klingler, W. (2000): Jugend, Information, (Multi-)Media 2000. Aktuelle Ergebnisse der JIM-Studie zum Medienumgang Zwölf- bis 19-Jähiger. *Media Perspektiven*, (11), 517-527.

Feierabend, S. & Klingler, W. (2001): Kinder und Medien 2000: PC/Internet gewinnen an Bedeutung. Ergebnisse der Studie KIM 2000 zur Mediennutzung von Kindern. *Media Perspektiven*, (7), 345-357.

Feierabend, S. & Klingler, W. (2002): Medien- und Themeninteressen Jugendlicher. Ergebnisse der JIM-Studie 2001 zum Medienumgang Zwölf- bis 19-Jähriger. *Media Perspektiven*, (1), 9-21.

Feierabend, S. & Rathgeb, T. (2005): Medienverhalten Jugendlicher 2004. Neuste Ergebnisse der JIM-Studie Jugend, Information, (Multi-)Media. *Media Perspektiven*, (7), 320-332.

Klimmt, C. (2004): Computer- und Videospiele. In: R. Mangold, P. Vorderer & G. Bente (Hrsg.): *Lehrbuch der Medienpsychologie*. Göttingen u.a.: Hogrefe, 695-716.

Langness, A., Leven, I. & Hurrelmann, K. (2006): Jugendliche Lebenswelten: Familie, Schule, Freizeit. In: K. Hurrelmann & M. Albert (2006): *Jugend 2006. 15. Shell Jugendstudie. Eine pragmatische Generation unter Druck*. Frankfurt am Main: S. Fischer, 49-102.

Medienpädagogischer Forschungsverband Südwest (o.J.): JIM-Studie / KIM-Studie. URL: http://www.mpfs.de [7.1.2006]

Opaschowski, H. W. (1999): *Generation @. Die Medienrevolution entläßt ihre Kinder: Leben im Informationszeitalter*. Hamburg: British-American Tobacco.

Schlütz, D. (2002): *Bildschirmspiele und ihre Faszination. Zuwendungsmotive, Gratifikationen und Erleben interaktiver Medienangebote*. München: R. Fischer.

Theunert, H., Demmler, K. & Kirchhoff, A. (2002): Vom Ego-Shooter zum Amokläufer? Fragen an PC- und Netzspieler. *medien & erziehung*, (46), 138-142.

Kapitel 3

Spieler-Gruppen:
Vielfalt der Gamer-Typen?

3.1

Die LAN-Szene

Vergemeinschaftungsformen und Aneignungsweisen

Andreas Hepp und Waldemar Vogelgesang

1   Mediale Prägungen und Kompetenzen der Jugend

Jugendzeit ist heute in großem Umfang Medienzeit – und Jugendszenen sind vermehrt Medienszenen. Von den Fangemeinschaften der *Lindenstraße* bis zu den Grufties, von Black Metal-Fans bis zu den Cyberpunks, von Hip-Hoppern bis zu Online-Rollenspielern spannt sich der Bogen der medienzentrierten Stilformen und Jugendformationen, die sich oft schneller wandeln, als der forschende Blick zu folgen vermag.[1] Auch die – vielfach gar nicht mehr so neuen – Neuen Medien erobern unaufhaltsam den Lebensraum der Jugendlichen, wobei vor allem die rasante Verbreitung von E-Mail-, Handy- und SMS-Kommunikation einen Typus von telesozialem Verhalten erzeugt, der ihnen bereits ein weiteres Etikett eingebracht hat: „Generation @" (Opaschowski 1999). Ihr Wahrzeichen ist u.a. eine Daumengelenkigkeit, die sogar manche Orthopäden verblüfft.

Dass angesichts dieser Medienfaszination und der dynamischen Veränderungen des Medienmarktes immer wieder die Frage gestellt wird, wie die Heranwachsenden mit der medialen Allumfassung zurechtkommen, erscheint nur zu verständlich. Dies nicht zuletzt auch deshalb, weil gravierende negative Auswirkungen für möglich gehalten werden. Die pädagogische Besorgnis gipfelt dabei in der Befürchtung, dass Medien junge Menschen aus ihren Bindungen herausreißen und sie vereinzelt und isoliert vor dem Fernseher, dem Computer und im „Unflat online" (Krempl 1999) zurücklassen. Die Folge seien Unfähigkeit zum sozialen Miteinander sowie Kontakt- und Sprachlosigkeit. Es entwickele sich eine Spaßgeneration, die sich medial „zu Tode amüsieren" wird, wie der amerikanische Me-

---

[1]   Zum jugendkulturellen Stilmarkt und seiner Transität vgl. Hitzler et al. (2001), Müller-Bachmann (2002), Stauber (2004), Breyvogel (2005). Auch wenn der ethnographisch arbeitende Jugendforscher angesichts der unzähligen Varianten von Cliquen und Jugendkulturen bisweilen in die Rolle des ‚gehetzten Feldhasen' gerät – Analogien zu einem Märchen von Ludwig Bechstein sind (nicht) zufällig –, so gilt jenseits aller inter- und intraszenischen Differenzierungen, dass die einzelnen jugendlichen Stiltypen über eine starke identitätsstiftende Kraft verfügen. Sie sind keineswegs nur „Konfektionsware", wie Marquard (zit. n. Bolz 1995: 89) meint, sondern ihr distinktives und kreatives Potential ist den jugendlichen Gruppen- und Szenenmitgliedern nach wie vor bewusst und verfügbar. Die Fülle, Vielfalt und Temporalität der Stilsprachen darf nicht gleichgesetzt werden mit einem Substanzverlust von Stilen, vielmehr reagieren die Jugendlichen auf den allseits tobenden Stil- und Distinktionskampf mit einer Betonung der ‚kleinen Unterschiede'. Dass diese kämpferisch-experimentelle Grundhaltung angesichts weitreichender gesellschaftlicher Individualisierungsprozesse bei der Planung und Bewältigung des eigenen Lebens zu einer wachsenden Bedeutung jugendkultureller und lebensweltlicher Selbstgestaltung führt, hat ein 14-Jähriger in unserem Jugendsurvey aus dem Jahr 2000 auf die programmatische Formel gebracht: „Meine Zukunft bin ich!" (Vogelgesang 2001).

dienkritiker Neil Postman (1985) behauptet hat, oder die in einer Form „medialer Verwahrlosung" ende; so malte der Kriminologe Christian Pfeiffer (2003) in der jüngeren Vergangenheit die Gefahren von medialen Gewaltdarstellungen – auch oder gerade in Computerspielen – in düsteren Farben aus.

Um es vorwegzunehmen: Wir haben in den zahlreichen Untersuchungen, die unsere Forschungsgruppe ‚Jugend- und Medienkultur'[2] durchgeführt hat, keine Anhaltspunkte für die in solchen Befürchtungen unterstellte Fragmentarisierung des Sozialen gefunden, jedenfalls nicht im Sinne einer Globalentwicklung. Im Gegenteil: Durch die Ausdehnung der Medien erweitert sich die Zahl der wählbaren Kommunikationsformen, Selbstdarstellungsmuster und Gruppenzugehörigkeiten. Auch ist es nicht zutreffend, dass Handys und SMS, Chatten und E-Mailen zu Beziehungen ohne Bestand und zu Kommunikationen ohne Inhalt führen. Richtig ist vielmehr, dass diese Kommunikationsmedien sichtbare Indikatoren dafür sind, dass wir in einer medientechnischen Innovationsphase leben und die Jugendlichen ein weiteres Mal zur medialen Avantgarde zählen. Denn Medien sind für junge Menschen ständige Alltagsbegleiter; sie flanieren in den Kolonnaden des medialen Supermarktes und bedienen sich hier, je nach Situation und Stimmungslage, sehr gezielt und meistens auch gekonnt. Dabei zeigt sich, dass alte und neue Medien gleichermaßen einer faszinierenden Dialektik von Gemeinschaftsbildung und Individualisierung unterliegen.

Wie wir in unseren Jugend- und Medienstudien weiterhin zeigen konnten, handelt es sich dabei zunehmend um Formen medialer Selbstsozialisation, wobei vor allem jugendliche Medienszenen regelrecht als Kompetenzmärkte fungieren.[3] Besonders die medien- und szenenerfahrenen Jugendlichen bilden eine erstaunliche Produktivität und Kreativität im Umgang mit den Medien und ihren Inhalten aus. Ihre Partizipation am kollektiv geteilten Wissensspektrum und Bedeutungskosmos vertieft und festigt dabei eine Form von Medienkompetenz und einen Spezialisierungsgrad, der weit über das mediale Alltagswissen hinausreicht. Mit Pierre Bourdieu (1983, 143 f.) könnte man hier auch von einer jugendeigenen Form von inkorporiertem medienkulturellen Kapital sprechen, das vor allem in folgenden Aneignungs- und Gebrauchsmustern zum Ausdruck kommt:

---

[2]   Die Forschungsgruppe ‚Jugend- und Medienkultur' ist ein interdisziplinärer Verbund von Soziologen, Pädagogen und Medienwissenschaftlern, die seit Mitte der 1990er Jahre empirisch im Bereich Jugend, Medien- und Kulturforschung arbeiten. Konzeptionell und forschungsmethodisch in der Tradition der Cultural Studies stehend, wird durch eine Kombination von qualitativen und quantitativen Forschungsstrategien versucht, die notwendige Wirklichkeitsnähe herzustellen, um die kulturellen Praktiken und ‚Lesarten' der unterschiedlichen gesellschaftlichen Formationen, Milieus und Gruppen offen zu legen, wobei vor allem mediale Aneignungs- und Distinktionsmuster in vielfältiger Weise untersucht wurden (vgl. Hepp 1999). Die zentrale forschungsleitende Perspektive gründet dabei in der Prämisse, dass Medien nicht an sich existieren, sondern immer nur für sich, d.h. in konkreten wie alltäglichen, sozialen wie individuellen, kommerziellen wie kulturellen, biographischen wie aktuellen Deutungszusammenhängen. Man nutzt sie, lernt sie zu nutzen oder lehrt, wie sie zu nutzen sind. Man gestaltet seinen Tagesablauf, seine Freizeit mit ihnen. Ebenso werden die Phantasien, die Gefühle, die Wünsche und auch die persönlichen Beziehungen in der Interaktion mit den Medien verändert. Ein solches Verständnis von Medienrezeption zielt nicht auf eine kausal-analytische Interpretation (Was machen die Medien mit den Menschen?), vielmehr geht es um die Rekonstruktion jener Realitäten, in denen Medien für die Rezipienten bedeutsam werden (Was machen die Menschen mit den Medien?). Dabei hat sich gezeigt, dass die Vielfalt von Nutzungs- und Codierungsmöglichkeiten, die Medien eröffnen, zur Herausbildung von spezialisierten personalen Identitäten und jugend- und erwachsenenspezifischen Szenen und Spezialkulturen führen können. Aktuelle Forschungsbefunde sind veröffentlicht in: Hepp (2004; 2006), Hepp et al. 2005; Vogelgesang (2003a; 2003b; 2004; 2005a; 2007).

[3]   Zur wachsenden Bedeutung informeller und selbstgesteuerter Medien- und Wissensaneignung vgl. die Studien von Tully (1994; 2004; 2006), Hoffmann et al. (1999), Röll (2003), Hitzler & Pfadenhauer (2006) und Fleischhauer (2006) sowie den Sammelband von Deinet & Reutlinger (2003).

- Der mediale Habitus ist szenengebunden. Als konstitutives Wissens- und Inszenie-rungselement bezieht er sich auf bestimmte Medien respektive Inhalte und Formate. So kann das Kenntnisspektrum etwa bei jugendlichen Horrorfilm-Fans von der Genese spezieller Subgenres über die literarischen Vorlagen und historischen Vorläufer der einschlägigen Filme bis zum detaillierten Wissen über die Herstellung von Spezialef-fekten und die intertextuellen Bezüge reichen (‚Genrekompetenz').

- Die szenenspezifische partikularistische Medienkompetenz geht einher mit einer wachsenden Aufgeschlossenheit gegenüber neuen technischen und narrativen Medien-entwicklungen. Hardware-Skills und die Nutzung von Software-Innovationen werden gleichermaßen als selbstverständlich angesehen. So gibt es etwa eine szenenübergrei-fende Faszination für neue filmische Tricktechniken und Computeranimationen sowie ein ausgeprägtes Interesse an informationstechnologischen Neuerungen (‚mediale Koppelungen').

- Wie in allen Jugendkulturen gibt es auch in ihren medialen Derivaten intraszenische Differenzierungen und gestufte Formen des Wissens und Involvements, die vom No-vizen über den Fan bis zum Freak reichen. Den unterschiedlichen Beteiligungsformen entsprechen dabei differentielle Lernerfahrungen in Form von „unsichtbaren Bil-dungsprogrammen" (Hitzler 2004), wobei die anfänglich unsystematischen Versuchs-Irrtums-Strategien nach und nach von gerichteten und bewussten Formen des Lernens abgelöst werden (‚selbstinitiierte Medien- und Lernkarriere').

- In den Kontext der Optimierung von Lernstrategien und Medienwissen gehört auch der spielerische Umgang mit der Differenz zwischen Medialität und Realität. Jugend-liche zeigen sich als kompetente Pendler und Grenzgänger zwischen primären (physi-schen) und sekundären (medialen, virtuellen) Räumen (vgl. ausführlich Fußnote 2). Ob *Star-Trek*-Fans oder die Anhänger der Black Metal-Szene, ob Cyberpunks oder Onli-ne-Gamer, was sie jenseits aller stilistischen Besonderheiten eint, ist der spielerische Umgang mit dem Unterschied zwischen Phantasie- und Alltagswelt. Die entsprechen-de Differenzwahrnehmung ist geradezu konstitutiv für ihren Medienhabitus und wird auch sehr gezielt eingesetzt, um Inszenierungsstrategien und Ich-Entwürfe auszutesten (‚performative Off- und Online-Wechsel').

Die Eigenwilligkeit und Kreativität im Umgang mit Medien sowie die Bedeutung informel-ler Lernprozesse und individueller Selbstqualifizierung lassen sich fast prototypisch an einem bestimmten Typus von jugendlichen ‚Netzspielern', den so genannten ‚LANern', demonstrieren. LAN steht dabei für Local Area Network und bezeichnet eine Szene von – überwiegend männlichen – Computerspielern im Alter von etwa 14 bis 30 Jahren, die in Multiplayer-Spielen ihrer virtuellen Spielleidenschaft nachgehen. Die Gruppengröße kann dabei von zwei bis über tausend Spielern reichen. Am Beispiel unterschiedlicher Spieleset-tings – den Privat-LANs, den LAN-Partys und den LAN-Events – sollen vor allem Aspekte medialer und wettkampfmäßiger Handlungskompetenz sowie Formen und Strategien di-stinktiver Selbstdarstellung und informellen Lernens näher verdeutlicht werden.

Als Datenbasis dienen neben qualitativen Interviews mit Spielern und Organisatoren (n=40) vor allem auch teilnehmende Beobachtungen von szenerelevanten Veranstaltungen. Erhoben wurden die Daten im Rahmen eines ethnographisch ausgerichteten studentischen Projektseminars (‚Online gamer'), das im WS 2003 und im SS 2003/4 an der Universität Trier im Fach Soziologie durchgeführt wurde. Der Forschungsfokus lag dabei auf der Rekonstruktion von Aneignungs-, Erlebnis- und Vergemeinschaftungsaspekten, wie sie für die unterschiedlichen LAN-Settings konstitutiv sind. Methodologisch verfuhr die Gruppe im Sinne der „Grounded Theory" (Glaser & Strauss 1998), wonach der Prozess der Datengewinnung und -auswertung als offener und zirkulärer Vorgang zu betrachten ist, bei dem sich der ethnographische Feldforscher dem zu untersuchenden Phänomen sukzessiv und über ein ‚theoretical sampling' annähert.

Alle Interviews wurden mit dem Einverständnis der Interviewten auf digitalen Rekordern aufgenommen und anschließend transkribiert und anonymisiert. Aus Gründen einer besseren Lesbarkeit und Zitierfähigkeit erfolgte dabei eine an den Regeln der Schriftsprache orientierte ‚Übersetzung' ins Hochdeutsche. Um die durch dieses Verfahren nicht auszuschließenden Sinnverzerrungen zu verringern, wurden diese Schritte immer wieder in der Forschungsgruppe überprüft und anhand der Tonbandprotokolle kontrolliert. Im Anschluss daran begann die eigentliche Auswertungsarbeit. Dazu wurde eine in der hermeneutischen Tradition stehende Analyse und Deutung vorgenommen, die sowohl der originären Sichtweise des einzelnen jugendlichen LAN-Gamer als auch einer vergleichenden Systematisierung der spiel-, situations- und szenetypischen Aneignungspraktiken und Vergemeinschaftungsformen Rechnung trug.

Am Ende der Feldphase stand der Forschungsgruppe nicht nur ein ‚mixtum compositum' aus visuellen und verbalen Daten über die LAN-Szene zur Verfügung, sondern es bewahrheitete sich ein weiteres Mal ein schon fast ehernes empirisches Gesetz in der „Feldforschung in Jugendkulturen" (Schulze-Krüdener & Vogelgesang 2002): Wenn man verstehen will, was hier passiert, dann muss man sich auf deren Praxisformen einlassen, muss sozusagen die Atmosphäre und das Geschehen ‚vor Ort' und aus ‚erster Hand' kennen lernen. Das gilt im Übrigen für Sozial- und Medienwissenschaftler in gleicher Weise wie für Pädagogen und Eltern. Aber Vertreter der Erwachsenengeneration stoßen hier unweigerlich an Grenzen – und zwar Grenzen der Belastung wie der Akzeptanz gleichermaßen –, wenn sie versuchen, in die „neotribalen Gemeinschaften" (Maffesoli 1988) der Jugend- und Medienkulturen einzudringen. Denn man gerät bei diesem Versuch fast zwangsläufig in die Rolle von Ethnologen, die Kontakt mit einer für sie unbekannten Spezies und ihrem Lebensraum herzustellen versuchen, nur dass die fremden Lebenswelten nicht im Dschungel des Amazonasgebiets oder im Outback Australiens liegen, sondern mitten unter uns.

2   Die LAN-Szene und ihre Vergemeinschaftungsformen

Die empirisch-ethnographischen Recherchen, die wir in der LAN-Szene durchgeführt haben, bestätigen zunächst einmal einen ganz allgemeinen Befund der neueren Jugend- und Medienforschung: Mediale Fankulturen und kulturelle Differenzierungsprozesse stehen in einem „eigensinnigen" (Jenkins 1992), „produktiven" (Winter 1993), „facettenreichen" (Tully 1996) und „kreativen" (Vogelgesang 2006) Wechselwirkungsverhältnis. Als beinah prototypisch für diese Entwicklung kann das PC-Spiel in Gruppen angesehen werden. Ursprünglich nur im Einpersonenmodus spielbar, werden immer mehr Video- und Computerspiele als Ensemblespiele konzipiert, wobei die Spielgemeinschaften auch räumlich entgrenzt im Internet operieren. Was Joachim Höflich (1996, 268) bereits Mitte der 1990er Jahre gesagt hat, findet für die jugendliche Gamer-Szene in der Gegenwart nachdrücklich Bestätigung: „Jedes Medium eröffnet aufgrund multipler Kommunikationskanäle die Teilhabe an einer Vielzahl potenzieller ‚sozialer Welten' und [...] ‚elektronischer Gemeinschaften', die sich nachgerade durch medienspezifische Gebrauchsweisen, Bedeutungshorizonte, auf die Medien hin bezogene Identitäten und Distinktionsinteressen unterscheiden." Im Blick auf die sich innerhalb der LAN-Szene ausdifferenzierenden Spielsituationen, Gemeinschaftsformen und Erlebnismuster wird dies im Folgenden näher untersucht.

2.1 Privat-LANs: Spielvergnügen und Erlebnissuche in Eigenregie

Die Ursprünge des LAN-Booms, wie er sich heute als fester Bestandteil der Jugendkultur zeigt, liegen fraglos im privaten Bereich. Es waren jugendliche Computer- und Spielefreaks, die – ganz entgegen dem immer wieder popularisierten Stereotyp vom computersüchtigen Einzelgänger, der sich angeblich auf einer weltabgewandten Spiele-Odyssee befindet – zuhause oder bei Freunden Versuche starteten, Computer miteinander zu verbinden und im Mehrpersonen-Modus verfügbare Spiele auf diese Weise gemeinsam zu nutzen. In gewissem Sinn den von uns Ende der 1980er Jahre untersuchten Video-Cliquen ähnlich (vgl. Vogelgesang 1991), wurden dadurch auch die vernetzten Computerspiele verstärkt zum Gruppenereignis. Während die Videokids jedoch ohne große Vorbereitung ihren Action- und Horrorspektakeln frönen konnten, sind die Spieletreffen an aufwändige Vorarbeiten geknüpft, wie uns ein Jugendlicher recht anschaulich zu schildern wusste:

> Wir treffen uns meist am Wochenende bei einem aus unserer Clique. Das ist dann jedes Mal richtig Arbeit, weil jeder seinen eigenen PC mitbringt und wir die Geräte dann gemeinsam vernetzen. Das hat am Anfang super Probleme gemacht, weil man ja Zugriff auf den Rechner der anderen hat. Da waren Abstürze vorprogrammiert. (Fabian, 15 Jahre)

Immer wieder finden sich in den Interviews Hinweise darauf, welche Herausforderung die Vernetzung der Computer für die Jugendlichen darstellt. Während viele sich vorher um solche technischen Dinge nicht sonderlich gekümmert haben, sind sie nun mehr oder weniger gezwungen, sich damit intensiv auseinander zu setzen. Learning by doing heißt die Devise in der ersten Lernstufe, wobei nach und nach an die Stelle des Trail-and-Error-Prinzips ein größeres Wissen über die unterschiedlichen Vernetzungsformen, aber auch über andere Neuerungen im Hard- und Softwarebereich tritt:

> Der technische Aspekt ist sehr interessant, z.B. nach welcher Variante ich ein Netz aufbaue, denn da gibt es durchaus verschiedene Möglichkeiten. Die lernt man aber mit der Zeit kennen. Auch dass man sich mit seinen Spielpartnern über die aktuellen Graphikkarten, Prozessoren und solche Sachen unterhalten kann, denn die Qualität der Spiele hängt eng mit der technischen Weiterentwicklung im Hardwaresektor zusammen. (Pierre, 22 Jahre)

Die Gamer-Gruppe wird für die Jugendlichen somit auch zu einer Art Wissensdrehscheibe und Sozialisationsagentur in Computer- und Netzfragen, wobei Strategien des Selbermachens und der ständigen Marktbeobachtung eine wichtige Rolle spielen.

Allerdings ist diese instrumentelle Funktion der Gruppe gleichsam ‚eingelagert' in einen Geselligkeits- und Spaßkontext, der für Privat-LANs konstitutiv ist. Denn das gemeinschaftliche Spiel steht im Mittelpunkt, es dominiert das Gruppenerlebnis und erzeugt eine Atmosphäre der Ausgelassenheit und Ungezwungenheit. Man ist hier nicht nur unter Alters-, sondern in erster Linie unter Seinesgleichen, trägt in und mit der Gruppe die fiktiven Scharmützel aus – und dies in einer den Routinecharakter des Alltags auflösenden Fetenatmosphäre. Entsprechend beschreibt Darius, 17 Jahre, seine aus acht Mitgliedern bestehende Spielclique auch als „Zockerteam, bei dem es so richtig abgeht". Und er ergänzt:

> Angesagt sind bei unseren Treffen Spaß pur, Action und coole Sprüche aller Art. Weil wir uns halt super gut kennen, da kann das denn schon mal sein, dass da plötzlich einer losbrüllt: ‚Da, du Penner, jetzt habe ich dir gerade eine Rakete in den Arsch gejagt.' So was ist aber nicht böse gemeint, da fühlt sich auch niemand beleidigt. Das hängt halt mit der Gaudi untereinander zusammen.

Es ist also keineswegs zutreffend, dass bei den jugendlichen LAN-Fans an die Stelle der personalen Kommunikation eine Spielfixierung und ein sozial isoliertes Abgleiten in irgendwelche Gewaltszenarien treten, wie immer wieder von besorgten Pädagogen und Eltern zu hören ist. Im Gegenteil, auch – oder gerade – die kollektiven Baller- und Abschießspiele sind eingebunden in expressive Verhaltensmuster, gekoppelt an Witz, Spaßmachen und Albernheiten, und letztlich Ausdruck medium- und gruppenspezifischer ‚Flip-Praxen'. Die Privat-LANs sind demnach – ähnlich wie die Aktivitäten vieler anderer Medienfangruppen – auch ein Befreiungsversuch von den Rationalitätsanforderungen und der Problembeladenheit der modernen Alltagsrealität. Sie sind Freiraum und Aufbruch zu anderen, außeralltäglichen Erlebnisformen und generieren, wie ihre Anhänger immer wieder hervorheben, gleichermaßen einen virtuellen und realen Raum für Nähe, Vergnügen und Geselligkeit. Florian, 18 Jahre, bestätigt dies und macht darüber hinaus noch darauf aufmerksam, dass auch LAN-Gruppen eine Geschichte haben. Er stellt an seinem Beispiel den Werdegang und die Atmosphäre bei den Privat-LANs nochmals in aller Deutlichkeit heraus:

> Unsere erste eigene LAN war an einem Samstag bei einem Freund zuhause. Ich erinnere mich noch genau, wir waren zu viert und hatten uns vorgenommen, *Duke* und *Doom* über ein Netzwerk zu spielen. Mit Nullmodemkabel und normaler Vernetzung für vier PCs wollten wir die Spiele im Two-and-two-Modus spielen. Ich weiß nicht mehr, aber es waren 'zig Versuche notwendig, bis das Netz einigermaßen funktionierte. Aber so fing es an. [...] Wir haben schnell gemerkt, wie geil das ist. Wann immer einer sturmfrei hatte, wurden die PCs mitgebracht und losgezockt. Erst waren es ganz kleine Treffen, denn am Anfang hatte ja nicht jeder einen PC. Irgendwann kamen dann sechs PCs, dann acht, und am Schluss spielten wir zu zehnt. Einmal in den Ferien hatten wir sogar ein ganzes Haus, dort waren wir dann mit sechzehn Leuten. [...] Für diejenigen, die neu hinzukamen, für die Newbies, ist das ziemlich schnell gegangen, bis sie in der Gruppe akzeptiert waren. Die meisten hatten vorher schon gespielt, aber in der Gruppe gibt es wesentlich mehr taktische Möglichkeiten, wie man so ein Spiel aufziehen kann. Man muss Aufgaben gemeinsam erledigen, sich abstimmen, als Team eben spielen. [...] Heute sind wir ein fester Kreis von acht Leuten, super Typen. Und bei den Treffen wird längst nicht mehr nur gespielt. Da wird etwas zu Essen und zu Trinken mitgebracht und manchmal grillen wir auch gemeinsam. Wir wollen einfach zusammen sein, Party machen, das ist wichtig. Natürlich wird auch über Technik geredet und über die Spiele, über clevere Schachzüge und hinterhältige Fallen, die man den anderen gestellt hat. [...] Spielen und alles, was so dazu gehört, das ist halt ein Gemeinschaftserlebnis geworden.

2.2 LAN-Partys: situative Vergemeinschaftung am Wochenende

Es waren die kleinen Privat-LANs, aus denen findige und spielbegeisterte Computerfreaks in der zweiten Hälfte der 1990er Jahre einen neuen Typus von Netzspiel entwickelt haben, für das sich in der jugendlichen Spielerszene der Begriff LAN-Party eingebürgert hat. Was in den eigenen vier Wänden begann, erhielt auf diesen Veranstaltungen gleichsam eine überlokale Plattform. Denn hier wurde den „Heimspielern" (Timo, 16 Jahre) die Gelegenheit geboten, andere Shooter-Cliquen kennen zu lernen, gegen diese zu spielen und sich mit ihnen im Spiel zu messen. Gegenwärtig werden hierzulande jedes Wochenende zahlreiche solcher LANs mit Namen wie ‚Leavin' The Reality Behind' oder ‚eXtremezocken' durchgeführt. Die Teilnehmerzahlen schwanken dabei zwischen zwanzig und mehreren hundert, wobei die Teilnahme jedem offen steht, sofern er mit der nötigen Hard- und Software ausgestattet ist. Weitere Vorleistungen sind nicht nötig, sieht man von den meist sehr moderaten Teilnahmegebühren einmal ab.

Hier wird ein erster, wichtiger Unterschied zu den Privat-LANs sichtbar: LAN-Partys sind vororganisiert. Die große Teilnehmerzahl erfordert eine längerfristige Planung und umfassende Koordination. Ein passender Veranstaltungsort muss gefunden werden, Sponsoren sind zu rekrutieren, und nicht zuletzt ist die entsprechende technische Ausrüstung (Netzwerkkabel, Switches/Hubs, Server etc.) zu beschaffen und aufzubauen. Um diese Aufgaben effizient zu lösen, haben sich zahlreiche Organisationsteams, die so genannten ‚Orgas', gebildet, die sich auf die Durchführung solcher Veranstaltungen konzentrieren und deren Mitglieder dabei auch ein hohes Spezialwissen erwerben. Manche sehen darin auch eine Chance, aus ihrem Hobby später vielleicht einmal einen Beruf zu machen. Thomas, ein 21-jähriger Informatikstudent, bestätigte uns dies: „Ich habe mit zehn schon am Rechner gesessen, mit fünfzehn meine erste LAN organisiert und mit achtzehn in den Ferien bei einem Autohändler als Systemadministrator gejobbt. Das Informatikstudium war dann fast zwangsläufig." Aber im Interview spricht er noch einen anderen Aspekt an: „Wer LANs organisiert, hat natürlich ein Spezialwissen in Netzwerktechnik, aber er muss sich auch mit Managementfragen auseinandersetzen. Sponsoring, die Verwaltung der Eintrittsgelder, Haftungsfragen, dies sind alles Dinge, die bei einer größeren LAN geregelt werden müssen. Wir haben uns deshalb in einem Verein zusammengeschlossen. Das machen viele Orgas so, nicht zuletzt auch deshalb, weil dadurch die Risiken besser kalkulierbar werden."

Auch wenn Spezialisierungs- und Professionalisierungstendenzen unverkennbar sind, so stehen auf den LAN-Partys doch die Geselligkeit und das Vergnügen im Mittelpunkt. Organisatoren und Spieler bilden über ein verlängertes Wochenende – die Spieldauer reicht von einem bis zu drei Tagen – eine Interessens- und Spaßgemeinschaft, bei der die Begeisterung für ein bestimmtes Computerspielgenre eine starke Bindung zwischen den Anwesenden erzeugt. Simon, 19 Jahre, drückt dies so aus: „LAN-Party ist für mich ein Begriff für Zusammengehörigkeit. Die Leute haben dasselbe Hobby, sie treffen sich, reden miteinander, spielen miteinander und haben Spaß zusammen. Man hat dieselben Interessen, dieselbe Leidenschaft. Man kennt sich vielleicht nur aus dem Internet, trifft sich hier mal und kann dann miteinander reden und spielen." Gruppensoziologisch handelt es sich bei den LAN-Partys mithin um szenetypische Interaktionsgemeinschaften, die in einem zeitlich begrenzten Rahmen eine hohe Kontakt- und Erlebnisdichte garantieren und denen im Blick auf die gesamte LAN-Szene auch eine nachhaltige identitäts- und zugehörigkeitsstiftende Bedeutung zukommt.

2.3   LAN-Events: die Selbst-Professionalisierung einer Jugendszene im Spannungsfeld
zwischen Spaßwettkämpfen und Leistungssport

Auch wenn LAN-Partys bereits deutliche Professionalisierungstendenzen aufweisen, die
organisatorischen und logistischen Leistungen der Super-LANs, in der Szene LAN-Events
genannt, haben eine andere Dimension. In ihrer Größe (bis zu mehreren tausend Teilnehmern), ihrem Kommerzialisierungsgrad und der Internationalität ihrer Turniere weisen sie
Strukturmerkmale auf, wie sie für institutionalisierte Großveranstaltungen im Freizeit- und
Kulturbereich im Sinne von „populären Events" (Hepp & Vogelgesang 2003) bezeichnend
sind. Zu den ersten Sessions dieser Art zählt eine Veranstaltung in Schweden im Jahre
2002, die unter dem Namen ‚Dreamhack Summer 2002: Total World Domination' vom 13.
bis zum 16. Juni in der Stadt Jönköping stattfand, und an der mehr als fünftausend Spieler
aus der ganzen Welt teilnahmen (vgl. www.vieth-online.de v. 25.6.2002).

Was zunächst auffällt, ist die Steigerungsqualität und Professionalität. Diese Qualitäten begründen den Einmaligkeitscharakter der Mega-LANs, der auch von den Veranstaltern
herausgehoben wird. Dies beginnt mit der Bezeichnung. Häufig finden sich hier bestimmte
Hochwerttitel, die Aufmerksamkeit wecken und das Gigantische herausstellen. ‚Dreamhack
Summer 2002: Total World Domination' oder ‚MagicLAN' sind Beispiele dafür und signa-
lisieren den LAN-Fans, dass hier etwas Besonderes – und auch für die Szene Außeralltägli-
ches – geboten wird, sozusagen ein Spiele-Happening der Extraklasse. Die Teilnehmer –
auch hier handelt es sich in der Regel um männliche Jugendliche oder junge Männer –
codieren im Übrigen den Mega- und Eventcharakter dieser Veranstaltungen ganz ähnlich:

> Was mich so fasziniert an den Riesen-LANs, das ist der Eventcharakter. Es geht zwar wie bei
> den LAN-Partys Freitagmittag los und dauert bis Sonntagabend, aber da wird auf einem ganz
> anderen Niveau gezockt. Das Ganze ist immer auch super professionell organisiert. (Adrian, 20
> Jahre)

Zudem wird in aufwändigen PR-Kampagnen mit Hinweisen auf eine sehr sorgfältige Ab-
lauf- und Serviceplanung geworben: Organisations- und Technikserviceteams stehen ebenso zur Verfügung wie Cateringdienste und eine genügend große Anzahl an Ruheräumen.
Und als besonderen Body-Service engagieren manche Organisatoren von Groß-LANs Phy-
siotherapeuten, um die verkrampften Rückenmuskeln der Hardcore-Spieler zu lockern.

Neben der ‚Rundumversorgung' zeichnen sich die Mega-LANs vor allem aber durch
eine wachsende Kommerzialisierung aus. Wie rasant sich diese Entwicklung vollzogen hat,
lässt sich an der Äußerung eines 26-jährigen Orgas ablesen, der mit seinem Team seit etwa
zehn Jahren LAN-Veranstaltungen im Saar-Lor-Lux-Raum organisiert:

> Die erste größere LAN haben wir im Jahr 2000 in Luxemburg durchgeführt. Damals hat das
> Siegerteam einen Scheck von 1.000 Euro bekommen. Aus heutiger Sicht sind das Peanuts. Und
> wenn man die internationale LAN-Gaming-Szene im Blick hat, dann allemal. Die Organisatoren
> von Super-LANs haben hier ein Budget im sechs- oder gar siebenstelligen Bereich. (Eric)

Diese extreme Kommerzialisierung ist nur durch ein starkes Engagement der Hard- und
Softwareindustrie möglich geworden. Sie sehen ganz offensichtlich in den LAN-Events
eine optimale Plattform, um für ihre Produkte zu werben. Bereits an den Werbebannern auf
den Homepages der Organisatoren wird sichtbar, wie Produkt- und Sponsorenwerbung

gleichsam kurzgeschlossen werden, denn der Hinweis auf die Veranstaltung ist aufs engste gekoppelt mit Verweisen auf den – oder die – Geldgeber. Auch in den gemieteten Hallen und nicht zuletzt bei der Preisverleihung, die ähnlich wie bei den großen Tennisturnieren von den PR-Managern oder Geschäftsführern der Sponsoring-Firmen vorgenommen werden, ist die Präsenz der Geldgeber allgegenwärtig.

Dass die Kommerzialisierung der LAN-Szene auch Einfluss auf die Form und Funktion des netzbasierten Computerspielens nehmen würde, war anzunehmen. Aber wie gravierend die Unterschiede zwischen den ,E-Sportlern' und den ,Hobby-LANern' sind, ist doch einigermaßen überraschend. Während auf den häuslichen Privat-LANs oder den lokalen LAN-Partys vornehmlich Freundescliquen ihrem virtuellen Spielvergnügen nachgehen oder sich gegebenenfalls spontane Spielergemeinschaften zusammenfinden, spielen auf den großen LAN-Events Mannschaften gegeneinander – in der Szenensprache ,Clans' genannt –, die in ihrer Struktur Sportvereinen recht nahe kommen. Intern weisen die Clans, deren Mitgliederzahlen zwischen zehn und fünfzig variieren, eine deutlich hierarchische und aufgabenbezogene Differenzierung auf. In stundenlangen täglichen Trainingssitzungen und Taktikbesprechungen gilt es ein Können und eine Perfektion zu erreichen, die auch einen entsprechenden Marktwert haben. Die ,Professional Gamer' (kurz: Pro-Gamer) spielen mithin auf einem sehr hohen Niveau, „das sich auch entsprechend versilbern lässt", wie dies Lorenz, ein 24-jähriger Clan-Leader, sehr plastisch umschreibt.

Auch wenn die Profitorientierung den Spitzenspielern in der LAN-Szene den kritischen Beinamen ,Elite-Geier' eingebracht hat, ihr spielerisches Vermögen steht außer Frage. Ob sich LAN-Turniere und -Ligen jedoch dauerhaft einen Platz im internationalen Sportgeschäft sichern können, bleibt abzuwarten. Daniela Illing (2006, 100) ist zuzustimmen, wenn sie im Blick auf die Kommerzialisierung der LAN-Szene feststellt: „Diese Entwicklung hat ihren bisherigen Zenit in der Herausbildung von profitorientierten Spielern gefunden, die, teilweise vertraglich gesponsert von Spiele-Herstellern oder anderen IT-Firmen, von LAN zu LAN tingeln. In Amerika und Asien gibt es bereits Berufsspieler, die ihren Lebensunterhalt zumindest teilweise mit Preisgeldern bestreiten (vgl. hierzu z.B. www.worldcybergames.com). In Deutschland ist eine solche Professionalisierung kaum zu erwarten, da das Computerspielen nicht als Sportart anerkannt ist, sondern ein Nischendasein als reine Freizeitbeschäftigung fristet." Wie auch immer die weitere Entwicklung der LAN-Szene und ihrer Protagonisten aussehen wird, einstweilen gilt: Wie im Profi-Fußball handelt es sich auch bei den Pro-Gamern um eine kleine Gruppe von Spitzenspielern, die mit den LAN-Partys als einer neuen Form von ,virtuellem Breitensport' nicht mehr allzu viel gemeinsam haben.

3   Der ,unsichtbare' Ordnungskosmos der LAN-Szene

Die bisherigen ethnographischen Einblicke in die jugendliche LAN-Welt ließen drei szenetypische Vergemeinschaftungsformen sichtbar werden. Sie generieren soziale Räume, die sich aufgrund unterschiedlicher Anforderungsstrukturen, Relevanzmuster und kommunikativer Beziehungen deutlich voneinander unterscheiden. Sie repräsentieren ,kleine Lebenswelten', die durch eine Art Dialektik von Zuordnung und Abgrenzung, durch eine relativ klare Grenzziehung nach außen sowie durch Zugehörigkeitsgefühle nach innen bestimmt sind. Allerdings sind die Grenzen offen und überschreitbar, vorausgesetzt man folgt den

‚Spielregeln' der intraszenischen Spezialisierung und Professionalisierung. Dass diese Regeln nicht nur Leitorientierungen individuellen Verhaltens darstellen, sondern ganz grundsätzlich soziale Ordnung innerhalb – und außerhalb – der LAN-Szene sichern, soll im Weiteren an drei ausgewählten Formen ‚normierten Verhaltens' näher untersucht werden.

3.1   Der Minikosmos LAN: Ordnungsstiftung wie im ‚wirklichen' Leben

Ganz gleich welchen Gemeinschaftstypus man in der LAN-Szene betrachtet, es handelt sich immer um Interaktionsgemeinschaften, bei denen die Begeisterung für ein bestimmtes Computerspielgenre eine kommunikative Klammer zwischen den Anwesenden bildet. Damit aus dieser kommunikativen Klammer jedoch ein gemeinschaftliches Spiel wird, sind verlässliche Regeln notwendig. Zwar ist es durchaus angezeigt, in einer Wettkampfsituation nicht allzu viele Einzelheiten der eigenen Strategie und der Fertigkeiten der jeweiligen Teamspieler preiszugeben. Es kann im Gegenteil sogar nützlich sein, eine gezielte Falschinformation zu streuen, die sich als taktisch geschickter Bluff erweisen kann. Dennoch gibt es in der Ego-Shooter-Szene bezüglich des Spielens ein ungeschriebenes Gesetz: „Don't cheat, betrüge nicht" (Timo, 16 Jahre). Wer gegen diesen Spielkodex verstößt, d.h. sich z.B. durch ‚Wallhacking' (Durchsichtigmachen von Wänden im Spiel) oder durch die Generierung von höheren Ressourcenbeständen einen unlauteren Vorteil verschafft, dem ist der Ausschluss aus der LAN-Party sicher. „Im Wiederholungsfall", so erklärt uns Kai, ein 20-jähriger Orga, „findet er sich schnell auf einer schwarzen Liste wieder."

Diese Aussage verdeutlicht, wie wichtig es den Spielern ist, dass bestimmte Regeln eingehalten werden. Nur sie garantieren einen fairen Wettstreit, eine verlässliche Ordnung im Ablauf der Veranstaltung und eine Atmosphäre der Freundschaft. Aber es geht hier nicht nur um die Einhaltung von Regeln, sondern auch darum, dass es die Jugendlichen selbst sind, die diese Regeln aufgestellt haben, über deren Einhaltung wachen und im Übertretungsfall Sanktionen verhängen. Dass die Ordnungsstiftung im Minikosmos LAN-Party dabei auf ganz ähnliche Weise erfolgt wie im ‚real life', ist ihnen voll bewusst. Ihre Herstellung von Ordnung ist deshalb eine Metapher für das, was in der Alltagswelt geschieht. Denn wie in der Realität erfordert das Überleben und Gewinnen in der virtuellen Welt Einsatz, Arbeit, Lehrzeit und Kooperation, um zum Ziel zu kommen und erfolgreich zu sein. Übertretungen werden hier wie in der Alltagswirklichkeit bestraft, wobei der Sanktionsrahmen von Missbilligung über Verwarnungen bis zum Spielausschluss reichen kann. Die Spieler organisieren ihre Verhaltensweisen also gemäß einem Kodex, der durch Normen und Werte geprägt ist, die denen der Realwelt entsprechen.

Ob diese ‚Normtreue' auch außerhalb des virtuellen Spielrahmens gilt, also auf das gesamte LAN-Setting übertragbar ist, müsste noch genauer untersucht werden. Denn gegenüber der LAN-Szene wird immer wieder der Verdacht geäußert, ihre Treffen seien ein Umschlagplatz für Raubkopien jedweden Genres. „Einige der Besucher von LAN-Partys", so auch die Einschätzung von Illing (2006, 96), „melden sich sogar ausschließlich an, um die Festplatten zu füllen und brechen ihre Zelte auf der Party ab, sobald die Jagd nach den gesuchten Daten erfolgreich beendet ist." Dies mag für Einzelfälle vielleicht zutreffend sein, auch wenn wir bei unseren Recherchen auf keine Jugendlichen gestoßen sind, die LAN-Partys ausschließlich zu dem Zweck besuchen, sich im großen Stil Raubkopien zu beschaffen. Wer trotzdem illegal Software tauscht und dabei entdeckt wird, muss mit empfindlichen Sanktionen seitens der Organisatoren rechnen: „Wer im Spiel oder außerhalb des Spiels bei Betrügereien erwischt wird, den setzen wir samt Rechner kurzerhand vor die Tür", so die eindeutige und kompromisslose Feststellung eines Orgas (Ben, 24 Jahre). Und er ergänzt: „Wir haben eine Hausordnung für die Teilnehmer und darin heißt es unmissverständlich: zero tolerance for leechers[4]!"

3.2 Der Kampf um Aufmerksamkeit und Anerkennung: ,Overclocking', ,Case-Modding' und ,Gaming Skills' als Inszenierungs- und Kompetenzstrategien

Die Nähe, Verflechtung und Durchdringung von Spiel- und Alltagswelt zeigt sich bei den jugendlichen Mitgliedern der LAN-Szene aber nicht nur in den Normbindungen auf der sozialen Ebene. Auch im Blick auf die ,individuelle Identitätsarbeit', die angesichts fortschreitender gesamtgesellschaftlicher Individualisierungsprozesse das „Projekt des eigenen Lebens" (Beck 2001) zunehmend ins Zentrum der eigenen Daseinsgestaltung rückt, bieten LAN-Veranstaltungen und -Gemeinschaften unterschiedlichste ,Inszenierungsbühnen', verbunden mit performativen Selbstdarstellungen, die auf Kreativität, Unverwechselbarkeit und Authentizität zielen. Der Kampf um Aufmerksamkeit und Anerkennung, vor dem die Jugendlichen auch im Alltag permanent stehen, findet in den LAN-Sessions gleichsam ideale Anknüpfungspunkte und Ressourcen.

Besonders nachdrücklich wird dies an der Umrüstung und am Design des eigenen Computers deutlich. Die Devise heißt: „Umbauen, denn Standard ist langweilig und oft auch viel zu langsam" (Timo, 16 Jahre). Die Veränderungen beziehen sich dabei zum einen auf technische Aspekte des Computers und werden im Szenejargon als ,Overclocking' bezeichnet. Zum Ausdruck gebracht wird damit eine besondere Form des PC-Tunings, um höhere Taktfrequenzen zu erzielen und den Rechner dadurch leistungsfähiger zu machen. Die als Nebenfolge dieser Aufrüstung unvermeidliche Wärmeproduktion wird durch aufwändige Kühlsysteme aufgefangen, die von selbst entwickelten riesigen Luft- und Wasserkühlern bis zu komplizierten Stickstoffverfahren reichen. Der individuellen ,Kühlphantasie' sind hier fast keine Grenzen gesetzt – ein Umstand, der selbst unter den Szene-Insidern staunendes Anerkennen darüber auslösen kann, welche eigenwilligen technischen Lösungen hier bisweilen gefunden werden.

Neben den technischen Innovationen gibt es aber auch ästhetische, die dem Computer eine sehr individuelle Note geben. Diese beziehen sich auf die Umgestaltung des Gehäuses und haben mittlerweile unter dem Stichwort ,Case Modding' einen regelrechten Ideen- und Zubehörmarkt entstehen lassen, dessen eigenwilligste Kreationen – oft mit Bastelanleitungen – auf zahlreichen Hardwareseiten im Internet bewundert werden können. Eine beliebte Veränderung ist z.B. der Einbau eines ,Windows', das den Blick freigibt auf farbige Platinen, phosphorisierende Steckkarten, Leuchtdrähte oder Blinkanlagen, die im Zusammenwirken bisweilen an Videoinstallationen erinnern und das Innenleben des Rechners als höchst artifiziell erscheinen lassen. Technisch und handwerklich begabte Spieler gehen sogar noch einen Schritt weiter und bauen die Systemkomponenten in leere Bierkisten, Koffer oder Vitrinen ein und stilisieren den Computer auf diese Weise zum absoluten Unikat und individuell designten Gesamtkunstwerk.

---

[4] Als ,leecher' werden in der LAN-Szene Personen bezeichnet, zutreffender: diskreditiert, die sich auf LAN-Partys primär als ,Software-Sauger' betätigen.

Neben solchen Eigenkreationen sind es auf den LAN-Partys aber auch die Spielkompetenzen, welche die Aufmerksamkeit auf sich ziehen. Gerade bei den Endspielen bilden sich um die im Turnier verbliebenen Spieler regelrechte Trauben von Interessierten, die gebannt mitverfolgen, welche Taktik gewählt wird, wie gut die einzelnen Teams aufeinander abgestimmt sind und welche Spielvariante letztlich den Sieg bringt. Auch wenn man möglichst erfolgreich sein möchte – „es weckt schon den Ehrgeiz in dir, für dein Team gut zu spielen und möglichst weit zu kommen" (Kai, 16 Jahre) –, im Kern steht für die Spielgemeinschaften doch der Spaß im Vordergrund. Während des Spiels existiert keine Verbissenheit, unbedingt als Bester aus den virtuellen Schlachten und Kämpfen hervor zu gehen. Zwar wird darüber debattiert, wie welcher Abschuss zustande kam, aber die Highscore-Liste ist, sieht man einmal von den Pro-Gamern ab, nur eine Nebensache. Das bedeutet, auch wenn man in verschiedenen Cliquen spielt und jedes Team den Ehrgeiz hat, alle Facetten seines Könnens zu demonstrieren, so bleiben der Wettkampfcharakter und Siegeswille doch eingebunden in ein Gruppenereignis, bei dem Spaß und Geselligkeit unverzichtbare Komponenten sind. Dies zeigt sich auch bei den Siegerehrungen am Ende des Turniers, denn der ideelle Wert des Gewinns ist dabei weitaus bedeutsamer als der materielle Wert möglicher Sach- oder Geldpreise. Vielfach finden im Anschluss an die Turniere wochenlange Diskussionen der Shooter-Fans in den Internetforen darüber statt, wer wirklich der Beste war und welches Team den genialsten Coup gelandet hat.

3.3 Brutale Spiele – brutale Spieler?

„Wir sind keine ferngesteuerten Killer", diese Äußerung eines 17-jährigen jugendlichen Computerspielers kann stellvertretend dafür zitiert werden, unter welchen Generalverdacht die ‚Ballerspieler' sich gestellt sehen. Dieser lässt sich auf die Formel bringen: „Vom Ego-Shooter zum Amokläufer?" Wie kaum ein anderes Ereignis hat die Amoktat eines 19-Jährigen in Erfurt im April 2002 die öffentliche Diskussion um die Wirkung von Gewaltdarstellungen – insbesondere in Computerspielen – wieder entfacht. Vor allem nachdem bekannt wurde, dass der Todesschütze ein begeisterter *Counter-Strike*-Spieler war, stand für viele fest: Ein Computerprogramm der Firma Sierra Entertainment hat den Amokläufer von Erfurt trainiert. Auch wenn wir zwischenzeitlich wissen, dass die Rolle des Spielprogramms allenfalls darin bestand, eine Art Drehbuch für die Tat geliefert zu haben, und die eigentlichen Ursachen in einer Kette von Demütigungen, Ausgrenzungen und Anerkennungsverlusten liegen (vgl. Heitmeyer 2002), bleibt die Frage nach möglichen Gefährdungen durch mediale Gewaltdarstellungen auf der Tagesordnung (vgl. Vogelgesang 2005b).

Sie führt jedoch gerade angesichts bestimmter dramatischer Gewaltereignisse immer wieder zu hoch emotionalen und polarisierenden Diskursen nach dem Motto: Wer Monstern in den Medien freien Lauf lässt, erzeugt am Ende Medienmonster. Vor dem Hintergrund solcher Äußerungen ist Besonnenheit und Gegenstandsnähe gefordert. Wer sie aufbringt, wird insbesondere für die Ego-Shooter-Szene eine ganz andere Beobachtung machen: Zwar findet bei diesem Typus von Ballerspielen eine Konzentration auf die abgeschlossene Welt des Spielrahmens statt, jedoch nicht im Sinne einer Individualistenkultur weltabgewandter Einzelgänger, sondern es handelt sich dabei, wie die wachsende Zahl von LAN-Partys und Spiele-Clans zeigt, um eine gruppensportliche Auseinandersetzung mit anderen Spielakteuren. Auch wenn die Szenarien in den Computerspielen immer näher an der realen Welt ausgerichtet sind, in der Vorstellung der Spieler sind es fiktive Räume, und nur in ihnen sind die Gewaltexzesse erlaubt. Die dargestellte extreme Gewalt soll gerade eingeschlossen bleiben im Spiel-Raum. Die Mehrheit der Spieler ist sich darüber bewusst und zieht eine deutliche Grenze zwischen der virtuellen Kampfarena und dem, was jenseits des Spielfeldes passiert; zwischen den fiktionalen gewalttätigen Formen innerhalb des Spiels und einem freundschaftlichen Umgang miteinander außerhalb des Spiels.

Entgegen der These vom Distanzverlust, wonach unter dem Einfluss der Medien die Grenze zwischen realen und fiktionalen Räumen zunehmend verschwinde, ist im Gegenteil die Differenz zwischen Virtualität und Realität nachgerade konstitutiv für die Medienkompetenz und die Erlebnisformen der jugendlichen Computerspieler. Keineswegs verlieren die gestandenen Spielefreaks den Kontakt zur Realität, auch permutieren sie nicht im Sinne des Graffiti: ‚Life is xerox, we are just a copy'. Vielmehr sind sie kompetente Pendler zwischen sozialen und medialen Welten, und dies nicht selten mit einer Selbstverständlichkeit und Selbstsicherheit, die an Woody Allens Film ‚The Purple Rose of Cairo' erinnert, in dem er seinen Helden aus der Leinwand treten und seine Heldin ins Imaginäre des cineastischen Spiels eintauchen lässt. Mit Nachdruck ist an dieser Stelle festzuhalten: Zwischen gewaltdisponierten Jugendlichen oder gewaltbereiten Gruppierungen und den jugendkulturellen Medienszenen – vor allem den hier näher untersuchten Computerspielern – liegen Welten. Diese Differenz zu ignorieren kann gefährliche Kurzschlüsse nach sich ziehen und zu wirklichkeitsfremden Zuschreibungen und schlimmen Diskriminierungen führen. Auch die Amoktat von Erfurt ist vor diesem Hintergrund sehr differenziert zu betrachten.

4   Fazit: Die LAN-Szene als jugendkultureller Prototyp virtuoser Selbstdarstellung, kreativer Medienaneignung und individualisierter Wissensnavigation

Auch wenn die LAN-Community, wie im Übrigen alle Jugendkulturen, gleichermaßen durch markt- wie szenengenerierte Innovations- und Differenzierungsprozesse charakterisiert ist, die jeder Beschreibung etwas Flüchtiges und Unvollständiges geben, so ist doch unverkennbar, dass sie aus einer facettenreichen Symbiose aus jugend- und medienkulturellen Elementen besteht. Hier findet der in der neueren Jugend- und Szenenforschung herausgestellte und hinlänglich ausgewiesene Trend zur Separierung und Segregation von „interessenhomogenen Cliquen" (Wetzstein et al. 2005), „posttraditionalen Vergemeinschaftungen" (Hitzler 1989) bzw. „deterritorialen Vergemeinschaftungen" (Hepp 2004, 2006) als immer bedeutungsvoller werdende informelle Sozialisationsinstanzen eine Fortsetzung und stilgebundene Steigerung. Denn die LAN-Szene und ihre Fraktionen repräsentieren einerseits ‚Identitätsmärkte', auf denen Jugendliche frei vom Routine- und Anforderungscharakter ihrer sonstigen Rollenverpflichtungen Selbstdarstellungsstrategien erproben und einüben, sich gleichsam im Gruppen-Spiel und Gruppen-Spiegel ihrer personalen wie sozialen Identität vergewissern können. Andererseits sind sie aber auch ‚Kompetenzmärkte', auf denen eine spezifische Sozialisierung und Formierung des Mediengebrauchs stattfindet.

Dass dieses Medien- und Wissenskapital aber nicht nur innerhalb der Szenen einen Kurswert hat, sondern auch außerhalb, zeichnet sich immer stärker ab. In einer umfangreichen Expertise hat Ronald Hitzler (2004) diese neuen Formen ‚entgrenzter Qualifikation' näher untersucht. Was hier für vier unterschiedliche Jugendkulturen – einschließlich der LAN-Szene – beschrieben wird, deckt sich mit unseren Forschungsergebnissen: Szene-

Qualifikationen werden mehr und mehr zu Markt-Qualifikationen. Vor allem die Szeneveteranen und Mitglieder des ,inner circle' verfügen über einen Typus von Wissen, das in der neueren bildungs- und berufssoziologischen Diskussion mit Begriffen wie Meta-Qualifikationen, Selbst-Ökonomisierung und Arbeitskraftunternehmer diskutiert wird. Netzwerkadministration und Eventmanagement, Teamfähigkeit und Regelbefolgung, Disziplin und Selbstkontrolle, wie sie für das Qualifikationsprofil von LAN-Freaks charakteristisch sind, haben schon fast den Rang von Schlüsselqualifikationen für die berufliche Karriere.

Die LAN-Szene ermöglicht aber nicht nur eine neue Form des entgrenzten und flexibilisierten Qualifikationserwerbs, sondern sie hat auch eine soziale Egalisierungsfunktion. Denn die unter Begriffen wie ,digital gap', digital divide' oder ,digital inequality' (vgl. Kutscher & Otto 2004) diskutierten schicht- und bildungsabhängigen – und damit sozial ungleich verteilten – Kompetenzen im Umgang mit Computer und Internet finden sich unter den Netzspielern nicht. Sowohl in unserem Jugendsurvey aus dem Jahr 2000 (vgl. Vogelgesang 2001) als auch bei den ethnographischen Recherchen in den unterschiedlichen LAN-Settings und -Gruppen ließen sich keine Auffälligkeiten hinsichtlich des (formalen) Bildungsniveaus der Spieler nachweisen. Denn vom Hauptschüler bis zum Studenten waren alle ,Bildungsgruppen' vertreten. Die Selbstwahrnehmung der jugendlichen LANer geht im Übrigen in die gleiche Richtung:

> Auf LAN-Partys oder bei uns im Clan findest du vom Arbeiterjugendlichen bis zum Professorensprössling die unterschiedlichsten Jugendlichen. Spielen, Spaßhaben und selber was auf die Beine stellen, nur das zählt. Dass man eine entsprechende PC-Ausstattung hat oder sich bastelt, versteht sich von selbst. (Moritz, 21 Jahre)

Auch wenn die ,bildungsdemokratische' Dimension der LAN-Szene und die in ihr vorhandenen Formen medialer Selbstsozialisation und individueller Wissensnavigation durchaus als wirksame Strategien gegen die befürchtete Ausbildung einer „medialen Klassengesellschaft" (Jäckel & Winterhoff-Spurk 1996) und der drohenden „digitalen Exklusion der Jugend" (Theißen & Weckbecker 2003) entlang der Internet-Linie angesehen werden können, so erschöpft sich darin keineswegs ihr Innovationspotenzial. Denn der hier beobachtbare informelle Lernhabitus hat sowohl für einen offenen, sozial respektive szenisch kontextualisierten Bildungsbegriff (vgl. Münchmeier et al. 2002) als auch für die Theorie kommunikativer Aneignung (vgl. Hepp 2005) weitreichende Konsequenzen. Sie vertiefend auszuloten, ist Aufgabe künftiger Theorie- und Forschungsarbeit. Soviel ist aber bereits heute für die LAN-Communities evident: Sie sind zu einem entgrenzten Lernfeld jenseits institutionalisierter Bildungseinrichtungen geworden und leisten einem Selbstverständnis Vorschub, wie es für flexible Erwerbsbiographien in der heutigen Zeit immer bezeichnender wird.

Literaturverzeichnis

Beck, U. (2001): Das Zeitalter des ,eigenen Lebens'. *Aus Politik und Zeitgeschichte*, (29), 3-6.
Bolz, N. (1995): Der Megatrend zum Bösen. In: U. Becker et al. (Hrsg.): *Megatrends*. Düsseldorf und München: Econ, 75-96.
Bourdieu, P. (1983): *Die feinen Unterschiede*. Frankfurt a.M.: Suhrkamp.

Breyvogel, W. (Hrsg.) (2005): *Eine Einführung in Jugendkulturen.* Wiesbaden: VS.

Deinet, U. & Reutlinger, C. (Hrsg.) (2003): *‚Aneignung' als Bildungskonzept der Sozialpädagogik.* Opladen: Leske und Budrich.

Fleischhauer, A. (2006): Unsichtbare Lernprozesse. Stellenwert des selbstgesteuerten Lernens in der Medienkompetenzdebatte. *Medien und Erziehung,* (4), 44-51.

Glaser, B.G. & Strauss, A.L. (1998): *Grounded Theory: Strategien qualitativer Forschung.* Bern u.a.: Huber.

Heitmeyer, W. (2002): Süchtig nach Anerkennung. In: *Die Zeit* v. 2. Mai, 24.

Hepp, A. (1999): *Cultural Studies und Medienanalyse.* Wiesbaden: VS.

Hepp, A. (2004): *Netzwerke der Medien. Medienkulturen und Globalisierung.* Wiesbaden: VS.

Hepp, A. (2005): Kommunikative Aneignung. In: L. Mikos & C. Wegener (Hrsg.): *Qualitative Medienforschung. Ein Handbuch.* Konstanz: UVK (UTB), 67-79.

Hepp, A. (2006): *Transkulturelle Kommunikation.* Konstanz: UVK (UTB).

Hepp, A. & Vogelgesang, W. (Hrsg.) (2003): *Populäre Events.* Opladen: Leske und Budrich.

Hepp, A., Krönert, V. & Höhn, M. (2005): Der XX. Weltjugendtag als Medienereignis: Medien, religiöse Vergemeinschaftung und kultureller Wandel. *Ästhetik & Kommunikation,* 36(131), 99-106.

Hitzler, R. (1998): Posttraditionale Vergemeinschaftung. *Berliner Debatte INITIAL,* 9(1), 81-89.

Hitzler, R. (2004): *Unsichtbare Bildungsprogramme. Zur Entwicklung und Aneignung praxisrelevanter Kompetenzen in Jugendszenen. Expertise zum 8. Kinder- und Jugendbericht der Landesregierung Nordrhein-Westfalen.* Düsseldorf: Selbstverlag.

Hitzler, R., Bucher, T. & Niederbacher, A. (2001): *Leben in Szenen.* Opladen: Leske und Budrich.

Höflich, J. (1996): *Technisch vermittelte interpersonale Kommunikation.* Opladen: Westdeutscher.

Hoffmann, D., Münch, T. & Boehnke, K. (1999): Individualisierung und mediale Sozialisation. Die Attraktivität des Radios für Jugendliche. In: J. Fromme et al. (Hrsg.): *Selbstsozialisation, Kinderkultur und Mediennutzung.* Opladen: Leske und Budrich, 248-263.

Illing, D. (2006): „Richtige Männer schlafen auf der Tastatur!" Eine Einführung in die LAN-Party-Szene. In: A. Tillmann & R. Vollbrecht (Hrsg.): *Abenteuer Cyberspace.* Frankfurt a.M.: Peter Lang, 89-102.

Jäckel, M. & Winterhoff-Spurk, P. (Hrsg.) (1996): *Mediale Klassengesellschaft?* München: Kopaed.

Jenkins, H. (1992): *Textual Poachers: Television Fans and Participatory Culture.* London und New York: Routledge.

Krempl, S. (1999): Unflat Online. In: *Die Zeit* v. 29. Juli, 30.

Kutscher, N. & Otto, H.-U. (2004): Soziale Differenzen und informelle Bildung im virtuellen Raum. In: H.-U. Otto & N. Kutscher (Hrsg.): *Informelle Bildung Online.* Weinheim und München: Juventa, 7-22.

Maffesoli, M. (1988): *Le temps des tribus.* Paris: Méridiens Klincksieck.

Müller-Bachmann, E. (2002): *Jugendkulturen revisited: Musik- und stilbezogene Vergemeinschaftungsformen (Post-)Adoleszenter im Modernisierungskontext.* Münster: LIT.

Münchmeier, R., Otto, H.-U. & Rabe-Kleberg, U. (2002): *Bildungs- und Lebenskompetenz.* Opladen: Leske und Budrich.

Pfeiffer, C. (2003): Bunt flimmert das Verderben. In: *Die Zeit* v. 18. Sept., 12.

Postman, N. (1985): *Wir amüsieren uns zu Tode.* Frankfurt a.M.: S. Fischer.

Opaschowski, H. W. (1999): *Generation @.* Hamburg: Mairs.

Röll, F. J. (2003): *Pädagogik der Navigation. Selbstgesteuertes Lernen durch Neue Medien.* München: Kopaed.

Schulze-Krüdener, J. & Vogelgesang, W. (2002): Feldforschung bei jugendlichen Medien- und Brauchkulturen. *Zeitschrift für qualitative Bildungs-, Beratungs- und Sozialforschung,* (1), 65-92.

Stauber, B. (2004): *Junge Frauen und Männer in Jugendkulturen.* Opladen: Leske und Budrich.

Theisen, A. & Weckbecker, N. D. (2003): *Internet-Partizipation als Gradmesser der Inklusion/Exklusion in die Informationsgesellschaft.* Trier: Diplomarbeit.

Tully, C. J. (1994): *Lernen in der Informationsgesellschaft.* Opladen: Westdeutscher.

Tully, C. J. (1996): Soziale Diffusion von Technik. Kulturelle Praxis Jugendlicher am Beispiel Computer und Mobilität. *Unsere Jugend*, (6), 229-239.

Tully, C. J. (Hrsg.) (2004): *Verändertes Lernen in modernen technisierten Welten.* Wiesbaden: VS.

Tully, C. J. (Hrsg.) (2006): *Lernen in flexibilisierten Welten.* Weinheim und München: Juventa.

Vogelgesang, W. (2001): *„Meine Zukunft bin ich!" Alltag und Lebensplanung Jugendlicher.* Frankfurt a.M. und New York: Campus.

Vogelgesang, W. (2003a): Jugendliches Medienhandeln: Zwischen Normalität, Virtuosität und Abweichung. In: D. Wiedemann & J. Lauffer (Hrsg.): *Die medialisierte Gesellschaft.* Bielefeld: AJZ-Druck, 128-145.

Vogelgesang, W. (2003b): Jugend und Internet: Zwischen differentieller Nutzung und ‚digital divide'. In: T. Hausmanninger & R. Capurro (Hrsg.): *Handeln im Netz – Bereichsethiken und Jugendschutz im Internet.* München: Fink, 151-179.

Vogelgesang, W. (2004): Jugend und Medien: (k)ein Spannungsverhältnis? In: H.-U. Otto & N. Kutscher (Hrsg.): *Informelle Bildung Online.* Weinheim und München: Juventa, 137-155.

Vogelgesang, W. (2005a): Thrillen und Chillen in ‚coolen' Umgebungen. In: K. Neumann-Braun & B. Richard (Hrsg.): *Coolhunters. Jugendkulturen zwischen Medien und Markt.* Frankfurt a.M.: Suhrkamp, 129-138.

Vogelgesang, W. (2005b): Medien und abweichendes Verhalten. In: M. Jäckel (Hrsg.): *Mediensoziologie.* Wiesbaden: VS, 125-148.

Vogelgesang, W. (2006): Mediale Fangruppen und kulturelle Differenzierung. In: C. Y. Robertson-von Trotha (Hrsg.): *Globale Handlungsfelder: Medien – Politik – Bildung.* Karlsruhe: Universitätsverlag, 113-145.

Vogelgesang, W. (2007, im Druck): *Jugend, Alltag und Kultur. Eine Forschungsbilanz.* Wiesbaden: VS.

Wetzstein, T. et al. (2005): *Jugendliche Cliquen.* Wiesbaden: VS.

Winter, R. (1993): Die Produktivität der Aneignung – Zur Soziologie medialer Fankulturen. In: W. Holly & U. Püschel (Hrsg.): *Medienrezeption als Aneignung.* Opladen: Westdeutscher, 67-79.

3.2

Generation 35 Plus

Eine explorative Interviewstudie zu den Spezifika älterer Computerspieler

Helmut Grüninger, Thorsten Quandt und Jeffrey Wimmer

1   Einleitung: Neue Zielgruppe – alte Spieler

„Attack of the gaming grannies" (Hahn 2005, o.S.), titelte die Online-Ausgabe der Business Week im Oktober 2005 zu einer Gruppe von Computerspielern, die in der öffentlichen Diskussion über das Thema ‚Gaming' bis dahin kaum in Erscheinung getreten war: die Seniorenspieler. Mit offensichtlichem Erstaunen wird in dem Beitrag zur Kenntnis genommen, dass man es bei älteren Spielern mit einer ‚neuen' Zielgruppe für Computerspiele zu tun habe, die gar nicht so klein sei wie erwartet: So werden Marktforschungs-Zahlen zitiert, die z.B. den Anteil der über 50jährigen Spieler auf 19 % taxieren (ebd.).

Doch obwohl die Gruppe der älteren Gamer eine nicht zu unterschätzenden Größe hat, ist wenig über sie bekannt. Die Forschung hat sich in den vergangenen Jahren vor allem auf jugendliche und kindliche Computerspieler konzentriert, d.h. auf jenes Alterssegment, in dem man einerseits die meisten Nutzer vorfindet, andererseits aber auch die drängendste Notwendigkeit sah, mögliche negative Konsequenzen zu identifizieren. Diese Konzentration auf eine Altersgruppe führte jedoch zu stereotypen Darstellungen der Computerspieler, auch in der Wissenschaft, wie die Spieleforscher Griffiths, Davies und Chappel (2004a, 81) anmerken:

> Despite the rise of computer games as a leisure phenomenon, there has been relatively little research into this area. A majority of the research to date has concentrated on adolescent game players. Furthermore, most of the research has tended to concentrate on the more negative aspects such as excessive play and addiction, the effects of playing aggressive games, and the medical and psychosocial consequences [...] Thus, the image of a typical gamer (and the pastime of computer gaming) is seen as socially negative and remains firmly within a youth subculture.

Die Spieleindustrie versucht inzwischen aktiv, diese klischeehafte Darstellung in Wissenschaft und öffentlicher Diskussion durch Imagearbeit in ein für sie günstigeres Bild zu wandeln. So fördert man Studien, die die Seriosität und Bedeutung des Spielemarktes herausstreichen (z.B. Crandall & Sidak 2006), und veröffentlicht regelmäßig Nutzerdaten, die zeigen, dass sich die Nutzerschaft nicht nur in den jugendlichen Altersgruppen findet (z.B. Entertainment Software Association 2006; Jung von Matt, Electronic Arts & GEE Magazin 2006). Einige Gründe für diese Bemühungen um einen Image-Wechsel liegen auf der Hand: Im Erwachsenenmarkt wird viel Geld und Wachstumspotenzial vermutet (für eine ökonomische Analyse des Computer- und Videospielemarktes vgl. Müller-Lietzkow, Bouncken & Seufert 2006); zudem ist die Vermarktung bestimmter Games als Erwachsenenunterhaltung wesentlich weniger problembehaftet, denn der Verkauf an Volljährige unterliegt in vielen Ländern keinen Beschränkungen (im Gegensatz zum Verkauf an Jugendliche).

Von der Spieleindustrie geförderte Studien sind aber durch ihre Nähe zu den Herstellern und der impliziten Interessengeleitetheit mit einer gewissen Zurückhaltung zu betrachten. Insofern besteht erheblicher Forschungsbedarf in Hinblick auf ältere Spieler. Zu klären sind einige grundlegende Fragen: Wer sind diese Spieler, und was motiviert sie, mitunter selbst im fortgeschrittenem Alter zum Joystick oder Controller zu greifen? Welche Spezifika zeichnen sie aus, und lassen sich verschiedene Gruppen älterer Spieler identifizieren?

Gerade letztgenannte Frage ist allerdings nicht nur empirisch zu lösen: Denn vorab gilt es zu klären, wen man überhaupt als ältere Spieler betrachtet – dies ist eine definitorische Festlegung, die je nach Perspektive anders ausfallen kann. In der oben genannten Betrachtungsweise, die Computergamer stets der Jugendkultur zurechnet, ist ein älterer Spieler möglicherweise noch im fortgeschrittenen Jugendalter zu verorten, und aus der Sichtweise minderjähriger Spieler ist bereits jeder Volljährige ‚älter'.

Der hier vorliegende Beitrag befasst sich indes mit einer anderen Gruppe: Fokussiert werden Spieler, die zu früh geboren wurden, um bereits in ihrer Kindheit umfassende Erfahrungen mit Video- und Computerspielen gemacht zu machen. Diese unterscheiden sich von den jüngeren Spielern dadurch, dass sie den Umgang mit diesen Medien teilweise erst von ihren Kindern und Enkeln erlernt haben, nicht jedoch in der eigenen Kindheit und Jugendzeit. Entscheidende Schlüsselphasen sind dabei der erste große Videospieleboom, welcher mit dem *Atari VCS 2600* Ende der 1970er Jahre eingeläutet wurde, und das Aufkommen der Heimcomputer in der ersten Hälfte der 1980er Jahre: Wer zu dieser Zeit seine Kindheit schon hinter sich hatte, kann nicht im gleichen Maße zur ‚*Generation Atari*' oder ‚*Generation C64*' gezählt werden – die mit diesen Geräten quasi aufgewachsen sind. Wenngleich individuelle Unterschiede darin bestehen, wann erstmals persönliche Erfahrungen mit Konsolen- oder Computerspielen gemacht wurden, kann man die Altersgrenze derzeit bei ca. 35-40 Jahren ziehen: Für die 1970er Jahrgänge gehörten Video- und Computergames bereits in der Kindheit zum (zumindest potenziell verfügbarem) Medienrepertoire, für die Älteren eben nicht; dementsprechend erscheint es plausibel, dass es hier deutliche Kohorten-Unterschiede gibt – und damit auch Spezifika der so definierten ‚Älteren'.

Der vorliegende Beitrag will sich der so umrissenen Gruppe widmen und einen explorativen Eindruck vermitteln, welche Spezifika ältere Computerspieler auszeichnen und wie diese Gruppe mit dem Computerspielen im Alltag umgeht. Um die Erkenntnisse der zu Grunde liegenden Studie besser einzuordnen, sollen im Folgenden zunächst die – eher spärlichen – Ergebnisse bisheriger Forschung zusammengetragen werden (Abschnitt 2). Dem folgen eine Beschreibung der Planung und Durchführung unserer explorativen Untersuchung (Abschnitt 3), dann die Analyse der wichtigsten Ergebnisse (Abschnitt 4), u.a. hinsichtlich einzelner Spielerkarrieren, der Einbettung des Computerspielens in den sozialen Alltag und der Typologisierung älterer Computerspieler. Zum Schluss erfolgt eine kritische Diskussion, die auch einen Ausblick auf mögliche Nachfolgeforschung mit einschließt (Abschnitt 5).

2   Forschungsergebnisse: Medien- und Computerspielenutzung (älterer) Erwachsener

Die akademische (kommunikationswissenschaftliche) Forschung zu den Nutzern von Computer- und Videospielen hat sich in der Hauptsache mit Kindern und Jugendlichen auseinandergesetzt.[1] Über die Eigenheiten und die Nutzung älterer Computerspieler erfährt man vor allem aus den Marktanalysen der Computerspieleindustrie oder aus Repräsentativstudien zur Mediennutzung, bei denen Computerspielen als eine Nutzungsform abgefragt wird. Die Ergebnisse dieser meist quantitativ-deskriptiv angelegten Studien sind weitestgehend konsistent: Der Anteil älterer Spieler ist höher, als dies die öffentliche Diskussion impliziert, sowohl in absoluten Zahlen als auch anteilig an der jeweiligen Bevölkerungsgruppe.

   Dies lässt sich an einem Beispieldatensatz verdeutlichen: Die Allensbacher Computer- und Technikanalyse enthält u.a. Items zur Computerspielenutzung. Ein Teil der Daten dieser für die deutsche Bevölkerung zwischen 14 und 64 Jahren repräsentativen[2] Studie ist frei zugänglich (z.B. über die SPIEGEL-Marketing-Services unter http://media.spiegel.de), so dass sich daraus mittels Sekundäranalyse die Anteile der Spieler in der Gesellschaft extrahieren lassen (vgl. Abbildung 1). Überraschendes Ergebnis: In absoluten Zahlen ist die Gruppe der Spieler zwischen 30 und 39 Jahren die größte mit 4,14 Millionen, gefolgt von den 20- bis 29-Jährigen (4,05 Millionen) – und dann erst den 14- bis 19-Jährigen (3,67 Millionen). Selbst bei den 40- bis 49-Jährigen ist eine beachtenswerte Zahl von Personen zu finden, die den Computer zum Spielen benutzen – immerhin 3,54 Millionen; und auch bei den 50- bis 59-Jährigen werden fast zwei Millionen Spieler identifiziert. Lediglich in der ,ältesten' Gruppe, den 60- bis 64-Jährigen, findet man nur vergleichsweise wenige Spieler (unter 800.000).[3] Diese Ergebnisse sind jedoch in zweierlei Hinsicht zu qualifizieren:

* Zum einen unterscheiden sich die Bevölkerungsanteile der jeweiligen Gruppen in hohem Maße, was auf die unterschiedlich großen Altersspannen (jeweils 5 Jahre bei der ,ältesten' und der ,jüngsten' Gruppe, 10 Jahre bei den anderen Gruppen) und die per se ungleichen Umfänge verschiedener Altersgruppen in der Gesellschaft zurückzuführen ist. So ist die Gruppe der 14- bis 19-Jährigen mit 5,12 Millionen kleiner als alle anderen Gruppen (die größte Gruppe, die 40- bis 49-Jährigen, zählt 11,84 Millionen). Bezieht man dies mit ein und betrachtet die relativen Zahlen, so wird deutlich, dass im Verhältnis natürlich ein weitaus höherer Anteil der Jugendlichen spielt als der Erwachsenen: 72 % der 14- bis 19-Jährigen, versus 51 % der 20- bis 29-Jährigen, 40 % der 30- bis 39-Jährigen, 30 % der 40- bis 49-Jährigen, 21 % der 50- bis 59-Jährigen und 15 % der 60- bis 64-Jährigen.

---

[1]   Eine Ausnahme ist die Arbeit von Hoffmann und Wagner (1995), die allerdings aufgrund ihres Entstehungsdatums kaum noch auf die heutige Situation zu übertragen ist und deswegen hier auch keine weitere Berücksichtigung fand.

[2]   Die ACTA 2006 arbeitet mit einer Personenstichprobe auf Basis einer Quotenauswahl, welche die 50,12 Millionen Personen in dem besagten Alterssegment repräsentieren soll. Quotenstichproben sind nicht unumstritten, vgl. z.B. Bortz (1984, 361 f.) oder Brosius & Koschel (2003, 95-97).

[3]   Allerdings sind die Zahlen insbesondere der ältesten Gruppe mit Vorsicht zu genießen, da hier von vergleichsweise wenigen Fällen in der Stichprobe Rückschlüsse gezogen werden (in der Gruppe der 60- bis 64-Jährigen wurden 751 Personen befragt, davon nutzen 104 den Computer zum Spielen, und hiervon sind wiederum 56 erfahrene Spiele-Nutzer).

- Zum anderen werden hier alle Personen gezählt, die die Computernutzungsform des ‚Spielens' angegeben haben – nach Genres bzw. Art des Spiels wird nicht differenziert (d.h. hier zählt auch das *Flash Game* und *Solitaire* zum Spielen, oder was auch immer der Befragte unter ‚Spielen' mit einem Computer verstehen mag).

- Zudem sind auch Gelegenheitsspieler im untersuchten Sample enthalten. Bezieht man nur erfahrene Nutzer mit ein, verändern sich die Verhältnisse deutlich: Bei dieser Gruppe von Gamern nimmt die absolute Zahl mit steigendem Alter stetig ab. Bei den 14- bis 19-Jährigen sind mit 2,86 Millionen die meisten erfahrenen Spieler zu finden; aber immerhin lassen die ACTA-Daten auf jeweils mehr als 2 Millionen erfahrene Spieler in den Altersgruppen zwischen 20 und 49 Jahren schließen, und selbst bei den 50-bis 59-Jährigen ist es fast eine Million.

Abbildung 1:   Anteile der erfahrenen Spieler und der Gelegenheitsspieler an den jeweiligen Altersgruppen (Sekundäranalyse auf Basis der veröffentlichten Daten der ACTA 2006)

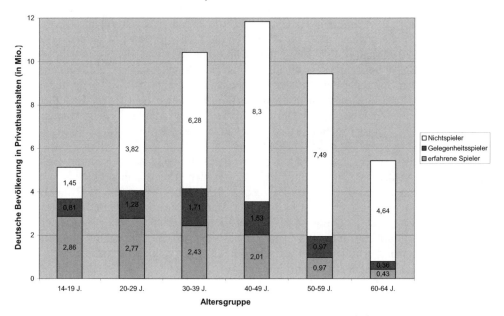

Nun könnte man gegen die Auswertung den Einwand bringen, dass es sich möglicherweise um ein singuläres Ergebnis handelt, welches auf das zu Grunde liegende Verständnis von ‚Spielen' in der Studie oder auf die sekundäranalytische Auswertung zurückzuführen ist. Doch zeigen ähnlich gelagerte Studien (wie z.B. der Allbus) vergleichbare Trends auf. Und auch international scheinen die deutschen Daten nicht aus dem Rahmen zu fallen: Dezidierte Studien zum Computerspielen in westlichen Industrieländern kommen auf ähnlich hohe Anteile. So weist die Britische Studie „Gamers in the UK" im Auftrag der BBC noch höhere Quoten aus: „This research returned the result that 59 % of 6 to 65 year olds in the UK are gamers. In total there are 26.5 million gamers in the UK." Und: „The penetration of gaming is very high between the ages of 6 and 24, and although it drops off after that, still over half of 36-50 year olds in the UK are gamers" (Pratchett 2005). Für die USA kommt die bereits angesprochene Studie der Entertainment Software Association (2006, 2) zu folgenden Ergebnissen: „69 % of American heads of households play computer or video games. The average game player age is 33." Die Altersverteilung sei wie folgt: „31 % under 18 years, 44 % 18-49 years, 25 % 50 + years" (ebd.).

So kann man festhalten, dass Computerspielen inzwischen mitnichten nur eine Beschäftigung für Kinder und Jugendliche ist – in weiten Teilen ist Computerspielen auch eine Form von Erwachsenenunterhaltung. Diese Forschungsergebnisse decken sich also kaum mit dem immer noch vorherrschenden Image des Computerspielens, wie es immer wieder gerne in der öffentlichen Diskussion bemüht wird (s.o.).

Will man über die Zusammensetzung und einige soziodemographische Rahmendaten hinaus Erkenntnisse zur genaueren Beschaffenheit der beschriebenen Gruppen und deren Nutzung erlangen, fällt die Suche nach Studienergebnissen ungleich schwieriger aus. Für Deutschland gibt die – ebenfalls von der Industrie in Auftrag gegebene Studie „Spielplatz Deutschland" (Jung von Matt, Electronic Arts & GEE Magazin 2006) – einige Einblicke: Neben statistischen Daten zur Zusammensetzung der Gesamt-Spielerschaft findet man eine Spielertypologie, die sowohl quantitativ wie qualitativ beschrieben wird. Interessant für die Betrachtung älterer Spieler erscheint dabei vor allem die Gruppe der „Freizeitspieler" (ebd., 14), deren Durchschnittsalter bei 44 Jahren liegt und die mit 54 % die Mehrzahl der Spieler einschließt. Die Charakterisierung dieses Spielertyps legt nahe, dass es sich um Gelegenheitsspieler handelt, die vielfach erst durch den Kontakt mit dem PC zum Computerspielen gekommen sind – welches eine Freizeitbeschäftigung neben vielen ist. Ebenfalls höhere Anteile älterer Spieler weist die genannte Studie bei den „Denkspielern" aus (Spieler, welche die Denk- und Strategie-Aspekte von Spielen bevorzugen; die Gruppe umfasst 11 % der Spieler; vgl. ebd., 32), sowie bei der kleinen Gruppe der „Fantasiespieler" (6 % der Stichprobe, auch als „Rollenspieler" bezeichnet; vgl. ebd., 28). Von Jugendlichen dominiert sind dagegen die Gruppen der „Gewohnheitsspieler" (ebd., 20) und der „Intensivspieler" (ebd., 24). Die Ergebnisse sind durchaus in Einklang mit dem oben Gesagten, insbesondere was die Zahl der älteren Spieler anbetrifft.[4]

Speziell die älteren Spieler werden unterdessen nur von wenigen Arbeiten in den Blickpunkt gerückt. Am intensivsten ist die Auseinandersetzung mit Älteren in einer Studien-Reihe von Griffiths, Davies und Chappel (2003; 2004 a, b), die aber nur die Online-Spieler fokussiert. Mit ihren Studien versuchen die Forscher, „Stereotypen" (ebd. 2003) in der Beschreibung aufzubrechen und zu zeigen, dass Online-Spieler im Erwachsenenalter keine Seltenheit sind. Hierzu haben sie unter anderem die Foren-Besucher zweier *Everquest*-Fansites befragt (dokumentiert in Griffiths, Davies & Chappel 2004a, b). Den gesamten Altersschnitt geben Sie mit knapp 28 Jahren an (2004a, 479), jenen der erwachsenen Spieler mit 30 Jahren, wobei die Teilnehmer der Studie einen weiten Altersraum von 20 bis 70 Jahren aufspannen (2004b, 89). Die Ergebnisse lassen den Schluss zu, dass sich die untersuchten älteren *Everquest*-Gamer in vielen Eigenschaften (natürlich vor allem auch in der weiteren Soziodemographie), in ihrer Spiel-Historie und -frequenz, aber auch in ihren individuellen Wünschen bzw. Anforderungen an Computergames sowie der Alltagseinbettung des Spielens von den Heranwachsenden unterscheiden. Interessant ist hier vor allem

---

[4]   Allerdings ist dies in der bislang vorliegenden Veröffentlichung quantitativ nicht differenziert aufgeschlüsselt; zudem ist das methodische Vorgehen nicht im Detail dokumentiert.

auch, dass die sozialen Aspekte des Spielens bei Erwachsenen stärker im Vordergrund stehen als bei den Jugendlichen (ebd., 93); demgegenüber lehnen Erwachsene häufiger als Jugendliche gewalthaltige Spielanteile ab (ebd., 94). Zudem opfern volljährige *Everquest*-Gamer dem Spielen eher Aspekte des Soziallebens, während die Heranwachsenden die fehlende Zeit eher bei Ausbildung und Arbeit einsparen – was die Autoren zu dem Schluss bringt: „If this is a true reflection of what is sacrificed, then there is some cause for concern for the adolescent group as the sacrificing of education or work may have more severe repercussions than sacrificing other parts of their lives" (ebd., 95). Eine genauere Auseinandersetzung mit den Folgen für Ältere wie für Jüngere findet im Rahmen dieser – quantitativ angelegten – Studien nicht statt. Zudem ist es schwierig, aus dem sehr spezifischen Datenmaterial – welches auf freiwillig teilnehmenden Forennutzern beruht, die wohl nicht einmal die Grundgesamtheit der *Everquest*-Spieler repräsentieren – weitergehende Schlüsse zu ziehen. Insbesondere gilt dies für die älteren und ältesten erwachsenen Nutzer: alle Spieler über 28 Jahren (vgl. ebd., 91 ff.) wurden in der Studie zu einer einzigen Gruppe zusammengefasst, d.h. eine genauere Segmentierung der Älteren unterbleibt.

Somit gilt festzuhalten, dass zur Soziodemographie der Computerspieler einige Grunddaten existieren – die darauf verweisen, dass Computerspielen tatsächlich nicht nur ein Hobby von Heranwachsenden ist, sondern auch vielfach eine Freizeitbeschäftigung Älterer. Diese wurde allerdings nur selten – und mit spezifischem Fokus oder eingeschränkter Detailzeichnung – analysiert. Genau an diesem Punkt setzt die vorliegende Studie an, die sich zum Ziel setzt, die älteren Spielergruppen und deren Nutzungsweisen tiefergehend, mit Hilfe einer explorativen, qualitativen Studie zu beschreiben.

3   Methode: Planung und Durchführung der Untersuchung

3.1 Forschungsinteresse

Wie oben dargelegt, besitzen wir vergleichsweise wenige Erkenntnisse über das Spielverhalten älterer Computerspieler. Aus den Desiderata der aktuellen Forschung lassen sich aber zumindest Fragen ableiten, welche die Zielrichtung der vorliegenden Studie bestimmen. Diese Fragen folgen weitestgehend dem Prozess der Computerspieleaneignung (bis auf die Typologie-Frage 5), beginnend mit dem ersten Kontakt mit der Gaming-Welt, den Auswahlkriterien, der Nutzung, bis hin zu Veränderungen in der Spielebiographie:

1. Wie bzw. durch welche Ereignisse sind Ältere zum Spielen gekommen?

2. Wie erwerben sie das nötige Wissen und die Fähigkeiten, um im Spiel erfolgreich bestehen zu können?

3. Wie passen sich Spieler den Anforderungen des Spiels an bzw. wie wird das Spiel in den Alltag der Spieler integriert, der weniger ‚gaming'-kompatibel ist als jener von Jugendlichen (weniger Freizeitbudget, andere Rollenvorgaben in der Familie etc.)?

4. Wie verändern sich das Spielen und die Genrepräferenzen der Spieler durch soziale Einflüsse wie Familie und Beruf über einen längeren Zeitraum?

5. Welche Typen von Nutzern lassen sich identifizieren?

Ziel ist es, die Besonderheiten des Spieleralltags älterer Personen im Vergleich zu dem, was man von Kindern und Jugendlichen kennt, herauszuarbeiten. Hierbei kommt vor allem auch die soziale Interaktion beispielsweise mit jüngeren Spielern in Online-Mehrspielerumgebungen sowie mit betroffenen Lebenspartnern, Kindern und Kollegen ins Blickfeld. Anzunehmen ist, dass sich hier Ältere von Jüngeren unterscheiden, da es für das Spielen als Beschäftigung bei älteren Gamern keine klaren Interpretationsrahmen gibt – und es zu sozialen Problemen angesichts des eventuell von Dritten als ‚unangemessen' empfundenen Verhaltens kommen kann.

3.2 Design

Zur Untersuchung eines kaum erforschten Bereiches bietet sich ein exploratives Design an (vgl. Lamnek 2002). In der vorliegenden Studie wurde dies in Form einer größtenteils Leitfaden-gestützten Befragung realisiert. Als Zielgruppe wurden dabei aus den weiter oben explizierten Gründen Spieler mit einem Mindestalter von 35 Jahren avisiert.

Das Instrument gliederte sich in zwei Teile: einen Fragebogen mit geschlossenen Fragen und einen teilstrukturierten Leitfaden. Demographische Angaben wie Alter, Geschlecht, Bildung, Beruf, Einkommen wurden mit Hilfe eines standardisierten Fragebogens erfragt. Zusätzlich wurden geschlossene Fragen zur Bedeutung und Nutzungsintensität von Medien wie Zeitungen, Fernsehen oder Internet in das Interview eingebaut, um ein möglichst komplettes Bild von der Relevanz des Computerspielens im Verhältnis zu sonstigen (mediengestützten) Freizeitaktivitäten zu erhalten. Die geschlossenen Fragen gingen in der konkreten Interviewsituation nahtlos in die offenen Fragen über (und umgekehrt), ohne dass die Befragten im Interview ‚Brüche' empfunden hätten. Alle Fragen wurden mündlich gestellt und die Befragten konnten frei antworten, d.h. Exkurse waren möglich. Die Nutzung geschlossener Items basierte also lediglich darauf, dass bestimmte Grundfragen allen Studienteilnehmer – unabhängig von ihrer (Spieler-)Biographie – in gleicher Weise gestellt werden sollten.

Zur Klärung der Forschungsfragen, die sich auf Zusammenhänge zwischen sozialer Umwelt und Spielerentwicklung bezogen, wurden die Teilnehmer in einem teilstrukturierten Interview narrativen Charakters (Lamnek 2002, 72) nach besonderen Ereignissen und bevorzugten Freizeitaktivitäten während einzelner Lebensabschnitte von der Kindheit bis zur Gegenwart befragt. Hierzu zählen Ereignisse, die das Medienverhalten nachhaltig beeinflusst haben (wie erste Erfahrungen mit Computerspielen), und der Einfluss von privatem und beruflichem Umfeld (wie beispielsweise Berufsausbildung, Familiengründung und Wechsel des Wohnorts).

In einem weiteren Abschnitt des Leitfadens wurde zudem nach der Einbettung des Computerspielens in den Alltag der Teilnehmer, ihrer sozialen Interaktion im Spiel (beispielsweise mit jüngeren Spielern) sowie nach der Art der Aneignung von Wissen und Fähigkeiten im Umgang mit neuen Spielen gefragt. Neben Sondierungs- und Leitfadenfragen wurden zudem situationsbedingt ergänzende Ad-hoc-Fragen gestellt, wenn sich dies anbot – beispielsweise zum Thema Kommunikation in Spielgemeinschaften wie *World-of-Warcraft*-Gilden.

3.3 Stichprobe und Erhebungssituation

Über ein bewusstes Auswahlverfahren wurden insgesamt 21 Teilnehmer rekrutiert, mit zwei weiteren Personen wurden zuvor Pretests zur Feinabstimmung durchgeführt.[5] Die Befragten wurden auf unterschiedlichen Wegen kontaktiert, um eine Verzerrung allein durch die Auswahl zu vermeiden: Kontaktwege waren u.a. soziale Netzwerke, Online-Foren und Internet-Cafés. Die Teilnehmerauswahl gestaltete sich als relativ aufwändig, da sich die Zielgruppe als schwer zugänglich erwies. Zwar muss es auf Basis der oben genannten Daten eine nennenswerte Zahl älterer Spieler geben, doch sammeln sich diese weder in großer Zahl in Internetforen (wie dies offenbar bei jüngeren Spielern der Fall ist, die sich hierüber recht einfach rekrutieren lassen; vgl. auch Quandt & Wimmer in diesem Band), noch tragen sie ihre Zugehörigkeit zur Gruppe der Spieler offen zur Schau. Im Gegenteil: Es ist wohl immer noch so, dass Spielen bei Älteren als soziale ‚Auffälligkeit' gesehen wird, weswegen sich einige Befragte nur ungern in der Öffentlichkeit zu ihrem Hobby bekennen.

Mit Hilfe der so beschriebenen Auswahl konnte in der vorliegenden Studie eine große Spannbreite in Hinblick auf das Alter erzielt werden: Die Befragten sind 35 bis 73 Jahre alt. Drei der Befragten sind im Ruhestand, ein Befragter arbeitsuchend, ein weiterer absolviert derzeit ein Studium. Die verbleibenden Teilnehmer sind in Vollzeit berufstätig. Fünf der Befragten leben alleine ohne festen Partner, elf sind verheiratet und haben mindestens ein Kind. Die Mehrheit der Interviewpartner verfügt über ein überdurchschnittliches Bildungs-niveau (d.h. in der Regel Hochschulreife, vielfach auch ein abgeschlossenes Studium). Alle Befragten spielen ausschließlich zuhause am eigenen PC, meist in einem abgegrenzten Bereich wie Hobbyraum oder Arbeitszimmer. Die Computerspiel-Erfahrung – welche sich als Zeitspanne zwischen der ersten regelmäßigen Spielnutzung und dem Zeitpunkt der Er-hebung ergibt – liegt zwischen fünf und 27 Jahren, im Durchschnitt bei etwa 18 Jahren. Etwa ein Drittel der Befragten bevorzugt Online-Rollenspiele wie *Diablo* oder *World of Warcraft*, die restlichen spielen offline im Einzelspielermodus gegen den Computer. Bei den Befragten überwiegen erwartbar die männlichen Computerspieler, allerdings erstaunt die überaus häufige Nähe der Spieler zu informationstechnischen Berufen (wie Software-entwickler oder Systemadministrator). Knapp die Hälfte der Teilnehmer stammt aus sol-chen Berufen. Dies ist aber nur bedingt auf eine verzerrte Auswahl zurückzuführen: Bei den Vorrecherchen und der Rekrutierung der Befragten zeigte sich, dass diese Personen-gruppe bei den älteren Spielern offenbar sehr stark vertreten ist.

Um die eben genannten allgemeinen Ausführungen für die Einzelfälle zu konkretisie-ren, wird eine Übersicht der Befragten und deren ‚Spielerprofile' in Tabelle 1 gegeben (alle Namen wurden aus Gründen der Anonymisierung geändert).

---

[5]   Die Studie wurde im Rahmen eines Lehrforschungsprojekts an der Ludwig-Maximilians-Universität Mün-chen im Wintersemester 2005/06 durchgeführt. Neben den Autoren dieses Beitrags waren noch die Studie-renden Petra Baumgartner, Irmgard Maurer und Anna Repa aktiv an der Planung und Durchführung betei-ligt. Die Interviews fanden in einer offen und entspannten Atmosphäre statt, da sich die Befragten in ihrem privaten Umfeld befanden sowie zeitlich oder inhaltlich nicht unter Druck standen. Sie konnten die Termine und Informationstiefe während des Interviews selbst bestimmen und unterlagen keiner erkennbaren sozialen Kontrolle beispielsweise durch anwesende Angehörige. Alle Interviews wurden zur späteren Transkription und computergestützten Analyse auf Band aufgezeichnet.

Tabelle 1: Übersicht der befragten Personen

Name	Alter	Geschlecht	Beschreibung	Familie mit Kind(er)	Anteil C.-Spiel in %	IT-Beruf	Veteran	Organisator	Individualist	Vielspieler	Regelmäßiges Spielen	Gelegenheitsspieler/in	Online	Spielerfahrung, Jahre	Rollenspiele	Action / Adventure	Strategie / Simulation
Alexander	35	m	Mit Partner, keine Kinder, 2. Bildungsweg, Student/Medizin.		5				x			x		16		x	⊘
Christoph	38	m	Ledig, kein Partner, 1 Kind im Haushalt, Realschule, keine Ausbildung, Rollstuhlfahrer.		100					x			x	18	x		
Claus	36	m	Mit Partner, 2 Kinder wohnen außerhalb, Hauptschule, Lehre, arbeitssuchend.		35				x		x			17		x	⊘
Doris	73	w	Witwe, 7 Kinder, Sozialpädagogin.	x	10							x		5			⊘
Frank	45	m	Verheiratet, 4 Kinder (13, 15, 18, 24), Unternehmer in der IT-Branche.	x	70	x	x	x	(x)	x			x	20	⊘	x	⊘
Günter	58	m	Verheiratet, Kind (28, m), Grundschullehrer.	x	25						x		x	27	⊘		
Horst	57	m	Verheiratet, 2 Kinder (22, 24), Angestellter im IT-Bereich.	x	70	x				x				25	x	⊘	
Jens	43	m	Verheiratet (Partner und 2 Kinder leben im Ausland), Selbstständiger.		65	x	x		x	x			x	24			x
Juri	36	m	Ledig, keine Kinder, Management-Studium, Objektleiter Bergbau.		50				x	x				7		x	⊘
Maria	68	w	Verheiratet, 4 Kinder (38-48), Ausbildung Buchhandel, Rentnerin.	x	15							x		5			⊘
Markus	46	m	Verheiratet, keine Kinder, Lehre und BWL-Studium. Clan-Chef, Genre Rollenspiele.		70		x	x		x			x	24	x		
Nikolaus	55	m	Verheiratet, 2 Kinder (22, 33), Dipl. Ing., Vorruhestand, Energiebranche.	x	50				(x)	x				16		x	
Norbert	37	m	Mit Partner, ohne Kinder, Freiberufler im IT-Bereich.		70	x			(x)	x			x	22	⊘	x	⊘

Bitte wenden!

Name	Alter	Geschlecht	Beschreibung	Familie mit Kind(er)	Anteil C.-Spiel in %	IT-Beruf	Veteran	Organisator	Individualist	Vielspieler	Regelmäßiges Spielen	Gelegenheitsspieler/in	Online	Spielerfahrung, Jahre	Rollenspiele	Action / Adventure	Strategie / Simulation
Otto	49	m	Verheiratet, 2 Kinder (15, 13), IT-Angestellter.	x	10	x	x				x		x	25			⊘
Peter	35	m	Ledig, ohne Partner, keine Kinder, Abitur, IT- Angestellter.		25	x			x		x		x	17	⊘	x	
Rudolf	41	m	Verheiratet, 2 Kinder (14, 11), Bank-angestellter.	x	55	x	x		(x)	x			x	19	⊘		x
Stefan	36	m	Ledig, ohne Partner, keine Kinder, Studium, System-betreuer.		25	x					x		x	18			x
Sven	36	m	Mit Partner, ohne Kinder, Realschule, Lehre, Angestellter.		k.A.									20		x	
Thomas	36	m	Verheiratet, 2 Kinder (3, 1), in Vollzeit berufstätig, IT.	x	20	x					x		x	23	x	⊘	
Werner	38	m	Verheiratet, 1 Kind (1, m), Informatiker (Pharma), in einem Spieler-Forum für Ältere aktiv.	x	70	x		x		x			x	14		⊘	x
Wolfgang	44	m	Verheiratet, 2 Kinder (16, 14), Abitur ohne Ausbildung, Früh-Rentner.	x	50					x				20		x	

Geschlecht: m = männlich, w = weiblich. Familie, Beruf etc.: x = Merkmal vorhanden, (x) = Tendenz in diese Richtung (Individualisten). Individualisten: Personen die aufgrund ihrer Biographie (Familienstand, Berufstätigkeit etc.) eher weniger dichte soziale Bindungen anstreben bzw. besonders hohen Wert auf ihre persönliche Unabhängigkeit legen. Spielerfahrung: Angaben in Jahren, gemessen vom Zeitpunkt der ersten regelmäßigen Nutzung. Genres (Rollen-, Action, Strategiespiele): ⊘ = früher genutzt (bzw. jetzt nur noch unregelmäßig); x = aktiv/häufig genutzt.

4   Auswertung: Hauptergebnisse der Studie

Die Interviews wurden in einem weiteren Schritt nach dem Verfahren der zusammenfassenden Inhaltsanalyse (Mayring 2002, 94) ausgewertet. Dabei wurde das Material in mehreren Schritten strukturiert und verdichtet, wobei die Informationstiefe des Materials durch Verweise auf die Quell-Aussagen bzw. Ankerbeispiele erhalten wurden. Das Ziel der Analyse war aber – trotz Beibehaltung der Verweise auf die Einzelfälle – vor allem die Erhöhung des Abstraktionsgrades des Materials, um eine Nutzertypologie für Computerspieler-Senioren konstruieren zu können. Der Logik der Forschungsfragen folgend werden Hauptergebnisse zu Spielerkarrieren, der Alltagseinbettung der Nutzung und zur sozialen Interaktion in virtuellen Welten vorgestellt, gefolgt von der Typologie. Die eher allgemeinen Aussagen werden dabei gegebenenfalls durch beispielhafte Aussagen ergänzt.

4.1 Spielerkarrieren

Die erste Forschungsfrage beleuchtet die Zusammenhänge zwischen bedeutsamen Ereignissen (wie der ersten regelmäßigen Computerspielnutzung) und den Auswirkungen auf das bisherige Freizeitverhalten im Allgemeinen, damit verbunden auch Sozialkontakte und die Mediennutzung im Speziellen. Insgesamt zeigt sich, dass die dominierenden Freizeitaktivitäten bis zum Ende der Schulzeit „Treffen mit Freunden" sowie Sport, oft auch in Vereinen, war. Hier ähneln sich fast alle Befragten in ihren Antworten. Allerdings bestehen vor allem zwischen unterschiedlichen Altersgruppen – nämlich den 35- bis 50-Jährigen und den über 50-Jährigen – einige Differenzen.

Die jüngeren Befragten sammelten erste Computererfahrungen in ihrer Jugend mit Gleichaltrigen. In einigen Fällen besaßen Freunde bereits programmierbare Taschenrechner oder eigene Computer bzw. hatten Zugang über ältere Geschwister. Die Personal Computer erster Generation wie der *Sinclair ZX81 Spektrum* oder der *Commodore VC 20* verfügten jedoch nicht über die notwendigen technischen Voraussetzungen, um primär als Spielplattform zu fungieren (es fehlten insbesondere eine brauchbare Grafikfähigkeit sowie spieltaugliche Ein- und Ausgabegeräte). Die Gruppe der Befragten, die sich in dieser Zeit für Computer interessierten, programmierten daher ihre ersten Spiele selbst oder tippten diese aus den so genannten ‚Listings' ab, die in den einschlägigen Computermagazinen wie *Chip* veröffentlicht wurden. Hierbei ging es den Befragten weniger um die Spielerfahrung (zumindest nicht in der Hauptsache), sondern eher darum, durch das Erlernen einer Programmiersprache ein tiefer gehendes Verständnis von Computern zu bekommen und damit zu einer größeren Technologiekompetenz zu gelangen. Das Funktionieren des Spiels wurde lediglich als Erfolgskontrolle der vorausgehenden Programmierung betrachtet. So erinnert sich Norbert, ein 37-jähriger Freiberufler in der IT-Branche, an seinen ersten Rechner, den er im Alter von etwa 15 Jahren bekommen hat:

> Ich hatte einen VC20, das war irgendwann Mitte der 80er. [...] Ich habe damit programmiert, natürlich auch mal gespielt, aber vor allem programmiert. [...] Mich hat das fasziniert. Ich bin ja auch Ingenieur von Beruf her und bin halt auch ein bisschen technikaffin. Mich hat fasziniert, dass man eine Maschine so beeinflussen kann, dass die tut, was man will. [...] Mein erstes Spiel war etwas Selbstprogrammiertes. Ich hatte mir so eine Art Pong selber gemacht. Ich hatte das mal irgendwo gesehen im Fernsehen, dieses Tennisspiel, wo der Ball hin und her fliegt. Das hatte ich mir selbst programmiert, also nicht nach Listing, das war ja nicht so schwer. Das Spiel war ganz nett, aber relativ unwichtig gegenüber dem Lernen, was man mit dem Ding alles machen kann. [...] Aber ich bin in keinster Weise ein reiner Rätselknacker oder so was, ich habe das programmiert, weil es mir gefallen hat.

Ähnliche Aussagen finden sich auch bei anderen Befragten. In den Lebensläufen dieser Gruppe setzte sich der spielerische Umgang mit der Technologie der Heimcomputer-Ära nicht selten mit dem Erlernen entsprechender Berufe im Bereich der Informationstechnik fort. Der (spätere) Kontakt mit professionellen Computerspielen hinterließ in diesen Fällen eher geringe oder gar keine Veränderungen im Freizeitverhalten, da der Computer per se schon einen hohen Stellenwert sowohl in der Freizeit als auch im Beruf einnahm.

Unter den älteren Befragten (über 50 Jahre) finden sich zwei davon abweichende Muster, die zum Initialkontakt führten. Zum einen spielen berufliche Aspekte eine Rolle – Großrechner sind hierzulande bereits seit den 1950er Jahren in der Wirtschaft und Forschung im Einsatz. Der 57-jährige Interviewpartner Horst arbeitet beispielsweise im IT-Bereich eines großen Chemie- und Pharmakonzerns und hat dort zum ersten Mal mit Computerspielen Erfahrungen gesammelt: „Den ersten Kontakt mit einem PC hatte ich 1981, auf der Arbeit. Ich habe da mit BASIC programmiert und auch kleine Spiele wie Marslander aus Listings abgetippt. Ich arbeitete damals an Großrechnern, die Grafik war noch monochrom." Zum anderen wurde der Kontakt zum PC bei einigen Befragten über die Generation der eigenen Kinder hergestellt. Entweder wurde dem Nachwuchs ein PC geschenkt und die Eltern erwarben das notwenige Wissen zur Benutzung zusammen mit den Kindern, oder die Eltern „erbten" ausgemusterte PCs ihrer Kinder auf denen sie Computerspiele bereits betriebsbereit installiert vorfanden. Ein eher seltener Auslöser für den Start einer Computerspielkarriere können aber auch starke Einschnitte in der Lebenssituation darstellen: In der Studie fanden sich zwei Fälle, bei denen das Computerspielen möglicherweise die Kompensation eines durch schwere Krankheit bedingten Kontrollverlustes darstellte.

Einschneidende Ereignisse, die das gesamte Mediennutzungsverhalten nachhaltig beeinflusst haben, werden von den Befragten aber nicht oft genannt. Selbst Wohnortwechsel, Heirat, Familiengründung usw. hatten aus Sicht der Befragten kaum Auswirkungen auf die genutzten Medien im Allgemeinen und die bevorzugten Computerspielgenres im Speziellen. In vielen Lebensläufen fand sich zwar eine Zunahme beruflicher Belastung und sozialer Verpflichtung spätestens nach Abschluss der Berufsausbildung, woraus eine Abnahme verfügbarer Freizeit resultierte; nach eigenen Aussagen nahm auch die Lesebereitschaft bei fast allen Befragten in diesem Lebensabschnittswechsel deutlich ab. Abgesehen davon erscheint aber die Umschichtung im Zeitbudget der Mediennutzung eher uneinheitlich zu sein, ging jedoch bei Printmedien tendenziell hin zu mehr Fachliteratur, weniger Lesezeit für Zeitungen und deutlicher Abnahme privat gelesener Bücher. Das Internet als Informationsmedium hatte nach Auskunft der Befragten aufgrund von Konvergenzeffekten eher komplementäre Wirkung gegenüber anderen Medien wie Fernsehen, Zeitungen und Zeitschriften, was eine genaue Differenzierung nach Nutzungsdauer erschwert.

Demgegenüber scheinen insbesondere Online-Computerspiele wie *World of Warcraft* wegen ihres hohen Zeitbedarfs die Nutzung anderer Medien (aber auch anderer Computerspiele) zu kannibalisieren, da die sonstige verfügbare Freizeit bei den berufstätigen Befragten oft durch anderweitige Verpflichtungen gebunden ist. Einige Interviewpartner erwähnen, dass sie sich Zeitlimits beim Spielen setzen oder das Spielen in zeitliche Nischen ‚einbauen', um letztlich die verschiedenen beruflichen und privaten Anforderungen und das Spielen ‚unter einen Hut' bringen zu können – oftmals sind diese Nischen nachts. Die 68-jährige Rentnerin Maria beschreibt beispielsweise die zeitliche Alltagseinbettung des Computerspielens folgendermaßen: „Ich bin ein absoluter Nachtmensch. Wenn mein Mann schläft, sitze ich am Computer. Aber an den Wochenenden kommen oft meine Enkel, mit denen spiele ich auch am Nachmittag."

Betrachtet man die Computerspielenutzung der Interviewpartner im langfristigen Zeitverlauf, so wird deutlich, dass Vorlieben für bestimmte Computerspielgenres offenbar sehr stabil und unabhängig vom biographischen Erfahrungshorizont des Benutzers sind. Auch Befragte mit teilweise über hundert selbst gespielten Games und vielen Jahren Computerspiel-Erfahrung veränderten ihre Präferenzen nicht grundlegend, trotz technologischer Erweiterungen wie dreidimensionaler, photorealistischer Grafik oder Genre-Innovationen wie das Aufkommen von Echtzeit-Simulationen oder MMORPGs; lediglich in einem Fall gab es hier nennenswerte Veränderungen.[6]

Man kann auf Basis der Befragungsergebnisse zudem davon ausgehen, dass bestimmte Erwartungsmuster der Spieler (wie Spaß, Unterhaltung, Selbsterfahrung, Orientierung) offenbar nur durch spezifische Spielgattungen erfüllt werden, die in ihren Leistungen im positiven (Gratifikation) wie negativen Sinne (Ablehnung der Spezifika des Spiels) zu anderen Genres weitgehend inkompatibel sind: So spielt man entweder Actionspiele und Ego-Shooter *oder* Strategie- und Aufbauspiele; nur selten finden sich Spieler, die alle Genres und deren Eigenheiten gleichermaßen mögen. Den Erfolg von *World of Warcraft* erklären sich dessen Nutzer dann auch mit der Mischung von Spielelementen aus sonst getrennten Genres wie Action, Adventure und Rollenspiel, was dem Spieler eine größere Bandbreite an Gratifikationen gibt, die aber unter dem Dach einer akzeptierten, gemeinsamen Spielplattform vereint werden. Oder anders gewendet: Es findet sich für jeden Spielertyp etwas.

4.2 Computerspielen im sozialen Alltag

Bei älteren Gamern wird das Computerspielen vom sozialen Umfeld nicht immer als (angemessenes) Hobby akzeptiert. Konflikte entstehen vor allem dann, wenn während der Zeit gespielt wird, die produktiv genutzt werden kann (d.h. Computerspielen als ‚nutzlose‘ Tätigkeit), oder wenn die Lebenspartner selbst über keinerlei Spielerfahrung verfügen und deshalb den Reiz eines Computerspiels nicht unmittelbar nachvollziehen können. Entsprechende Problematiken wurden auch von den Interviewten thematisiert. Die meisten Partner der Befragten tolerieren zwar das Computerspielen als Freizeitbeschäftigung; insgesamt finden sich aber vielfach Aussagen, die auf wenig Verständnis oder sogar Resignation seitens des Partners hindeuten. Diese würden die ‚verlorene Zeit‘ lieber für gemeinsame Gespräche nach der Arbeit oder Freizeittätigkeiten nutzen, die mehr dem ‚wirklichen‘ Leben entsprächen. So beschreibt der 41-jährige Bankangestellte Rudolf, ein *World of Warcraft*-Spieler, die Reaktion seiner Partnerin auf das Spielen folgendermaßen: „Meine Frau findet es [das Spielen] dann natürlich nicht so toll, manchmal. Weil die Zeit natürlich verloren geht dann. Da sitze ich ja dann allein hier vor dem PC, weil es geht ihr irgendwie ab, für gemeinsames Quatschen, zusammen Fernsehgucken, so was." Freilich muss dieses Konfliktpotenzial nicht notwendigerweise zu offen ausgetragenen Auseinandersetzungen führen, wie der verheiratete, zweifache Familienvater Thomas ausführt:

> So lange es [das Spielen] nicht in den Tagesablauf eingreift, also wenn sie [meine Frau] nicht gerade etwas von mir will und erwartet, und ich spiele gerade, ist es eigentlich kein Problem. Akzeptanz ist, ich denke mal, bei Frauen [insgesamt] relativ [gering]. Aber dann halt auch, ich sag halt, klar, [denkt sie]: „So ein Scheiß." Das Verständnis ist sehr gering, aber es ist auch im Endeffekt egal. Bei uns gibt es keinen Krach wegen Computerspielen [...].

Insbesondere die Spieler mit Familien legen daher zur Reduzierung möglicher Spannungen und Interessenskonflikte ihre Nutzungszeiten bevorzugt in die späteren Abend- und Nacht-

---

[6] Der Befragte Norbert fand erst vor zwei Jahren den Zugang zu Online-Rollenspielen durch *World of Warcraft*. Zuvor vermied er Spiele mit Action-Elementen (die auch bei *World of Warcraft* und anderen MMORPGs eine Rolle spielen) und begründete dies mit der Inkompatibilität zu seinem technologiegeprägten „intellektuellen Lebensstil."

stunden, in denen es in der Regel keinerlei familiäre Verpflichtungen mehr zu erfüllen gibt bzw. in denen der Partner eigenen Interessen nachgeht. Hier gehen also zeitliche (s. auch Abschnitt 4.1) und soziale Gründe Hand in Hand. Von Seiten der Kinder (oder auch Enkel) wird das Computerspielen der Eltern (bzw. Großeltern) hingegen eher begrüßt – wohl weil so eine Gemeinsamkeit zwischen den Generationen hergestellt wird, aber auch weil es ungewöhnlich und ‚cool' erscheint.

Im Umgang mit Freunden, Bekannten und Arbeitskollegen werden Spielinhalte unterdessen nur mit ‚Gleichgesinnten' diskutiert; im Umfeld informationstechnischer Berufe scheint dabei Spielen als Hobby erheblich verbreiteter und akzeptierter zu sein. Einige Befragte beschrieben, dass Stereotypisierungen aber auch und vor allem durch die Computerspieler selbst betrieben werden, beispielsweise um sich von anderen Gruppen wie „Ballerspielern" oder der problematisierten Gruppe der „Spielsüchtigen" abzugrenzen. Die Befragten verweisen des Öfteren auch auf ihnen gegenüber gemachte Aussagen im Sinne von „Spielen in deinem Alter – wie kindisch!" hin, denen zu entnehmen ist, dass Nichtspieler das Computerspielen als nicht altersgemäß ansehen und eher mit Jugendfreizeitaktivitäten in Verbindung setzen. Vielfach kennen sich Nichtspieler im sozialen Nahbereich einfach gar nicht mit Computerspielen aus, während die Gamer selbst Experten sind – hier prallen Welten aufeinander, wie der vierfache Familienvater und Vielspieler Frank beschreibt:

> Die meisten Freunde kenne ich vom Sport her, die können das nicht so ganz nachvollziehen. Das ist mehr so: [nachfolgender Satz in ironischem Tonfall gesprochen] „Ich habe mir jetzt ein Sudoku besorgt, ist das nicht toll, so ein Spiel?". Oder: „Ja, Ich habe auch mal den Minesweeper kurz benutzt." Die sind dann meistens so eher auf dieser Ebene. Das sind getrennte Personenkreise, die Clanmitglieder oder die Leute, die man in Spielen immer mal wieder trifft [...], und die nicht-virtuellen Freunde.

Bei den Senioren-Spielern in der Stichprobe ist das Unverständnis im Bekannten- und Freundeskreis extrem ausgeprägt: Personen im gleichen Alter kommen kaum mit Computer(spiele)n in Kontakt und wissen darüber auch kaum etwas. So erwähnt die 73-jährige ehemalige Sozialpädagogin Doris:

> Mit Bekannten kann ich mich nicht über das Spielen unterhalten. Da spielt ja keiner. [...] Ich habe ehemalige Kommilitoninnen und Arbeitskolleginnen und keine von denen hat einen Computer. Wir werden doch heute alle 80 oder 90 Jahre alt, und wenn man dann immer auf Enkel angewiesen ist – [das] geht doch gar nicht.

4.3 Computerspielen mit jüngeren Spielern

Zehn der Befragten konnten Erfahrungen mit Gilden oder Clans in Online-Computerspielen sammeln (vgl. Wimmer, Quandt & Vogel in diesem Band). Diese Personen spielen also regelmäßig mit anderen Gamern in organisierten Gruppen zusammen. Insbesondere der Umgang mit Jüngeren (die oft einen großen Teil der Mitspieler stellen) wurde näher beleuchtet, um mögliche Generationenkonflikte auch im ‚Virtuellen' zu erkennen.

Hier ergibt sich ein in Teilen widersprüchliches Bild. Das biologische Alter sowie die Herkunft der Spielgefährten wurden von den Befragten für die Spielerkommunikation als unerheblich angesehen. Offenbar sorgt die Begeisterung für ein Spiel wie *World of War-craft* bereits für ein hohes Maß an Ähnlichkeiten, so dass Unterschiede nivelliert werden (zumindest auf den ersten Blick, s.u.). Entscheidend für die erfolgreiche Verständigung unter den Spielern scheint offenbar ein ähnliches Verständnis in Bezug auf Computerspiele im Allgemeinen und das gespielte Game im Speziellen zu sein.

Dennoch ergeben sich eine Reihe altersspezifischer Unterschiede, die das Zusammenspiel beeinflussen und auf Nachfrage spezifiziert werden. Typisch sind Aussagen wie: „Ich habe keine Barrieren zu jungen Spielern, obwohl diese durch Sprache und Verhalten meist einfach zu erkennen sind. Sie sind schneller gereizt, hitzköpfiger und vor allem an ihrer eigenen Leistung im Spiel interessiert" (Interview Horst). Oder: „Wichtig ist, welche Spieler [in einem Online-Spiel] spielen. Ich bin schon mal auf einem Spiel gelandet, da fühlte ich mich wie im Kindergarten. Da hab ich den Computer ausgemacht und das war's. Es sollte schon gesittet zugehen und man sollte miteinander vernünftig umgehen" (Interview Markus)[7]. Und: „Die Anzahl nervender Leute ist bei jüngeren höher" (Interview Frank).

Beim Spielverständnis der Befragten selbst standen oftmals soziale Kontakte im Vordergrund, z.B. das Aushandeln von Spielzielen, gegenseitige Hilfe im Spiel, das Teilen gefundener Objekte, der Austausch über Alltagsthemen während des Spiels – Spielelemente, die aus der Perspektive der Befragten für jüngere Computerspieler kaum eine Rolle spielen. Der Ehrgeiz, im Spiel schnell voran zu kommen, scheint bei den Älteren weniger ausgeprägt zu sein als bei den jungen Spielern, was auch dazu geführt hat, dass sich eigenständige Spielgemeinschaften wie Gilden und Clans für ältere Spieler gebildet haben (z.B. *www.die-alten.de*). Allerdings gilt hier zu ergänzen, dass der Verweis auf die Unreife der jugendlichen Spieler möglicherweise auch als Abgrenzungsmechanismus funktioniert und mitunter dazu dient, den eigenen ‚souveränen' Umgang mit dem Spielen zu unterstreichen.

4.4 Typologie älterer Spieler

Auf Basis der in den Interviews gesammelten Aussagen werden im Folgenden verschiedene Nutzergruppen idealtypisch beschrieben (vgl. hierzu auch Bartle 1996). Im untersuchten Sample gab es allerdings fließende Übergänge und stets Ausnahmen von der Regel. Aufgrund des gesammelten biografischen Materials ließen sich nichtsdestotrotz zwei generelle Unterscheidungsmerkmale zwischen den Spielern feststellen:

- Zum einen der *Grad der persönlichen Bedeutsamkeit des Spiels* für den Nutzer bzw. dessen Involvement sowie

- der *Grad der Selbst-* bzw. *Gruppenbezogenheit* der bevorzugten Spiele (korrespondierend mit den entsprechenden Gratifikationserwartungen beim Spieler).

Die Bedeutsamkeit bzw. das Involvement drückt sich u.a. im prozentualen Anteil des Computerspielens an der gesamten Freizeit aus, sowie an der Anzahl erworbener Spiele und der Höhe der Zahlungsbereitschaft für Computerspiele. Auch der Grad geäußerter *emotionaler*

---

[7] Dieser Befragte spricht später jugendlichen Mitspielern aber auch durchaus andere Eigenschaften zu (vgl. Abschnitt 4.4, ‚Leaders') – eine Ambivalenz, die sich bei einigen Befragten zeigte: Unterschieden werden offenbar ‚die unreifen Jugendlichen' im Allgemeinen von den ‚vernünftigen Jugendlichen' (die oft im eigenen Clan oder in der eigenen Gruppe spielen).

Beteiligung wie Freude, Ärger, gefühlter ‚Zwang' zur Problemlösung in schwierigen Spiel-situationen usw. wurde bei dieser ersten Dimension berücksichtigt. Besitzt das Computer-spiel für den Nutzer hingegen wenig Bedeutung, werden Wechselwirkungen zwischen Spiel und Identität des Spielers nur in einem geringen Maße vorkommen (Fritz & Fehr, 1999).

Die zweite Dimension – die Gruppen- vs. Selbstbezogenheit im Spiel – spannt einen Bogen zwischen den Polen starker Beziehungsorientierung, beispielsweise durch Bevorzu-gung internetgestützter Rollenspiele, und starker Selbstbezogenheit, die sich beispielsweise in einer Präferenz für (Offline-)Simulationen zeigt. Begreift man Computerspiele als ‚Spiel des Lebens', bevorzugt ein Spieler die Genres, die seiner Lebenssituation eher entsprechen, und projiziert das Verhältnis von Ich-Identität und sozialer Identität im realen Leben auf die virtuelle Ebene des Spiels. Strategie-Spiele bzw. Aufbauspiele im Stile von *Command & Conquer* oder *Siedler* würden den Extrempol der Ich-Bezogenheit darstellen, da diese Spielkategorien differenzierte Interaktionsmuster wie das Vermeiden von Konflikten für gewöhnlich nicht vorsehen. Gefordert wird stattdessen meist vollständiger Sieg, die völlige Vernichtung des Gegners etc. (Ausnahmen sind Strategie-Spiele, die vor allem auf Interak-tion und Kooperation setzen, wie z.B. einige Browser-Games; vgl. Fritz in diesem Band).

Abbildung 2:   Involvement und Selbstbezogenheit der befragten Personen

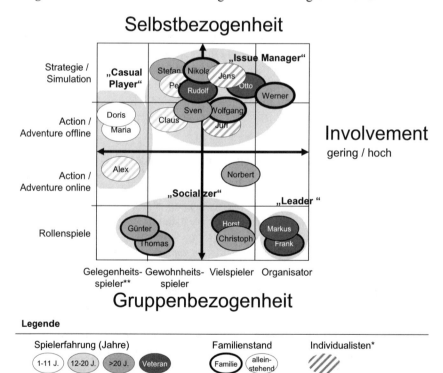

Legende

Spielerfahrung (Jahre)   Familienstand   Individualisten*

(1-11 J.) (12-20 J.) (>20 J.) (Veteran)   (Familie) (allein-stehend)

* Personen die aufgrund ihrer Biografie (Familienstand, Berufstätigkeit etc.) eher weniger dichte soziale Bindungen anstreben bzw. besonders hohen Wert auf ihre persönliche Unabhängigkeit legen.
** Gelegenheitsspieler: < 10% der Freizeit mit Computerspielen beschäftigt, Gewohnheitsspieler: zwischen 10 und 50%, Vielspieler: mehr als 50%. Organisatoren sind zusätzlich mit besonderen Rollen und Aufgaben in Spielgemeinschaften engagiert.

Abbildung 2 zeigt die Einordnung der Befragten in das oben genannte Schema; die jeweilige Einordnung auf den beiden Hauptdimensionen wird auf den beiden Hauptachsen abgetragen. Deutlich wird dabei einerseits, dass eine Dimension allein nicht ausreicht, um die Spieler zu differenzieren; weiterhin sind die Befragten auch nicht beliebig im aufgespannten Möglichkeitsraum verteilt – es bilden sich einige ‚Cluster' heraus, die als vier Haupttypen der Spieler- und Nutzungspersönlichkeiten unterschieden werden (*Casual Player, Issue Manager, Socializer, Leader*).

Eine klare Unterscheidung ist dabei jene in absolute Gelegenheitsspieler (*Casual Player*) und stärker Engagierte (alle anderen Typen), die einen bedeutenden (oder sogar den überwiegenden) Teil ihrer Freizeit in das Spielen investieren. Unter letzteren finden sich wiederum relativ klar abgrenzbar die Gruppe der Abenteurer, Erforscher, Eroberer, Strategen, deren Hauptmotivation im Problemlösen besteht (hier bezeichnet als *Issue Manager*), sowie der Gruppe der Online-Rollenspieler, bei denen sich größere Spielerfolge nur als Mitglied einer starken Gruppe im sozialen Miteinander realisieren lassen (als *Socializer* bezeichnet).[8] Von den *Socializern* können noch mal Organisatoren mit besonderen Aufgaben und Rollen innerhalb der Spielergemeinschaften unterschieden werden (*Leader*). Diese Personen stehen im Mittelpunkt von Planungs- und Entscheidungsprozessen innerhalb von Spielervereinigungen, beispielsweise ‚Clans' und ‚Gilden', und weisen nochmals ein von den *Socializern* differentes Persönlichkeits- und Nutzungsprofil auf, welches seinen Ausdruck in einem extremen Involvement findet. Die einzelnen Typen werden nochmals im Anschluss detaillierter beschrieben.

Separat ausgewiesen sind in der obigen Abbildung zudem Familienstand, Dauer der bisherigen Spielerbiographie sowie eine spezifische Persönlichkeitsorientierung, die mit ‚Individualismus' bezeichnet wurde. Mit letzterer Unterscheidung wird ausgedrückt, dass die so bezeichneten Personen in ihrem Alltag hohen Wert auf persönliche Unabhängigkeit legen und weniger enge soziale Bindungen als andere aufweisen. In knapp einem Viertel des Samples war diese Form des ‚Einzelgängertums' klar identifizierbar, und wird aufgrund dieser auffälligen Häufung und der gleichzeitigen Konsistenz des erkannten Persönlichkeitsmusters entsprechend hervorgehoben. Die Unterscheidung ist allerdings nicht mit der Hauptdimension der Selbst-/Gruppenbezogenheit in der Spielenutzung identisch: Zwar finden sich unter den ‚selbstbezogenen' Spielern viele Personen mit der Persönlichkeitsorientierung ‚Individualismus', doch auch gänzlich andere Charaktere. Zudem ist persönlicher Individualismus nicht auf die Personen mit ‚selbstbezogenem' Nutzungsmuster beschränkt. Interessant in diesem Zusammenhang ist allerdings, dass sich unter den stark gruppenbezogenen Spielern keine ausgeprägten ‚Alltags'-Individualisten fanden – entgegen dem Vorurteil, dass die Einbindung in virtuelle Rollenspielwelten zum Einzelgängertum in realweltlichen Lebenszusammenhängen führt. Im Gegenteil: Unter den sechs Personen mit ausgeprägter Rollenspiel-Präferenz fanden sich vier verheiratete Familienväter, die auch realweltlich in hohem Maße sozial integriert waren.

Nicht unerwähnt bleiben sollte hier auch, dass die ebenfalls separat ausgewiesene Dauer der bisherigen Spieleerfahrung natürlich nicht völlig unabhängig vom Involvement ist: In den Gruppen mit niedriger persönlicher Bedeutsamkeit des Spielens finden sich viele Personen mit einer kurzen Spielerbiographie, während sich bei den Hoch-Involvement-

---

[8]   Mithin können hierzu auch Teilnehmer an kooperativen Online-Strategiespielen gezählt werden, wobei die Grenze zum Rollenspiel fließend ist, da man bei diesen Strategie-Spielen ebenfalls dauerhaft eine Rolle übernimmt und ‚lebt' (z.B. als Raumschiffkapitän).

Gruppen viele Veteranen finden. Dieser Zusammenhang ist jedoch nicht völlig eindeutig: auch bei Personen mit vergleichsweise niedrigem Involvement gibt es Spieler mit mehr als 20 Jahren Computerspiel-Erfahrung. Die Selbst-/Gruppenbezogenheit scheint von der Spieleerfahrung hingegen unabhängig zu sein: Die Einordnung auf dieser Dimension ist, wie oben bei den Genrepräferenzen schon angesprochen, weitgehend zeitstabil. Dementsprechend finden sich Spiele-Veteranen auch in verschiedenen Nutzertypen (außer den absoluten Gelegenheitsspielern).

Nach dieser Übersicht über die vorgenommene Differenzierung der älteren Spieler werden im Folgenden die vier Haupttypen nochmals klarer umrissen und unter Rückgriff auf einzelne Fallbeispiele plastischer beschrieben.

Gelegenheitsspieler (Casual Player)

Für diesen Nutzertyp sind Computerspiele eine eher nebensächliche Freizeitbetätigung: Das Involvement ist ausgesprochen gering. Gewinnen bzw. Perfektionierung von Fähigkeiten im Spiel ist dementsprechend eine Nebensache. Es geht eher um den als angenehm empfundenen Zeitvertreib. Es werden bereits vorinstallierte (oder von Dritten installierte) Spiele bevorzugt und eher selten Informationen über Nachfolgeversionen oder neue Computerspiele gesucht. Zu den absoluten Gelegenheitsspielern gehören wohl auch nicht von ungefähr die beiden ältesten Befragten Maria und Doris: Diese sind eher zufällig über die Nutzung von Computern für andere Aufgaben (Schreiben, Erstellen von Haushaltsplänen usf.) sowie Dritte (Kinder) zum Spielen gekommen bzw. motiviert worden. Die 73jährige Doris beschreibt Motivation, Präferenzen und Spiele-‚Initiation' folgendermaßen:

> Es war Weihnachten [2001] und ich bekam einen elektronischen Adventskalender. Jeder Tag war eine Überraschung – da waren auch Spiele dabei. Das war dann der absolute Hammer [sic!]. [...] Ich habe auch schon vielen geraten, die Schwierigkeiten mit der Maus hatten, mit Solitär zu beginnen. Bei vielen scheitert es schon, weil die mit der Maus nicht klarkommen. Die Finger sind nicht mehr so beweglich. Wenn man dreimal am Tag Solitär spielt, verbessert sich das kolossal. Angefangen habe ich eigentlich mit Spielen, die auf dem Computer vorinstalliert sind. Dann kriegte ich von einer Tochter das Spiel Cluedo. Cluedo kann man nur mit mehreren spielen. Gern habe ich auch Moorhuhn gespielt. Ich spiele auch ein Online-Casino. Auf der Casino-Seite sind immer Spiele und Quize. Es geht nicht nur darum, etwas zu wissen, man muss auch die Schnellste sein.

Problemlöser (Issue Manager)

Hauptmerkmal dieser Gruppe ist eine starke Ich-Bezogenheit, die sich häufig auch in anderen Lebensbereichen wie berufliche Tätigkeit, Partner- und Familienwahl manifestiert (s.o., ‚Individualisten'). Der Anteil von Single-Personen ist deutlich höher als bei den *Socializern*. Ein Teil der Gruppe erreicht eine Spielprofessionalität, die den Computer als Spielgegner uninteressant werden lässt und bevorzugt deshalb entsprechende Online-Umgebungen, in denen gegen reale Gegner gespielt werden kann, die eine Herausforderung darstellen. Trotz der sozialen Interaktion mit anderen Spielern steht aber das Erreichen bestimmter Einzelleistungen im Mittelpunkt der Spielermotivation – es geht also um Wettbewerb und Leistungshandeln, nicht um Kooperation (vgl. Hartmann in diesem Band). Auch erscheint es für einige dieser Spieler wichtig zu sein, dass sich die Spielerfolge zeitlich und örtlich ohne Abstimmung mit anderen erzielen lassen, beispielsweise wenn das Spielen in Arbeits- oder Freizeit-‚Pausen' vonstatten geht. Dieses Spielen nach Situation und Verfügbarkeit schildert der Befragte Jens, ein 43-jähriger Selbständiger mit einer Präferenz für kompetitive (Online-)Strategiespiele, so: „Ich spiele, wo ich gerade bin und online sein kann. Im Internet-Café, zuhause, unterwegs. [...] Wenn ich spiele, ist es mir wichtig, auf andere Gedanken zu kommen. Wenn ich zwischendurch bei einem Kunden Probleme habe, spiele ich, um den Kopf klar zu bekommen". Die zahlreichen Actionspieler unter den Issue Managern grenzen sich zudem stark von den Rollenspielern ab, deren Spielepräferenz ihnen langweilig oder gar suspekt vorkommt, und bevorzugen aktives Problemlösen mit hoher Dynamik und Tempo gegenüber zeitaufwändiger Charakterkonfiguration und langfristig angelegtem Rollenspiel.

Beziehungsspieler (Socializer)

Die *Socializer* fühlen sich zu gruppenorientierten Computerspielen hingezogen, in denen der Austausch mit anderen Spielern Teil des Spielplans ist; ein aktuelles Beispiel ist das Online-Rollenspiel *World of Warcraft*. Der Befragte Horst verweist auf die Aspekte der Kooperation und Kommunikation in diesem Programm: „Ein besonderer Reiz bei *World of Warcraft* liegt im Aushandeln von Spielzielen mit anderen. Dann natürlich auch der Tausch von Gegenständen und das taktische Vorgehen bei ‚Raids'." Die Sozialaspekte führen denn auch zu einer stärkeren sozialen Vernetzung, wie der Spieler weiter ausführt:

> Ich besuche regelmäßig die Treffen meines Stamm-Forums. Da werden natürlich auch Spiele thematisiert, aber wichtig ist vor allem die Begegnung mit anderen Spielern. Ich denke, dass die Qualität der Sozialkontakte aus dem Internet mit [der Qualität der Sozialkontakte aus dem] ‚realen' [Leben] ebenbürtig sein kann, also auch in der Nähe, Tiefe und Stabilität. Mir sind auch Fälle bekannt, wo ein Lebenspartner dann im Spiel Mitglied der Gilde wurde, oder aus virtuellen Bekanntschaften reale Partnerschaften entstanden. (Interview Horst)

Auch der Interviewpartner Thomas berichtet davon, dass er Spieler aus dem Online-Spiel außerhalb des Spiels getroffen hat: „Es haben sich reale Kontakte ergeben, die natürlich sehr stark davon abhängen, ob derjenige das [Spiel] dann weiterspielt. [...] Ich kenne einen Spieler recht gut, wir haben uns auch schon getroffen auf einem Community-Treffen im ‚real life'." (Interview Thomas).

Aber auch außerhalb der Spielwelt (bzw. der mit dem Spiel verbundenen Kontakte) scheinen die *Socializer* tendenziell über dichtere soziale Netzwerke zu verfügen. Ein Indiz hierfür sind Selbsteinschätzungen sowie implizite Hinweise in dieser Richtung, aber auch der hohe Anteil an Verheirateten und Familienvätern in der Gruppe (vgl. auch den Hinweis zu den Rollenspielern weiter oben). Auffällig ist bei den *Socializern* zudem, dass sie sich teilweise explizit gegenüber Actionspielern abgrenzen, insbesondere den Ego-Shooter-Spielern. Da dies umgekehrt ebenso der Fall ist, kann man hier von einem antagonistischen Prinzip sprechen.

Anführer und Organisatoren (Leader)

Die ‚*Leader*‘ ähneln den *Socializern*, übernehmen aber zusätzlich aktive Rollen in Gilden bzw. Clans verschiedener Online-Rollenspiele oder gründen und leiten ihre eigenen. Sie errichten vereinsähnliche Strukturen zur Stabilisierung des Gruppenzusammenhaltes, sie verfassen Regelwerke und Statute, sie organisieren Treffen im Spiel bzw. im richtigen Leben. Organisatoren haben Spaß daran, ihre Begeisterung am Spiel mit anderen zu teilen, akquirieren aktiv neue Mitglieder bzw. beteiligen sich an entsprechenden Auswahlprozessen oder leisten Hilfestellung bei Problemen anderer Spieler. Sie handeln mit anderen Spielziele, Taktiken und Maßnahmen aus und werden in der Spielergemeinschaft als Entscheider akzeptiert.

Insofern ist bei diesen Spielern wohl eine Mischung der Eigenschaften anzutreffen, die auch Vereinsoffizielle kennzeichnen: Einerseits das Interesse an Organisation, mithin auch an der Formalisierung von Gruppenstrukturen bzw. dem Aufbau hierarchischer Ordnung, andererseits ein Bedürfnis nach ‚Socializing‘. Der Befragte Markus, ein 46-jähriger, verheirateter Kaufmann ohne Kinder, ist ein typischer ‚*Leader*‘ und beschreibt seine Spielleidenschaft und den Umgang mit anderen Spielern folgendermaßen:

> Ich spiele 2-3 Stunden täglich. Am Wochenende kommt es darauf [an] – ich bin in einem Clan, da fällt dann schon mal mehr an. Ich bin da Vorsitzender in dem Verein. [...] Ich bin auch Gildenchef. Die Spieler sind da zwischen 20 und 37. Ich bin ein sehr neugieriger Mensch. Wenn junge Leute eine gesunde Lebenseinstellung haben, möchte ich mehr über diese Menschen erfahren. Es kann auch sein, dass da ein Gleichaltriger ist und der ist ein Spinner. Ich entscheide erst später, ob ich mit denen etwas zu tun haben möchte oder nicht. […] Ab und an mach ich mal eine Party bei mir zuhause. In meiner Gruppe bekommen alle eine Einladung. Natürlich lernt man so Leute kennen.

5   Diskussion

Die im vorliegenden Beitrag untersuchte Gruppe der Computerspieler „35 Plus" wurde bislang kaum erforscht. Die explorative Studie warf denn auch eine ganze Reihe neuer und überraschender Aspekte hinsichtlich der Computerspielnutzung auf.

Auf den ersten Blick lag es zunächst nahe anzunehmen, dass bei älteren Spielern die Computerspieldauer mit steigenden beruflichen und sozialen Verpflichtungen abnimmt, damit verbunden auch das Involvement und in der Konsequenz das Interesse an dieser Beschäftigung. Die Ergebnisse zeigen jedoch, dass man auch unter den Älteren eine Reihe von Vielspielern findet, die gelernt haben, berufliche oder familiäre Interessen mit ihrem Hobby ‚Computerspielen‘ zu verbinden. Die verfügbare Zeit scheint den Umfang der Spielnutzung nicht übermäßig zu beeinflussen. Das zeigt sich auch anhand der Gruppe der absoluten Gelegenheitsspieler, für die das Gaming nur eine Freizeitoption ist, die ab und zu genutzt wird und der keine größere Bedeutung beigemessen wird. Sie leiden jedoch keinesfalls unter besonders großer Zeitnot.

Im vorliegenden Beitrag wurde zudem eine Typologisierung der Befragten in vier Gruppen vorgenommen, welche die Spezifika der Befragten berücksichtigt und sich auf zwei Hauptdimensionen (Selbst-/Gruppenbezogenheit, Involvement) bewegt. Neben den absoluten *Gelegenheitsspielern* konnten ‚*Issue Manager*‘ identifiziert werden, denen es beim Spiel vor allem um Wettbewerb und Problemlösen geht – ein Muster, das bereits bei anderen Altersgruppen näher untersucht wurde (vgl. Hartmann in diesem Band). Daneben konnten auch ausgesprochen *soziale' Spieler* ausgemacht werden, bei denen Kommunikation und Kooperation mit Gleichgesinnten im Vordergrund des Spielens standen; zudem waren diese Personen sozial eingebunden – ganz im Gegensatz zum Vorurteil des ‚vereinsamten' Gamers. Last but not least konnte eine Gruppe der ‚*Leader*' näher beschrieben werden; hierbei handelt es sich um Personen, die an der Organisation des Spielerlebens in sozialen Gemeinschaften aktiv beteiligt sind. Parallelen ergeben sich hier zu anderen gesellschaftlichen Bereichen – so findet man auch in Sportvereinen oder in Initiativen des bürgerlichen Engagements Personen, deren Interesse in der Strukturbildung liegt, und die vielfach in ‚offizieller' Funktion tätig sind. Freilich sind diese Formen des Engagements gesellschaftlich konsentierter als jene in Computerspiele-Gilden, Clans oder Gaming-Foren.

Hier zeigte sich insgesamt eine Hauptproblematik der Beschäftigung ‚Computerspielen' für die Befragten: Bei Älteren wird diese Betätigung meist als ungewöhnlich oder gar als ‚Spleen' abgetan, was sich vielfach in einem Unverständnis im Bekanntenkreis äußert. Die Partner der Befragten akzeptieren zwar meistenteils das Spielen, teilen aber nicht das Interesse und sehen dies in einigen Fällen als ‚Zeitverschwendung' an, wodurch sich ein Konfliktpotenzial ergibt (welches aber nicht zu persönlichen Auseinandersetzungen und Problemen führen muss). Von Jüngeren, insbesondere Kindern oder Enkeln der Befragten, wird das Computerspielen der Älteren indes positiv gesehen. Die Aussagen der Befragten lassen zwei Gründe hierfür plausibel erscheinen: Zum einen wird es als positiv erachtet, weil vor allem bei Senioren-Spielern angenommen wird, dass die Beschäftigung mit dem Computer und das Spielen geistig frisch halten können; zum anderen, weil das Spielen bei Älteren als ‚cool' angesehen wird. Allerdings steckt hinter letztgenannter Attribution jene Wahrnehmung, die bei (älteren) Freunden, Kollegen und Bekannten zu Unverständnis führt: nämlich dass Computerspielen bei der Generation 35 Plus außerhalb der Norm liegt.

Aufgrund der vorliegenden Explorationsstudie konnten einige Aspekte des Computerspielens näher beleuchtet werden; jedoch ergeben sich auch offene Fragen. Besonders auffällig sind vor allem eine weit verbreitete Ablehnung gegenüber gewalthaltigen Spielinhalten bei den befragten Personen und die Betonung von Beziehungsaspekten im Computerspiel. Zur Erklärung könnten Faktoren wie allgemeine Lebenszufriedenheit, Erreichen von Karrierezielen, soziale Anerkennung, Wertewandel aufgrund von Erfahrungen in Partnerschaft und Familie herangezogen werden. Ebenfalls plausibel wären Faktoren wie gesundheitliche Probleme, Abnahme der Reaktionsschnelligkeit und die damit verbundenen Einschränkungen bei der Wahl der ‚spielbaren' Games (was die Ablehnung gewalthaltiger Action-Games indirekt erklären könnte). Auch Ereignisse wie Scheidungen, Verlust des Partners, der Wechsel in den Ruhestand oder der Auszug der Kinder aus der elterlichen Wohnung könnte die Beziehungsorientierung kompensatorisch erhöhen. Hier besteht weiterer Forschungsbedarf. Dies gilt auch für die Frage, warum die Spielepräferenzen – auch bei sehr langen Spielerkarrieren – weitestgehend stabil bleiben und größtenteils unabhängig vom eigenen Erfahrungshorizont und technischen Innovationen sind. Da bei älteren Spielern sehr lange Zeiträume in der Gaming-Biographie als Analyserahmen zur Verfügung stehen, ergeben sich hier interessante Forschungsalternativen zu den – in diesem Sinne ‚kurzfristig' angelegten – Untersuchungen von Motiven der Nutzung bei den jüngeren Spielern. Möglicherweise können hier klarere Zusammenhänge zwischen dauerhaften Interessenlagen und Nutzungstypen herausgearbeitet werden.

Weitere Fragestellungen zu älteren Computerspielern sind denkbar – und die Beschäftigung mit dieser Gruppe wird in Zukunft von größerem Interesse sein. Denn die Studie hat gezeigt: Viele, die einmal zu spielen angefangen haben, behalten das Hobby dauerhaft bei, auch wenn sich die persönlichen Rahmenbedingungen in den jeweiligen Biographien verändern. Insofern wird auch die Zahl der Seniorenspieler durch die Kohorten-Verschiebung voraussichtlich weiter zunehmen; und angesichts der hohen Durchdringungsraten bei den jungen und jugendlichen Spielern ist zu erwarten, dass mit deren langsamen Älter-Werden das Spielen unter Erwachsenen wohl zur ‚alltäglichen' Normalität werden wird.

Literaturverzeichnis

AGOF e.V. (2006): *Sonderbericht ,Silver Surfer' zu den internet facts 2005-II*. Darmstadt: AGOF e.V. ULR: www.agof.de (20.02.2006).

Bartle, R. A. (1996): *Hearts, clubs, diamonds, spades – players who suit muds*. Online unter http://www.mud.co.uk/richard/hcds.htm [16.05.2007].

Bortz, J. (1984): *Lehrbuch der empirischen Forschung: für Sozialwissenschaftler* (unter Mitarbeit von D. Bongers). Berlin u.a.: Springer.

Brosius, H.-B. & Koschel, F. (2003): *Methoden der empirischen Kommunikationsforschung* (2., überarbeitete Auflage). Wiesbaden: Westdeutscher Verlag.

Crandall, R. W. & Sidak, J. G. (2006): *Video games. Serious business for America's economy*. o.O.: Entertainment Software Association.

Entertainment Software Association (2006): *Essential facts about the computer and video game industry. 2006 sales, demographic and usage data*. o.O.: Entertainment Software Association.

Fritz, J. & Fehr, W. (1999): *Computerspiele auf dem Prüfstand: Identitätsangebote von Computerspielen*. Bonn: Bundeszentrale für politische Bildung.

Fritz, J. (2003): Warum eigentlich spielt jemand Computerspiele? Macht, Herrschaft und Kontrolle faszinieren und motivieren. In: J. Fritz & W. Fehr (Hrsg.): *Computerspiele: Virtuelle Spiel- und Lernwelten*. Bonn: Bundeszentrale für politische Bildung, 10-24.

Griffths, M.D., Davies, M. & Chappell, D. (2004a): Demographic factors and playing variables in online computer gaming. *CyberPsychology and Behavior*, 7(4), 479-487.

Griffths, M.D., Davies, M. & Chappell, D. (2004b): Online computer gaming: a comparison of adolescent and adult gamers. *Journal of Adolescence*, 27, 87–96.

Griffths, M.D., Davies, M. & Chappell, D. (2003): Breaking the stereotype: The case of online gaming. *CyberPsychology and Behavior*, 6(1), 81-96.

Hahn, C. (2005, 19. Oktober): Attack of the gaming grannies. *Business Week Online*. URL: www.businessweek.com/print/innovate/content/oct2005/id20051018_173699.htm (1.12.2006).

Hoffmann, D. & Wagner, V. (1995): Erwachsene beim Computerspiel – Motivation und Erlebnisformen. In: J. Fritz (Hrsg.): *Warum Computerspiele faszinieren: empirische Annäherung an Nutzen und Wirkung von Bildschirmspielen*. Weinheim, München: Juventa, 143-170.

Jung von Matt, Electronic Arts & GEE Magazin (2006): *Spielplatz Deutschland (EA Studie, Band 4)*. Hamburg: Jung von Matt, Electronic Arts & GEE Magazin.

Lamnek, S. (2005): *Qualitative Sozialforschung*. Weinheim, Basel: Beltz.

Mayring, P. (2002): *Einführung in die qualitative Sozialforschung. Eine Anleitung zum qualitativem Denken*. Weinheim, Basel: Beltz.

Müller-Lietzkow, J., Bouncken, R. B. & Seufert, W. (2006): *Gegenwart und Zukunft der Computer- und Videospielindustrie in Deutschland*. Dornach: Entertainment Media Verlag.

Pratchett, R. (2005): *Gamers in the UK. Digital play, digital lifestyles*. o.O.: BBC.

Schlütz, D. (2002): *Bildschirmspiele und ihre Faszination. Zuwendungsmotive, Gratifikationen und Erleben interaktiver Medienangebote*. München: Fischer.

3.3

Spielen in virtuellen Gemeinschaften

Jürgen Fritz

1   Einleitung

Ob und wie verschiedenartige Kommunikationsangebote im Internet zur Herausbildung von Gemeinschaften beitragen und welchen Charakter die dort entstehenden Beziehungen haben, ist bereits seit längerem Gegenstand der Forschung (Höflich 1995; Döring 2003, 489 ff.). Noch wenig Beachtung haben dabei aber bislang jene Gemeinschaften gefunden, die sich in virtuellen *Spiele*welten bilden. Darum wird es in diesem Beitrag gehen. Zunächst wird definiert, was unter virtuellen Gemeinschaften zu verstehen ist, dann wird verdeutlicht, was das besondere an Spielgemeinschaften im Netz ist. Anschließend werden die Ergebnisse eines Forschungsprojekts vorgestellt, in dessen Rahmen das Spielen des Browser-Games *Ogame* durch die Methode der teilnehmenden Beobachtung untersucht wurde. Dazu wird zunächst erläutert, worum es in dem Spiel geht, danach werden dann die unterschiedlichen kommunikativen Aktivitäten dargestellt, die im Rahmen des Spiels von Bedeutung sind. Abschließend wird diskutiert, ob sich die Spieler bedingt durch die starke motivationale Einbindung in die virtuelle Spielwelt dort ‚verlieren' oder gar ‚süchtig' werden können.

2   Definition: Virtuelle Gemeinschaften

‚Gemeinschaft' ist nach der Definition von Marotzki (2002, 50)

> eine in der natürlichen Kommunikation, Bekanntheit und in persönlichen Beziehungen sich konstituierende tradierte Bindung zwischen mehreren Personen. Sie zeichnet sich durch intersubjektiv geteilte Wissens- und Erfahrungsbestände sowie Deutungsmuster aus.

Der Begriff der Gemeinschaft ist vom Begriff der ‚sozialen Gruppe' zu unterscheiden. Thiedecke (2000, 37) definiert:

> Eine soziale Gruppe umfasst eine angebbare Zahl von Gruppenmitgliedern, die zur Erlangung eines Gruppenziels über längere Zeit in einem kontinuierlichen Interaktionsprozess stehen. Bei dieser engen sozialen Wechselwirkung entsteht eine gruppenspezifische Kohäsion, ein ‚Wir-Gefühl', in dem die Gruppenidentität zum Ausdruck kommt. Um das Gruppenziel zu erreichen, bildet sich innerhalb der Gruppe eine eigene Normstruktur, sowie eine charakteristische Aufgaben- und Rollenverteilung.

Diese an einer Face-to-face-Group ausgerichtete Merkmalsbeschreibung von ‚Gruppe' trifft auf die ‚Vergemeinschaftungsformen' in virtuellen Welten nur begrenzt zu, so dass diese allenfalls als „Sonderform der sozialen Gruppe" angesehen werden können. Das liegt insbesondere daran, dass die Formen der virtuellen Vergemeinschaftung in Dauer, Intensität und Verbindlichkeit sehr unterschiedlich sind. Sporadische Kontakte in Chat-Rooms lassen sich in vielen Fällen eher als Interaktionssequenzen beschreiben und weniger als Aktivitäten sozialer Gruppen. Die regelmäßige und aktive Teilnahme an einer virtuellen Spielgemeinschaft kann hingegen schon eher die Charakteristika einer sozialen Gruppe aufweisen. Aber auch dort gibt es große Unterschiede, so dass nur im Einzelfall entschieden werden kann, ob sich zwischen verschiedenen Teilnehmern eine soziale Gruppe gebildet haben könnte.

Deswegen erscheint es sinnvoll, von ‚virtuellen Gemeinschaften' zu sprechen, da sich unter diesem Begriff unterschiedliche Formen der Vergemeinschaftung zusammenfassen lassen. Wichtige Merkmale dieser virtuellen Gemeinschaften[1] sind:

- Sie entstehen durch Kommunikationsprozesse, die über Computer und Netzwerke vermittelt werden.
- Sie haben virtuelle Plätze als Treffpunkte (z.B. Chat-Rooms, Mailinglisten, Spiellandschaften).
- Die Mitglieder haben ähnliche Interessen und Motivationen.

Hinsichtlich Konstanz, Kohärenz, Normenbildung und Verbindlichkeit weisen die Beziehungsstrukturen in den Gemeinschaften eine große Vielfalt auf. Diese Merkmale entsprechen in wesentlichen Teilen der Definition von Marotzki (2002, 50 f.):

> Eine Online-Community ist somit ein auf der Basis computervermittelter Kommunikation vernetztes, vielfältiges, zu einem engmaschigen Netz verknüpftes Geflecht von persönlichen Beziehungen, das sich durch Interessenbezogenheit (und nicht durch verwandtschaftliche und/oder räumliche Nachbarschaft) konstituiert.

Mit den virtuellen Gemeinschaften sind neue Sozialräume entstanden, die in enger Wechselwirkung zu den sozialen Gruppen, den Gemeinschaften, den Kulturen und den Gesellschaften der realen Welt stehen. Von daher verwundert es nicht, dass virtuelle Gemeinschaften über den Rand der virtuellen Welt hinausgreifen und deutliche Bezüge zur realen Welt haben. Damit bezeichnet der Begriff ‚virtuelle Gemeinschaft' einen sozialen Raum im Internet, der von den Menschen mehr oder weniger regelmäßig und verbindlich zum Austausch von gemeinsamen Interessen und zur Herstellung bzw. Pflege von Kontakten genutzt wird. (vgl. Tillmann 2006, 43)

3 Online-Spielwelten: Spielgemeinschaften im Netz

Was sind die Merkmale einer ‚Online-Spielwelt'? Die virtuellen Räume einer solchen Spielwelt entstehen nicht nur durch Computer und Spielprogramme, sondern durch Netz-

---

[1] Eine umfassende Analyse der Strukturmerkmale von virtuellen Gemeinschaften findet sich bei Marotzki (2004, 83 ff.).

werke, die einer großen Anzahl von Spielern zeitgleich einen aktiven Zugang gestatten. Das Internet ermöglicht es, Online-Spielwelten entstehen zu lassen, die auf Längerfristigkeit angelegt sind. Solche virtuellen Spielwelten bestehen über Wochen, Monate, Jahre und entwickeln sich dabei weiter, dehnen sich aus und gewinnen an Komplexität. Das thematische Spektrum dieser ‚konstanten Online-Spielwelten' ist relativ breit. Es gibt Spielwelten zu verschiedenen Bereichen des Sports (vgl. Müller-Lietzkow 2006, 28 ff.; Babayigit et al. in diesem Band). Es finden sich Spielwelten, die es den Spielern zur Aufgabe gemacht haben, einen Kontinent zu besiedeln, wieder andere haben das Universum zum Spielfeld gewählt. Sehr beliebt und weit verbreitet sind die auf phantastische Rollenspiele angelegten virtuellen Spielwelten wie z.B. *World of Warcraft* (vgl. Seifert & Jöckel in diesem Band). Bei manchen Spielwelten ist die Teilnahme kostenlos, bei anderen ist ein Monatsbeitrag von etwa 10 bis 20 Euro zu entrichten. Die Besonderheit vieler Online-Spielwelten liegt vor allem in ihrer Konstanz:

> Im Unterschied zu den Videospielen, bei denen der Raum als Kampfarena in einer vorgegebenen Zeit abgegrenzt ist, hören die beständigen Spielwelten nicht auf. Die Spieler leben also dauernd miteinander im Spiel, gewissermaßen auch, wenn sie offline sind, so dass ihre Spielfigur und ihre Spielumgebungen weiter bestehen und auch von anderen angegriffen werden können, wenn sie nicht zugegen sind. (Nachez & Schmoll 2002, 7)

An diesen Spielwelten sind teilweise hunderttausende von Spielern weltweit beteiligt, die sich intern zu ‚Gilden', ‚Familien' oder ‚Allianzen' verbinden, um so den spielerischen Herausforderungen besser gerecht werden zu können. Diese Spielgemeinschaften bilden wesentliche Kernpunkte des spielerischen Handelns. Spieler schließen sich zu solchen ‚Gemeinschaftsstrukturen' zusammen und entwickeln, in Bezug auf das Spiel und teilweise weit darüber hinaus, soziale Bindungen. Die Aktivitäten der Spieler fließen in ein soziales Resonanzfeld ein, das die Spieler an das Spiel und die Mitspieler bindet. Es entstehen freundschaftliche Gefühle, die durch den Austausch privater Mitteilungen und durch ‚Geschenke' weiter ausgebaut werden. Virtuelle Spielgemeinschaften dämpfen Niederlagen und Beeinträchtigung im Spielprozess (Frust) und verstärken durch Lob und Anerkennung Spielerfolge und konstantes Spielverhalten. Sie sind in der Lage, die Frust-Spirale abzuschwächen und die Flow-Spirale zu verstärken (Fritz 2004, 236 ff.; Fritz 2006, 199 ff.).

Deutliche Hinweise auf die Bedeutung dieser Gemeinschaften für die Motivationsprozesse findet man in einer empirischen Untersuchung von Cypra (2005). Von den gut 11.400 Befragungspersonen waren mehr als 80 % Mitglieder einer Gilde. Entwickelt sich Vertrauen in die virtuellen Kontakte, steigt die Spieldauer. Bei denjenigen, die Vertrauen entwickelt haben, beträgt die Spieldauer durchschnittlich mehr als 32 Stunden in der Woche. Bei Gildenmitgliedern, die online keine Freundschaften geschlossen haben und den virtuellen Kontakten nicht vertrauen, liegt der Durchschnittswert ‚nur' bei 19 Stunden pro Woche. Diese Nutzungswerte können zwar aufgrund des Prinzips der Selbstselektion der Befragungsteilnehmer nicht verallgemeinert werden, man kann aber dennoch davon ausgehen, dass sich über die Online-Spielwelten eine Freizeitkultur entwickelt hat, die ein hohes Motivationspotenzial besitzt, weil sich in ihnen die Faszinationskraft der Computerspiele mit der Attraktivität virtueller Sozialkontakte verbindet. Eben weil die virtuellen Sozialkontakte so attraktiv sind, reichen sie vielfach über die virtuelle Spielwelt hinaus:

Die Grenze zwischen Spiel und Realität verschwimmt, wird durchlässig und die Komplexität der Interaktionen erlaubt die Herausbildung spontaner Formen von Gemeinschaftlichkeit, die allgegenwärtig sind. [...] Gilden und Imperien der beständigen Spielwelten [haben] ihre eigenen Websites [...], ihre eigenen Foren und sie organisieren gelegentliche Treffen in real life, z.B. in einem Café oder in der Wohnung eines Mitglieds. Auf jeden Fall lassen sich diese Gruppen und Gemeinschaften auch im Innern des Spiels häuslich nieder, wo sie Territorien besetzen, Königreiche und Einrichtungen gründen, und sich einem komplexen Spiel aus Kämpfen und Bündnissen mit anderen Gemeinschaften widmen. Hier wird die Grenze zwischen der Spielsphäre und der alltäglichen Realität noch durchlässiger durch die Zeit, die die Spieler damit verbringen, mit den anderen Spielern zu kommunizieren. [...] Sie telefonieren oder mailen sich außerhalb des Spiels. Auch offline besteht die Möglichkeit, vom Server über ihr Laptop von einer stattgefundenen Attacke auf ihre Einrichtungen benachrichtigt zu werden. Die Spieler tun in einer gegebenen Zeit und einem bestimmten Raum nichts außer spielen: Sie denken und reden über das Spiel jeden Tag in ihrem alltäglichen Leben. (Nachez & Schmoll 2002, 7)

4   Methode: Expeditionen in virtuelle Spielwelten

Um die beschriebenen Besonderheiten des Spielens in virtuellen Gemeinschaften besser verstehen zu können, wurde im Wintersemester 2005/06 im Rahmen eines Lehrforschungsseminars an der Fachhochschule Köln die Spielkultur des Onlinespiels *Ogame* und das spielerische Erleben durch die Methode der aktiven Teilnahme erforscht. Ziel war es, die Regeln und Normen der Spieler kennen zu lernen sowie deren Bräuche und Sitten, Sprache und Verständigungsmöglichkeiten zu erfassen (immersive Forschungsmethode). Jeder Teilnehmer hatte die Aufgabe, einen ,Expeditionsbericht' anzufertigen, ein Spieltagebuch zu führen und aktiv an der Beantwortung der Forschungsfragen mitzuarbeiten. Dazu gehörten z.B. Untersuchungen zu den verwendeten Namen und Bezeichnungen, Interviews zu den Erfahrungen mit dem Spiel, die Analyse der Bedeutung und Funktion von Allies[2], die Klärung der Motivation der Spieler und die Untersuchung genderspezifischer Aspekte.

Mit diesem Forschungsziel vor Augen nahmen mehr als 40 Studierende sowie zwei Lehrende der Fakultät für angewandte Sozialwissenschaften (Fritz und Misek-Schneider) an dem Feldforschungsprojekt (Virtual Field Research) teil.[3] Von Mitte Oktober 2005 bis Ende Januar 2006 traf sich das Lehrforschungsseminar regelmäßig einmal die Woche für 3 ½ Stunden im Plenum, um Forschungsfragen, Inhalte und Aufgaben zu besprechen sowie psychologische Theorien und spielpädagogische Ansätze zu erörtern, die für die Analyse von Computerspielen relevant sind. Darüber hinaus wurden aber auch Spieltechniken eingeübt und Spielerfahrungen ausgetauscht. Während des gesamten Semesters hatten die Teilnehmer die Möglichkeit, in der Hochschule *Ogame* zu spielen. Allerdings machten die wenigsten hiervon Gebrauch, sondern zogen es vor, zuhause zu spielen.

---

[2]   Dauerhafte Allianzen der Spieler.
[3]   Den Projektteilnehmern war es freigestellt, ob sie die Beobachtung offen oder verdeckt durchführen wollten. Einige gaben sich als Spieler mit wissenschaftlichem Interesse zu erkennen, andere thematisierten dies in ihrer Ally nicht.

5   Spieleigenschaften von und Spielergemeinschaften bei *Ogame*

Das Spiel *Ogame* gehört zu den ‚Massively Multiplayer Online Games' (MMOGs), und hier zur Gruppe der ‚Browser-Games', also zu den Spielen, die man über seinen Browser spielen kann, ohne dass man dazu ein Spielprogramm erwerben muss. Die Firma *Game-forge* betreibt dieses und einige ähnliche Spiele. Sie finanziert sich durch Werbeeinnahmen und durch die Möglichkeit der Spieler, sich durch einen relativ geringen Monatsbeitrag von den Werbeeinblendungen ‚freizukaufen'.

Ogame ist das weltgrößte browserbasierte MMOG, lokalisiert in 17 Sprachversionen und mit 2.4 Millionen Spieler weltweit (Stand: Mai 2006) der Spitzentitel auf dem Markt. Die Spielwelt von *Ogame* ist auf permanente Präsenz angelegt. Das bedeutet: Gleichgültig, ob der Spieler ‚in' der virtuellen Welt ist (online) oder sich in anderen Welten aufhält (offline), das Spiel geht immer weiter und fordert damit ständiges Dabeibleiben.

Wer wird von diesem Spiel angesprochen? Nach Angaben von *Gameforge* sind es vor allem ältere Jugendliche ab 16 Jahren und jüngere Erwachsene (42% sind zwischen 16 und 18 Jahren, 31 % zwischen 19 und 24 Jahren und 16 % zwischen 25 und 34 Jahren). Es sind überwiegend männliche Spieler. Der Anteil von 26 % weiblichen Spielern macht jedoch deutlich, dass das Spiel auch für Frauen von Interesse ist. Vor allem Schüler (54 %) und Studenten (17 %) spielen *Ogame*.

Der Zugang zu diesem Spiel ist einfach. Man benötigt nur einen internetfähigen Computer und einen Internetzugang. Nach der Einwahl über ogame.de hat man die Möglichkeit, sich für eines der über 50 Universen zu entscheiden und dort als ‚imperialer Herrscher' ein ‚Sternenreich' aufzubauen. Dies geschieht gemeinsam und in Konkurrenz zu Tausenden anderer Spieler, die in dem jeweiligen Universum ‚siedeln'. Der erste Eindruck, den man dann vom Spiel gewinnt, ist eher enttäuschend. Grafisch ist das Spiel unspektakulär. Es bietet als Oberfläche kaum mehr als eine Excel-Tabelle. Wenn man sich davon nicht abschrecken lässt, dann erwartet den Spieler jedoch ein spannendes, aufregendes, anstrengendes und vor allem zeitraubendes Spiel. Das Regelwerk ist sehr komplex und ausgefeilt. Es eröffnet eine Vielzahl von miteinander verbundenen Handlungsmöglichkeiten.

Die Regelstruktur von *Ogame* enthält vielfältige Spielelemente mit hohem Vernetzungsgrad. Kernaufgabe besteht darin, Rohstoffe und Energie auf dem eigenen Planeten zu gewinnen, um so die Erträge an ‚Ressourcen' kontinuierlich zu steigern. Dazu müssen Kraftwerke und Minen gebaut und ständig weiterentwickelt werden. Entwicklungsbeschleuniger wie ‚Robotfabriken' und ‚Nanitenwerke' werden notwendig, um dem Produktionsprozess ein höheres Tempo zu verleihen. Ein zentrales Element im Spiel sind die ‚Werften'. Hier werden Raumschiffe aller Typen und Verteidigungsanlagen gebaut. Und schließlich muss der Spieler daran denken, seine Forschungen voran zu treiben und dafür Forschungslabore bereit zu stellen. Verschiedene Labore können durch Forschungsnetzwerke zusammengeschlossen werden, um so die Innovationsgeschwindigkeit der Forschungen zu beschleunigen. Mit dem Spielelement ‚Terraforming' kann der Spieler die Ausbaumöglichkeiten seiner Planeten erhöhen.

Spielziel ist es, seine Planeten immer weiter zu entwickeln, eine starke Flotte zu besitzen und schier unüberwindbare Verteidigungsanlagen zu bauen, um so in der Spielbewertung einen möglichst hohen Rangplatz einzunehmen. Dafür steht dem Spieler eine Vielzahl von Handlungsmöglichkeiten zur Verfügung. Im Mittelpunkt des spielerischen Handelns stehen jedoch die Flottenoperationen: Ressourcen hin- und herschicken, und vor allem:

gegnerische Mitspieler angreifen, ihre Schiffe und Flotten vernichten, Planeten überfallen und Ressourcen rauben. Die Schwierigkeit des Entscheidungsprozesses besteht darin, dass alle Handlungen in sehr komplexe Wechselwirkungsprozesse eingebunden sind. Zur Realisation vieler Handlungen ist die Verständigung und Interaktion mit anderen Spielern notwendig.

Auf der obersten Ebene gibt es die Gemeinschaft aller Spieler, die sich in Foren generell über das Spiel äußert, Vorschläge zu den Regeln macht oder auf einem ‚Marktplatz' eigene Ressourcen zum Kauf anbietet. Auf der nächsten Ebene darunter gibt es die Gemeinschaft all jener Spieler, die gemeinsam in einem Universum spielen und hierbei die unterschiedlichen Aktivitäten entwickeln: von Handelsbeziehungen über das ‚Raiden'[4] bis zum Krieg. Innerhalb eines Universums gibt es zahlreiche Allianzen (‚Allies'), zu denen sich einzelne Spieler für gemeinsame Aktivitäten zusammenschließen können. Diese Allianzen sind die dritte Ebene der Vergemeinschaftung. Sie bilden die gruppendynamische und emotionale Kernstruktur von *Ogame*.

Innerhalb einer Allianz bilden sich Rangsysteme heraus. Je nach Punktestand werden (meist militärische) Ränge verliehen, vom ‚Rekruten' bis zum ‚Lordadmiral'. Die Mitglieder verteilen Aufgaben und Funktionen untereinander (Leader, Co-Leader, Außenminister, Kriegsminister, Innenminister). Die Gründer einer Allianz (häufig eine kleinere Freundesgruppe) übernehmen in der Regel auch die Organisation ihrer Allianz und regen die Interaktionen der Spieler untereinander an. Die Allianzen haben in aller Regel auch eine eigene Website, in der sie längere Texte zu ihren Spielaktivitäten veröffentlichen. Dabei kann es sich um Kampfberichte handeln, um taktische Erörterungen, um Aussprachen zur Meinungsbildung über die Aktivitäten der Allianz, um Handelsangebote und um vieles mehr.

Die Allianzen können von der Anzahl ihrer Mitglieder her sehr unterschiedlich sein. Es gibt ‚Massenallianzen' mit mehr als 20 Mitgliedern, bei denen die Bindungskräfte zwischen den Mitgliedern meistens gering sind. Dies sind eher lockere Zusammenschlüsse als feste Gruppen. Andere Allianzen entwickeln ein ausgeprägtes Normensystem mit klaren Verhaltenserwartungen an die Mitglieder. In solchen ‚Spitzenallianzen' kann man nicht einfach Mitglied werden. Man muss sich bewerben, Bewerbungsgespräche mit den Leitern führen und Mindestvoraussetzungen erfüllen (z.B. einen relativ hohen Punktestand haben). Erst nach einer ‚Probezeit' von mehreren Wochen wird man dann ‚Vollmitglied' – mit allen Rechten und Pflichten.

Es gibt Allianzen mit recht autoritären Strukturen (die Leiter bestimmen, wer Mitglied werden darf und wer die Allianz verlassen muss, wer Feind und wer Freund ist und was getan werden sollte). Das hört sich dann so an:

> Es gibt eine Neuerung in unserer Ally! Wir, die Leader, haben beschlossen, dass jedes Mitglied, das länger als 10 Tage unentschuldigt offline ist, gekickt wird! Wenn ihr also in den Urlaub fahrt, schreibt einen der Leader an und sagt Bescheid![5]

Andere Allianzen sind vom Grundsatz her sehr demokratisch organisiert. In wichtigen Fragen wird erwartet, dass sich alle dazu äußern und dass schließlich eine gemeinsame

---

[4]   Raiden bezeichnet den kurzfristigen Zusammenschluss von einigen Spielern mit dem Ziel, gemeinsam eine Aufgabe zu lösen, die ein Einzelspieler nicht lösen kann (zum Beispiel ein gemeinsamer Überfall).

[5]   Bei diesem und auch bei den nachfolgenden Zitaten handelt es sich um Äußerungen von Mitgliedern der Allies, in denen die Projektteilnehmer mitgespielt haben.

Entscheidung getroffen wird. Auch die Aufgaben und Funktionen werden nach einem Meinungsbildungsprozess verteilt.

Die emotionalen Bindungskräfte, die durch die Allianzen entstehen können, lassen sich zum Teil auch durch die Besonderheiten der primär textbasierten Kommunikation erklären. Da der visuelle Aspekt der Wahrnehmung in der virtuellen Spielgemeinschaft entfällt, führt dies dazu, dass die sozialen, alters- und geschlechtsspezifischen Unterschiede irrelevant sind. Dadurch und durch die gemeinsamen Spielabenteuer werden die Hemmungen aufgehoben, persönliche Dinge zu erzählen und den Spielpartnern den Status von ‚Freunden' einzuräumen. Es entstehen Beziehungen, die stärkere Bindungskräfte entwickeln können als z.B. Chat-Beziehungen.

Zum anderen werden bereits bestehende Beziehungen (zwischen Partnern, Freunden, Arbeitskollegen) in *Ogame* eingebracht. Die virtuelle Spielwelt wird zu einer gemeinsamen, die bestehenden Beziehungen stabilisierenden und ausweitenden Aktivität. Für eine junge Frau kann es beispielsweise vor allem deswegen attraktiv sein *Ogame* zu spielen, weil ihr Partner sich häufig dort aufhält und sie so ‚zusammen' sein können, obwohl sie sich im Moment an unterschiedlichen Orten aufhalten. Das verweist auf die mit *Ogame* verbundenen Übergänge zur realen Welt. Ein gutes Beispiel zur Struktur, zu den Interaktionen und zu den Bindungskräften von Allianzen gibt der ausführliche Erfahrungsbericht eines studentischen Mitarbeiters am Lehrforschungsprojekt:

> Nachdem ich in insgesamt drei verschiedenen Allies Mitglied war, habe ich festgestellt, dass je nach Ranking-Position der Ally die Kommunikation unterschiedlich ausgeprägt war. Als ich mit *Ogame* angefangen habe, war ich zunächst in einer Ally mit einem sehr niedrigen Punkteschnitt, die ich auch bald aus diesem Grunde verlassen habe, um mich einem besseren Bündnis anzuschließen. In dieser ersten Ally gab es kaum Kommunikation, was auch damit zusammen hängen könnte, dass es größtenteils neue Spieler waren, die noch nicht alle Funktionen und Kommunikationsmöglichkeiten von Ogame kannten. Oder es hing mit dem Mangel an Themen zusammen. Die zweite Ally, der ich angehörte, hatte bereits eine ausgeprägte Kommunikation, allerdings kam es hierbei häufig zu Streitigkeiten in der Führungsspitze, die aus einem Paar bestand. Nachdem sich die beiden Ally-Gründer dann im realen Leben getrennt hatten, löste sich auch die Ally auf, und ich begann erneut mit der Suche nach einer geeigneten Ally.
>
> Nachdem ich die beiden Male zuvor angeworben wurde, bewarb ich mich nun aktiv bei einer Ally aus den Top 10, der auch zwei Spieler aus meiner unmittelbaren Heimat-Planeten-Nähe angehörten. Bei dieser Ally war es nun nicht so, dass man einfach angenommen wurde, sondern ich musste zunächst ein Bewerbungsgespräch über das Chat- und Messangerprogramm ICQ absolvieren, bei dem ich über meine Kenntnisse, Flottenstärke und meinen Spiel-Stil ausgefragt wurde. Anschließend wurde intern abgestimmt und ich wurde aufgenommen.
>
> Schnell fand ich Anschluss an das Konzept der Ally, das mit sehr viel Kommunikation und Erfahrungsaustausch sehr zu meinen Vorstellungen passte. Man bemerkte sofort einen Unterschied zu den anderen Allies, denen ich zuvor angehörte. Dieses Mal waren nur erfahrene Spieler unterwegs. Einer der Spieler, der seinen Heimatplaneten in der Nähe meines Heimatplaneten hatte, nahm sofort Kontakt zu mir auf und bot mir seine ICQ-Nummer an. Ich stimmte natürlich zu, und von diesem Tage an unterstützte er mich mit all seinem Wissen und vielen Tipps. Er selbst ist ein sehr erfahrener Spieler, der schon in vielen anderen Universen gespielt hat, und somit konnte ich viel von ihm lernen.
>
> Der Kontakt zu meinem ‚Lehrer' und zur gesamten Ally wurde mit jedem Tag intensiver, und es wurde nicht mehr ausschließlich über das Spiel an sich geredet, sondern ebensoviel über private und freundschaftliche Dinge. Alle Lebensbereiche wurden nach und nach angesprochen, von Freundschaft über Wochenendaktivitäten oder berufliche Werdegänge.

Mittlerweile bin ich einer der am längsten aktiven Mitglieder in der Ally. Ich wurde von den anderen Mitspielern für den Diplomaten-Posten vorgeschlagen und anschließend gewählt. Somit habe ich nun nicht nur die Möglichkeit, über die Ally zu kommunizieren, sondern ich kann sie und ihr Grundgerüst aktiv mitgestalten und bestimmen. Die Verantwortung ist für mich persönlich damit noch gestiegen, und ich gehe längst nicht mehr nur zum Spielen online, sondern freue mich jeden Tag darauf, mit den anderen Jungs zu sprechen und neue Angriffe zu planen. Ich glaube, je länger und intensiver der Kontakt innerhalb der Ally wird, desto süchtiger kann man nach dem Spiel bzw. nach dem Drumherum werden. Es ist nicht nur der Spielspaß, der einen an den PC fesselt, sondern auch eine Art virtuelle Freundschaft. Auswirkungen auf mein Privatleben gab es bisher noch keine, abgesehen von einigen Tagen, an denen ich weniger Schlaf bekommen habe.

6   Inhalte und Interaktionsprozesse

Die motivationale Quelle für die Interaktionen und die Organisation des virtuellen Raumes sind die Gefühle der Spieler. Interesse, Freude, Stolz aber auch Angst, Trauer, Wut und Hass sind die ständigen ‚Begleiter' der Spielprozesse. Sie bestimmen das spielerische Handeln, entfalten Denkprozesse und sind entscheidend für die Motivation der Spieler, den Kontakt zu den Mitspielern aufzunehmen und weiter zu entwickeln. Ohne emotionale Impulse entwickelt sich kein Spielprozess und findet keine Interaktion der Spieler untereinander statt. Wie wichtig solche emotionalen Prozesse für das Spielerleben sind, soll im Folgenden veranschaulicht werden:

Das Regelsystem von Ogame entfacht die Emotionen, weil es die Spieler in die Spielprozesse ‚hinein' zieht, sie zu selbst bestimmten Akteuren in ihrem Spiel werden lässt. Virtuelle Spielwelten sind daher in besonderer Weise emotionstauglich. Der Spieler bleibt nicht Beobachter des Spiels. Der inhaltliche Kontext des Spiels wird zum Kontext des spielerischen Handelns dieses Spielers. Die durch den Spielinhalt vermittelten Emotionen sind seine Emotionen (vgl. Schmidt 2005, 36). Der Spieler in Ogame empfindet ‚wirklich' Wut auf seinen Gegner, der ihm die Flotte vernichtet hat: „Es ist zum Kotzen! Erst die Todessterne weg, dann jetzt wieder die gesamte Flotte. Alles verloren! Irgendwie kotzt mich das Ganze an, und dafür muss jetzt einer büßen!!"

In den Interaktionen mit den Mitgliedern der Ally werden diese Emotionen geteilt und lösen dann zumindest Überlegungen zu Vergeltungsaktionen aus. Oder es erfolgt der Hinweis: „Es ist doch nur ein Spiel." In gleicher Weise nehmen die Mitglieder emotional Anteil an Gefühlen wie Freude und Stolz: Wenn ein Spieler eine Schlacht gewonnen hat und den ‚Kampfbericht' veröffentlicht, wenn man (was sehr schwierig ist) einen ‚Mond' erhalten hat oder endlich einen ‚Todesstern' (die gewaltigste Waffe im Spiel) bauen konnte. Mit anderen Worten: In diesen Fällen bleiben die Emotionen ‚im' Spiel, sie werden als zur virtuellen Spielwelt zugehörig gerahmt. Sie verstärken jedoch die emotionalen Bindungskräfte innerhalb einer Ally und tragen dazu bei, dass sich die Spielmotivation nicht ‚abnutzt' und man dabeibleibt. Wie wichtig diese emotionale Beziehung für die Teilnahme am Spiel ist, zeigt dieses Zitat:

Mich interessieren auch nur eine Hand voll Spieler hier. Ich vermute mal, dass ich deswegen noch nicht mit *Ogame* aufgehört habe! Wenn man ehrlich ist, steckt man zuviel Zeit in das Spiel, die man sinnvoller nutzen könnte! Aber eine Hand voll Leute reichen halt aus, um weiter zu machen.

Je länger die Mitglieder einer Ally zusammen sind und je intensiver sich die Kontakte entwickeln, desto häufiger treten Interaktionen auf, die sich nicht auf das Spiel direkt beziehen, sondern den privaten Bereich thematisieren: Erlebnisse, Krankheiten, berufliche Probleme, politische Ansichten, Geburtstag, Reisen, Urlaub:

> JUHU!! Endlich Urlaub!! Falls ich nach Weihnachten ein klein wenig komisch bin, dann liegt es daran, dass mein Kleiner vorm PC sitzt! Meine Cousine aus Schweden kommt zu Besuch und da wollen wir ordentlich was unternehmen (Shoppen und so weiter). Frohes Weihnachtsfest!

Diese Interaktionen vertiefen freundschaftliche Emotionen und verstärken das Gefühl, dazu zu gehören. Das schließt den Wunsch nach Anteilnahme bei schwierigen Lebenssituationen mit ein:

> Hallo, weiß nicht, ob du es mitbekommen hast. Habe mich von meinem Mann getrennt. Schon Mitte September. Da wir noch einige Zeit zusammen wohnen, ist alles sehr stressig und schwierig dazu. Dementsprechend geht es mir auch. Deswegen bin ich auch solange schon im Urlaubsmodus. Gibt vieles zu erledigen. Ist wichtiger als *Ogame*. Hoffe dir geht es gut?! Liebe Grüße.

Scheidet jemand aus der Ally aus, der lange dabei und ein guter ‚Kumpel' war, löst dies emotionale Betroffenheit aus:

> Als erstes mal: Schade, dass du aufgehört hast, *Ogame* mit uns zu spielen. Wirst aber sicher deine Gründe haben und wie bekannt ist, geht das reale Leben vor. Kommst ja eventuell irgendwann mal wieder (der Hoffnungsschimmer bleibt also erhalten). Ich hoffe, dir geht es soweit gut und bei dir ist alles okay zu Haus?!

Aber auch Ärger kann mit dem Ausscheiden von Mitgliedern verbunden sein:

> K. spielt nicht mehr. [...] Er hat was Weibliches kennen gelernt, und das scheint zu klappen. Und dafür hat er alles hingeschmissen. [...] Ich hatte ihm zwar Bescheid gesagt, dass er wenigstens dir und den anderen hier Bescheid sagen sollte, tat er aber anscheinend nicht. [...] Ich bin auch der Meinung, dass man auch mit Freundin *Ogame* spielen kann. Er wohl nicht. [...] Schade!

Recht komplex können sich die Interaktionen mit Spielern *außerhalb* der eigenen Ally gestalten. Da geht es um Nicht-Angriffs-Pakte, Handelsbündnisse, Verteidigungsbündnisse und Angriffsvereinbarungen. Viele Spieler beschweren sich, wenn sie zu häufig angegriffen wurden, und bitten um ‚Schonung':

> Kannst Du mich bitte nicht mehr angreifen, denn wenn ich in zwei Stunden fünfmal von Gegnern wie dir angegriffen werde, habe ich keine Rohstoffe mehr, um mich irgendwie weiterzuentwickeln, und das ganze Spiel macht keinen Spaß mehr. Lass es also bitte, von mir aus auch nur über Weihnachten, aber hoffentlich für immer!

Oder etwas heftiger:

> Sag mal... langsam stinkt es mir bis obenhin!! Such dir gefälligst mal jemand anderen, okay? Ich hab es ohnehin schon schwer genug, da brauch ich nicht auch noch jemanden, der mich angreift!

Auch moralische Appelle sind möglich:

> Sag mal, findest du es gut, unserem Ally-Mitglied den ganzen Spielspaß zu nehmen? Es gibt doch noch andere Leute, die man raiden kann, oder?! Er ist echt kurz davor aufzuhören. Ich meine, wir sind ja machtlos gegen dich, oder irre ich mich da? Eine Gefahr geht ja von ihm nicht aus, oder? Lass jetzt mal von ihm. Er hat schon genug Punkte wegen dir verloren. Er ist doch noch mickrig im Vergleich zu dir. Macht dir so was Spaß? Such dir bitte einen anderen. Also bitte denk mal darüber nach.

Die Kriege sind ein nicht unwesentlicher Bestandteil von *Ogame*. Sie werden von typischen Interaktionsmustern flankiert: Drohungen, Erpressungen, Provokationen, Beleidigungen, Friedensvereinbarungen. Gerade hier zeigen sich machtvolle Emotionen. *Ogame* ist zwar ‚nur' ein Spiel und die Flotten und Ressourcen sind ‚nur' virtuell. Es bedarf jedoch eines großen zeitlichen Engagements, um entsprechend große Flotten bauen zu können. Die virtuellen Güter werden mit realer Lebenszeit bezahlt. Von daher lösen Verluste und Erfolge sehr starke Emotionen aus, die durch den ‚Resonanzboden' der Ally legitimiert und verstärkt werden. Die Bedeutung der Allianzen für die Spielmotivation ergibt sich aus der Anzahl und Unterschiedlichkeit der Inhalte der Interaktionsprozesse der Ally-Mitglieder untereinander, die in den oben genannten Beispielen deutlich wurde. In der nachfolgenden Aufstellung werden diese Kommunikationsformen noch einmal in einem systematischen Überblick dargestellt:

Spielbezogene Kommunikation

1. Kooperation bei Angriff und Verteidigung
2. Handel: Absprachen und Abwicklung
3. Hilfen und Unterstützungen geben und erbitten
4. Planung und Durchführung schwieriger und zeitraubender Aktivitäten
5. Gegenwärtige Lage/Spielstand darlegen

Spielbezogene Metakommunikation

1. Erläuterung eigener Absichten, Pläne der eigenen Motivation und des Engagements
2. Diskussion von Strategien und Mutmaßungen
3. Austausch über Normen und Regeln, Erwartungen und Verpflichtungen
4. Mitteilung von Emotionen, Stimmungen, Atmosphäre
5. Glückwünsche und Bedauern zum Spielverlauf zum Ausdruck bringen
6. Einschätzung von anderen Spielern. Verhältnis zu anderen Spielern und Allianzen klären
7. Meinungen und Gedanken über die Ally äußern

Realweltbezogene Kommunikation

1. Interne Konflikte zwischen einzelnen Mitgliedern
2. Persönliche und private Mitteilungen

Kommunikation zur Verknüpfung von Spiel- und Realwelt

1. Mitgliedschaft (Aufnahme, Ausscheiden, Abwerben)
2. Balance zwischen realer Welt und virtueller Spielwelt austarieren und dabei die eigenen Prioritäten verdeutlichen
3. Account sitten (d.h. die Planeten eines Mitspielers in seiner Abwesenheit verwalten)
4. Zeitabsprachen, Urlaubsankündigungen, Abmelden

7 Bindungskräfte und virtuelle Heimat

Das hohe Motivationspotenzial gerade der Online-Spiele weckt die Befürchtung, dass sich die Spieler in den virtuellen Spielwelten ,verlieren' könnten, dass sie darin abtauchten oder gar ,süchtig' werden. Inzwischen entwickelt sich eine Diskussion darüber, ob man exzessives Computerspielen mit bekannten stoffgebundenen Suchtformen gleich setzen könne.[6] Glaubt man verschiedenen Berichten, treten in China Formen exzessiven Computerspielens auf, die als so problematisch angesehen werden, dass ,Entziehungskuren' in einem Militärhospital durchgeführt werden.[7] Was ist von diesen Befürchtungen, Mutmaßungen und Berichten zu halten? Kann die Faszinationskraft virtueller Spielwelten bei bestimmten Bevölkerungsgruppen zu Erscheinungsformen der ,Sucht' führen?

Detaillierte repräsentative Daten zur Nutzung von Onlinespielen liegen bislang nicht vor. Einige Eindrücke, wie sich das Spielverhalten in unterschiedlichen Bevölkerungssegmenten darstellt, können aber die erwähnten Ergebnisse der Onlinebefragung von Cypra (2005) liefern. Demnach beträgt die wöchentliche Spieldauer bei den befragten Online-Spielern knapp 25 Stunden. „Teilt man die Spielerschaft nach drei Gruppen ein, dann spielen etwa 65 % des Gesamtsamples bis 29 Stunden in der Woche (Normalspieler), ca. 30 % spielen zwischen 30 und 59 Stunden in der Woche (Vielspieler). Die restlichen ca. 5 % verdienen sich mit einem Mindestkonsum von 60 Stunden in der Woche die Bezeichnung ,Hardcore-Spieler' (HS)." Die Erwerbssituation unterscheidet sich innerhalb der drei Spielergruppen. Unter den Normalspielern gibt es 3 % Arbeitslose, bei den Hardcore-Spielern sind es fast 24 %. Auch das Bildungsniveau ist bei den Hardcore-Spielern am geringsten, wobei es immer noch knapp über dem Bundesdurchschnitt liegt.

Wie sehen in dieser Untersuchung die Spieler selbst ihr Spielverhalten? Knapp 20 % aller Befragten bezeichnen sich selbst als süchtig. In Hinblick auf die Suchtfaktoren ,Entzugserscheinungen' und ,Kontrollverlust' schätzt der Autor der Studie 5 % aller Befragten (also mehr als 500 Spieler!) als ,süchtig' ein. „Diese oberen 5 % spielen im Durchschnitt 37,4 Stunden in der Woche." Dabei sind es vor allem Arbeitslose, geringer Gebildete und mit ihrem Lebensstandard Unzufriedene, die in Hinblick auf ihr Verhalten in virtuellen Spielwelten als ,süchtig' bezeichnet werden können.

Attraktive Spielstrukturen verstärken die Tendenz, sich voll und ganz auf das Spiel einzulassen und die sozialen Kontakte in der realen Welt deutlich zu vermindern. Dazu ein Auszug aus einem Bericht von zwei studentischen Mitarbeiterinnen am Lehrforschungspro-

---

[6]   Emily Singer: Droge Videospiel: URL: http://www.heise.de/tr/aktuell/meldung/ 66250 [1.10.2006]; www.dradio.de/sendungen/sprechstunde/449961 [1.10.2006].

[7]   Vgl. www.ndrtv.de/weltspiegel/200060108 [1.10.2006].

jekt Online-Spiele, die die Motivationskraft des Browserspiels *Ogame* als Feldforscherin-
nen, also durch aktive Teilhabe, untersucht haben:

> Wenn ein Spieler erfolgreich sein möchte und mehr Kontrolle und Sicherheit über seinen
> Account gewinnen will, dann muss er so häufig wie möglich online sein. Je weiter der Spieler
> im Spiel fortgeschritten ist, umso weniger kann er entscheiden, wann er online sein möchte.
> Stets und ständig müssen Flotten und Ressourcen in Sicherheit gebracht, Angriffe gestartet oder
> neue Bauaufträge ausgeführt werden. Dies fordert mit Sicherheit seinen Tribut an das normale
> Leben und zieht diverse Dinge nach sich. So kann es zum Beispiel zu Prioritätsverschiebungen
> und Ausrichtung des Tagesablaufes nach dem Spiel kommen. Dies haben wir am eigenen Leib
> gespürt. Auch uns war es teilweise nicht möglich, an spontanen Verabredungen teilzunehmen
> oder sich unerwartet irgendwo länger aufzuhalten. Dinge wie essen, einkaufen oder zur Uni ge-
> hen werden plötzlich nebensächlich, weil man stundenlang nur vor dem Rechner sitzen möchte.
> [...]
>   Eigene soziale Kontakte schrumpfen zusammen, dafür trifft man sich Online mit seinen Mit-
> spielern und Allianzkollegen und erörtert Probleme, die meistens das Spiel betreffen. Dem Spie-
> ler ist es somit nur noch schwer möglich, im realen Leben Dinge zu erleben, über die er sich mit
> seinen Freunden austauschen kann. Vom aktiven Spielprozess abgesehen, beschäftigt sich der
> Spieler auch in der Zeit, in der er nicht spielt, mit *Ogame*. Ständig überlegt man, ob man die ei-
> gene Flotte wohl richtig getimed hat und was man eventuell als nächstes bauen könnte. Dies
> könnte auf alle Fälle zur Folge haben, dass man im realen Leben auch teilweise unkonzentriert
> ist, was wiederum Auswirkungen auf den Job oder die Ausbildung haben kann.

Dieser Erfahrungsbericht macht deutlich, dass Online-Spielwelten, die auf Konstanz und
Präsenz angelegt sind und durch virtuelle Spielgemeinschaften sozial abgestützt werden,
nicht mehr nur eine ‚Spielkultur' sind, sondern zu einer ‚virtuellen Heimat' werden können.
In dieser ‚Heimat' erlebt der Spieler existentielle Gefühle. Er richtet sich in der Welt ein,
bildet Gewohnheiten aus, fühlt sich dort ‚heimisch' und entwickelt ein Empfinden, über die
reale Welt hinaus eine Existenz in einer virtuellen Spielwelt zu haben. Problematisch wird
dies, wenn es nicht mehr gelingt, diese virtuelle Existenz mit der realen Existenz angemessen auszubalancieren, wenn die auf die virtuelle Welt ausgerichteten Gewohnheiten so
zwingend und drängend werden, dass der Spieler sie nicht mehr abwehren kann und so
immer mehr Terrain in der realen Welt einbüßt.

Nach unseren Beobachtungen passiert jedoch sehr häufig genau das Gegenteil: Die reale Welt greift unhintergehbar in die virtuelle Welt ein: Die Spieler werden durch Schule,
Studium und Beruf so gefordert, dass keine Zeit mehr für *Ogame* bleibt. Man schließt in
der realen Welt intensive Freundschaften, die so befriedigend sind, dass die Attraktivität
von *Ogame* dagegen verblasst. In der Regel gelingt den Spielern eine angemessene Balance
zwischen der virtuellen Spielwelt und der realen Welt. Im günstigsten Fall ergänzen sich
die reale Welt und die virtuelle Spielwelt sogar. Die Kompetenzen des Spielers und sein
soziales Netzwerk erweitern sich durch die ‚Beheimatung' in Online-Welten. Die virtuellen
Kontakte verlängern sich ins Reale: Man trifft sich auch offline an Stammtischen oder be-
sucht einander. In diesem Fall bieten die virtuellen Allianzen gute Möglichkeiten, die eigenen sozialen Netzwerke zu erweitern. Die virtuellen Gemeinschaften können dann zu realen
Gemeinschaften werden.

Literaturverzeichnis

Cypra, O. (2005): *Warum spielen Menschen in virtuellen Welten. Eine empirische Untersuchung zu Online-Rollenspielen und ihren Nutzern.* Diplomarbeit an der Universität Mainz. URL: http://www.mmorpg-research.de.

Döring, N. (2003). *Sozialpsychologie des Internet. Die Bedeutung des Internet für Kommunikationsprozesse, Identitäten, soziale Beziehungen und Gruppen* (2.Auflage). Göttingen: Hogrefe.

Fritz, J. (2004): *Das Spiel verstehen.* Weinheim und München: Juventa.

Fritz, J. (2006): Zur Faszinationskraft virtueller Spielwelten. In: U. Dittler & M. Hoyer (Hrsg.): *Machen Computer Kinder dumm?* München: kopaed, 119 ff.

Höflich, J. R. (1995). Vom dispersen Publikum zu ‚elektronischen Gemeinschaften'. Plädoyer für einen erweiterten kommunikationswissenschaftlichen Blickwinkel. *Rundfunk und Fernsehen*, 43 (4): 518-537.

Marotzki, W. (2002): Zur Konstitution von Subjektivität im Kontext neuer Informationstechnologie. In: W. Bauer (Hrsg.): *Weltzugänge: Virtualität, Realität, Sozialität. Jahrbuch für Bildungs- und Erziehungsphilosophie 4.* Hohengeren: Schneider, 45-61.

Marotzki, W. (2004): Vom Lernen zur Identitätspräsentation – pädagogische Gestaltungschancen in virtuellen Räumen. In: W. Schindler (Hrsg.): *eLearning in der Jugendarbeit.* München: kopaed, 81-90.

Müller-Lietzkow, J. (2006): Leben in medialen Welten. E-Sport als Leistungs- und Lernfeld. In: *medien + erziehung*, (4), 28-33.

Nachez, M. & Schmoll, P. (2002): Gewalt und Geselligkeit in Online-Videospielen. *kommunikation@ gesellschaft*, 3, Beitrag 5.

Schmidt, S. J. (2005): Medien und Emotionen: Zum Management von Bezugnahmen. In: S.J. Schmidt (Hrsg.): *Medien und Emotionen.* Münster: Lit, 11-39.

Thiedecke, U. (2000): Virtuelle Gruppen. Begriff und Charakteristik. In: U. Thiedecke (Hrsg.): *Virtuelle Gruppen. Charakteristika und Problemdimensionen.* Wiesbaden: Westdeutscher, 23-73.

Tillman, A. (2006): Doing Identity: Selbsterzählung und Selbstinszenierung in virtuellen Räumen. In: A. Tillmann & R. Vollbrecht (Hrsg.): *Abenteuer Cyberspace.* Frankfurt: Peter Lang, 33-50.

3.4

Teamplay, Clanhopping und Wallhacker
Eine explorative Analyse des Computerspielens in Clans

Jeffrey Wimmer, Thorsten Quandt und Kristin Vogel

1   Einleitung: Spielen in Gemeinschaft – ein vernachlässigtes Forschungsobjekt

Für die Mehrheit der Jugendlichen und Kinder sind Computerspiele mittlerweile ein fester Bestandteil der Alltags- und Lebenswelt. Viele spielen nicht mehr nur überwiegend allein – negativ konnotiert als ‚Egomanen' – sondern auch verstärkt mit anderen. So entstehen neue Formen eines sozialen Spiels, z.B. Online-Spiele, mobiles Spielen oder LAN-Partys. Computerspiele fungieren damit quasi als digitale Version analoger Gesellschaftsspiele. Allerdings wurde dieser sozialen Einbettung des Spielens bisher wenig Aufmerksamkeit eingeräumt. Dem Kontext des Spielens kommt aus zwei Gründen große Bedeutung zu, einerseits weil der Computer als Medium und insbesondere die verschiedenen Computerspiele andere Eigenschaften als die klassischen Massenmedien aufweisen. Gerade das Merkmal der Interaktivität macht Computer(spiele) zu einer neuen Form von Kommunikation, die Alltagsleben und Identitätsprozesse der Spieler nachhaltig beeinflusst (vgl. grundlegend Krotz in diesem Band). Andererseits ist jegliche Form von Spiel immer auch mit sozialem Handeln verbunden. So sind gerade im Bereich der Onlinespiele eine Vielzahl sich selbstorganisierender Vergemeinschaftungsprozesse auszumachen. Diese reichen von losen und spontanen Zusammenschlüssen über genre- oder technikspezifische Spieler-Netzwerke wie z.B. die so genannten ‚Modder' (vgl. Behr in diesem Band) bis hin zu strikt organisierten und lang andauernden vereinsähnlichen Zusammenschlüssen wie den so genannten ‚Clans'. Jürgen Fritz (2003) spricht hier allgemein von „virtuell agierenden Spielgemeinschaften". In diesen Gemeinschaften können einzelne Computerspieler zusammen mit anderen Gleichgesinnten off- wie online interagieren, kommunizieren und insbesondere im Mehrspielermodus ihrer Leidenschaft nachgehen – dem Eintauchen in virtuelle Spielewelten.

Mit dem Begriff ‚virtuelle Gemeinschaften' werden soziale Gebilde im Internet bezeichnet, bei virtuellen Spielgemeinschaften handelt es sich entsprechend um eine spezifische Unterform. Die empirische Onlineforschung schreibt der virtuellen Gemeinschaft in der Regel folgende formale Eigenschaften zu: Ein Verbund von Menschen mit gemeinsamen Interessen, die mit gewisser Regelmäßigkeit und Verbindlichkeit auf computervermitteltem Wege Informationen austauschen und Kontakte knüpfen (z.B. Stegbauer 2001). Zur

Kommunikation innerhalb virtueller Gemeinschaften und nach außen werden verschiedene digitale Kommunikationskanäle – wie E-Mail, Chat und Foren – genutzt.[1]

Im spezifischen Kontext von Online-Computerspielen können nun abhängig vom Genre unterschiedliche „virtuell agierende Spielgemeinschaften" identifiziert werden, so z.B. die ‚Gilden' im Bereich der Online-Rollenspiele (wie bei *World of Warcraft*, *Ultima Online* usw.), die ‚Föderationen' bei den Online-Sportspielen (wie *Hattrick*, *Goalunited* usw.) oder die ‚Allianzen' bei den Browsergames (wie *Ogame*, *D-Wars* usw.).[2] Im Bereich der Ego-Shooter (wie *Doom*, *Quake* oder *Counter-Strike*) stellen die so genannten ‚Clans' den wohl populärsten und zugleich auch interessantesten Typus der Spielgemeinschaften dar, da die meisten Clans mittlerweile nicht nur Ego-Shooter, sondern auch andere Spielgenres für sich entdeckt haben.[3]

In der Anthropologie und Ethnologie werden mit dem Begriff *Clan* stammesähnliche und vormoderne Gemeinschaftsformen bezeichnet, die größtenteils auf Verwandtschaft und stark hierarchischen und autoritären Machtstrukturen beruhen (Gellner 1987). Im Alltagsgebrauch werden als Clans oft kriminelle Vereinigungen – als prominentester Namenspatron fungiert hier die Mafia –, aber auch Straßen- bzw. Jugendgangs bezeichnet. Diese Begriffskonnotationen des Clanbegriffs fanden sich gerade zu Beginn in den Namen der Online-Spielgemeinschaften wieder. So gaben sich zahlreiche Clans gewalthaltige Namen wie z.B. *Team Ultraforce*, *Walking Dead*, *Against all Authority* oder *Death Knights*. Allerdings haben sich in der Zwischenzeit viele Clans von diesen Bedeutungsdimensionen nicht nur in ihrer Namensgebung ironisch distanziert – so nennen sich aktuell führende Clans z.B. *Stofftiere Online e.V.*, *Mouse Sports* oder *Ninjas in Pyjamas*[4] – sondern auch inhaltlich. Selbst bei Teams mit martialisch klingenden Namen stehen vor allem das gemeinschaftliche Spiel (Teamplay) und der spielerische Wettbewerb gegen andere Clans (nichtsdestotrotz recht militaristisch Clanwars genannt) im Vordergrund (vgl. Warkus & Jacob 2003).

Clans sind ein interessantes Beispiel der sozialen Einbettung des Computerspielens, da sie potenziell nicht nur Raum für virtuelle, sondern auch für reale Kommunikations- und Gemeinschaftsprozesse bieten (z.B. Warkus & Jacob 2003, 32). Sie sind wie andere Spielgemeinschaften auch stark mit den jeweils genrespezifischen Spielkulturen (z.B. Lin et al. 2003) und bestimmten Jugendszenen (z.B. Wenzler 2003) verbunden. Allerdings wurde aus kommunikationswissenschaftlicher Perspektive bisher allein der Rahmen der Clanwettkämpfe – die LAN-Partys und die verschiedenen Internet-Spielewelten an sich – systematisch beschrieben (vgl. Hepp & Vogelgesang sowie Fritz in diesem Band). Kommunikations- und Interaktionsprozesse innerhalb von Clans sind empirisch wenig erforscht. Motive der Clanmitglieder sowie das soziale Handeln in Clans erschließen sich bislang allein aus

---

[1]   Diese Definition beinhaltet einerseits die Sichtweise von virtueller Gemeinschaft als einem Typus menschlicher Verbundenheit, der verschiedene Formen computervermittelter Kommunikation mit einbezieht und dadurch funktioniert. Andererseits ist computervermittelte Kommunikation aber auch als Voraussetzung für die Existenz einer virtuellen Gemeinschaft anzusehen.

[2]   Nicht nur die gemeinschaftlichen Selbstzuschreibungen variieren natürlich von Spielwelt zu Spielwelt. So nennen sich die virtuellen Spielgemeinschaften im Online-Rollenspiel *Star Wars Galaxies* anstatt Gilde „associations", bei *Final Fantasy XI* „linkshells". Auch die Sinnstrukturen virtueller Spielgemeinschaften unterscheiden sich je nach Spielgenre, teilweise aber auch zwischen Spielen eines Genres.

[3]   So spielt z.B. der *mTw*-Clan neben den Ego-Shootern *Counter-Strike* und *Quake* auch das Sportspiel *FIFA* und das Fantasy-Strategiespiel *Warcraft III*.

[4]   Für einen aktuellen Überblick über deutschsprachige und internationale Clans vgl. http://www.central-outpost.com/clans.php, http://forum.mods.de/bb/thread.php?TID=164341 oder www.e-sb.de → Wissen → eSport Teams in Deutschland.

Selbstbeschreibungen auf claneigenen Homepages[5] oder anhand journalistischer Deskriptionen (z.B. Wiemken & die pädagogen 2003; aus Clansicht vgl. TAMM 2001). Daher soll im vorliegenden Beitrag mit Hilfe leitfadengestützter Interviews die Faszination des Computerspielens in Clans aus Sicht der Clanmitglieder kommunikationswissenschaftlich exploriert werden.[6] Bevor wir uns aber der Methodik und den Ergebnissen der Studie zuwenden, wird kurz die Entwicklungsgeschichte des Clanspielens skizziert und das damit zusammenhängende Erkenntnisinteresse spezifiziert.

2   Die Entstehung der Internet-Clans und offene Fragen

Als Ausgangspunkt der Clan-Szene gilt gemeinhin die Entwicklung der so genannten ‚Ego-Shooter', die hauptsächlich auf dreidimensionaler Spielperspektive beruhen – allen voran das Spiel *Doom*. Dieses in einem Labyrinth angesiedelte Actionspiel erlaubte erstmalig das gemeinschaftliche Spielen nicht nur in lokalen Netzwerken (local area network oder kurz LAN), sondern auch global verbunden durch das Internet (wide area network bzw. WAN). War es vorher bei Ego-Shootern nur möglich, sich als Einzelkämpfer im Einzelspielermodus durch die Schwierigkeitsstufen zu schießen, fügte der nun mögliche Mehrspielermodus dem ‚Ballerspiel' eine soziale Dimension hinzu. Spieler konnten nun durch die ins Spiel integrierten neuen Kommunikationswege als Team versuchen das Spiel zu meistern, oder sogar gegeneinander anzutreten. Das Spiel übte daher von Beginn an eine ungeheure Faszinationskraft aus:

> Der Reiz dieser multiplayer-matches war so groß, dass nach dem Erscheinen von *Doom* in vielen vernetzten Büros die Arbeit zum Erliegen kam. Da nur die wenigsten Spieler privat über ein PC- Netzwerk verfügten, hat sich mit *Doom* auch ein neuer Bedarf für Spielmöglichkeiten im Netz aufgetan. Es gibt inzwischen spezielle Spielhallen, Mailboxen, und Internet-Sites, die ebenbürtige Gegner für *Doom*-Deathmatches zusammenbringen. Solche weltumspannenden Deathmatch-Turniere werden meist von begeisterten Spielern selbst organisiert. (Schindler & Wiemken 1997, 292; zit. n. Wenzler 2003, 18)

Die ansteigende Nachfrage führte dazu, dass die Spielindustrie von nun an eine Vielzahl von Spielen auf den Markt brachte, die ein netzwerkbasiertes Zusammen- oder Gegeneinanderspielen ermöglichte; darunter finden sich die *Quake*-Spielserie, *Half-Life* und – das aktuell populärste Spiel – *Counter-Strike*, die allesamt dem Genre des 3D-Ego-Shooter zum Durchbruch verhalfen (zur Entwicklungsgeschichte vgl. ausführlich Wiemken & die pädagogen 2003). Der Publikumserfolg dieser Spiele kann auf drei Faktoren zurückgeführt werden: (1) Technische Innovationskraft: Hinsichtlich Grafik und Netzwerkkompatibilität sind diese Spiele marktführend. (2) Modifikationsmöglichkeiten: Durch Editoren und andere Bearbeitungsprogramme können zahlreiche Elemente des Spiels beliebig von den Spielern umgestaltet werden. (3) Distributionswege: Seit dem (zensierten) *Doom*-Vorläufer *Wolfenstein 3D* sind viele der Spiele in vereinfachter Version als Shareware über das Inter-

---

[5]   Fast jeder Clan publiziert seine Spielphilosophie, Geschichte und die Steckbriefe einzelner Clanmitglieder im Internet.

[6]   Die Studie wurde im Rahmen eines Lehrforschungsprojekts an der Ludwig-Maximilians-Universität München im Wintersemester 2005/06 durchgeführt. Neben den Autoren dieses Beitrags waren noch die Studierenden Stefan Atanassov, Karen Grando und Steffen Müller aktiv daran beteiligt.

net erhältlich. Dadurch können die Spiele angespielt werden und der Kaufanreiz wird immens gesteigert. Vollversionen waren lange Zeit auch über die einschlägigen (illegalen) Internet-Tauschbörsen kostenlos zugänglich.

Die rasch entstandene Spielerszene hat sich inzwischen größtenteils in Clans ausdifferenziert. Auf organisierten Treffen (LAN-Partys), claneigenen Computernetzwerken oder über zahlreiche öffentliche Internetserver (public server) miteinander verbunden wird clanintern oder gegen andere Clans gespielt. Mittlerweile haben sich diese Art vernetzter digitaler Wettkämpfe unter dem Schlagwort ‚eSport' stark institutionalisiert und zum Teil sogar professionalisiert. So sollen über 35.000 bis 40.000 Clans mit geschätzten 1,5 Millionen Spielern allein in Deutschland existieren (Deutscher eSport Bund 2006). Unternehmen aus der Elektronik- und Softwareindustrie sponsern dabei große Clans und ermöglichen diesen beispielsweise Reisen zu Wettkämpfen in Übersee sowie die neueste technische Ausrüstung.[7] Es bestehen deutschland- und weltweit mehrere große Ligen, in denen Clanwettbewerbe professionell unter bestimmten Ligaregeln ausgetragen werden.[8] Dementsprechend definiert der deutsche ‚eSport Bund' (ESB) (2006b) Clans synonym mit Teams:[9]

> Als Team (Clan) wird eine Spielgemeinschaft bezeichnet, die sich organisiert, um gemeinsam an Turnieren oder Ligakämpfen im Online-und/oder Offline-Spielebereich teilzunehmen. Damit stellen diese Teams die primäre Form der Selbstorganisation von Spielern dar. Sie zeichnen sich durch gemeinsames Training und Wettkampf, aber auch u. a. durch weitere gemeinsame Aktivitäten, Freundschaften und das Betreiben einer eigenen Homepage aus.

Ausgehend von der Motivation des Spielens unterscheidet Wenzler (2003, 21) heuristisch drei Arten von Clans: (1) die „Fun-Clans", bei denen der Spielspaß deutlich im Vordergrund steht, (2) die „semiprofessionellen Clans", die sowohl auf Wettbewerb als auch Spielspaß ausgerichtet sind und (3) die „Pro-Gamer-Clans", die hauptsächlich den Spielerfolg suchen und dabei finanziell und technisch von Sponsoren unterstützt werden.

Diese Klassifikation von Clans sagt allerdings weder über die sozialen Interaktionen innerhalb und zwischen Clans etwas aus, noch über die individuellen Motive der Clanmitglieder. Daher bezieht sich das Erkenntnisinteresse unserer explorativ angelegten Studie auf die Frage, worin die Faszination der Clans nun konkret begründet liegt. Diese Frage erstreckt sich dabei auf fünf grundlegende Forschungsfragen:

1. Wie finden Online-Spieler den Zugang zu Clans und welche Motive spielen dabei eine Rolle?

2. Wie wirken sich die Lebensumstände der Spieler auf das Clanspiel aus und vice versa?

3. Welche Struktur- und Organisationsmerkmale empfinden die Clanspieler als wesentlich für das Clanspiel?

---

[7] So listet z.B. der deutsche *starComa*-Clan einen sogenannten *Headsponsor*, zwei *Mainsponsoren* und drei *Sponsoren* auf (www.starcoma.de).

[8] Zu den größten Ligen zählen u.a. *Electronic Sports League* (ESL) [www.esl-europe.net], *Leaguez* (LGZ) [http://www.leaguez.de], *Gamestar Clanliga* [http://clanliga.gamestar.de/], *Clanbase* [www.clanbase.com] und *CAL* [www.calleague.com] (vgl. umfassend http://esb.geetac.de/version2/de/pages/34.html).

[9] Streng genommen besteht ein Clan eigentlich aus mehreren Teams bzw. Squads, je nachdem wie viele unterschiedliche Spiele ein Clan spielt: Jedes Team bzw. Squad widmet sich einem Game, also z.B. *Counter-Strike*, *Quake* oder *Doom* usf. (vgl. Abschnitt 4.3).

4.   Welche Interaktionsmuster ergeben sich sowohl in der virtuellen als auch realen Welt
     zwischen den Clanmitgliedern?

5.   Welche gemeinsamen Regeln und Normen werden von den Clanspielern anerkannt,
     und wie wird auf Regelverstöße reagiert?

3   Methode: Planung und Durchführung der Untersuchung

Der Sinn und die Faszination des Onlinespielens in Clans kann forschungsmethodisch insbesondere durch die subjektiven Einschätzungen der Clanspieler und deren Interpretation
rekonstruiert werden, zumal die bislang nur begrenzten Erkenntnisse über den Forschungsbereich (s.o.) für ein qualitatives Vorgehen z.B. über Leitfadeninterviews sprechen. Unsere
Befragung erfolgte demgemäß qualitativ, da sie den Anspruch hat, die relevanten Strukturmerkmale, Kommunikationsprozesse und Deutungsmuster beim gemeinschaftlichem Clanspiel aus der Perspektive der Clanmitglieder zu beschreiben (vgl. Flick et al. 2000). Umgesetzt wurde die Befragung mit Hilfe teilstandardisierter Interviews, deren zugrunde liegen-
der Gesprächsleitfaden entsprechend der Gesprächssituation und dem jeweiligen Probanden
variiert wurde (vgl. Hopf 2002, 353 f.). Situativ wurde die Themenreichweite jeweils so
erweitert, dass die Befragten auch zu freien, assoziativen Stellungnahmen angeregt werden
konnten (vgl. Hopf 2002, 345). Vor allem die Frage nach den Gewaltwirkungen der Ego-
Shooter und damit verbunden die gesellschaftliche Akzeptanz des Clanspielens wurden in
diesem Kontext von den meisten Probanden thematisiert.[10]

Der Leitfaden war so ausgelegt, dass der Proband zuerst seine jetzige Lebenssituation
und sein Freizeitverhalten schildern sollte, denn es war davon auszugehen, auf diese Weise
rasch einen Erzähl- und Beschreibungsfluss auszulösen. Für den weiteren Gesprächsverlauf
empfahl sich ein schrittweiser Übergang von tendenziell leicht beantwortbaren Fragen hin
zu jenen Fragen nach dem Spielverhalten und den Spielgewohnheiten, die mehr Reflektion
erfordern, weil sie mehr Abstraktion vom Alltagshandeln und von persönlichen Einstellungen verlangten.

Da der Leitfaden – und damit die Erhebung – auf die wissenschaftliche Strukturierung
des Clanspiels abzielte, war es sinnvoll, auch die Auswertung darauf auszurichten. Für die
Auswertung der Interviews bot sich eine qualitative Auswertungsmethode an, die sich an
der interpretativen Auswertungsstrategie von Meuser & Nagel (1991, 455 ff.) orientiert.

---

[10]   Da der Gewaltaspekt nicht im Mittelpunkt unseres Forschungsinteresses steht, wird im Rahmen dieses
        Beitrags nicht detaillierter darauf eingegangen. Nur soviel: Obwohl die meisten Befragten angeben, dass in
        ihrem persönlichen Umfeld die Spielleidenschaft ausnahmslos akzeptiert werde, prangern sie durchgängig
        eine fehlende gesellschaftliche Akzeptanz an. Das kommt ihrer Meinung nach am stärksten bei der Frage
        zum Ausdruck, inwieweit die Ego-Shooter sogenannte Killerspiele und als Ursache von Gewalttaten einzu-
        schätzen seien. Alle Clanspieler zweifeln einen Zusammenhang stark an und vertreten die Meinung, dass die
        Clanspiele – allen voran *Counter-Strike* – nicht als Gewaltspiele abgestempelt werden dürfen. Allerdings
        sind die Clanspieler wenig selbstkritisch und bringen für die Sorgen der Gesellschaft wenig Verständnis auf.
        Counter-Strike sei schon seit vielen Jahren auf dem Markt und „[...] von der Optik und von den Sound-
        Effekten her so unrealistisch, dass man überhaupt keinen Bezug zur Realität herstellen kann." (Dimitri) Die
        z.T. gewalthaltigen Darstellungen seien allein dem Spielspass geschuldet. Die meisten Clanspieler fordern
        eine größere gesellschaftliche Akzeptanz für ihre Spiele vor allem darum ein, da es sich um eine Art Sport
        und nicht um ,hirnlose Ballerspiele' handele. Ben kommt zu einem plakativen Fazit: „Onlinespieler sind
        keine Freaks, sondern Leute, die ihren Sport betreiben und damit ihrer Leidenschaft nachgehen."

Tabelle 1:   Übersicht über die Befragten

Name[11]	Geschlecht	Alter	Wohnsituation	Bildung	Tätigkeit
Alex	männlich	19	bei Freund	Abitur, abgebrochenes Studium	Firma mit zwei Freunden
Andreas	männlich	17	eigene Wohnung	Realschulabschluss	Ausbildung zum Metallbauer
Ben	männlich	19	bei Eltern	Abitur	Ausbildung zum Fachinformatiker
Claas	männlich	17	bei Eltern	Schüler (Gymnasium)	Schüler
Daniel	männlich	21	bei Eltern	Abitur	Student (Wirtschaftsingenieurwesen)
Dimitri	männlich	22	seit drei Jahren eigene Wohnung	Abitur	Magisterstudium (HF: Anglistik)
Eddie	männlich	23	eigene Wohnung	Abitur	IT-Consulter, 50-60 St./Wo.
Florian	männlich	21	eigene Wohnung	Abitur	Berufsfeld: Fotofinishing, 35 St./Wo.
Frank	männlich	20	eigene Wohnung	Abitur	Marketing-Praktikum
Kevin	männlich	18	bei Eltern	Schüler (Gymnasium)	Schüler
Markus	männlich	19	in WG (Ferien bei Eltern)	Abitur	Student (BWL)
Michael	männlich	21	bei Eltern	Abitur	Student (Maschinenbau)
Otto	männlich	16	bei Eltern	Schüler (Realschule)	Schüler
Simon	männlich	18	bei Eltern	Schüler (Gymnasium)	Schüler
Tamara	weiblich	17	bei Eltern	Schülerin (Gymnasium)	Nebenjob bei Leiterplattenfirma
Theo	männlich	18	bei Eltern	Schüler (Gymnasium)	Schüler
Udo	männlich	17	bei Eltern	Schüler (Mittlere Reife)	Nebenjob mit 10 St. Arbeitszeit/Wo.
Yannick	männlich	18	bei Eltern	Schüler (FOS)	eSports (Nebenjob)

---

[11]   Die Namen sowohl der Clanspieler als auch der Clans sind anonymisiert.

Die verknappte, inhaltsgetreue Paraphrasierung aller Aussagen erfolgte weitgehend im Sprachstil des Befragten. Die Aussagen der Befragten wurden dann entlang der Forschungsfragen geordnet und miteinander verglichen. So konnten Gemeinsamkeiten festgestellt und übergeordnete Kategorien für den Aussagenvergleich festgelegt werden. Die – durch den Themenvergleich empirische – Generalisierung sollte letztlich das „Gemeinsame im Verschiedenen" des Clanspiels „begrifflich gestalten" (Meuser & Nagel 1991, 462).

Bei der Rekrutierung der Interviewpartner wurde darauf geachtet, dass sie aus verschiedenen Clans mit unterschiedlichen Spielzielen, Größen und Mitgliederzusammensetzungen stammen. Insgesamt konnten 18 Spieler für Interviews gewonnen werden, so dass es möglich ist, ein breites Spektrum unterschiedlicher Clanspieler in den Analysen zu berücksichtigen. Allerdings fallen zwei Einschränkungen ins Auge. Nur eine der 18 Teilnehmer ist weiblich, was aber zur generellen Unterrepräsentation weiblicher Clanspieler passt (Wenzler 2003, 26; vgl. aus qualitativer Perspektive Beavis 2005). Alle Befragten sind zwischen 16 und 23 Jahre alt, was allerdings ebenso dem Altersdurchschnitt von Onlinespielern im Allgemeinen und Clanspielern im Spezifischen entspricht (Wenzler 2003, 25; vgl. grundlegend Fromme 2003 und Livingstone et al. 2001). In Tabelle 1 werden die Befragten knapp im Profil gezeigt.

4   Auswertung: Hauptergebnisse der Studie

4.1 Zugang zu Clans und Motive der Clanspieler

Die erste Frage, die wir uns gestellt haben, ist die nach der Art des Zugangs der Onlinespieler zu Clans und welche Motive dabei eine Rolle spielen. Alle Befragten haben schon in der Schulzeit angefangen, Computerspiele zu spielen und waren dann auch sehr früh in Clans aktiv.[12] Der Großteil der Spieler ist über persönliche Kontakte, d.h. hauptsächlich über Schulfreunde oder Bekannte, erstmals auf das Clanspielen aufmerksam geworden. Folgerichtig waren viele der von uns befragten Spieler zuerst in Clans aktiv, deren Mitglieder größtenteils im lokalen Nahbereich angesiedelt sind. Auf den ersten Blick erstaunlich erscheint, dass einige Spieler zuerst durch den Vater mit Onlinespielen vertraut gemacht wurden. Allerdings geben diese Spieler auch an, dass ihre Väter auch als regelrechte Spiele-,Fans' zu bezeichnen seien, die in ihrer Jugend eine Vielzahl von Computerspielen ausprobiert hätten.

Die erste Clanmitgliedschaft ist allerdings nicht unbedingt von Dauer. Viele Spieler wechseln im Lauf ihrer Spielkarriere mehrmals den Clan, was von der Spielerszene oft missbilligend als ,Clanhopping' bezeichnet wird (z.B. Wiemken & die pädagogen 2003). Ein anderer Zugangsweg zu Clans führt über Kontakte im Internet bis hin zu Zufallsbekanntschaften in Internetcafes und damit gleich von Beginn an zu Clans, die überregional verankert sind.

Die Gründe für das Computerspielen in Clans sind im Allgemeinen durch individuelle Spielmotive und durch die Ausrichtung des jeweiligen Clans erklärbar. Bei vielen Clanspielern steht klar der Wettkampfcharakter im Vordergrund, wenn sie sich für einen bestimmten

---

12 Als eine rein technische Bedingung des Clanspielens erwies sich im Rahmen der Befragung die *Art des Zugangs zum Internet*. Alle Probanden geben an, dass sie erst mit dem Clanspiel begannen, als sie einen Hochgeschwindigkeits-Internetzugang (wie DSL) sowie eine Flatrate besaßen.

Clan entscheiden. Der Wettkampf institutionalisiert sich vor allem in vereinsähnlichen Strukturen mit oftmals festen Positionen der Clanspieler. Idealtypisch führt hierzu Andreas aus:

> Wenn man in einem Clan spielt, dann spielt man für einen Verein. In einem richtigen Sport spielt man ja auch lieber in einem festen Team, als mal nachmittags mal hier und da. Die meisten sind ja Teamspiele und da wird man besser, umso länger man miteinander spielt. Und da geht es nur ums Ergebnis.

Strikte Organisationsstrukturen bestimmen auch den Alltag der Clanmitglieder. Jeder Spieler hat bestimmte Positionen und Aufgaben inne, die nicht so ohne weiteres getauscht werden können. Dazu gehören auch feste Trainings- und Spielzeiten, von denen sich ein Clanmitglied regelrecht abmelden muss, falls es verhindert ist. Ganz wesentlich erscheint daran, dass der Wettkampf innerhalb und gegen andere Clans eine eigene Dynamik entfaltet und damit für einen kontinuierlichen Antrieb sorgt:

> Wenn man fünf Spiele in Folge verloren hat, dann kommt noch ein harter Gegner und man weiß, man ist nicht gut drauf, nicht motiviert, dann würde man am liebsten alles liegen lassen. Aber das sind so Situationen, da muss man sich wieder aufraffen und die machen es im Endeffekt auch aus, dass man so gut zusammenhält. (Florian)

Am deutlichsten stellt Frank den Zusammenhang zwischen Wettkampf und Spielfreude her:

> Ich muss sagen, dass das Spiel irgendwann schon ausgelutscht ist. Das heißt, wenn sich kaum was ändert, wird man vom reinen Spielen nicht viel Spaß raus ziehen. Der Spaß kommt am Ende dann durch den Wettbewerb zustande, oder der Wettbewerb ist das, was es ausmacht.

Auf den Wettbewerb angesprochen, stellen einige Befragten den Bezug zur Frage her, inwieweit die Ego-Shooter als ,Killerspiele' zu bezeichnen sind. Stellvertretend für alle betont Andi den Wettkampfgedanken, der die vordergründige Spielgewalt relativiere:

> Im Vordergrund steht doch das Teamspiel. Das Vokabular hört sich für Außenstehende sehr brutal an, aber wenn man spielt, nimmt man das nicht mehr so wahr. Man sieht keine Menschen, sondern nur Gegner. Es geht darum, zu gewinnen, und in der nächsten Runde lebt man wieder.

Der institutionalisierte Wettbewerb fasziniert die meisten Befragten vor allem aus dem Umstand heraus, dass das beständige Spielen sowohl direkt mit Verbesserungsmöglichkeiten der eigenen Spielweise als auch mit schnell erreichbaren Erfolgserlebnissen verbunden ist. Im Gegensatz zu realen klassischen Sportdisziplinen wie z.B. Fußball oder Schwimmen gestaltet es sich bei Computerspielen aus Sicht der Befragten wesentlich einfacher, sich zu verbessern und die eigenen Fähigkeiten aufzubauen. Die Befragten heben dabei die individuelleren Gestaltungsmöglichkeiten ihres (Online-)Sportspiels und die Tatsache hervor, dass der Erfolg größtenteils nicht von physischen Fähigkeiten abhängig ist. Idealtypisch führt Claas an, dass man als klassischer Sportler entweder gut oder schlecht sei. Bei Online-Computerspielen im Sinne des eSports sei hingegen ein schnelleres Erlernen als auch die Option, viele verschiedene „Disziplinen" (gemeint sind verschiedene Computerspiele) auszuüben, unabhängig von den (körperlichen) Grundvoraussetzungen der Spieler möglich. Einige Befragte bezeichnen sich selbst als Sportler bzw. als professionelle Spieler. Eine

Extremposition vertritt Dimitri, da er den Wettbewerb ins Zentrum seiner Spielmotivation stellt: „Wenn ich keine Möglichkeiten hätte, *Counter-Strike* zu spielen im Team um Geld oder um Erfolg, dann würde ich nicht mehr spielen. Ich spiele ja auch neben *Counter-Strike* keine anderen Computerspiele."

Neben dem Wettkampf ist das gemeinschaftliche Spiel als zweiter Hauptgrund für Clanbeitritte anzusehen. Für diese Motivlage ist die Ansicht von Alex typisch, der betont, dass das Spielen in der Gruppe (Multiplayer-Spiele) interessanter sei als das Spiel alleine (Singleplayer-Spiele). Für Alex sei der Wettkampfcharakter nicht so wichtig, da er primär aus Spaß spiele. Folgerichtig spiele er auch außerhalb seines Clans im Internet gegen andere Spieler, wenn aus seinem Clan niemand Zeit hat. Allerdings wird diese Art von freiem Spiel nicht von allen Clanspielern positiv bewertet: „Alleine macht es keinen Spaß, weil man mit irgendwelchen Leuten, die man nicht kennt, zusammen spielt. Die auf dem Public Server sind meistens sehr, sehr schlecht. Deshalb macht es im Team mehr Spaß." (Claas) Auch hier relativiert für viele Spieler ihr gemeinschaftliches Spiel klar die vordergründigen Gewaltdarstellungen:

> Es geht ja nicht darum, dass wir uns gegenseitig umbringen wollen, sondern dass wir ein Teamspiel spielen und Punkte holen wollen. Das Ziel dabei ist halt ab und zu jemanden zu töten, aber das ist nicht das eigentliche Ziel, sondern die Punkte zu holen. (Ben)

Nicht wenige Clanspieler sehen beide Spielmotive – Wettbewerb und Teamspiel – als gleich wichtig an. Eddie geht über die vorher genannten Motive hinaus und bezeichnet einen ehemaligen Clan sogar als eine Art „Online-Heimat":

> Aber der Clan war dann zu dem Zeitpunkt schon Ersatzfamilie. Es ist nicht so, dass meine Familie nicht da gewesen wäre, aber es war definitiv Ersatzfamilie, weil man da einfach aus allen Bereichen Leute kennen gelernt hat.

Dieser Befund korrespondiert mit den Selbstdarstellungen vieler Clans, die mit einer (postulierten) familiären und freundschaftlichen Ausrichtung dem Wettbewerbs- und Konkurrenzgedanken entgegenwirken möchten. So zitiert Dimitri den Slogan eines Clans: „Friendship lasts longer than skill."[13] Vereinzelt äußern sich Spieler aber auch kritisch über den oft exklusiven Charakter, den eine solche Gemeinschaft annehmen kann. Wie vorher Alex in einem anderen Kontext gibt daher auch Otto an, oft auch außerhalb seines Clans auf öffentlichen Internetservern zu spielen, um regelmäßig neue Leute kennenzulernen.

---

[13] Wiemken & die pädagogen (2003) führen in diesem Zusammenhang exemplarisch die Selbstdarstellung des *DLL*-Clans an: „Es sei erwähnt, dass wenn wir neue Mitglieder aufnehmen sollten, ganz besonders der Sinn dafür eine tragende Rolle spielt. Bei uns wird niemand ‚gekickt', ‚gedroppt' oder sonst etwas. Ein Clan muss unserer Ansicht nach auch der Bezeichnung ‚Clan' halbwegs gerecht werden, und darf sich nicht zur ‚Leistungs- und Ellenbogengesellschaft' entwickeln. Wenn wir auch nicht nur gewinnen, sind wir garantiert beste Freunde und Kameraden."

4.2 Alltagseinbettung des Clanspiels

Wie wir gesehen haben, hat die individuelle Biographie einen Einfluss auf die Entscheidung in Clans zu spielen; das gilt auch hinsichtlich der Computererfahrung. So haben alle Probanden sehr früh Zugang zum Computer und zum Internet gehabt und schon in der Schulzeit mit acht bis zehn Jahren angefangen zu spielen. Alle Clanspieler bringen sehr viel Zeit für (Online-)Computerspiele auf und vernachlässigen dafür auch mal ihre realweltlichen Verpflichtungen. Der typische Clanspieler hat Erfahrung mit einer Vielzahl von PC- und Konsolenspielen und dadurch auch mit recht unterschiedlichen Spielgenres gesammelt. Zum Computerspielen an sich sind die Befragten zum Teil durch Familienmitglieder, am häufigsten aber durch Freunde und Bekannte gekommen. Nicht nur an diesem Umstand zeigt sich die soziale Einbettung des Spielens, sondern auch daran, dass bei den Lieblingsspielen die Multi- und Single-Player-Spiele gleich oft genannt werden. Die Befragten verfügen allesamt über sehr gute Computerkenntnisse, und der Umgang mit Computern fällt ihnen leicht. Computerspiele üben dabei überwiegend eine sehr starke Faszination aus. So bekennt beispielsweise der 17jährige Claas: „Jetzt habe ich mich in ein Spiel verliebt; das spiele ich ziemlich oft und auch ziemlich gut."

Hinsichtlich der Wohnsituation macht es keinen Unterschied, ob die befragten Clanspieler zuhause wohnen oder schon ausgezogen sind. Auch diejenigen, die noch zuhause wohnen, haben das Gefühl, dass ihr Spielverhalten im sozialen Umfeld akzeptiert sei und dass sie alle dafür genügend Freiraum besitzen. Mehr noch: Gerade unter Betonung des eSport-Gedankens sei das Spielen in der Familie akzeptiert. Auch beim Freizeitverhalten vieler Spieler zeigt sich laut Selbstauskunft Normalität. Als Freizeitbeschäftigungen werden wie bei anderen Jugendlichen und jungen Erwachsenen auch das Weggehen mit Freunden, Musik hören, Kinobesuche etc. genannt. Exemplarisch dafür beschreibt der Schüler Udo seine Freizeitgewohnheiten: „Am Wochenende, das was halt jeder normale Mensch macht: Ausgehen, Discos, Kneipe. Mit den Freunden unterwegs sein." Einige Spieler geben allerdings an, dass der Computer das wichtigste Hobby darstellt. So verbringt der Gymnasiast Kevin die Hälfte seiner Freizeit vor dem Computer. Darüber hinaus besitzt die Clanmitgliedschaft einen umso größeren Einfluss auf das Alltagsleben, je intensiver gespielt wird und je höher die individuelle Clanposition ist. Wie bei jeder anderen vereinsähnlichen Beschäftigung müssen die einzelnen Spieler ihren Wochenablauf nach bestimmten Terminen ausrichten, z.B. nach den Trainingszeiten, wichtigen Turnieren etc. So wird das Weggehen oft auf das Wochenende verlagert, da unter der Woche die Trainingszeiten liegen, außer es finden am Wochenende Turniere statt. Der Student Markus berichtet von den Schwierigkeiten, Verpflichtungen im Alltag mit der virtuellen Spielwelt in Einklang zu bringen:

> Eigentlich kann ich es so legen, dass mich das Spielen nicht beeinflusst, aber vor wichtigen E-
> vents liegen ein Monat davor schon einige Arbeiten. Da muss ich zu Treffen da sein und mich
> nach dem Clan richten. Im Team ist es noch strenger. Ich kann das Training nicht ständig absa-
> gen, genauso wenig wie im Fußballverein.

Alles in allem ist die Feststellung nicht übertrieben, dass die Beschäftigung sowohl mit dem Computer als auch mit zahlreichen Computerspielen einen dominanten Lebensinhalt darstellt. So geben gerade die Spieler in semiprofessionellen Clans eine starke Computer- und Internetnutzung an, die teilweise in direktem Zusammenhang mit dem Spielen steht. So beschreibt z.B. die Gymnasiastin Tamara ihre Internetnutzung folgendermaßen: „Wenn ich

von der Schule heimkomme, wird erst mal der Rechner angemacht und eine Stunde lang
erst mal Seiten gesucht, die Foren gescannt und im ICQ gechattet." ‚Vielspielen' kann das
Alltagsleben aber noch weitaus stärker beeinflussen. So gibt Dimitri zu: „Während andere
Leute unter der Woche abends vielleicht ins Kino gehen, sitz ich zuhause und muss *Coun-ter-Strike* spielen." Ähnlich konstatiert der nun berufstätige Eddy eine Dominanz der virtu-ellen Spielwelt:

> Das ist auch ehrlich gesagt etwas, was ich im Nachhinein bereue, weil *Counter-Strike* einem
> nicht so wirklich was gibt. Ich hab nicht nur geplant, dass ich zu einer bestimmten Uhrzeit zu-hause sein muss, sondern ich hab versucht, alles andere außer *Counter-Strike* möglichst klein zu
> halten.

Es scheint aber, dass die meisten Clanspieler mit ihrem Lieblingsmedium und ihrer Leiden-schaft – dem Computerspiel – kompetent umgehen können. Das zeigt sich auch daran, dass
Spieler, die berufstätig sind, nicht mehr so aktiv spielen wie noch zur Ausbildungs- und
Schulzeit (Ausnahme von der Regel ist Florian, der trotz seiner Berufstätigkeit noch ein
begeisterter Clanspieler ist). Dieser Umstand führt auch zu der Vermutung, dass der Zu-sammenhang mit der jeweiligen Lebensphase sehr stark ist. Denn das Clanspielen ist sehr
zeitintensiv und zumeist sind es die Schüler und Studierenden, welche die aktivsten sind.

4.3 Struktur- und Organisationsmerkmale des Clanspiels

Die Spieler wurden auch danach gefragt, welche Merkmale des Clanspielens für sie persön-lich am wichtigsten erscheinen und welche Rolle dabei die Struktur- und Organisations-merkmale der Clans spielen. Erstaunlich ist, dass durchweg ähnliche Eigenschaften der
Clans angesprochen wurden.

Alle Befragten bewerten die Organisationsstruktur eines Clans allgemein als eine
wichtige Determinante für das individuelle Clanspiel. Allerdings wird dieser Einfluss durch
das Ausmaß des individuellen Commitments zu einem Clan modifiziert. Beispielsweise
stellt für Simon der Clan nur eine Möglichkeit dar, ab und zu online zu spielen, wenn er
Lust darauf hat. Ähnlich relativiert Alex den Stellenwert einer starren Organisation:

> Der Clan ist nicht so ausgelegt, dass man sagt, wenn du nicht da bist, wirst du aus dem Clan ge-schmissen. Das ist ein recht lockerer Zusammenschluss und wenn man mal nicht da ist, dann ist
> das auch kein Problem.

Bei den Spielern von semiprofessionell ausgerichteten Clans werden hingegen die festen
Trainingszeiten genannt. Hier werden beispielsweise neue Spielstrategien ausprobiert, zu-künftige Gegner unter die Lupe genommen etc. Im Clan von Dimitri ist es die offizielle
Zielsetzung, drei bis viermal in der Woche jeweils vier bis fünf Stunden zu trainieren.[14]
Interessant daran ist, dass diese festen Zuordnungen und die strikten Trainingszeiten an-scheinend von allen Befragten positiv aufgenommen werden. So meint Ben dazu: „Man
spielt ja auch kein Fußball alleine."

---

[14]   Realistisch erscheint Dimitri aber ein Trainingspensum von drei Sitzungen pro Woche mit jeweils drei bis
vier Stunden.

Alle Clans verfügen über gefestigte Strukturen mit einer strikten Rollenteilung und einer damit einhergehenden Rangstruktur. An oberster Stelle befindet sich das so genannte ‚Clan-Management'. Florian berichtet von seinem Clan, der über 50 Mitglieder umfasst:

> Das Clan-Management besteht aus vier Leuten: Sie kümmern sich um finanzielle Angelegenheiten, Sponsoren, Spielergehälter, Reisekosten etc. Daneben gibt es einzelne Teams für die verschiedenen Spiele (*Counter-Strike, Quake 4, War Craft 3* und *FIFA*). Jeweils ein Teamchef ist dafür verantwortlich, dass die Spieler überall hinkommen, ihre Hotels haben, regelmäßig trainieren. In jedem Team gibt es somit einzelne Spieler, die ausschließlich spielen. Alle anderen Aufgaben werden von den höheren Positionen übernommen.

Ähnlich beschreibt Markus die Rangstruktur seines Clans:

> Vorneweg steht der Clan-Leader, dann kommen zwei Co-Leader, die fast auf derselben Stufe stehen. Die letzte Entscheidung liegt beim Clan Leader. Darunter ist das Management, das für verschiedene Bereiche zuständig ist – einer kümmert sich um die Server, ein anderer macht Marketing, der dritte PR. Wiederum darunter befinden sich die verschiedenen Teams, wobei jedes Team einen Teammanager hat, der die organisatorischen Aufgaben übernimmt; darunter sind dann die einzelnen Spieler, von denen einer Teamcaptain ist. Er vertritt das Team nach außen und macht im Spiel die Ansagen.

Viele Befragte verweisen darauf, dass die Aufgabenverteilung auf freiwilliger Basis erfolge und sich nach den individuellen Fähigkeiten der Spieler richte. Diese hierarchische Organisation wird wenig hinterfragt, sondern viel mehr als leistungsfördernd akzeptiert. Dieses Credo verdeutlicht Kevin: „Der Clan ist auf jeden einzelnen angewiesen. Jeder muss ein bisschen was leisten." Je nach Position (Clan-Management, Teamchef und Teamspieler) erleben die Clanspieler ihren Spielalltag unterschiedlich. Florian ist ein Quake 4-Teamchef:

> Ich habe jeden Tag dafür zu sorgen, dass die Spieler trainieren und ordentliche Trainingspartner haben. Das beansprucht viel Zeit. Bei LAN-Partys mache ich den Kostenvoranschlag für das Management: Anfahrtskosten, Hotel, Eintritt buchen. Sonstige Aufgaben sind Interviews mit diversen Szene-Seiten o.ä. Dabei vertrete ich den Clan bezüglich meines Spieles nach außen hin.

Wird die Frage nach der ‚Richtlinienkompetenz' innerhalb von Clans gestellt, gehen die Meinungen auseinander. So betont Michael, dass bei strittigen Fragen Entscheidungen nicht vom Clan-Management getroffen werden würden, sondern das jeweilige Team selber entscheide. Simon relativiert hingegen, dass Entscheidungen, die das Team betreffen, zwar zuerst im Team getroffen, danach allerdings vom Management genehmigt werden. Fast alle Befragten stimmen eher der Position zu, dass in den meisten Clans allgemein viel von oben entschieden werde. Der Austausch von Meinungen und damit die Entscheidungsfindung würden zwar im claninternen Forum stattfinden, allerdings stelle der Clan-Leader oft die letzte Instanz dar. Die meisten Clanspieler äußern wenig bis keine Kritik an diesem stark hierarchisch erscheinenden Organisationsprinzip. So empfindet Eddie die soziale Struktur von Clans als recht basisdemokratisch, da der Clan-Leader doch kein „Diktator" sei und abgewählt werden könne. Nur Simon betont, dass er gerade aus diesem Grund schon mal den Clan gewechselt habe. Auch die einzige Frau (Tamara) äußert in ihrer Position als Teamchefin eher nur indirekte Kritik, da sie schon bestimme, „was bei den Mädels läuft". Sie hebt hervor, dass Entscheidungen mit den Mitspielerinnen abgesprochen seien. Diese

Art von demokratischer Vorgehensweise sei dazu da, um Frieden zu wahren. Allerdings würden die meisten Entscheidungen jedoch direkt vom Management des Clans getroffen.

Ein weiteres sensibles Organisationsmerkmal ist das der Finanzierung von Clans. Grundsätzlich existieren drei Finanzierungsmöglichkeiten: (1) die Gründung eines eingetragenen Vereins mit monatlichen und/oder jährlichen Mitgliedsbeiträgen, (2) eine private Lösung, hier steuert jedes Clanmitglied etwas bei (z.B. Technik, Server etc.) oder (3) das Sponsoring. Gerade letzteres hat im Rahmen der ansteigenden Professionalisierung in der Spielszene einen oftmals negativen Beigeschmack – und offenbar nicht ohne Grund. So berichtet Yannick, dass der Sponsor seines Clans das vertragliche Recht habe, sein Veto bei Clan- und/oder Teamentscheidungen einzulegen. Einige professionelle Clans versuchen dem schlechten Image des Sponsorings entgegenzuwirken, indem sie die Professionalisierung als notwendiges Kriterium für den Spielspaß bezeichnen.[15]

Die meisten Befragten sind mit ihrem derzeitigen Clan sehr zufrieden. Als diesbezügliches Credo nennt Kevin, dass man sich grundsätzlich entscheiden müsse, ob man eher einen Spaß- oder einen eSport-orientierten Clan präferiere, um danach seinen Clan auszusuchen. Als zentraler Problembereich wird von vielen der Clanwechsel angesprochen. Hier wird auch exemplarisch die Verschränkung von Clanorganisationsmerkmalen und den Motiven der Spieler deutlich. Generell ist die Verweildauer in Clans sehr kurz. Ein wichtiger Grund für den Wechsel des Clans ist die Verbesserung im eigenen Gameplay oder ein besseres Angebot. Wie ein Profisportler fühlt sich dementsprechend Dimitri:

> Wie das dann so ist, wird man besser und entdeckt Wege, wie auch beim Fußball, in eine bessere Mannschaft zu kommen. Man trennt sich von seinem alten Team und fängt an, die Grundsteine für die eigene Karriere zu setzen. Eine Karriere sozusagen in Anführungsstrichen.

Im Gegensatz dazu bekennt Theo, dass er aus Sicht der Clanleitung zu schlecht gewesen und deswegen zum Ausstieg aufgefordert worden sei. Als Reaktion habe er dann seinen eigenen Clan gegründet. Neben den unterschiedlichen Erwartungen an das Spiel und die eigene Motivlage sind es vor allem die manchmal problematischen Organisationsstrukturen, die einen Wechsel forcieren. So hat sich bei manchen Spielern gleich der ganze Clan aufgelöst, entweder aus persönlichen Streitereien oder wegen Organisationsproblemen. Simon erzählt in diesem Kontext von einem früheren, stark international ausgerichteten Clan, bei dem es höchst schwierig gewesen wäre, ein zeitgleiches Spielen der Clanmitglieder zu organisieren. Viele Spieler haben die Erfahrung gemacht, dass lokal verortete und aus Bekannten bestehende Clans tendenziell besser funktionieren. Bei den verschiedenen Antworten fällt auf, dass der Drang zum Clanwechsel mit der Höhe der Clanposition und

---

[15] Exemplarisch postuliert der *mTw*-Clan: „In letzter Zeit ist viel über das Thema pro-Gaming geredet worden. Dass der Begriff mittlerweile einen negativen Beigeschmack in der Szene hat, liegt an vielen Faktoren - die Liste der Vorurteile gegenüber pro-Gaming und alles, was damit in Verbindung steht, ist lang. Auch wir haben uns in der Vergangenheit deutlich von diesem Begriff distanziert und klar gemacht, dass pro-Gaming im Sinne von ‚mit Computerspielen Geld verdienen' ein Traum ist, der in absehbarer Zeit nicht zur Realität wird. Pro-Gaming bringt dennoch wie kein anderes Wort genau das auf den Punkt, wofür mTw als Clan steht. Professionalität im Umgang mit Medien und Sponsoren. Professionalität in Bezug auf Planung und Durchführung von Reisen zu internationalen Turnieren. Professionalität im Umgang mit der Community. Professionalität in der Struktur und Organisation des Clans in verschiedene Gruppen (Teams, Squads), die alle in erster Linie ein Ziel haben: Unser aller Hobby – sei es Q3 [Quake], UT [Unreal Tournament] oder *CS* [*Counter-Strike*] – auf eine höhere, eben professionellere Stufe zu heben." (http://www.mymtw.de/index.php?module=special&action=article_detail&articleID=84, 04.04.2007)

damit der Verantwortung und Kompetenz innerhalb eines Clans abnimmt und unwahrscheinlicher wird. So erfolgen Clanwechsel bei einfachen Teammitgliedern sehr häufig, bei Mitgliedern des Clan-Managements äußerst selten. Letztere versuchen eher die Clan-Strukturen den eigenen Interessen anzupassen.

Der konkrete Wechsel erfolgt über Foren oder über informelle Beziehungen; diesbezüglich führt Andreas aus: „Meistens geht das über Beziehungen. Es ist ja eine große Gesellschaft und viele kennen viele und alles ist ein großes Netzwerk." In diesem Kontext weist Frank auf einen nicht zu vernachlässigenden Faktor hin, der zur Beendigung der Clanmitgliedschaft führen kann - den Spielüberdruss: „Auch das beste Spiel ist nach fünf Jahren immer das gleiche. Ich hatte nicht mehr so Lust drauf." Jenseits der spielimmanenten Faktoren stellt natürlich auch die jeweilige Lebenssituation einen wichtigen Faktor dar (vgl. Abschnitt 4.2). So geben einige Spieler hier wiederholt an, dass sie das Clanspiel eingeschränkt hätten, weil sie z.B. ansonsten nicht mehr mit der Schule zu Rande gekommen wären.

4.4 Interaktionsmuster in der virtuellen und realen Welt

Uns interessieren in diesem Kontext vor allem die persönlichen Beziehungen, welche die Spieler in ihrem Clan suchen und auch erhalten. In der virtuellen Welt wird vor allem die direkte Spielkommunikation (z.B. in Form von Taktikabsprachen) als sehr wichtig eingestuft, da diese den Spielerfolg sicherstellt. Mehr noch: Einhellige Meinung ist, dass das heutige Onlinespielen ohne direkte Kommunikation nicht mehr möglich sei. Die Kommunikation erfolgt der Spieldynamik geschuldet weniger textbasiert als vielmehr über Sprach- und Chatprogramme wie v.a. *TeamSpeak*, *Ventilo*, *IRC* oder *ICQ*. Jenseits des ,Spielbetriebs', z.B. beim Management des Clans, läuft die virtuelle Kommunikation hauptsächlich über Foren ab, da diese zeitunabhängig sind (vgl. Abschnitt 4.3.). Manchmal werden auch Videokonferenzen z.B. über *Skype* veranstaltet.

Jenseits der computervermittelten Kommunikation kommen die Spieler am häufigsten im Rahmen der LAN-Partys mit ihrem aber auch anderen Clans in realweltlichen Kontakt. Dabei kommt stark der Sportgedanke zum Tragen, da diese Art Treffen sehr ernst genommen werden. So verdeutlicht Frank:

> Man muss sich auch im Klaren sein, auf was für ein Event man fährt. Man fährt hin um zu gewinnen, der Focus ist ganz klar auf dem Spiel. Man kann nicht den Abend vor dem Turnier noch dick Einen heben und erzählen, wie viel Frauen man jetzt seit dem letzten Event verführt hat oder so. So darf man sich das nicht vorstellen. Das ist schon sehr abgeklärt zum Teil.

Bei großen Clans ist es auch üblich, claninterne Jahrestreffen abzuhalten, einerseits um ein Resümee zu ziehen und andererseits das weitere Vorgehen zu besprechen. Allerdings gestalten sich die so genannten ,Clancamps' oftmals schwierig, da die Schüler unter den Clanspielern noch die Genehmigung der Eltern brauchen und auch die finanzielle Seite (v.a. Fahrt- und Übernachtungskosten) durchaus eine Rolle spielt. Öfters finden teamspezifische Trainingslager statt (die so genannten ,boot games'), wo neben Trainingsspielen auch „Party machen" (Florian) im Vordergrund steht. Außerhalb der jeweiligen Teams finden Treffen eher selten statt.

Das realweltliche Fundament der claninternen Kommunikations- und Interaktionsprozesse stellen die verschiedenen Teams eines Clans dar. Innerhalb eines Teams herrscht
untereinander ein hoher Bekanntheitsgrad – gerade da innerhalb der Teams die meisten
Kommunikationsprozesse ablaufen; wohingegen innerhalb eines Clans nicht unbedingt
jedes Clanmitglied die anderen realweltlich kennt bzw. kennen muss. Die Beziehungen im
realen Leben werden dabei recht unterschiedlich beurteilt. Erklärbar wird dies durch den
Grad der individuellen Beteiligung. Für Spieler, die sich mit dem Clan identifizieren und
viel Arbeit in ihr Hobby investieren, erscheint er wie eine Art Familie. Für andere Clanmitglieder geht es mehr um den Spielerfolg, den sie nur im Clan verwirklichbar sehen.

Trotz der unterschiedlichen Motive empfinden alle Befragten die Beziehung zu ihren
Mitspielern gerade innerhalb des jeweiligen Teams als überwiegend freundschaftlich. Das
zeigt sich auch daran, dass viele nicht mehr aktive Spieler regen Kontakt zu ihrem ehemaligen Clan haben. Den Kontext dieser Freundschaft beschreibt Ben:

> Im Prinzip hatte ich aber immer Leute im Team, mit denen man sich auch bis spät in die Nacht
> über andere Dinge unterhalten kann. Es ist schon eine freundschaftliche Ebene. Aber erst, wenn
> man sich ein paar Monate kennt und sich mehr unterhalten hat.

Daniel führt aus, dass für ihn die Teamkameraden auch nur Menschen seien, mit denen man
sich besser oder schlechter verstehen würde. Manche könne man als enge Freunde bezeichnen, manche weniger. Andreas geht in seiner Wahrnehmung der sozialen Nähe in Clans
darüber hinaus:

> Das was eine Freundschaft wirklich ausmacht, kriegt man eher hier im Internet als im wahren
> Leben. Im wahren Leben ist man noch von vielen anderen Dingen beeinflusst. Äußere Beein-
> flussung ist stärker im wahren Leben als im Internet.

Allerdings weisen auch einige Clanspieler darauf hin, dass sie eine freundschaftliche Ebene
(in der Realwelt) nicht besonders suchen, da für sie v.a. der sportliche Erfolg im Vordergrund steht. So betont Dimitri: „Da geht es nur darum, dass man im Team Erfolg hat, alles
andere ist nebensächlich. Von daher würde ich sagen, dass die Bindung an meine Teamkameraden virtuell ist." Auch Frank sieht die realweltlichen Beziehungen eher als zweitrangig
an: „Man muss auch verstehen, dass wenn man jede Woche vier mal vier Stunden miteinander trainiert, dass man irgendwann auch ein bisschen zuviel von den anderen hat." Der
Clan wird in diesem Kontext zugespitzt nur als eine Art ‚Kontaktbörse' für Spielgemeinschaften gesehen, die sich auf den zum Spiel nötigen Kontakt beschränkt. Dass es vielen
Spielern aber um mehr als reines Spielen geht, illustriert die Aussage von Yannick: „Ich
war jetzt eine Zeit lang in der *EPS teamless* [Liga für Spieler ohne Clanmitgliedschaft], und
da sind die Motivationen arg im Keller, wenn man alleine trainieren geht. Da hat man keinen zum Talken während dem Training."

Wendet man sich nun den von Yannick angesprochenen Gesprächsthemen der Clanspieler zu, wird man auch hier mit recht unterschiedlichen Einschätzungen konfrontiert. Bei
einigen Spielern dominiert die virtuelle Spielwelt die Gespräche, da sie größtenteils um die
Clans und das Spielen kreisen. Eddy kommt daher zu einem eher pessimistischen Fazit:

> Eigentlich ist die Trennung zwischen Alltag und Spiel völliger Blödsinn, weil die Leute so intensiv spielen, dass das ihr Alltag ist. Man redet nicht über das Computerspiel. Man redet über den Alltag im Computerspiel. Da bilden sich ja Welten. Das ist dann eine Ersatzgesellschaft.

Andere Spieler sehen das Verhältnis genau andersherum und betonen, dass das gemeinsame Spielinteresse nur der Einstieg für die Kontaktaufnahme sei und sich dann automatisch auch andere gemeinsame Gesprächsthemen ergeben würden; so verdeutlicht z.B. Tamara: „Man spricht schon oft über *Counter-Strike*, weil das ja eine Sache ist, die einen verbindet. Aber es kommen auch andere Gespräche zustande." Als Zwischenfazit kann man hier festhalten, dass die Clanorganisation nicht nur auf die Gesprächsthemen, sondern auch auf die Art der Beziehungen einen starken Einfluss ausübt. Diese Interaktionsprozesse verdeutlicht Tamara an ihrer Clanbiographie:

> Es ist immer eine Entwicklung gewesen. Gerade am Anfang war es unpersönlich, weil man mit irgendwelchen Leuten gespielt hat, zumindest ich. Dann ist es wieder deutlich persönlicher geworden, in den kleinen Teams, die direkt aus dem Freundeskreis bestanden. Als es dann wieder professioneller wurde, war es ein Mittelweg.

Alles in allem kann man an den Antworten der Clanspieler erkennen, dass viele klar zwischen Bekanntschaft und Freundschaft im Spielbetrieb und im realen Leben differenzieren.

4.5 Regeln und Normen des Clanspiels

Clanspieler nennen wichtige Konventionen vor allem hinsichtlich des Spielablaufs, z.B. verschiedene virtuelle Benimmregeln, die Dimitri mit dem Händeschütteln nach einem Tennismatch vergleicht. Am symbolischsten sind dabei Höflichkeitsformen für den jeweiligen Beginn und das Ende eines Spiels, wie z.B. der Glückwunsch zum guten Spiel („gg" – good game). Diese Konventionen sind zwar obligatorisch, allerdings ist deren Stellenwert umstritten. So schätzt Daniel sie nur als nebensächlich ein:

> Höflichkeitsformen sind nicht so wichtig. Es wird aber schon bemerkt, wenn jemand nicht viel Spaß wünscht. Am Ende des Spiels kommt es auch mal vor, wenn man z.B. verloren hat und sich ärgert, dass man dann einfach vom Server geht und gar nichts sagt. Es ist nicht sehr schlimm, man ist es gewöhnt.

Die meisten Clanspieler – und hier macht es keinen Unterschied, ob es sich eher um Spaß- oder semiprofessionelle Spieler handelt – versuchen allerdings das Spiel ‚sportlich' zu beginnen und zu beenden. Für den semiprofessionellen Clanspieler Markus ist die Einhaltung von bestimmten Benimmregeln ein Zeichen von Teamfähigkeit: „Man muss sich Leuten gegenüber so verhalten, als hätte man sie tatsächlich gegenüber, und darf sich nicht hinter dem Computer verschanzen."

Die großen Clans und ebenso die meisten Ligen besitzen darüber hinaus konkrete und ausformulierte Verhaltenskodizes, die das Spiel zu regeln versuchen. Die meisten Regelungen richten sich gegen Spielbetrüger (die so genannten ‚Cheaters').[16] Das Cheaten wird im

---

[16] Das Cheaten erfolgt zumeist mit zusätzlichen Computerprogrammen. So gibt es im Falle von *Counter-Strike* Hilfen, die es ermöglichen, die Wände des Spielfeldes auszublenden, das sogenannte ‚Wallhacking'.

Allgemeinen zwar von allen Clanspielern explizit verurteilt und als gewichtiges Problem bezeichnet.[17] Allerdings wird der Spielbetrug gleichzeitig oft auch als unvermeidlich angesehen und damit zusammenhängend implizit relativiert. Erstaunlich ist dabei die häufig von den Befragten geäußerte Analogie zum traditionellen Sport: „Ist genau wie bei anderen Sportarten. Fürs Cheaten gibt es viele Motive. Leute sind nicht so gut, wollen aber so gut sein, wollen Anerkennung." (Daniel) So nehmen viele Clanspieler an, dass mit einer Zunahme des Wettbewerbs auch die Häufigkeit und die Schwere des Spielbetrugs zunehmen werden. Bei erwiesenen Regelverstößen werden sowohl von den Spielligen als auch von den Clans Spielsperren gegen Spieler oder Teams ausgesprochen, die bis zu fünf Jahre dauern können, was von einigen Spielern als ,lebenslänglich' beurteilt wird.[18]

Neben der Aufrechterhaltung eines einwandfreien Spielbetriebs dienen die Verhaltenskodizes auch der Steigerung des Ansehens und der ,Professionalisierung' einzelner Clans und umfassen dabei mehrere Aspekte. Yannick illustriert diese Richtlinien an den Vorgaben seines Clans:

> Spieler müssen Verträge unterschreiben, die auch Benimmregeln enthalten: Kein Alkohol, Tabak, oder Drogen bei Sachen, wo man den Clan repräsentiert. Außerdem wird die Trainingsteilnahme festgelegt. Dazu gehört auch: keine Flames in IRC oder Games; zum Gegner nett sein, auch wenn man verliert.

Für viele Clanspieler ist das Cheaten und Flamen[19] durch die Anonymität des Online-Spielens erklärbar. Idealtypisch für diese Position ist die Einschätzung von Andi:

> Anonymität bringt einen dazu so zu handeln: wenn man im wahren Leben Stress hat, kann man da [im Spiel] seine Aggressionen rauslassen; jeder verhält sich anders, als er es im richtigen Leben tun würde - nicht unbedingt negativ, aber anders. Ich selbst habe auch diese Erfahrung gemacht und die Freiheiten voll ausgekostet, sollte jeder mal machen, macht Spaß.

In diesem Zusammenhang betont Eddy das Alter vieler Clanspieler und schätzt die Anonymität als Spielfaktor ambivalent ein, da sie sich kontextuell als hilfreich erweisen könne:

> Anonymität ändert etwas an der Kommunikation und das hat auch etwas mit dem Alter zu tun. Viele sind zwischen 12 und 16 Jahre und stecken mitten in der Pubertät. Sie denken, sie sind superanonym und führen sich auf [z.B. Flaming]; Anonymität hat aber auch Vorteile. Leute, die im richtigen Leben vielleicht nicht so selbstbewusst auftreten, haben online bessere Möglichkeiten sich zu entwickeln, jeder wird unvoreingenommen beurteilt, die Äußerlichkeiten fallen weg, jeder kann sich geben wie er ist.

Eine Ausnahme stellt Tamara als einzige von uns befragte weibliche Clanspielerin dar, da sie den Stellenwert der Anonymität in Abrede stellt:

> Nein, weil ich mich eigentlich im Verhalten zu meinen Internet-Freunden und zu meinen anderen Freunden nicht unterscheide. Ich bin zu denen nett und ich bin zu anderen nett; und nur, weil ich die persönlich nicht sehe, heißt das nicht, dass ich mich da anders verhalten kann.

---

[17] In der *Electronic Sports League* wurden z.B. im Frühjahr 2007 allein in zwei Wochen 60 Clanspieler des Spielbetrugs überführt und gesperrt. (http://www.esl.eu/de/news/38333)

[18] Allerdings können solche Bestrafungen teilweise durch das Einrichten neuer Accounts umgangen werden.

[19] Mit ,Flamen' wird das Beschimpfen anderer Spieler in Chatrooms oder Foren bezeichnet.

5   Diskussion und Ausblick

Clans sind ein eindrucksvolles Beispiel für die soziale Einbettung des Computerspielens. An diesem Fallbeispiel virtueller Spielgemeinschaften wird die Verschränkung realweltlicher und virtueller Kommunikations- und Interaktionsprozesse besonders deutlich. Unsere Befunde hinsichtlich der Motive und der Vergemeinschaftung der Clanspieler verweisen auf eine teilweise weit reichende Integration der Spielewelt in das Alltagsleben.

Das Clanspielen oszilliert aus Sicht der Befragten stets zwischen Spaß und Ernst. Die Clans sind daher zwischen Hobby und semiprofessionell betriebener Sportart einzuordnen, wobei letzteres dem Selbstverständnis der meisten von uns befragten Clanspieler entspricht. Dementsprechend tragen laut Einschätzung der Befragten sowohl die Leistung im Wettkampf als auch die Freundschaft zwischen den Clanmitgliedern zum Funktionieren eines Clans bei. Die meisten Clans wiederum haben beides – den Leistungs- und den Gemeinschaftsgedanken – zu ihrer Zielsetzung gemacht. Es wurde wiederholt deutlich, dass viele Clans noch einen regelrechten Pioniercharakter haben. Für aktive und engagierte Clanmitglieder ergeben sich damit Gestaltungsmöglichkeiten nicht nur bezüglich des Spielablaufs, sondern auch hinsichtlich der sozialen und kommunikativen Clanorganisation.[20]

Das Clanspielen ist in Deutschland sicherlich noch ein soziales Randphänomen, sowohl vom quantitativen Umfang der damit befassten Personengruppe als auch von der öffentlichen Thematisierung her. Andererseits zeigen Beispiele aus anderen Ländern (wie z.B. Korea), dass sich das gemeinschaftliche Spielen durchaus zu einer Art Sport entwickeln kann, der auch gesellschaftlich anerkannt wird. Insofern sind Clans in gewisser Weise die Fortführung von Gemeinschaftsstrukturen, die im klassischen Sport als ‚Vereine' schon eine lange Geschichte haben. Da die Organisation und Interaktion aber größtenteils im Virtuellen stattfinden, ergeben sich – wie oben gezeigt – neue Spezifika. Hiermit sind für die Spieler Chancen verbunden (z.B. die soziale Integration in Gemeinschaften, in denen körperliche Voraussetzungen und physische Leistungsfähigkeit kaum eine Rolle spielen), andererseits aber auch gewisse Risiken (z.B. hoher Zeitaufwand kombiniert mit starker Bindekraft der Tätigkeit, was mitunter bis hin zu suchtartigen Tendenzen führen kann). Unsere Studie konnte zeigen, dass die Ausgestaltung des Clanspielens dabei höchst unterschiedlich erfolgen kann, somit auch je nach persönlichen Voraussetzungen und individuellem Handeln unterschiedlich positive und negative Auswirkungen zu konstatieren sind.

Interessant ist in diesem Zusammenhang, dass die in der Öffentlichkeit meist thematisierten Gewaltinhalte von Actionspielen bei den Clanspielern – zumindest in der eigenen Sicht auf ihr Tun – kaum eine (positive wie negative) Rolle spielen: Spielmechanik und Mehrspieleroptionen erscheinen deutlich wichtiger als realistische Darstellungen von Gewalthandlungen. Die öffentliche Diskussion über Gewalt wird eher als ein generelles Missverständnis in Bezug auf das Clanspielen angesehen, welches in unseren Interviews zum Teil als Ärgernis oder sogar Bedrohung des eigenen Hobbies thematisiert wurde. Die Zukunft des Clanspielens und seine gesellschaftliche Anerkennung wird sich aber wohl genau über die Darstellungsweisen und Grundprinzipien der Spiele entscheiden, insofern bedarf es auch der Aufklärung auf beiden Seiten: Die Clanspieler müssen erkennen, dass ein für sie – zumindest nach eigenen Aussagen – wenig zentraler Aspekt des Spielens (Gewalt) die öffentliche Wahrnehmung bestimmt, und somit evasive Kommunikationsstrategien oder die

---

[20]   Ein Beispiel ist die Clanbiographie von Tamara, die aufgrund männlicher Vorurteile ihr eigenes, rein weibliches Team gegründet hat.

Trivialisierung der Gewaltdarstellungen ihrer eigenen Sache nicht dienlich sind. Die Öffentlichkeit benötigt hingegen mehr Kenntnisse über das Clanspielen, um auch zu verstehen, mit welcher Art von Phänomen sie es hier zu tun hat – und hier muss auch die (Kommunikations-)Wissenschaft zur Aufklärung beitragen.

Literaturverzeichnis

Beavis, C. (2005): Pretty good for a girl: gender, identity and computer games. In: *Proceedings of DiGRA 2005 conference: Changing views – Worlds in play*. Online unter http://www.digra.org/dl/db/06276.30483.pdf (04.04.2007).

Deutscher eSport Bund (2006a): *Jahrbuch 2005*. Online unter http://www.e-sb.de → Veröffentlichungen → Jahrbuch (04.04.2007).

Deutscher eSport Bund (2006b): *Definition Team (Clan)*. Online unter http://www.e-sb.de → Wissen (04.04.2007).

Flick, U., von Kardoff, E. & Steinke, I. (2002) (Hrsg.): *Qualitative Forschung. Ein Handbuch*. Reinbek: Rowohlt.

Fritz, J. (2003): *Ich chatte also bin ich. Virtuelle Spielgemeinschaften zwischen Identitätsarbeit und Internetsucht*. Online unter http://snp.bpb.de/referate/fritzvsg.htm (04.04.2007).

Fromme, J. (2003): Computer games as a part of children's culture. In: *Game Studies*, 3(1). Online unter http://www.gamestudies.org/0301/fromme/ (04.04.2007).

Gellner, E. (1987): *The concept of kinship: And other essays on anthropological method and explanation*. London: Blackwell.

Hopf, C. (2002): Qualitative Interviews – ein Überblick. In: U. Flick, E. von Kardoff & I. Steinke (Hrsg.): *Qualitative Forschung. Ein Handbuch*. Reinbek: Rowohlt, 349-360.

Lin, H., Sun, C.-T. & Tinn, H.-H. (2003): *Exploring clan culture: Social enclaves and cooperation in online gaming*. In: Digital Games Research Conference, Utrecht, The Netherlands, November, 2003. Online unter: http://www.digra.org/dl/db/05163.31010 (04.04.2007).

Livingstone, S., d'Haenens, L. & Hasebrink, U. (2001): Childhood in Europe. Contexts for comparison. In: S. Livingstone & M. Bovill (Hrsg.): *Children and their changing media environment. A European comparative study*. New York: Erlbaum, 3-30.

Meuser, M. & Nagel, U. (1991): ExpertInneninterviews – vielfach erprobt, wenig bedacht. Ein Beitrag zur qualitativen Methodendiskussion. In: D. Garz & K. Kraimer (Hrsg.): *Qualitativ-empirische Sozialforschung. Konzepte, Methoden, Analysen*. Opladen: Westdeutscher Verlag, 441- 471.

Schindler, F. & Wiemken, J. (1997): Doom is invading my dreams. Warum ein Gewaltspiel Kultstatus erlangte. In: J. Fritz & W. Fehr (Hrsg.): *Handbuch Medien: Computerspiele*. Bonn: Bundeszentrale für politische Bildung, 289-297.

Stegbauer, C. (2001): *Grenzen virtueller Gemeinschaft – Strukturen internetbasierter Kommunikationsforen*. Wiesbaden: Westdeutscher Verlag.

TAMM (2001): *Counter-Strike – Das offizielle Buch*. Hamburg: Future Press.

Warkus, H. & Jacob, T. (2003): Von LANs und Clans. Gespräche am Rande der Games Convention in Leipzig. *Medien und Erziehung*, 47(1), 32-34.

Wenzler, N. (2003): *Dynamik und Strukturen von Internet-Clans*. Unveröffentlichte Diplomarbeit an der Fachhochschule Köln. Online unter www.sw.fh-koeln.de/wvw/downloads/diplomarbeiten/dipl.nils.pdf (04.04.2007).

Wiemken, J. & die pädagogen (2003): *Go go go! – Lüneburgs kranke Horde gegen Kampfgruppe Hersfeld. Phänomen Bildschirmspiele: Counter-Strike*. Online unter http://snp.bpb.de/referate/wiemk_cs.htm (04.04.2007).

3.5

Online-Spieler in Deutschland 2007

Befunde einer repräsentativen Befragungsstudie

Thorsten Quandt und Jeffrey Wimmer

1 Einleitung: Gemeinsames Spielen in virtuellen Welten

Die zunehmende Verbreitung von Breitband-Internetanschlüssen geht nicht nur mit einer wachsenden Zahl von Internetnutzern einher (vgl. hierzu u.a. die jährlich ermittelten Daten der ARD/ZDF-Online-Studien, veröffentlicht in Media Perspektiven): Immer mehr Onliner nutzen das Internet auch für das Spielen von Online-Games. Bereits 2005 wurde von Spiegel Online konstatiert, dass das Spielen über das Netz der neueste Trend im Gaming-Bereich sei: „Alleine spielen ist langweilig. Das gilt auch für den Computer. Heute kommt kaum noch ein richtiges Computerspiel heraus, das seinen Mitspielern nicht die Möglichkeit einräumt, im Internet das Spiel mit anderen zusammen weiter zu spielen. Das gilt für Autorennen, Strategie- und Rollenspiele" (John 2005). Als ein Schlüsselfaktor für die Entwicklung gilt neben der fortschreitenden Internet-Diffusion aber auch das Wirken eines „breakthrough hit" (Ducheneaut et al. 2006) – nämlich des Massively Multiplayer Online Role Playing Games (MMORPG) *World of Warcraft*, durch das Online-Spielen zum Massenphänomen wurde. Das Spiel wird weltweit von mehreren Millionen zahlenden Abonnenten gespielt (letzter Stand: 8,5 Millionen Abonnenten im Frühjahr 2007; vgl. hierzu Sebayang 2007).

Die Geschichte der Online-Games ist indes weitaus älter und reicht bis in die späten 70er Jahre des letzten Jahrhunderts hinein: Mit MUDs (Multi User Dungeons/Dimensions, vgl. Döring 1999, 113, sowie Keegan 1997) begann das gruppenbasierte Spiel über Computernetze, damals noch in Universitätsnetzwerken und als Hobby einiger ‚early adopters'. Bereits diese frühen Spiele bezogen einen großen Teil ihrer Faszination aus der „Möglichkeit, untereinander zu kommunizieren bzw. zu interagieren" (Döring 1999, 113). Auch moderne Online-Rollenspiele wie *Word of Warcraft* (*WoW*) leben immer noch „im Wesentlichen von der starken kommunikativen Komponente" (Holowaty 2003, o.S.); zu ihren „Hauptanreizen" gehören „das Aushandeln sozialer Regelwerke und die Ausdifferenzierung der eigenen ‚Charaktere' aufgrund der realtime-Spielerinteraktionen" (Götzenbrucker 2001, 39). Dazu kommt, dass aktuelle MMORPGs so komfortabel sind, dass auch der ‚Normal'-User sie benutzen kann.

Unterdessen ist über diesen ‚Normal'-Nutzer von Online-Rollenspielen weitaus weniger bekannt, als es die vergleichsweise lange ‚Geschichte' des Spiele-Genres und auch die offenbar weite Verbreitung nahe legen mag. Zwar wird inzwischen mit schöner Regelmäßigkeit in deutschen Nachrichtenmedien über Online-Rollenspiele berichtet und spezifische

Fragestellungen wurden auch in diversen einschlägigen Forschungsarbeiten thematisiert (vgl. hierzu Abschnitt 2), doch mangelt es an Überblicksarbeiten, die verlässliche Zahlen zur Zusammensetzung der Spielerschaft und allgemeine Nutzungsdaten liefern.

Allerdings sind Online-Rollenspiele noch das am besten erforschte Genre: Über die Nutzer von Online-Strategiespielen, Online-Sportspielen oder auch Online-Rennspielen lässt sich kaum etwas in Erfahrung bringen – obwohl inzwischen nicht nur internetfähige Computer solche Spiele über das Netz ermöglichen, sondern auch aktuelle Spielkonsolen mit Internet-Funktionalität ausgestattet sind. Gerade für *Xbox 360*, *Wii* oder *Playstation 3* werden häufig Spiele genau dieser Genres angeboten. Online-Actionspiele sind im Gegensatz zu Strategie- oder Sport-/Rennspielen etwas häufiger öffentlich thematisiert worden, insbesondere in den letzten Jahren – freilich nicht wegen der Komponente des gemeinschaftlichen Spiels miteinander, sondern im Rahmen der Diskussion über Amokläufe, bei denen Verbindungen zu online gespielten Ego-Shootern wie z.B. *Counter-Strike* (*CS*) hergestellt wurden (vgl. Fromm 2003; Theunert, Demmler & Kirchhoff 2002; Wimmer 2007).

Insgesamt lässt sich konstatieren, dass es auf Basis der gesellschaftlichen Relevanz des Online-Spielens einerseits und der angedeuteten Erkenntnislücken andererseits angezeigt ist, Basisdaten zu den Nutzern von netzbasierten Games zu erheben. Die hier vorliegende Studie nimmt sich dieser Problematik an: Auf Basis einer Paper-and-Pencil-Befragung eines Samples von knapp 700 Online-Spielern, das auf Basis einer Quotenstichprobe (nach ACTA 2006) erhoben wurde, sollen im Sinne eines ‚Surveys' Grunddaten zu den Online-Spielern in Deutschland geliefert werden.

Um die wichtigsten Fragestellungen zu identifizieren, wird der Status Quo der Forschung im Folgenden zunächst systematisiert und analysiert (Abschnitt 2). Dem folgt eine Beschreibung des methodischen Vorgehens der Studie (Abschnitt 3). Die Ergebnisse werden im anschließenden Abschnitt (4) diskutiert, wobei sowohl Grunddaten für alle Spieler als auch Vergleiche zwischen verschiedenen Spielergruppen zur Sprache kommen. Im letzten Abschnitt wird kritisch auf einige Beschränkungen der Studie eingegangen, um daraus weitergehende Forschungsziele und mögliche Studien zu skizzieren (Abschnitt 5).

2   Status Quo der Forschung zu Online-Spielern: Daten, Typen und Fallstricke

Als die ersten Online-Spiele vorwiegend als Beschäftigung von ‚Freaks' in computeraffinen Universitätsbereichen auftauchten, konnte sich wohl noch niemand vorstellen, welche Breitenwirkung diese entfalten würden. In den Anfangsjahren der Spiele stand denn auch weniger die Erforschung ihrer Nutzer im Raum – schließlich handelte es sich um eine ‚Insider'-Community, über deren Zusammensetzung man (vor allem auch innerhalb dieser Community) Bescheid zu wissen glaubte. Zwar gab es einen ersten Boom von Multi User Dungeons in den 80er Jahren durch die Verbreitung von Heimcomputern und Modems, doch waren die Forschungsbemühungen in dieser Zeit eher bescheiden.

Richard Bartle, seines Zeichens Mitentwickler des ersten Online-Games (das tatsächlich auch *MUD* hieß), war einer der ersten, der eine *Typologie* von MUD-Spielern entwickelte (vgl. Bartle 1996). Seine Einteilung entstand als Ergebnis einer längeren Diskussion unter MUD-Spielern, die Bartle als ‚Senior Administrator' strukturierte und zusammenfasste. Wenngleich die Typen-Bildung damit nicht unbedingt nach den Regeln systematischer sozialwissenschaftlicher Arbeit verlief, erwies sie sich als äußerst langlebig und wird immer noch häufig zitiert. Bartle unterschied vier Spielertypen – die erfolgsorientierten ‚Achiever', die auf Entdeckung und Ausprobieren spezialisierten ‚Explorer', die kommunikativen ‚Socializer' und die ‚Killer' – Spieler, die sich zum Ziel gesetzt haben, andere Spieler in der virtuellen Welt zu ‚töten'.[1]

Kritisiert wurde an Bartles Arbeit, dass die Typen zum Teil grundlegend auf die Spielmechanik von MUDs zurückzuführen sind (wie z.B. das Explorieren), zum Teil aber auch für ganz andere Arten von Spielen gelten können (wie z.B. das leistungsorientierte Handeln der ‚Achievers'; vgl. hierzu auch Hartmann in diesem Band). Yee (2002c) erarbeitete ausgehend von einer solchen Kritik ein Fünf-Faktoren-Modell der Grundmotivationen für das Spielen von MMORPGs – diese sind nicht mehr trennscharf im Sinne von ‚Nutzertypen' zu verstehen, sondern sie reflektieren bestimmte Grundbedürfnisse von Spielern. Laut Yee sind dies: die Bildung von sozialen Beziehungen (relationship), das Eintauchen in die Spielwelt (immersion), das Erlangen von Macht und Erreichen bestimmter ‚Stufen' oder Ziele im Sinne der Spielvorgaben (achievement), das Erreichen von Führungspositionen (leadership), aber auch das Manipulieren anderer zum eigenen Nutzen (grief). In verschiedenen weiteren Arbeiten und Studien analysierte Yee weitere Eigenheiten von Online-Rollenspielern (z.B. 2002b, 2005), identifiziert aber auch z.B. Suchtfaktoren beim Spielen von MMORPGs (2002a, s.o.).

Auch im deutschsprachigen Raum wurde versucht, Gruppen von Online-Spielern zu identifizieren. Die Arbeiten von Bartle und Yee werden auch in jüngeren Studien als Bezugspunkte genannt.[2] So hat z.B. Futterer (2006) auf Basis einer selbstselektiven Foren-Befragung Typen von *WoW*-Spielern identifiziert. Wie bei allen derartigen Foren-Studien gilt aber auch hier, dass zwar die Zahl der Befragten beeindruckt, Schlüsse auf die Grundgesamtheit jedoch schwierig sind.

Bei den oben genannten Arbeiten von Yee wurde bereits deutlich: Mit den typenbildenden Studien sind auch solche Arbeiten eng verbunden, die sich mit der grundlegenden *Motivation* auseinandersetzen, warum Spieler überhaupt online spielen. Götzenbrucker hat in einer frühen Arbeit, die hauptsächlich auf 40 teilstandardisierten Interviews von Internet-Spielern basierte, die soziale Netzwerkbildung als einen der Hauptfaktoren identifiziert (vgl. Götzenbrucker 2001). Fritz, der sich in einer ganzen Reihe von Forschungsarbeiten und auf unterschiedlichste Art und Weise mit Online-Spielern auseinandergesetzt hat, lenkt die Aufmerksamkeit aber auch auf Macht, Kontrolle und Wettbewerb: „Computerspiele zu spielen bedeutet den Erfolg zu suchen" (Fritz 2003, 1). Fritz nimmt an, dass die Auswahl von Spielen auf Basis dieser zentralen Motivation erfolgt – dementsprechend wählen Spieler den Spieltyp aus, der ihren Fähigkeiten am ehesten entspricht und das größtmögliche Erfolgserlebnis verspricht.

Münden solche an sich unproblematischen Motivationen auf Grund bestimmter Rahmenbedingungen in einer Bedürfnis-Befriedigungs-Schleife, kann es zu exzessiven Spiel-

---

[1]   In MMORPGs wie z.B. *World of Warcraft* gibt es inzwischen komplexe Regelsysteme, die bestimmte Formen des ‚Kills' sanktionieren oder stigmatisieren; teilweise sind diese vom Spiel normativ vorgegeben, teilweise entwickeln sich solche Regeln aus den sozialen Kontexten in den virtuellen Welten (beispielsweise bilden sich in Rollenspielen häufig ‚Polizei'-Trupps, die Jagd auf ‚Player Killer' machen). Andererseits ist das Vernichten der ‚Gegner' in Rollenspielen in sog. „Player vs. Player (PvP)"-Modi sogar als Teil der Spiellogik angelegt.

[2]   Einer durchaus vergleichbaren Typen-Logik folgt die Studie *Spielplatz Deutschland*, wobei hier versucht wird, alle Spieler in entsprechende Gruppen einzuteilen. Dabei tauchen Online-Rollenspieler als mehr oder weniger eigenständiger Typ auch auf (vgl. Jung von Matt, Electronic Arts & GEE Magazin 2006).

verhalten kommen. Als plausible Einflussfaktoren sind hier u.a. familiäre Vernachlässigung, das Fehlen anderweitiger Aufgaben und Verpflichtungen sowie ein Mangel an persönlicher Sinngebung zu nennen. Zum Thema *Sucht* und Online-Spiele sind gerade in den letzten Jahren einige Forschungsarbeiten entstanden (z.B. Poitzmann 2007, Yee 2002a) – teilweise wohl auch befördert durch den Erfolg von *WoW*, das in der Presse schon kurz nach Erscheinen als ‚süchtig machend' identifiziert wurde (vgl. u.a. Pieper 2005, Süddeutsche Zeitung Magazin 2005). Allerdings gilt hier ähnlich wie bei den typenbildenden Arbeiten: Sie basieren meistenteils auf nicht-repräsentativen oder wenig zuverlässigen Stichproben, und ihre Ergebnisse sind nicht völlig schlüssig. Dennoch sollte den Hinweisen auf Abhängigkeit und Sucht nachgegangen werden, auch wenn übermäßiges Spielen wohl vor allem deswegen als bedrohlich angesehen wird, weil es – zumindest in seiner Häufigkeit – eine vergleichsweise neue Erscheinung ist. Das Phänomen der ‚Heavy User' in anderen Medienbereichen, beispielsweise exzessiver TV-Konsum, ist indes schon lange bekannt.

Um das Ausmaß der Sucht-Problematik bei Online-Spielern – auch im Vergleich zu ähnlich gelagerten Problemen bei anderen Medien – einschätzen zu können, wäre es vor allem nötig, *Überblicksdaten* zur Online-Spielenutzung, aber auch Grunddaten zur Zusammensetzung und Soziodemographie der Spielerschaft zu gewinnen. Speziell für Online-Rollenspiele gibt es zwar diverse kommunikationswissenschaftliche Arbeiten, die hierzu jedoch kein repräsentatives Datenmaterial liefern. So haben beispielsweise Kolo und Baur (2004) 104 Spieler des MMORPGs *Ultima Online* (im Rahmen einer Multi-Methoden-Studie) befragt und von diesen Spielern Nutzungs- und Grunddaten ermittelt. Für den amerikanischen Raum liegen mit Arbeiten von Griffiths und Davies (2003, 2004a, b) ähnliche Ergebnisse für *EverQuest*-Spieler vor. Auch bei Yee (2003) finden sich vergleichbare Angaben zu Online-Rollenspielern, und für das populäre *WoW* hat Cypra (2005) eine Online-Befragung mit mehr als 11.000 Teilnehmern in Deutschland vorgelegt, die allerdings erneut auf einer selbstselektiven Forenbefragung basiert. Ohne hier auf die Einzelergebnisse dieser Studien einzugehen, stimmen diese (trotz unterschiedlicher Qualität und kaum vergleichbarer Datenbasis) weitgehend in ihren Hauptergebnissen überein: So ist die Gruppe der Online-Rollenspieler von Männern dominiert. Spielerinnen machen hier mitunter nur wenige Prozentpunkte aus (bei Cypra z.B. 7.1 %). Bei der Altersstruktur machen die Studien die Hauptnutzerschaft nicht bei den Minderjährigen aus, wie man vielleicht auf Basis gängiger Klischees vermuten könnte (vgl. Schuster 2006, 20). Vielmehr scheint vor allem die Gruppe der Twens in Online-Rollenspielen aktiv zu sein.

Da sich die Forschung sehr stark auf Online-Rollenspiele konzentriert hat, fehlen für andere Spiele-Genres vergleichbare Daten. Allerdings kann man aus bevölkerungsrepräsentativen Studien zur Mediennutzung (wie z.B. dem Allbus, der ACTA, der JIM-Studie oder der Typologie der Wünsche Intermedia) Rahmendaten für das Spielen insgesamt – und teilweise auch für das Online-Gaming – gewinnen (vgl. hierzu Wolling in diesem Band). Diese bestätigen im Hinblick auf das Alter das Ergebnis der nicht-repräsentativen Studien zu Online-Rollenspielern: der durchschnittliche Online-Computerspieler ist in der Gruppe der 20-29jährigen zu verorten. Bei der Frage nach dem Geschlecht gibt es jedoch Widersprüche zum oben Gesagten: So identifiziert beispielsweise ACTA 2006 (weitgehend konsistent mit Allbus) bei den Online-Gamern rund ein Drittel Spielerinnen (s. hierzu ausführlicher Abschnitt 3.3). Detailliertere Informationen zur Online-Spielenutzung kann man den genannten Repräsentativ-Studien allerdings nicht entnehmen: Sie zielen nicht speziell auf das Online-Gaming.

3 Methode: Quoten, Zugangswege und Verfahren

3.1 Grundprobleme bisheriger Empirie und Anlage der Studie

Wie oben skizziert, gibt es bereits spezifische Kenntnisse über Online-Spieler. Diese sind aber zumeist im Rahmen von Studien zusammengetragen worden, die weder den Anspruch auf Repräsentativität erheben können noch über ausgewogen zusammengesetzte Stichproben verfügen. Für bestimmte Fragestellungen wie z.B. Intergruppenvergleiche mag man dieses Vorgehen in Ermangelung anderer Möglichkeiten akzeptieren. Die Verzerrungen sind allerdings gravierend, so dass ein Rückschluss auf relevante Grundgesamtheiten kaum möglich ist: Viele der Studien beruhen auf Samples, die fast ausschließlich aus männlichen Jugendlichen oder jungen Männern zusammengesetzt sind (vgl. als Beispiel Cypra 2005).

Nun könnte man unterstellen, dass es sich hierbei eben um das Profil der gesuchten Personengruppe handeln könnte, also die Selbstselektion zu einer befriedigenden Abbildung der Grundgesamtheit führt. Doch verweisen allgemeine bevölkerungsrepräsentative Studien, bei denen das (Online-)Spielen abgefragt wird (wie z.B. Allbus oder ACTA), auf eine deutlich andere Zusammensetzung. Konsistent sind in solchen Studien viele Ältere und Frauen als Computerspieler ausgewiesen. Ergo ist anzunehmen, dass das skizzierte Vorgehen der unkontrollierten Online-Erhebungen systematisch die genannten Verzerrungen hervorruft (beispielsweise weil männliche Jugendliche wesentlich mehr Zeit in den entsprechenden Foren verbringen als Frauen über 40 – so dass letztere über Foren einfach gar nicht oder nur in sehr kleiner Zahl zu rekrutieren sind).

Aufgrund dieser Problematik ergaben sich zwei zentrale Forderungen an die vorliegende Studie: Zum einen sollte ein anderes Vorgehen der Stichprobenrekrutierung angestrebt werden, um einen Rückschluss auf die Grundgesamtheit der Online-Spieler zu ermöglichen. Zudem sollten Basisdaten über diese Gruppe in breitem Umfang gesammelt werden, da diese bislang schlicht noch nicht erhoben wurden. Umgesetzt wurde dieses Vorhaben in Form einer Paper-and-Pencil-Befragung (kontrollierte Abgabe schriftlicher Fragebögen, kein frei zugängliches Online-Formular) auf Basis einer Quoten-Stichprobe (unter Rückgriff auf die Daten der ACTA 2006, s. Abschnitt 3.3). Die Studie selbst ist nicht als hypothesentestend zu skizzieren, sondern als deskriptive ‚Survey'-Studie. Die entsprechenden Interessensbereiche werden im folgenden Abschnitt (3.2) kurz umrissen. Freilich lassen sich mit den Daten auch bestimmte Zusammenhangsthesen testen.

3.2 Entwicklung des Untersuchungsinstruments

Auf Basis des oben beschriebenen Forschungsstandes (vgl. Abschnitt 2) und des Grundinteresses als Survey (vgl. Abschnitt 3.1) wurden einige zentrale Fragekomplexe und Anforderungen an die Studie erarbeitet. Auf Basis der Forschungsliteratur war zunächst klar, dass das Online-Spielen nicht als Ganzes abgehandelt werden kann – zu unterschiedlich erscheinen die verschiedenen Spiele, die über das Netz mit anderen gespielt werden können. Daher wurden zunächst Spiele-Genres identifiziert, nach denen der Fragebogen modular aufgebaut werden sollte (vgl. hierzu auch Klimmt 2001). Eine auf Basis der genannten Forschungsarbeiten (s. Abschnitt 2) und Recherchen des Spieleangebotes entworfene Ad-hoc-Liste wurde anhand der Media Control Charts der letzten Jahre überprüft und mit bekannten

Genre-Einteilungen von Computerspiele-Zeitschriften verglichen (da man davon ausgehen kann, dass den Befragten solche Einteilungen größtenteils geläufig sind). Schließlich wurden auf Basis von Pretests und letztlich auch der Forschungspragmatik vier *Online-Hauptgenres* identifiziert: Rollenspiele, Actionspiele, Strategiespiele sowie Sport-/Rennspiele. Mit dieser Einteilung konnten die Befragten in Pretests umgehen und hatten wenig Einordnungsprobleme.[3]

Unter Berücksichtigung dieser Rahmenbedingungen für den Fragebogen wurden drei zentrale Forschungsbereiche identifiziert und entsprechende Items entwickelt:[4]

1.   Rahmendaten zur allgemeinen Computerspiele-Nutzung (Dauer/Woche, Länge der Spielsessions, Genres & Spielhäufigkeit, ergänzende Tätigkeiten zum Spielen)

2.   Rahmendaten zum Online-Spielen (Dauer/Woche, Länge der Spielsessions, Verbindung von Real Life und virtuellem Spiel, gespielte Genres, Präferenz-Genres)

3.   Aussagen zu den jeweils gespielten Genres (Erfahrung mit dem Genre/seit wann, gespielte Spiele pro Genre als offenes Item, Dauer/Woche, Länge der Spielsession, Clanzugehörigkeit, finanzielle Aufwendungen, Eigenschafts-/Bewertungs- und Motivbatterien in Bezug auf das jeweilige Genre, Spielweisen)

Die Nutzungsbatterien wurden in Anlehnung an bestehende Studien zur Computerspiele-Nutzung und Studien zur allgemeinen Mediennutzung entworfen; bei den Motiv-Batterien und den Spielweisen war ebenfalls eine Orientierung an Vorbildmaterial bzw. eine Ableitung aus Basis-Ansätzen möglich (berücksichtigt wurden u.a. Arbeiten von Asgari, Bartle, Cypra, Griffiths, Fritz, Yee, s.o.). Alle Batterien wurden nochmals in Pretests optimiert. Die finale Version des Fragebogens umfasste schließlich 50 Fragen, von denen die Befragten jeweils nur einen Teil beantworten mussten, je nach Kombination der gespielten Genres.

3.3 Quotenvorgabe, Stichprobenrekrutierung, Feldphase

Für die Quotierung der Studie wurde auf die veröffentlichten Daten der Allensbacher Computer- und Technikanalyse (ACTA) 2006 zurückgegriffen (Daten u.a. einsehbar unter http://media.spiegel.de/). Bei der ACTA handelt es sich um eine repräsentative Studie zur Computer- und Techniknutzung der deutschsprachigen Bevölkerung zwischen 14 und 64 Jahren, die vom Institut für Demoskopie Allensbach jährlich durchgeführt wird.

---

[3]   Dies zeigten auch in der Hauptstudie die offenen Fragen zu den genutzten Spielen nach Genres – hier stimmten die Zuordnungen zu den Genres durch die Befragten fast ausnahmslos überein und entsprachen auch den Erwartungen des Forscherteams. Insgesamt waren die Einordnungsprobleme marginal und zeugen von der Segmentierung in klar bestimmbare Genres. Diskutabel ist aber vielleicht die Zusammenlegung von Sport- und Rennspielen, die aus forschungspragmatischen Gründen erfolgte. Freilich sind die Spielprinzipien beider Sub-Genres vergleichbar, was durch die Homogenität in Hinblick auf die Forschungsergebnisse (Abschnitt 4) unterstrichen wird; zudem zeigen die geringen Fallzahlen, dass es sich um eine Restkategorie handelt, für die eine Differenzierung angesichts der Ausrichtung der Studie als ‚Survey' nicht angemessen ist.

[4]   Unser Dank gilt hier insbesondere den studentischen Mitgliedern eines vorbereitenden Lehrforschungsprojektes: Carolin Friedel, Manuel Futterer, Martin Haldenmair, Thomas Liesch und Ilona Momot.

Tabelle 1: Verteilung der Online-Spieler in der bundesdeutschen Bevölkerung nach ACTA 2006 (N = 1993)

Geschlecht	Männer		Frauen		*Summe*
B.-Abschluss ⇨ ⇩ Altersgruppe	ohne Abitur	mit Abitur	ohne Abitur	mit Abitur	
14-19 Jahre	13,3 %	5,9 %	6,1 %	4,2 %	29,4 %
20-29 Jahre	12,7 %	7,0 %	5,5 %	2,6 %	27,8 %
30-39 Jahre	9,4 %	5,4 %	5,5 %	1,9 %	22,2 %
40-64 Jahre	9,2 %	4,6 %	5,3 %	1,6 %	20,6 %
Summe	44,6 %	22,8 %	22,4 %	10,2 %	100,0 %

In der ersten Hälfte 2006 wurden im Rahmen der Studie 10.008 Personen befragt. Von diesen geben 19,9 % (1993 Befragte) an, bereits über das Internet gespielt zu haben. Da die ACTA über eine hinlänglich große Stichprobe verfügt, lässt sich diese Gruppe nochmals untergliedern, um eine Quoten-Vorgabe aus den Daten zu extrahieren.[5] Im Rahmen der hier vorliegenden Studie wurde eine Quotierung entlang von drei Variablen (in Kombination) angestrebt: Alter (4 Gruppen), Geschlecht und Bildung (mit Abitur/ohne Abitur).[6] Daraus ergab sich eine Quotierungs-Matrix mit 16 Feldern, was sich als brauchbarer Kompromiss zwischen forschungspraktischer Machbarkeit einerseits und dem Wunsch nach möglichst differenzierter Untergliederung andererseits erwies (vgl. Tabelle 1).

Diese Quotierungs-Tabelle vermittelt indes schon einen ersten interessanten Eindruck von der Zusammensetzung der gesuchten Gruppe: Zwar bilden erwartungsgemäß die Männer, und hier insbesondere die jüngeren zwischen 14 und 29 Jahren, die größten Teilsegmente der Spielerschaft. Doch rund ein Drittel der Online-Spieler sind Frauen, und auch auf die älteren Personen entfallen durchaus bemerkenswerte Anteile: Immerhin rund ein Fünf-

---

[5] Quoten-Stichproben sind nicht unumstritten, da aus statistischen bzw. logischen Gründen prinzipiell Zufallsstichproben als der empirische ,Königsweg' angesehen werden. Streng genommen basieren Studien in der Sozialforschung aber so gut wie nie auf echten Zufallsstichproben, da der Zugang zur Stichprobe nicht völlig zufällig ist, man bestimmte Teile der gesuchten Grundgesamtheit nicht erreicht oder einige Gruppen überzufällig häufig die Zusammenarbeit verweigern (d.h. die Ablehnung ist innerhalb der Grundgesamtheit systematisch ungleich verteilt). Insbesondere letztgenanntes Problem der systematischen Verzerrung könnte bei Sondergruppen wie den Online-Spielern noch stärker zum Tragen kommen. Im Fall der Online-Spieler sind Zufallsstichproben zudem forschungsökonomisch sinnvoll kaum realisierbar. Insofern sehen wir die Quoten-Stichprobe als ,next best thing' an; sie erbringt zumindest im Gegensatz zu den üblichen selbstselektiven Foren-Studien erheblich ausgewogenere Stichproben.

[6] Für die Personen unter 18 Jahren ist die Variable ,mit/ohne Abitur' natürlich (fast ausnahmslos) kein Differenzierungskriterium. Auf eine alternative zusätzliche Differenzierung beispielsweise nach Schultyp wurde aber sowohl aus forschungspragmatischen Gründen als auch aus theoretischen Erwägungen (anderes Konstrukt, Bedeutung zudem bei Erwachsenen und Jugendlichen ebenso unterschiedlich) verzichtet.

tel der Online-Spieler ist in der Gruppe der 40- bis 64-Jährigen zu suchen.[7] Insofern widerspricht diese Zusammensetzung dem üblichen Vorurteil von computerspielenden männlichen Jugendlichen und verweist auf eine deutlich ‚buntere' Zusammensetzung der Spielerschaft.

Um alle diese Gruppen zu erreichen, wurde ein mehrteiliges Rekrutierungsverfahren entworfen, das die Kontaktmöglichkeiten maximieren und vor allem eine homogene Zusammensetzung der Gruppen ermöglichen sollte; d.h. die Kontaktmöglichkeiten wurden möglichst weit gestreut, um nicht einen Zugang zu den Spielern überzubetonen und allein dadurch Verzerrungen zu erzeugen. Prinzipiell wurden hierbei vier Wege eingeschlagen:[8] (1) Rekrutierung über Computerzeitschriften und deren Websites. Die wichtigsten Titel wurden anhand der IVW-Daten 2006 identifiziert und um eine Zusammenarbeit gebeten (Unterstützung erfolgte unter anderem durch *GamePro*, *PC Praxis*, *PC Welt* usf.). (2) Rekrutierung über Spieleportale und spezielle Spieleforen. Hierzu wurden die wichtigsten kommerziell vertriebenen Online-Spiele der Jahre 2004-2007 laut Media Control Charts erhoben und entsprechende Webseiten kontaktiert. (3) Rekrutierung über die Games Convention 2006 in Leipzig, die zurzeit größte Spielemesse der Welt. Am Publikumstag sind hier grundlegend alle Alters- und Spielergruppen anzutreffen, und ein Teil der Erhebung wurde hier durchgeführt. (4) Soziale Netzwerke: Da aufgrund des Vorgehens über einen Paper-and-Pencil-Fragebogen mit einer großen Zahl an Interviewern in ganz Deutschland gearbeitet wurde, konnten zusätzlich soziale Netzwerke genutzt werden, um bestimmte Personengruppen abzudecken.

Durch diese vier genannten Wege wurde über die Studie informiert und zur Zusammenarbeit aufgerufen, wobei in mehreren Wellen unterschiedliche Gruppen (gemäß Quotierung) zur Mitarbeit bewegt wurden. Dabei wurden den Teilnehmern Kontaktadressen bzw. eine Mailadresse genannt, über die der Fragebogen bezogen werden konnte (entweder als elektronisches ePaper-Formular oder als die entsprechende Print-Version). Diese relativ hohen Zugangshürden sollten – vor allem im Gegensatz zum reinen Online-Fragebogen – eine bessere Kontrolle ermöglichen, wer über welchen Kanal an der Studie teilnimmt, und zudem verhindern, dass Personen ‚zum Spaß' alle Optionen eines Fragebogens ausprobieren oder absichtlich falsche Angaben machen. D.h. durch das Vorgehen sollte die Datenqualität verbessert werden.

Die Erhebung erfolgte dann zwischen Sommer 2006 und Winter 2006/2007. Die Rücklaufquote nach Fragebogenversand betrug über alle Wellen hinweg 76 %, wobei von den eingegangenen Fragebögen eine ganze Reihe nicht verwandt werden konnte (da sie außerhalb der gesuchten Quotengrenzen oder aufgrund fehlender oder eindeutig falscher Angaben nicht verwertbar waren): Von 792 Fragebögen gingen letztlich 688 in die Analyse ein (d.h. rund 87 %). Das Ergebnis der Erhebung erbrachte allerdings trotz der genannten Anstrengungen, alle Gruppen gemäß ACTA abzudecken, gewisse Verschiebungen im Vergleich zur Quoten-Vorgabe (vgl. Tabelle 2).

---

[7]   Allerdings darf hier die augenscheinliche Ähnlichkeit der Gesamtprozentzahlen verschiedener Altersgruppen nicht täuschen: Für die Quotierung wurden Gruppen zusammengestellt, die aufgrund der Fallzahlen noch in der Forschungspraxis rekrutierbar sind; hierfür wurden die oberen Alterssegmente laut ACTA zu einer Gruppe zusammengefasst, was auch die weitaus größere Altersspanne dieser Gruppe erklärt.

[8]   Unser Dank gilt insbesondere Ilse Johnen und Florian Schneider sowie Sven Jöckel und seinem Team für die Unterstützung bei der Erhebung. Ebenso möchten wir den Zeitschriften, Online-Publikationen und Foren sowie der Messeleitung der Games Convention danken, die es uns erst ermöglicht haben, größere Spielergruppen zu erreichen.

Tabelle 2: Stichprobe, Verteilung vor Gewichtung, absolute Zahlen und Anteile (N = 688)

Geschlecht	Männer		Frauen		*Summe*
B.-Abschluss ⇨ ⇩ Altersgruppe	ohne Abitur	mit Abitur	ohne Abitur	mit Abitur	
14-19 Jahre	117 (17, 0 %)	35 (5,1 %)	20 (2,9 %)	10 (1,5 %)	182 (26,5 %)
20-29 Jahre	86 (12,5 %)	164 (23,8 %)	28 (4,1 %)	53 (7,7 %)	331 (48,1 %)
30-39 Jahre	45 (6,5 %)	62 (9,0 %)	9 (1,3 %)	10 (1,5 %)	126 (18,3 %)
40-64 Jahre	19 (2,8 %)	15 (2,2 %)	9 (1,3 %)	6 (0,9 %)	49 (7,1 %)
Summe	267 (38,8 %)	276 (40,1 %)	66 (9,6 %)	79 (11,5 %)	688 (100 %)

Hierfür kann es zwei zentrale Gründe geben: Zum einen sind vermutlich ältere Gruppen schwieriger mit dem gewählten Verfahren zu erreichen als die Jüngeren, da sie z.B. die einschlägigen Webseiten weniger häufig besuchen oder nicht zu den entsprechenden Veranstaltungen (wie Games Convention) kommen. Ähnliches kann wohl auch für die Spielerinnen gelten. Oder anders formuliert: Diese Personengruppen spielen zwar, aber verbinden ihr Tun vermutlich seltener mit sekundären ‚Ergänzungstätigkeiten' (wie dem Aufsuchen von Webseiten zum Spielen usf.), die für die Rekrutierung herangezogen werden können.[9] Zum anderen bringt der Rückschluss auf die Grundgesamtheit der Online-Spieler auf Basis der ACTA-Daten auch gewisse Probleme mit sich: Zwar ist die Gesamtstichprobe der AC-TA selbst repräsentativ angelegt, doch die genannte Quotierung basiert auf den Antworten der Befragten auf eine spezielle Frage. Das Verständnis der Frage spielt eine zentrale Rolle: So könnte die Fragestellung in bestimmten Gruppen systematisch missverstanden werden, da das Vorwissen in Bezug auf das jeweilige Item extrem unterschiedlich ist. Im konkreten Fall könnten weniger computeraffine Personen möglicherweise nicht immer genau wissen, was mit dem Spielen über das Internet gemeint ist und die Frage nach dem Online-Spielen irrtümlicherweise bejahen.[10] Trotz der genannten Stichproben-Schwierigkeiten ist die Quotierung gemäß ACTA dennoch rein selbstselektiven Foren-Befragungen vorzuziehen.

---

[9] Eine Alternativ-Option wäre gewesen, die Spieler über das Spielen selbst zu rekrutieren, also z.B. online in *World of Warcraft* mit Spielern Kontakt aufzunehmen. Dieses Verfahren wurde von anderen Forschern schon erfolgreich angewandt (u.a. von Kolo & Baur 2004 sowie Fritz in diesem Band). Allerdings erscheint es für eine Survey-Studie zu aufwändig, zumal die Kontaktmöglichkeiten zu anderen Spielern auch nicht in allen Spielen gleich gestaltet sind.

[10] Tatsächlich zeigte sich in unserer Studie, dass diverse (vor allem ältere) Spieler zunächst fälschlicherweise annahmen, über das Internet zu spielen, da ihr Computer über einen Internetanschluss verfügte. Ihr Irrtum wurde ihnen aber beim Ausfüllen des Fragebogens schnell deutlich. Diese Personen bzw. Fragebogen wurden selbstverständlich von der Analyse ausgenommen.

Um die Differenzen zwischen Soll-Vorgabe und Ist-Zustand der Erhebung auszuglei-
chen, wurden daher die Daten gemäß der ACTA-Verteilung gewichtet (und zwar mit individuellen Zellgewichtungen, so dass die gewichteten Anteile exakt jenen in Tabelle 1 entsprechen). Insofern spiegeln die gewichteten Tabellen im Folgenden jeweils die Verhältnisse in der Grundgesamtheit nach ACTA wieder und sollten ein brauchbares Abbild der deutschen Online-Spieler zwischen 14 und 64 Jahren im Herbst/Winter 2006/2007 liefern.

4   Ergebnisse: Genres, Gruppen und Soziales

4.1 Online-Spielen im Überblick: Rahmendaten

Um das Online-Spielen in seiner Breite abzudecken, wurden in der Befragung nicht nur
allgemeine Nutzungsdaten erhoben, sondern die vier Hauptgenres Rollenspiele, Actionspiele, Strategiespiele und Sport-/Rennspiele differenziert analysiert. Anhand der gespielten
Genres lässt sich zunächst ein sehr guter Eindruck vermitteln, welche Art von Spielen online besonders populär ist (vgl. Tabelle 3).

Tabelle 3:   Gespielte Online-Genres (Mehrfachnennungen möglich, gewichtet)

Genre	N	Anteil in %
Rollenspiel	470	68,3
Actionspiel	315	45,8
Strategiespiel	244	35,4
Sport-/Rennspiel	96	13,9
Gesamt N	688	100,0

Eindeutig marktbestimmend sind die Online-Rollenspiele, die von fast 70 % der Befragten
gespielt werden. Actionspiele gehören bei etwas weniger als der Hälfte der Gamer zum
Spiel-Repertoire, Strategiespiele werden noch von einem Drittel genannt. Sport- und Rennspiele sind im Online-Bereich eine eher vernachlässigbare Größe: Nur rund 14 % der Befragten können sich dafür erwärmen.
    Die Präferenz für Rollenspiele ist auch auf das *WoW*-Phänomen zurückzuführen:
Während nämlich Online-Rollenspiele zuvor als schwierig zu erlernen und zu bedienen
galten – somit eher für Insider interessant waren – entwickelte sich mit dem *Blizzard*-Hit
WoW das Spielen von MMORPGs zu einer Breitenbeschäftigung. Dies spiegelt sich auch in
der begleitenden Medien-Berichterstattung wieder, welche auf verschiedenste Facetten
dieses ‚neuen' Hobbys abhebt. So widmete beispielsweise die Süddeutsche Zeitung eine
Ausgabe ihres Magazins dem Thema *WoW* und identifizierte das Spiel als den „größte[n]
Abenteuerspielplatz der Welt" (Süddeutsche Zeitung Magazin 2005). Insofern ist es keine
Überraschung, dass bei den genannten Lieblingsspielen (vgl. Tabelle 4) *WoW* mit Abstand
auf Platz 1 rangiert: Von rund 46 % der Online-Spieler wird das Blizzard-Programm genannt. Bei den Rollenspielen folgt mit weitem Abstand *Guild Wars* mit 7 %.

Tabelle 4:   Lieblingsspiele, Haupttitel pro Genre (Mehrfachnennungen, gewichtet; N=688)

Spiel	N	Anteil (Spielnennungen/Gesamt-N) in %
Rollenspiel	(562 Nennungen, 59 Spiele)	
WoW	316	45,9
Guild Wars	48	7,0
Diablo (Serie)	23	3,4
EverQuest (Serie)	13	1,9
Dark Age of Camelot	12	1,7
Final Fantasy XI	12	1,7
Action	(406 Nennungen, 41 Spiele)	
Counter-Strike (Serie)	158	22,9
Battlefield (Serie)	77	11,1
Unreal (Serie)	36	5,3
Call of Duty (Serie)	22	3,2
Day of Defeat	14	2,0
Strategie	(263 Nennungen, 71 Spiele)	
Warcraft (Serie)	47	6,8
Command & Conquer (Serie)	25	3,6
Age of Empires (Serie)	18	2,7*
Ogame	18	2,7*
Earthlost	18	2,6*
Sport/Renn	(90 Nennungen, 28 Spiele)	
Need for Speed (Serie)	18	2,6*
GTR	12	1,8
Pro Evolution Soccer	8	1,1
FIFA (Serie)	5	0,8

*   variierende %-Werte trotz gleicher Fallzahlen basieren auf Rundungsdifferenzen aufgrund der Gewichtung

Sehr häufig werden auch einige Actionspiele als Lieblings-Titel benannt, allen voran Teile der viel diskutierten *Counter-Strike*-Serie, die mehr als ein Fünftel der Befragten sehr gerne online spielen. Die *Battlefield*-Serie landet bei den Action-Titeln auf Platz 2 mit noch etwas mehr als 10 % und den *Unreal*-Spielen mit gut 5 %.[11] Bemerkenswert ist in diesem Zusammenhang zweierlei: Zum einen die ungebrochene Popularität der *Counter-Strike*-Serie, obwohl diese seit Jahren auf dem Markt und sehr umstritten ist (was möglicherweise sogar

[11]   Die Ergebnisse entsprechen im Grundmuster den Befunden von Lehmann et al. (in diesem Band). Auch dort dominierte deutlich *Counter-Strike* (sowie das auf *Counter-Strike* basierenden *Half-Life*), gefolgt von *Call of Duty*, der *Battlefield*-Serie und *Unreal*.

ein zusätzlicher Spielanreiz sein könnte),[12] zudem die Tatsache, dass an der Studie diverse minderjährige Befragte teilnahmen, die durchaus häufig Spiele als Lieblingstitel nannten, welche überhaupt nicht ihrer Altersfreigabe entsprechen (vgl. auch Abschnitt 4.4).

Bei den Strategie-Titeln zeigte sich wiederum ein Blizzard-Programm ganz vorne: nämlich die Strategie-Spiele der *Warcraft*-Serie (auf denen letztlich auch das Rollenspiel basiert). Insofern hat der Hersteller im Online-Bereich eine deutliche Marktführerschaft inne. Bei den Strategie-Titeln fällt daneben aber auch auf, dass das Feld wesentlich breiter aufgefächert ist als bei den zuvor genannten Genres: Es werden mehr Einzeltitel genannt als bei den Rollen- oder Action-Spielen, die eher durch einige zentrale Titel und Serien dominiert werden.

Kaum ins Gewicht fallen schließlich die Nennungen im Sport- und Rennspielbereich. Offenbar handelt es sich dabei um Programme, die – im Gegensatz zu den Titeln der anderen Genres – eher gelegentlich gespielt werden und in die auch weniger Zeit investiert wird. Dies belegen die Zahlen zur durchschnittlichen wöchentlichen Spieldauer pro Genre (vgl. Tabelle 5) – auch hier rangieren Sport- und Rennspiele auf dem ‚letzten' Platz. Im Schnitt verwenden Gamer, die dieses Genre spielen, wöchentlich nur knapp 4 Stunden auf die Beschäftigung mit Sport- und Rennspielen.

Tabelle 5:   Dauer/Spielen pro Woche nach Online-Genres (gewichtet, multiple Genre-Profile pro Person möglich)

	N	M (h)	max (h)	s (h)
Onlinespiele allgemein[13]	680	19,8	105,0	17,6
Rollenspiele	441	20,5	100,0	17,2
Actionspiele	271	9,3	45,0	8,6
Strategiespiele	193	13,1	105,0	19,0
Sport-/Rennspiele	51	3,7	21,0	4,3

Der Zeitaufwand ist bei Actionspielen schon deutlich höher – immerhin gut 9 Stunden werden von den entsprechenden Spielern im Schnitt pro Woche hierfür aufgewendet. Strategiespiele binden mit rund 13 Stunden pro Woche noch mehr Zeit, was auch vor allem dem Spielprinzip vieler Strategiespiele geschuldet ist, die längere Spielsessions bzw. ‚Partien' vorsehen. Das am meisten gespielte Genre ist aber auch der mit Abstand größte ‚Zeitfresser': mehr als 20 Stunden verwenden Rollenspieler wöchentlich für das Spielen von *World of Warcraft* & Co. Dies ist ebenfalls schon im Grundprinzip solcher Spiele angelegt, die nur mit erheblichem Zeitaufwand erfolgreich gespielt werden können. Mehrfach wurden hier sogar wöchentliche Spielzeiten von 100 Stunden angegeben (ähnliches gilt auch für Strategie-Titel). Bei Überprüfung entpuppte sich dies als ein Muster, das auf eine be-

---

[12]   Die Popularität spiegelt sich auch in unzähligen Mods des Spiels, welche ihrerseits wiederum zur Dauerhaftigkeit des Phänomens beigetragen haben. Vgl. hierzu auch Behr in diesem Band.

[13]   Diese Angabe wurde separat an einer anderen Stelle des Fragebogens erhoben als die Daten zu den Einzel-Genres. Sie ist nicht summarisch zu verstehen: Da die Spieler zum Teil mehrere Genres in unterschiedlichen Zusammensetzungen spielen, können die Werte für einzelne Genres natürlich höher liegen als jene für das Online-Spielen im Allgemeinen.

sondere Lebensrealität hinweist: Hierbei handelt es sich um Spieler, die prinzipiell ihre gesamte Zeit – mit Ausnahme absolut notwendiger anderer Tätigkeiten und der üblichen Schlafphasen – auf das Spielen verwenden (vgl. hierzu auch Abschnitt 4.5). Auch die anderen Angaben dieser Personen, beispielsweise zur Dauer einzelner Spielsessions, sonstiger Freizeitaktivitäten, Arbeitstätigkeit usf., befinden sich mit den extrem hohen Angaben zum Spielekonsum in Einklang: Das Spielen ist hier letztlich der klare Lebensmittelpunkt. Freilich muss man differenzieren: Im Schnitt haben die befragten Online-Spieler deutlich weniger Freizeit zur Verfügung, nämlich in etwa 52 Stunden, wobei auf das Online-Spielen im Schnitt knapp 20 Stunden entfallen.

In Hinblick auf die gespielten Genres fallen aber noch weitere Unterschiede auf: Fragt man Spieler bestimmter Genres, wie lange sie sich schon damit beschäftigen, stechen insbesondere Online-Rollenspiele wieder hervor. Denn obwohl es Online-Rollenspiele prinzipiell schon seit geraumer Zeit gibt, als Mainstream-Gaming-Phänomen sind sie neu. Dies lässt sich auch anhand der Daten belegen: Bei den Online-Rollenspielen geben 72 % der Spieler an, weniger als 3 Jahre dabei zu sein.[14] Zum Vergleich: Bei Actionspielen sind dies nur rund 43 %, bei den Strategie-Spielen knapp 59 %, bei den Sport- und Rennspielen sind hingegen zwei Drittel der Gamer weniger als 3 Jahre dabei (rund 67 %). Nur etwa 11 % der Rollenspieler sind Veteranen und damit mehr als 5 Jahre online dabei; bei den Actionspielen sind immerhin fast 38 % solche Langzeitspieler, bei den Strategiespielen gut 22 % und bei den Sport- und Rennspielen knappe 14 %.

An der hohen Zahl der erfahrenen Gamer bei den Action-Titeln lässt sich auch erkennen, dass das vernetzte Spielen als größeres Phänomen vor allem im Bereich der Ego-Shooter seinen Ursprung nahm – hier sind LAN-Partys (vgl. Vogelgesang & Hepp in diesem Band) wohl ein Entwicklungs-Nukleus, der durch Online-Modi von Actionspielen in größere Spielergruppen diffundierte. Online-Rollenspiele hingegen sind wohl vor allem mit dem *WoW*-Boom (d.h. ab Erscheinen des Spiels Ende 2004) ein Massenphänomen geworden. Vorher haben sich offenbar nur wenige Liebhaber mit dem Genre auseinandergesetzt, das heutzutage den Markt der Online-Spiele deutlich anführt (s.o.).

4.2   *Online-Games im Alltag: Soziale Spiele zwischen Real Life und virtueller Welt*

Die bislang referierten Rahmendaten geben bereits einen guten Einblick, was und in welchem Umfang deutsche Online-Gamer spielen. Jedoch sagt dies noch wenig über die Intensität dieses Hobbys aus, und wie stark es in das alltägliche Leben eingebunden ist.

Die Auseinandersetzung mit dem Spielen kann verschiedenste Formen annehmen, die sich auch in ‚realweltlichem' Handeln (d.h. Tätigkeiten außerhalb der Spielwelt) manifestieren. So werden zunächst diverse Tätigkeiten mit dem Spiel verbunden, um das Spielerlebnis zu verbessern oder aufrechtzuerhalten. Immerhin gut die Hälfte der Befragten suchen sehr häufig oder häufig[15] nach Updates für die Spiele. Auch werden von fast 40 % der Spieler Zusatzinformationen zu den jeweiligen Computergames recherchiert– dies können z.B. auch Cheats usf. sein. Ebenso betätigt sich immerhin ein gutes Drittel der Befragten häufig

---

[14]   Hier und im Folgenden gilt ebenso wie bei den Tabellen: Alle Angaben basieren auf den gewichteten Daten, falls nicht anders ausgewiesen.
[15]   Angaben auf einer fünfstufigen Likert-Skala.

oder sehr häufig in Forendiskussionen zu Spielen.[16] Spielerweiterungen (Expansion Sets) werden noch von knapp 30 % der Befragten häufig oder sehr häufig gekauft, um das Spielerlebnis beispielsweise nach Erreichen des eigentlichen Spielziels zu verlängern. Andere ‚unterstützende' Tätigkeiten kommen bei weniger Befragten häufig oder sehr häufig zum Einsatz: Fan-Art in noch einem Viertel der Fälle, der Handel von speziellen Spiele-Items aber bei fast niemandem (gerade mal 2 % machen dies häufig oder sehr häufig). Allerdings gilt hier zu ergänzen: Vergleichsweise teure Fan-Art wie Poster, Figuren usf. zu kaufen, ist auch aufgrund der entsprechenden Kaufpreise kaum eine beständige realweltliche Ergänzung des Spielerlebnisses. Insofern ist es hier auch einen Blick darauf wert, wie viele Spieler überhaupt schon einmal Fan-Art gekauft haben – und das sind immerhin fast drei Viertel der Gamer. Mit virtuellen Spiele-Items haben hingegen vier von fünf Spieler noch nie gehandelt. Hier spielt wohl nicht nur eine Rolle, dass viele Spiele dies gar nicht unterstützen und es sich eher um eine rollenspiel-spezifische Möglichkeit handelt – diverse Spielhersteller verbieten dies ausdrücklich in ihren Nutzungsbedingungen und versuchen den Handel mit Items zu unterbinden (vor allem, um das Spielerlebnis und die ‚Balance' für alle Spieler aufrecht zu erhalten). Allerdings sind diese Einschränkungen nur bedingt erfolgreich – denn zumindest ein Fünftel der Spieler hat bereits Erfahrungen mit dem Handel von Spiele-Items gesammelt.

Die Bedeutung virtueller Spielwelten kann sich aber auch anders ausdrücken – beispielsweise durch dauerhafte soziale Vernetzung mit anderen Spielern, ob nun online oder offline. Wie bereits an anderer Stelle erläutert (vgl. Wimmer, Quandt & Vogel in diesem Band), schließen sich gerade Intensiv-Spieler und Profis in Clans zusammen, die ähnlich wie ein Sportverein gemeinsam Spiel-Wettbewerbe austragen, Organisationsstrukturen und Regeln bilden und letztlich das Spielerleben institutionalisieren. Clans gibt es insbesondere bei Ego-Shootern, aber auch bei allen anderen Genres. Bei Online-Rollenspielen sind zudem Möglichkeiten der Gruppenbildung oftmals auch vom Spiel aus angelegt: So sind bestimmte Ziele und Spielstrategien nur in Gruppen umzusetzen (z.B. das ‚Raiden', d.h. Feldzüge, an denen oft mehrere Dutzend Spieler teilnehmen), andere werden durch gemeinsames Vorgehen erheblich vereinfacht (beispielsweise sind die ‚Instanzen' in *WoW* auf Gruppenspiel angelegt). Viele Rollenspiele bieten mitunter von Haus aus Optionen für die Bildung von Gruppen oder persistenten ‚Gilden', also Spielern, die sich (wie Clans) immer wieder zum Spielen online zusammenfinden. Der Grad der Verbindlichkeit ist dabei natürlich verschieden und reicht von sehr kurzfristigem Commitment bis hin zu LangzeitZugehörigkeiten, die natürlich auch mit entsprechenden sozialen Verpflichtungen (Verabredungen zu Spielsessions, Unterstützung von Gildenmitgliedern usf.) einhergehen. Tatsächlich geben 75 % der Befragten an, Mitglied in einem Clan oder einer Gilde zu sein. Differenziert man hier nach Genres, zeigt sich jedoch, dass die verschiedenen Typen von Spielen auch unterschiedlich stark zur Teambildung anregen: Nur knapp 18 % der OnlineSport- und Rennspieler sind in einem Clan, bei den Online-Strategiespielern sind es 44 %, bei den Online-Actionspielern sind es gut die Hälfte (51 %) und bei den Online-Rollenspielern fast 4/5 (79 %). Auch dies ist sicherlich eng mit dem *WoW*-Boom verbunden: Denn der Marktführer ermöglicht die vergleichsweise einfache Bildung von Spielergruppen für ‚Instanzen' oder ‚Raids' sowie von Gilden. Durch diese verschiedenen Formen des

---

[16]   Allerdings ist diese Angabe mit Vorsicht zu interpretieren, da aufgrund der Stichproben-Rekrutierung davon ausgegangen werden muss, dass Personen überrepräsentiert sind, die in Foren in dieser Hinsicht aktiv werden.

gemeinschaftlichen Spiels in Verbindung mit dezidierten Spiele-Servern für unterschiedliche Spielausrichtung ist die Verbindlichkeit der gewählten virtuell-sozialen Gruppe weitgehend nach den eigenen Interessen skalierbar und das Finden von Personen mit ähnlichen (Spiele-)Interessen recht einfach. Kurzum: Wer *WoW* spielt, ist auch meistens Gilden-Mitglied. In noch ausgeprägterem Maße gilt dies für die Nummer 2 im Online-Rollenspielmarkt, *Guild Wars*. Hier ist das kooperative Spielen in Gruppen ja bereits im Namen des Spiels angelegt. Es handelt sich also bei diesen Spielen stets um soziale, auf (kommunikative wie handelnde) Interaktion angelegte Spiele.

Dies führt freilich zu einer Verbindlichkeit, die über die eigentlichen Spielsessions hinausgeht. Da die Spielwelten persistent sind, also auch bestehen, wenn die Spieler nicht online sind, und sich diese Welten auch verändern können,[17] entstehen mitunter sehr real gefühlte Zwänge aus dem Spielgeschehen. So muss man eventuell sehr häufig und lange online gehen und spielen, um mit seiner Gilde ,mithalten' zu können. Oder man verpflichtet sich, an einem ,Raid' teilzunehmen (die mitunter zeitintensiv sind). Oder man sorgt sich darum, was in der Zwischenzeit mit den Gilden-Kollegen geschieht.

Der Fragebogen enthielt mehrere Items, um solche Querverbindungen zwischen ,Real Life' und virtueller Spielwelt zu erkunden. Knapp die Hälfte der Befragten (etwa 46 %) stimmten der Aussage eher oder voll zu, dass sie sich schon wieder auf den Kontakt mit den Mitspielern freuen, während sie offline sind. Noch häufiger war eine hohe Zustimmung bei der Aussage zu verzeichnen, dass man Spieler nicht während einer Spielsession im Stich lässt – auch wenn man das Spiel eigentlich beenden wolle oder anderes zu tun hätte (rund 61 %). Die soziale Verbindlichkeit scheint dabei deutlich wichtiger zu sein als der kompetitive Charakter: Nur gut 12 % der Befragten stimmten der Aussage eher oder voll zu, dass sie fürchten, den Anschluss an die Mitspieler zu verlieren, wenn sie nicht online sind (beispielsweise weil die anderen Spieler im Online-Rollenspiel schneller höhere Level erreichen oder sich in der Zwischenzeit besseres Equipment erspielen). Wenig Unterstützung fand auch die Vorstellung, dass das virtuelle Spiel letztlich auch die ,Mindsets' im realen Leben besetzt: Nur knapp 12 % der Befragten sagten, dass sie sich Gedanken darüber machen, was in der Spielwelt passiert, wenn sie offline sind; und weniger als 1/5 (rund 18 %) vermisst das Spiel während der Game-freien Zeit. Allerdings bemerkt immerhin knapp ein Drittel der Befragten selbstkritisch, dass sie das Gefühl hätten, durch das Spiel andere Dinge zu vernachlässigen (gut 29 %). Dies deckt sich mit anderen Erkenntnissen, wonach virtuelle Welt und Realwelt durchaus kollidieren können, wenn sich z.B. Interessenkonflikte aufgrund der online verbrachten Zeit ergeben.

4.3 Gruppenvergleiche I: Differenzierung nach Geschlecht

In den vorigen Abschnitten wurden zunächst die Online-Spieler in ihrer Gesamtheit im Hinblick auf generelle Rahmendaten und die Verbindung von Real Life und virtueller Welt untersucht. Interessant erscheint neben dieser allgemeinen Betrachtung aber auch ein differenzierter Blick auf bestimmte Gruppen, denn in der öffentlichen Diskussion wird immer

---

[17]   Veränderungen werden durch das Spiel induziert (z.B. durch das Erzählen einer Geschichte, durch die Evolution der Spielelemente oder der Spielmechanik, durch eine Erweiterung der spielbaren Welten) oder über die (Inter-)Aktionen der Spieler herbeigeführt (z.B. durch den Level-Aufstieg der Mitspieler, die Veränderung von Gilden, ganz allgemein aber auch durch den Wandel des sozialen Geflechts im Spiel).

wieder das Augenmerk auf diese gerichtet. So wurden unlängst Frauen als ‚neue' Zielgruppe der Spieleindustrie entdeckt (vgl. Stöcker 2005). Unterstellt werden Unterschiede zum bisherigen ‚Standard'-Spieler, sowohl in den Genre-Präferenzen als auch in der Spielweise – Gegenmodell ist hier ganz klar der bekannte „Stereotyp" (Griffiths, Davies and Chappel 2003) des (meist jungen) männlichen Gamers.

Tabelle 6:   Online-Spielerfahrung, differenziert nach Geschlecht (gewichtet)

	Online-Spielen seit wann			
Geschlecht	**< 1 J.**	**1-3 J.**	**3-5 J.**	**> 5 J.**
Männer	8,2 %	39,9 %	21,6 %	30,4 %
Frauen	17,8 %	54,7 %	17,8 %	9,8 %
Gesamt	11,3 %	44,7 %	20,3 %	23,7 %

χ^2-Test: p < .0005; N = 688

In der Tat zeigen auch unsere Daten Unterschiede zwischen Männern und Frauen auf. So sind Frauen im Einklang mit dem Bild der ‚neuen' Spielergruppe insgesamt seit deutlich kürzerer Zeit mit dem Online-Spielen befasst (vgl. Tabelle 7). Der Anteil der ‚Newbies', die seit weniger als einem Jahr spielen, ist bei den Frauen mit knapp 18 % mehr als doppelt so hoch wie bei den Männern. Mehr als 70 % der Frauen spielen seit weniger als 3 Jahren online, während es bei den Männern weniger als 50 % sind. Umgekehrt ist die Gruppe der ‚Veteranen' mit mehr als 5 Jahren Online-Spielerfahrung bei den Männer im Verhältnis rund drei mal so groß wie bei den Frauen – mehr als 30 % der Männer gehören zu dieser Gruppe, bei den Frauen aber nur knapp 10 %.

Insofern bestätigen diese Daten zunächst die bekannten Annahmen. Interessant ist jedoch ein Blick auf die durchschnittliche Spieldauer pro Woche: Hier ist das Bild eher kontraintuitiv – die weiblichen Spielerinnen liegen mit knapp 23 Stunden durchschnittlicher Spieldauer deutlich über den Männern mit gut 18 Stunden.[18] Dies widerspricht auf den ersten Blick dem bekannten Vorurteil vom männlichen ‚Hardcore'-Gamer und der weiblichen ‚Casual'-Gamerin. Allerdings gilt es hier, an die höchst unterschiedlichen Nutzungsdaten bei der Genre-Differenzierung zu erinnern: Je nach persönlichem Genre-Portfolio wird mehr oder weniger Zeit für das Spielen verwendet. Tatsächlich lassen sich die Unterschiede bei der Spieldauer auf deutlich andere Genre-Präferenzen bei Männern und Frauen zurückführen (vgl. Tabelle 7).

Besonders auffällig sind dabei die Online-Rollenspiele und die Online-Actionspiele: Erstgenannte erfreuen sich im Verhältnis bei Frauen deutlich höherer Beliebtheit als bei Männern – fast 80 % der befragten Gamerinnen spielen dieses Genre, während etwas mehr als 60 % der Männer Rollenspiele online spielen. Umgekehrt verhält es sich bei den Actionspielen: Während knapp 60 % der männlichen Studienteilnehmer diese online spielen, sind es bei Frauen gerade mal etwas mehr als 20 %. Da die Frauen natürlich insgesamt die deutlich kleinere Spielergruppe sind (vgl. Abschnitt 3.3), wirkt sich dies in absoluten Zahlen noch stärker aus; insofern kann man sagen, dass Actionspiele – und hier vor allem na-

---

[18]   Die Differenzen sind höchst signifikant, was angesichts der Fallzahl aber erwartbar ist ($N_m = 456$, $N_w = 224$; t-Test: p = .004; Version nach Welch, da Levene-Test nach Quotierung signifikant).

türlich die präferierten Ego-Shooter wie *CS* oder *Battlefield* – eine fast ausschließlich durch Männer besetzte Domäne sind. Kaum Unterschiede zwischen Männern und Frauen ergaben sich hingegen bei den Strategiespielen, die von beiden Geschlechtern annähernd gleich stark angenommen werden (Unterschiede sind nicht signifikant). Größere Differenzen sind wiederum bei den Sportspielen auszumachen, bei denen die Männer erneut einen höheren Anteil erreichen; wobei die Datenbasis bei der Gruppe der Frauen hier vergleichsweise schwach ist (d.h. aufgrund der geringen Fallzahl in der entsprechenden Zelle sollte man das Ergebnis trotz des signifikanten χ^2-Test mit Vorsicht genießen).

Tabelle 7:   Gespielte Online-Genres, differenziert nach Geschlecht (gewichtet)

Geschlecht Genre	Männer	Frauen	*Gesamt*
Rollenspiele**	62,9 %	79,5 %	68,3 %
Actionspiele**	57,8 %	21,0 %	45,8 %
Strategiespiele***	37,1 %	32,1 %	35,5 %*
Sport-/Rennspiele**	16,4 %	8,9 %	14,0 %*

*   Differenzen zu Tab. 3 durch Gewichtung bzw. Rundungsunterschiede im χ^2-Test
** χ^2-Test: p < .01; *** n.s., p = .2; N = 688 (N_m = 464, N_w = 224)

Während die Differenzen in den Genrepräferenzen eher in Richtung des Erwartbaren gehen, überraschen demgegenüber die Analysen zu den Querverbindungen zwischen ‚Real Life' und virtueller Spielwelt: Gerne zitierte geschlechtsspezifische Unterschiede beim Ausmaß des ‚Eintauchens' in virtuelle Welten und dadurch entstehende Abhängigkeiten lassen sich auf Basis der Daten kaum belegen. Im Gegenteil: Hier zeigte sich zwischen Männern und Frauen in den verschiedenen Items (s. auch Abschnitt 4.3) so gut wie kein signifikanter Unterschied, was angesichts der respektablen Fallzahlen durchaus bemerkenswert ist. Nur bei zwei Items (Vorfreude auf das Spielen, Nicht-im-Stich-Lassen der Mitspieler) ergaben sich Differenzen auf einem hohen Signifikanzniveau (p≤ .001); allerdings sind die gemessenen Effekte gering: Hier ist die Zustimmung unter den Frauen im Schnitt etwas höher (im ersten Fall M = 2,14 vs. 2,49; im zweiten Fall M = 2,45 vs. 2,76; Angaben auf einer 5-stufigen Likert-Skala, wobei der Wert 1 „stimme voll zu" bedeutet, 5 „stimme gar nicht zu"), was man sehr vorsichtig als eine leicht höhere Sozialorientierung der Frauen interpretieren könnte.

So lässt sich zusammenfassen: Frauen wählen im Schnitt andere Spiele aus als Männer, wodurch beispielsweise Unterschiede auch im Ausmaß der Nutzung entstehen. Betrachtet man aber die Auswirkungen auf den Lebensalltag, so scheinen diese trotz der Unterschiede in den Genre-Präferenzen von den befragten Spielerinnen und Spielern ganz ähnlich bewertet zu werden.

4.4 Gruppenvergleiche II: Differenzierung nach Alter

Wie bereits oben erläutert, wird bei der Beschreibung von Computerspielern gerne das Klischee des jugendlichen Gamers bemüht – wohingegen die Zahlen z.B. der ACTA belegen, dass ältere Spieler durchaus beachtliche Teile der Spielerschaft ausmachen; allerdings sind ältere Spieler bislang nur selten im Fokus der Forschung gewesen. An der vorliegenden Studie haben genügend ältere Spieler teilgenommen, so dass Gruppenvergleiche mit Jüngeren möglich sind. Allerdings erbringen die Vergleiche nur wenige Unterschiede; ein Beispiel hierfür ist die Spieldauer: Hier ergibt sich kein klares Differenz-Muster. Zwar nutzt die Gruppe der ältesten Spieler (40 Jahre und darüber) die Spiele in etwas geringerem zeitlichen Umfang als andere Gruppen, nämlich 17,6 Stunden (zum Vergleich: 14-19 Jahre: 19,0 Stunden; 20-29 Jahre: 19,8 Stunden; 30-39 Jahre: 23,0 Stunden); doch ergibt sich kein cindcutigcr lincarcr Zusammenhang zwischen Alter und Nutzungsdauer; die Differenzen sind nicht signifikant.[19]

Spitzt man die Altersdifferenzierung weiter zu und unterscheidet zwischen Erwachsenen und jugendlichen Spielern, verändert sich das Bild zunächst nicht: Es zeigen sich kaum Unterschiede. Dies gilt für die Spieldauer, aber auch für die meisten anderen Variablengruppen, wie z.B. die Items zur Verbindung zwischen Real- und Spielwelt.[20] Selbst bei den Spielepräferenzen gibt es weniger Differenzen, als man dies vielleicht annehmen könnte (vgl. Tabelle 8).

Tabelle 8: Gespielte Online-Genres, differenziert nach Erwachsene vs. Jugendliche (gewichtet)

Altersgruppe Genre	Erwachsene	Jugendliche	*Gesamt*
Rollenspiele***	68,7 %	65,3 %	68,3 %
Actionspiele**	44,0 %	60,0 %	45,8 %
Strategiespiele***	35,1 %	37,3 %	35,4 %
Sport-/Rennspiele***	14,2 %	11,8 %	14,0 %*

*   Differenzen zu Tab. 3 durch Gewichtung bzw. Rundungsunterschiede im χ^2-Test
** χ^2-Test: p = .009; *** n.s, p > 0.5; N = 687/8, N_E = 612/13, N_J = 75/6 (variierende N bedingt durch Gewichtung/Rundung)

Lediglich bei einem Genre zeigen sich deutliche, signifikante Unterschiede zwischen Jugendlichen und Erwachsenen – und zwar bei den Actionspielen. Unter den 14- bis 17-Jährigen in den befragten Gruppen befinden sich anteilig deutlich mehr Actionspieler als

---

[19]   Berechnet wurden hier zunächst eine ANOVA, aufgrund eines signifikanten Levene-Tests nach der Quotierung aber auch ein Welch-Test sowie ein Games-Howell-Post-Hoc-Test; die p-Werte lagen in allen Fällen über dem 5%-Niveau (auch bei den paarweisen Tests nach Games-Howell; hier war noch die Differenz zwischen den beiden obersten Altersgruppen am deutlichsten mit p = .07).

[20]   Hier finden sich mit einer einzigen Ausnahme keine signifikanten Unterschiede; lediglich bei der Frage, ob man während des Alltags an die Spielwelt denkt, ist bei Jugendlichen die Zustimmung signifikant höher (M = 3,46 vs. 3,82, p = .006) – allerdings ist die Stärke des Effekts eher gering; insofern ist vor allem hervorzuheben, wie ähnlich die Gruppen sind.

bei den Erwachsenen: 60 % der befragten Jugendlichen spielen online Actionspiele, während es bei den Volljährigen lediglich 44 % sind.

Diese Abweichung in den Genre-Präferenzen spiegelt sich auch in den Angaben zu den gespielten Lieblingsspielen wider (vgl. hierzu auch Tabelle 4): Knapp 44 % der Jugendlichen nennen *CS* als eines ihrer Lieblingsspiele, gefolgt von *WoW* (knapp 34 %), der Warcraft-Strategie-Serie (knapp 23 %) sowie dem actionreichen Rollenspiel *Guild Wars* (gut 17 %). Hier ist zu ergänzen: Fast alle Titel der *CS*-Serie haben eine USK-Freigabe ‚ab 16' – dennoch wird das Spiel auch von Jüngeren gespielt. Zudem werden von Jugendlichen einige Titel angegeben, die überhaupt keine Altersfreigabe für Minderjährige erhalten haben. Es gilt also einerseits zu fragen, ob die zum Teil erregt geführten Verbotsdebatten insbesondere in Bezug auf *CS* (vor allem in der Folge des Erfurter Amoklaufs) nicht eher kontraproduktiv waren und dem Titel sogar zu höherer Popularität unter Jugendlichen verholfen haben. Zum anderen wird hier deutlich, dass schon bestehende Alterseinstufungen offenbar nicht fruchten – entweder weil die Jugendlichen die Titel dennoch im Laden verkauft bekommen, oder weil sie sich die Titel beispielsweise über P2P-Netzwerke illegal beschaffen.

4.5 Gruppenvergleiche III: Differenzierung nach Arbeitsverhältnis

Die bislang vorgestellten Vergleiche förderten erstaunlich wenige Differenzen zwischen den verschiedenen Spielergruppen zu Tage. Im Gegenteil: Online-Spieler scheinen eine sehr homogene Gruppe zu sein. Dies lässt sich auf zweierlei Art erklären: Einerseits kann dies daran liegen, dass das Interesse am Online-Spiel nur bei Personen mit ähnlichen Grunddispositionen zu finden ist, die dann in ihrem Handeln und ihren Einstellungen weitgehend übereinstimmen, unabhängig von soziodemographischen Faktoren (die hier offensichtlich nur randständig Einfluss nehmen). Andererseits ist es aber auch möglich, dass die Beschäftigung mit Online-Spielen nur einen sehr begrenzten Korridor an Möglichkeiten eröffnet. Beispielsweise ließe sich argumentieren, dass für Online-Rollenspiele stets eine gewisse wöchentliche Stundeninvestition notwendig ist, um überhaupt sinnvoll (mit)spielen zu können: Wer nicht genügend Zeit investiert, kann nicht so schnell ‚leveln' wie andere Spieler (d.h. er steigt in der Spielmechanik nicht in derselben Geschwindigkeit in höhere Erfahrungsstufen auf, welche weitere Spielaufgaben und -möglichkeiten eröffnen), sammelt weniger Ausrüstungsgegenstände und verliert so letztlich den Anschluss an seine Mitspieler. Folgt man der Argumentation des begrenzten ‚Handlungskorridors', wäre es letztlich egal, in welchen Persönlichkeitseigenschaften und Grundeinstellungen sich die Spieler unterscheiden, da diese keinen Einfluss auf das Spielen selbst hätten: Man könnte die Online-Games eben nur auf bestimmte, sehr eng begrenzte „Spiel-Arten" nutzen.

Allerdings zeigen weitere Analysen, dass es doch Abweichungen zwischen einigen Personengruppen gibt. Eklatante Unterschiede ergeben sich vor allem bei der Berücksichtigung der Arbeitstätigkeit, wobei hier zunächst eines der gängigen Vorurteile nicht bestätigt werden kann: So spielen Schüler und Studierende pro Woche im Schnitt (M = 16,9 h, N=168) nicht mehr als beispielsweise Arbeitstätige (M = 17,6 h, N = 394) und liegen sogar etwas unter dem Gesamtdurchschnitt aller Befragten (19,9 h).

Ganz anders freilich Arbeitslose: Deren Spielzeit (M = 35,5 h, N = 59)[21] liegt im Schnitt doppelt so hoch wie jene der Arbeitstätigen und Personen in Ausbildung (M = 17,4 h, N = 562). Der Unterschied ist höchst signifikant (p < .0005)[22], und die Mittelwertsdifferenz in ihrem Ausmaß und ihrer Richtung eindeutig. Unter den Arbeitslosen findet sich zudem eine ganze Reihe an ,Dauerspielern', die eigentlich rund um die Uhr online spielen. Zwar gab es in anderen Gruppen ebenfalls Extremspieler mit bis zu 100 Stunden Spielzeit pro Woche, doch bei den Arbeitslosen häufen sich diese Fälle – wohl auch aufgrund der zur Verfügung stehenden freien Zeit. Zur Erinnerung: Im Schnitt stehen den Befragten ,nur' gut 50 Stunden Freizeit pro Woche zur Verfügung – insofern sprengt das exzessive ,Dauerspielen' deutlich den Zeitrahmen der meisten Online-Gamer.

Tabelle 9:   Querverbindungen zwischen Real Life und Spielwelten, nach Arbeitstätigkeit (gewichtet)

Items	Gruppe	N	M	s
(1) Denken an Spielwelt	Arbeitstätig/Ausbildung	565	3,83	,996
	Arbeitslos	61	3,40	1,365
(2) Anschlussangst	Arbeitstätig/Ausbildung	561	3,90	1,057
	Arbeitslos	61	3,45	1,452
(3) nicht im Stich lassen	Arbeitstätig/Ausbildung	560	2,40	1,085
	Arbeitslos	61	2,45	1,228
(4) Vorfreude	Arbeitstätig/Ausbildung	558	2,71	1,073
	Arbeitslos	61	2,56	1,327
(5) Spiel vermissen	Arbeitstätig/Ausbildung	563	3,51	1,062
	Arbeitslos	61	3,22	1,184
(6) Vernachlässigung	Arbeitstätig/Ausbildung	563	3,19	1,224
	Arbeitslos	61	2,88	1,353

$p_1 = .019$, $p_2 = .021$, $p_3 = .732$, $p_4 = .409$, $p_5 = .046$, $p_6 = .090$ (tw. ungl. Varianzen, dann Angaben laut Welch-Test); Angaben auf einer 5-stufigen Likert-Skala, (von 1 „stimme voll zu" bis 5 „stimme gar nicht zu")

Angesichts der extrem hohen Zeit, die Arbeitslose mit Online-Spielen verbringen, sind eigentlich auch deutliche Effekte auf das ,Real Life' zu erwarten. Gewisse Tendenzen sind in den Daten tatsächlich nachweisbar (vgl. Tabelle 9): Arbeitslose stimmen häufiger den Items zu, während der spielfreien Zeit an die Online-Welt zu denken, verspüren etwas stärker Angst, den Anschluss zu verlieren, freuen sich stärker auf das Spielen bzw. vermissen

---

[21]   Auf einen ähnlich hohen Wert kommen Hausfrauen und Hausmänner mit M = 34,0 h, N = 38; allerdings liegt die Vermutung nahe, dass es sich bei einigen Fällen ebenfalls um arbeitslose Personen handelt, die ihre tatsächliche berufliche Situation mit dieser Angabe verschleiern: Die weiteren Angaben zur Soziodemographie und zum persönlichen Umfeld legen dies in einigen Fällen nahe. Wenig überraschend liegt übrigens die Gruppe der Rentner deutlich unter den anderen Gruppen (M = 15,3 h; N = 17) – was auch mit dem Alterseffekt zu tun hat, dass Spieler über 40 Jahre insgesamt weniger spielen.

[22]   Ausgenommen sind bei diesem Vergleich die Rentner und Hausfrauen/Hausmänner.

es, wenn sie nicht spielen, und glauben auch eher, andere Dinge aufgrund des Spiels zu vernachlässigen. Bei der Frage, ob man dazu bereit ist, andere Mitspieler aufgrund der Notwendigkeiten des Real Lifes ‚im Stich zu lassen', ergeben sich jedoch keine nennenswerten Unterschiede. Bei allen Items handelt es sich um jeweils geringe Effekte, die größtenteils kaum zufrieden stellende Signifikanzniveaus erreichen – wenngleich sie konsistent in die zu erwartende Richtung einer Beeinflussung durch das ‚virtuelle Leben' gehen.

5   Diskussion: Spiel-Arten des Online-Gamings

Online-Computerspiele sind mit dem Vorzeige-Rollenspiel *World of Warcraft*, dem umstrittenen Shooter *Counter-Strike* oder dem viel diskutierten *Second Life* (sofern man diese ‚virtuelle Welt' überhaupt noch als ‚Spiel' klassifiziert) inzwischen ein Dauerthema in den Feuilletons. Zunehmend wird auch in der öffentlichen Diskussion erkannt, dass es sich bei den netzbasierten Multi-Player-Spielen nicht um ein Nischen-Phänomen für ‚Freaks' handelt, sondern um ein weit verbreitetes Hobby. Nutzerdaten wie jene der ACTA oder des Allbus belegen, dass sich ein durchaus beachtlicher Bevölkerungsanteil inzwischen mit Online-Spielen beschäftigt. Zudem müssen wohl einige der Klischees von Online-Gamern endgültig als widerlegt angesehen werden: Laut ACTA sind ein Drittel der Personen, die über das Netz spielen, weiblich, und auch die Gruppe der älteren Spieler hat inzwischen eine durchaus beachtliche Größe.

Doch ergibt sich die Bedeutung des Online-Gamings nicht nur aus dem Umfang der entsprechenden Nutzergruppe(n): Die hier vorliegende Survey-Studie belegt darüber hinaus, dass die Beschäftigung mit dem Online-Gaming überaus zeitaufwändig und intensiv ist. Wenn Spieler im Schnitt 20 Stunden pro Woche in virtuellen Spielwelten verbringen, so toppt das Online-Gaming viele andere Formen der Mediennutzung. Zudem ‚bindet' das Spielen über das Netz durch die Eigenaktivität des Nutzers in vielerlei Hinsicht stärker als andere Formen des Medienkonsums. Die Befragungsergebnisse geben diverse Hinweise auf soziale Inklusion durch Online-Games – Spieler werden Mitglieder in organisierten Gruppen (wie z.B. Clans oder Gilden), die Vereinen teilweise nicht unähnlich sind, sie fühlen sich anderen Spielern gegenüber verpflichtet, freuen sich auf das Spiel mit ihren ‚Freunden' im Virtuellen. Hier zeigt sich ganz klar: Online-Spiele sind soziale Spiele, die ihren Reiz aus der Interaktion mit Menschen ziehen; dadurch steigt aber auch die Verbindlichkeit durch das Spielen, was möglicherweise zu Kollisionen mit ‚realweltlichen' Verpflichtungen führen kann.

Dies gilt insbesondere für Vielspieler, die erhebliche Teile ihrer Freizeit in das Online-Spielen investieren. Dauerspieler, die eigentlich nichts anderes mehr machen als an Online-Games teilzunehmen, sind durchaus keine Einzelfälle – angesichts eines derart exzessiven Spielens muss die kritische Frage erlaubt sein, ob hier nicht auch Formen der Abhängigkeit vorliegen. Allerdings gilt es zu qualifizieren: Besonders viele Dauerspieler finden sich bei Personen ohne Beschäftigungsverhältnis, die mit dem Spiel ‚ungenutzte' Zeit füllen. So merkten einige dieser Personen (in offenen Items) an, dass Sie „leider" so viel Freizeit hätten und eigentlich gerne auch etwas anderes tun würden. Insofern ist zu vermuten, dass meist nicht das exzessive Spielen kausal für problematische Lebenslagen ist (zumindest nicht in erster Instanz), sondern umgekehrt versucht wird, diese Lebenslagen zum Teil durch Spielen zu kompensieren. Allerdings kann dann natürlich aus dem exzessiven Spiel ein Dauerproblem werden, welches eine Verbesserung der Situation durch das Binden von Zeit weitgehend verhindert (da andere Aktivitäten kaum noch möglich sind).

Bemerkenswert sind aber auch andere Differenzen zwischen verschiedenen Spielergruppen: So unterschieden sich beispielsweise Männer und Frauen in verschiedenen Parametern des Spielens. In der Hauptsache lässt sich dies auf unterschiedliche Genre-Präferenzen zurückführen: Während bei den Frauen Rollenspiele noch beliebter sind als bei Männern, erfreuen sich die netzbasierten Shooter bei den Frauen keiner großen Beliebtheit. Online-Actionspiele sind eindeutig eine Männerdomäne. Auch das Alter spielt hier eine Rolle: Der Zuspruch zu Actionspielen ist bei Jugendlichen höher als bei Erwachsenen. Dies ist nicht unproblematisch: Gerade in diesem Genre findet man sehr viele Games, die für Jugendliche nicht geeignet sind.

Bei all den genannten Unterschieden muss man aber auch festhalten, dass die Online-Spieler, so wie sie in der vorliegenden Studie beschrieben wurden, insgesamt eine vergleichsweise homogene Gruppe sind: Bei vielen Items ergaben sich keine signifikanten Unterschiede zwischen den verschiedenen Teilgruppen, trotz hoher Fallzahlen. Dies mag daran liegen, dass das Spielen nur einen gewissen Korridor an Möglichkeiten vorgibt – wer online spielt, der muss sich vielfach auch der Logik der Spielvorgaben beugen. So binden z.B. Online-Rollenspiele sehr viel Zeit – denn wer hier erfolgreich und mit Spaß mitspielen will, muss eben auch eine entsprechende zeitliche Investition leisten.

Allerdings können die hier vorgelegten Überblicksdaten nur erste Hinweise auf ‚Spielarten' des Online-Gamings geben. Differenziertere Analysen sind angezeigt, um beispielsweise genreunabhängig Spielertypen zu identifizieren; diese Auswertungen sind teilweise mit den vorliegenden Daten möglich und werden zu einem späteren Zeitpunkt publiziert. Die vorliegenden Basisdaten regen aber auch eine weitere Beschäftigung mit dem Thema im Rahmen weitergehender Studien an. Insbesondere das Phänomen der Dauerspieler und die in ihrer soziodemographischen Verankerung deutlich abweichende Gruppe der Actionspieler wären lohnende Studienziele. Zudem könnten die Querverbindungen zwischen Real Life und virtueller Welt noch stärker fokussiert werden; denn es erscheint plausibel, dass eine so zeitaufwändige und intensive Betätigung wie das Online-Spielen in Kombination mit der bereits erläuterten sozialen Verbindlichkeit im Leben der Spieler Folgen zeitigt.

Welcher Art diese Folgen im Detail sind, und ob diese individuell, aber auch gesellschaftlich als positiv oder negativ zu bewerten sind, kann auf Basis der vorliegenden Studie sicherlich nicht hinreichend aufgeklärt werden. Angesichts des Massenphänomens ‚Online-Spielen' wäre die Gesellschaft – und die Kommunikationswissenschaft – aber gut beraten, sich dieser Forschungsaufgabe anzunehmen.

Literaturverzeichnis

Asgari, Mahboubeh (2005): *A three-factor model of motivation and game design.* Online unter
        http://www.gamesconference.org/digra2005/viewabstract.php?id=269 [20.01.2006].
Bartle, R. A. (1996): *Hearts, clubs, diamonds, spades – players who suit muds.*
        Online unter http://www.mud.co.uk/richard/hcds.htm [16.05.2007].
Castranova, E. (2005): *Synthetic worlds: The business and culture of online games.* Chicago: The
        University of Chicago Press.
Cypra, O. (2005): *Warum spielen Menschen in virtuellen Welten? Eine empirische Untersuchung zu
        Online-Rollenspielen und ihren Nutzern.* Mainz: Universität Mainz (unveröff. Diplom-Arbeit).

Döring, N. (1999): *Sozialpsychologie des Internets – Die Bedeutung des Internets für Kommunikationsprozesse, Identitäten, soziale Beziehungen und Gruppen.* Göttingen u.a.: Hogrefe.

Ducheneaut, N., Yee, N., Nickell, E. & Moore, R.J. (2006): Alone together? Exploring the social dynamics of massively multiplayer online games. In: *Conference Proceedings on Human Factors in Computing Systems.* CHI 2006, April 22-27, Montreal, PQ, Canada, 407-416. Online unter http://www.nickyee.com/pubs/Ducheneaut,%20Yee,%20Nickell,%20Moore%20-%20Alone%20Together%20(2006).pdf [16.05.2007].

Fritz, J. (2003): Computerspiele, logisch einfach, technisch verwirrend, sozial komplex. Was unter Computerspielen verstanden und wie man mit ihnen umgehen wird. In: J. Fritz & W. Fehr (Hrsg.): *Computerspiele – Virtuelle Spiel- und Lernwelten. Medienpädagogik.* Bonn: Bundeszentrale für politische Bildung, o.S.

Fromm, R. (2003): *Digital spielen – real morden? Shooter, Clans und Fragger. Computerspiele in der Jugendszene.* Marburg: Schüren Verlag.

Futterer, M. (2006): *„Gesellig, interessiert, böse, souverän.“ Eine empirische Untersuchung zu Spielertypen von Online-Rollenspielern am Beispiel von ‚World of Warcraft‘.* München: Universität München (unveröff. Magisterarbeit).

Götzenbrucker, G. (2001): *Soziale Netzwerke und Internet-Spielewelten. Eine empirische Analyse der Transformation virtueller in realweltliche Gemeinschaften.* Opladen, Wiesbaden: Westdeutscher Verlag.

Griffiths, M.D., Davies, M. & Chappell, D. (2003): Breaking the stereotype: The case of online gaming. *CyberPsychology and Behavior,* 6(1), 81-96.

Griffiths, M.D., Davies, M. & Chappell, D. (2004a): Online computer gaming: a comparison of adolescent and adult gamers. *Journal of Adolescence,* 27, 87–96.

Griffiths, M.D., Davies, M. & Chappell, D., (2004b): Demographic factors and playing variables in online computer gaming. *CyberPsychology and Behavior,* 7(4), 479-487.

Grüsser, S. & Thalemann, R. (2006): *Computerspielsüchtig? Rat und Hilfe.* Bern: Hans Huber.

Holowaty, C. (2003): Hardware, Software, Leidenschaft. In: J. Fritz & W. Fehr (Hrsg.): *Computerspiele – Virtuelle Spiel- und Lernwelten* [PDF-Text auf beigelegter CD-ROM]. Bonn: Bundeszentrale für Politische Bildung.

John, A. (2005, 9. September): Der Reiz der Online-Rollenspiele. *Spiegel Online.* Online unter http://www.spiegel.de/netzwelt/netzkultur/0,1518,373844,00.html [09.09.2005].

Jung von Matt, Electronic Arts & GEE Magazin (2006): *Spielplatz Deutschland* (EA Studie, Band 4). Hamburg: Jung von Matt, Electronic Arts & GEE Magazin.

Keegan, M. (1997): A classification of MUDs. *Journal of MUD Research,* 2(2). Online unter http://www.brandeis.edu/pubs/jove/HTML/v2/keegan.html [16.05.2007].

Klimmt, C. (2001): Ego-Shooter, Prügelspiel, Sportsimulation? Zur Typologisierung von Computer- und Videospielen. *Medien und Kommunikationswissenschaft,* 49(4), 480-497.

Kolo, C. & Bauer, T. (2004): Living a virtual life: Social dynamics of online gaming. *Gamestudies,* 4(1). Online unter http://www.gamestudies.org/0401/kolo/ [16.05.2007].

Maack, B. (2005, 28. Juni): Reset in Boltenhagen. Computersüchtige Kinder. *Spiegel Online.* Online unter http://www.spiegel.de/netzwelt/netzkultur/0,1518,362450,00.html [28.06.2005].

Pieper, C. (2005, 4. Juli): Die Kapitalisten von Kalimdor. *Spiegel Online.* Online unter http://www.spiegel.de/spiegel/0,1518,363363,00.html [4.07.2005].

Poitzmann, N. (2007): *Sucht nach virtuellen Welten? Aufbau und Wirkung des Online-Rollenspiels EverQuest.* Marburg: Tectum.

Schuster, E. (2006): *Online-Spiele. Grundlagen, Erfolgsfaktoren, Fallstudien, Ausblick.* Berlin: Vdm Verlag.

Sebayang, A. (2007, 7. März): World of Warcraft: 3,5 Millionen Erweiterungen verkauft. Fast jeder World-of-Warcraft-Spieler legte sich die Erweiterung zu. *golem.de.* Online unter http://www.golem.de/0703/50925.html [16.05.2007].

Stöcker, C. (2005, 6. Juni): Was die Spieler von den Mädchen lernen können. *Spiegel Online.* Online unter http://www.spiegel.de/netzwelt/netzkultur/0,1518,358867,00.html [6.06.2005].

Süddeutsche Zeitung Magazin (2005, 15.7.2005): Diese Elfe könnte ihr Nachbar sein – Das Compu-
    terspiel World of Warcraft ist der größte Abenteuerspielplatz der Welt. *Süddeutsche Zeitung
    Magazin*, 28.

Theunert, H., Demmler, K. & Kirchhoff, A. (2002): Vom Ego-Shooter zum Amokläufer? Fragen an
    PC- und Netzspieler. *medien + erziehung*, 46(3), 138-142.

Wimmer, J. (2007): Verminderte Steuerungsfähigkeit und Verwahrlosung der Jugendlichen? Die
    Wirkung von gewalthaltigen Computerspielen aus Sicht der Kommunikationswissenschaft.
    Communication Socialis, 40(2), 158-162.

Yee, N. (2002a): *Ariadne. Understanding MMORPG addiction.*
    Online unter http://www.nickyee.com/hub/addiction/home.html [20.01.2006].

Yee, N. (2002b): *Codename blue: An ongoing study of MMORPG players.*
    Online unter http://www.nickyee.com/codeblue/Report.PDF [16.05.2007].

Yee, N. (2002c): *Five motivation factors for why people play MMORPGs.*
    Online unter http://www.nickyee.com/facets/home.html [16.05.2007].

Yee, N. (2003): *Gender and age distribution.* Online unter http://www.nickyee.com/daedalus/
    archives/000194.php [16.05.2007].

Yee, N. (2005): *Motivations of play in MMORPGs.* Online unter http://www.gamesconference.org/
    digra2005/viewabstrac [20.01.2006].

3.6

Kreative Spiel(weiter)entwicklung
Modding als Sonderform des Umgangs mit Computerspielen

Katharina-Maria Behr

1 Interaktivität als Möglichkeit der Gestaltung von Computerspielen

Computerspiele haben das Unterhaltungserleben gerade für Jugendliche nachhaltig verändert. Ein wichtiger Grund dafür liegt in den technischen Möglichkeiten, die Computer und Computerspiele bieten: Sie gestatten bzw. erfordern sogar Handlungen der Nutzer. Diese Interaktivität ist das wichtigste Unterscheidungsmerkmal zwischen Computerspielen und traditionellen Unterhaltungsmedien, und sie ermöglicht völlig neue Erlebensformen (vgl. Behr, Klimmt & Vorderer, in diesem Band). Aus wissenschaftlicher Sicht stellt sich u.a. die Frage, welchen Einfluss diese Interaktivität auf das Erleben durch die Spielerinnen und Spieler hat und welche Implikationen sich daraus für mögliche (negative) Medienwirkungen ergeben (Calvert & Tan 1994). Es fällt jedoch auf, dass sich die Diskussion zur Interaktivität als Eigenschaft von Computerspielen auf die Rezeption beschränkt. Vielfach wird übersehen, dass die technischen Eigenschaften auch Handlungen im Hinblick auf die Gestaltung von Computerspielen ermöglichen. Traditionelle, nicht-interaktive Medien kann man zwar auch selbst aktiv gestalten, z.B. im Projekt „Zeitung in der Schule" vom Bundesverband Deutscher Zeitungsverleger oder bei Offenen Kanälen. Diese Projekte erfordern jedoch einen erheblichen finanziellen und organisatorischen Aufwand, die Teilnehmeranzahl ist begrenzt und die quantitative Publikumsakzeptanz häufig gering (vgl. für die Offenen Kanäle Breunig 1998). Bei Computerspielen ist dies anders; sie können prinzipiell von jeder Nutzerin und jedem Nutzer am heimischen PC nach den eigenen Vorstellungen bearbeitet werden. Dabei sind ‚Mods' die wohl am meisten etablierte Form eines kreativ-konstruktiven Umgangs mit diesem Medium. Eine Mod (kurz für ‚modification') ist eine Veränderung an oder eine Ergänzung zu einem Computerspiel, die von versierten Spielerinnen und Spielern durch Eingriffe in die Software des Spiels entwickelt und über das Internet kostenlos zum Download bereitgestellt wird. Wer über das Originalspiel verfügt, kann Mods aus dem Internet laden und dem eigenen Spiel hinzufügen. Gefördert wird dies auch durch Spielezeitschriften, die regelmäßig Mod-Projekte vorstellen und besondere Mods auf den Heft-CDs oder -DVDs beilegen. Das bekannteste Beispiel ist *Counter-Strike*, eine Mod für *Half-Life*: Hobbyprogrammierer entwickelten 1999 einen Multiplayer-Modus zum ursprünglich nur als Einzelspielertitel veröffentlichten Spiel. Der Erfolg dieser Mod veranlasste den *Half-Life*-Hersteller Valve dazu, das Entwicklerteam unter Vertrag zu nehmen und *Counter-Strike* im Jahr 2000 als offizielle Erweiterung (sog. Add-On) für das PC-Spiel und später auch für die Konsolenversion zu veröffentlichen (Morris 2003). Mods werden bereits seit Jahren in großem Umfang entwickelt und genutzt (Au 2002; Jeppesen 2004; Laukkanen 2005).

Eine wissenschaftliche Aufarbeitung des Themas hat aber bisher nicht in nennenswertem Umfang stattgefunden, obwohl sich zahlreiche Fragestellungen zu Mods als Medienprodukten sowie zu ihrer Nutzung durch die Spieler ergeben. Interessant ist aber nicht nur die Frage nach der Rezeption von Mods, sondern auch nach den Personen, die Mods gestalten. Im Fokus des vorliegenden Beitrags stehen Mod-Entwicklerinnen und -Entwickler. Es wird gezeigt, dass die Interaktivität des Mediums Computerspiel nicht nur Aktion und Reaktion innerhalb des eigentlichen Spiels, sondern auch einen kreativ-konstruktiven Umgang mit dem Medium selbst ermöglicht. Zur Einführung werden zunächst die (technischen) Grundlagen des Modding erläutert und die Entwicklung der Mod-Szene näher beleuchtet. Im Anschluss wird eine qualitative Studie zu den Motivationen der Mod-Entwicklerinnen und -Entwickler vorgestellt. Abschließend werden die Befunde diskutiert und es wird ein Ausblick auf eine mögliche Fortführung dieser Forschungslinie formuliert.

2 Mod, modden, Modder – eine Begriffsklärung

Die Entwicklerinnen und Entwickler von Modifikationen zu Computerspielen bezeichnen sich als „Modder" (Postigo 2003). Sie nutzen die technischen Grundlagen eines Spiels, das – vereinfacht ausgedrückt – aus einer Game Engine und einem statischen Datenbestand besteht. Eine Game Engine umfasst eine Vielzahl von Programmroutinen, die unterschiedliche Aufgaben wie die Berechnung der Bewegung von Gegenständen oder die Speicherung von Spielständen bearbeiten. Die Game Engine ist somit ein Grundgerüst, aus dem durch das Hinzufügen eines statischen Datenbestands aus Bildern, Klängen etc. das eigentliche Computerspiel entsteht. Die Entwicklung von Game Engines ist ausgesprochen zeit- und kostenintensiv, so dass viele Entwicklerstudios mit lizensierten Engines anderer Firmen arbeiten. Mit der Unreal Engine der Firma Epic Games wurden z.B. die *Unreal Tournament*-Spiele, aber auch *Harry Potter: Der Stein der Weisen* sowie *Deus Ex* und *Deus Ex 2* entwickelt (BeyondUnreal 2006). Eine Lizenz für die aktuelle Version dieser Engine kostet 350.000 US-Dollar zuzüglich einer Gewinnbeteiligung an den verkauften Spielen (Epic Games o.D.).

Um ein Computerspiel zu modifizieren (bzw. zu ‚modden'), kann man im Prinzip entweder auf die statischen Daten des Spiels zugreifen und z.B. neue Texturen für Objekte im Spiel hinzufügen. Dazu werden häufig Bildbearbeitungsprogramme wie *3D Studio MAX* oder Editoren verwendet, welche die Hersteller der Spiele den Moddern zur Verfügung stellen (Kaindel 2004). Alternativ können auch die Game Engine und dadurch verschiedene Funktionen im Spiel, wie das physikalische Verhalten von Körpern, verändert werden. Für Modder ist die Verwendung vieler Game Engines ohne die Zahlung von Lizenzgebühren möglich, solange die damit entwickelten Produkte nicht kommerziell vertrieben werden. Einige Hersteller veröffentlichen statt der vollständigen Engine ein sog. Software Development Kit, das speziell für die Entwicklung von Mods ausgewählte Funktionen der Game Engine beinhaltet.

Die Arbeit an Mods kann sehr viele unterschiedliche Tätigkeiten beinhalten, daher sind die Begriffe ‚Modder' und ‚modden' als Überbegriffe zu verstehen. Bei Moddern lassen sich z.B. 2D-Artists, 3D-Artists und Programmierer unterscheiden. Im Folgenden soll jedoch aus Gründen der besseren Verständlichkeit die Bezeichnung ‚Modder' für alle Personen verwendet werden, die an der Erstellung von Mods beteiligt sind.

Auf den ersten Blick weisen Mods viele Parallelen zu Projekten der Open Source Software (OSS) auf. In beiden Fällen wird Software von Freiwilligen programmiert und kostenlos über das Internet zur Verfügung gestellt. Der Code dieser Software ist frei und kann verändert werden (Grassmuck 2004). Bei einer näheren Betrachtung von Mods und OSS-Projekten zeigen sich jedoch deutliche Unterschiede, die eine vollständige Subsumption von Mods unter die OSS-Bewegung nicht zulassen. So entwickeln OSS-Projekte Substitute für proprietäre Software, während Mods komplementär zu den Originalspielen sind. Die OSS-Bewegung konkurriert daher mit kommerziellen Softwareunternehmen (Bonaccorsi & Rossi 2003), während Modder und Spielehersteller kooperieren. Darüber hinaus wird durch die Erstellung von Mods das Originalprodukt nicht verändert. Von einem Computerspiel erwirbt man im Handel noch nach Jahren die gleiche Kopie (abgesehen von herstellerseitigen Patches), unabhängig davon, wie viele Mods für dieses Spiel seit seinem Erscheinen entwickelt wurden. Bei OSS hingegen wird das Programm selbst immer weiter entwickelt (Lakhani & von Hippel 2003). Mods und OSS unterscheiden sich auch inhaltlich: Mods dienen vor allem der Unterhaltung, OSS eher selten (obwohl auch hier Spiele entwickelt werden, vgl. z.B. http://lgames.sourceforge.net/index.php). Open Source Software wie das Betriebssystem *Linux*, die Web Server Software *Apache*, *OpenOffice* als Bürosoftware und Internetanwendungen wie der Browser *Firefox* werden im Unterschied zu Mods auch im Rahmen einer betriebswirtschaftlichen Wertschöpfung eingesetzt (Lakhani & Wolf 2005). Um eine schärfere Abgrenzung von Mods und OSS vorzunehmen, liegen zur Mod-Szene noch zu wenige empirische Ergebnisse vor. Aber bereits die strukturellen Merkmale beider Bewegungen deuten auf grundlegende Unterschiede hin und rechtfertigen die Behandlung von Mods als eigenständige Forschungsthematik.

Zu berücksichtigen bleibt, dass Mods aus technischen Gründen fast ausschließlich für Computerspiele existieren und nicht für Konsolenspiele. So wurden bis in die 1990er Jahre viele Konsolenspiele auf Modulen ausgeliefert (Forster 2005), die am Computer nicht lesbar waren und an der Konsole selbst nicht bearbeitet werden konnten (Rudolph 1999). Konsolen, die CDs oder DVDs verwenden, spielen in der Regel (z.B. durch Mods) veränderte Speichermedien nicht ab. Außerdem können Konsolen erst seit dem Jahr 2002 mit dem Internet verbunden werden (Forster 2005), das für die Mod-Szene als wichtigste Informationsquelle, als Treffpunkt zum Erfahrungsaustausch, als Vertriebskanal sowie zur Koordination der Zusammenarbeit von Teams dient.

3   Die Entwicklung der Mod-Szene

Mods zu Computerspielen gibt es fast so lange wie die Spiele selbst. Bereits das 1962 erschienene *Space Wars* wurde modifiziert (Laukkanen 2005), ebenso textbasierte Spiele wie *Dungeons & Dragons* (Kushner 2002) und *Castle Wolfenstein* (Au 2002). Die Mod-Szene vergrößerte sich erheblich, als in den frühen 1990er Jahren die ersten 3D-Computerspiele entwickelt wurden, was einer „spieltechnischen Revolution" gleichkam (Frey 2004, 23). Die eigentliche Entwicklung von Mods für 3D-Computerspiele begann 1993 mit der Veröffentlichung von *Doom*. Einige Fans des Spiels versuchten sofort, die Programmdateien zu dekodieren, um Änderungen an *Doom* vornehmen zu können (Quinet 1995). In den folgenden Monaten veröffentlichten Fans des Spiels im Internet die ersten Editoren, die zunächst die Veränderung von Objekten im Spiel und später auch die Erstellung neuer Levels ermöglichten (Quinet 1995). Der Hersteller id Software gestattete dies ab Mai 1994 unter der Voraussetzung, dass auf diesen Editoren basierende Mods nicht kommerziell vertrieben wurden, und veröffentliche erste Informationen zum Programmcode von *Doom*, die in der Szene jedoch bereits überwiegend bekannt waren.

Wirkliche Innovationen im Vergleich zu *Doom* lieferte id Software 1996 mit *Quake*, das erstmals Polygone für die Gestaltung von Figuren und Objekten verwendete und im Vergleich zu anderen Spielen sehr viel realistischere 3D-Eindrücke erzeugte (Frey 2004). Die neu entwickelte Game Engine wurde von id Software, wie bereits bei *Doom*, zum Modding freigegeben, was *Quake* in Verbindung mit den neuartigen Möglichkeiten der Engine für Modder sehr attraktiv machte. Dieser Erfolg wurde 1998 vom bereits erwähnten Spiel *Half-Life* noch übertroffen. Ebenfalls 1998 erschien *Unreal* von Epic Games (Frey 2004). Bereits in der Pressemitteilung zu diesem Spiel kündigte Epic Games einen voll funktionsfähigen Level-Editor an: „[It] provides a sophisticated, yet easy-to-learn, method of creating 3D environments and objects by which players may create their own Unreal worlds" (Epic MegaGames, Inc., 19.05.1998). Epic Games unterstützte die Modder seitdem aktiv durch die Veröffentlichung von Level-Editoren und Tutorials. *Unreal Tournament* zählt neben *Half-Life* zu den Spielen mit den größten Gemeinschaften von Moddern.

Inzwischen gibt es nicht nur für die zuletzt genannten Spiele und ihre Nachfolger sowie für andere Ego-Shooter sehr aktive Mod-Szenen. In den letzten Jahren sind auch für Spiele aus anderen Genres Gemeinschaften von Moddern entstanden. Entsprechend groß ist die Vielfalt von verfügbaren Mods. Häufig werden mobile Objekte im Spiel, wie z.B. Fahrzeuge für Autorennspiele, verändert oder neu erstellt. Außer solchen mobilen Objekten wird oft die Umgebung verändert, in der ein Spiel angesiedelt ist. Vor allem für Spiele, die verstärkt online genutzt werden, entwickeln Modder ständig neue Spiellandschaften (Maps), die das Originalspiel an ganz unterschiedliche Schauplätze verlegen. Manchmal wird auch das Spielprinzip durch neue Regeln oder durch eine Kombination der Regeln aus verschiedenen Spielgenres verändert. So wird der Ego-Shooter *Half-Life* in der Mod *Bumper Cars* zu einem Rennspiel und in *International Online Soccer* zu einem Sportspiel. Einige Modifikationen übernehmen (fast) keine Elemente des Originalspiels, was als ‚Total Conversion' bezeichnet wird. Ein Beispiel dafür ist die für *Unreal Tournament 2004* gestaltete Mod *The Soulkeeper*, die Rollenspielelemente wie die Wahl zwischen mehreren Charakterklassen zu Beginn des Spiels und die stetige Verbesserung der Fähigkeiten der eigenen Spielfigur in den Multiplayer-Shooter integriert.

Eine Quantifizierung der aktuellen Mod-Szene ist aufgrund ihrer Vielfalt ausgesprochen schwierig. Erste Anhaltspunkte für den Umfang der Szene liefern Mod-Datenbanken im Internet. Beispielsweise listet die ModDataBase des Australiers Scott Reismanis (www.moddb.com) zu fast 200 Computerspielen mehr als 4.200 Mod-Projekte auf, von denen über 1.500 bereits veröffentlicht sind. Nach eigener Auskunft verzeichnete die Mod-DataBase bisher über 1.800.000 Downloads von Mods und hat mehr als 116.000 registrierte Mitglieder (Reismanis 2006). Für viele Spiele oder Spielgenres haben sich eigene Internetangebote entwickelt. Zum Thema Fußball bietet z.B. www.soccergaming.com insgesamt mehr als 9.600 Mod-Dateien. Von den Moddern für *Fifa 2001* wurden bisher u.a. mehr als 230 Gesichter von Fußballspielern, 150 Paar Schuhe und 250 Fußbälle erstellt. Viele dieser Mods verzeichnen mehrere Tausend Downloads.

Mit einer Analyse der Online-Nutzung verschiedener *Half-Life*-Mods von März 2002 bis Mai 2004 konnte Jeppesen (2004) zeigen, dass 96 % der gespielten Zeit (ca. 13 Mrd. gespielte Stunden) auf vom Hersteller aufgekaufte und als Add-On kommerziell verbreitete Mods wie *Counter-Strike* oder *Day of Defeat* entfielen. Aber auch ,klassische' Mods zu *Half-Life*, die kostenfrei im Internet zur Verfügung standen, wurden im angegebenen Zeitraum über mehr als 402 Mio. Stunden online genutzt (3 % der Gesamtnutzung). Damit waren Mods erfolgreicher als allein vom Hersteller entwickelte Add-Ons mit 98 Mio. Stunden (z.B. *Deathmatch*) oder als kommerzielle Erweiterungen von Drittanbietern mit 43 Mio. Stunden (z.B. *Opposing Force*). Diese Zahlen belegen exemplarisch, dass Mods für eine Vielzahl von Computerspielen entwickelt und genutzt werden.

4 Eine empirische Untersuchung zur Motivation von Mod-Entwicklern

Für Computerspiele hat sich eine von der Interaktivität des Mediums zwar begünstigte, letztlich aber von den Rezipientinnen und Rezipienten der Spiele initiierte und aufrechterhaltene Szene etabliert, die sich kreativ-konstruktiv mit der Veränderung der Medieninhalte beschäftigt. Die Entwicklung von Mods ist eine Form des Umgangs mit Computerspielen, bei der die Interaktivität des Mediums von der Rezeption auf die Gestaltung ausgedehnt und neue Medieninhalte produziert werden. Eine ganze Reihe von Studien zeigt, aus welchen Gründen Computerspielen genutzt werden (z.B. Sherry, Lucas, Greenberg & Lachlan 2006). Aber warum werden Computerspiele verändert? Zu dieser Frage existieren bisher keine empirischen Untersuchungen. Die vorliegende Studie geht daher der Frage nach, welche Motivationen die Modder zu ihrer Tätigkeit bewegen.

Zur Beantwortung der Forschungsfrage wurden problemzentrierte Interviews durchgeführt, da sich qualitative Verfahren zur Exploration eines neuen Forschungsfeldes besonders eignen (Diekmann 1995, 30). Die Gesprächspartner wurden über Beiträge in einem internationalen und fünf deutschen Foren zum Thema Modding rekrutiert (z.B. www.pokerzimmer.de; www.thewall.de; www.moddb.com). Zwei Interviews wurden als Face-to-face-Gespräche und die restlichen Gespräche online per ICQ-Chat geführt. Zwar weisen Chat-Interviews im Vergleich zu Face-to-face-Interviews Nachteile auf (Keuneke, 2005). Dazu zählt insbesondere die geringere Kontrollierbarkeit der Gesprächssituation (Anwesenheit anderer Personen, Unterbrechungen, parallele Chats mit anderen Personen). Für jedes Interview wurde daher ein Termin vereinbart, um Störungen und Unterbrechungen soweit wie möglich auszuschließen. Außerdem erhöht sich die Interviewdauer durch die Eingabe von Fragen und Antworten per Tastatur. Die Verwendung des Chatprogramms hat sich jedoch insgesamt als brauchbar erwiesen, da die Gesprächspartner ICQ sehr routiniert nutzten. So wurden nonverbale Kommunikationsinhalte wie Lächeln oder zustimmendes Nicken durch Emoticons bzw. eine hervorgehobene Schreibweise mit Aktionswörtern oder Großbuchstaben ersetzt. Als Vorteil der Chat-Interviews stellte sich heraus, dass die Gesprächspartner die Möglichkeit hatten, über das Chatprogramm Links zu verschicken, um ihre Aussagen zu illustrieren. Die synchrone Kommunikation ermöglichte sofortige Rückfragen wie im Face-to-face-Gespräch, die durch ein direktes Nachlesen der Wortbeiträge exakter formuliert werden konnten. Darüber hinaus verbesserte sich die Erreichbarkeit der Zielgruppe erheblich und die Transkription der Interviews entfiel.

Von Januar bis April 2006 wurden insgesamt 14 Gespräche mit Moddern durchgeführt. Die Interviews dauerten zwischen einer und drei Stunden. Personen aus Deutschland, Australien, der Schweiz und den USA erklärten sich zu Interviews bereit. Die Befragten waren zwischen 16 und 34 Jahren alt und männlich. Sie wiesen unterschiedliche formale Bildungsgrade auf – einige waren noch Schüler, Auszubildende oder Studenten, andere hatten eine Berufsausbildung oder ein Studium bereits absolviert und/oder waren berufstätig. Die Befragten beschäftigten sich zwischen sechs Monaten und sieben Jahren aktiv mit der Entwicklung von Mods (Tab. 1).

Tabelle 1:   Soziodemografische Angaben der Interviewpartner

Befragter Nr.	Alter	Land	Interview- form	Bildung	Modding- Erfahrung (in Jahren)
1	16	D	ICQ	Schüler	1,5
2	22	D	ICQ	Fachabitur, Auszubildender	6,0
3	25	D	ICQ	Abgeschl. Berufsausbildung	2,5
4	16	D	ICQ	Schüler	4,0
5	20	D	ICQ	Abitur	4,0
6	31	USA	ICQ	(keine Angabe)	5,0
7	22	D	ICQ	Abgeschl. Berufsausbildung	6,5
8	18	CH	ICQ	Schüler	3,0
9	17	D	FTF	Mittlere Reife	4,0
10	21	D	ICQ	Student	5,0
11	34	D	FTF	Hochschulabschluss	5,5
12	19	AUS	ICQ	Abitur	0,5
13	22	D	ICQ	Student	7,0
14	17	AUS	ICQ	Schüler	1,5

5   Motivationen von Mod-Entwicklern – theoretische Vorannahmen und Ergebnisse

Obwohl zur Mod-Szene und insbesondere zu den Motivationen von Moddern bisher keine empirischen Erkenntnisse vorliegen, ist bereits im Vorfeld der Untersuchung die Annahme bestimmter Motivationen plausibel. Die meisten Ähnlichkeiten finden sich in dieser Hinsicht trotz struktureller Unterschiede zwischen Mods und OSS-Projekten, da beide ‚Bewegungen' auf die Produktion von Software fokussiert und stark an das Internet als Mittel des Informations- und Datenaustauschs gebunden sind. Motivationsstudien zur Nutzung von Computerspielen vernachlässigen den Aspekt der Gestaltung von Inhalten, während umgekehrt bei Untersuchungen zur produktiven Partizipation an traditionellen Medien der Bezug zur Erstellung von Software und zum Internet fehlt. Für die vorliegende Studie können daher Untersuchungen zu OSS nützlichere Hinweise liefern als Untersuchungen zur Nutzung von Computerspielen oder zur Gestaltung traditioneller, nicht-interaktiver Medien. Verschiedene Motivationen haben sich für OSS als bedeutsam erwiesen (Shah 2006; Franck et al. 2005; Lakhani & Wolf 2005; Hertel et al. 2003; Lakhani & von Hippel 2003; Gosh et al. 2002; Hertel 2002) und lassen sich theoretisch auf die Mod-Szene übertragen:

- Spaß an der Softwareentwicklung (z.B. an der Kreativität der Tätigkeit),
- die Verbesserung und Weiterentwicklung von Software,
- die Identifikation mit der OSS-Bewegung,
- die Zusammenarbeit mit anderen Personen in einem Team,
- Kompetenzerwerb,
- die Erzeugung karrierewirksamer Signale durch einen höheren Bekanntheitsgrad und
- das Erlangen von Anerkennung durch die Nutzer der entwickelten Software.

Darüber hinaus können mit der Erstellung von Mods Herausforderungen verknüpft sein wie z.B. die Programmierung neuer Effekte oder die detailgetreue Umsetzung von Konzeptzeichnungen in dreidimensional animierte Spielfiguren. Die Bewältigung von Herausforderungen ist in der Regel mit positiven emotionalen Konsequenzen verbunden (Behr, Klimmt & Vorderer, in diesem Band), die einen Anreiz für die jeweilige Tätigkeit darstellen können. Dieser Aspekt wurde in den bisherigen Untersuchungen zu OSS-Projekten nicht thematisiert und in der vorliegenden Studie zusätzlich erhoben.

Aus Gründen der Übersichtlichkeit werden die im Vorfeld angenommenen Motivationen und die Ergebnisse der vorliegenden Studie integriert präsentiert. Dazu werden nachfolgend die einzelnen Motivationen erläutert und die entsprechenden Befunde aus den Interviews dargestellt. Anschließend wird auf die Veränderungen der Motivationen im Zeitverlauf eingegangen.

5.1 Spaß-orientierte Motivation/Kreativität

Zunächst kommen wie bei OSS spaß-orientierte Motive für die Beteiligung an Mod-Projekten in Frage; Modding ist schließlich eine Freizeitbeschäftigung. Für die Mitarbeit an OSS-Projekten wurde als intrinsische Motivation u.a. die Kreativität der Arbeit (Lakhani & Wolf 2005) als Beweggrund identifiziert. Für Mods gilt ähnliches – die Befragten gaben durchgängig an, „Spaß" an ihrer Tätigkeit zu haben. Da die Modifikation von Computerspielen vorrangig auf individuellen Ideen und weniger auf externen Vorgaben beruht, hatte Kreativität als spezifische spaß-orientierte Motivation für die befragten Modder eine hervorgehobene Bedeutung. Die Befragten hatten Freude daran, Computerspiele nach ihren eigenen Vorstellungen zu verändern oder zu erweitern: „Einfach das Verändern des Gewohnten in das, was man möchte. Die Grundidee des Spiels über Bord werfen und zeigen, dass es auch anders geht" (Befragter 2).

Dabei können mit Game Engines nicht nur Spiele verbessert oder erweitert werden. Häufig entstehen Spielwelten, die mit dem Original kaum noch Gemeinsamkeiten haben:

> Irgendwie Welten zu erschaffen, das ist das, zumindest, glaube ich, was mir am meisten Spaß gemacht hat [...]. Ich denke, beim Arbeiten selber macht einfach das kreative Arbeiten halt Spaß [...]. Das ist diese Mischung aus technischer Kenntnis, Know-How von Computern – wie funktioniert meine Kiste, was kann ich mit der anstellen – und dann gleichzeitig kreativ im Kopf sich irgendwie Welten, Modelle, was auch immer auszudenken. (Befragter 11)

Teilweise war die Möglichkeit, sich kreativ zu betätigen, sogar der Grund dafür, mit dem Modding zu beginnen:

> Bei mir war das eben für die Zeit, in der ich richtig aktiv war, der kreative Auslass meiner Wahl. Davor habe ich gemalt, danach bin ich ins Webdesign gegangen. Weil damals Computerspiele mein großes Hobby waren, lag es nahe, sich dann in dem Bereich produktiv zu betätigen. (Befragter 10)

5.2 Verbesserung von Originalspielen

Für OSS-Projekte haben sich die Beseitigung von Software-Problemen (Shah 2006; Gosh et al. 2002), die Verbesserung von Software insgesamt und die Erstellung von Programmmodulen für Unternehmenszwecke (Hertel et al. 2003; Lakhani & Wolf 2005) als wichtige pragmatische Motivationen erwiesen. Auch hier finden sich Parallelen in der Modding-Szene. Ideen zu Mods können daraus entstehen, dass die Modder Originalspiele als unvollständig oder suboptimal empfinden und zur eigenen Nutzung oder für andere Spieler erweitern und verbessern möchten. Der Inhalt und die Gestaltung der Computerspiele bieten somit selbst Anregungen für Veränderungen: „Wir spielen die Spiele recht viel und dann kommen so Sprüche wie ‚wäre eigentlich mal ganz lustig, wenn <Einheit> <Funktion> könnte'. Also Erfahrungswerte, die als störend empfunden werden, bilden die Basis" (Befragter 5). Ein anderer Befragter nannte das Rollenspiel *The Fall* als Beispiel: „Ich habe das Szenario geliebt und das Spiel toll gefunden trotz hunderter von Fehlern. ABER[1] die Grafik fand ich grausam. Bevor ich das Spiel also durchgespielt hatte, beschloss ich, das zu ändern" (Befragter 7). Sowohl für OSS als auch bei Mods ist die Verbesserung bestehender Software somit ein wichtiger Anreiz. Ein Unterschied besteht jedoch darin, dass für OSS häufig ein praktischer Bedarf (z.B. in Unternehmen) besteht, während Mods stärker der kreativen Umsetzung eigener Vorstellungen dienen.

5.3 Identifikation mit Communities

Eine andere Parallele zwischen OSS und Mods ist die Existenz von virtuellen Gemeinschaften, sog. Communities. Vor allem über Internetforen halten die Mitglieder den Kontakt zueinander aufrecht, tauschen Informationen aus und koordinieren die Arbeit an ihren Projekten. Viele Beteiligte an OSS-Projekten identifizieren sich mit einer solchen Community oder Teilen davon. Dies hat sich als wesentliche Determinante für das Engagement in OSS-Projekten erwiesen (Hertel et al. 2003; Lakhani & Wolf 2005). Für die meisten Computerspiele, zu denen Mods entwickelt werden, existieren solche Communities. Diese Form

---

[1]   Von den Interviewpartnern im Chat verwendete Hervorhebungen wurden beibehalten.

von Gemeinschaften stellten für einige Interviewpartner tatsächlich eine eigene Motivation zu ihrer Beteiligung an Mod-Projekten dar: „The community makes modding fun. It's also what drives mods forward. [...] The community helps people that help themselves. If you do that you'll gain the respect of other modders and gain support and help" (Befragter 12). Andere Interviewpartner betonten hingegen, dass sie kein „Wir"-Gefühl empfinden würden. Eine generelle Identifikation mit der Mod-Szene, wie sie OSS-Entwickler berichteten (Hertel et al. 2003), war unter den Interviewpartnern eher schwach ausgeprägt. Für „Diskussionen, Jux und Probleme" (Befragter 10) scheint die Gemeinschaft der Modder eines Spiels jedoch unverzichtbar zu sein.

5.4 Zusammenarbeit mit anderen Personen in einem Team

Für Beteiligte an OSS-Projekten ist über die Identifikation mit der Gemeinschaft hinaus die Arbeit mit anderen Personen in einem Team von Bedeutung (Hertel 2002; Hertel et al. 2003). Auch Mods werden aufgrund der Komplexität vieler Mod-Projekte häufig in Teams realisiert. Dazu wird in der Regel das Konzept für eine Mod in einem entsprechenden Forum im Internet vorgestellt. Außerdem wird angegeben, für welche Aufgaben (z.B. Bearbeitung von Texturen mit bestimmten Grafikprogrammen, Erstellen von Levels mit ausgewählten Editoren) und für welchen Zeitraum Teammitglieder gesucht werden. In vielen Mod-Teams übernimmt dann ein Projektleiter die Koordination der beteiligten Personen und ihrer Aufgaben. Ein Großteil der Befragten gab an, Mods oft arbeitsteilig mit anderen zusammen zu entwickeln, wobei die Teams in vielen Fällen international zusammengesetzt sind und der Kontakt nahezu ausschließlich per E-Mail, Chat oder Telefon aufrechterhalten wird. Es zeigte sich, dass für einige der befragten Modder die Zusammenarbeit mit anderen in einem Team als Anreiz für die Entwicklung von Mods diente: „For me, its a hobby, like sport, or cars. I enjoy it, but at the same time it challenges me, teaches me new things, and lets me work with a huge variety of people who all share a common goal" (Befragter 14).

5.5 Kompetenzerwerb

Ein weiterer möglicher Anreiz, der ebenfalls auf viele OSS-Entwickler zutrifft, ist der Kompetenzerwerb – beispielsweise durch die Verbesserung der eigenen Programmierfähigkeiten (Gosh et al. 2002; Hertel et al. 2003; Lakhani & Wolf 2005; Franck et al. 2005). Auch Modder müssen für die Veränderung von Computerspielen über Kenntnisse z.B. im Umgang mit Editoren oder einer Programmiersprache verfügen oder sie sich aneignen. Für die Befragten schienen der Erwerb oder die Vertiefung von Kenntnissen jedoch keine primäre Motivation zu sein. Dieser Aspekt der Entwicklung von Mods wurde nicht als vordergründiger Anreiz genannt und fand eher in Nebensätzen Erwähnung: „Und man lernt enorm viel Zeug, das macht auch Laune" (Befragter 10).

5.6 Erzeugung karrierewirksamer Signale/finanzielle Interessen

Die Erzeugung karrierewirksamer Signale durch die Erhöhung des eigenen Bekanntheitsgrads (signalling) und finanzielle Interessen spielen bei OSS-Projekten eine eher geringe Rolle (Shah 2006; Franck et al. 2005), obwohl einige Beteiligte für diese Tätigkeit bezahlt werden (ca. 40 %, Lakhani & Wolf 2005; Hertel et al. 2003). Signalling könnte für das Modding eine motivationale Bedeutung haben, wenn Modder z.B. hoffen, die Aufmerksamkeit professioneller Entwicklerstudios auf sich zu lenken und so die Chancen auf einen beruflichen Einstieg in diese Branche zu erhöhen. Für die Befragten der vorliegenden Studie spielten Mods als berufliches Sprungbrett jedoch fast keine Rolle. Einige Gesprächspartner gaben an, bereits beruflich in der Entwicklung von Computerspielen tätig zu sein und die Arbeit an Mods nicht zur Förderung der eigenen Karriere zu benötigen. Andere Interviewpartner standen einer Berufstätigkeit in der Computerspielebranche zwar nicht ablehnend gegenüber, arbeiteten jedoch nicht gezielt darauf hin.

> Personally, it never crossed my mind. I figure that if it gets me a path into the industry, or if I end up deciding that it would be something I enjoyed, then it would be good to have under my belt, but it's not my first, second, third, forth, fifth motivation and reasoning for modding. [...] If it gets me there, awesome. If not, then I don't care anyway because it was never a primary means for me. :-) (Befragter 14)

Für finanziellen Erfolg durch Mods galt ähnliches: Es würde zwar als angenehm empfunden, wenn man durch Mods Geld verdienen könnte; dies wurde aber letztlich als unrealistisch eingeschätzt.

5.7 Anerkennung durch die Nutzerinnen und Nutzer der Mods

Das Erlangen von Reputation spielt für Beteiligte an OSS-Projekten keine herausragende Rolle (Shah 2006; Gosh et al. 2002; Lakhani & von Hippel 2003). Während an der OSS-Entwicklung oft mehrere Hundert Personen beteiligt sind (Grassmuck 2004), werden Mods von kleineren Teams und in manchen Fällen von Einzelpersonen entwickelt. Die Rückmeldungen der Nutzer zu einzelnen Mods sind daher personalisierter als bei OSS-Projekten. Für die befragten Modder spielten die Rückmeldungen, die sie von ihrem Publikum bekommen, eine wichtige motivierende Rolle: „Einfach die Seiten zu lesen und zu sehen, dass die Leute begeistert sind von etwas, an dem man beteiligt war, das ist natürlich schon eine schöne Sache" (Befragter 13). Oder: „Bringing a new experience to players, and seeing the joy that they see after using my work is a powerful motivator for me. This isn't because of any sort of personal glory, but rather satisfaction at having done something well enough to please others" (Befragter 6). Die Nutzerinnen und Nutzer von Mods kommentieren nicht nur bereits veröffentlichte Produkte, sondern beobachten ebenfalls den Entwicklungsfortschritt von Projekten. Dies kann während der Erstellung einer Mod motivierend wirken:

> But the winner out of all is going to your site and reading comments like these: „Don't let this mod die. Not saying it is. BUT if it ever does, I will kill myself lol." – „This sound like one of the best mods. Ever. Love the story." [...] Also going to google and seeing your news on more than 20 sites in French, German and other languages is amazing. (Befragter 12)

Für Modder ist zusätzlich das Feedback anderer Spiele-Entwickler oder Modder von besonderer Bedeutung, da diese Personen aufgrund ihrer Kenntnisse und Erfahrungen Aufwand und Qualität eines Mod-Projektes besser einschätzen können.

5.8 Bewältigung von Herausforderungen

Vor dem Hintergrund der zunehmenden technischen Komplexität von Computerspielen steigen die Anforderungen an die Fähigkeiten der Modder. Die Bewältigung dieser Herausforderungen sowie daraus resultierende emotionale Konsequenzen könnten als angenehm empfunden werden und motivierend wirken (vgl. Behr et al., in diesem Band). Die Interviews bestätigten diese Annahme. Einige Gesprächspartner empfanden dabei den *Prozess* der Aufgabenbewältigung als motivierend:

> Wenn komplexe Dinge erstellt werden müssen, die viele Feinheiten und Details erfordern, ist der Entstehungsprozess oft spaßiger und reizvoller als das Ergebnis, einfach weil es dann ,zu Ende' ist und es nichts mehr zu tun gibt, oder weil der Rest nicht wirklich interessant ist. (Befragter 7)

Für andere war hingegen das *Ergebnis* entscheidend: „Es ist manchmal einfach nur stressig oder nervig, wenn man an einem Problem hängen bleibt, aber wenn man das Problem löst, ist das wie eine Offenbarung" (Befragter 3). Die Arbeit an Mods bietet neben einer Überprüfung der eigenen Fähigkeiten die Möglichkeit zum Vergleich mit anderen Moddern: „Was mich persönlich auch immer gereizt hat, war auch immer etwas der ,Wettbewerb', den die meisten gar nicht so empfunden haben... aber ich wollte immer der Beste werden" (Befragter 10). Ein weiterer Interviewpartner beschrieb die motivierende Wirkung von Herausforderungen so:

> Wenn es einfach wäre, würde der Reiz schnell verloren gehen, weil es dann jeder machen könnte und würde. Je schwerer etwas umzusetzen ist, desto mehr Spaß macht es und desto befriedigender ist das Ergebnis [...]. Auch Komplexität ist wichtig. EINE Grafik auszutauschen ist uninteressant. Ein komplett neues grafisches Szenario zu schaffen mit eigenem Grafikset/Stil dagegen ist fordernd und motiviert über längere Zeit. (Befragter 7)

Wie bereits erwähnt ist Modding ein Überbegriff für viele unterschiedliche Tätigkeiten. Für die Mitglieder in Mod-Teams ergeben sich oft inhaltlich differenzierte Anforderungen. Die Lösung technischer Probleme und die Koordination der Zusammenarbeit der Teammitglieder wurden u.a. als weitere motivierende Herausforderungen genannt.

5.9 Veränderung der Motivationen im Zeitverlauf

Die Interviews weisen darauf hin, dass sich die Motivationen zur Arbeit an Mods im Zeitverlauf verändern. Dies ergab zum einen der Vergleich der Interviews, bei dem sich die deutlichsten motivationalen Unterschiede zwischen unerfahrenen und erfahrenen Moddern zeigten. Zum anderen wurde die Veränderung der eigenen Motivation im Zeitverlauf von einigen Befragten explizit betont. Für die unerfahrenen Modder waren eher der Erwerb von

Kompetenz, das Erleben von Gemeinschaft und die Zusammenarbeit mit anderen Moddern von Bedeutung. Auch war bei diesen Personen der Wunsch ausgeprägter, die Veränderbarkeit eines Computerspiels auszuprobieren. Die erfahrenen Modder legten hingegen mehr Wert auf die Verwirklichung (komplexerer) eigener Ideen und auf die Resonanz des Publikums. Die Zusammenarbeit mit anderen Personen und das Erleben von Gemeinschaft traten für diese Personen in den Hintergrund.

Solche motivationalen Veränderungen sind sehr plausibel: Wer Interesse an der Veränderung von Computerspielen entwickelt, muss häufig zunächst den Umgang mit Bildbearbeitungsprogrammen, Editoren oder Programmiersprachen erlernen – der Kompetenzerwerb steht im Vordergrund. Dazu spielt der kommunikative Austausch mit anderen Moddern eine große Rolle, z.B. die Nutzung von Tutorials erfahrener Modder oder die Diskussion von Problemen in Foren im Internet. Auch die Zusammenarbeit in einem Team mit anderen Moddern ist für den Kompetenzerwerb von Bedeutung.

Wer die grundlegenden Kenntnisse und Fähigkeiten erworben hat, kann die Verwirklichung eigener Ideen stärker in den Vordergrund stellen. Herausforderungen bestehen dann nicht mehr in der Erzeugung einzelner Effekte, sondern in der Entwicklung und Umsetzung komplexer Szenarien.

Diese Entwicklung zum erfahrenen Modder wird nicht von allen Personen in der gleichen Weise durchlaufen, sondern z.B. von ausgeprägten Präferenzen für Spezialgebiete des Modding beeinflusst. Drei Interviewpartner hatten z.B. ein großes Interesse an kreativer Arbeit und verfügten über umfangreiches Vorwissen im Umgang mit Bildbearbeitungsprogrammen. Für diese Personen war es bei der Beschäftigung mit Mods von Anfang an sehr wichtig, eigene Ideen in grafische Szenarien eines Computerspiels umzusetzen. Zwei weitere Gesprächspartner arbeiteten als Programmierer in Mod-Projekten – für sie dominierte als Motivation dauerhaft die Freude an der technischen Umsetzung. Darüber hinaus entwickeln sich nicht alle Personen, die z.B. einen Leveleditor ausprobieren, zu erfahrenen Moddern. Viele Mods werden nicht fertig gestellt, weil die Beteiligten das Interesse verlieren, die technischen und organisatorischen Herausforderungen des Projekts nicht bewältigen können oder schlicht zeitlichen Restriktionen unterliegen.

6   Schlussbetrachtung

Computerspiele zeigen gerade durch das Phänomen Modding sehr deutlich, dass interaktive Mediennutzung nicht mehr allein als Rezeption zu begreifen ist. Vielmehr umfasst die Nutzung von Computerspielen auch individuell-konstruktive Aspekte, die beim kommunikationswissenschaftlichen Umgang mit neuen Medien theoretisch wie empirisch mitgedacht werden müssen.

In der vorliegenden Studie wurden explorativ Motivationen von Moddern untersucht. Dabei zeigte sich, dass es aus mehreren Gründen Freude bereiten kann, Originalspiele zu verändern oder zu erweitern. Die Ähnlichkeit der Mod-Szene mit der Entwicklung von Open Source Software legt einen Vergleich beider ‚Bewegungen' nahe: In beiden Fällen steht die Freude an der Tätigkeit im Vordergrund. Darüber hinaus spielen für Beteiligte an OSS-Projekten die Identifikation mit der Community, pragmatische Erwägungen wie der unternehmerische Bedarf an Software oder die Verbesserung der eigenen Kenntnisse und Fähigkeiten eine wichtige Rolle (wobei diese z.T. extrinsischen Motivationen, zu denen auch das so genannte ‚signalling' oder finanzielle Interessen zählen, nicht unbedingt zu einer Verringerung der intrinsischen Motivationen führen; vgl. Roberts et al. 2006). Im Gegensatz dazu sind für Modder die Umsetzung eigener Ideen und die kreative Erschaffung individueller Spielwelten, Anerkennung durch die Nutzer und die Bewältigung von Herausforderungen besonders wichtig. Anstelle pragmatischer Bedürfnisse ist für Modder eher die Faszination für Computerspiele von Bedeutung. Gleichzeitig verändern sich diese Motivationen offenbar mit wachsender Erfahrung der Modder. In einem Aneignungsprozess scheinen sich Nutzungs- und Deutungsmuster für das Medium Computerspiel im Zeitverlauf zu entwickeln. Wie sich dieser Prozess im Detail gestaltet und welche Faktoren ihn begünstigen oder hemmen, muss durch weitere empirische Untersuchungen geklärt werden.

Andere wissenschaftliche Fragestellungen, die über den Bereich der Rezeptions- oder Unterhaltungsforschung hinausgehen, beziehen sich auf Mods als Medienprodukte und auf die Nutzung von Mods. Als Medienprodukte spiegeln Mods Vorstellungen und Wünsche des Publikums von Computerspielen wider und können Anregungen für die professionelle Entwicklung von Spielen liefern (Morris 2003). Hinsichtlich des Publikums der Mods stellen sich gerade auch ökonomische Fragen: Welchen Einfluss hat die Nutzung von Mods auf das Konsumverhalten von Computerspielerinnen und -spielern? Eine aktive Mod-Szene, die viele Modifikationen zu einem Spiel veröffentlicht, kann die Aufmerksamkeit für dieses Spiel z.B. bis zum Erscheinen eines Nachfolgetitels aufrechterhalten. Dadurch können sich Mods im Sinne einer Kundenbindung für die Spielehersteller als absatzfördernd erweisen. Es wäre jedoch auch möglich, dass gerade Spieler mit geringem Einkommen durch die Nutzung von Mods seltener neue Spiele erwerben.

Die vorliegende Untersuchung gewährt einen ersten Einblick in die Mod-Szene und trägt auf diesem Weg auch zu einem besseren Verständnis der vielfältigen Nutzungsmuster von Computerspielen bei. Die Befunde der Studie zeigen, dass der Umgang mit Computerspielen nicht notwendigerweise auf die Rezeption begrenzt ist und unter Berücksichtigung kreativ-konstruktiver Nutzungsweisen umfassender konzeptualisiert werden sollte. Modder sind eine besonders involvierte, engagierte und häufig sehr kreative und innovative Gruppe von Computerspiele-Nutzerinnen und -Nutzern. Sie haben die Interaktivität von Computerspielen um den Aspekt der individuellen Gestaltung erweitert und werden damit zu eigenständigen Produzenten dieses Massenmediums.

Literaturverzeichnis

Au, W. J. (2002): *Triumph of the mod.* URL:
http://www.salon.com/tech/feature/2002/04/16/modding/ [3.2.2006].

BeyondUnreal (Hrsg.) (2006): *Unreal Engine Version 1.5.* URL:
http://wiki.beyondunreal.com/wiki?action=browse&id=Unreal_Engine_Versions/1.5&oldid=Unreal_Engine_1.5 [11.12.2006].

Bonaccorsi, A. & Rossi, C. (2003): Why Open Source software can succeed. *Research Policy*, 32, 1243-1258.

Breunig, C. (1998): Offene Fernseh- und Hörfunkkanäle in Deutschland : Strukturen, Programme und Publikum der Bürgermedien. *Media Perspektiven*, (5), 236-249.

Calvert, S. L. & Tan, S. (1994): Impact of virtual reality on young adults' physiological arousal and aggressive thoughts: Interaction versus observation. *Journal of Applied Developmental Psychology*, 15, 125-139.

Diekmann, A. (1995): *Empirische Sozialforschung. Grundlagen, Methoden, Anwendungen.* Rheinbek: Rowohlt.

Epic Games (Hrsg.) (o. D.): *Unreal Engine licensing terms.* URL: http://www.unrealtechnology.com/html/licensing/terms.shtm [8.5.2006].

Epic MegaGames, Inc. (Hrsg.) (1998): *GT Interactive, Epic MegaGames and Digital Extremes to ship 1998's most eagerly anticipated PC game nationwide for memorial day weekend.* URL: http://unreal.com/index2.html [30.11.2005].

Forster, W. (2005): *Spielkonsolen und Heimcomputer 1972-2005* (zweite, stark erweiterte Auflage). Utting: Gameplan.

Franck, E., Jungwirth, C. & Luthiger, B. (2005): *Motivation und Engagement beim OSS-Programmieren: Eine empirische Analyse. Working Paper Series.* Lehrstuhl für Unternehmensführung und -politik, Working Paper 36, Universität Zürich.

Frey, G. (2004): *Spiele mit dem Computer – SciFi, Fantasy, Rollenspiele & Co.: Ein Reiseführer.* Kilchberg: Smartbooks Publishing.

Gosh, R. A., Glott, R., Krieger, B. & Robles, G. (2002): *Free/Libre and Open Source software: Survey and study. Part 4: Survey of developers.* URL: http://www.infonomics.nl/FLOSS/report/ [9.3.2006].

Grassmuck, V. (2004): *Freie Software: Zwischen Privat- und Gemeineigentum.* Bonn: Bundeszentrale für politische Bildung.

Hertel, G. (2002): Management virtueller Teams auf der Basis sozialpsychologischer Modelle. In: E. H. Witte (Hrsg.): *Sozialpsychologie wirtschaftlicher Prozesse.* Lengerich: Pabst Publishers, 172-202.

Hertel, G., Niedner, S. & Herrmann, S. (2003): Motivation of software developers in Open Source projects: an Internet-based survey of contributers to the Linux kernel. *Research Policy,* 32, 1159-1177.

Jeppesen, L. B. (2004): *Profiting from innovative user communities: How firms organize the production of user modifications in the computer game industry.* Working Paper, Department of Industrial Economics and Strategy, Copenhagen Business School. URL: http://www.cbs.dk/departmens/ivs/wp/wp.shtml [15.5.2006].

Kaindel, C. (2004): Under construction: Kreatives Gestalten mit Computerspiel-Editoren. *Medien + Erziehung,* 48(3), 38-41.

Keuneke, S. (2005): *Wie qualitativ sind qualitative Online-Interviews? Methodologische Überlegungen zu einem jungen Befragungsverfahren.* Vortrag auf der 7. Tagung der Fachgruppe ‚Methoden der Publizistik- und Kommunikationswissenschaft' in der DGPuK, 22.-24.09.2005, Heinrich-Heine-Universität Düsseldorf.

Kushner, D. (2002): *The mod squad.* URL: http://www.popsci.com/popsci/computerselec/ 0678d4d03cb84010vgnvcm1000004eecbccdrcrd.html [11.12.2006].

Lakhani, K. R. & von Hippel, E. (2003): How Open Source software works: ‘Free' user-to-user assistance. *Research Policy,* 32, 923-943.

Lakhani, K. R. & Wolf, R. G. (2005): Why hackers do what they do: Understanding motivation and efforts in Free/Open Source software projects. In: J. Feller, B. Fitzgerald, S. A. Hissam & K. R. Lakhani (Hrsg.): *Perspectives on Free and Open Source software.* Cambridge: MIT Press, 3-31.

Laukkanen, T. (2005): *Modding scenes: Introduction to user-created content in computer gaming.* Tampere: University of Tampere Hypermedia Laboratory.

Morris, S. (2003): WADs, bots and mods: Multiplayer FPS games as co-creative media. In: M. Copier & J. Raessens (Hrsg.): *Level Up: Digital Games Research Conference (CD).* Utrecht: Faculty of Arts, Utrecht University.

Postigo, H. (2003): From Pong to Planet Quake: Post-industrial transitions from leisure to work. *Information, Communication & Society,* 6(4), 593-607.

Quinet, R. (1995): *The subjective history of Doom editing.* URL: http://rome.ro/lee_killough/history/edhist.shtml [22.11.2005].

Reismanis, S. (2006): *Overall statistics.* URL: http://misc.moddb.com/stats/ [8.8.2006].

Roberts, J. A., Han, I.-H. & Slaughter, S. A. (2006): Understanding the motivations, participation, and performance of open source software developers: A longitudinal study of the apache projects. *Management Science*, 52(7), 984-999.

Rudolph, W. (1999): Erfolgreiche Videospiele. Charakterisierungen aus Sicht der Software-Industrie am Beispiel Nintendo. In: J. Fritz & W. Fehr (Hrsg.): *Handbuch Computerspiele*. Bonn: Bundeszentrale für politische Bildung, 167-174.

Shah, S. K. (2006): Motivation, governance, and the viability of hybrid forms in open source software development. *Management Science*, 52(7), 1000-1014.

Sherry, J. L., Lucas, K., Greenberg, B. S. & Lachlan, K. (2006): Video game uses and gratifications as predictors of use and game preferences. In: P. Vorderer & J. Bryant (Hrsg.): *Playing video games. Motives, responses, and consequences*. Mahwah, NJ, London: Lawrence Erlbaum, 213-224.

Kapitel 4

Spiele-Genres:

Andere Spiele, andere Spieler?

4.1

Let's compete!

Wer nutzt den sozialen Wettbewerb in Computerspielen?

Tilo Hartmann

1 Theorie und Fragestellung

Eine ganze Reihe an empirischen Studien hat in der Vergangenheit gezeigt, dass die Suche nach Wettbewerb ein wesentliches Zuwendungsmotiv der Computerspielnutzung darstellt (u. a. Vorderer et al. 2006; Schlütz 2002; Williams & Clippinger 2002; Sherry et al. 2001).

Wettbewerb spielt in Computerspielen generell eine zentrale Rolle. Unter Wettbewerb kann dabei zweierlei verstanden werden (Deci & Ryan 1985). Entweder meint Wettbewerb das Ringen mit inneren, selbst gesetzten Leistungsstandards, z.B. wenn eine Person eine Vorgabe überbieten will, die sie freiwillig und eigenständig formuliert hat. In diesem Sinne liegt Wettbewerb jedem Computerspiel zugrunde, da stets die Erreichung eines vom Spiel vorgegebenen oder selbst kreierten Ziels im Mittelpunkt steht. Im engeren Sinne meint der Begriff das Ringen mit externen Leistungsstandards, die in einem sozialen Wettbewerb vorgegeben werden. Im Alltag kommt es zu einem sozialen Wettbewerb immer dann, wenn mindestens zwei Menschen oder Kollektive aufgrund unterschiedlicher Interessen inkompatibel zueinander stehende Ziele und Absichten verfolgen (Kanning 1997, 62; Grzelak 1990). Aufgrund ihrer Handlungen bzw. widerstrebenden Verhaltensorientierungen (Deutsch 1973), die die Interessenparteien zum Zwecke ihrer Zielerreichung verfolgen, entstehen Situationen, die sich durch den für soziale Konflikte so charakteristischen „Spannungszustand" (Kanning 1997, 62) auszeichnen.

Computerspiele bieten beide hier skizzierte Wettbewerbsarten. Die Nutzer müssen stets gewisse Herausforderungen bewältigen (Aufgaben lösen, Punktzahlen erzielen, Levels meistern). Damit geben Computerspiele externe Leistungsstandards vor, welche die Spieler als interne Standards übernehmen, indem die sich freiwillig auf ein Spiel einlassen und das Spielziel zu ihrem eigenen Ziel machen („Ich will diese Aufgabe lösen"). Nicht selten kreieren die Nutzer sogar darauf aufbauend zugespitzte, härtere Leistungsstandards, die durch das Spiel gar nicht gefordert werden (z. B. die Jagd nach immer besseren Highscores). In diesem Sinne wetteifern die Nutzer gegen ihre eigenen, selbst gesetzten Leistungsstandards.

Sozialer Wettbewerb entfaltet sich beim Computerspielen hingegen immer dann, wenn die Leistungsvorgaben durch andere soziale Entitäten vorgegeben werden. Der Begriff „soziale Entitäten" meint hier zum einen natürlich menschliche Gegenspieler. Zum anderen steht er auch für virtuelle Charaktere, die durch den Computer simuliert werden und mit künstlicher Intelligenz ausgestattet sind (vgl. hierzu Marr & Macrae, in Druck). Wo immer sich soziale Entitäten dem Handlungsziel des Spielers in den Weg stellen, rufen Computerspiele sozialen Wettbewerb hervor. Alle Computerspiele, die in diesem Sinne das Leistungsstreben der Spieler stimulieren, können als kompetitiv bezeichnet werden.

In diesem Beitrag wird der soziale Wettbewerb in Computerspielen eingehender betrachtet und empirisch analysiert. Ein Schwerpunkt wird dabei auf die Frage gelegt, welche individuellen Faktoren die Auswahl von kompetitiven Computerspielen leiten. Zunächst wird beschrieben, wie der soziale Wettbewerb durch die Angebotsseite, also das Computerspiel, gerahmt wird und wie die daraus resultierende erlebte Wettbewerbssituation psychologisch zu charakterisieren ist (Abschnitt 2.1). Darauf aufbauend wird die Nutzerperspektive vertieft, indem nach individuellen Eigenschaften gefragt wird, die auf die Auswahl kompetitiver Computerspiele Einfluss nehmen dürften (Abschnitt 2.2). Auf Grundlage einer Befragung (Abschnitt 3) wird der Zusammenhang zwischen dem individuellen Wetteifermotiv, dem Erfolgsstreben, der Selbstwirksamkeitsüberzeugung der Spieler und der Nutzung kompetitiver Computerspiele empirisch untersucht (Abschnitte 4.1 – 4.3). Eine Diskussion und ein Ausblick (Abschnitt 5) schließen den Beitrag ab.

1.1 Kompetitive Computerspiele: Rahmung und Erleben

Sozial-kompetitive Handlungen in Computerspielen weisen – wie in anderen Lebensbereichen auch – sehr unterschiedliche Erscheinungsformen auf. In Kampfspielen treten die Nutzer gegen computergesteuerte Feinde an, Sportspiele simulieren Wettkämpfe gegen andere Athleten oder Mannschaften, Wirtschafts- und Strategiespiele lassen die Nutzer den scharfen Wind des ökonomischen Wettbewerbs spüren, der durch andere Gruppierungen angeheizt wird. Neben derartigen inhaltlichen Differenzierungen lassen sich auch formale Varianten von Wettbewerbshandlungen in Computerspielen unterscheiden (Williams & Clippinger 2002). Sozialer Wettbewerb kann zum Beispiel durch autonome Elemente entstehen, die vom Computer mit Hilfe von ‚künstlicher Intelligenz' gelenkt werden, oder aber durch reale Mitspieler, die vor dem gleichen Bildschirm oder über lokale Netzwerke (vgl. Hepp & Vogelgesang in diesem Band) bzw. über das Internet (vgl. Quandt & Wimmer in diesem Band) mit dem eigenen Rechner verbunden sind.

Im Alltag werden Konfliktsituationen von vielen Menschen als Stress und Belastung empfunden und daher nach Möglichkeit vermieden. Innerhalb eines Spielrahmens jedoch, zum Beispiel beim Brettspiel oder im Sport, gilt der Wettbewerb vielen Menschen als unterhaltsame und spannende Beschäftigung (vgl. Deci & Ryan 1985). Auch kompetitive Computerspiele bieten solche sozialen Auseinandersetzungen, die sich vom Wettbewerb im Alltag unterscheiden. Sie entwickeln aufgrund ihres Regelwerks eine formalisierte und klar strukturierte Auseinandersetzung. Sie geben durch eindeutige Leistungsfeedbacks Auskunft über Erfolge und Misserfolge. Die Konsequenzen des Wettbewerbs sind für die Beteiligten überschaubar und relativ gut einzuschätzen. Aufgrund der vergleichsweise geringen Schwere und Nachhaltigkeit der Auswirkungen weisen kompetitive Computerspiele eine recht niedrige Konfliktintensität auf. Der Spielrahmen schafft zudem verschiedene Distanzierungsmöglichkeiten vom Wettbewerbsgeschehen, welche bei Bedarf jederzeit von den Spielern aktualisiert werden können („Das ist ja nur ein Spiel"). Ferner bleiben die Teilnehmenden souverän, indem sie den Spielrahmen nach Belieben beenden und damit das Wettkampfgeschehen auflösen können. Auf diese Weise bieten kompetitive Computerspiele einen vom Spieler gut kontrollierbaren Wettbewerb.

Auf Grund der interaktiven Einbindung der Nutzer weisen kompetitive Computerspiele zudem eine hohe Selbstbeteiligung auf, was den dabei erlebbaren Wettbewerb in die Nähe sportlicher Wettkämpfe rückt. Zugleich schaffen sie jedoch häufig eine multimediale Überbetonung von Wettbewerbsmomenten (z.B. eine aufwändig gestaltete Einblendung, wenn ein Gegner erfolgreich geschlagen wurde). Vielfach werden die Konfliktparteien in Computerspielen durch Geschichten eingeführt, wodurch der Wettbewerb zusätzlich noch symbolisch aufgeladen wird (‚Gut gegen Böse'). Auf diese Weise bieten Computerspiele einen gehaltvollen, eindrucksstarken Wettbewerb.

Durch jene besonderen Rahmenbedingungen verliert der soziale Wettbewerb seinen im Alltag typischen ernsthaften Charakter und weist in Computerspielen Unterhaltungspotenzial auf (vgl. Wünsch & Jenderek in diesem Band; Hartmann 2006; Klimmt 2005). Der für Wettbewerbssituationen typische Spannungszustand ist in kompetitiven Computerspielen in einen besonderen Rahmen eingebettet, der es erleichtert, ihn als positiv aufregend oder unterhaltsam abzubilden. Verschiedene theoretische Konzeptionen heben hervor, dass sich Unterhaltungsgenuss in der Medienrezeption generell immer dann einstellt, wenn unter selbst bestimmten und gut kontrollierbaren Bedingungen eine Kette an Herausforderungen von optimaler Schwierigkeit bewältigt werden kann (Hartmann 2006; Sherry 2004; Früh 2002). Die verschiedenen Aufgaben, die durch den sozialen Wettbewerb in Computerspielen vorgegeben werden, können als eben eine solche Kette an Herausforderungen verstanden werden, deren Bewältigung Genuss auslöst.

Die Ausführungen deuten bereits an, dass kompetitive Computerspiele nicht von allen Menschen gleichermaßen als unterhaltsam eingeschätzt werden dürften. So wäre zum Beispiel der Fall denkbar, dass bestimmte Personen den charakteristischen Spannungszustand als unangenehm empfinden, was den Spielspass erheblich mindern dürfte. In der Folge werden jene Personen in kompetitiven Computerspielen vermutlich keine attraktive Freizeitbeschäftigung sehen und den Spielen gegenüber keine positive Einstellung entwickeln Andere Menschen wiederum könnten die Möglichkeit zwar begrüßen, im Computerspiel zu wetteifern, aber sich nicht zutrauen, die gestellten Herausforderungen hinreichend kompetent zu meistern (Klimmt & Hartmann 2006). Beide Überlegungen deuten auf zwei wichtige individuelle Eigenschaften hin, die die Auswahl kompetitiver Computerspiele beeinflussen dürften. Dabei handelt es sich um die Neigung bzw. das Bedürfnis, Wettbewerb aufzusuchen (Wetteiferneigung), und um den Glauben der Nutzer an ihre Fähigkeit, im Wettbewerb zu bestehen (Selbstwirksamkeitserwartungen).

1.2 Individuelle Faktoren der Zuwendung zum Computerspielwettbewerb

Auf diese beiden individuellen Erklärungsfaktoren – die Wetteiferneigung und die Selbstwirksamkeitserwartungen – wird im Folgenden vertiefend eingegangen.

Wetteiferneigung

Hartmann (2006, 101 ff. und 118 ff.) definiert die signifikanten psychischen Erfahrungen, die eine Person in der Auseinandersetzung mit einem Medienangebot machen kann, als Erlebensqualitäten (vgl. ähnlich „Erlebensgratifikationen" bei Schlütz 2002, 78; „Qualitätswahrnehmungen" bei Wolling 2004, 171). Die Selektion eines Medienangebots hängt unter anderem davon ab, ob Personen (bewusst oder implizit) der Nutzung eine hinreichende Menge positiv bewerteter Erlebensqualitäten zuschreiben. Die zentralen Erlebensqualitäten kompetitiver Computerspielhandlungen dürften dabei die Erregung und Anspannung des Wettbewerbs sowie Gefühle der Euphorie und Frustration sein, die sich je nach Sieg oder Niederlage einstellen. Je eher die Erregung und Anspannung sowie die Euphorie als angenehme Zustände bewertet werden und je eher jene Gefühle von der Nutzung erwartet werden, desto stärker sollte das kompetitive Computerspielen eine attraktive Freizeitbeschäftigung darstellen. Die Bewertungen von Erlebensqualitäten hängen wiederum von der Bedürfnisstruktur der Nutzer ab (Hartmann 2006, Kapitel 5.3). Entsprechend ist es plausibel, dass auch die Bewertung zum Beispiel der Erregung und der Anspannung im Computerspiel-Wettbewerb je nach individuellen Präferenzen unterschiedlich ausfällt. Die Überlegungen münden in der folgenden Vermutung: Je stärker die Neigung einer Person ist zu wetteifern, desto eher erfolgt die Auswahl kompetitiver Computerspiele, da deren Nutzung positive Erlebensqualitäten verspricht.

Die Neigung, mit anderen zu wetteifern, lässt sich in zwei verschiedene Dimensionen ausdifferenzieren (Franken & Brown 1995; Epstein & Harackiewicz 1992; Gill & Deeter, 1988). Zum einem impliziert die Wetteiferneigung, dass die Herausforderungen des Wettbewerbs unabhängig von ihrer Bewältigung bereits als positiv erlebt werden. Das kann zum Beispiel der Fall sein, wenn bereits die Anspannung und Ungewissheit des Wettbewerbs als angenehm erlebt wird (Wetteiferneigung im engeren Sinne). Andererseits äußert sich die Wetteiferneigung darin, dass eine erfolgreiche Bewältigung der Herausforderungen angestrebt wird und erfolgreiche Ausgänge des Konflikts als äußerst wichtig erlebt werden („Bedürfnis zu gewinnen"; Franken & Brown 1995). Es ist zu erwarten, dass beide Dimensionen der Wetteiferneigung die Auswahl kompetitiver Computerspiele fördern.

Personen können generelle und/oder bereichsspezifische individuelle Präferenzen entwickeln (Schmitt 2004): So kann eine Person beispielsweise den sozialen Wettbewerb in der Schule als angenehm erfahren und daraufhin eine schulleistungsspezifische Wettbewerbsneigung ausbilden. Zugleich kann sie aber den Wettbewerb in sportlichen Leistungen oder den alltäglichen Wettstreit um die Attraktivität der äußeren Erscheinung als unangenehm erleben und daran anknüpfende konfliktintensive Situationen meiden (z. B. Sportwettkämpfe oder Diskobesuche). Über die persönlichen Erfahrungen in verschiedenen funktional äquivalenten Lebensbereichen können sich also bereichsspezifische Präferenzen ausbilden. Wird eine Präferenz mehr oder minder über viele Lebensbereiche hinweg ausgebildet, kann zudem von einer generellen Disposition gesprochen werden. Das bedeutet zugleich aber auch, dass eine Person, bei der eine starke generelle Präferenz für ein bestimmtes Erleben festgestellt wird, diese Neigung nicht in allen denkbaren Lebensbereichen gleichermaßen stark empfinden muss. Bezieht man jene Überlegung auf die Auswahl kompetitiver Computerspiele, so ist die oben aufgestellte Vermutung zu präziseren: Je stärker die generelle und/oder die computerspielspezifische Neigung einer Person ist zu wetteifern, desto eher erfolgt die Auswahl kompetitiver Computerspiele. Eine generelle Wetteiferneigung beeinflusst die Auswahl kompetitiver Computerspiele dabei weniger als die bereichsspezifische Wettbewerbspräferenz.

Zur Klasse der generellen individuellen Präferenzen ist die „Social Value Orientation" (McClintock 1972) zu zählen. Diese Disposition bezieht sich auf in sozialen Situationen präferierte Verhaltensmuster. Dabei wird davon ausgegangen, dass soziale Situationen durch den Umstand gekennzeichnet sind, dass in ihrem Verlauf bestimmte (materielle oder immaterielle) Güter oder Ressourcen verteilt werden. Der Theorie nach tendieren Menschen entweder dazu, Ausgänge in sozialen Situationen zu präferieren, nach denen (a) alle Beteiligten aufgrund günstiger Ausgänge Gewinne erzielen (kooperative Wertedisposition), nach denen (b) sie selbst einen maximalen Gewinn erzielen (individualistische Wertedisposition), oder die (c) eine maximale Differenz zwischen den selbst erlangten Gewinnen und denen der anderen implizieren (kompetitive Wertedisposition). Es kann angenommen werden, dass eine kompetitive Wertedisposition in einem positiven, wenn auch schwachen Zusammenhang mit der bereichsspezifischen Neigung steht, in Computerspielen zu wetteifern. Bezüge zwischen einer individualistischen Wertedisposition und der Neigung für kompetitive Computerspiele sind weniger stringent ableitbar, da in der individualistischen Wertedisposition keine Gegenpartei mitgedacht wird. Anders jedoch bei der kooperativen Disposition, die am ehesten in einem negativen Zusammenhang zur Wetteiferneigung in Computerspielen stehen dürfte.

Selbstwirksamkeitserwartungen

Neben der bislang aufgezeigten Logik, nach der Nutzer antizipierte Erlebensqualitäten einer Mediennutzung (z. B. das Wettbewerbserleben) infolge unterschiedlich ausgeprägter Bedürfnisse (z. B. des Wetteifermotivs) verschieden bewerten, ist in Anlehnung an aktuelle Ansätze der Selektionsforschung (LaRose & Eastin 2004; siehe auch ähnlich Vowe & Wolling 2001) ein weiterer zentraler Einflussfaktor einzubeziehen: die Selbstwirksamkeitserwartung (Bandura 1997). Die Selbstwirksamkeitserwartung meint die Überzeugung einer Person, eine anforderungsreiche Handlung hinreichend kompetent auszuführen, um damit ein gegebenes Ziel zu erreichen. Sie reflektiert also die subjektive Wahrnehmung eigener Fähigkeiten. Analog zu Verhaltenstendenzen können Personen ebenfalls bereichsspezifische und generalisierte Selbstwirksamkeitserwartungen besitzen. In der vorliegenden Studie wird jedoch nur die computerspielspezifische Selbstwirksamkeitserwartung fokussiert, da bereichsspezifische Persönlichkeitsfaktoren Zuwendungshandlungen in der Regel besser erklären als allgemeine (Hartmann & Klimmt 2006). Kompetitive Computerspiele weisen anforderungsreiche Erlebensqualitäten auf, deren Erlangung von den Fähigkeiten des Nutzers abhängt (Hartmann 2006, 148). Zwar könnten auch Nutzer mit einer niedrigen computerspielspezifischen Selbstwirksamkeit Euphorie- und Siegesgefühle mit kompetitiven Computerspielen assoziieren. Diese Gefühle dürften jedoch persönlich als unerreichbar gelten, was den Anreiz mindert, die Spiele zu nutzen. Deswegen ist zu vermuten: Je ausgeprägter die computerspielspezifische Selbstwirksamkeitserwartung, desto eher werden kompetitive Computerspiele ausgewählt.

Es wird somit vermutet, dass bestimmte Präferenzen und Kompetenzerwartungen die Auswahl von kompetitiven Computerspielen beeinflussen. Die skizzierte Logik findet sich ebenfalls in handlungstheoretischen Erwartungs-Bewertungs-Ansätzen wieder, die in der kommunikationswissenschaftlichen Selektionsforschung Anwendung finden (u. a. LaRose & Eastin 2004; Wolling 2004; Palmgreen & Rayburn 1985). Den Ansätzen zufolge ist eine Zuwendung zu einem Medienangebot umso wahrscheinlicher, je größer das Produkt aus den subjektiv bemessenen Eintrittswahrscheinlichkeiten verschiedener Erlebensqualitäten (Erwartungsterm) und der Präferenz jener Erlebensqualitäten ist (Bewertungsterm). In der vorliegenden Studie wird der Erwartungsterm (vereinfacht) durch die bereichsspezifische Selbstwirksamkeitserwartung wiedergegeben. Die hier zugrunde liegende Prämisse ist, dass Erlebensqualitäten kompetitiver Computerspiele als umso wahrscheinlicher gelten, je höher die eigene Selbstwirksamkeit eingeschätzt wird. Der Bewertungsterm wird (ebenfalls vereinfacht) über die individuelle Bedürfnisstruktur der Nutzer hergeleitet. Die grundlegende Annahme ist hier, dass der Wettbewerb in kompetitiven Computerspielen als umso positiver erlebt wird, je eher er assoziierte Bedürfnisse erfüllt. Das Produkt aus beiden Konstrukten, Erwartung und Bewertung, ergibt einen Interaktionsterm, der sich als ein Maß für die Zuwendungsintention interpretieren lässt (vgl. Ajzen 1991). Daraus folgt die Annahme, dass die Nutzung kompetitiver Computerspiele umso intensiver erfolgen sollte, je stärker die Zuwendungsintention (gemessen durch einen Interaktionsterm aus computerspielspezifischer Wetteifernneigung und Selbstwirksamkeitserwartung) ausgeprägt ist.

2   Methode

Um die postulierten Zusammenhänge zu testen, erfolgte eine Erhebung im März 2003 in Form einer Onlinebefragung. Über Links auf reichweitenstarken deutschsprachigen Computerspielwebsites wurden die Teilnehmer auf die Befragung aufmerksam gemacht. 95,8 % der auf diese Weise rekrutierten 795 Befragten waren männlich, das Durchschnittsalter lag bei 21 Jahren, die meisten Befragten besaßen eine höhere Bildung (40,4 % Fachhochschulreife/Abitur/Hochschulreife).

Die generelle Wertedisposition (Social Value Disposition) wurde über ein experimentelles Spiel (decomposed game) erhoben, dass im Rahmen eines Online-Fragebogens durchgeführt wurde und in der Literatur als Standardmessinstrument empfohlen wird (van Lange et al. 1997). Das Messinstrument suggeriert eine soziale Spielsituation mit einem imaginären Mitspieler. Das Spielprinzip ist sehr simpel. Aufgabe des Spielers ist es, eine (positiv bewertete) Ressource für sich und einen Gegenspieler aufzuteilen, die durch Punkte symbolisiert wird (man denke an eine Torte oder einen Geldhaufen, die aufgeteilt werden). In der vorliegenden Studie sollte der Befragte 1000 Punkte aufteilen. In neun Einzelspielen wurden ihm jeweils drei Möglichkeiten vorgegeben, wie die 1000 Punkte verteilt werden könnten; in jedem der neun Spiele muss sich der Befragte für eine Verteilung entscheiden. Die gewählte Verteilung pro Spiel gab jeweils darüber Auskunft, ob der Befragte entweder eine kooperative (z. B. Befragter 400 Punkte vs. Gegenspieler 400 Punkte), individualistische (z. B. Befragter 600 Punkte vs. Gegenspieler 400 Punkte) oder eine kompetitive (z. B. Befragter 300 Punkte vs. Gegenspieler 100 Punkte) Verhaltensmaxime verfolgt. Die kooperative Wertedisposition war bei recht großer Varianz in der Stichprobe am stärksten ausgeprägt (M = 3.89; SD = 3.88), gefolgt von der individualistischen (M = 2.62; SD = 3.3) und der kompetitiven Disposition (M = 2.43; SD = 3.62; Spannbreite von 0 „Alternative niemals ausgewählt" bis 9 „Alternative bei allen neun Entscheidungen ausgewählt"). Eine Inspektion der Daten zeigte jedoch, dass die Anwendung des Messinstruments im Rahmen der Online-Befragung offenbar zu einer niedrigen Datenqualität und Validitätseinbußen geführt hat. So korrelieren die Dispositionsvariablen z.B. kaum mit einer direkten Abfrage der Wettbewerbspräferenzen des Befragten (z. B. im Sport, in der Schule, in Brettspielen). Die Auswertung der so gebildeten generellen Wertedisposition verspricht daher nur einen stark eingeschränkten Erkenntnisgewinn.

Die Erhebung der bereichsspezifischen Konstrukte erfolgte durch eine Adaption von psychologischen Skalen auf Computerspiele, die sich in der Sportpsychologie als Messstandards bewährt haben. Aufgrund der Ähnlichkeit zwischen sportlichem Wettbewerb und Leistungsvergleichen in Computerspielen bietet sich die Anwendung der Skalen an.

Tabelle 1: Skala zur Messung der computerspielspezifischen Wetteiferneigung

Item		Dim	M	SD
1	Es macht mir Spaß, mich mit anderen Gegnern im Computerspiel zu messen.	WN	3,97	1,04
2	Auseinandersetzungen mit Gegnern im Computerpiel machen mir Spaß.	WN	3,96	1
3	Ich gebe mir viel Mühe, um bei Computerspielen erfolgreich zu sein.	WN	3,8	1,1
4	Ich gebe stets mein Bestes, um im Computerspiel zu gewinnen.	WN	3,78	1,1
5	Computerspielen macht mir am meisten Spaß, wenn es keinen konkurrierenden Gegner gibt. (-)	WN	3,78	1,13
6	Ich strebe danach, bei Computerspielen erfolgreich zu sein.	WN	3,74	1,14
7	Ich messe mich gerne im Computerspiel mit anderen Gegnern.	WN	3,72	1,1
8	Der Wettbewerb in Computerspielen gefällt mir sehr.	WN	3,71	1,12
9	Ich stelle meine Fähigkeiten im Computerspiel gegen andere Gegner gerne unter Beweis.	WN	3,59	1,14
10	Ich freue mich darauf, mein Können im Computerspiel in einem Leistungsvergleich mit anderen Gegnern unter Beweis zu stellen.	WN	3,54	1,18
11	Ich betrachte es als eine besonders anregende Herausforderung, mich mit Gegnern im Computerspiel zu messen.	WN	3,42	1,19
12	Der Wettstreit mit anderen Gegnern reizt mich an einem Computerspiel besonders.	WN	3,35	1,21
13	Ich stelle mein Können im Computerspiel am Besten unter Beweis, wenn ich mich mit anderen Gegnern messen kann.	WN	3,34	1,19
14	Ich finde Computerspiele richtig gut, in denen man seine Leistung mit der Leistung anderer Gegner vergleichen muss.	WN	3,28	1,21
15	Ich bringe im Computerspiel die beste Leistung, wenn ich gegen einen Gegner antrete.	WN	3,15	1,22
16	Ich blühe richtig auf, wenn ich mich mit einem Gegner im C.spiel messe.	WN	2,94	1,18
17	Es ist mir wichtig, aus Auseinandersetzungen im Computerspiel als der/die Beste hervorzugehen.	WN	2,85	1,22
18	Beim Computerspielen macht es mir mehr Spaß, in aller Ruhe zu erkunden und zu entdecken, als ständig gegen Gegner anzutreten. (-)	WN	2,71	1,13
19	Ich habe den meisten Spaß in Computerspielen, wenn ich gewinne.	NTW	3,47	1,21
20	Es ist wichtig für mich, im Computerspiel zu gewinnen.	NTW	3,39	1,14
21	Es ist mir in Computerspielen sehr wichtig, besser als mein/e Gegner/in abzuschneiden.	NTW	3,18	1,16
22	Ich hasse es, in Computerspielen zu verlieren.	NTW	2,64	1,28
23	Es regt mich sehr auf, wenn ich in Computerspielen verliere.	NTW	2,26	1,18
24	Ich bin in Computerspielen nur zufrieden, wenn ich gewinne.	NTW	2,22	1,67

Anmerkungen: Werte der mit (-) markierten Items wurden gedreht. Dim = Dimension (WN: Wetteiferneigung im engeren Sinne; NTW: Need to win); Skalierung von 1 (stimme nicht zu) bis 5 (stimme voll und ganz zu).

Tabelle 2: Skala zur Messung der computerspielspezifischen
Selbstwirksamkeitsüberzeugung

Item		M	SD
1	Wenn sich in einem Computerspiel Widerstände auftun, finde ich fast immer Mittel und Wege, mich durchzusetzen.	3,86	,9
2	In einem Computerspiel gelingt mir die Lösung schwieriger Probleme so gut wie immer, wenn ich mich darum bemühe.	3,96	,91
3	Es bereitet mir keine Schwierigkeiten, meine Absichten und Ziele in einem Computerspiel zu verwirklichen.	3,6	1
4	In unerwarteten Situationen in einem Computerspiel weiß ich immer, wie ich mich verhalten soll.	3,24	1,02
5	Auch bei überraschenden Ereignissen in einem Computerspiel glaube ich, dass ich gut mit ihnen zurechtkommen kann.	3,97	,79
6	Schwierigkeiten in einem Computerspiel sehe ich gelassen entgegen, weil ich meinen Fähigkeiten immer vertrauen kann.	3,68	,97
7	Was auch immer in einem Computerspiel passiert, ich werde schon klarkommen.	3,86	,98
8	Für jedes Problem in einem Computerspiel kann ich eine Lösung finden.	3,69	1,09
9	Wenn eine neue Sache in einem Computerspiel auf mich zukommt, weiß ich, wie ich damit umgehen kann.	3,72	,91
10	Wenn in einem Computerspiel ein Problem auftaucht, kann ich es aus eigener Kraft meistern.	3,88	,82

Anmerkung: Skalierung von 1 (stimme nicht zu) bis 5 (stimme voll und ganz zu).

Die Neigung, im Sport zu wetteifern, wird durch den „Sport Orientation Questionnaire"
erfasst (Gill & Deeter 1988). Dieser misst beide Dimensionen der Wetteiferneigung und
wurde für die vorliegende Studie auf Computerspiele angewendet (Tabelle 1). Beide Dimensionen korrelieren stark miteinander ($r = .46$; $p < .01$) und die Items lassen sich deswegen, wie theoretisch diskutiert, zu dem Konstrukt der „computerspielspezifischen Wetteiferneigung" verdichten (Cronbachs Alpha = .92; M = 3.18; SD = .72). Die computerspielspezifische Selbstwirksamkeitserwartung wird durch eine angepasste Version der 10-Item-Skala von Schwarzer und Jerusalem (1995) zur Messung der generellen Selbstwirksamkeitserwartung erhoben (vgl. Tabelle 2; Cronbachs Alpha = .89; M = 3.75; SD = .66).

Die Selbstwirksamkeitserwartung korreliert wie erwartet positiv mit der Wetteiferneigung ($r = .29$; $p < .01$). Um die Zuwendungsintention zu bemessen, wurde ein Interaktionsterm gebildet, indem die Indizes der Wetteiferneigung und der Selbstwirksamkeitserwartung miteinander multipliziert wurden (1 = schwach bis 25 = stark; M = 12.01; SD = 3.91).

Zur Messung der zu erklärenden Konstrukte wurden drei Instrumente eingesetzt. Erstens wurde die allgemeine Nutzungsintensität von Computerspielen berechnet, indem die angegebene Anzahl an Spieltagen in einer typischen Woche mit der durchschnittlichen Spieldauer pro Tag in Stunden multipliziert wurde (1 = geringe Nutzung bis 70 = starke Nutzung; M = 15.61; SD = 11.07). Um die Nutzung kompetitiver Spiele zu erheben, wurde zweitens abgefragt, wie intensiv verschiedene Genres genutzt werden (1 = „überhaupt nicht" bis 5 = „sehr häufig"). Dabei wurden acht Genres vorgegeben, wobei vier Genres durch den Autor als eher kompetitiv (kämpferische Echtzeit-Strategiespiele wie *Age of Empires*, Ego-Shooter/Taktik-Shooter wie *Unreal*, Action-Adventures wie *Grand Theft Auto*, Sportspiele wie *Fifa-Soccer*) und vier Genres als weniger oder nicht kompetitiv (z. B. Aufbau-Strategiespiele wie *die Sims*, Rollenspiele wie *Morrowind*, Simulationen wie *Flugsimulator*, Abenteuer/Adventure wie *Monkey Island*) klassifiziert wurden. Drittens wurde, als zusätzliche Messung der Präferenz kompetitiver Computerspiele, der Wettbewerbscharakter des derzeitigen Lieblingsspiels abgefragt. Hierzu wurden fünf Items gebildet, die wieder auf einer 5er-Skala beantwortet wurden (z.B. „In meinem Lieblingsspiel kommt es darauf an, eine bessere Leistung als bestimmte Gegner zu zeigen."; Cronbachs Alpha = .84; M = 3.75; SD = 1.15).

3   Ergebnisse

Die Daten dieser Onlinebefragung sind in anderen Zusammenhängen bereits ausgewertet worden. Dabei wurde erstens geprüft, inwiefern das individuelle Wetteifermotiv und die Selbstwirksamkeit der Nutzer ihre Zuwendung zu kompetitiven Computerspielen beeinflussen (Vorderer et al. 2006). Zweitens wurde analysiert, inwiefern das Wetteifermotiv und die Selbstwirksamkeit bei weiblichen und männlichen Nutzer differieren, und ob sich das Repertoire genutzter Computerspiele entsprechend unterscheidet (Hartmann 2003). In den bisherigen Auswertungen wurden jedoch die Wetteiferneigung und die Selbstwirksamkeitserwartung isoliert betrachtet und nicht, wie theoretisch eher plausibel, ein kombinierter Einfluss mittels eines Interaktionsterms analysiert. Dieses verbesserte Vorgehen wird nachfolgend in einem ersten Auswertungsschritt beschrieben. In einem zweiten Auswertungsschritt wird eine erweiterte Analyse vorgenommen, in der die generellen Wertedispositionen mit einbezogen werden.

3.1 Zuwendungsintention

Die Zuwendungsintention zu kompetitiven Computerspielen wurde in der vorliegenden Studie als Produkt aus der bereichsspezifischen Wetteiferneigung und der Selbstwirksamkeitserwartung berechnet. Korreliert man diesen Interaktionsterm mit der gemessenen kompetitiven Spielenutzung, ergibt sich das folgende Bild: Tatsächlich korreliert die Zuwendungsintention positiv mit dem Wettbewerbscharakter des aktuellen Lieblingsspiels; je stärker also die anhand des individuellen Bedürfnisses und der subjektiven Selbstwirksamkeit gebildete Intention ist, Wettbewerb in Computerspielen zu suchen, desto kompetitiver ist auch das aktuelle Lieblingsspiel ($r = .278$; $p < .01$). Nach der Nutzungsintensität von den acht abgefragten Genres differenziert, zeigt sich, dass die Zuwendungsintention mit drei der vier kompetitiven Genres signifikant korreliert (Ego-Shooter: $r = .236$; $p < .01$; Actionadventure: $r = .153$; $p < .01$; kämpferische Strategie: $r = .123$; $p < .01$). Hingegen bestehen zu der Nutzung der als nicht-kompetitiv klassifizierten Genres nur schwache und nicht signifikante Zusammenhänge.

Die Intention, Wettbewerb in Computerspielen aufzusuchen, steht ebenfalls in einem positiven Zusammenhang mit der allgemeinen Nutzungsintensität von Computerspielen (r = .258; p < .01). Insgesamt erhärten die vorliegenden Zusammenhänge die theoretische Annahme, dass die computerspielpezifische Wetteiferneigung im Zusammenspiel mit der subjektiven Selbstwirksamkeitserwartung eine Zuwendungsintention vorgibt, die wiederum die Nutzung kompetitiver Spiele fördert. Darüber hinaus besteht auch ein positiver Zusammenhang zur Nutzungsintensität von Computerspielen allgemein. Alle berichteten Zusammenhänge sind jedoch nicht sonderlich stark ausgeprägt, was deutlich macht, dass zukünftig weitere Erklärungsfaktoren in das Kausalmodell eingefügt werden sollten.

3.2 Weibliche und männliche Spieler

Die Zusammenhänge lassen sich auch in einer für Frauen und Männer getrennten Auswertung betrachten. Eine solche Analyse ist informativ, weil Frauen in der Vergangenheit Computerspiele insgesamt weniger intensiv nutzten als Männer und auch andere Spiele präferieren (Cassell & Jenkins, 1998). In der vorliegenden Studie kann eine Analyse von geschlechtsspezifischen Nutzungsverhalten nur in limitiertem Maße umgesetzt werden, da lediglich 18 weibliche Befragte rekrutiert wurden. Mit Blick auf kompetitive Spiele ist jedoch zu erwarten, dass die Zuwendungsintention als Produkt aus Bedürfnis- und Selbstwirksamkeitsüberzeugung zwischen männlichen und weiblichen Befragten differiert.

Abbildung 1:   Nutzungshäufigkeit verschiedener Genres von weiblichen (n = 18) und männlichen (n = 737) Spielern

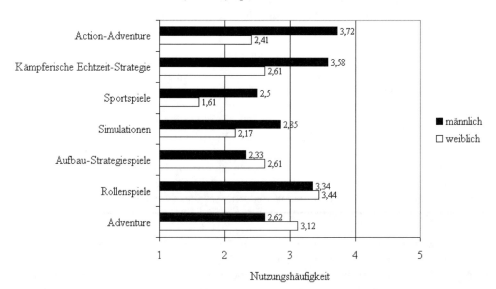

Anmerkung: Alle Unterschiede p < .05 (Mann-Whitney-U-Test), mit Ausnahme von Aufbau-Strategiespielen, Rollenspielen und Adventures.

Die Daten bestätigen diese Vermutung. Die Zuwendungsintention zu kompetitiven Spielen ist bei Männern signifikant stärker ausgeprägt ($M_{Männer}$ = 12.12; SD = 3.89) als bei Frauen (M_{Frauen} = 8.39; SD = 3.14; Mann-Whitney-U = 3210; p < .01). Eine Analyse der Nutzung verschiedener Genres zeigt entsprechend, dass Männer alle vier als kompetitiv klassifizierten Spielgattungen häufiger als Frauen spielen, während sich keine Geschlechtsunterschiede in der Nutzungshäufigkeit nicht-kompetitiver Genres zeigen (mit Ausnahme des Genres ‚Simulationen', das ebenfalls eher von Männern genutzt wird; vgl. Abbildung 1).

3.3 Generelle Wertedisposition

Bislang wurden mit dem Produkt aus Wetteiferneigung und Selbstwirksamkeit ausschließlich bereichsspezifische Erklärungskonstrukte betrachtet. Abschließend sollen allgemeine Präferenzen der Nutzer in die Analyse mit einbezogen werden, wie sie anhand der generellen sozialen Wertedisposition gemessen wurden (kooperative, individualistische und kompetitive Disposition). Der Erkenntnisgewinn ist jedoch – wie oben angemerkt – eingeschränkt, da sich andeutet, dass das Messinstrument im Rahmen der Online-Befragung womöglich unverlässliche Daten produziert hat. Eine korrelative Analyse zeigt, dass tendenziell die computerspielspezifische Wetteiferneigung umso ausgeprägter ist, je geringer die generelle kooperative soziale Wertedispositionen ist (r = -.112; p < .01). Die individualistische (r = .06) und die generelle kompetitive Wertedisposition (r = .07) weisen hingegen keinen deutlichen Zusammenhang zur computerspielspezifischen Wetteiferneigung auf. Umso mehr eine Person im Allgemeinen kooperatives Verhalten wertschätzt, desto geringer wäre dem Ergebnis nach ihr Bedürfnis, in Computerspielen zu wetteifern.

4   Diskussion und Ausblick

Kompetitive Computerspiele stellen im Vergleich zu traditionellen Medien wie etwa dem Fernsehen ein recht neues Unterhaltungsangebot dar. Sie bieten im Kanon der Freizeitoptionen eine neuartige Kombination an Erlebensqualitäten. In dieser Studie konnte die computerspielspezifische Wetteiferneigung von Personen als ein Bedürfnis bestätigt werden, welches offensichtlich durch den angebotenen Mix an Erlebensqualitäten befriedigt wird und folglich die Zuwendung zu kompetitiven Computerspielen fördert. Weil es sich bei Computerspielen um interaktive Unterhaltungsangebote handelt und viele Gratifikationen des Wetteiferns per se voraussetzungsreich sind (z.B. das Erleben von Stolz oder Euphorie, das einen Sieg voraussetzt), reicht es nicht aus, lediglich Bedürfnisse als Erklärungsfaktoren zu thematisieren. In der vorliegenden Studie wurde deswegen davon ausgegangen, dass sich eine Wetteiferneigung nur dann entfaltet, wenn sich die Nutzer selbst hinreichende Kompetenzen unterstellen, um im kompetitiven Computerspiel zu bestehen (computerspielspezifische Selbstwirksamkeit). Die Ergebnisse stehen mit der Annahme im Einklang, dass beide Faktoren gemeinsam die Zuwendung zu kompetitiven Computerspielen leiten. Damit bekräftigt die Studie Konzeptualisierungen von Medienselektion, die über die isolierte Fokussierung von Bedürfnisstrukturen im Nutzen- und Belohnungsansatz hinausgehen. Die Ergebnisse verdeutlichen, dass weitere Faktoren – wie Kompetenzerwartungen – einbezogen werden sollten (Hartmann 2006; Hartmann & Klimmt 2006; LaRose & Eastin 2004; Vowe

& Wolling 2001). Zusammenfassend sind die signifikanten Ergebnisse in Abbildung 2 dargestellt. Unter Personen, die mit ihren Handlungen generell kaum kooperative Ergebnisse anstreben, findet sich eine hohe Neigung, im Computerspiel gegen andere zu wetteifern. Zusammen mit der Überzeugung, Probleme in Computerspielen kompetent lösen zu können (Selbstwirksamkeitsüberzeugung), lässt sich dieses Wetteifermotiv als Verhaltenstendenz oder Intention verstehen, sich kompetitiven Spielen zuzuwenden. Je höher die so konstruierte Intention ausfällt, desto intensiver werden Computerspiele allgemein genutzt, desto deutlicher ist der Wettbewerbscharakter des Lieblingsspiels ausgeprägt und desto häufiger werden kompetitive Genres gespielt.

Abbildung 2:   Übersicht über signifikante korrelative Zusammenhänge in der Studie

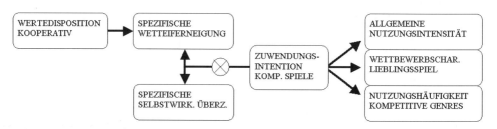

Anmerkungen: Die Kausalanordnung folgt den theoretischen Vorüberlegungen; gestrichelte Linie = negativer Zusammenhang; die Zuwendungsintention wurde nicht direkt gemessen, sondern über die Wetteiferneigung und die Selbstwirksamkeitserwartung berechnet.

Die geschlechtsspezifische Auswertung der Studie regt Antworten auf die Frage an, warum Frauen bislang weniger Computer spielen als Männer und, sofern sie spielen, warum sie andere Spiele als Männer nutzen. Aus den Ergebnissen folgt, dass Frauen tendenziell eine geringere Neigung als Männer haben, sich dem sozialen Wettbewerb in Computerspielen zuzuwenden. Weil die Mehrzahl der angebotenen Computerspiele eher kompetitiv ausgerichtet ist, fehlen bislang vielfach Angebote, die der Intentionsstruktur potenzieller weiblicher Nutzer entsprechen (Cassell & Jenkins 1998). Konsequenterweise erfreuen sich zum Beispiel Adventure-Spiele wie *Myst*, die verhältnismäßig wenig sozial-kompetitive Elemente aufweisen, großer Beliebtheit bei weiblichen Nutzerinnen (vgl. auch Lucas & Sherry 2004).

   Die vorliegende Studie weist jedoch einige Limitationen auf. Die Generalisierbarkeit der Ergebnisse ist diskutabel. Die angesetzte Stichprobenziehung führte zu unausgewogenen Verhältnissen in der Geschlechterverteilung, die insgesamt der Merkmalsstreuung der theoretischen Grundgesamtheit aller Computerspieler nicht gerecht wird. Insgesamt gibt die Stichprobe am ehesten über männliche Vielspieler Auskunft, deren Mitteilungsbereitschaft groß genug war, um an der beworbenen Online-Umfrage teilzunehmen. Zukünftige Selektionsstudien mit einem übergreifenden Generalisierungsanspruch sollten versuchen Stichproben zu ziehen, in denen auch weibliche Spielerinnen hinreichend repräsentiert sind; denn es ist anzunehmen, dass ihre Selektions- und Erlebensprozesse im Vergleich zu denen der männlichen Nutzer differieren.

   Zudem sind die gefundenen Effekte nur schwach ausgeprägt, auch wenn sie mehrheitlich den theoretischen Annahmen entsprechen. Mit anderen Worten konnte ein Großteil der Varianz in den zu erklärenden Konstrukten nicht durch die eingeführten Faktoren erklärt werden. Deswegen sollten in zukünftigen Studien neben individuellen Bedürfnis- und Kompetenzstrukturen weitere potenzielle Erklärungsfaktoren der Computerspieleselektion berücksichtigt werden (z.B. normative Einflüsse und Kostenerwägungen).

Da die Übertragung sportpsychologischer Erkenntnisse auf die Computerspielenutzung vielversprechend erscheint, wurden in der vorliegenden Studie zum Beispiel Skalen aus der Sportpsychologie adaptiert. Trotz medial bedingter Unterschiede ähnelt sich der Wettbewerb in Computerspielen und im Sport, da es sich in beiden Fällen um spielerische, regelgeleitete soziale Auseinandersetzungen handelt. Das Wetteifern im Computerspiel bzw. im Sport dürfte vergleichbar unterhaltsame Erlebensqualitäten aufweisen und auch für ähnliche Personengruppen attraktiv erscheinen. Zukünftige Studien könnten daher noch differenzierter auf bereits vorliegende Ansätze zur Freude am Wettbewerb zurückgreifen (u.a. Franken & Brown 1995; Epstein & Harackiewietz 1992; Deci & Ryan 1985), um verfeinerte Analysen der Nutzung kompetitiver Computerspiele durchzuführen.

Literaturverzeichnis

Ajzen, I. (1991): The theory of planned behavior. *Organizational Behavior and Human Decision Processes,* 50, 179-211.

Bandura, A. (1997): *Self-efficacy: The exercise of control.* New York: Freeman.

Cassell, J. & Jenkins, H. (Hrsg.) (1998): *From Barbie to Mortal Kombat. Gender and computer games.* Cambridge, MA: MIT Press.

Deci, E.L. & Ryan, R. M. (1985): Sports. In: E.L. Deci & R. M. Ryan (Hrsg.): *Intrinsic motivation and self-determination in human behavior.* New York: Plenum Press, 313-332.

Deutsch, M. (1973): *The resolution of conflict. Constructive and destructive processes.* New Haven: Yale University Press.

Epstein, J. & Harackiewietz, J. (1992): Winning is not enough: The effects of competition and achievement orientation on intrinsic interest. *Personality and Social Psychology Bulletin,* 18, 128-139.

Franken, R. E. & Brown, D. J. (1995): Why do people like competition? The motivation for winning, putting forth effort, improving one's performance, performing well, being instrumental, and expressing forceful/aggressive behavior. *Personality and Individual Differences,* 19, 175-184.

Früh, W. (2002): *Unterhaltung durch das Fernsehen. Eine molare Theorie.* Konstanz: UVK.

Gill, D. L. & Deeter, T.E. (1988): Development of the sport orientation questionnaire. *Research Quarterly for Exercise and Sport,* 59, 191-202.

Grzelak, J. (1990): Konflikt und Kooperation. In: W. Stroebe, M. Hewstone, J.-P. Codol & G. M. Stephenson (Hrsg.): *Sozialpsychologie: Eine Einführung.* Berlin: Springer, 305-330.

Hartmann, T. & Klimmt, C. (2006). The influence of personality factors on computer game choice. In P. Vorderer & J. Bryant (Hrsg.): *Playing video games: Motives, responses, and consequences.* Mahwah: Lawrence Erlbaum Associates, 115-133.

Hartmann, T. (2003): *Gender differences in the use of computer-games as competitive leisure activities.* Poster präsentiert auf der 1. Tagung der Digital Games Research Association (DiGRA), 4. – 6. November 2003, Utrecht.

Hartmann, T. (2006): *Die Selektion unterhaltsamer Medienangebote am Beispiel von Computerspielen: Struktur und Ursachen.* Köln: von Halem.

Kanning, U. P. (1997): *Selbstwertdienliches Verhalten und soziale Konflikte.* Münster: Waxmann.

Klimmt, C. & Hartmann, T. (2006): Effectance, self-efficacy, and the motivation to play computer games. In: P. Vorderer & J. Bryant (Hrsg.): *Playing video games: Motives, responses, and consequences.* Mahwah: Lawrence Erlbaum Associates, 143-177.

Klimmt, C. (2005): *Computerspielen als Handlung: Dimensionen und Determinanten des Erlebens interaktiver Unterhaltung.* Köln: von Halem.

LaRose, R. & Eastin, M. S. (2004): A social cognitive explanation of internet uses and gratifications: Toward a new theory of media attendance. *Journal of Broadcasting & Electronic Media,* 48(3), 358-377.

Lucas, K. & Sherry, J. L. (2004): Sex differences in video game play: A communication-based explanation. *Communication Research,* 31, 499-523.

Mar, R. A., & Macrae, C. N. (in Druck): Triggering the intentional stance. In: G. Bock & J. Goode (Hrsg.): *Empathy and fairness.* Chichester, UK: John Wiley & Sons, 110-119.

McClintock, C. G. (1972): Social motivation – a sct of propositions. *Behavioral Science,* 17, 438-454.

Palmgreen, P. & Rayburn, J. D. (1985): An expectancy-value approach to media gratifications. In: K. E. Rosengren, L. A. Wenner & P. Palmgreen (Hrsg.): *Media gratifications research. Current perspectives.* Beverly Hills: Sage, 61-72.

Schlütz, D. (2002): *Bildschirmspiele und ihre Faszination. Zuwendungsmotive, Gratifikationen und Erleben interaktiver Medienangebote.* München: Reinhard Fischer.

Schmitt, M. (2004): Persönlichkeitspsychologische Grundlagen. In: R. Mangold, P. Vorderer & G. Bente (Hrsg.): *Lehrbuch der Medienpsychologie.* Göttingen: Hogrefe, 151-173.

Schwarzer, R. & Jerusalem, M. (1995): Generalized self-efficacy scale. In: J. Weinman, S. Wright & M. Johnston (Hrsg.): *Measures in health psychology: A user's portfolio. Causal and control beliefs.* Windsor: Nfer-Nelson, 35-37.

Sherry, J. L. (2004): Flow and media enjoyment. Communication Theory, 14(4), 328-347.

Sherry, J. L., Lucas, K., Greenberg, B. S. & Lachlan, K. (2001): *Video game uses and gratifications as predictors of use and game preference.* Vortrag auf der Jahrestagung der International Communication Association, 26.05. – 01.06. 2001, Washington.

Van Lange, P.A.M., Otten, W., de Bruin, E.M.N. & Joireman, J.A. (1997): Development of prosocial, individualistic, and competitive orientations: Theory and preliminary evidence. *Journal of Personality and Social Psychology,* 73(4), 733-756.

Vorderer, P., Bryant, J., Pieper, K. M. & Weber, R. (2006): Playing video games as entertainment. In: P. Vorderer & J. Bryant (Hrsg.): *Psychology of entertainment.* Mahwah, NJ: Lawrence Erlbaum Associates, 1-7.

Vorderer, P., Hartmann, T. & Klimmt, C. (2006): Explaining the enjoyment of playing video games: The role of competition. In: D. Marinelli (Hrsg.): *ICEC conference proceedings 2003: Essays on the future of interactive entertainment.* Pittsburgh: Carnegie Mellon University Press, 107-120.

Vowe, G. & Wolling, J. (2001): Wollen, Können, Wissen: Was erklärt die Unterschiede in der Internetnutzung durch Studierende? Ein empirischer Theorietest. In: A. Baum & S. J. Schmidt (Hrsg.): *Fakten und Fiktionen.* Konstanz: UVK, 379-391.

Williams, R. B. & Clippinger, C. A. (2002): Aggression, competition and computer games: Computer and human opponents. *Computers in Human Behavior,* 18, 495-506.

Wolling, J. (2004): Qualitätserwartungen, Qualitätswahrnehmung und die Nutzung von Fernsehserien. *Publizistik,* 49(2), 171-193.

4.2

Leistungshandeln und Unterhaltungserleben im Computerspiel

Katharina-Maria Behr, Christoph Klimmt und Peter Vorderer

1   Problem

Das zentrale Neue am Medium Computerspiel ist die interaktive Darbietungs- und Nutzungsform (Vorderer 2000). Sie bedingt erhebliche theoretische und methodische Herausforderungen für die Forschung (vgl. Klimmt, in diesem Band). Dies gilt in geradezu prototypischer Weise für die (kommunikationswissenschaftliche) Unterhaltungsforschung (Vorderer 2001; 2003), denn das (inter-)aktive Eingreifen der Rezipientinnen und Rezipienten ist in den konventionellen Konzepten zum unterhaltsamen Mediengebrauch nicht vorgesehen. Verschiedene Versuche wurden deshalb unternommen, die Implikationen interaktiver (Spiele-)Nutzung für das Unterhaltungserleben aufzudecken und zu modellieren (z. B. Klimmt 2006; Hartmann 2006; im Überblick: Vorderer & Bryant 2006). Eine wichtige Erkenntnis dieser Bemühungen ist, dass interaktives Handeln in Computerspielwelten eine Fülle unterschiedlicher Erlebensprozesse auslösen kann, die ihrerseits zu sehr unterschiedlichen und dynamischen Formen von Spielvergnügen führen (können) (Klimmt 2006).

Hartmann (in diesem Band; vgl. zudem Vorderer, Hartmann & Klimmt 2006) hat mit dem Aspekt des Wettbewerbs eine wichtige Dimension interaktiven Unterhaltungserlebens hervorgehoben. In Computerspielen wird häufig mit virtuellen oder echten Kontrahenten konkurriert, sei es in Autowettfahrten, Schießereien oder Börsengeschäften. Solche Wettbewerbssituationen setzen den Rahmen für spezifische Vergnügensformen wie Spannung und Selbstwert-Prozesse (Hartmann 2006). Sie beziehen sich indes auch auf einen Aspekt, der bisher kaum in der Unterhaltungsforschung betrachtet wurde, nämlich Leistungshandeln. Computerspiele fordern (dauerhaft) gute Leistungen und sie belohnen Leistungen mit verschiedenen Varianten von Belohnungen, zum Beispiel mit Punkten ('Scores') oder der Öffnung neuer Spielbereiche ('Levels'). Sie bestrafen unzureichende Leistungen aber auch mit frustrierenden Erfahrungen. Solche leistungsbezogenen Erlebensformen können sich auf den Wettbewerb mit anderen Individuen (oder virtuellen Avataren) beziehen, müssen jedoch keine solchen externen Bezugsgrößen haben.

Weil Leistung eine zentrale Dimension von Computerspielen ist (vgl. auch Klimmt & Hartmann 2006), beschäftigt sich der vorliegende Beitrag theoriegeleitet und systematisch-empirisch mit der Bedeutung des Leistungshandelns für das Unterhaltungserleben bei der Rezeption von Computerspielen. Im Folgenden wird Leistungshandeln als Verhaltensdimension des Computerspielens konzeptualisiert und seine Bedeutung für die Generierung von Unterhaltungserleben theoriegeleitet herausgearbeitet. Im Anschluss daran wird ein Online-Experiment vorgestellt, das die konzeptuellen Überlegungen einer empirischen Prüfung unterzieht.

2   Theoretische Implikationen von Leistungshandeln für mediales (interaktives) Unterhaltungserleben

Leistungsorientiertes Handeln weist in den meisten Lebensbereichen enge Verbindungen zur Qualität und Intensität menschlicher Emotionen auf. Erfolge rufen zumeist positive, Misserfolge negative Emotionen hervor. Bei der Rezeption unterhaltsamer Medienangebote spielt dieser Zusammenhang eine wichtige Rolle.

Die Affective Disposition Theory von Zillmann (1996) beschreibt diesen Prozess. Ihr zufolge beobachtet und bewertet das Publikum die Handlungen der in den Medien agierenden Personen und entwickelt aufgrund dieser Bewertungen spezifische Emotionen. Laut Zillmann führt die Wahrnehmung der Handlungen anderer Personen zu positiven oder negativen moralischen Urteilen über diese Handlungen. Diese Bewertungen entscheiden darüber, ob das Publikum den Hauptfiguren positive oder negative Emotionen entgegenbringt und welchen Handlungsverlauf es für die Zukunft erhofft. Die Billigung der Handlungen einer Person geht mit der Entwicklung einer positiven Einstellung gegenüber dieser Figur einher und kann eine empathische Anteilnahme an den Emotionen dieser Person hervorrufen. Günstige Ereignisse wie beispielsweise Erfolge der positiv bewerteten Medienpersonen im Konflikt mit Widersachern erzeugen positive Emotionen beim Publikum – Misserfolge werden als negativ erlebt. Bei der Beobachtung von antagonistischen Medienpersonen ('Bösewichter') unterscheiden sich hingegen die Emotionen des Publikums und die dargestellten Emotionen der Medienpersonen. Positive Emotionen und manchmal sogar Schadenfreude der Rezipientinnen und Rezipienten werden hier durch Misserfolge der antagonistischen Medienpersonen oder durch für sie ungünstige Ereignisse hervorgerufen, während Erfolge dieser Medienpersonen zu negativen Emotionen beim Publikum führen. Somit ist die Beobachtung und Bewertung von Handlungen, die zu Erfolgen oder Misserfolgen führen, ein wirksamer Mechanismus der Genese von Unterhaltungserleben bei der Rezeption traditioneller nicht-interaktiver Medieninhalte.

Auch bei der Nutzung von Computerspielen ist der Zusammenhang zwischen erfolgreichem Handeln und Emotionen von großer Bedeutung für das Unterhaltungserleben. Der zugrunde liegende Mechanismus ist jedoch ein anderer, da sich Computerspiele durch ihre Interaktivität deutlich von traditionellen Medien unterscheiden (vgl. Krotz in diesem Band). Denn die Spielerinnen und Spieler müssen in viel größerem Umfang selbst aktiv werden, um den Fortgang des Spiels und damit die potenziell unterhaltsame Nutzungssituation aufrechtzuerhalten. Sie werden permanent zum Handeln aufgefordert: Zumeist gilt es, ein schwieriges Problem zu lösen oder eine Aufgabe zu bewältigen (Oerter 1999). Bei solchen Interaktionen mit dem Computerspiel können Erfolge oder Misserfolge eintreten. Die unterschiedlichen Handlungsergebnisse führen zu spezifischen emotionalen Konsequenzen. Dieser Zusammenhang wurde bislang primär aus attributionstheoretischer Perspektive untersucht. Von diesem Standpunkt aus betrachtet sind die aus dem Handlungsergebnis resultierenden Emotionen davon abhängig, auf welche Ursachen der Erfolg bzw. Misserfolg zurückgeführt wird.

Als entscheidende Bewertungsdimensionen für die eigenen Handlungen gelten Lokation und Stabilität (Rotter 1954; Heider 1958). Dabei bezieht sich die Dimension der Lokation darauf, ob die Ursache für ein Handlungsergebnis in der handelnden Person selbst (internal) oder in äußeren Umständen (external) begründet ist. Stabilität zielt auf die Frage, ob die Ursachen dauerhaft vorliegen (also stabil sind) oder zeitlichen Schwankungen unterworfen sind (also variabel sind). Lokation und Stabilität werden zur Klassifikation der Ursachen von Erfolgen oder Misserfolgen gemeinsam herangezogen (Weiner et al. 1971; Tabelle 1): Stabil und internal (die eigene Fähigkeit ist Ursache des Handlungsergebnisses), stabil und external (die Aufgabenschwierigkeit ist Ursache des Handlungsergebnisses), variabel und internal (die eigene Anstrengung ist Ursache des Handlungsergebnisses) und variabel und external (zufällige Ereignisse sind Ursache des Handlungsergebnisses). Für das Unterhaltungserleben ist vor allem von Bedeutung, welche emotionalen Konsequenzen aus der jeweiligen Ursachenattribution resultieren. Nach Weiner et al. (1978; 1979) treten sowohl für Erfolge als auch für Misserfolge Affekte auf, die allein von diesen Ereignissen abhängig sind und bei unterschiedlichen Ursachenattributionen nicht variieren: Erfolgsereignisse führen zu einer positiven, Misserfolgsereignisse zu einer negativen Stimmung.

Tabelle 1: Klassifikationsschema für Ursachen von Erfolg und Misserfolg

Stabilität	Lokation	
	Internal	External
Stabil	Fähigkeit	Aufgabenschwierigkeit
Variabel	Anstrengung	Zufall

Zusätzlich zu diesen Affekten fanden Weiner et al. (1978, 1979) emotionale Reaktionen, die mit einem Kausalfaktor verbunden waren: Wenn Erfolg auf die eigene Fähigkeit attribuiert wird, treten Zuversicht und das Gefühl der Kompetenz auf. Die Attribution positiver Handlungsergebnisse führt zu einer Selbstwert-Erhöhung. Umgekehrt führt die Attribution von Misserfolgen auf eigene Fähigkeiten zu Inkompetenzempfinden (Klimmt 2006). Das erfolgreiche Bewältigen einer Aufgabe im Computerspiel sollte jedoch in jedem Fall mit positiven Emotionen verbunden sein: Demnach sind sowohl die ereignisabhängigen als auch die attributionsabhängigen Affekte im Erfolgsfall angenehm. Im Fall einer Attribution des Erfolgs auf variable Faktoren wie die eigene Anstrengung oder glückliche Umstände empfinden die Spielerinnen und Spieler das Gefühl der Aktivierung und damit der positiven Verstärkung ihrer Anstrengung. Bei einer Attribution auf stabile Faktoren – die eigene Fähigkeit oder die eigene Persönlichkeit – tritt das Gefühl der Kompetenz, Entspannung und/oder Selbstbestätigung ein.

Zwei Beispiele sollen die Anwendung von Handlungsattributionen und Leistungsemotionen auf die Nutzung von Computerspielen verdeutlichen:

• Im Action-Adventure *Grand Theft Auto: San Andreas* lassen sich mit der Spielfigur neben Autos auch Motorräder steuern. Dies ist kompliziert und braucht etwas Übung, hat aber in Verfolgungsjagden große Vorteile: Motorräder sind wendiger und schneller als Autos. Wer auf diese Weise seinen Verfolgern entkommt, kann den Erfolg seiner eigenen Fähigkeit zuschreiben und wird das Gefühl von Kompetenz und Stolz erleben.

• In Adventure-Spielen (z.B. *Ankh*) lassen sich viele Rätsel nur durch das vollständige Absuchen der Umgebung nach nützlichen Gegenständen und durch die kreative Kombination dieser Gegenstände lösen. Wer nach vielen vergeblichen Versuchen auf die richtige Lösung eines Rätsels stößt, wird diesen Erfolg auf die eigene Anstrengung zurückführen und das Gefühl von Zufriedenheit und Entspannung erleben.

Unterhaltung lässt sich in Computerspielen demnach aus den emotionalen Konsequenzen von Erfolgserlebnissen generieren (vgl. auch Klimmt 2006). Dies lässt sich mit dem Konstrukt ‚Flow' beschreiben (Csikszentmihalyi 1999). Als Flow wird ein (selbst-)reflexionsfreies Aufgehen in einer ‚glatt laufenden' Tätigkeit bezeichnet, die man trotz hoher Beanspruchung noch unter Kontrolle hat. In den meisten Computerspielen können die Herausforderungen an das individuelle Wissen und Können angepasst werden (oder die Spielsoftware vollzieht solche Anpassungen automatisch). So kann eine optimale Balance zwischen Anforderung und Fähigkeit – als wichtigste Voraussetzung für Flow-Erleben – hergestellt werden (Csikszentmihalyi 1999; Sherry 2004). Die erfolgreiche Bewältigung von Aufgaben mit angemessenem Schwierigkeitsgrad ist daher eine gute Voraussetzung für die Generierung von Unterhaltungserleben in Computerspielen.

3   Mögliche Einschränkungen medialen (interaktiven) Unterhaltungserlebens durch Leistungshandeln

Grundsätzlich erklären die oben explizierten Anleihen bei der Leistungsmotivationsforschung den positiven Beitrag von Leistungshandlungen und deren Ergebnisse für das Unterhaltungserleben beim Computerspielen. Es sind aber auch verschiedene Bedingungskonstellationen erwartbar, bei denen spezifische Formen des Leistungshandelns bzw. spezifische Leistungssituationen negative Rückwirkungen auf den Spielspaß haben können. Konkret können bei zu leichten Aufgaben (d.h. bei Langeweile; vgl. Ragheb & Merydith 2001) oder bei starker Überforderung keine positiven Emotionen entstehen. Es treten dann keine Flow-Erlebnisse auf, weil Anforderungen und Fähigkeiten nicht in einem optimalen Verhältnis stehen. Das leistungsbasierte Unterhaltungserleben beim Computerspielen ist demzufolge durch zu leichte und zu schwierige Aufgabenstellungen latent bedroht.

Es ist jedoch anzunehmen, dass die Spielerinnen und Spieler sich auch angesichts solcher ‚Bedrohungen' ihres Spielspaßes weiterhin unterhalten wollen. Hier ist zunächst zu beachten, dass ein zwischen positiven und aversiven Erfahrungen hin- und herwechselndes Rezeptionserleben auf einer übergeordneten Ebene durchaus als vergnüglich empfunden wird (Bosshart & Macconi 1998; Vorderer, Klimmt & Ritterfeld 2004; Klimmt 2006). Die Unterhaltsamkeit solcher affektiver ‚Achterbahnfahrten' zwischen Erfolg und Misserfolg, Langeweile und starker Anspannung geht allerdings verloren, wenn die aversiven Erfahrungsanteile zu stark werden, wenn also etwa dauerhaft Langeweile oder permanente Überforderung eintreten (Klimmt 2006).

In diesem Fall sind der Abbruch des Spiels oder die Nutzung eines anderen Mediums erwartbare Handlungsoptionen. Wenn die Spielerinnen und Spieler sich jedoch dafür entscheiden das Spiel fortzusetzen, dann ist zu erwarten, dass sie Aktivitäten ergreifen werden, die ihnen helfen, ihren Spielspaß wiederherzustellen. Dazu sind ebenfalls verschiedene Handlungsoptionen denkbar. Eine davon ist das ‚Mogeln': Durch Eingabe so genannter ‚Cheatcodes', die regelwidrige Aktionsmöglichkeiten eröffnen, kann die als nicht unterhaltsam empfundene Situation überwunden werden. Das Spiel kann häufig auch fortgesetzt werden, indem alternative Aufgaben mit einem anderen Schwierigkeitsgrad vorgezogen werden und so das Verhältnis von Aufgabenschwierigkeit und eigenen Fähigkeiten angepasst wird. Bei vielen Spielen lässt sich z.b. der Schwierigkeitsgrad reduzieren oder anheben. Andere Spiele verfügen über einen geringen Linearitätsgrad und halten zu einem gegebenen Zeitpunkt eine Vielzahl an unterschiedlich schwierigen Herausforderungen bereit.

Alternativ können die Spieler durch eine Veränderung ihrer Spielziele das Unterhaltungserleben aufrechterhalten. Denn bestimmte Formen des Spielvergnügens sind auch bei Rezeptionsweisen denkbar, die nicht primär an der Bewältigung der vom Spiel gestellten Herausforderungen orientiert sind. Sie können Unterhaltungserleben immer dann verursachen, wenn man sich nicht länger den expliziten Zielvorgaben des Spiels beugt (z.B. „Gewinne das Rennen!" oder „Rette die Geiseln!"), sondern sich bewusst gegen das Ziel- und Regelwerk stellt. Dann werden ‚rebellische', individuelle Zielsetzungen an die Stelle der Leistungsvorgaben gesetzt, so dass nicht mehr die Erfüllung von Anforderungen als Motor des Spielspaßes dient, sondern alternative Erlebensformen, die gerade aus nicht-leistungsorientierten Handlungsweisen erwachsen. Dazu zählen destruktiv-aggressives Verhalten und die Exploration der Spielumgebung. Destruktiv-aggressives Verhalten, das nicht dem Erreichen des Spielzieles dient, kann aus mehreren Gründen unterhaltsam sein. Es ermöglicht (a) Wirksamkeitserlebnisse, die im Gegensatz zu einer bisherigen Hilflosigkeit gegenüber der langweiligen oder überfordernden Situation als angenehm empfunden werden (Klimmt & Hartmann 2006), (b) die temporäre Rückgewinnung von Kontrolle über das Spiel (Grodal 2000), (c) positiv-emotionale Erfahrungen von Regelbruch und Rebellion (Jansz 2005) und (d) die Ausübung von ‚Rache' am Spiel. Durch Rache soll ein Schaden als gerechte Antwort auf eine erlebte Ungerechtigkeit hervorgerufen werden (Stuckless & Goranson 1994). Dies kann als positiv erlebte Komponente von Unterhaltung im Sinn der Affective Disposition Theory nach Zillmann (1996) aufgefasst werden. Durch destruktive Rachehandlungen können Ereignisse entstehen, die negative Auswirkungen auf andere Figuren haben und dadurch unterhaltend wirken. Wer in *GTA: San Andreas* gegnerischen Bandenmitgliedern immer wieder unterliegt, wird dies nicht als unterhaltsam empfinden. Angriffe auf unbewaffnete und unbeteiligte Passanten sind in diesen Situationen deutlich einfacher und im Sinne des Nutzungsvergnügens (kurzfristig) Erfolg versprechender.

Neben solchen destruktiv-aggressiven Spielweisen sind auch ziellos-explorative Verhaltensweisen als alternative Quelle von Spielspaß denkbar. Beispielsweise enthalten Rollenspiele wie *Oblivion* extrem umfangreiche Spielwelten. Abseits der Haupthandlung kann der Spieler in diesen Welten neue Orte erkunden und Charaktere kennen lernen, ohne explizit die Bewältigung einer Aufgabe zu verfolgen. Die epistemologisch-soziale Neugiertheorie (Groeben & Vorderer 1988) erklärt die positiven emotionalen Konsequenzen eines solchen Neugierverhaltens in Computerspielen. Nach Groeben und Vorderer wird es als angenehm empfunden, in komplexen Objekten Strukturen zu entdecken bzw. neue zu generieren und Beziehungen zwischen ihnen aufzuspüren. Durch Exploration wird also die Komplexität der Objekte reduziert und konzeptuelle Strukturen werden identifiziert oder geschaffen. Dieses ‚Gelingen' von strukturierend-erkennender Wahrnehmung wird als angenehm empfunden (Groeben & Vorderer 1988). Übertragen auf Computerspiele bedeutet dies, dass auch die Exploration der Spielumgebung unterhaltsam sein kann, obwohl sie nicht unmittelbar zum Erreichen des Spielziels beiträgt.

Aus diesen Überlegungen lässt sich insgesamt folgern, dass die Interaktivität von Computerspielen eine leistungsorientierte Nutzungsweise nahe legt, bei der das Unterhaltungserleben primär durch Erfolgserlebnisse entsteht. Wenn das leistungsbasierte Unterhaltungserleben jedoch durch Unter- oder Überforderung bedroht ist oder bereits beeinträchtigt wird, stehen alternative Nutzungsmodi zur Verfügung, die eigentlich nicht leistungsorientiert bzw. spielzielbezogen sind. Die Modi Destruktion/Aggression und Exploration können das Potenzial besitzen, das Unterhaltungserleben (zumindest temporär) aufrecht zu erhalten.

4   Eine empirische Untersuchung zum Zusammenhang zwischen Leistungshandeln und interaktivem Unterhaltungserleben

4.1   Hypothesen

Welche Bedeutung das Leistungshandeln sowie die möglichen Alternativen dazu (bei Unter- oder Überforderung) für das Unterhaltungserleben beim Computerspielen haben, ist nach den obigen theoretischen Ausführungen modellierbar. Sie wurde bislang aber nur ansatzweise systematisch-empirisch untersucht (Klimmt 2006). Nach den bisherigen Überlegungen ist zu erwarten, dass das Unterhaltungserleben beim Computerspiel in Abhängigkeit vom individuell wahrgenommenen Schwierigkeitsgrad der Aufgaben variiert. Als sehr einfach oder sehr schwierig empfundene Spielsituationen sollten weniger unterhaltsam sein als Situationen, in denen die Spielerinnen und Spieler Aufgaben mit für sie angemessenem Schwierigkeitsgrad bewältigen müssen. Situationen mit inadäquatem Schwierigkeitsgrad werden nicht als unterhaltsam empfunden und sollten mit höherer Wahrscheinlichkeit zum Abbruch des Computerspiels, zum Einsatz von Cheatcodes oder anderen Lösungshilfen führen (s.o.). Des Weiteren ist bei starker Über- oder Unterforderung damit zu rechnen, dass ein nicht am Spielziel orientiertes Verhalten wie Exploration oder Destruktion bzw. Aggression häufiger auftritt. Umgekehrt sollte in Situationen mit angemessenem Schwierigkeitsgrad die Wahrscheinlichkeit höher sein, dass die bisherigen Spielhandlungen fortgesetzt werden, um das Unterhaltungserleben aufrecht zu erhalten. Die vorliegende Studie prüft daher folgende Hypothesen:

H1: Spielsituationen mit als angemessen wahrgenommenem Schwierigkeitsgrad werden als unterhaltsamer empfunden als Spielsituationen, deren Schwierigkeitsgrad als sehr niedrig oder sehr hoch wahrgenommen wird.

H2: Die Auftretenswahrscheinlichkeit eines Spielabbruchs oder der Verwendung von Cheatcodes ist bei starker Unter- oder Überforderung größer als in Spielsituationen, deren Schwierigkeitsgrad als angemessen empfunden wird.

II3: Die Wahrscheinlichkeit, dass Computerspieler das Spiel fortsetzen möchten, ist in Situationen mit als angemessen empfundenem Schwierigkeitsgrad größer als bei starker Unter- oder Überforderung.

H4: Die Auftretenswahrscheinlichkeit für eine nicht am Spielziel orientierte Exploration ist bei starker Unter- oder Überforderung höher als in Spielsituationen mit angemessenem Schwierigkeitsgrad.

H5: Die Auftretenswahrscheinlichkeit für eine nicht am Spielziel orientierte Destruktion/Aggression ist bei starker Unter- oder Überforderung höher als in Spielsituationen mit angemessenem Schwierigkeitsgrad.

Zur Prüfung der aufgestellten Hypothesen wurde ein Online-Experiment durchgeführt. Dabei wurde für drei hypothetische Spielsituationen mit unterschiedlichem Schwierigkeitsgrad erhoben, wie sich die Versuchspersonen wahrscheinlich verhalten würden (d.h. es handelt sich um ein 1 x 3-Design).

4.2 Methode

4.2.1 Unabhängige Variable: Spielsituation

Als Stimulusmaterial wurde die Beschreibung einer Computerspielepisode verwendet. Sie wurde hinsichtlich ihrer leistungs- und erfolgsbezogenen Qualität systematisch variiert. Eine Variante beschrieb eine Unterforderungskonfiguration (sehr leichte Aufgabe), die zweite Variante eine Überforderung (zu schwere Aufgabe); die dritte Bedingung skizzierte einen Spielverlauf mit optimaler Beanspruchung. Experimente mit interaktiven Medienangeboten unterliegen verschiedenen methodischen Problemen (Klimmt et al. 2004). Aus forschungsökonomischen Gründen konnte kein interaktives Stimulusmaterial entwickelt werden, das für alle Versuchspersonen in identischen Situationen zuverlässig entweder Unterforderung, Überforderung oder eine optimale Beanspruchung extern valide erzeugt. Vielmehr wurde ein reiner Textstimulus verwendet,[1] um die leistungsbezogene Qualität der Spielepisode systematisch zu variieren (vgl. Klimmt 2001 für ein ähnliches Vorgehen). Die Versuchspersonen sollten also nicht selbst spielen, sondern sich anhand einer Beschreibung in die jeweilige Spielsituation hineinversetzen. Die mit einer solchen Vorgehensweise verbundenen Probleme werden am Ende des Beitrags diskutiert.

Grundlage war eine reale Episode aus dem Spiel *Grand Theft Auto: Vice City*, deren Ausgang experimentell variiert wurde. In dieser Spielepisode sollte die Spielfigur einem Kurier ein Päckchen überbringen und dafür Geld entgegennehmen. Der Kurier flüchtet jedoch mit Päckchen und Geld. Die Aufgabe war es nun, den Kurier zu verfolgen und sowohl das Päckchen als auch das Geld wieder an sich zu bringen. In der Unterforderungsbe-

---

[1] Als Beispiel für das Stimulusmaterial hier der Text für die experimentelle Bedingung "Unterforderung":
„Im Folgenden wird eine Spielsituation beschrieben, die Du so oder so ähnlich wahrscheinlich auch schon erlebt hast. Bitte versuche einmal, dich in diese Situation hineinzuversetzen, so als ob Du sie selbst erleben würdest: Du spielst *GTA: Vice City* zu Hause am Computer. Du bist total vertieft in das Spiel. Deine aktuelle Mission: Einem Drogenkurier ein Päckchen überbringen. Vom Kurier sollst Du dafür sehr viel Geld entgegennehmen. Dann will der Kurier plötzlich mit dem Päckchen UND dem Geld abhauen. Das darfst Du auf gar keinen Fall zulassen! Der Kurier flieht auf einem Motorrad. Du verfolgst ihn.
Die Verfolgungsjagd ist nur kurz. Schon an der nächsten Ecke erwischst Du den Kurier. Du nimmst ihm Geld und Päckchen ab. Dann erledigst Du ihn. Auftrag abgeschlossen – Mission erfüllt.
Das ist aber echt keine Überraschung. Die Missionen vorher waren genau so einfach für Dich. Du hast sehr viel Erfahrung mit dem Spiel. Feindliche Spielfiguren triffst Du immer mit dem ersten Schuss. Du hast inzwischen alle Waffen, die es im Spiel gibt. Die Fahrzeuge im Spiel beherrschst Du perfekt. Bei Deinem Können und Deiner Erfahrung   ein Kinderspiel.
Die letzten Aufträge waren alle so anspruchslos. Das hier war keine Ausnahme. So einfach – das war schon fast eine Beleidigung. Du brauchst Dich nicht einmal anzustrengen, die Missionen schaffst Du sowieso. Die Aufgaben sind gerade viel zu leicht für Dich. Du langweilst Dich total."

dingung wurde die Verfolgungsjagd als ‚Kinderspiel' geschildert, die keinerlei Herausforderung darstellt. In der Überforderungsbedingung wurde die Spielepisode als aussichtslos und übermäßig schwierig beschrieben. Für die Kontrollbedingung wurde die Verfolgungsjagd als schwierig, aber letztlich doch erfolgreich geschildert. Um zu vermeiden, dass die Versuchspersonen Unter- bzw. Überforderung als normale Schwankung des Schwierigkeitsgrads im Spielverlauf annahmen, wurde in allen Versionen betont, dass sich die jeweilige Episode hinsichtlich der Anforderungen genau gleich wie mehrere vorher gespielte Episoden darstellt. Beispielsweise wurde in der Beschreibung der Unterforderungssituation darauf hingewiesen, dass bereits viele vorhergehende Aufgaben ebenfalls viel zu einfach waren. Dadurch sollte sichergestellt werden, dass die Versuchspersonen den beschriebenen Schwierigkeitsgrad als im Spielverlauf stabil einschätzten und die geschilderte Spielsituation als dauerhaft zu einfach, zu schwierig oder angemessen schwierig wahrnahmen. Für die Auswahl von *GTA: Vice City* sprachen die offene Struktur des Spiels (also der niedrige Linearitätsgrad, der Explorationshandlungen ermöglicht), die Möglichkeit (Waffen-)Gewalt für destruktiv-aggressives Verhalten anzuwenden, das realitätsnahe Setting sowie die große Bekanntheit des Produkts.

4.2.2   Abhängige Variablen: Erlebensdimensionen und Auftretenswahrscheinlichkeit der modellierten Handlungsalternativen

Zur Prüfung von H1 wurde erhoben, wie die Versuchspersonen die beschriebene Situation einschätzten. Ihre Beurteilung konnten die Teilnehmer auf einer fünfstufigen Skala angeben, deren Endpunkte mit „Trifft überhaupt nicht zu" (1) und „Trifft voll und ganz zu" (5) benannt waren. Mit je fünf Items wurde erhoben, als wie unterhaltsam und wie frustrierend die Spielsituation empfunden wurde. Für den Unterhaltungswert der Spielsituation wurden Antwortmöglichkeiten wie „super unterhaltsam" verwendet.[2] Die Dimension Frustration wurde als Balance zu den Items der Unterhaltung eingesetzt, z.B. mit Items wie „total frustrierend". Um nicht nur zwischen Situationen mit optimaler und nicht-optimaler Beanspruchung zu unterscheiden, wurde mit je sechs Items ermittelt, wie sehr die geschilderte Situation als über- oder unterfordernd empfunden wurde. Für Unterforderung wurden Items wie „viel zu einfach" und für Überforderung Items wie „totaler Stress" verwendet.

Neben der Prüfung der ersten Hypothese dienten die zur Beurteilung des Unterhaltungswertes eingesetzten Items auch der Prüfung der experimentellen Manipulation. Es ist anzunehmen, dass die Wirkung eines reinen Textstimulus zeitlich eng begrenzt ist. Aus diesem Grund wurden den Teilnehmern nach dem experimentellen Treatment zuerst die zur Prüfung der Hypothesen H2 bis H5 notwendigen Items präsentiert (vgl. Abschnitt 4.2.3), um die Wirkung des Treatments auszunutzen. Um danach die Wirkung der experimentellen Manipulation zu prüfen, wurden die Versuchspersonen gebeten, sich unabhängig von ihren bisherigen Antworten noch einmal an die anfangs beschriebene Situation zu erinnern und anzugeben, wie sie eine solche Situation empfinden würden.

Zur Überprüfung der Hypothesen H2 bis H5 wurden die Versuchspersonen gebeten anzugeben, wie sie sich in einer solchen Spielsituation wahrscheinlich verhalten würden. Dazu wurden fünf Handlungsalternativen operationalisiert: Der Abbruch des Spiels, die

---

[2]   Für alle nachfolgend beschriebenen Skalen lag Cronbachs Alpha zwischen .83 und .95 (N = 3085). Damit erwiesen sich die verwendeten Skalen als ausreichend reliabel.

Eingabe von Cheatcodes (mogeln), die Fortsetzung des Spiels durch die gezielte Suche nach anderen Aufgaben mit angemessenem Schwierigkeitsgrad, Exploration und Destruktion/Aggression. Für jede experimentelle Bedingung (Aufgabe zu leicht; angemessener Schwierigkeitsgrad; Aufgabe zu schwer) wurde den Items ein auf die jeweils beschriebene Spielsituation bezogener Einleitungssatz vorangestellt. Für die Überforderungsbedingung lautete der Einleitungssatz beispielsweise: „Wenn die Aufgaben im Spiel zu schwierig sind und ich frustriert bin, dann…". Die Items waren als Fortsetzungen dieser Einleitungssätze formuliert. Auf einer fünfstufigen Skala mit benannten Endpunkten („Sehr unwahrscheinlich" (1), „Sehr wahrscheinlich" (5)) konnten die Versuchspersonen angeben, wie wahrscheinlich dieses Verhalten für sie wäre. Für die Handlungsalternative des Spielabbruchs wurden fünf Items formuliert wie z.B. „…werde ich erstmal mit dem Spielen aufhören. Vielleicht mache ich später weiter". Für die Handlungsalternative des „Cheatens" wurden sechs Items entwickelt, z.B. „…werde ich Cheatcodes verwenden". Die Fortsetzung des Spiels durch die Suche nach Aufgaben mit optimaler Erfolgserwartung wurde mit sechs Items erhoben, z.B. „… werde ich im Spiel gezielt nach Aufgaben suchen, die lösbar sind, wenn ich mich anstrenge". Die Auftretenswahrscheinlichkeit für Explorationsverhalten, das nicht dem Erreichen des Spielziels dient, wurde mit acht Items gemessen, z.B. „…bin ich in der Laune auszuprobieren, was man im Spiel noch so machen kann". Nach einer Prüfung der Itemkennwerte wurden zwei dieser Items aus der weiteren Analyse ausgeschlossen. Für destruktiv-aggressives Verhalten wurden sieben Items entwickelt, z.B. „… werde ich ziemlich sinnlose Sachen machen, zum Beispiel einfach wild um mich ballern oder in der Spielwelt etwas kaputt machen."

4.2.3 Durchführung und Stichprobe

Das Experiment wurde vom 17.-27.12.2004 als Online-Studie durchgeführt. Die Teilnehmer konnten dabei an der Verlosung von drei Computerspielen teilnehmen. Elf spielebezogene Internetseiten (z.B. www.pc-action.de; www.pc-games.de) ermöglichten die Veröffentlichung von Links zum Experiment. Ein Zufallsgenerator wies die Teilnehmer einer der drei experimentellen Bedingungen zu: Unterforderung, Überforderung oder optimale Beanspruchung in der beschriebenen Spielsituation. Wer angab, noch nie *GTA: Vice City* oder einen ähnlichen Titel gespielt zu haben, las vor der Präsentation des Stimulusmaterials eine kurze Spielbeschreibung. Nach der Beschreibung der Spielsituation wurden die Probanden gebeten, zunächst die Items zu den Auftretenswahrscheinlichkeiten der verschiedenen Handlungsalternativen, dann die Items zum Unterhaltungswert der geschilderten Spielsituation zu beantworten. Weiterhin wurden mögliche Motivationen für destruktiv-aggressives Verhalten (vgl. dazu ausführlich Behr 2005), Soziodemografie und Informationen zur Mediennutzung erhoben. Insgesamt haben 7428 Personen auf den Fragebogen zugegriffen, davon haben 3314 Personen (45 %) den Fragebogen vollständig ausgefüllt. Nach der Entfernung von Testausfüllungen und Fällen mit unplausiblen Angaben verblieben 3085 gültige Fälle. Auf die Unterforderungsbedingung entfielen davon 38 % (n = 1171), auf die Kontrollbedingung 29 % (n = 887) und auf die Überforderungsbedingung 33 % (n = 1027). Die ungleichmäßige Verteilung der Fälle wird auf den Zufall zurückgeführt, denn bei der Bereinigung des Datensatzes wurden pro Bedingung ungefähr gleich viele Fälle entfernt, und der Zufallsgenerator arbeitete bei zahlreichen Testläufen im Vorfeld ohne Auffälligkeiten.

98 % der Versuchspersonen waren männlich. Frauen sind somit in der Untersuchung deutlich unterrepräsentiert. Das durchschnittliche Alter in der Stichprobe lag bei knapp 22 Jahren (SD = 6). 30 % der Befragten gingen noch zur Schule, 42 % hatten (Fach-)Abitur oder ein abgeschlossenes (Fach-)Hochschulstudium. Die restlichen 28 % hatten einen Haupt- oder Realschulabschluss, keinen oder einen sonstigen Schulabschluss. Für das Ausfüllen des Fragebogens wurden im Mittel 16 Minuten benötigt (SD = 7 min). Die Versuchspersonen gaben an, Computerspiele normalerweise an fünf Tagen pro Woche für jeweils etwas über zwei Stunden zu nutzen (M = 128 min, SD = 76 min). 84 % hatten bereits *GTA 3*, *GTA: Vice City* oder *GTA: San Andreas* gespielt (n = 2605) und waren daher mit den in den Beschreibungen verwendeten Spiel-Settings vertraut. Die drei experimentellen Gruppen unterschieden sich nicht bedeutsam im Hinblick auf Alter, Bildung und Computerspieleerfahrung bzw. -nutzung sowie hinsichtlich des Bekanntheitsgrades der *Grand Theft Auto*-Spiele.

4.3 Ergebnisse

Hypothese 1 besagt, dass Spielsituationen mit als angemessen wahrgenommenem Schwierigkeitsgrad als unterhaltsamer empfunden werden als Spielsituationen, deren Schwierigkeitsgrad als sehr niedrig oder sehr hoch wahrgenommen wird. Diese Hypothese konnte bestätigt werden (Tabelle 2). Die Spielsituation, die als normales Spielerleben bei angemessenen Herausforderungen beschrieben wurde, wurde von den Befragten mit Abstand als am unterhaltsamsten und am wenigsten frustrierend bewertet. Überforderung wurde im Vergleich zu Unterforderung und zu normalem Spielerleben als am wenigsten unterhaltsam und am stärksten frustrierend bewertet. Die Skalen für Unter- und Überforderung erbrachten die erwarteten Ergebnisse.

Tabelle 2: Mittelwerte für das Erleben von Unterhaltung, Frustration, Unterforderung und Überforderung bei Situationen der Unterforderung, der Überforderung und bei optimaler Beanspruchung

	Spielsituation (N = 3085)		
Erlebensdimension	Unterforderung (n = 1171) M (SD)	Überforderung (n = 1027) M (SD)	Normales Spielerleben (n = 887) M (SD)
Unterhaltung[a]	2.33 (1.08)	2.15 (0.99)	3.45 (1.14)
Frustration[b]	2.85 (1.00)	3.29 (1.02)	2.04 (0.97)
Unterforderung[c]	3.41 (1.08)	2.21 (0.71)	1.96 (0.72)
Überforderung[d]	1.98 (0.97)	2.86 (0.90)	2.05 (0.94)

a) $F(2, 3084) = 407.99$, $p < .001$, R2 = .209, R2korr. = .209
b) $F(2, 3084) = 381.02$, $p < .001$, R2 = .198, R2korr. = .198
c) $F(2, 3084) = 850.39$, $p < .001$, R2 = .356, R2korr. = .355
d) $F(2, 3084) = 327.17$, $p < .001$, R2 = .175, R2korr. = .175

Die Hypothesen H2 bis H4 wurden mit einer multivariaten Varianzanalyse geprüft, in welche die experimentell manipulierten Spielsituationen als unabhängige und die Auftretenswahrscheinlichkeiten für die modellierten Handlungsalternativen als abhängige Variablen eingingen. Hypothese 2 besagt, dass die Versuchspersonen das Spiel in Situationen mit angemessenem Schwierigkeitsgrad mit geringerer Wahrscheinlichkeit abbrechen oder ‚cheaten' würden als bei starker Unter- bzw. Überforderung. Diese Hypothese konnte bestätigt werden. In Tabelle 3 sind die entsprechenden Mittelwerte und Standardabweichungen sowie die Ergebnisse der Signifikanztests mit Varianzaufklärungen dargestellt. Bei normalen Spielsituationen war die von den Versuchspersonen angegebene Wahrscheinlichkeit, das Spiel abzubrechen, gering (Mittelwert auf der 5er-Skala = 1.93). Bei Unterforderung war die Wahrscheinlichkeit deutlich höher (M = 3.11), ebenso im Falle der Überforderung (M = 3.16). Auch für das ‚Cheaten' zeigten sich deutliche signifikante Unterschiede. Für die Situation mit angemessenem Anforderungsniveau wurde für das ‚Cheaten' eine mittlere Auftretenswahrscheinlichkeit von 1.46 beobachtet, für Unterforderung ein Wert von 1.59 und für Überforderung ein Wert von 2.30.

Die dritte Hypothese sagt aus, dass die Versuchspersonen das Spiel in Situationen mit angemessenem Schwierigkeitsgrad mit höherer Wahrscheinlichkeit fortsetzen möchten und nach neuen, ähnlichen Aufgaben suchen als bei deutlicher Unter- oder Überforderung. Die mittlere Auftretenswahrscheinlichkeit für die Suche nach weiteren Aufgaben lag für normale Spielsituationen bei 3.61, für Unterforderung bei 3.46 und für Überforderung bei 3.58. Auch dieser Mittelwertunterschied war signifikant, wenngleich bei einer sehr geringen Varianzaufklärung von 0.4 %. Insofern trat hier kein bedeutsamer Effekt des Schwierigkeitsgrads auf.

Tabelle 3:   Mittlere Auftretenswahrscheinlichkeiten von Spielabbruch, Cheatcodes, Suche nach alternativen Aufgaben, Exploration und Destruktion/Aggression bei Überforderung, Unterforderung und normalem Spielerleben

Handlungsalternative	Spielsituation (N = 3.085)		
	Unterforderung (n = 1171) M (SD)	Überforderung (n = 1027) M (SD)	Normales Spielerleben (n = 887) M (SD)
Abbruch des Spiels[a]	3.11 (1.03)	3.16 (0.99)	1.93 (0.89)
Verwendung von Cheatcodes[b]	1.59 (0.75)	2.30 (0.93)	1.46 (0.66)
Suche nach alternativen Aufgaben[c]	3.46 (0.93)	3.58 (0.92)	3.61 (0.84)
Exploration[d]	3.69 (0.93)	3.43 (0.95)	3.64 (0.86)
Destruktion/Aggression[e]	2.88 (1.28)	2.26 (1.19)	2.32 (1.12)

a) $F(2, 3084) = 478.50, p < .001, R2 = .237, R2korr. = .236$
b) $F(2, 3084) - 328,84, p < .001, R2 - .176, R2korr. - .175$
c) $F(2, 3084) = 7,87, p < .001, R2 = .005, R2korr. = .004$
d) $F(2, 3084) = 24,47, p < .001, R2 = .016, R2korr. = .015$
e) $F(2, 3084) = 89,23, p < .001, R2 = .055, R2korr. = .054$

Die vierte Hypothese besagt, dass nicht am Spielziel orientierte Exploration mit höherer Wahrscheinlichkeit bei extremer Unter- oder Überforderung auftreten sollte als in Situationen mit angemessenem Schwierigkeitsgrad. Diese Hypothese konnte nur teilweise bestätigt werden. Für exploratives, nicht am Spielziel orientiertes Verhalten wurde die höchste Auftretenswahrscheinlichkeit zwar in Unterforderungssituationen beobachtet. Der ermittelte Wert für normale Spielsituationen lag jedoch über jenem für Überforderungssituationen.

Die fünfte Hypothese wurde ebenfalls nur teilweise bestätigt. Analog zur vierten Hypothese wurde für nicht am Spielziel orientierte Destruktion/Aggression in Situationen mit extremer Über- oder Unterforderung eine höhere Auftretenswahrscheinlichkeit vorhergesagt als in Situationen mit passendem Schwierigkeitsgrad. Die Auftretenswahrscheinlichkeit für destruktiv-aggressives Verhalten war bei normalem Spielerleben zwar niedriger als bei Unterforderung, aber höher als bei Überforderung (Tabelle 3).

5   Diskussion

In der vorliegenden Studie wurde der Zusammenhang zwischen Leistungshandeln und Unterhaltungserleben beim Computerspielen experimentell untersucht. Zusätzlich wurde analysiert, wie Computerspielerinnen und -spieler wahrscheinlich auf Situationen mit unterschiedlichem Unterhaltungspotenzial reagieren werden.

Hypothese 1 wurde bestätigt: Spielsituationen mit schwierigen, aber zu bewältigenden Herausforderungen werden als besonders unterhaltsam erlebt. Im Gegensatz zu Situationen deutlicher Überforderung sind bei optimaler Beanspruchung Erfolgserlebnisse möglich, was das Erleben positiver Emotionen in Aussicht stellt. Im Unterschied zu Situationen extremer Unterforderung können diese Erfolgserlebnisse zusätzlich den eigenen Fähigkeiten und/oder der eigenen Anstrengung zugeschrieben werden. Diese internale Ursachenattribution kann das Gefühl der Kompetenz, Aktivierung, Entspannung und eine Selbstwert-Erhöhung (als Manifestationen von Spielspaß) hervorrufen. Darüber hinaus bergen Spielsituationen mit optimaler Beanspruchung mehr Unsicherheiten über den Ausgang der Episode als ausgesprochen einfache oder schwierige Situationen. Daraus kann sich Spannungserleben ergeben, das zusätzlich zu den genannten ergebnisabhängigen Emotionen unterhaltsam wirkt (Zillmann 1996). Diese Ergebnisse stehen im Einklang mit den obigen theoretischen Überlegungen und den bisherigen Erkenntnissen zur interaktiven Unterhaltung (z.B. Sherry 2004; Klimmt 2006; Hartmann 2006).

Die zweite Hypothese beruht auf der Annahme, dass die Spielerinnen und Spieler auch beim Auftreten von Situationen, die nicht als unterhaltsam erlebt werden, das Spielvergnügen aufrechterhalten möchten. Dazu können sie die Spielsituation entweder abbrechen oder durch die Verwendung von Cheatcodes umgehen. Die Auftretenswahrscheinlichkeit für diese Handlungsalternativen sollte daher in Situationen deutlicher Unter- oder Überforderung höher sein als bei normalem Spielerleben. Auch diese Hypothese wurde bestätigt. Wenn die Herausforderung im Spiel angemessen schwierig ist, ist die Wahrscheinlichkeit geringer, dass das Spiel abgebrochen wird oder Cheatcodes zum Einsatz kommen.

Die dritte Hypothese besagt, dass in Situationen mit optimaler Beanspruchung mit größerer Wahrscheinlichkeit der Wunsch nach Spielfortsetzung besteht als bei großer Langeweile oder Frustration durch Überforderung. Diese Hypothese wurde zwar formal durch signifikante Mittelwertunterschiede bestätigt. Angesichts der geringen Varianzaufklärung ist jedoch festzuhalten, dass auch in langweiligen oder zu schwierigen Situationen die Fortsetzung des Spiels eine akzeptierte und offenbar attraktive Handlungsalternative darstellt. Die geringen Gruppenunterschiede werden also damit erklärt, dass die Suche nach angemessenen Herausforderungen eine ‚Standard'-Vorgehensweise beim Computerspielen ist, die wenig vom Ausgang vorangegangener Spielepisoden beeinflusst wird, sondern vielmehr zur Gewohnheit wird, weil sie in den meisten Fällen das optimale Unterhaltungserleben verspricht.

Die vierte und die fünfte Hypothese beschäftigten sich mit den Auftretenswahrscheinlichkeiten von Handlungsalternativen, die nicht am Erreichen des Spielzieles orientiert (und daher nicht leistungsorientiert) sind. Als konkrete Verhaltensoptionen wurden hier die Exploration der Spielumgebung und destruktiv-aggressives Verhalten untersucht. Die Auftretenswahrscheinlichkeiten für dieses Verhalten sollte bei starker Unter- oder Überforderung höher sein als bei normalem Spielerleben. Diese Hypothesen konnten nur teilweise bestätigt werden; und auch hier wird nur eine geringe Varianzaufklärung erzielt. Die Signifikanz der Mittelwertunterschiede ist allein auf die Größe der Stichprobe zurückzuführen. Bedeutsamer erscheint der Befund, dass die Auftretenswahrscheinlichkeit für exploratives Verhalten von den Befragten in allen vorgelegten Spielsituationen als höher angegeben wurde als für destrukives/aggressives Verhalten. Die insgesamt hohen Mittelwerte für Exploration legen daher den Schluss nahe, dass dieses Verhalten grundsätzlich in allen Spielsituationen attraktiv ist. Die zugrunde liegenden Motivationen sind jedoch wahrscheinlich variabel: Bei optimaler Beanspruchung kann Explorationsverhalten nach der erfolgreichen Bewältigung einer schwierigen Aufgabe der Entspannung dienen, bevor die nächste Aufgabe in Angriff genommen wird. Wer gelangweilt ist, sucht höchstwahrscheinlich nach Informationen und Herausforderungen. Wer sich überfordert fühlt, kann dem Konflikt ausweichen und durch das Explorieren der Spielumgebung Entlastung erleben.

Die Mittelwertunterschiede für die Auftretenswahrscheinlichkeit von Destruktion/ Aggression in den beschriebenen Spielsituationen waren – wie für exploratives Verhalten – zwar signifikant, aber sehr gering. Trotzdem deuten die Ergebnisse darauf hin, dass Destruktion, die nicht am Spielziel orientiert ist, am ehesten bei Unterforderung auftritt. Der Grund liegt möglicherweise darin, dass Situationen extremer Unterforderung in Computerspielen selten auftreten. Überforderung (für die Destruktion die niedrigste Auftretenswahrscheinlichkeit zeigte) kommt dagegen relativ häufig vor. Vermutlich sind Computerspielerinnen und -spieler mit diesen Situationen besser vertraut und verfügen über ausreichende Bewältigungsstrategien (etwa im Sinne einer kompetitiven Grundeinstellung gegenüber dem Spiel, vgl. Vorderer et al. 2006; Hartmann, in diesem Band). Unterforderung scheinen sie hingegen eher zu missbilligen und mit destruktivem, regelabweichendem Verhalten zu quittieren.

Unsere Erkenntnisse sind vor dem Hintergrund zu betrachten, dass die vorgestellte Studie verschiedenen Limitationen unterliegt. So wurde das Auftreten der verschiedenen Handlungsalternativen nicht in einer realen Spielsituation beobachtet, sondern es wurde nur nach subjektiv eingeschätzten Auftretenswahrscheinlichkeiten gefragt. Auch die Ergebnisse zum Empfinden der beschriebenen Spielsituationen basieren auf Selbstauskünften der Befragten. Zur Untersuchung des Zusammenhangs zwischen Spielsituation und Reaktion sollten Folgestudien daher das reale Spielverhalten aufzeichnen und gleichzeitig die auftretenden Emotionen messen (zum Beispiel mit der Methode des lauten Denkens). Zudem war die Studie auf ein Spiel beschränkt. Eine Erhebung der gewählten Handlungsalternativen beim individuellen Lieblingsspiel wäre aussagekräftiger, weil die Versuchspersonen dann über die möglichen Verhaltensoptionen besser informiert sind. Die Prüfung der hier umgesetzten experimentellen Manipulation lässt aber den Schluss zu, dass der Textstimulus die gewünschten Effekte erzeugt hat.

Insgesamt zeigen die Befunde, dass leistungsorientiertes Verhalten eng mit dem Unterhaltungserleben beim Computerspielen verbunden ist. Daher lassen sich die Ergebnisse aus Studien zu Prozessen der Generierung positiver Emotionen aus Erfolgserlebnissen auf die Nutzung von Computerspielen übertragen: Bei einem Erfolg, der auf die eigenen Fähigkeiten attribuiert wird, entwickeln sich beim Computerspielen vermutlich dieselben positiven Emotionen wie in der Realität; gleiches gilt umgekehrt für Misserfolge. Wenn bei permanenter Unter- oder Überforderung kein Unterhaltungserleben generiert werden kann, stehen alternative Handlungsroutinen zur Verfügung. Interessanterweise berichten die Versuchspersonen, dass sie gegenüber langweiligen Spielsituationen weniger Toleranz bzw. Bewältigungsroutinen besitzen (und dann eher versuchen, Spielvergnügen durch wahllose Aggression zu erreichen). Insbesondere in dieser Hinsicht verweisen die Befunde der vorliegenden Studie auf die Notwendigkeit, bestehende Modelle der Unterhaltsamkeit interaktiver Medienangebote (z.B. Klimmt 2003; 2006) zu erweitern, zumal solche Modelle bislang nicht spielzieldienliche (ja sogar leistungsverweigernde) Verhaltensweisen als Wege zum Spielvergnügen kaum berücksichtigt haben. Entsprechend ergibt sich in konzeptueller Hinsicht der Bedarf nach Modellergänzungen, die alternativen, von den Spieleentwicklern nicht unbedingt antizipierbaren Spielweisen ihren Platz bei der Genese von Unterhaltungserleben zuweisen. Zugleich tritt jedoch deutlich hervor, dass der Spaß beim Computerspielen zu einem erheblichen Teil aus der Freude an der eigenen Leistung und Kompetenz und der Möglichkeit stammt, sich in schwierigen Situationen zu beweisen (vgl. auch Klimmt & Hartmann 2006).

Aus den Erkenntnissen der vorliegenden Untersuchung lassen sich zudem praktische Empfehlungen für die Gestaltung von Computerspielen ableiten:

- Computerspiele sollten die Nutzerinnen und Nutzer nicht unterfordern. Überforderung ist offensichtlich weniger problematisch für das Unterhaltungserleben.

- Innerhalb der Spiele sind Möglichkeiten zur Exploration der Spielwelt hochgradig attraktiv – Computerspiele sollten zum Entdecken einladen. Gerade bei sehr schwierigen Spielen lassen sich durch die Möglichkeit der Exploration Zyklen der Spannung und Entspannung erzeugen, die sich positiv auf das Unterhaltungserleben auswirken (Klimmt 2006).

Die vorliegende Studie hat die Bedeutung des leistungsorientierten Handelns für die Generierung von Unterhaltungserleben im Computerspiel aufgezeigt. Außerdem deuten die Ergebnisse darauf hin, dass Computerspiele zumindest phasenweise auch ohne Leistungsorientierung unterhaltsam genutzt werden können. Computerspiele sind offensichtlich auch deshalb so erfolgreich, weil sie auf vielen verschiedenen Wegen individuellen Spielspaß herbeiführen können – und nicht alle dieser Wege sind von den Spieleanbietern vorgedacht. In diesem Sinn dokumentiert die vorliegende Studie einen Teil der vielfältigen Wege, die interaktives Unterhaltungserleben beschreiten kann.

Literaturverzeichnis

Behr, K.-M. (2005): *Beyond the Game: Nicht-spielzielorientiertes Verhalten als Möglichkeit der Generierung von Unterhaltungserleben in Computerspielen.* Diplomarbeit am Institut für Journalistik und Kommunikationsforschung der Hochschule für Musik und Theater Hannover.

Bosshart, L. & Macconi, I. (1998): Defining 'entertainment'. *Communication Research Trends*, 18(3), 3-6.

Csikszentmihalyi, M. (1999): *Das flow-Erlebnis. Jenseits von Angst und Langeweile: im Tun aufgehen.* Stuttgart: Klett-Cotta.

Grodal, T. (2000): Video games and the pleasures of control. In: D. Zillmann & P. Vorderer (Hrsg.): *Media entertainment: The psychology of its appeal.* Mahwah, NJ, London: Lawrence Erlbaum, 197-213.

Groeben, N. & Vorderer, P. (1988): *Lesepsychologie: Lesemotivation – Lektürewirkung.* Münster: Aschendorffsche Verlagsbuchhandlung.

Hartmann, T. (2006): *Die Selektion unterhaltsamer Medienangebote am Beispiel von Computerspielen: Struktur und Ursachen.* Köln: von Halem.

Hartmann, T. & Klimmt, C. (2006): The influence of personality factors on computer game choice. In: P. Vorderer & J. Bryant (Hrsg.): *Playing video games: Motives, responses, and consequences.* Mahwah, NJ, London: Lawrence Erlbaum, 115-131.

Heider, F. (1958): *The psychology of interpersonal relations.* New York: Wiley.

Jansz, J. (2005): The emotional appeal of violent video games for adolescent males. *Communication Theory*, 15(3), 219-241.

Klimmt, C. (2006): *Computerspielen als Handlung: Dimensionen und Determinanten des Erlebens interaktiver Unterhaltungsangebote.* Köln: von Halem.

Klimmt, C. (2003): Dimensions and determinants of the enjoyment of playing digital games: A three-level model. In: M. Copier & J. Raessens (Hrsg.): *Level Up: Digital Games Research Conference.* Utrecht: Faculty of Arts, Utrecht University, 246-257.

Klimmt, C. & Hartmann, T. (2006): Effectance, self-efficacy, and the motivation to play video games. In: P. Vorderer & J. Bryant (Hrsg.): *Playing video games: Motives, responses, and consequences.* Mahwah: Lawrence Erlbaum Associates, 132-145.

Klimmt, C., Vorderer, P. & Ritterfeld, U. (2004): Experimentelle Medienforschung mit interaktiven Stimuli: Zum Umgang mit Wechselwirkungen zwischen ,Reiz' und ,Reaktion'. In: W. Wirth, E. Lauf & A. Fahr (Hrsg.): *Forschungslogik und -design in der Kommunikationswissenschaft. Band 1.* Köln: von Halem, 142-156.

Oerter, R. (1999): *Psychologie des Spiels.* Weinheim, Basel: Beltz.

Ragheb, M. G. & Merydith, S. P. (2001): Development and validation of a multidimensional scale measuring free time boredom. *Leisure Studies*, 20(1), 41-59.

Rotter, J. B. (1954): *Social learning and clinical psychology.* Englewood Cliffs, N. J.: Prentice Hall.

Sherry, J. L. (2004): Media enjoyment and flow. *Communication Theory*, 14(4), 328-347.

Stuckless, N. & Goranson, R. (1994): A selected bibliography of literature on revenge. *Psychological Reports*, 75, 803-811.

Vorderer, P. (2003): Entertainment theory. In: J. Bryant, D. Roskos-Ewoldsen & J. Cantor (Hrsg.): *Communication and emotion: Essays in honor of Dolf Zillmann.* Mahwah, NJ, London: Lawrence Erlbaum, 131-153.

Vorderer, P. (2001): It's all entertainment – sure. But what exactly is entertainment? Communication research, media psychology, and the explanation of entertainment experiences. *Poetics*, 29, 247-261.

Vorderer, P. (2000): Interactive entertainment and beyond. In: D. Zillmann & P. Vorderer (Hrsg.): *Media entertainment: The psychology of its appeal.* Mahwah, NJ: Lawrence Erlbaum Associates, 21-36.

Vorderer, P. & Bryant, J. (Hrsg.) (2006): *Playing computer games - Motives, responses, and consequences.* Mahwah, NJ, London: Lawrence Erlbaum

Vorderer, P., Hartmann, T. & Klimmt, C. (2006): Explaining the enjoyment of playing video games: The role of competition. In: D. Marinelli (Hrsg.): *ICEC conference proceedings 2003: Essays on the future of interactive entertainment.* Pittsburgh: Carnegie Mellon University Press, 107-120.

Vorderer, P., Klimmt, C. & Ritterfeld, U. (2004): Enjoyment: At the heart of media entertainment. *Communication Theory,* 14(4), 388-408.

Weiner, B., Frieze, I. H., Kukla, A., Reed, L., Rest, S. & Rosenbaum, R. M. (1971): *Perceiving the causes of success and failure.* New York: General Learning Press.

Weiner, B., Russel, D. & Lerman, D. (1979): The cognition-emotion process in achievement-related contexts. *Journal of Personality and Social Psychology,* 18, 258-262.

Weiner, B., Russel, D. & Lermann, D. (1978): Affective consequences of causal ascriptions. In: J. H. Harvey, W. J. Ickes & R. F. Kidd (Hrsg.): *New directions in attribution research. Volume 2.* Hillsdale, NJ: Lawrence Erlbaum, 59-90.

Zillmann, D. (1996): The psychology of suspense in dramatic exposition. In: P. Vorderer, H. J. Wulff & M. Friedrichsen (Hrsg.): *Suspense: Conceptualizations, theoretical analyses, and empirical explorations.* Mahwah, NJ: Lawrence Erlbaum, 199-231.

4.3

Die First-Person-Shooter

Wie Lebensstil und Nutzungsmotive die Spielweise beeinflussen

Philipp Lehmann, Andreas Reiter, Christina Schumann und Jens Wolling

1   Zur Aktualität des Themas

20. April 1999, Littleton, Columbine Highschool: Zwei Jugendliche töten zwölf Schüler, einen Lehrer und verletzen 24 weitere Personen. 26. April 2002, Erfurt, Gutenberggymnasium: Ein 19jähriger Schüler erschießt 16 Personen. 20. November 2006, ein 18-jähriger ehemaliger Schüler einer Realschule in Emsdetten stürmt schwer bewaffnet die Schule und verletzt fünf Personen schwer. In allen drei Fällen waren die Täter begeisterte Spieler von First-Person-Shootern[1] (FPS). Spätestens seit diesen Vorfällen sind Spiele dieser Art im Visier einer öffentlichen Debatte. Kritiker sagen den FPS eine aggressionsfördernde Wirkung nach und schreiben von der „Software fürs Massaker" (FAZ vom 28.04.02) sowie über „blutig auseinanderstrebende Fleischfetzen" (SZ vom 17.11.05). „Wir sehen uns als Sportler" betonen hingegen Mitglieder der Spielerszene (SZ vom 21.05.02).

Die anhaltende Kritik speziell am Genre der FPS hat bereits zu politischen Konsequenzen geführt. Im Koalitionsvertrag der schwarz-roten Regierung wurde vereinbart, dass die so genannten ‚Killerspiele' verboten werden sollen. Wie bei keinem anderen Medienangebot prallen hier die gegensätzlichen Meinungen zur Wirkung medialer bzw. virtueller Gewalt aufeinander. Insbesondere die Frage, ob es zur Nachahmung von gewalttätigen Handlungen in der realen Welt kommen kann, die zuvor in der virtuellen Welt spielerisch erlernt worden sind, heizt die Diskussion an. Befürchtet wird auch, dass es zur Desensibilisierung der Spieler durch Gewöhnung an gewalttätiges Handeln kommen kann.

Diese Wirkungsfragen sind ohne Zweifel von großem wissenschaftlichen Interesse und gesellschaftlicher Relevanz. Um jedoch die Frage nach der Wirkung virtueller Gewalt überhaupt sinnvoll beantworten zu können, sollte zunächst geklärt werden, was die Spieler dazu veranlasst, ihre Zeit mit FPS zu verbringen. Diese Frage ist deshalb wichtig, weil es sich bei der Nutzung – und das wird bei der Diskussion um Gewaltwirkungen häufig vergessen – zunächst einmal um eine freiwillige Entscheidung der Spieler handelt. Deswegen geht es in diesem Beitrag um die Frage, *wie* und *warum* sich die Nutzer mehr oder weniger intensiv mit FPS beschäftigen, und wie sie die Eigenschaften ihrer Spiele wahrnehmen.

Der Beitrag gliedert sich wie folgt: Nach einer generellen Einführung in die Welt der FPS wird auf der Basis des Uses and Gratifications Approach und des Lebensstilkonzepts

---

[1]   Wie der Name impliziert, handelt es sich bei First-Person-Shootern, die auch Ego-Shooter genannt werden, um Computerspiele, bei denen das Schießen mit diversen Waffen ein zentrales Element darstellt. Der Spieler nimmt das Geschehen aus der Ich-Perspektive durch die Augen der Spielfigur wahr.

von Rosengren ein Untersuchungsmodell erarbeitet. Dieses Modell bildet die konzeptionelle Grundlage für eine Befragungsstudie, deren Methodik, Durchführung und zentralen Befunde anschließend dargestellt werden. Die Ergebnisse werden abschließend auch im Hinblick auf die eingangs thematisierten Wirkungsfragen diskutiert.

2   Das Genre der First-Person-Shooter

Innerhalb des Genres der FPS gibt es eine große Vielfalt an Spielen, die vieles gemeinsam haben, sich in mancherlei Hinsicht aber auch voneinander unterscheiden. Die Spiele lassen sich im Hinblick auf Gemeinsamkeiten und Unterschiede mit Hilfe des Kategorisierungsschemas von Klimmt (2001, 490-495) voneinander abgrenzen. Die Computerspiele werden dabei anhand der Elemente (a) mediale Präsentation, bestehend aus den Dimensionen ‚Raum' und ‚Zeit', (b) narrativer Kontext, zusammengesetzt aus den Komponenten ‚Setting' und ‚Rolle des Spielers', sowie (c) Aufgabe der Spieler, mit den Bestandteilen ‚Geschwindigkeit' und ‚Komplexität', kategorisiert.

Gemeinsamkeiten ergeben sich insbesondere im Hinblick auf (a) die mediale Präsentation. Die beiden Komponenten ‚Raum' und ‚Zeit' sind bei FPS prinzipiell in gleicher Art und Weise umgesetzt. Die räumliche Darstellung der Spielwelt erlebt der Spieler stets in der Ego-Perspektive, d.h. er sieht die Geschehnisse mit den Augen seiner Spielfigur.[2] Die Handlung selbst wird immer in Echtzeit präsentiert. Das bedeutet, dass unterschiedliche Handlungssequenzen (ausgeführt z.B. vom Spieler und Computer) parallel ablaufen und sich nicht zeitversetzt nacheinander entwickeln, wie dies bei einem rundenbasierten Spielsystem der Fall ist. Auch hinsichtlich (b) des narrativen Kontextes findet man Gemeinsamkeiten zwischen den verschiedenen Spielen des Genres, allerdings nicht im Hinblick auf das ‚Setting', sondern nur bezüglich der ‚Rolle', die der Spieler in der Spielwelt einnimmt. Er tritt stets als Kämpfer auf, der sich allein oder im Team seinen virtuellen Aufgaben stellt. Bezüglich (c) der Aufgaben finden sich Gemeinsamkeiten der FPS bei der Komponente ‚Geschwindigkeit': Ein Großteil der zu bewältigenden (Kampf-)Aufgaben kann nur durch hohe (Reaktions-)Schnelligkeit gemeistert werden, welche eine zentrale Spieleigenschaft bei FPS ist.

Neben den genannten Gemeinsamkeiten gibt es zwischen den Spielen des Genres FPS aber auch vielfältige Unterschiede. Sie lassen sich beispielsweise kategorisieren, indem die zweite Komponente des narrativen Kontextes – das Setting – differenzierter betrachtet wird:

Der augenfälligste Unterschied bezieht sich dabei auf den ‚Realitätsbezug'. Während einige FPS vor einem geschichtlichen Hintergrund an historischen Schauplätzen angesiedelt sind – ein häufiges Szenario ist z.B. der Zweite Weltkrieg –, haben andere Spiele futuristische Handlungsumgebungen und einen surrealen Plot wie beispielsweise die Dämonenjagd auf einer Marsstation in *Doom I* oder *Doom III*. Wieder andere Shooter vermitteln durch die Wahl der Orte und der Rahmenhandlung den Eindruck, dass sich das Geschehen in der Gegenwart abspielt. Hierzu gehören FPS wie *Counter-Strike*, in denen (para-)militärische Szenarien gespielt werden.

---

[2]   Neben der Ego-Perspektive ist beispielsweise auch die Verfolgerperspektive eine häufig anzutreffende Darstellungsform. Bei dieser befindet sich die Kamera schräg hinter der zu spielenden Figur. Diese Spiele werden per Definition allerdings nicht mehr den FPS zugeordnet.

Deutliche Unterschiede gibt es auch in Hinblick auf den ‚Komplexitätsgrad'. In *Quake 3 Arena* beispielsweise gibt es keine Geschichte, die sich während des Spiels entfaltet, sondern lediglich einen Multiplayer-Modus, in dem sich die Spieler messen können. Im Gegensatz dazu bietet beispielsweise *Half-Life 2* eine komplexe Story über eine utopische, futuristische Welt, in der der Hauptcharakter immer tiefer in die rätselhaften Machenschaften der Regierung eintaucht.

Ergänzend zu den Elementen des Schemas von Klimmt muss speziell bei den FPS eine weitere Differenzierungsdimension hinzugefügt werden: das Ausmaß der im Spiel dargestellten Gewaltintensität. Zwar ist der Anteil der Gewalt in den FPS generell verhältnismäßig hoch, da das Kämpfen eine zentrale Rolle spielt, doch unterscheidet sich deren Darstellung stark voneinander: Während in manchen Spielen der Tod eines Gegners auf sehr grausame Art und Weise und äußerst blutig präsentiert wird, verzichten andere Spiele auf derartige Darstellungen von Gewalt.

Zusammenfassend ist festzuhalten, dass die Spiele des FPS-Genres neben Gemeinsamkeiten auch einige Unterschiede aufweisen. Während sich sowohl räumliche und zeitliche Darstellungsart als auch die Rolle des Spielers und die Geschwindigkeit, in der die Aufgaben bewältigt werden müssen, weitgehend gleichen, unterscheiden sich die FPS untereinander durch die Dimensionen Realitätsbezug, Komplexität und Gewaltintensität.

3   Induktive und deduktive Modellentwicklung

Zur Exploration des Forschungsfelds wurden zunächst vier Leitfadeninterviews mit FPS-Spielern durchgeführt. Die Auswertung der Leitfadeninterviews führte zu dem Ergebnis, dass bei der theoretischen Aufarbeitung des Themas zwei unterschiedliche Erklärungskomponenten zu berücksichtigen sind: Die Nutzungsmotive der Spieler, wie sie in der Uses-and-Gratifications-Forschung verankert sind und die Lebenssituation der Spieler, wie sie u.a. von Rosengren in seinem Lebensstilkonzept thematisiert wurde.

3.1 Nutzungsmotive

In den Interviews fanden sich zahlreiche Hinweise, dass die Nutzungsmotive der Spieler einen wichtigen Beitrag zur Klärung der Forschungsfrage leisten können, wie folgendes Zitat von Sven[3] (leitender Angestellter, 32) stellvertretend verdeutlicht: „Also, wenn ich abends nach Hause komme und noch ein bisschen Zeit übrig ist, dann finde ich es schon total angenehm, beim Zocken einfach mal abschalten zu können." Aus dieser Aussage lässt sich deutlich ein Eskapismus-Motiv herauslesen. Die Bedeutung von Motiven für das Computerspielen wurde bereits in verschiedenen – meist qualitativen – Studien untersucht. Dabei wird von einem aktiven Rezipienten ausgegangen, der sich bei Auswahl und Nutzung von Computerspielen an seinen Bedürfnissen und Erwartungen sowie an seinen bisher gemachten Erfahrungen mit den Spielen orientiert. Das sind die Grundannahmen des Uses and Gratifications Approach (Katz, Blumler & Gurevitch 1974), der auch die wesentliche Grundlage dieser Untersuchung bildet. Auf den Ergebnissen dieser Studien wird hier auf-

---

[3]   Alle Namen der Befragten wurden zur Wahrung der Anonymität geändert.

gebaut, indem ihre Befunde zunächst systematisiert und dann in einer quantitativen Untersuchung auf ihren Erklärungsgehalt geprüft werden. Dabei wurden nicht nur Arbeiten speziell zur FPS-Nutzung ausgewertet, sondern auch Studien zu den Nutzungsmotiven von anderen Computerspielen berücksichtigt, um zu prüfen, ob diese ebenfalls Anregungen für die geplante Untersuchung liefern können. Diese breitere Herangehensweise wurde gewählt, weil mittlerweile zwar einige – auch aktuellere – Untersuchungen zur Wirkung von Computerspielen vorliegen,[4] man jedoch deutlich weniger Studien findet, die sich mit den Nutzungsgründen von Computerspielen beschäftigen und fast gar keine, die sich mit der Zuwendung zu einzelnen Spielgenres – wie beispielsweise den FPS – befassen.

Fritz (2003a) sowie Fritz und Fehr (2003, 53) kommen auf Grund zahlreicher qualitativer Befragungen zu dem Ergebnis, dass Computerspiele oft genutzt werden, um Langeweile zu vertreiben. Ähnlich argumentiert Klimmt (2004, 7), demzufolge Unterhaltung ein wichtiges Nutzungsmotiv für Computerspieler ist (vgl. auch Wünsch & Jenderek in diesem Band). Zudem ist der Wunsch, Frust, Ärger und Stress abzubauen, für die Spieler von Bedeutung. Fritz (2003a) schließt daraus, dass Entspannung ein wichtiger Beweggrund ist, sich mit Computerspielen zu beschäftigen. Das Bedürfnis der Spieler, völlig in die Spielhandlungen einzutauchen, um vom Alltag abzuschalten, wird als Versuch der Realitätsflucht (Eskapismus) interpretiert (Fritz 2003b, 16). Neben diesen allgemeinen Nutzungsmotiven, wie sie in der Uses-and-Gratifications-Forschung z.B. auch für das Fernsehen ermittelt wurden (Greenberg 1974), konnten bei den Computerspielern weitere Motivdimensionen gefunden werden, die spezifisch für dieses Medium zu sein scheinen. So wird angenommen, dass beim Computerspielen der Wunsch nach Macht und Kontrolle das zentrale Motiv darstellt (Fritz 2003c, 15-18). Dies gründet auf der Vermutung, dass die Interaktivität und der Erfolg im Spiel den Nutzern das Gefühl vermittelt, das Geschehen zu kontrollieren und somit Macht auszuüben. Computerspiele können in diesem Sinn als Selbstmedikation gegen persönliche Misserfolgsängste genutzt werden. Fritz ist der Ansicht (2003b, 9), dass dies gerade auf Jugendliche zutrifft, die in ihrem Leben häufig die eigene Machtlosigkeit erfahren.

Studien, die sich konkret mit den Nutzungsmotiven von FPS befassen, liefern neben den erläuterten Motiven Hinweise auf zwei weitere Dimensionen, die speziell im Bereich dieses Genres vermutet werden. Als erstes ist ein Bedürfnis nach Leistungsmotivation zu nennen (siehe auch Hartmann in diesem Band). Vogelgesang (2003, 69) sowie Warkus und Jacob (2003, 33 f.) ermittelten im Rahmen von qualitativen Interviews, dass FPS-Spieler dem sportlichen Wettkampf im Spiel und der Herausforderung, die dieser Wettkampf mit sich bringt, große Bedeutung beimessen. Dies gilt insbesondere dann, wenn sie viel im Netzwerk, auf LAN-Partys[5] (siehe auch Hepp & Vogelgesang in diesem Band) oder auch in Clans[6] (siehe auch Wimmer, Quandt & Vogel in diesem Band) spielen. Um die Herausforderung zu meistern und zum Sieg zu gelangen, denken sich die Spieler komplizierte Taktiken aus und absolvieren ein regelrechtes Training, ähnlich dem einer Sportmannschaft. Diese sportliche Dimension wird auch mit dem Begriff des E-Sports beschrieben (Hübner 2004). In einer quantitativen Studie unter LAN-Party-Besuchern konnte die Leistungsmoti-

---

[4]   Beispiele für aktuelle Wirkungsstudien: Anderson & Dill (2000, 772-290); Anderson & Bushman (2001, 353-359), Uhlmann & Swanson (2004, 41-52). Vgl. zudem Klimmt in diesem Band.

[5]   LAN = Local Area Network, lokales Computernetzwerk. Bei einer LAN-Party treffen sich Computerspieler, um ihre PCs zu vernetzen und die verschiedensten Mulitplayer-Spiele mit- und gegeneinander zu spielen.

[6]   Ein Clan ist eine Spielergemeinschaft, bei der sich Spieler zusammenschließen, um miteinander zu trainieren und gegen andere Clans anzutreten.

vation als eine der wichtigsten Beweggründe der Spieler extrahiert werden (Jansz und Martens 2005, 333).

Als zweites FPS-spezifisches Nutzungsmotiv ist die Pflege sozialer Kontakte bzw. das Gemeinschaftserlebnis zu nennen. So stellten sowohl Warkus und Jacob (2003, 32, 34) als auch Vogelgesang (2003, 69) bei ihren Interviews mit FPS-Spielern fest, dass die Möglichkeiten, neue Freundschaften zu schließen und gemeinsam zu spielen, wichtige Nutzungsmotive sind. Teamgeist und Teamplay sind dabei zentrale Elemente (Wiemken 2003, 10). Nach Jansz und Martens (2005, 333) sind die Pflege sozialer Kontakte und das Gemeinschaftserlebnis sogar die wichtigsten Beweggründe, FPS zu spielen.

Die vorliegenden Ergebnisse der verschiedenen Studien verdeutlichen, dass die Beschäftigung mit FPS offenbar auf folgende Motive zurückgeführt werden kann: Unterhaltung, Entspannung, Eskapismus, Macht & Kontrolle, Herausforderung & Wettbewerb sowie soziale Kontakte & Gemeinschaftserlebnis. Dieser Motivkatalog basiert auf der additiven Zusammenführung der Ergebnisse sehr unterschiedlich angelegter Studien (qualitativ und quantitativ). Die Berücksichtigung der unterschiedlichen Motivdimensionen innerhalb *einer* Studie wurde bislang nicht realisiert, so dass über deren relative Bedeutung noch keine Aussage gemacht werden kann.

3.2 Lebenssituation

Bei der Auswertung der Leitfadeninterviews ergab sich weiterhin, dass nicht nur die genannten Nutzungsmotive für die Auswahl spezifischer FPS bedeutsam sind, sondern dass offenbar auch die jeweilige Lebenslage des Spielers einen Einfluss hat. Je nachdem, in welcher Lebenssituationen sich der Spieler befindet und wie er seinen Alltag wahrnimmt (z.B. ob er gestresst ist), hat dies anscheinend unterschiedliche Auswirkungen auf die Nutzungsweise der FPS und die Präferenzen für bestimmte Spieleigenschaften. Die folgenden Zitate aus den Interviews verdeutlichen dies:

> Also wenn ich mal dazu komme, ein bisschen zu zocken, dann ist es mir vor allem wichtig, dass das Spiel schön gemacht ist. Ich meine, die Grafik sollte schon gut sein, sonst macht es mir einfach keinen Spaß! (Sven, leitender Angestellter, 32)

> Meine Kiste ist für so krasse Grafik eh zu schlecht, dann hab ich ständig lags [Verzögerungen im Spiel aufgrund zu geringer Rechenleistung oder langsamer Netzwerkverbindung, Anm. d. Verf.] und werd' von so dummen Noobs [= Anfänger, Anm.d.Verf.] abgeballert. Aber weil 'ne neue Grafikkarte halt grad einfach nicht drin ist [aus finanziellen Gründen, Anm. d. Verf.], schraub ich die Grafikeinstellungen immer ganz runter, dann bin ich einfach schneller, und das macht halt dann schon was aus, weil die andern einfach nicht nachkommen und ich dann am Schluss doch gewinne, auch wenn's bei mir halt nicht so gut ausschaut! (Horst, Realschüler, 17)

Während es für Sven wichtig ist, dass das Spiel über eine anspruchsvolle Grafik verfügt, ist dieser Aspekt für Horst aufgrund seiner unzureichenden Hardwareausstattung kein Thema. Dies lässt sich auf die unterschiedliche Lebenssituation der beiden zurückführen: Bei Horst, der noch zur Schule geht, ist es sehr wahrscheinlich so, dass er seinen Rechner aufgrund von finanziellen Beschränkungen nicht up-to-date halten kann, während finanzielle Gründe für Sven, der leitender Angestellter ist, keine gewichtige Rolle zu spielen scheinen.

Zudem fanden wir Zusammenhänge zwischen der Spielewahl und den sonstigen Freizeitaktivitäten. Auch in der Literatur findet man Hinweise darauf, dass zwischen der Nutzung von Computerspielen und der Lebenswelt der Spieler recht enge Verknüpfungen bestehen. So konnte bei FPS-Spielern zum einen ein größeres Interesse an Waffen und zum anderen eine Vorliebe für Science-Fiction und Action-Filme festgestellt werden (Witting & Esser 2003, 62). Thematisch sind sowohl Waffen als auch Action- und Science-Fiction-Sequenzen zentrale Elemente der FPS. Um das Phänomen der engen Verbindung zwischen Computerspiele-Nutzung und Lebenswelt zu beschreiben, wurde von Fritz und Fehr der Begriff der strukturellen Kopplung[7] eingeführt (Fritz & Fehr 1997). Im vorliegenden Beitrag werden zwei Formen der strukturellen Kopplung unterschieden: Die lebensweltliche und die mediale strukturelle Kopplung. Die lebensweltliche strukturelle Kopplung beschreibt den Umstand, dass Beziehungen zwischen den Spielinhalten und den außermedialen Aktivitäten des Spielers bestehen. Hierzu zählen beispielsweise die Verwendung von spielinternen Fachtermini und Slang in der Alltagssprache oder auch Gespräche über die Spiele in anderen Situationen (wie beispielsweise der Schule oder dem Arbeitsplatz). Dazu gehören auch sonstige Interessen und Aktivitäten, die mit Inhalten des Spieles zusammenhängen, wie z.B. das Interesse an Waffen oder die Mitgliedschaft in einem Gotcha-Club.[8] Unter medialer struktureller Kopplung werden das Interesse und die gesteigerte Zuwendung zu themenverwandten Medieninhalten in Büchern, Zeitschriften, Filmen etc. verstanden.

Zur theoretischen Fundierung der Ergebnisse aus der qualitativen Voruntersuchung eignet sich das Lebensstilkonzept von Rosengren (1996, 24 ff.). Dieses Konzept fokussiert bei der Erklärung der Mediennutzung auf die Lebensbedingungen des Rezipienten. Nach Rosengren haben gesellschaftliche Struktur, individuelle Position und individuelle Merkmale Auswirkungen auf die Mediennutzungsmuster. Das Lebensstil-Konzept wurde von Rosengren allerdings nur umrissen und nicht differenziert dargestellt. Es kann als Hilfsmittel angesehen werden, um die möglichen Einflussvariablen zu identifizieren und zu gruppieren. Hinsichtlich der konkreten Auswahl relevanter Indikatoren und deren Operationalisierung bleibt das Konzept aber unbestimmt. Im Rahmen der Studie berücksichtigen wir nur einige ausgewählte Aspekte der individuellen Position sowie der individuellen Merkmale, bei denen wir anhand der explorativen Vorstudie bzw. bestehender Erkenntnisse aus anderen qualitativen Studien (z.B. Fritz 2003c, 21) einen Einfluss auf die Nutzung vermuten. Dabei handelt es sich um soziodemographische Variablen sowie die Stellung im Berufsleben, die beide unter die positionalen Merkmale fallen. Die Wahrnehmung der eigenen Lebenssituation, Freizeitaktivitäten oder Interessen, wie sie bei der lebensweltlichen bzw. strukturellen Kopplung zum Tragen kommen, sind unter der Rubrik der individuellen Merkmale zu verorten.

---

[7]   Der Begriff strukturelle Kopplung wird von den Autoren nicht im Sinne Luhmanns verwendet.

[8]   Gotcha ist ein Teamspiel, bei dem zwei Mannschaften versuchen, bewaffnet mit Druckluftpistolen und Farbmunition innerhalb eines bestimmten Spielfeldes (z.B. ein Waldstück) verschiedene Aufgaben zu lösen. Je nach Spielvariante stehen dabei das Eliminieren der Gegner (mittels „Markierung" durch einen Treffer mit der Druckluftpistole) oder aber auch Teamaufgaben wie z.B. die Eroberung der gegnerischen Fahne (Capture the Flag) im Mittelpunkt.

3.3 Modellentwicklung

Die vorausgegangenen Überlegungen haben verdeutlicht, dass es für die theoretische Fundierung der Studie sinnvoll ist, den Uses and Gratifications Approach und das Lebensstilkonzept von Rosengren in einem Modell zusammenzuführen. Dabei ist Folgendes zu beachten: Insbesondere dann, wenn zu Erklärung des Mediennutzungsverhaltens auf die individuellen Merkmale zurückgegriffen wird, stellt sich die Frage der Kausalitätsrichtung. Die Unterscheidung von gesuchten und erhaltenen Gratifikationen im Rahmen des Uses and Gratifications Approach ist ein Beispiel für den Versuch, dieses Problem sowohl theoretisch als auch empirisch zu bewältigen (Palmgreen, Wenner & Rayburn 1980). Wolling und Kuhlmann (2006) haben vorgeschlagen, der möglichen kausalen Umkehrbarkeit der Variablenbeziehungen bei der Modellentwicklung Rechnung zu tragen und die unabhängigen Variablen in einem Pfadmodell entsprechend anzuordnen. Dieser Vorschlag wird hier aufgegriffen. Je weiter links die Variablen im Modell angeordnet sind (Abbildung 1), desto weniger sind sie durch die Computerspielenutzung beeinflussbar.

Die zu untersuchenden Dimensionen sind in Abbildung 1 zusammenfassend dargestellt. Das Modell verdeutlicht die Annahme, dass neben den Motiven auch der Lebensstil einen direkten Einfluss auf die Nutzung von FPS hat. Des Weiteren wird vermutet, dass der Lebensstil auch die Nutzungsmotive beeinflusst. Diese Vorstellung, dass soziale und psychologische Faktoren die Herausbildung von Motiven beeinflussen, findet man auch in mehreren Modellen und Konzeptionalisierungen des Uses and Gratifications Approach (Katz, Blumler & Gurevitch 1974; McLeod & Becker 1981).

Abbildung 1:   Modell der Zusammenhänge zwischen Lebenssituation, Nutzungsmotiven und Nutzung

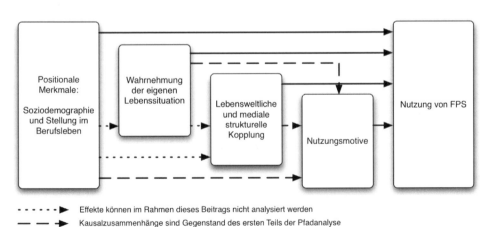

4   Datenerhebung

Die Datenerhebung zur Prüfung dieses Modells erfolgte durch einen Online-Fragebogen, der auf insgesamt sechs unterschiedlichen Webseiten verlinkt wurde. Um nicht nur Personen zu erreichen, die ausschließlich FPS spielen, wurde die Rekrutierung der Befragten sowohl auf speziellen FPS-Seiten als auch auf allgemeinen Webseiten zu Computerspielen vorgenommen.[9] Die Teilnahme an der Umfrage erfolgte anonym und war nicht an ein Gewinnspiel gekoppelt. Dementsprechend war die Teilnahme allein durch das persönliche Interesse an der Thematik motiviert.

Die Umfrage wurde Mitte März 2005 aktiviert und war damit für alle Besucher der Seite erreichbar. Ein Banner, das die Seitenbetreiber teilweise um einen erklärenden Text ergänzten, machte die Teilnehmer auf den Fragebogen aufmerksam und leitete sie durch Anklicken dorthin weiter. Die Platzierung des Banners erfolgte in der Regel auf der Seite mit den neuesten Nachrichten (News). Aktuellere Nachrichten erscheinen auf den News-Seiten zuoberst und drängen damit ältere Nachrichten nach unten, so dass nach zwei Wochen der Punkt erreicht war, an dem die Umfrage auf den meisten Seiten nicht mehr direkt auf der Startseite eingesehen werden konnte. Ab diesem Zeitpunkt nahm die Zahl der Teilnehmer pro Tag stark ab, so dass die Umfrage nach 14 Tagen Feldzeit deaktiviert wurde. Nach der Datenbereinigung, bei der sehr unvollständige und offensichtlich falsch ausgefüllte Fragebögen entfernt wurden, standen insgesamt 2.857 beantwortete Fragebögen für die Analysen zur Verfügung.

Durch das gewählte Rekrutierungsverfahren kann keine – wie auch immer geartete – Grundgesamtheit abgebildet werden, da sich die Teilnehmer der Befragung selbst selektiert haben. Aus diesem Grund wird bei der nachfolgend dargestellten Datenauswertung auf eine deskriptive Darstellung von Prozentzahlen und Mittelwerten weitgehend verzichtet. Stattdessen steht die Analyse von Variablenzusammenhängen im Mittelpunkt, da sich solche Zusammenhänge für gewöhnlich auch gegenüber Stichprobenverzerrungen als relativ stabil erweisen. Die nachfolgend präsentierten deskriptiven Daten dienen allein der Beschreibung der Stichprobe.

Gut ein Drittel der Befragten (36 %) spielt täglich bis zu eine Stunde FPS. Genauso groß ist die Gruppe der Vielspieler, womit Personen gemeint sind, die täglich mehr als zwei Stunden spielen. Die restlichen 28 % der Befragungsteilnehmer spielen zwischen ein und zwei Stunden. Die durchschnittliche Nutzungsdauer beträgt knapp zwei Stunden pro Tag. Die Befragungsteilnehmer sind fast alle männlich (98 %). Das Durchschnittsalter beträgt 19 Jahre. Aufgrund dieses niedrigen Alters überrascht es nicht, dass ein Großteil der Befragten noch zur Schule geht (46 %), sich in der beruflichen Ausbildung befindet (16 %) oder studiert (11 %). Der Anteil der Arbeitsuchenden beläuft sich auf 5 %. Doch immerhin 22 % der Spieler sind auch berufstätig.

---

[9]   FPS-spezifische Webseiten: www.shooterplanet.com und www.shooterzone.de. Allgemeine Seiten zum Thema Computerspiele: www.gamona.de, www.gamershall.de, www.gamigo.de und www.gamecaptain.de.

5 Operationalisierung der zentralen Konstrukte

Bei allen drei Elementen des oben dargestellten Modells, der FPS-Nutzung, den Nutzungsmotiven und der Lebenssituation, handelt es sich um multidimensionale Konstrukte, die einer differenzierten Operationalisierung bedürfen.

5.1 FPS-Nutzung

Um die *FPS-Nutzung* zu erheben, wurden die Befragten zunächst zu ihrem Lieblingsshooter befragt und anschließend gebeten, die Eigenschaften dieses Shooters anhand von sechs Items einzuschätzen, die in Anlehnung an die oben dargestellten, theoretisch erarbeiteten Differenzierungen entwickelt wurden. Durch eine Faktorenanalyse wurden drei Dimensionen ermittelt, die den theoretischen Erwartungen entsprechen: Realismus, Komplexität und Gewaltintensität. Mit diesen Dimensionen können die Unterschiede zwischen den jeweils präferierten Spielen innerhalb des Genres der FPS recht gut abgebildet werden.[10]

Die Ergebnisse in Tabelle 1 zeigen, welche FPS zum Zeitpunkt der Datenerhebung von der Mehrheit der Befragungsteilnehmer gespielt wurden. Dabei ist eine recht ungleiche Verteilung erkennbar. *Counter-Strike* wurde mit Abstand am häufigsten gespielt, gefolgt von den Spielen der *Half-Life*-Reihe. Andere Spiele wie *Doom* oder *Quake* haben im Vergleich dazu bereits deutlich weniger Anhänger. Unter ,Sonstige' ist eine Vielzahl von Spielen zusammengefasst, die nur sehr geringe Nutzerzahlen aufweisen.

Die Spieler bewerteten *Call of Duty*, *Medal of Honor* und die *Battlefield*-Reihe am ehesten als realistisch. Dies ist insofern nachvollziehbar, da alle drei Spiele den zweiten Weltkrieg als Setting haben. In Punkto Komplexität wurden *Far Cry* und *Half-Life* gleichwertig eingeschätzt und in dieser Kategorie höher als alle anderen Spiele bewertet. *Counter-Strike* ist zwar seit dem Vorfall in Erfurt besonders Zielscheibe der Kritik von Presse und Politik. Von den Spielern selbst wird das Spiel allerdings als nicht sonderlich gewalthaltig wahrgenommen, obwohl – oder gerade weil – man in diesem FPS nicht gegen computergesteuerte Gegner spielt.[11] Auffällig bei der Betrachtung der wahrgenommenen Gewaltintensität ist die Tatsache, dass die meisten FPS von den Spielern selbst als nicht sehr gewalthaltig eingestuft werden. Die nahe liegende Vermutung, dass die immer wieder aufflammende Kritik am Genre der FPS die Spieler dazu veranlasst haben könnte, die Gewalthaltigkeit bewusst zu unterschätzen, erscheint unbegründet, weil die Spiele aus der *Quake*- und der *Doom*-Reihe sowie *Soldier of Fortune* durchaus als sehr gewalthaltig und brutal eingestuft werden. Allerdings werden diese nur von einer Minderheit gespielt, was auch daran liegen könnte, dass diese Spiele aufgrund der Altersfreigabe jüngeren Spielern nicht so leicht zugänglich sind.

---

[10] Faktorenanalyse mit Varimaxrotation (75 % erkläre Varianz). Vorgabe: 3 Faktoren; alle Nebenladungen ≤ .30. Realismus: Mittelwertindex aus „Die Handlung spielt vor einem realistischen Hintergrund" und „Die Waffen im Spiel existieren auch in der Realität". Komplexität: Mittelwertindex aus: „Das Spiel hat eine interessante Story", „Das Spiel hat eine gute Grafik" und „Die computergesteuerten Gegner verhalten sich clever". Gewaltintensität: „Das Spiel hat brutale Gewaltdarstellungen".

[11] Da es sich um ein reines Multiplayer-Spiel handelt, wird hier in der Regel auf die virtuellen Avatare realer menschlicher Spieler geschossen und nicht auf computergesteuerte Gegner (Bots).

Tabelle 1:   Nutzungspräferenzen und Wahrnehmung der FPS

Shooter	n ≥	Realismus	Komplexität	Gewaltintensität
Call of Duty	257	* 4,6	3,9	2,7
Medal of Honor	38	4,5	3,9	2,2
Battlefield Reihe	229	4,5	3,1	2,0
Counter-Strike	970	4,0	2,7	2,7
ET, RTCW[12]	44	3,9	3,1	2,9
Soldier of Fortune	67	4,0	3,3	4,2
Far Cry	101	3,4	4,5	3,1
Half-Life	457	2,7	4,5	3,0
Doom	37	1,9	3,7	4,1
Quake	44	1,6	3,1	3,6
Unreal Tournament	186	1,6	3,4	3,1
Sonstige	376	3,4	3,5	2,5
Insgesamt	2807	3,5	3,4	2,8

* Mittelwerte auf einer 5-Punkte Skala: 1 = trifft nicht zu, 5 = trifft voll zu.

Um die Nutzungsmuster zu erheben, wurde neben den Fragen nach dem Lieblingsshooter und dessen Eigenschaften auch nach den Präferenzen für bestimmte Nutzungsmodi gefragt. Bei einer Faktorenanalyse der sechs hierfür relevanten Items wurden zwei Dimensionen ermittelt.[13] Die erste umfasst vier Items, die eine Leistungsorientierung der Spieler zum Ausdruck bringen. Nur im Clan zu spielen, sich über die Liga zu informieren, überwiegend online zu spielen und zu trainieren sind typische Verhaltensweisen des organisierten Spielers und deuten auf eine sportliche Nutzung hin. Deshalb wurde diese Nutzungsdimension unter dem Begriff E-Sport zusammengefasst. Die zweite Nutzungsdimension wurde mit dem Label Lebensmittelpunkt versehen und beschreibt die hohe Priorität des Computerspielens in der Freizeitgestaltung. Wenn mit den Freunden überwiegend ‚gezockt' und zugleich auf andere Aktivitäten verzichtet wird, zeigt sich darin die zentrale Bedeutung und die hohe Wertschätzung des Spiels. Zusammen mit der allgemeinen Nutzungsdauer von FPS stehen somit insgesamt sechs Indikatoren für die Nutzungsdimension zur Verfügung.

---

[12]   ET = *Enemy Territory*, RTCW = *Return to Castle Wolfenstein*
[13]   Faktorenanalyse mit Varimaxrotation (63 % erkläre Varianz); Eigenwert > 1; alle Nebenladungen ≤ .35. E-Sports: Mittelwertindex aus „Ich spiele nur im Clan", „Ich informiere mich über den Stand der Liga", „Ich spiele meistens online" und „Ich trainiere, um meine Fähigkeiten zu verbessern". FPS-Spiel als Lebensmittelpunkt: Mittelwertindex aus „Wenn ich etwas mit meinen Freunden unternehme, dann zocken wir" und „Für das Zocken verzichte ich auf andere Aktivitäten". In den Analysen werden nur die Spieler berücksichtigt, die fast ausschließlich FPS spielen. Dies geschieht um sicherzustellen, dass sich die Aussagen tatsächlich auf die FPS beziehen. Dadurch verringert sich die Fallzahl aber erheblich auf n = 905.

5.2 Nutzungsmotive

Die Motive für die Nutzung der FPS wurden mit insgesamt elf Items erhoben.[14] Eine Faktorenanalyse der Motiv-Items erbrachte vier Dimensionen. Diese stimmen recht gut mit den Ergebnissen früherer Studien überein, die bei der Aufarbeitung des Forschungsstands bereits kurz dargestellt worden sind (Tabelle 2).

Tabelle 2: Motivdimensionen der Nutzung (Faktorenanalyse)

	Eskapismus & Stimmungs-regulierung	Macht & Kontrolle	Leistungs-motivation & Team-orientierung	Langeweile
Ich finde es reizvoll, mal in eine andere Rolle zu schlüpfen.	.79			
Beim Spielen erlebe ich mal was anderes.	.65	.40		
Wenn ich Ego-Shooter spiele, kann ich so richtig Dampf ablassen.	.61			
Beim Spielen kann ich mich entspannen.	.57			.34
Der Erfolg im Spiel ist mir wichtig.		.72		
Im Spiel fühle ich mich mächtig.	.35	.70		
Im Spiel kann ich mich anderen gegenüber beweisen.		.70	.32	
Es ist mir wichtig, im Team zu spielen.			.80	
Taktisches Handeln beim Spielen ist mir wichtig.			.77	
Ich sehe Ego-Shooter-Spielen als sportlichen Wettkampf an.			.64	
Ich spiele, wenn mir langweilig ist, als Lückenfüller.				.94

Hauptkomponentenanalyse mit Varimaxrotation; Vorgabe: 4 Faktoren Lösung; 60 % erklärte Varianz; alle Faktorladungen >0.3

Die ersten beiden Items des ersten Faktors operationalisieren das Motiv Eskapismus. Bei den anderen beiden geht es um den Abbau von Wut, Frust und Anspannung, was auf das Motiv der Stimmungsregulierung hinweist. Die Items ‚Erfolg', ‚Macht' und ‚sich beweisen' laden auf den zweiten Faktor. Dies entspricht dem von Fritz (2003c, 15-18) als ein

---

[14] Gemessen wurde jeweils der Grad der Zustimmung auf einer 5-Punkte-Skala von 1 = trifft nicht zu bis 5 = trifft voll zu.

zentrales Motiv der Spieler identifizierten Wunsch nach Macht und Kontrolle. Die dritte Motivdimension enthält Items, die FPS-Spielen als taktisch anspruchsvolles, sportliches Gemeinschaftserlebnis beschreiben, und verweist auf eine Ehrgeiz- und Leistungsmotivation. Diese Motivdimension entspricht dem in der Literatur genannten Bedürfnis nach Herausforderung und Wettbewerb. Als letzte eigenständige Dimension aus der Faktorenanalyse ergab sich die Langeweile. Das Spielen zum Zeitvertreib ist ein Motiv, das genre- und medienübergreifend zu finden ist und auch in früheren Studien zur Computernutzung ermittelt wurde.

5.3 Lebensstil: Positionale und individuelle Merkmale

Als positionale Merkmale werden Alter, Geschlecht und die Stellung im Berufsleben berücksichtigt. Bei den individuellen Merkmalen handelt es sich um die Wahrnehmung des eigenen Lebensstils und um Indikatoren der lebensweltlichen und der medialen strukturellen Kopplung. Durch die Faktorenanalyse der neun Items, mit denen die Wahrnehmung des eigenen Lebensstils erhoben wurde, konnten vier unterschiedliche Dimensionen ermittelt werden (Tabelle 3).

Tabelle 3:   Wahrnehmung des eigenen Lebensstils (Faktorenanalyse)

| | **Wahrnehmung des eigenen Lebensstils als...** | | | |
	aktiv	zufrieden stellend	führend	restringiert
Ich unternehme oft etwas mit meinen Freunden.	.83			
Ich gehe gerne aus.	.81			
Bei gutem Wetter bin ich viel draußen.	.79			
Ich fühle mich wohl in meiner Haut.		.76		
Ich bin selbstbewusst.		.74		
Ich bin oft gestresst.		-.30	.78	
Andere Leute tun oft, was ich sage.			.70	
Ich muss oft aus Geldmangel auf ein Spiel oder Zubehör verzichten.		.35		.86
Ich hätte gerne mehr Zeit zum Spielen.		.31		.61

Hauptkomponentenanalyse mit Varimaxrotation; 68 % erklärte Varianz; alle Faktorladungen >0.3

Die erste Dimension ist Indikator für eine aktive Lebensgestaltung, bei der außerhäusliche Aktivitäten wie gemeinsame Unternehmungen mit Freunden und Ausgehen einen zentralen Stellenwert einnehmen. Faktor zwei umschreibt eine positive Grundeinstellung zur eigenen Lebenssituation: Personen, die auf dieser Dimension hohe Werte erreichen, empfinden ihre Lebenssituation als zufrieden stellend und gehen selbstbewusst durchs Leben. Beim dritten Faktor bilden Stress und persönlicher Einfluss auf andere Personen eine gemeinsame Dimension. Personen, bei denen diese Kombination auftritt, stehen entweder tatsächlich häufig im Mittelpunkt und haben eine gewisse Führungsrolle inne, oder erleben ihre eigene Situation zumindest in dieser Weise. Großen Einfluss zu haben ist dabei die eine Seite der Medaille, oft gestresst zu sein die andere. Im letzten Faktor spielen schließlich Restriktionen eine entscheidende Rolle: Finanzielle wie zeitliche Beschränkungen werden als Faktoren erlebt, die das Computerspielen beeinflussen.

Der zweite Variablenblock aus dem Bereich der individuellen Merkmale des Lebensstils, der in den Analysen berücksichtigt werden soll, besteht aus den beiden Dimensionen der strukturellen Kopplung. Die postulierten Dimensionen der lebensweltlichen und der medialen strukturellen Kopplung konnten durch eine Faktorenanalyse bestätigt werden. Die lebensweltliche Dimension zeigt an, dass Inhalte aus dem Spiel übernommen und in das reale Leben transferiert werden, was sich beispielsweise am Sprachgebrauch oder im Gesprächsstoff zeigt. Der zweite Faktor umfasst die mediale strukturelle Kopplung: Diese Dimension umfasst die Zuwendung zu themenverwandten Medien wie z.B. Action- und Science-Fiction-Filmen sowie Computerspiele-Zeitschriften.

Tabelle 4:   Strukturelle Kopplung

	lebensweltliche strukturelle Kopplung	mediale strukturelle Kopplung
Ich verwende den Spieler-Slang und Abkürzungen auch in meinem alltäglichen Sprachgebrauch.	.79	
Ich spreche auch mit Mitschülern / Kommilitonen / Kollegen über Ego-Shooter.	.76	
Ich interessiere mich auch außerhalb des Spiels für Waffen.	.55	.33
Ich schaue mir gerne Action-/Science-Fiction Filme an.		.82
Ich lese gerne (Online-)Computerspiele-Zeitschriften.		.67

Hauptkomponentenanalyse mit Varimaxrotation; 57 % erklärte Varianz; alle Faktorladungen >0.3

6   Ergebnisse der Modellprüfung

Das obige Pfadmodell kann im Rahmen dieses Beitrags nicht vollständig geprüft werden. Die Analyse wird daher auf die Beantwortung der folgenden Fragestellungen beschränkt:

F1: Welche Aspekte des Lebensstils haben einen Einfluss auf die individuellen Nutzungsmotive?

F2: Welchen Einfluss haben die Motive und die verschiedenen Aspekte des Lebensstils auf die Nutzung von FPS?

6.1 Einflussfaktoren auf die Nutzungsmotive

Von den vier Motivdimensionen lässt sich der Wunsch nach Macht & Kontrolle am besten durch die Lebensstilvariablen erklären, gefolgt von den Dimensionen Eskapismus & Stimmungsregulierung sowie Leistungsmotivation & Teamorientierung (Tabelle 5). In diesen drei Modellen zeigt sich, dass die positionalen Merkmale keinen oder nur einen sehr geringen Erklärungsbeitrag leisten können. Allein die Langeweile wird vornehmlich durch die lebensweltliche Position beeinflusst: Für die jüngeren und nicht berufstätigen Spieler ist das Motiv, die Langeweile zu vertreiben, von höherer Bedeutung. Allerdings ist der Anteil der erklärten Varianz nur gering. Für eine durch Langeweile motivierte Spielnutzung finden sich unter den vorhandenen Indikatoren kaum relevante Prädiktoren.

Tabelle 5: Einfluss des Lebensstils auf die vier Motivdimensionen (Regressionsanalysen)[15]

	Macht & Kontrolle	Eskapismus & Stimmungs-regulierung	Leistungs-motivation & Team-orientierung	Langeweile
n =	2822	2823	2822	2798
R^2 =	.21	.15	.09	.03
	beta	beta	beta	beta
Alter	-.09			
Geschlecht				
Berufstätigkeit				-.16
Arbeitslosigkeit				
Lebensstil aktiv	-.09			
Lebensstil führend				.09
Lebensstil zufrieden stellend			.12	
Lebensstil restringiert	.15	.18		
mediale strukturelle Kopplung		.20		
lebensweltliche strukturelle Kopplung	.34	.19	.28	

Die verschiedenen Komponenten der Wahrnehmung des eigenen Lebensstils haben unterschiedliche Effekte auf die vier Motivdimensionen. Ein aktiver Lebensstil und die Selbstwahrnehmung als Führer wirken sich nicht nennenswert aus. Bei den anderen individuellen Lebensstilvariablen findet man hingegen stärkere Effekte: Der Motivkomplex Leistungsmotivation & Teamorientierung ist für Personen, die ihr Leben als besonders zufrieden

---

[15] In die Modelle wurden nur Variablen aufgenommen, die einen beta-Wert von mindestens .09 aufweisen. Alle anderen Variablen wurden nicht berücksichtigt, u.a. um Probleme von Multikollinearität zu vermeiden.

stellend wahrnehmen, von größerer Bedeutung. Der gesteigerte Wunsch nach Teamplay und sportlichem Wettkampf besteht also vor allem bei Personen, die sehr selbstsicher durchs Leben gehen und mir ihrer Situation zufrieden sind. Es ist anzunehmen, dass diese Eigenschaften besonders wichtig sind, um sich z.B. in einem Team behaupten zu können oder im Wettkampf erfolgreich zu sein. Dies kann wiederum zu angenehmen Gefühlen seitens der Spieler führen und den Spaß an Teamplay und Wettbewerb nochmals steigern.

Der positive Einfluss des restringierten Lebensstils auf die Motive Macht & Kontrolle sowie Eskapismus & Stimmungsregulierung weist auf ein Kompensationsbedürfnis hin: Die Tatsache, dass zeitliche und finanzielle Schranken die Freizeitaktivitäten beeinträchtigen, deutet auf eine in dieser Hinsicht nicht so positive Lebenssituation. Dementsprechend sind für Personen in solchen Lebenslagen Machterlebnisse und der Wunsch besonders wichtig, der widrigen Realität zu entfliehen, um diese Unzulänglichkeiten zu kompensieren.

Einen erheblichen Einfluss auf die Motivstärke hat die strukturelle Kopplung, insbesondere die enge inhaltliche Verbindung zwischen Computerspiel und lebensweltlichem Handeln: Mit Ausnahme der Langeweile werden alle Motive dadurch beeinflusst. Es erscheint plausibel, dass bei einem FPS-Spieler, der sich auch in seinem sonstigen Leben intensiv mit dem Spiel und den dazugehörigen Themen beschäftigt und zudem vermehrt mit anderen Personen darüber spricht, bestimmte Nutzungsmotive verstärkt werden. Tatsächlich hat die lebensweltliche strukturelle Kopplung vor allem Einfluss auf solche Motive, die in einer nachvollziehbaren Beziehung zu den spezifischen Eigenschaften von FPS stehen, nämlich das Macht & Kontrollmotiv sowie die Leistungsmotivation & Teamorientierung. Hingegen werden die beiden Motivdimensionen, die in keiner expliziten inhaltlichen Beziehung zu den spezifischen Eigenschaften der FPS stehen, deutlich geringer oder überhaupt nicht von der lebensweltlichen strukturellen Kopplung beeinflusst. Vermutlich handelt es sich also um die bereits diskutierten Wechselwirkungsprozesse und nicht um einseitige Kausalwirkungen: Die Motive sind demnach nicht nur mögliche Ursache für die Nutzung der Spiele, sondern begünstigen auch die Verknüpfung der Spielinhalte mit dem alltäglichen Leben jenseits der Spielnutzung.

Der Motivkomplex Eskapismus & Stimmungsregulierung wird hingegen zu fast gleichen Teilen von der lebensweltlichen und der medialen strukturellen Kopplung bestimmt. Bemerkenswert ist dieser Zusammenhang vor allem in Bezug auf die mediale strukturelle Kopplung. Es spricht somit einiges dafür, dass die Rezeption von themenverwandten Angeboten in anderen Medien genauso gut dazu dienen kann, den Usern bei der Flucht aus der Realität zu helfen, wie die Nutzung der FPS. In Bezug auf die lebensweltliche strukturelle Kopplung ist in erster Linie eine umgekehrte Kausalitätsrichtung zu vermuten: Diejenigen Personen, die vornehmlich aus einem eskapistischen Bedürfnis heraus Ego-Shooter spielen, möchten die angenehmen Gefühle, die sich daraus ergeben, auch in ihren sonstigen Alltag integrieren (beispielsweise indem das Spiel zum Thema im sozialen Umfeld gemacht wird).

Zusammenfassend lässt sich festhalten, dass verschiedene Elemente des Lebensstils Einfluss auf die Nutzungsmotive der FPS-Spieler haben beziehungsweise in einem Wechselspiel stehen. Vor allem die individuellen Merkmale sind dabei von Bedeutung. Man findet Anzeichen dafür, dass die Motive wie ein Verbindungsglied im Prozess der strukturellen Kopplung zwischen Lebensrealität und Spielewelt wirken. Allerdings wurden auch Zusammenhänge zwischen Lebensrealität und Motiven entdeckt, die auf eine kompensatorische Beziehung hindeuten.

6.2 Einflussfaktoren auf die FPS-Nutzung

Die sechs Modelle, mit denen die Indikatoren der FPS-Nutzung erklärt werden sollen, unterscheiden sich deutlich in ihrer Erklärungskraft. Während die Modi der FPS-Nutzung (E-Sport, Lebensmittelpunkt) sehr gut durch die vorhandenen Indikatoren erklärt werden, ist die Erklärungskraft der Analysen, mit denen die Präferenz für FPS mit bestimmten Eigenschaften modelliert wird (Komplexität, Realismus, Gewaltintensität), geringer.

Wie schon bei den Motiven zeigt sich auch bei den Nutzungsindikatoren, dass die positionalen Merkmale fast überhaupt nicht zur Varianzaufklärung beitragen. Im Unterschied zu den vorherigen Modellen erweist sich nun auch die Wahrnehmung der eigenen Lebenssituation als weitgehend unbedeutend, mit einer Ausnahme: Wenn Spieler die FPS zu ihrem Lebensmittelpunkt gemacht haben, so ist dies im erheblichen Maße auf deren Lebenssituation zurückzuführen. Vor allem Personen, die ihre Freizeit nicht aktiv gestalten, neigen dazu, das FPS-Spielen ins Zentrum ihres Lebens zu rücken. Auch hier lassen sich die bereits thematisierten Wechselwirkungen vermuten: FPS bieten Personen, denen nicht viel an einer regen Freizeitgestaltung gelegen ist, eine bequeme, unaufwändige Möglichkeit des Zeitvertreibs. Darüber hinaus ist davon auszugehen, dass genau dieser Prozess dadurch weiter verstärkt wird und das FPS-Spielen einen immer wichtigeren Stellenwert im Leben einnimmt. Einen starken Einfluss auf diese Nutzungsform hat zudem die lebensweltliche strukturelle Kopplung: Spieler, die in der Schule oder am Arbeitsplatz in alltäglichen Gesprächen mit dem Themengebiet konfrontiert werden, räumen vermutlich auch deswegen dem Spiel einen zentralen Platz in ihrem Leben ein, weil sie dort dann ‚mitreden' können.

Auch auf die meisten anderen FPS-Nutzungsformen wirkt sich die Kopplung mit der Lebenswelt verstärkend aus, allerdings sind die Effekte deutlich schwächer (Tabelle 6). Die einzige – bemerkenswerte – Ausnahme bildet die Präferenz für besonders brutale Spiele; auf sie hat die lebensweltliche strukturelle Kopplung keinerlei Einfluss. Die Nutzung besonders gewalthaltiger Spiele steht daher mit dem sonstigen Lebensalltag der Spieler nicht unmittelbar in Verbindung. Im Hinblick auf die aktuelle gesellschaftliche Debatte ist dies ein besonders beachtenswertes Ergebnis: Weder die frustrierten noch die besonders gestressten Spieler wenden sich häufiger den gewalthaltigen Spielen zu. Die Vermutung, dass ihnen die Brutalität im Spiel möglicherweise als Ventil dienen könnte, wird nicht bestätigt. Solche bedenklichen Verbindungen konnten in dieser Studie nicht nachgewiesen werden.

Einen negativen Effekt hat die lebensweltliche strukturelle Kopplung auf die Nutzung komplexer Shooter. Demnach werden diese Programme eher von solchen Spielern genutzt, bei denen die FPS sonst im Leben keine Rolle spielen. Der Reiz des Spiels liegt für diese Spieler möglicherweise nicht so sehr im Genre begründet als in der Beschäftigung mit anspruchsvollen Herausforderungen. Diese Interpretation wird auch dadurch gestützt, dass einzig die Präferenz für komplexe Spiele durch die mediale strukturelle Kopplung beeinflusst wird: Personen, die sich auch in ihrer sonstigen Freizeitgestaltung intensiver mit artverwandten Medienangeboten wie z.B. Actionfilmen befassen, kennen sich mit den narrativen und gestalterischen Potenzialen des Genres besser aus und entwickeln von daher vermutlich auch höhere Ansprüche an die Spielgestaltung. Dementsprechend ist davon auszugehen, dass FPS mit einem simplen Spielprinzip für Kenner des Genres rasch an Neuigkeitswert verlieren und somit auch schneller langweilig werden. Die Erklärungskraft des Lebensstils ist somit nur für jenen Nutzungsstil, bei dem die FPS im Lebensmittelpunkt stehen, von Belang. Ansonsten sind seine Effekte eher begrenzt.

Tabelle 6:   Einfluss des Lebensstils und der Motive auf die FPS-Nutzung
(Regressionsanalysen)[16]

	Nutzungs-dauer von FPS	FPS als E-Sport	FPS als Lebens-mittel-punkt	komplexe FPS	realis-tische FPS	sehr gewalt-haltige FPS
n =	2786	897	894	2817	2815	2787
R^2 =	.14	.48	.47	.10	.05	.08
	beta	beta	beta	beta	beta	beta
Alter						
Geschlecht						
Berufstätigkeit						
Arbeitslosigkeit	.11					
Lebensstil aktiv	-.09		-.32			
Lebensstil führend						
Lebensstil zufrieden stellend						
Lebensstil restringiert			.15			
mediale strukturelle Kopplung				.14		
lebensweltliche strukturelle Kopplung	.18	.11	.31	-.13	.11	
Macht & Kontrolle	.10	.16	.25	-.10		.17
Eskapismus & Stimmungsregulierung				.23		.15
Leistungsmotivation & Teamorientierung	.17	.59		-.12	.17	-.15
Langeweile						

Bedeutsame Effekte auf die FPS-Nutzung haben hingegen die Nutzungsmotive. Vor allem die Computer- bzw. FPS-spezifischen Motive sind es, die sich als relevant erweisen. Das Motiv, Macht & Kontrolle ausüben zu wollen, wirkt sich sowohl auf den Gesamtumfang als auch auf die Nutzungsform E-Sport positiv aus. Der stärkste Einfluss dieses Motivs ist jedoch bei denjenigen zu verzeichnen, die das Spiel in ihren Lebensmittelpunkt gestellt haben. Vor dem Hintergrund, dass Erlebnisse von Macht und Kontrolle generell als emotional positive Erfahrungen angesehen werden können, ist dies ein nachvollziehbarer Zusammenhang: Je größer der Stellenwert der FPS im Leben, desto häufiger werden diese positiven Emotionen erfahrbar. Einen verstärkenden Effekt hat das Motiv zudem auf die

---

[16]   In die Modelle wurden nur Variablen aufgenommen, die einen beta-Wert von mindestens .09 aufweisen. Alle anderen Variablen wurden nicht berücksichtigt, u.a. um Probleme von Multikollinearität zu vermeiden.

Präferenz für besonders gewalthaltige Spiele. Möglicherweise lassen sich Machtphantasien bei besonders blutrünstigen Spielen besser ausleben als bei den weniger brutalen. Auf die Nutzung komplexer Spiele wirkt das Macht- & Kontrollmotiv hingegen negativ. Auch das ist nachvollziehbar, denn aufgrund ihrer Komplexität ist es schwieriger, die Spielabläufe zu kontrollieren und die Machtansprüche durchzusetzen.

Neben dem Machtmotiv trägt vor allem die Leistungsmotivation & Teamorientierung stark zur Erklärung der Nutzung bei. Insbesondere die Nutzung als E-Sport (beta = .59) wird durch diesen Motivkomplex beeinflusst. Dieser Zusammenhang war zu erwarten, da es beim E-Sport auf den Wettkampf und das gegenseitige ‚Kräftemessen' ankommt. Die Stärke des Zusammenhangs ist aber dennoch bemerkenswert. Einen positiven Effekt hat die Leistungsmotivation auch auf die generelle Nutzungsdauer der FPS sowie auf die Präferenz für FPS in realistischen Settings: Die Wirkung auf die allgemeine Nutzungsdauer ist insofern plausibel, als Erfolg im Spiel durch Üben und häufiges Spielen wahrscheinlicher wird. Besonders befriedigend ist der Erfolg offenbar vor allem dann, wenn er in realistischen Szenarien erzielt wird. Wahrscheinlich erscheint das Erfolgserlebnis in dieser Spielumgebung in gewisser Weise ebenfalls realer und wird dadurch besonders intensiv erlebt. Bei Personen, deren Leben stark vom FPS-Spielen dominiert wird, erweist sich die Leistungsmotivation bezeichnenderweise als irrelevant. Bei einer solchen Spielweise überwiegt der Wunsch nach Macht und nicht der sportliche Ehrgeiz. Auf die Nutzung von komplexen und besonders gewalthaltigen Spielvarianten wirkt sich die Leistungsmotivation sogar negativ aus. Demnach sind aufwändig inszenierte Spiele eher weniger dazu geeignet, sich im Wettkampf zu beweisen. Der negative Zusammenhang mit der Nutzung von brutalen Spielen ist in ähnlicher Art und Weise zu erklären: Brutale Spielelemente, wie z.B. der blutige Tod eines Gegners, werden meist recht detailliert dargestellt – ein Sachverhalt, der beim leistungsorientierten Spiel eher hinderlich ist, da gewartet werden muss, bis die aufwändigen Darstellungen vorbei sind. Die Feststellung aus der qualitativen Vorstudie, dass E-Sportler die Grafikeinstellungen im Spiel ‚runterschrauben', um Schnelligkeitseinbußen durch nicht ausreichend leistungsstarke Hardware zu vermeiden, verdeutlicht diese Nutzungsweise anschaulich.

Genau jene Nutzungsformen, die bei hoher Leistungsmotivation seltener zu finden sind, werden durch das Bedürfnis nach Eskapismus und Stimmungsregulierung positiv beeinflusst. Die aufwändige Darstellung speziell auch von brutalen Szenen eignet sich offenbar besonders, um dem Alltag zu entfliehen und die eigene Stimmung positiv zu beeinflussen. Die Bekämpfung von Langeweile ist für keine der hier untersuchten Nutzungsformen als Motivation relevant. Wenn es also nur darum geht, die Zeit zu füllen, scheint die Beschäftigung mit FPS nicht sonderlich geeignet zu sein.

7   Resümee

Der vorliegende Beitrag befasst sich mit dem umstrittenen Computerspielgenre der FPS. Die Frage nach möglichen Wirkungen der virtuellen Gewaltausübung steht bei der öffentlichen Diskussion im Mittelpunkt. Es ist jedoch sinnvoll, diese Frage zunächst auszuklammern und sich stattdessen mit der Erklärung der Nutzung zu beschäftigen, denn um das Wirkungspotenzial angemessen einschätzen zu können, müssen die Gründe für die Nutzung berücksichtigt werden. Die Ergebnisse der Analysen zeigen, dass das Genre der FPS und deren Nutzung differenziert zu betrachten ist: Die einzelnen Spiele dieses Genres unterscheiden sich in der Wahrnehmung durch die Spieler deutlich voneinander. Sie können anhand der Kategorien Realitätsbezug, Komplexität und Gewaltintensität voneinander abgegrenzt werden. Darüber hinaus wurden zwei Nutzungsmodi ermittelt: FPS als Lebensmittelpunkt und FPS als E-Sport. Im Fokus der Untersuchung stand die Frage, welche Faktoren die Präferenzen für die drei FPS-Eigenschaftsdimensionen und für die beiden Spielmodi beeinflussen. Dazu wurden zwei Erklärungsfaktoren herangezogen: Die Nutzungsmotive und die Lebenssituation der Spieler. Bei den Nutzungsmotiven spielen vornehmlich die Dimensionen Macht & Kontrolle sowie Leistungsmotivation & Teamorientierung eine Rolle. Während erstere insbesondere mit der FPS-Nutzung als Lebensmittelpunkt einhergeht, beeinflusst die zweite Dimension primär die Beschäftigung mit FPS als E-Sport. Beide Nutzungsmotive hängen wiederum mit dem Lebensstil der Spieler zusammen. Vor allem die lebensweltliche strukturelle Kopplung erweist sich dabei als bedeutsam.

Die Vermutung, dass sich die Lebenssituation der Spieler auch direkt auf die FPS-Nutzung auswirkt, konnte nur in einem Fall klar bestätigt werden. Allerdings ist dieser Befund in hohem Maße plausibel: Wenn die FPS zum Lebensmittelpunkt geworden sind, so besteht eine ausgeprägte Verbindung zum gesamten Lebensstil der Spieler. Bei allen anderen Aspekten der Lebenssituation sind die Zusammenhänge überwiegend schwach.

Sowohl der Einfluss der Lebenslage als auch die Effekte der Motive erweisen sich somit bei den beiden Nutzungsmodi als vollkommen unterschiedlich. Dass bei solch verschiedenartigen Ausgangsbedingungen gleiche Wirkungen des Spiels auftreten, erscheint unwahrscheinlich. Auch die differenzierte Analyse der Zuwendungsfaktoren zu FPS mit unterschiedlichen Eigenschaften verdeutlicht die Vielfalt: Das Zusammenspiel von Machtmotiv, Leistungsmotivation und Eskapismus hat nicht nur Einfluss darauf, wie viel Zeit mit dem FPS-Spiel verbracht wird. Es hat vor allem auch einen Effekt auf die Auswahl der präferierten Spiele-Typen, ob die Spieler sich also eher brutalen, realistischen oder komplexen virtuellen Umgebungen zuwenden.

Angesichts der Vielfalt und Komplexität, die die Nutzung von FPS auszeichnet, sollte in der gesellschaftlichen Debatte auf pauschalisierende Kausalzuschreibungen verzichtet werden. Die Nutzung von FPS kann nicht auf die Formel „Da lernen die Kinder das Morden!" reduziert werden. Allerdings geben die Ergebnisse auch keinen Anlass für eine generelle Entwarnung. Insbesondere die Zuwendungsmotive für besonders brutale Spiele erscheinen durchaus problematisch. Anlass zur Sorge besteht auch bei denjenigen Spielern, die das Spiel zu ihrem Lebensmittelpunkt gemacht haben. Hier sind es allerdings andere Gründe: Während die Motivstruktur, die sich für die Nutzung brutaler Spiele verantwortlich zeichnet, dazu führen könnte, dass sich Gewöhnungs- und Abstumpfungsprozesse einstellen, ist bei Spielern, deren Leben sich fast ausschließlich um das FPS-Spielen dreht, eine bedenkliche Reduktion der Erfahrungswelt festzustellen. Aufgabe der Wirkungsforschung wird es daher sein, die hier ermittelten Ursachen der Nutzung bei der Analyse von Wirkungsprozessen stärker zu berücksichtigen, um so die Auswirkungen des Spielens angemessener untersuchen zu können.

Literaturverzeichnis

Anderson, C. A. & Bushman, B. J. (2001): Effects of violent games on aggressive behavior, aggressive cognition, aggressive affect, psychological arousal, and prosocial behavior: A meta-analytic review of scientific literature. *Psychological Science*, 12, 353-359.

Anderson, C. A. & Dill, K. E. (2000): Video games and aggressive thoughts, feelings and behavior in the laboratory and in life. *Journal of Personality and Social Psychology*, 48, 772-790.

Fritz, J. & Fehr, W. (1997): Computerspieler wählen lebenstypisch. Präferenzen als Ausdruck struktureller Koppelungen. In: J.Fritz & W. Fehr (Hrsg.): *Handbuch Medien: Computerspiele.* Bonn: Bundeszentrale für politische Bildung, 67-76.

Fritz, J. (2003a): Zwischen Frust und Flow – Vielfältige Emotionen begleiten das Spielen am Computer. In: J. Fritz & W. Fehr (Hrsg.): *Computerspiele: Virtuelle Spiel- und Lernwelten.* Bonn: Bundeszentrale für politische Bildung, auf CD-Rom.

Fritz, J. (2003b): Action, Lebenswelten und Transfer. *medien+erziehung*, 47(1), 7-21.

Fritz, J. (2003c): Warum eigentlich spielt jemand Computerspiele? Macht, Herrschaft und Kontrolle faszinieren und motivieren. In: J. Fritz & W. Fehr (Hrsg.): *Computerspiele: Virtuelle Spiel- und Lernwelten.* Bonn: Bundeszentrale für politische Bildung, 10-24.

Fritz, J. (2003d): Im Sog der Computerspiele – Vorurteile und Erkenntnisse über Vielspieler. In: J. Fritz & W. Fehr (Hrsg.): *Computerspiele: Virtuelle Spiel- und Lernwelten.* Bonn: Bundeszentrale für politische Bildung, auf CD-Rom.

Greenberg, B. S. (1974): Gratifications of televison viewing and their correlates for british children. In: J. G. Blumler & E. Katz (Hrsg.): *The uses of mass communications. Current perspectives on gratifications research.* Beverly Hills: Sage, 71-92.

Hübner, M. (2004): *Der Computer als Sportgerät.* Online unter: http://www.computerbase.de/news/internet/esports/2004/juni/der_computer_sportgeraet/ (letzter Zugriff: 10.01.2006).

Jansz, J. & Martens, L. (2005): Gaming at a LAN event: the social context of playing video games. *New Media & Society*, 7, 333-355.

Katz, E. & Blumler, J. G. & Gurevitch, M. (1974): Uses of mass communication by the individual. In: W. P. Davison & F.T.C. Yu (Hrsg.): *Mass communication research. Major issues and future directions.* New York, Washington, London: Praeger, 11-35.

Klimmt, C. (2001): Ego-Shooter, Prügelspiel, Sportsimulation? Zur Typologisierung von Computer- und Videospielen. *Medien & Kommunikationswissenschaft*, 49(4), 480-497.

Klimmt, C. (2004): Der Nutzen von Computerspielen - ein optimistischer Blick auf interaktive Unterhaltung. *medien+erziehung*, 48(3), 7-11.

Ladas, M. (2002): *Brutale Spiele(r)? Wirkung und Nutzung von Gewalt in Computerspielen.* Franfurt: Peter Lang.

McLeod, J. M. & Becker, L. B. (1981): The uses and gratifications approach. In: D. D. Nimmo & K. R. Sanders (Hrsg.): *Handbook of political communication.* Beverly Hills, London: Sage, 67-99.

Palmgreen, P.; Wenner, L. A. & Rayburn, J.D. II (1980): Relations between gratifications sought and obtained. A study of television news. *Communication Research*, 7(2), 161-192.

Rosengren, K. E. (1996): Inhaltliche Theorien und formale Modelle in der Forschung über individuelle Mediennutzung. In: U. Hasebrink & F. Krotz (Hrsg.): *Die Zuschauer als Fernsehregisseure? Zum Verständnis individueller Nutzungs- und Rezeptionsmuster.* Baden-Baden, Hamburg: Nomos, 13-36.

Uhlmann, E. & Swanson, J. (2004): Exposure to violent video games increases automatic aggressiveness. *Journal of Adolescence*, 27, 41-52.

Vogelgesang, W. (2003): LAN-Partys. Jugendkulturelle Erlebnisräume zwischen Off- und Online. *medien+erziehung*, 47(5), 65-75.

Warkus, H. & Jacob, T. (2003): Von LANs und Clans. Gespräche am Rande der Games Convention in Leipzig. *medien+erziehung*, 47(1), 32-34.

Wiemken, J. (2003): Attentat verhindert, Bombe entschärft, Geisel tot: Sind Ego-Shooter wirklich so problematisch wie man gemeinhin glaubt? In: J. Fritz & W. Fehr (Hrsg.): *Computerspiele: Virtuelle Spiel- und Lernwelten.* Bonn: Bundeszentrale für politische Bildung, auf CD-Rom.

Witting, T. & Esser, H. (2003): Wie Spieler sich zu virtuellen Spielwelten in Beziehung setzen. *medien+erziehung,* 47(5), 52-64.

Wolling, J. & Kuhlmann, C. (2006): Zerstreute Aufmerksamkeit. Empirischer Test eines Erklärungsmodells für die Nebenbeinutzung des Fernsehens. *Medien & Kommunikationswissenschaft,* 54(3), 386-411.

4.4

Sport in virtuellen und realen Welten
Eine Befragung unter Jugendlichen

Alice Klink, Michel Marcolesco, Sönke Siemens und Jens Wolling

1 Einleitung

Bastian Schweinsteiger, Fußballprofi vom FC Bayern München, widmet sich in seiner Freizeit gerne dem ausgiebigen Spielen von Video- und Computergames. Er „hat wie so viele junge Fußballprofis ein Faible für Computerspiele. In Mannschaftskreisen gilt er als Experte für *Pro Evolution Soccer* auf der Playstation" und nimmt selbst gerne an öffentlich veranstalteten Turnieren teil (Jungholt 2004). Ein Fußballer in zwei Welten – der realen und der virtuellen! Ein solch problemloses Miteinander von Computerspiel und sportlicher Betätigung scheint allerdings die Ausnahme zu sein. Die Ergebnisse einer Befragungsstudie von Jugendlichen aus dem Jahr 2005 deuten eher auf die Unvereinbarkeit der beiden Welten hin. Christian Pfeiffer, Direktor des Kriminologischen Forschungsinstituts Niedersachsen und Leiter der Untersuchung, fasst die Befunde in einem Interview folgendermaßen zusammen: „Computerspielen macht Kinder dick, krank, dumm und traurig. Dick und krank liegt auf der Hand, Bewegungsarmut statt Fußballspielen, stundenlang hinter den Kisten sitzen, ist nicht gut für die körperliche Fitness" (Pfeiffer im Interview mit Krell 2005). In einem Zwischenbericht zu dieser Studie schreibt das Forschungsteam: „Wer pro Tag in seiner Freizeit mehr als drei oder vier Stunden mit Fernsehen und Computerspielen verbringt, der versäumt das Leben. Ihm verbleibt [nicht] [...] genug Zeit dafür, regelmäßig in einer Fußballmannschaft zu trainieren und dann am Sonntag vielleicht zu lernen wie man anständig verliert" (Pfeiffer et al. 2005).

Vermutungen darüber, dass die Beschäftigung mit dem Computer negative Effekte auf das Sozialverhalten und die Freizeitbeschäftigung von Kindern und Jugendlichen haben könnte, sind nicht neu. „In bezug auf das übrige Freizeitverhalten könnte etwa befürchtet werden, [...] daß andere, nicht-mediale und bewegungsintensive Beschäftigungen zugunsten des Spielens am Bildschirm aus dem Handlungsspektrum weitgehend verdrängt werden" (Fromme 1999, 62). Trägheit und mangelnde Fitness werden als Folge befürchtet. Dass solche Befürchtungen nicht völlig aus der Luft gegriffen sind, zeigen auch die Ergebnisse einer Meta-Analyse von Marshall et al. (2004), wonach ein (schwacher) negativer Zusammenhang zwischen Computerspielen und aktiver körperlicher Betätigung besteht: Je mehr am Computer gespielt wird, desto geringer ist die reale sportliche Aktivität.

Die Frage, ob die genannten Befürchtungen berechtigt sind, bildet den Anlass für die vorliegende Studie. Die Beziehung zwischen sportlicher Aktivität und Computerspielen soll differenzierter analysiert werden, denn die einfache Verdrängungsthese (Computerspiele ersetzen den realen Sport), die den eingangs vorgestellten Studien zugrunde liegt, wird der Komplexität der Zusammenhänge nicht gerecht. Sowohl die sportliche Betätigung als auch das Spielen am Computer sind vielfältige Phänomene, die aus unterschiedlichen Aktivitäten und Handlungen bestehen. Nicht nur zwischen den Eigenschaften und Anforderungen der verschiedenen Sportarten, auch zwischen denen verschiedener Computerspiele bestehen erhebliche Unterschiede. Deswegen ist es notwendig, genauer zu ermitteln, welche Spiele von den jeweiligen Spielern am Computer gespielt und welche realen sportlichen Aktivitäten ausgeübt werden. Insbesondere die Frage, ob zwischen den real ausgeübten Sportarten und den bevorzugten Sportspielen ein Zusammenhang besteht, soll beantwortet werden.

Um diese Forschungsziele zu erreichen, werden zunächst einige Befunde zur Bedeutung des Sports für Jugendliche und zur Nutzung von Sportspielen am Computer vorgestellt. Anschließend wird verdeutlicht, welche Beziehungen zwischen realem und virtuellem Sport theoretisch möglich sind und welche Forschungsergebnisse zu diesem Zusammenhang bisher vorliegen. Im zweiten Teil des Beitrags erläutern und präsentieren wir dann das methodische Vorgehen sowie die Ergebnisse einer schriftlichen Befragung von Schülern der neunten Klasse an mehreren Münchner Schulen.

2   Sport und Computersportspiele im Alltag Jugendlicher

Sport hat für Jugendliche eine große Bedeutung. Er rangiert im Alter zwischen 12 und 19 Jahren laut JIM-Studie an zweiter Stelle der beliebtesten non-medialen Freizeitaktivitäten, und für fast dreiviertel aller Heranwachsenden hat das Thema Sport eine hohe bis sehr hohe Gesprächsrelevanz (MpFS 2005). Allerdings findet man deutliche Unterschiede zwischen den Geschlechtern: Für 76 % der Jungen und nur für 59 % der Mädchen gehört Sport zu jenen Freizeitaktivitäten, die gerne mehrmals pro Woche ausgeübt werden. Auch auf dem virtuellen Sportplatz findet man Unterschiede zwischen Jungen und Mädchen. Die Begeisterung der männlichen Jugendlichen für Sportspiele ist deutlich höher: 41 % der Jungen tummeln sich in virtuellen Arenen und Stadien. Der Anteil der weiblichen Sport- und Simulationsspielfans ist hingegen nur knapp halb so groß. Nicht nur die zitierte JIM-Studie zeigt, dass Mädchen und Jungen sich sowohl beim realen wie auch beim virtuellen Sport stark unterscheiden. Auch in anderen Untersuchungen wurden immer wieder Unterschiede zwischen den Geschlechtern ermittelt (Fritz & Fehr 2003; Fromme, Meder & Vollmer 2000, 29 ff.; Shell 2006). Übereinstimmend zeigt sich dabei, dass Jungen beiden Bereichen eine größere Bedeutung zusprechen als Mädchen. Deshalb wird das Geschlecht in der vorliegenden Studie nicht nur als Kontrollvariable berücksichtigt, sondern es wird geprüft, ob es als intervenierende Variable fungiert, ob sich also die Beziehungen zwischen realem und virtuellem Sport bei Mädchen und Jungen unterschiedlich gestalten.

3   Bezug zwischen virtuellen und realweltlichen Erfahrungsbereichen

Wenn nach der Beziehung zwischen realen, medialen und virtuellen Welten gefragt wird, dann setzt dies implizit voraus, dass es sich dabei um abgegrenzte Erfahrungsbereiche handelt, von denen gleichzeitig angenommen wird, dass sie miteinander verknüpft sind. Wie können die Verbindungen zwischen den verschiedenen Erfahrungswelten beschaffen sein?

Groebel (1989, 351) hat die möglichen Beziehungen unter dem Gesichtspunkt der Reizsuche von Rezipienten in der Realität und in den Medien diskutiert. Er sieht vier mögliche Relationen und fragt nach deren Relevanz: „*Ersetzen* die Medien, ersetzt das Fernsehen eigene Erlebnisse der Mediennutzer? Oder werden reale Erfahrungen durch die Programmangebote *ergänzt, erweitert*, vielleicht sogar *angeregt*?"

Bei Groebel lag der Fokus der Betrachtung auf dem Medium Fernsehen, doch erweiterte er schon damals den Blick auf interaktive, virtuelle Medienformen und machte deutlich, dass die Frage in den veränderten Medienumgebungen noch einmal neu zu stellen ist:

> Welchen Stellenwert – wiederum im Vergleich zur Wirklichkeit – haben Medien, die einen aktiven Eingriff in den Handlungsverlauf erlauben bei gleichzeitig exakt simulierter Realität? Die Umsetzung dieser technischen Möglichkeiten ist wohl in erster Linie eine Frage der Zeit (siehe Computerspiele und Holographie). (Groebel 1989, 362)

Was für Groebel noch in der Zukunft lag, ist heute (Spiele-)Alltag. Die Darstellungen, Abläufe und Bewegungen in den Videospielen werden immer komplexer und somit realitätsnaher. Hardware-Neuerungen wie *EyeToy* (Sony) oder die *Wii*-Konsole von Nintendo verstärken diese Annäherung an das reale Handeln zusätzlich, indem real vollzogene Bewegungen (z.B. mit Hilfe eines Infrarot-Sensors) auf die Geschehnisse der virtuellen Welt projiziert werden. D.h. die spielende Person muss sich bzw. das Eingabegerät adäquat im Raum bewegen, um die gestellten Aufgaben meistern zu können. Hier werden realweltliches und virtuelles Handeln eins.

Durch die Begriffe Ersetzen, Ergänzen, Erweitern und Anregen – die Groebel verwendet – wird der Effekt der medialen bzw. virtuellen Aktivitäten auf die realen Handlungsweisen in einer zeitlichen Perspektive betrachtet: Ersetzen bedeutet angewandt auf den Sport, dass reale Sportaktivitäten verringert werden, wenn mit dem Computerspielen begonnen wurde. Von Ergänzen kann gesprochen werden, wenn die bisherigen sportlichen Aktivitäten im gewohnten Umfang beibehalten und zusätzlich Computerspiele genutzt werden. Eine Erweiterung liegt vor, wenn mit dem Computerspielen nicht nur virtuell eine Ausweitung des Erfahrungsbereichs erfolgt, sondern auch das reale Aktivitätsrepertoire ausgebaut wird. Als Anregung kann man es bezeichnen, wenn Personen, die keinen Sport betrieben haben, durch das Computerspielen zum Sport animiert wurden. Um die vier Relationen empirisch nachzuweisen, ist eine Längsschnittperspektive notwendig. Betrachtet man das zeitliche Verhältnis von virtuellen und realen Aktivitäten im Querschnitt – also nur zu einem einzigen Zeitpunkt – dann sind drei Beziehungsmuster denkbar: Konkurrenz, Komplementarität und Indifferenz (Tabelle 1).

Tabelle 1: Beziehungen zwischen virtuellen und realweltlichen Erfahrungsbereichen

| | **Zusammenhang (Korrelation) zwischen realen und virtuellen Aktivitäten** | | |
	negativ	nicht vorhanden	positiv
Zeitbezogen	konkurrierend	indifferent	komplementär
Inhaltsbezogen	kompensatorisch	entkoppelt	parallel

Auch Fritz und Fehr (2003) haben sich mit der Beziehung zwischen Lebenskontext und Computerspiel auseinandergesetzt. Dabei unterscheiden sie zwischen paralleler und kompensatorischer Koppelung. Die parallele Kopplung besagt, dass Spieler ihre Games so auswählen, dass sie sich selbst darin wieder finden, weil es Gemeinsamkeiten zwischen ihrer eigenen realen und der virtuellen Welt gibt. Von kompensatorischer Kopplung sprechen die Autoren, wenn in der virtuellen Welt Dinge realisiert werden, die in der realen Welt nicht oder nur schwer möglich sind. Unerfüllte Sehnsüchte, Vorstellungen oder Träume können in der virtuellen Welt durch Ersatzhandlungen kompensiert werden.

Im Unterschied zu dieser auf den zeitlichen Umfang der Aktivitäten bezogenen Perspektive geht es beim Begriff der Kopplung nicht um die Aufteilung des Zeitbudgets, sondern vielmehr um die Inhalte der Aktivitäten in den beiden Bereichen, um deren Ähnlichkeit und um die Unterschiede. Auch im Bezug auf die Inhalte sind drei Beziehungsmuster denkbar. Neben der bereits genannten parallelen und kompensatorischen Kopplung ist auch die Entkopplung der Bereiche möglich (Tabelle 1).

Empirische Studien, welche die Beziehung zwischen der virtuellen und der realen Welt der Spieler thematisieren, sind eher selten. Witting und Esser (2003) untersuchten anhand von acht verschiedenen Spielen den Zusammenhang zwischen Spieleinhalten und Lebenswelten der jeweiligen Spieler. Die Ergebnisse ihrer qualitativen Studie brachten deutliche Parallelen zum Vorschein. Erstaunlicherweise wurden jedoch keine Sportspiele in die Untersuchung mit einbezogen. Garitaonandia et al. (2001, 153) haben die Beziehung zwischen medialer und virtueller Welt analysiert. Ihre in Frankreich und England durchgeführte Untersuchung zeigt, dass Kinder, die Sport im Fernsehen anschauen, auch Videospiele mit Sportinhalten spielen: „As expected, children who like watching sport on television also like playing electronic games concerned with sport." In sportsoziologischen Studien wurde herausgefunden, dass sportlich aktive Personen mehr Interesse am Mediensport haben als solche, die selbst keinen Sport treiben (Weiß 1999).

Ein direkter Vergleich von virtueller und realer Sportausübung findet sich bei Fritz und Fehr (2003). Die Ergebnisse ihrer qualitativen Interviews verdeutlichen, „dass Spieler, die vom Sport begeistert sind und ihn auch aktiv betreiben, Computerspiele dieser Thematik (und Dynamik) schätzen und bevorzugt spielen." Allerdings liefern sie auch Beispiele für kompensatorische Beziehungen. Ob insgesamt eher die kompensatorische oder aber die parallele Kopplung überwiegt, kann ihren Ergebnissen nicht entnommen werden. Im Unterschied zu den eingangs dargestellten Studien kommt Fromme (1999, 66 ff.) zu dem (nicht signifikanten) Ergebnis, dass „Kinder, die täglich Video- und Computerspiele spielen, nicht seltener, sondern eher häufiger [...] in ihrer Freizeit Sport [...] treiben." Hinsichtlich des Zusammenhangs zwischen der Vorliebe für Sportspiele auf dem Bildschirm und der Ausübung einer Mannschaftssportart in der Freizeit findet er geschlechtsspezifische Unterschiede: Während sich bei Mädchen keine statistischen Zusammenhänge aufzeigen ließen, war bei den befragten Jungen ein hoch signifikanter positiver Zusammenhang festzustellen. Das Geschlecht erweist sich somit also als bedeutsamer intervenierender Faktor.

Um zu verstehen, warum sich die Beziehung zwischen realer und virtueller Welt bei verschiedenen Personen unterschiedlich darstellen kann, ist es notwendig, sich die spezifischen Eigenschaften von realem und medialem Erleben zu verdeutlichen. Groebel (1989) hat in diesem Zusammenhang die Vorzüge und Nachteile der Erlebnisweisen herausgearbeitet: Ein Vorteil von medialen gegenüber vergleichbaren Realsituationen besteht darin, dass sich Medienerlebnisse leichter herstellen lassen. Die dazu notwendigen Anstrengungen sind minimal. Hinzu kommt, dass gefährliche und riskante Situationen mit*erlebt* und dennoch völlig unbeschadet überstanden werden können. Im Videospiel ist es zudem meist deutlich einfacher Fortschritte zu erzielen als in der Realität, da die Herausforderungen weniger komplex sind. Diese Vorteile haben allerdings auch ihre Schattenseiten: Virtuelle Erfolge, die ohne große Anstrengungen erreicht wurden, sind vermutlich weniger befriedigend und haben für den Spieler deswegen eine geringere Bedeutung. Die Freude über einen Erfolg in der Realität ist mit hoher Wahrscheinlichkeit wesentlich größer und dauerhafter. Durch die Ausschaltung des Risikos werden somit nicht nur die negativen Konsequenzen des Scheiterns, sondern auch die positiven Folgen des Erfolgs relativiert.

Aus diesen Überlegungen lassen sich Vermutungen ableiten, wie sich die Beziehung zwischen der Reizsuche in Medienumgebungen und in der Realität unter bestimmten Bedingungen jeweils gestalten könnte. Groebel (1989) nimmt an, dass jede Person eine individuelle Kosten-Nutzen-Rechnung vornimmt. Handelt es sich um einen Erlebnisbereich, der mit einem nur geringeren Risiko verbunden ist, findet für gewöhnlich eine Ergänzung von Realität und Medienangebot statt. Steht dem Erlebnis jedoch eine schwierige Realisierbarkeit oder ein hohes Risiko entgegen, können Medien als Ersatz dienen. Ersatzhandlungen werden also vor allem dann nötig, wenn Handlungsbeschränkungen ins Spiel kommen.

4   Fragestellungen, Hypothesen und methodisches Vorgehen

Aus den dargestellten Befürchtungen und den theoretischen Überlegungen lassen sich zwei Fragen ableiten, die im Mittelpunkt der Untersuchung stehen:

1. Ist die *zeitliche* Beziehung zwischen den virtuellen und den realweltlichen Erfahrungsbereichen konkurrierend, indifferent oder komplementär?

2. Ist die *inhaltliche* Beziehung zwischen den virtuellen und den realweltlichen Erfahrungsbereichen kompensatorisch, entkoppelt oder parallel?

Des Weiteren soll geprüft werden, ob bestimmte Eigenschaften, die Computerspielen von den Gamern zugeschrieben werden, sowie spezifische situative Gegebenheiten einen Einfluss darauf haben, dass Jugendliche sich mehr der virtuellen als der realen Sportwelt zuwenden. Drei Hypothesen werden in diesem Zusammenhang geprüft:

(a) Wenn Jugendliche meinen, dass man beim Computerspielen Dinge ausprobieren kann, die im realen Leben zu gefährlich sind, dann treiben sie meistens nur virtuellen Sport.

(b) Wenn Jugendlichen meinen, dass man beim Computerspielen seine Ziele leichter erreichen kann als im realen Leben, dann treiben sie meistens nur virtuellen Sport.

(c) Wenn Jugendliche eingeschränkte Möglichkeiten haben, realen Sport zu treiben, dann treiben sie meistens nur virtuellen Sport.

Die nachfolgend präsentierten Ergebnisse beruhen auf den Auswertungen einer schriftlich durchgeführten Umfrage.[1] Um Jugendliche einer gewissen Altersstufe zu erreichen, boten

---

[1]   Auf die Erläuterung der Operationalisierungen im Fragebogen wird an dieser Stelle verzichtet. Sie werden im Ergebnisteil bei den entsprechenden Auswertungsschritten dargelegt.

sich Schulen als Untersuchungsort an. Die Entscheidung fiel letztlich auf Schüler der neunten Jahrgangsstufe, da dies (a) die letzte Klasse ist, die an allen allgemein bildenden Schultypen vertreten ist, und (b) die Jugendlichen in dieser Altersklasse bereits eine gewisse
Unabhängigkeit entwickeln konnten, so dass davon ausgegangen werden kann, dass sowohl
die Sportaktivitäten als auch die Computerspielnutzung im geringeren Maß durch den Einfluss der Eltern geprägt wird.

Aus forschungsökonomischen Gründen wurde die Untersuchung auf das Münchner
Stadtgebiet beschränkt. Um in diesem Rahmen eine möglichst breite Abdeckung zu erreichen, wurde darauf geachtet, dass verschiedene Schultypen aus unterschiedlichen Stadt-
teilen berücksichtigt wurden.[2] Die Stichprobe umfasst zwölf Klassen. Insgesamt haben 252
Schülerinnen und Schüler im Alter zwischen 14 und 17 Jahren an der Untersuchung teilgenommen. Darunter befinden sich 46 % Mädchen und 54 % Jungen. Es handelt sich nicht
um eine Zufallsstichprobe, sondern um eine bewusste Auswahl. Durch die beschriebene
Vorgehensweise wurde aber dafür gesorgt, dass keine bedeutsamen Verzerrungen der
Stichprobe zu erwarten sind, so dass eine vorsichtige Übertragung der Ergebnisse auf Schüler in dieser Altersstufe möglich scheint.

Im Mittelpunkt der Untersuchung steht die Beziehung zwischen den sportlichen Aktivitäten der Jugendlichen und der Nutzung von entsprechenden Computersportspielen. Hierfür war es notwendig zu definieren, welche Computerspiele dieser Rubrik zugerechnet
werden sollen. Sowohl in der vorliegenden wissenschaftlichen Literatur als auch in der
Fachpresse werden dafür unterschiedliche Systematisierungen vorgeschlagen. Da bei der
Mehrzahl der Sportspiele eine real existierende Sportart so realistisch wie möglich am Bildschirm simuliert werden soll, klassifizieren Fritz und Fehr (o.J.) Sportspiele als Unterkate-
gorie der Simulationen. Bei vielen einschlägigen Zeitschriften und Websites wird *Sport*
hingegen als eigene Computerspielkategorie geführt. Doch auch hier unterscheiden sich die
Kategorisierungen erheblich. Während die Zeitschriften *GameStar* und *PC Games* neben
Sportmanagern auch Autorennspiele dem Bereich Sport unterordnen, vergibt *IGN,* eine der
größten Spielewebsites, sowohl an Autosport als auch an Wrestling eine eigene Kategorie.

Im Hinblick auf das Erkenntnisinteresse der vorliegenden Studie war es notwendig,
Sportspiele so zu definieren, dass die Beziehung zwischen virtuellem und realem Sport
auch tatsächlich untersucht werden kann. Es wurden daher zum einen Motorsportspiele
ausgeklammert, da die Untersuchungsteilnehmer aufgrund ihres Alters nur die virtuelle
Version dieser Sportart betreiben können; zum anderen entfallen so genannte ‚Sportmana-
gerspiele' wie zum Beispiel *Comunio* (vgl. Babayigit et al. in diesem Band), da Managertä-
tigkeiten in der Lebenswelt von Schülern dieses Alters normalerweise keine Entsprechun-
gen finden. Tanzspiele hingegen, die für gewöhnlich der Kategorie ‚Partyspiele' zugeordnet
sind, werden auf Grund ihrer Alltagsnähe und der Notwendigkeit tatsächlicher körperlicher
Bewegung für den Spielfortschritt zu den Sportgames gezählt.[3]

---

[2]   Dabei handelt es sich um eine Gesamtschule im Stadtteil Harthof (Nord), eine Hauptschule im Stadtteil Am
       Westkreuz (West), eine Realschule im Stadtteil Bogenhausen (Ost) sowie ein Gymnasium im Stadtteil Send-
       ling (Süd). Pro Schultyp wurden die Schüler von zwei Klassen befragt, wobei sich für die Gesamtschule
       sechs Klassen ergaben.
[3]   Bei den so genannten Tanzspielen wird für gewöhnlich eine spezielle Kunststoffmatte an die Spielekonsole
       angeschlossen. Auf der Matte befinden sich verschiedene Felder, die jeweils bewegungssensibel auf Druck
       reagieren. Je nach Schwierigkeitsgrad müssen nun in unterschiedlichem Tempo die auf dem Bildschirm dar-
       gestellten Bewegungsabläufe ‚nachgetanzt', d.h. die jeweiligen Felder mit den Füßen berührt werden. Dabei
       kommt es sowohl auf die Abfolge der Schritte als auch auf die rhythmische Genauigkeit an.

5   Ergebnisse

5.1 Deskriptive Befunde

Von den 252 befragten Schülern gaben 213 an, Computer- oder Videospiele zu spielen. Das sind 85 % der befragten Jugendlichen. Die Nichtspieler finden sich allerdings fast ausschließlich unter den weiblichen Befragten. Nur 2 % der Jungen, aber immerhin 31 % der Mädchen gaben an, dass sie grundsätzlich nicht am Computer spielen. Die Daten bestätigen somit den aus anderen Studien bekannten Befund, dass Computerspielen vor allem bei den männlichen Jugendlichen eine verbreitete Freizeitaktivität ist.

Als nächstes wurde ermittelt, welche relative Relevanz das Genre der Sportspiele für die Schüler hat. Dazu wurde die Nutzungshäufigkeit von insgesamt vierzehn verschiedenen Computerspielgenres erhoben. Durch den Vergleich der Nutzungsintensität der verschiedenen Genres in den unterschiedlichen soziodemographischen Gruppen konnte festgestellt werden, ob sich die Präferenzen für die Gamegenres bedeutsam unterscheiden (Tabelle 2). Die Analysen zeigen, dass die Nutzung der verschiedenen Genres vor allem nach dem Geschlecht differiert. Die ersten acht Spieltypen, die alle eine insgesamt recht hohe mittlere Nutzungshäufigkeit aufweisen, werden überdurchschnittlich häufig von den männlichen Jugendlichen genutzt. Die anderen sechs unterteilen sich in zwei Gruppen: Drei dieser Genres werden häufiger von Mädchen genutzt, während bei den anderen drei Spieltypen keine signifikanten Unterschiede bezüglich des Geschlechts vorliegen. Hinsichtlich des Alters und der besuchten Schulform sind keine oder marginale Unterschiede festzustellen.

Die im Rahmen dieses Beitrags fokussierten Sportspiele werden von allen Spielgenres am häufigsten genutzt.[4] Ein Drittel (34 %) der befragten Jugendlichen erweisen sich als ambitionierte Spieler, die oft oder sehr oft Sportgames auf dem Computer spielen. Bei beiden Geschlechtern liegen die virtuellen Sportaktivitäten auf dem ersten Platz der Nutzungsintensität, allerdings auf unterschiedlichem Niveau. Die Jungen spielen Sportspiele wesentlich häufiger als die Mädchen. Bei den Jungen sind 51 % begeisterte Vielspieler von Sportspielen,[5] bei den Mädchen sind es knapp 15 %. Auch bei den realen Sportaktivitäten zeigen sich Unterschiede zwischen den Geschlechtern. Insgesamt finden sich unter den befragten Schülern ein Drittel (32 %) ambitionierte Sportler.[6] Aufgeschlüsselt nach Mädchen und Jungen ändert sich das Bild: Während nahezu die Hälfte aller Jungen (46 %) sportbegeistert ist, trifft dies nur auf gut 16 % der Mädchen zu.

---

[4] Dass Sportspiele, speziell Fußballspiele, häufig genutzt werden, belegen die Jahresverkaufscharts der GfK. Zwischen 2003 und 2005 platzierte sich das Fußballspiel *FIFA Soccer* jeweils in hohen Positionen der Top 20-Verkaufs-Charts. 2004 wie auch 2005 entwickelte sich die PlayStation2-Version von *Pro Evolution Soccer* zu einem Verkaufsschlager. Auch Sportspiele zu anderen Sportarten – *WWE Smackdown! VS Raw* (Wrestling), *Athens 2004* (olympische Disziplinen) und *FIFA Street* (Hinterhof-Fußball) – erzielen große Verkaufserfolge (Entertainment Media Verlag 2006, 6-7).

[5] Vielspieler von Sportspielen sind diejenigen, die Games aus diesem Genre oft (3) oder sehr oft (4) spielen.

[6] Bei den realen Sportaktivitäten wurden die Faktoren Sportdauer, Sportvereinsaktivität und Freizeitsport durch Mittelwertbildung zu einem Index zusammengefasst. Die neu gebildete Variable hat die Ausprägungen 0 bis 4. Je höher die Indexwerte, desto eher kann jemand als „aktiver Sportler" bezeichnet werden. Jugendliche mit einem Indexwert von 3 oder höher werden im Folgenden als ambitionierte Sportler bezeichnet. Die drei zugrunde liegenden Variablen sind: Sportdauer in Stunden pro Monat: 0-7 Stunden (0), 8-15 Stunden (1), 16-23 Stunden (2), 24-31 Stunden (3), >31 Stunden (4). Vereinsaktivitäten pro Monat: keine (0), 1-4 Aktivitäten (1), 5-8 Aktivitäten (2), 9-12 Aktivitäten (3), >13 Aktivitäten (4). Freizeitsport: keine Angabe (0), mache ich gern (2), mache ich sehr gern (4).

Tabelle 2: Mittelwerte der Computerspielgenre-Nutzung

Mittelwerte der Computer-spielgenre-Nutzung: 0 = nie, 1 = selten, 2 = ab und zu, 3 = oft, 4 = sehr oft	Gesamt (Computerspieler)	Jungen	Mädchen	14/15 Jahre	16/17 Jahre	Hauptschule	Realschule	Gymnasium
n =	213	131	81	143	68	76	70	67
(Fun-)Sportspiele	2,9	*3,3*	*2,3*	3,0	2,7	3,3	2,8	2,7
Actionspiele	2,7	*3,2*	*2,0*	2,7	2,7	3,0	2,5	2,7
Rennspiele	2,7	*3,0*	*2,2*	2,7	2,8	3,1	2,6	2,4
Strategiespiele	2,6	*3,0*	*1,9*	2,6	2,6	*2,3*	*2,3*	*3,2*
Ego-Shooter	2,4	*3,2*	*1,2*	2,5	2,2	2,2	2,2	2,9
Beat'em Up[7]	2,3	*2,6*	*1,9*	2,2	2,5	2,7	2,1	2,1
Rollenspiele	2,1	*2,3*	*1,7*	2,1	2,0	2,0	1,8	2,4
Action-Adventure	1,9	*2,2*	*1,5*	1,8	2,1	1,9	1,9	1,9
Denk-/Puzzlespiele	1,6	*1,4*	*1,9*	1,5	1,8	1,6	1,5	1,7
Jump & Run	1,6	*1,4*	*1,8*	1,5	1,7	1,5	1,6	1,7
Tanzspiele	1,5	*1,3*	*1,8*	1,5	1,5	*1,8*	*1,3*	*1,3*
Adventure	1,7	1,7	1,6	1,6	1,8	1,6	1,7	1,7
Simulationen	1,6	1,6	1,5	1,6	1,5	1,5	1,5	1,8
Online-Rollenspiele	1,5	1,5	1,4	1,5	1,5	1,5	1,5	1,5

Signifikante Unterschiede (p < .01) sind kursiv gesetzt

Im Aggregat sind also die Verteilungen sowohl beim realen als auch beim virtuellen Sport nahezu identisch. Rund die Hälfte der männlichen und jeweils ein Sechstel der weiblichen Schüler erweist sich als Vielspieler/-sportler. Aber wie verhält es sich auf Individualdaten-ebene? Sind diejenigen, die viel Sport treiben auch diejenigen, die viele Computerspiele und speziell auch viele Sportspiele nutzen, oder ist die Beziehung negativ?

---

[7] ,Beat'em Up' ist die gängige Bezeichnung für Action-orientierte Computerspiele, bei welchen die vom Spieler gesteuerte Figur Nahkämpfe gegen vom Computer oder einem anderen Spieler gesteuerte Figuren ausficht.

5.2 Beziehung zwischen der Intensität realer Sportaktivitäten und der Intensität des Computerspielens

In den oben genannten Untersuchungen ist zumeist der Zusammenhang zwischen der Nutzungsdauer von Computerspielen und der Intensität der Sportaktivitäten analysiert worden. Dieser Betrachtung liegt – wie bereits erwähnt – implizit eine zeitliche Verdrängungsthese zugrunde. Ob es in der vorliegenden Erhebung Hinweise auf eine solche Verdrängung gibt, wird im ersten Untersuchungsschritt geprüft. Dazu wurde eine Korrelation zwischen der Nutzungsdauer von Computerspielen[8] und der sportlichen Betätigung errechnet. Die empirischen Ergebnisse sprechen gegen eine zeitliche Konkurrenz. Es besteht ein signifikanter positiver Zusammenhang (r = .20) zwischen den beiden Variablen. Es wäre folglich die Aussage zu treffen, dass ein Jugendlicher umso mehr Sport treibt, je mehr Bildschirmspiele er spielt. Berechnet man jedoch die Analysen jeweils für die weiblichen und männlichen Befragten separat, dann ergibt sich ein anderes Bild: Bei den Mädchen zeigt sich nun ein leicht negativer (r = -.05), aber nicht signifikanter Zusammenhang, und bei den Jungen findet man einen Korrelationskoeffizienten von Null (r = .00) zwischen der Nutzung von Computerspielen und den Sportaktivitäten. Das bedeutet, dass es zwar keine Hinweise auf zeitliche Konkurrenz gibt, dass aber gleichfalls auch keine generelle Komplementarität festzustellen ist. Die signifikante positive Korrelation in der Gesamtstichprobe ist ein Artefakt des Unterschieds zwischen den Geschlechtern in beiden Bereichen.

5.3 Beziehung zwischen der Intensität realer und virtueller Sportaktivitäten

Zur Beantwortung der zweiten Forschungsfrage wurde geprüft, welcher Zusammenhang zwischen der Häufigkeit realer Sportaktivitäten und der Intensität virtueller Sportaktivitäten besteht. Die Analyse zeigt wiederum eine hoch signifikante positive Korrelation (r = .34). Die Beziehung zwischen den beiden Welten ist somit relativ eng und entspricht der These einer parallelen Kopplung. Betrachtet man allerdings Mädchen und Jungen getrennt, dann schwächen sich die Korrelationen in beiden Gruppen ab. Vor allem bei den Jungen erweist sich der Zusammenhang als erheblich schwächer (r = .19), aber auch bei den weiblichen Befragten relativiert sich die Beziehung (r = .25) im Vergleich zur Gesamtstichprobe.

    Die stärkere Korrelation bei den Mädchen verwundert und verlangt nach einer genaueren Inspektion der Daten. Dabei zeigt sich, dass nur wenige Mädchen viel oder sehr viel Sport treiben. Diejenigen, die sehr ambitioniert Sport treiben, interessieren sich dann aber auch meistens für Sportspiele. Der Großteil der Schülerinnen zeigt jedoch weder Interesse an realem Sport als Freizeitbeschäftigung noch an Computersportspielen. Durch diese beiden Extreme ergibt sich die oben beschriebene höhere Korrelation. Dass dieser Zusammenhang bei den männlichen Befragten geringer ausfällt, ist insbesondere darauf zurückzuführen, dass es sowohl bei denen, die dem Sport im realen Leben aus dem Weg gehen, als auch bei den Durchschnittssportlern und Sportbegeisterten jeweils eine beträchtliche Anzahl von Computerspielern gibt, die sehr häufig Sportspiele nutzen. Tendenziell nimmt aber auch bei den Jungen die Häufigkeit der Sportspielenutzung parallel zur Bedeutung des Sports zu.

---

[8]   Indexerstellung „allgemeiner Computerspieler" (Punktevergabe in Klammern): Computerspieldauer in Stunden pro Monat: 0-9 (0), 10-19 (1), 20-29 (2), 30-39 (3), >39 (4). Freizeitpräferenz „Computer/Konsole spielen": keine Angabe (0), mache ich gern (1), mache ich sehr gern (2).

Die höhere Korrelation in der Gesamtstichprobe ist somit auch in diesem Fall ein Artefakt des Geschlechterunterschieds in beiden betrachteten Bereichen. Die Ergebnisse dieses
Untersuchungsschrittes bestätigen zwar, dass das Lebensthema ‚Sport' bei den Jugendlichen durchaus auf die Computerspielenutzung übertragen wird, allerdings sind die Zusammenhänge nicht so ausgeprägt, wie es die erste Analyse mit dem Gesamtdatensatz nahe
gelegt hatte.

5.4 Beziehung zwischen der Vielfalt realer und virtueller Sportaktivitäten

Ein anderer Indikator für inhaltliche Beziehungen zwischen Realität und Virtualität ist die
Vielfalt der Sportarten, für die sich die Jugendlichen interessieren. Geprüft wird, ob diejenigen, die in der Realität ein breites Spektrum an Sportarten betreiben, sich auch virtuell
mit vielen unterschiedlichen Genres beschäftigen. Es soll also untersucht werden, ob ein
Zusammenhang zwischen der Anzahl der real ausgeübten Sportarten und der virtuell genutzten Sportspiele besteht. Für die Prüfung dieser Beziehung wurde von jedem Befragten
die Anzahl der real und virtuell betriebenen Sportarten erfragt und eine Korrelation zwischen den beiden Werten berechnet. Wiederum ergab sich ein hochsignifikanter positiver
Zusammenhang (r = .32), der zeigt, dass ein breit gefächertes Sportinteresse im realen Leben mit einem breiten Spektrum in der virtuellen Welt korrespondiert.

Wie schon bei den vorangegangenen Analyseschritten wurden auch hier wieder ge-
sonderte Auswertungen für die beiden Geschlechter berechnet. Als Ergebnis ist festzuhalten, dass der positive Befund für alle Befragten vor allem auf den männlichen Teil der
Stichprobe zurückzuführen ist. Betrachtet man nur die Jungen, ist der Zusammenhang sogar
noch etwas stärker ausgeprägt (r = .34) als in der Gesamtstichprobe. Auch bei den Mädchen
findet man zwar eine positive Korrelation, diese ist jedoch deutlich schwächer und nicht
signifikant (r = .10).

Dieser Befund unterscheidet sich diametral von den zuvor präsentierten Ergebnissen.
Wie ist das zu erklären? Eine Antwort darauf findet man, wenn man einerseits die Beziehung zwischen der Intensität der Sportaktivitäten und der Vielfalt der Sportaktivitäten betrachtet, und auf der anderen Seite die Intensität der Sportspielnutzung mit der Vielfalt der
genutzten Spiele vergleicht. Hier findet man bei Jungen und Mädchen deutlich differieren-
de Zusammenhänge (Tabelle 3). Bei den Schülern zeigen sich sowohl in der Realität als
auch in der virtuellen Welt starke positive Zusammenhänge, bei den Schülerinnen findet
man einen solchen Zusammenhang nur in der virtuellen Welt, dort jedoch wesentlich ausgeprägter als bei den Jungen. Das bedeutet, dass männliche Jugendliche, die häufig Sport
treiben, sich auch für viele Sportarten interessieren, und zwar sowohl in der realen als auch
in der virtuellen Welt. Bei den Mädchen gibt es eine solche Beziehung nur in der Virtualität, in der realen Welt ist bei ihnen kein Zusammenhang zwischen Intensität und Vielfalt
erkennbar. Aktive Sportlerinnen sind demnach nicht unbedingt in vielen Sportarten aktiv,
sondern konzentrieren sich häufig auf einige wenige. Für vielspielende Mädchen haben
Computersportspiele demnach offenbar die Funktion, neue Sportarten auszuprobieren, die
sie im realen Leben nicht betreiben können oder wollen. Die virtuellen Spiele erweitern
somit ihren Erlebnisbereich. Bei den Jungen hingegen werden durch die Computersportspiele die realen Sporterfahrungen vor allem ergänzt.

Tabelle 3: Zusammenhang zw. Intensität und Vielfalt bei realem und virtuellem Sport

	Zusammenhang bei realem Sport	Zusammenhang bei virtuellem Sport
bei allen Jugendlichen	.30 ***	.54 ***
bei den Mädchen	.10	.60 ***
bei den Jungen	.34 ***	.41 ***

* p <.05; ** p <.01; *** p <.001

5.5 Zusammenhang zwischen Computersportspielgenre und real ausgeübter Sportart

Um der inhaltlichen Kopplung zwischen realem und virtuellem Sport noch etwas genauer nachzugehen, wird nun geprüft, ob die real ausgeübten Sportarten auch virtuell gespielt werden. Bis auf wenige Ausnahmen zeigen sich signifikante Zusammenhänge, allerdings in unterschiedlich starker Ausprägung (vgl. Tabelle 4). Insgesamt ist festzuhalten, dass Jugendliche, die einer bestimmten Sportart in ihrer Freizeit nachgehen, diese Sportart dann auch sehr häufig virtuell ausüben. Umgekehrt interessieren sich nur wenige Befragte für ein Sportspiel, wenn sie keinen Bezug zu der „Live"-Version der Sportart haben. Reale Erfahrungswelt und Medienwelt entsprechen sich bei dieser Betrachtung sehr deutlich. Ausnahmen bilden lediglich die Sportarten Radfahren, Tischtennis, Baseball und Wakeboarden. Dies mag zum einen daran liegen, dass es sich gerade beim Radfahren weniger um eine bewusst ausgeübte Sportart handelt, sondern um eine alltägliche Fortbewegungsform – gerade im Alter der befragten Schüler. Ähnlich verhält es sich mit Tischtennis. Auf zahlreichen Schulhöfen finden sich Tischtennisplatten, die gern als Pausenfüller genutzt werden. Da es sich hierbei häufig nicht um eine bewusste Entscheidung für die Ausübung einer Sportart handelt, identifizieren sich die Jugendlichen vermutlich auch weniger damit, und das Interesse verliert sich meist mit Verlassen des Schulhofes. Zum anderen war das Angebot auf dem Spielemarkt zum Thema Radrennen und Tischtennis zum Zeitpunkt der Befragung eher unspektakulär. Für den schwachen Zusammenhang beim Wakeboarden sind sicherlich zwei Aspekte entscheidend: Zum einen handelt es sich um eine von den Spieleherstellern bisher weitgehend unbeachtete Sportart,[9] zum anderen ist Wakeboarden relativ teuer und deswegen nur für wenige Jugendliche realisierbar. Beim Baseball befinden sich zwar zahlreiche recht gut gelungene Spiele auf dem Markt, die reale Ausübung des Sports ist aber aufgrund des geringen Angebots nur sehr eingeschränkt möglich.

Eine Aufteilung nach der Variable Geschlecht ist für den Vergleich zwischen realer und virtueller Sportart problematisch, da die Anzahl der weiblichen Befragten, welche die jeweilige Sportart ausüben, in fast allen Kategorien sehr gering ist. Die einzige Ausnahme bildet *Fußball*. Hier zeigt sich, dass sowohl bei den Mädchen als auch bei den Jungen Realität und Virtualität stark korrespondieren. Bei beiden Geschlechtern findet man eine parallele Kopplung (Tabelle 5).

---

[9]   Die Auswahl beschränkt sich auf *Wakeboarding Unleashed* und *Burstrick Wakeboarding*.

Tabelle 4:   Zusammenhang zw. Computersportgenre und real ausgeübter Sportart

Genutzte Computersportspiele	keine reale Ausübung der Sportart		reale Ausübung der Sportart		Signifikanz von Chi^2
	n	%	n	%	
Fußball	87	a) 20	117	86	p <.001
Snowboarden	176	15	28	64	p <.001
BMX	196	8	8	63	p <.001
Boxen	184	15	20	60	p <.001
Basketball	125	13	79	53	p <.001
Reiten	197	1	7	43	p <.001
Tanzen	147	2	57	28	p <.001
Volleyball	167	1	37	16	p <.001
Golf	196	5	8	50	p <.001
Kampfsport	178	22	26	54	p <.01
Tennis	183	10	21	33	p <.01
Skifahren	165	6	39	21	p <.01
Inline-Skaten	152	2	52	14	p <.01
Skateboarden	192	17	12	50	p <.05
Eishockey	195	9	9	33	p <.05
Leichtathletik	188	2	16	19	p <.05
Radfahren	95	5	109	12	nicht signifikant
Tischtennis	139	4	65	8	nicht signifikant
Baseball	199	5	5	0	nicht signifikant
Wakeboarden	199	2	5	0	nicht signifikant

Die tatsächliche Anzahl der Sporttreibenden bzw. Nichtsporttreibenden ist in absoluten Zahlen dargestellt. Die Angaben in % bezeichnen die virtuellen Sportler in der jeweiligen Kategorie. Lesebeispiel: Von insgesamt 117 Jugendlichen, die in ihrer Freizeit Fußball spielen, spielen 86 % auch auf dem Computer/der Konsole Fußballgames. Von den 87 Nicht-Fußballern nutzen hingegen nur 20 % die virtuelle Variante.

Tabelle 5:   Zusammenhang zwischen realem und virtuellem Fußballspielen

	Fußball nicht real ausgeübt		Fußball real ausgeübt		Signifikanz von Chi^2
	n	%	n	%	
alle Computerspieler	87	20	117	86	p <.001
weibliche Computerspieler	61	15	14	64	p <.001
männliche Computerspieler	26	31	102	89	p <.001

Die tatsächliche Anzahl der Sporttreibenden bzw. Nichtsporttreibenden ist in absoluten Zahlen dargestellt. Die Angaben in % bezeichnen die virtuellen Sportler in der jeweiligen Gruppe.

5.6 *Effekte der wahrgenommenen Eigenschaften von Computerspielen und der situativen Restriktionen*

Im letzten Abschnitt sollen nun die oben formulierten Hypothesen geprüft werden. Dazu wurden die Schüler in vier Gruppen eingeteilt. Die erste Gruppe besteht aus Jugendlichen, die sowohl virtuellen als auch realen Sport eher selten oder nie ausübt (41 %). Die zweite Gruppe besteht aus aktiven Sportlern, die völlig oder weitgehend auf Sport am Computer verzichten (25 %). Die dritte Gruppe widmet sich sowohl dem Computersport als auch dem realen Sport intensiv (21 %) und in der vierten Gruppe sind jene, die sich auf virtuellen Sport beschränken (14 %).[10] Geprüft wurde anschließend, ob in der Gruppe derjenigen, die Computersport als risikoarm und leicht einschätzen, sowie bei denjenigen, die Computersport als Ersatzbeschäftigung nutzen, ein größerer Anteil von Computersportlern (Gruppe 3 und 4) und vor allem eine größere Anzahl von virtuellen Exklusivspielern (Gruppe 4) zu finden ist.

Tabelle 6: Effekte der wahrgenommenen Eigenschaften von Computerspielen und der situativen Restriktionen

	Risikovermeidung [a]		Schnellerer Erfolg beim Computerspielen [b]		Bei Restriktion Computernutzung [c]	
	Ablehnung	Zustimmung	Ablehnung	Zustimmung	Ablehnung	Zustimmung
n =	107	94	120	80	146	59
Gruppe die…	%	%	%	%	%	%
realen und virtuellen Sport (fast) nicht macht	36	31	34	33	40	14
(fast) nur realen Sport macht	27	23	27	24	19	20
sowohl realen als auch virtuellen Sport macht	22	28	26	23	17	46
(fast) nur virtuellen Sport macht	15	18	13	21	14	20
Signifikanz von Chi^2	n.s.		n.s.		***	

Die Signifikanzen sind unterteilt nach: *** p <.001, ** p <.01, * p <.05, n.s. = nicht signifikant.
Wortlaut der Itmes: (a) „In Computer-/Videospielen kann ich das ausprobieren, was im echten Leben zu gefährlich ist." (b) „In der virtuellen Welt macht man schneller Fortschritte als in der Realität." (c) „Wenn ich (auf Grund des Wetters und/oder anderer Umstände) keine Möglichkeit habe, meine Sportart(en) auszuüben, spiele ich als Ersatz Sportspiele auf dem Computer/der Konsole." Die Fragen (a) und (b) wurden nur denen gestellt, die auch tatsächlich am Computer spielen, die Frage (c) wurde nur denen vorgelegt, die in der Freizeit Sport treiben.

---

[10] Als Wenigspieler von Computersportspielen wurden diejenigen klassifiziert, die angaben, dieses Genre ‚nie', ‚selten', oder ‚ab und zu' zu spielen; diese befinden sich in Gruppe 1 oder 2. Schüler, die Computersportspiele ‚oft' oder ‚sehr oft' spielen, wurden Gruppe 3 oder 4 zugeteilt. Als ‚Nichtsportler' wurden Jugendliche klassifiziert, die beim Index *reale Sportaktivitäten* (vgl. Fußnote 3) den Wert von 2 nicht erreicht haben. Sie sind Gruppe 1 oder 4 zugeordnet worden. ‚Aktive Sportler' sind alle diejenigen, die einen Indexwert von 2 und höher erreicht haben; sie werden in Gruppe 2 oder 3 eingeteilt.

Die Ergebnisse bestätigen die Hypothesen insgesamt eher nicht (Tabelle 6). Zwar findet man sowohl bei denen, die Computersport als risikoarm ansehen, als auch bei denen, die meinen, man könne beim Computerspielen leichter Erfolge erzielen, Tendenzen in die erwartete Richtung, allerdings sind die Zusammenhänge nicht signifikant. Es zeigt sich also, dass die Zuwendung zum virtuellen Sport kaum darauf zurückzuführen ist, dass die ‚Welt' dort weniger risikoreich und leichter zu bewältigen ist. Gerade auch die exklusive Zuwendung zu Sportspielen wird durch solche Einschätzungen kaum erhöht.

Ein hoch signifikanter Effekt zeigt sich hingegen bei den situativen Restriktionen. Für diesen Zusammenhang sind jedoch nicht – wie man zunächst vermuten könnte – die Schüler ausschlaggebend, die sich ohnehin fast ausschließlich mit Computerspielen die (Frei-) Zeit vertreiben. Vielmehr ist der Anteil der Schüler, die sich sowohl virtuell als auch real viel mit Sport beschäftigen, in dieser Gruppe besonders hoch. Inhaltlich bedeutet dies, dass es sich tatsächlich um ein *situations*bedingtes Ausweichen auf den virtuellen Sport handelt. Es sind besonders die Sportbegeisterten, die auf virtuelle Sportspiele *temporär* ausweichen, wenn es aus äußeren Umständen nicht möglich ist, sich dem realen Sport zu widmen.

6   Resümee

Die Studie hat gezeigt, dass die eingangs zitierten Befürchtungen durch die empirischen Ergebnisse kaum erhärtet werden konnten. In zeitlicher Hinsicht fanden sich keine nennenswerten Hinweise auf eine Verdrängung realer sportlicher Aktivitäten durch Computerspielen. Allerdings konnten nach Kontrolle des Geschlechts auch keine positiven Zusammenhänge gefunden werden. Im Bezug auf die inhaltliche Verbindung der beiden Lebenswelten überwiegt die parallele Kopplung. Insbesondere die aktiven Sportler unter den Jugendlichen spielen häufig Sportspiele am Computer – und zwar ganz besonders Spiele von jenen Sportarten, die sie auch selbst in der Realität ausüben. Auch die These, dass Sportspiele vor allem deswegen genutzt werden, weil sie leichten Erfolg und risikoloses Erleben ermöglichen und somit zur Realitätsflucht beitragen, konnte nicht bestätigt werden. Schließlich fanden sich auch keine Hinweise darauf, dass Sportspiele als bequemer Ersatz dienen könnten, wenn den realen Sportaktivitäten Hindernisse im Wege stehen. Es sind vor allem die aktiven Sportler, die auf Computersportspiele ausweichen, wenn es einmal aus unterschiedlichen Gründen nicht möglich ist, in der Realität Sport zu treiben.

Insgesamt stellt sich die Situation also weniger dramatisch dar, als es ein Teil der Literatur suggeriert. Allerdings bedeutet dies nicht, dass das Verhältnis von virtueller und realer Erlebniswelt bei allen Jugendlichen völlig problemlos ist: Immerhin jeder siebte der befragten Jugendlichen beschränkt sich beim Sport fast völlig auf die virtuelle Welt. Ob diese einseitige Ausrichtung durch die Computerspiele begünstigt wird, oder ob die Jugendlichen auch ohne die Spiele auf realen Sport verzichtet hätten, kann anhand der vorliegenden Daten nicht beantwortet werden. Um diese Frage zu beantworten, sind weitere Forschungsanstrengungen notwendig.

Literaturverzeichnis

Entertainment Media Verlag (2006): Jahres Charts. World of Warcraft holt den Titel. *MCVgames-markt*, (1), 6-7.

Fritz, J. & Fehr, W. (2003): Computerspiele als Fortsetzung des Alltags. Wie sich Spielewelten und Lebenswelten verschränken. In: *Handbuch Medien 2003. Computerspiele. Virtuelle Spiel- und Lernwelten*. Bonn. Bundeszentrale für politische Bildung (nur auf CD).

Fritz, J. & Fehr, W. (o.J.): *Videospiele und ihre Typisierung*. URL: http://snp.bpb.de [letzter Zugriff am 30.12.2006].

Fromme, J. (1999): Kinder, Freizeit und Computer. Zur Bedeutung von Bildschirmspielen in der Freizeit- und Alltagskultur von Kindern. *Spektrum Freizeit*, 21(1), 56-76.

Fromme, J., Meder, N. & Vollmer N. (2000): *Computerspiele in der Kinderkultur*. Opladen: Leske + Budrich.

Garitaonandia, C., Juaristi, P. & Oleaga, J. A. (2001): Media genres and content preferences. In: S. Livingstone & M. Bovill (Hrsg.): *Children and their changing media environment: A european comparative study*. Mahwah, NJ: Lawrence Erlbaum, 141-157.

Groebel, J. (1989): Erlebnisse durch Medien. Reizsuche in der Realität und in der Fiktion. In: M. Kaase & W. Schulz (Hrsg.): *Massenkommunikation. Theorien, Methoden, Befunde*. Opladen: Westdeutscher, 351-363.

Hurrelmann, K., Albert, M. & Schneekloth, U. (2006): *Jugend 2006. 15. Shell Jugendstudie*. Frankfurt: Fischer.

Jungholt, T. (2004): Beckenbauer und sein Schlagerhandy. Fußball Intern. In: *Welt am Sonntag* vom 9.5.2004. URL: http://www.wams.de/data/2004/05/09/275709.html [letzter Zugriff am 27.12.2006].

Krell, P. C. (2005): Interview mit Prof. Dr. Pfeiffer (KFN). In: *Game Face* vom 13.9.2005. URL: http://www.game-face.de/article.php3?id_article=192 [letzter Zugriff am 27.12.2006].

Marshall, S.J., Biddle, S.J.H., Gorely, T., Cameron, N. & Murdey, I. (2004): Relationships between media use, body fatness and physical activity in children and youth: A meta-analysis. *International Journal of Obesity*, 28, 1238-1246.

MpFS Medienpädagogischer Forschungsverbund Südwest (Hrsg.) (2005): *JIM-Studie 2005. Jugend, Information, (Multi-)Media*. URL: http://www.mpfs.de/studien/jim/jim05.html [letzter Zugriff am 27.12.2006].

Pfeiffer, C., Mößle, T., Rehbein, F. & Kleimann, M. (2005): *Medienkonsum, Schulleistungen und Jugendgewalt*. URL: http://www.kfn.de/medienkonsumschulleistunggewalt.pdf [letzter Zugriff am 27.12.2006].

Weiß, O. (1999): *Einführung in die Sportsoziologie*. Wien. WUV.

Witting, T. & Esser, H. (2003): Wie Spieler sich zu virtuellen Spielwelten in Beziehung setzen. *Medien und Erziehung*, 47(5), 52-64.

4.5

Being Hoeneß, Calmund, Assauer…

Die Nutzung des Online-Fußballmanagers *Comunio* aus dynamisch-transaktionaler Perspektive

Gökalp Babayigit, Simon Hage, Timm Rotter, Sandra Schroeter und Jens Wolling

1   Fußballmanager – ein populäres Computerspielgenre

Fußballmanager sind ein überaus erfolgreiches und beliebtes Computerspielgenre (Sudek & Marxen 1998), das vorrangig am PC, aber auch auf Konsolen gespielt wird. Schon in den 80er Jahren waren die ersten Spiele auf dem Markt und spätestens seit Mitte der 90er Jahre haben sie sich in Deutschland „geradezu zu einem Kultspiel für Fußballbegeisterte entwickelt, die jetzt ‚ihren' Verein an die Spitze der Liga ‚managen' können" (Fritz 1995). In der Presse wurde das zu jener Zeit aktuelle Managerspiel *Bundesliga Manager Hattrick* sogar als Ersatzdroge bezeichnet und konstatiert: „Es macht süchtig" (Glitz 1995). Wie ist diese große Popularität zu erklären? Was veranlasst die Spieler dazu, viele Stunden ihres Lebens in die Entwicklung eines virtuellen Fußballclubs zu investieren?

Ziel aller Managerspiele ist es, ein möglichst erfolgreiches Fußballteam aufzubauen, wobei meistens sowohl wirtschaftlicher als auch sportlicher Erfolg wichtig ist. Der Spieler übernimmt gleichzeitig die Rollen des Präsidenten, des Trainers und Managers bis hin zum Marketing-Verantwortlichen und erfüllt Aufgaben, die auch in einem realen Fußballclub anstehen. Diese Ähnlichkeit mit dem Geschehen in der Realität ist möglicherweise die Ursache dafür, dass diese Spiele so faszinieren. Fritz (1995, 36) vertritt diese These: „Wenn die Bildschirmspiele faszinierend wirken, so bedeutet dies, dass sie irgend etwas im Menschen angesprochen haben, das für sein reales Leben und seine Innenwelt gleichermaßen von Bedeutung ist." Mehr noch: Im Gegensatz zu vielen anderen Computerspielen brauchen Fußballmanager „keine Märchen von Prinzessinnen oder Schätzen, sie bewegen sich im realen Mythenuniversum des Sports" (Moorstedt 2003). Und bei einigen Managerspielen sind es nicht nur die realen Mythen des Sports, sondern sogar die realen Ereignisse in der Welt, die Inhalt und Verlauf der Spiele beeinflussen.

Darum geht es in diesem Beitrag: Wir untersuchen, ob sich zwischen der Nutzung eines solchen Online-Fußballmanagers, bei dem die realen Fußballereignisse den Spielverlauf beeinflussen, und der Zuwendung zu Medien, die über die Welt des realen Fußballs berichten, ein dynamisch-transaktionaler Prozess wechselseitiger Beeinflussung entwickelt. Dazu beschäftigen wir uns zunächst mit der Frage, durch welche unterschiedlichen Mittel bei Fußballmanagerspielen ein Realitätsbezug hergestellt werden kann. Dann wird der Online-Fußballmanager *Comunio* vorgestellt, der im Mittelpunkt der vorliegenden Untersuchung steht, da bei ihm eine besonders enge Verknüpfung von Computerspiel und realem Fußball vorhanden ist. Anschließend erläutern wir wesentliche Merkmale des dynamisch-transaktionalen Ansatzes und verdeutlichen an einem Beispiel, wie sich die theoretisch postulierten Wechselwirkungsprozesse bei der Nutzung des Online-Managers vollziehen könnten. Auf diesen Überlegungen aufbauend werden schließlich Hypothesen formuliert und im Rahmen einer Onlinebefragung einer empirischen Prüfung unterzogen.

2   Zum Realitätsbezug bei Fußballmanagerspielen

Der Einfluss der Realität auf die Spielwelt der Fußballmanager kann auf unterschiedliche Weise und in unterschiedlicher Intensität erfolgen. Der Grad der Realitätsnähe wird – zumindest beim heutigen Stand der Spielentwicklung – erheblich dadurch beeinflusst, ob es sich bei den ‚Mitspielern' um reale Menschen oder nur um Artificial Intelligence (AI) handelt. In der Tat fördert es den Realitätsbezug, wenn der Nutzer gegen menschliche Gegner spielt. Da das Multiuser-Feature bei allen Managertypen vorhanden ist, kann ihnen in dieser Hinsicht Realitätsnähe bescheinigt werden.

Eine andere Form Realitätsnähe herzustellen, ist die Verwendung realer Namen und Szenarien aus dem Ligageschehen. Hier gibt es deutliche Unterschiede zwischen den Spielen. Am schwächsten ausgeprägt ist der Realitätsbezug bei solchen Spielen, bei denen weder die Namen der realen Protagonisten verwendet werden, noch eine Orientierung am üblichen Terminplan einer Fußballsaison stattfindet. Das Online-Managerspiel *Hattrick* gehört zu dieser Gruppe. Realitätsnäher sind solche Spiele, deren Spielzyklus sich an den zeitlichen Abläufen des echten Sports orientiert: Die Saison geht also – am Computer allerdings meistens im Zeitraffer – vom Spätsommer bis ins Frühjahr. Unter der Woche finden die europäischen Wettbewerbe statt und im Winter Hallenturniere. Als Beispiel sind hier die Managersimulationen der *Anstoß*-Reihe zu nennen. Noch realistischer sind jene Spiele, die die Namen von realen Spielern und Vereinen benutzen dürfen – wie die verschiedenen *Bundesliga Manager*.[1]

Am realistischsten sind jedoch die Spiele, bei denen sich das Spielgeschehen komplett an der realen Liga orientiert.[2] Die an einer solchen Internet-Fußballliga teilnehmenden Nutzer erhalten Punkte für die Leistungen, welche die Spieler ihres virtuellen Teams in den realen Partien der Bundesliga erbracht haben. Als „Being Uli Hoeneß" benannte Moorstedt (2003) in der Süddeutschen Zeitung den Reiz dieser Spielform. Der Online-Fußballmanager *Comunio*,[3] der in diesem Beitrag im Mittelpunkt steht, gehört zu diesen Spielen. Wie bei diesem Spiel der Realitätsbezug hergestellt wird, soll im Folgenden genauer dargestellt werden.

---

[1]   Dass nicht alle Titel mit den Originalnamen aufwarten können, liegt an den Lizenzrechten (bzw. deren Kosten).

[2]   Im angloamerikanischen Raum ist dieses Spielprinzip als „Fantasy Football" oder „Fantasy Soccer" populär. Auch für einige andere Sportarten gibt es ähnliche Angebote.

[3]   Vgl. *Comunio*: Spielregeln, abrufbar unter http://www.comunio.de/rules.phtml. Für *Comunio* liegen keine Nutzerzahlen vor. Das sehr ähnliche Managerspiel des Fachmagazins „Kicker" wirbt auf seiner Homepage (www.kicker.de) damit, dass Ende Januar 2006 über 500.000 Fußball-Interessierte mitspielten.

3   Der Online-Fußballmanager *Comunio*

Bei *Comunio* muss sich noch vor dem eigentlichen Spielbeginn eine Gruppe von Personen zusammenfinden und gemeinsam eine Liga gründen, um später den Erfolg ihrer Manager-aktivitäten in der Tabelle dieser Liga miteinander zu vergleichen.[4] Zum Auftakt des eigent-lichen Spiels erhält jeder Teilnehmer eine Mannschaft aus normalerweise 15 Spielern, die ihm der Zufallsgenerator zugeteilt hat, sowie ein fixes Startkapital. Alle zugeteilten Spieler entstammen den Kadern der realen Fußballbundesligavereine. Aus den zugeteilten Spielern muss der Nutzer nun eine virtuelle Mannschaft zusammenstellen, mit der er am Spieltag antritt. Je erfolgreicher die Fußballspieler, die in dieser virtuellen Mannschaft zusammen-gestellt wurden, in der realen Liga spielen, desto mehr Punkte erhält der Spieler des Mana-gergames. Am wichtigsten für die Punktevergabe sind die Noten, die der Bundesligaprofi erhält. Bis zum Ende der Saison 2004/2005 basierten die Noten auf den vom Fachmagazin Kicker vergebenen Bewertungen für die Spieler.[5] Die Spieler erhalten – je nach Bewertung – zwischen minus acht und plus zwölf Punkten. Darüber hinaus gibt es Pluspunkte für er-zielte Tore und Minuspunkte für Platzverweise. Jeder Punkt wiederum bringt Geld, so dass der erfolgreiche Manager mehr Chancen auf dem Transfermarkt hat.[6] Die direkte Konkur-renz unter den ‚Managern' der Liga kommt also nicht dadurch zustande, dass sie gegenein-ander Fußball spielen, sondern dadurch, dass es auf dem Transfermarkt einen Wettbewerb um den Kauf von attraktiven Spielern gibt. Die in der virtuellen Liga agierenden Vereins-manager müssen bemüht sein, möglichst erfolgreiche Akteure zu verpflichten und in ihrem Team einzusetzen. Hier gilt es zu beachten – und auch das verdeutlicht den unmittelbaren Realitätsbezug –, dass natürlich nur solche Bundesligaprofis Punkte sammeln können, die erstens gesund und einsatzbereit sind, und zweitens auch wirklich spielen und nicht nur auf der Ersatzbank oder Tribüne sitzen. Möchte der *Comunio*-Spieler sein Team mit dem vor-handenen Geld verstärken, wird er demnach versuchen, solche Akteure zu kaufen, die in der Liga erfolgreich sind. In der Realität verletzte oder ausgemusterte Spieler wird er hin-gegen zum Kauf anbieten.

Auch durch den ständig möglichen Transferhandel wird die kontinuierliche Bezug-nahme auf das reale Geschehen gefördert, weil jeder, der sein Team erfolgreich[7] managen will, sich ständig über die Fußballspieler, ihre Stärken und sportliche Form informieren muss. Da der Spielerfolg also von realen Ereignissen erheblich beeinflusst wird, ist eine Beschäftigung des Nutzers mit dem aktuellen Bundesligageschehen erforderlich. Daher liegt die Vermutung nahe, dass die User solcher Online-Managerspiele sich intensiv über Fußball informieren und dafür gezielt spezifische Fachmedienangebote auswählen (im Folgenden als ‚Fußballmedien' bezeichnet). Denn Fußballwissen und aktuelle Informatio-nen lassen sich mit großer Wahrscheinlichkeit in Punkte und virtuelles Geld umwandeln.

---

[4]   Eine verbindlich vorgegebene Anzahl von Spielern gibt es nicht. Für einen optimalen Spielspaß sollte sich die Zahl jedoch zwischen 5 und 18 Spielern bewegen. Die Ligen können über die Onlineplattform gegründet werden, es ist aber auch möglich, dass Offline-Bekannte gemeinsam eine Liga gründen.

[5]   Seit dem Sommer 2005 – also erst nach Abschluss der empirischen Erhebung dieser Studie – dienen die Noten des Internet-Sportportals „sportal.de" als Grundlage.

[6]   Für jeden erzielten Punkt werden 10.000 Euro aufs virtuelle Konto gutgeschrieben. Plus- und Minuspunkte werden miteinander verrechnet, man bekommt allerdings kein Geld abgezogen, wenn man den Spieltag ins-gesamt mit Minuspunkten beschließt.

[7]   Die Aussicht, Erfolgserlebnisse beim Spielen zu haben, ist nicht nur bei Managerspielen, sondern generell eines der wichtigsten Nutzungsmotive für Computerspiele (Fritz 2003).

Es handelt sich somit um einen funktionalen Medienkonsum: Information als Kapital für Spielerfolg. Wenn ein Spieler diese Zeit investiert und sich in den Fachmedien informiert, dann hat er danach aufgrund seines gesteigerten Wissens erhöhte Siegeschancen. Ein erfolgreicher Spielverlauf wiederum erhöht das Spielvergnügen, was vermutlich dazu führt, dass der Spieler intensiver am Computerspiel teilnimmt.

Erste empirische Belege für diese Überlegungen fanden wir in einigen qualitativen Interviews,[8] die zur Vorbereitung der nachfolgend vorgestellten Studie durchgeführt wurden:

> Seit ich *Comunio* spiele, gehe ich mindestens einmal die Woche auf die Webseite vom 1. FC Nürnberg. Die haben viele junge Talente, die mein Team verstärken könnten. Es ist ein dauerndes Jagen nach Schnäppchen. Und die kriegt man eben nur, wenn man sich ein bisschen spezieller informiert. (Georg, 24)

> Wenn ich die *Premiere*-Livekonferenz schaue und es heißt ,Tor in Bielefeld', dann denke ich, hoffentlich ist es der und der, denn der ist bei mir im Kader. (Moritz, 25)

Geprüft werden soll also die These, dass die Nutzung des Online-Managerspiels *Comunio* die Nutzungsgewohnheiten bezüglich anderer Fußballmedien beeinflusst und diese veränderte Nutzung der anderen Medien wiederum einen Effekt auf die Nutzung des Online-Managerspiels hat.

4   Der dynamisch-transaktionale Ansatz als theoretische Basis

Als theoretische Grundlage für die Untersuchung eines solchen reziproken Wirkungsmechanismus zwischen Fußballmanager- und Fußballmediennutzung bietet sich der dynamisch-transaktionale Ansatz (DTA) an, der Anfang der 80er Jahre von Früh und Schönbach (1982; 1984) entwickelt wurde. Der Grundgedanke des Ansatzes besteht in der Annahme, dass der mediale Kommunikationsprozess durch „Transaktionen zwischen Rezipienten und den Medienbotschaften" (Früh & Schönbach 2005, 5) gekennzeichnet ist. Mit dem Begriff der Transaktion soll zum Ausdruck gebracht werden, dass die „beteiligten Komponenten nicht nur anderes gemeinsam beeinflussen, wie es etwa in einer ,Interaktion' geschieht, sondern dabei selbst verändert werden" (Schönbach & Früh 1984, 315). Im Rahmen der Modellvorstellungen werden verschiedene Formen der Transaktion unterschieden: Neben den bereits genannten Transaktionen von Stimulusangebot und Rezipienten-Erwartungen werden auch Inter-Transaktionen zwischen Medieninstitutionen und Rezipienten, sowie Intra-Transaktionen zwischen einzelnen Komponenten des kognitiven Systems der jeweiligen Kommunikationspartner diskutiert (Schönbach 1992, 111). Im Rahmen der vorliegenden Studie wird die Vorstellung der Intra-Transaktion insofern weiterentwickelt, als davon ausgegangen wird, dass die kognitiven Prozesse mit bestimmten Handlungen der Rezipienten verknüpft sind und sich deswegen Transaktionen zwischen verschiedenen Medienhandlungen der Rezipienten – vermittelt über kognitive Prozesse – nachweisen lassen: Es wird angenommen, dass sich die Nutzung des Online-Fußballmanagers und die Zuwendung zu Fußball-Informationsmedien gegenseitig beeinflussen; dass also Mediennutzungstransaktionen auftreten.

---

[8]   Insgesamt wurden mit 8 *Comunio*-Spielern kurze Leitfadeninterviews durchgeführt, um Informationen über Nutzungsgründe und Spielweisen zu erhalten.

Bei diesem Wechselwirkungsprozess handelt es sich um einen dynamischen Prozess. Damit ist gemeint, dass es sich bei der gegenseitigen Beeinflussung der Faktoren um einen Vorgang handelt, bei dem sowohl Kumulationseffekte als auch Saturierungseffekte,[9] aber auch qualitative Neuorientierungen vorkommen können.

Durch die verschiedenen Formen der Transaktionen sowie durch die Berücksichtigung der Entwicklungsdynamik bekommt das Modell schon auf der konzeptionellen Ebene eine erhebliche Komplexität, noch bevor die Operationalisierungen konkretisiert werden. Diese Komplexität stellt die empirische Forschung vor beträchtliche Herausforderungen. Mit der Wahl einer spezifischen Forschungsfrage kann das Spektrum der zu berücksichtigenden Faktoren allerdings reduziert werden (Früh & Schönbach 2005, 13). Unter dieser Prämisse hat der DTA bereits in zahlreichen Studien als theoretische Grundlage gedient.[10]

Anhand eines erdachten Beispiels sollen die hier interessierenden möglichen dynamisch-transaktionalen Prozesse im Nutzungsverhalten der *Comunio*-Spieler verdeutlicht werden: Nachdem sich ein angehender Fußballmanager bei *Comunio* registriert hat, möchte er mit hoher Wahrscheinlichkeit sein Team durch den Zukauf neuer Spieler vom virtuellen Transfermarkt verbessern. Dabei kann ihm deutlich werden, dass eine Diskrepanz zwischen dem dafür wünschenswerten und seinem tatsächlich vorhandenem Wissen besteht (Früh & Schönbach 1982, 83), weil er für eine effektive Einkaufspolitik sehr spezifische Informationen benötigt. Er möchte sicherlich wissen, welcher der angebotenen Spieler eine wirkliche Verstärkung darstellen könnte. Um sein Wissensniveau zu erhöhen, kauft sich der Rezipient die nächste Ausgabe der *Sport-Bild* und nutzt zusätzlich das Onlineangebot des *Kicker*, um sich gezielt über die zur Auswahl stehenden Akteure zu informieren. In der darauf folgenden Phase des Rezeptions- und Wirkungsprozesses könnte er die Informationsaufnahme und -verarbeitung abschließen, sofern er einen „quantitativ hinreichenden Kenntnisstand erreicht zu haben glaubt" (Früh & Schönbach 1982, 83). Zumindest für den Moment scheint dieser Status für den Nutzer im hier dargestellten Beispiel erreicht – er weiß das aktuelle Spielerangebot einzuschätzen und kann nun dieses Wissen im Rahmen des Spiels nutzen. Bei seinen anschließenden Spielaktivitäten stellt er aber möglicherweise bald schon wieder fest, dass zusätzliche Informationen notwendig sind.

Daraus lässt sich die Schlussfolgerung ziehen, dass sich beim *Comunio*-Spieler im Wirkungs- und Nutzungsverlauf sowohl Wissen und Motivation als auch – und das soll im Zentrum dieser Untersuchung stehen – seine Mediennutzung ändert: „Der Rezipient bleibt im Verlaufe eines solchen Wirkungsprozesses nicht derselbe" (Früh & Schönbach 1982, 84). Übertragen auf das Online-Managerspiel *Comunio* bedeutet dies, dass im Rahmen eines wechselseitigen und parallel verlaufenden Austauschprozesses einerseits die Motivation zur Rezeption von Fußballmedien durch die Nutzung des Spiels erhöht wird, andererseits durch die erhöhte Mediennutzung auch die Fähigkeiten bzw. das erforderliche Expertenwissen zunehmen, was wiederum – simultan rückwirkend – zu einer erhöhten *Comunio*-Nutzung führen kann.

---

[9]   Kumulation bedeutet, dass sich durch die Rückwirkung der ursprüngliche Effekt weiter verstärkt, die Wirkung sich also aufsummiert. Schon aus logischen Gründen kann eine solche Kumulation nicht endlos weitergehen (z.B. weil der Tag nur 24 Stunden hat). Schon deswegen ist damit zu rechnen, dass irgendwann eine Sättigung (Saturierung) eintritt und die Kumulation endet.

[10]   Eine Auflistung findet sich bei Früh & Schönbach (2005, 10 f.).

5   Hypothesen

Aus dem dargestellten theoretischen Szenario lassen sich vier Hypothesen ableiten. Ausgehend von der Annahme, dass der *Comunio*-Nutzer sich zur erfolgreichen Gestaltung des Managerspiels zusätzliche Informationen beschaffen möchte, ist zu vermuten:

> H1) Diejenigen, die *Comunio* schon in der dritten, vierten Saison spielen, nutzen Fußballmedien intensiver als Spieler, die erst in der ersten oder zweiten Saison dabei sind.

Darauf aufbauend ist anzunehmen, dass die *Comunio*-Nutzung und die Nutzung fußballspezifischer Medien sich gegenseitig beeinflussen und sich somit parallel verstärken.

> H2a) Wenn früher (im Jahr 2003) viel *Comunio* gespielt wurde, dann werden zwei Jahre später (im Jahr 2005) Fußballmedien intensiv genutzt.

> H2b) Wenn früher (im Jahr 2003) intensiv Fußballmedien genutzt wurden, dann wird zwei Jahre später (im Jahr 2005) intensiver *Comunio* gespielt.

Das bedeutet: Die Mediennutzungsintensität wird durch die *Comunio*-Nutzung positiv beeinflusst. Ebenso wird die Intensität der *Comunio*-Nutzung durch die Mediennutzung verstärkt. Mit zunehmender Nutzung von *Comunio* werden häufiger fachspezifische Fußballmedien rezipiert. Daraufhin wird aufgrund der verbesserten Erfolgschancen wieder intensiver am Computerspiel teilgenommen. Die Annahme einer simultanen und wechselseitigen Steigerung von Spielmotivation und fußballbezogener Mediennutzung führt zu der Annahme, dass eine hohe *Comunio*-Nutzung zum einen das Wissen über das Regelsystem des Spiels erhöht, dass darüber hinaus aber auch das Wissen über die realen Geschehnisse in der Fußballliga vergrößert wird, da die Rezeption fachspezifischer Informationen zunimmt.

> H3) Eine intensive Beschäftigung mit *Comunio* und die Rezeption von Fußballmedien führen zur Erhöhung des (subjektiv wahrgenommen) Wissens über das Computerspiel, aber auch über Fußball allgemein.

Diese Hypothese impliziert zudem, dass diejenigen, die schon mehrere Jahre *Comunio* spielen, ein höheres Wissen über das Spiel und über Fußball haben.

6   Methode

Als Methode der Datenerhebung wurde eine Online-Befragung gewählt. Für die Rekrutierung der Befragungsteilnehmer konnte der Fragebogen – dank der Unterstützung durch die *Comunio*-Betreiber – auf der *Comunio*-Webseite platziert werden. Jede *Comunio*-Gemeinschaft verfügt über ein eigenes Newsforum,[11] welches in das Onlinespiel eingebettet ist –

---

[11]   Das News-Forum ist der Bereich, wo neben getätigten Transfers auch Nachrichten – sowohl von den einzelnen Mitspielern als auch von der *Comunio*-Leitung – veröffentlicht werden. Da man beim Start von *Comunio* automatisch in das News-Forum kommt, ist davon auszugehen, dass der Hinweis auf den Fragebogen die meisten Spieler erreicht hat.

genauso wie die Seite mit dem Spielstand oder die Seite mit der Aufstellung eines jeden Mitspielers. In diesen Newsforen, auf die neben den jeweiligen Teilnehmern der Community nur die Betreiber des Spiels Zugriff haben, wurde ein Hinweis mitsamt Link auf den Fragebogen veröffentlicht. Da dies auf allen Foren aller Spielgemeinschaften geschah, konnten so sämtliche *Comunio*-Spieler informiert werden, die während des Untersuchungszeitraums die Seite besuchten.

Um Verzerrungen in der Stichprobe möglichst gering zu halten, wurde dafür gesorgt, dass der Fragebogen mit einfachsten technischen Hardwarevoraussetzungen zu bewältigen war. Es gab keine Incentives und die Teilnahme war freiwillig, anonym und konnte jederzeit abgebrochen werden. Nach erfolgreichem Pretest und anschließender Überarbeitung wurde der Fragebogen im April 2005 online gestellt. Die ausgefüllten Antwortbögen gingen automatisch bei einer speziell dafür eingerichteten E-Mail-Adresse ein. Da schon nach kürzester Zeit eine große Anzahl von Antwortmails eingegangen war, wurde der Fragebogen nach 2 Tagen aus dem Netz entfernt und die Befragung damit beendet. Die nachfolgende Auswertung beruht auf 1.008 komplett bzw. fast komplett ausgefüllten Fragebögen. Die große Mehrheit (65 %) der Befragten hat das Gymnasium abgeschlossen, 96 % sind Männer und das Durchschnittsalter beträgt knapp 22 Jahre.

Der Fragebogen besteht inhaltlich aus fünf Bereichen: Nutzung von Fußballmanager-Spielen, insbesondere *Comunio*; fußballbezogene Aktivitäten; Nutzung von Medien, die sich mit Fußball beschäftigen; Wissen über Fußball und *Comunio* sowie einige wenige Fragen zur Soziodemographie. Um die zeitliche Dimension zu erfassen, wurden Rückerinnerungsfragen gestellt. Die Befragten sollten jeweils die Manager- und Fußballmediennutzung zum gegenwärtigen Zeitpunkt und jene von vor zwei Jahren angeben. Auf diese Weise wurde eine Panelstudie simuliert. Dass bei solchen Rückerinnerungsfragen Verzerrungen auftreten können, ist bei der Interpretation der Befunde zu berücksichtigen.

7 Ergebnisse

7.1 Analysen zur Dauer der Spielnutzung

Zur Überprüfung der ersten Hypothese[12] wurden die Mittelwerte der Nutzungsdauer unterschiedlicher fußballbezogener Medien berechnet, und zwar zum einen die mittlere Nutzungsdauer von vor zwei Jahren (2003) und zum zweiten die Mittelwerte der aktuellen Nutzung (2005). Darüber hinaus haben wir auch die Veränderung der Nutzungsdauer ermittelt. Die Berechnung dieser Mittelwerte erfolgte getrennt für drei Gruppen. Zum einen für die Anfänger, die im Jahr 2005 gerade in der ersten Saison spielten, zum anderen für die etwas Fortgeschritteneren, die bereits in der zweiten Saison dabei sind, und schließlich für diejenigen, die das Spiel schon länger als zwei Jahre spielen. Auf dem Vergleich dieser drei Gruppen beruhen die nachfolgenden Analysen.

Um die aktuelle fußballspezifische Mediennutzung zu erfassen, wurde die Nutzungshäufigkeit von sieben relevanten Fernsehsendungen und Printmedien sowie eines Onlineangebots erhoben: Dabei handelt es sich um die Fernsehsendungen *Sportschau* (ARD), *Bundesliga Pur* (DSF) und *Doppelpass* (DSF), die für die Auswertung zur Variable Free

---

[12] H1) Diejenigen, die *Comunio* schon in der dritten, vierten Saison spielen, nutzen Fußball-Medien intensiver als Spieler, die erst in der ersten oder zweiten Saison dabei sind.

TV zusammengefasst wurden. Die Nutzungsangaben zu den Zeitschriften *Kicker* und *11 Freunde* bilden die Variable Fachprintmedien. *Premiere* und *Sport-Bild* wurden einzeln analysiert. Schließlich wurde auch ein Index für die gesamte Fußballmediennutzung gebildet. Mit den schon erwähnten Rückerinnerungsfragen haben wir auch die zwei Jahre zurückliegende Nutzungsintensität in identischer Form abgefragt.[13] Durch die Berechnung der Differenz zwischen aktueller und zurückliegender Nutzung konnte auch die Nutzungsveränderung der verschiedenen Fußballmedienangebote festgestellt werden.

Die Ergebnisse zeigen, dass diejenigen, die das Computerspiel schon länger als zwei Jahre nutzen, sich den Fußballmedien intensiver zuwenden als diejenigen, die *Comunio* erst in der ersten oder zweiten Saison spielen. Das gilt sowohl für das Jahr 2003 als auch für das Jahr 2005. Generell sind die Effekte im Jahr 2003 ausgeprägter. Dies entspricht den Erwartungen, da im Jahr 2003 nur die Langzeitspieler Kontakt mit dem Spiel hatten, im Jahr 2005 aber bereits alle Befragten einige Spielerfahrungen hatten und demzufolge geringere Unterschiede zwischen den Gruppen auftreten. Allerdings findet man diese Nutzungsdifferenzen nicht bei allen Medien. Hypothesenkonforme, signifikante Unterschiede zeigen sich vor allem bei der Nutzung der Fachprintmedien und bei *Kicker Online*. Auch bei *Premiere* findet man den erwarteten Unterschied. Hingegen ist die Nutzung der Angebote im Free TV und in *Sport-Bild* bei allen Gruppen gleich.

Berechnet man die Nutzungsveränderungen, dann ergeben sich – mit Ausnahme von *Sport-Bild* – durchgängig positive Werte. Das bedeutet, dass in allen drei Gruppen die Nutzung der Fußballmedien zugenommen hat. Allerdings erfolgte die Zunahme nicht gleichmäßig. Signifikante Unterschiede gibt es vor allem bei *Kicker Online*. Die Nutzungssteigerung bei diesem Medium war in der ersten und zweiten Saison besonders stark.[14] Das ist plausibel, denn die *Comunio*-Spieler fanden im Erhebungszeitraum dort die für den Spielerfolg besonders wichtigen Informationen zur Bewertung der Fußballspieler. Bei anderen Medien erfolgt die Nutzungssteigerung weniger sprunghaft, sondern vollzieht sich über einen längeren Zeitraum hinweg.

Zusammengenommen unterstützen die Ergebnisse die theoretischen Vermutungen. Allerdings ist es notwendig, sie zu konkretisieren: Nur dann, wenn die Medien wirklich detailliert über Fußball informieren, werden sie verstärkt genutzt. Die Befunde zu *Sport-Bild* lassen sich so interpretieren, dass diese aus Sicht der *Comunio*-Spieler keine für das Spiel relevanten Fußballinformationen liefert. Anders hingegen bei *Kicker Online*. Hier wird die Hypothese besonders eindrucksvoll bestätigt: Diejenigen, die *Comunio* schon länger spielen, nutzen diese Seite stärker, um sich über Fußball zu informieren. Der reziproke Wirkungszusammenhang zwischen Fußballmanager- und Mediennutzung, der ausgehend vom DTA postuliert wurde, wird somit durch die Daten erhärtet.

---

[13]   Bei allen Medien wurde die Nutzung in Gegenwart und Vergangenheit mit einer 4-Punkte-Skala erhoben (0=nie, 1=selten, 2=oft, 3=immer). Für die genannten Indizes wurden die Einzelitems durch Mittelwertbildung zusammengefasst.

[14]   Dabei handelt es sich nicht um Neuigkeitseffekte. *Kicker Online* war zu dem Zeitpunkt der Befragung bereits sechs Jahre alt.

Tabelle 1:   Intensität der Nutzung von Fußball-Medien durch *Comunio*-Spieler

2003		Intensität der Fußballmediennutzung im Jahr 2003					
Dauer der *Comunio*-Nutzung in 2003	n ≥	*Premiere*	Free TV	*Sport-Bild*	Fachprint-medien	*Kicker Online*	alle Fußball-medien
noch nicht gespielt	609	1,9	2,3	1,8	1,4	1,7	1,9
noch nicht gespielt	308	2,0	2,2	1,8	1,6	2,1	2,0
in der 1. Saison	142	2,3	2,3	1,8	1,8	2,5	2,1
Signifikanz F-Test		**	n.s.	n.s.	***	***	***
2005		**Intensität der Fußballmediennutzung im Jahr 2005**					
Dauer der *Comunio*-Nutzung in 2005	n ≥	*Premiere*	Free TV	*Sport-Bild*	Fachprint-medien	*Kicker Online*	alle Fußball-medien
in der 1. Saison	613	2,2	2,4	1,8	1,6	2,6	2,1
in der 2. Saison	313	2,3	2,4	1,8	1,8	2,9	2,2
schon länger	144	2,5	2,3	1,7	1,9	3,1	2,3
Signifikanz F-Test		***	n.s.	n.s.	***	***	**
2003-2005		**Nutzungsänderung Fußballmedien von 2003-2005**					
Dauer der *Comunio*-Nutzung in 2005	n ≥	*Premiere*	Free TV	*Sport-Bild*	Fachprint-medien	*Kicker Online*	alle Fußball-medien
in der 1. Saison	599	0,26	0,18	0,00	0,20	0,93	0,27
in der 2. Saison	304	0,30	0,20	-0,03	0,19	0,76	0,26
schon länger	140	0,29	0,00	-0,10	0,15	0,62	0,14
Signifikanz F-Test		n.s.	**	n.s.	n.s.	***	***

Mittelwerte auf einer Skala von (0=nie bis 3=immer). Je höher der Mittelwert, desto intensiver wird das jeweilige Fußball-Medium genutzt. F-Test: * p <.05; ** p <.01; *** p <.001
Lesehilfe erste Spalte: Im Jahr 2003 haben diejenigen, die damals noch nicht *Comunio* gespielt haben, *Premiere* seltener genutzt (1,9 bzw. 2,0) als diejenigen, die damals bereits *Comunio* gespielt haben (2,3). Der Unterschied ist signifikant. Vergleicht man die Jahre 2003 und 2005 (unteres Drittel der Tabelle), dann stellt man bei *Premiere* eine Zunahme der Nutzung in allen Gruppen fest. Bei denjenigen, die 2005 in der ersten Saison spielen, um 0,26; bei denen in der zweiten Saison um 0,30; und bei denen, die das Spiel bereits länger nutzen, um 0,29 Skalenpunkte. Diese geringfügigen Unterschiede in der Zunahme sind nicht signifikant.

Bei den im Rahmen der Untersuchung befragten Personen handelt es sich zwar durchgängig um *Comunio*-Spieler, das bedeutet aber nicht, dass dieses Spiel auch ihr Lieblingsmanagerspiel ist. Tatsächlich zeigt sich, dass ein erheblicher Anteil der Befragten (32 %) weniger realistische Managertypen bevorzugt. Aus diesem Grund haben wir im nächsten Analyseschritt die zuvor präsentierten Mittelwertvergleiche für zwei verschiedene Gruppen einzeln durchgeführt: (a) für Spieler, die realistische Manager als Lieblingsspiel nennen und (b) für Spieler, die weniger realistische Manager als Lieblingsspiel nennen.

Die Spiele, die nicht nur reale Namen und Szenarien verwenden, sondern auch unmittelbar mit dem Ligageschehen verknüpft sind, wurden dabei als realitätsnah klassifiziert.[15] Geprüft wird im Folgenden, ob die Realitätsnähe bzw. -ferne des Lieblingsmanagers einen Einfluss auf die Nutzungsintensität der Fußballmedien hat. Nur wenn der Spielerfolg von realen Ereignissen erheblich beeinflusst wird, ist eine Auseinandersetzung des Nutzers mit dem aktuellen Bundesligageschehen erforderlich. Deshalb kann man davon ausgehen, dass User realistischer Online-Managerspiele sich intensiv über Fußball informieren und dafür gezielt fachspezifische Medien auswählen. Bei weniger realistischen Spielen ist dies nicht notwendig. Deswegen ist zu erwarten, dass in der zweiten Gruppe schwächere Effekte zu finden sind. In den folgenden Tabellen 2 und 3 sind die Mittelwerte für die beiden Teilgruppen dargestellt. In der ersten Tabelle findet man die Werte für jene Spieler, die die realistischen Manager bevorzugen, in der zweiten die Ergebnisse der restlichen Spieler.

Vergleicht man die Fußballmediennutzung der Spieler, die realistische Manager als Lieblingsspiel genannt haben, mit dem Nutzungsverhalten der Spieler, die weniger realistische Manager als Lieblingsspiel angaben, dann erkennt man auf den ersten Blick, dass in der ersten Gruppe viele signifikante Mittelwertunterschiede auftreten, in der zweiten Gruppe hingegen nur wenige. Eine genauere Inspektion der Daten verdeutlicht, dass die Ergebnisse die Hypothese fast durchgängig bestätigen. Die signifikanten Mittelwertunterschiede weisen bei der Spieler-Gruppe, welche die realistischen Spiele vorzieht, alle in die prognostizierte Richtung, auch wenn die Effekte meist nicht sehr groß sind. Bei den Spielern von weniger realistischen Managerspielen findet man nur geringere Unterschiede zwischen den drei Gruppen und auch geringere Veränderungen im Zeitverlauf. Insbesondere der Nutzungsanstieg von *Kicker Online* im ersten Jahr der Nutzung fällt deutlich schwächer aus.

Die beim Gruppenvergleich erlangten Ergebnisse führen somit ebenfalls zur Beibehaltung der Hypothese: „Je länger *Comunio* schon gespielt wird, desto stärker werden Medien genutzt, die differenziert über Fußball informieren." Für Spieler, die weniger realistische Manager als Lieblingsspiel genannt haben, sind die Informationen aus der realen Fußballwelt von geringerer Bedeutung. Auch sie intensivieren zwar ihre Fußballmediennutzung, aber in deutlich geringerem Umfang. Der reziproke Wirkungsmechanismus ist bei ihnen somit geringer. Vergleicht man die Höhe der Mittelwerte zwischen den beiden Tabellen, dann stellt man allerdings fest, dass die Nutzer der realistischen Manager die meisten Fußballmedien ursprünglich seltener genutzt haben. Erst durch die Steigerung der Nutzung in den letzten zwei Jahren haben sie das Niveau der zweiten Gruppe erreicht. Das kann als Hinweis darauf interpretiert werden, dass die Nutzung der realistischen Manager zwar zu einer Ausdehnung der Fußballmediennutzung führt, dass aber häufige Nutzung von Fußballmedien nicht unbedingt dazu führt, dass realitätsnahe Manager bevorzugt werden.

---

[15]   Die Spiele *Comunio* und *Kicker Managerspiel* wurden für die nachfolgenden Auswertungen als realitätsnah klassifiziert, da bei ihnen die Ereignisse in der realen Liga Einfluss auf den Spielverlauf haben. Andere Elemente der Realitätsnähe, z.B. die Verwendung realer Namen, sind hier unbedeutend.

Tabelle 2: Intensität der Nutzung von Fußball-Medien durch *Comunio*-Spieler, die *realistische Manager* als Lieblingsspiel genannt haben

2003		Intensität der Fußballmediennutzung im Jahr 2003					
Dauer der *Comunio*-Nutzung in 2003	n ≥	*Premiere*	Free TV	*Sport-Bild*	Fachprint-medien	*Kicker Online*	alle Fußball-medien
noch nicht gespielt	409	1,9	2,2	1,7	1,4	1,6	1,8
noch nicht gespielt	200	1,9	2,2	1,7	1,6	2,2	1,9
in der 1. Saison	99	2,3	2,3	1,7	1,8	2,5	2,1
Signifikanz F-Test		**	n.s.	n.s.	***	***	***
2005		Intensität der Fußballmediennutzung im Jahr 2005					
Dauer der *Comunio*-Nutzung in 2005	n ≥	*Premiere*	Free TV	*Sport-Bild*	Fachprint-medien	*Kicker Online*	alle Fußball-medien
in der 1. Saison	411	2,1	2,4	1,8	1,6	2,6	2,1
in der 2. Saison	205	2,2	2,4	1,7	1,8	3,0	2,2
schon länger	99	2,6	2,3	1,7	2,0	3,2	2,3
Signifikanz F-Test		***	n.s.	n.s.	***	***	**
2003-2005		Nutzungsänderung Fußballmedien von 2003-2005					
Dauer der *Comunio*-Nutzung in 2005	n ≥	*Premiere*	Free TV	*Sport-Bild*	Fachprint-medien	*Kicker Online*	alle Fußball-medien
in der 1. Saison	402	0,24	0,22	0,04	0,24	1,03	0,31
in der 2. Saison	197	0,30	0,23	0,00	0,22	0,76	0,28
schon länger	98	0,32	-0,02	-0,07	0,19	0,65	0,16
Signifikanz F-Test		n.s.	***	n.s.	n.s.	***	***

Mittelwerte auf einer Skala von (0=nie bis 3=immer). Je höher der Mittelwert, desto intensiver wird das jeweilige Fußball-Medium genutzt. F-Test: * p <.05; ** p <.01; *** p <.001

Tabelle 3:   Intensität der Nutzung von Fußball-Medien durch *Comunio*-Spieler, die *weniger realistische Manager* als Lieblingsspiel genannt haben

2003		Intensität der Fußballmediennutzung im Jahr 2003					
Dauer der *Comunio*-Nutzung in 2003	n ≥	*Premiere*	Free TV	*Sport-Bild*	Fachprint-medien	*Kicker Online*	alle Fußball-medien
noch nicht gespielt	187	2,0	2,4	2,0	1,5	1,7	2,1
noch nicht gespielt	100	2,1	2,4	2,0	1,6	2,0	2,1
in der 1. Saison	41	2,2	2,3	2,0	1,8	2,4	2,2
Signifikanz F-Test		n.s.	n.s.	n.s.	**	***	n.s.
2005		**Intensität der Fußballmediennutzung im Jahr 2005**					
Dauer der *Comunio*-Nutzung in 2005	n ≥	*Premiere*	Free TV	*Sport-Bild*	Fachprint-medien	*Kicker Online*	alle Fußball-medien
in der 1. Saison	189	2,3	2,5	2,0	1,7	2,5	2,2
in der 2. Saison	100	2,5	2,5	1,9	1,8	2,8	2,3
schon länger	43	2,4	2,4	1,9	1,8	3,0	2,3
Signifikanz F-Test		n.s.	n.s.	n.s.	*	**	n.s.
2003-2005		**Nutzungsänderung Fußballmedien von 2003-2005**					
Dauer der *Comunio*-Nutzung in 2005	n ≥	*Premiere*	Free TV	*Sport-Bild*	Fachprint-medien	*Kicker Online*	alle Fußball-medien
in der 1. Saison	184	0,30	0,09	-0,08	0,13	0,72	0,19
in der 2. Saison	99	0,33	0,14	-0,07	0,15	0,79	0,23
schon länger	40	0,26	0,08	-0,18	0,03	0,55	0,12
Signifikanz F-Test		n.s.	n.s.	n.s.	n.s.	n.s.	n.s.

Mittelwerte auf einer Skala von (0=nie bis 3=immer). Je höher der Mittelwert, desto intensiver wird das jeweilige Fußball-Medium genutzt. F-Test: * p <.05; ** p <.01; *** p <.001

7.2 Analysen der Wechselwirkungen

Um die Hypothesen 2a und 2b zu überprüfen, wurden vier Regressionsanalysen berechnet.[16] Dabei waren zum einen die generelle Fußballmediennutzung 2005 bzw. die spezielle Nutzung von *Kicker Online* 2005 die abhängige Variable und zum anderen die Spielintensität von *Comunio* im Jahr 2005.[17] Als unabhängige Variablen wurden die gleichen Faktoren verwendet, allerdings aus der Rückerinnerungsfrage, also die Nutzungsangaben von *Comunio* und der Fußballmedien im Jahr 2003 (Abbildung 1).

Abbildung 1:   Wechselwirkungen zwischen Fußballmediennutzung und *Comunio* (Regressionsanalysen, beta-Werte)

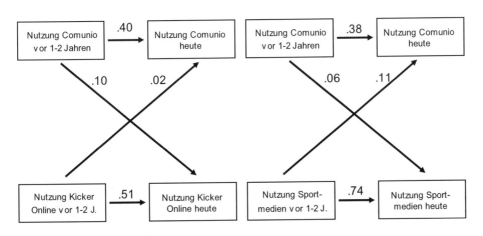

Die Analyseergebnisse zeigen: Die aktuelle Nutzungsintensität (im Jahr 2005) von *Kicker Online* sowie von Fußballmedien generell wird stark davon beeinflusst, ob dieses Medienangebot auch schon vor 2 Jahren genutzt wurde. Die Werte verdeutlichen, dass es sich um ein relativ stabiles Mediennutzungsmuster handelt. Darüber hinaus – und das ist für die Hypothesenprüfung entscheidend – hat aber auch die *Comunio*-Nutzung einen Einfluss. Befragte, die in der Vergangenheit viel *Comunio* gespielt haben, gehören zwei Jahre später (im Jahr 2005) mit größerer Wahrscheinlichkeit zu denjenigen, die intensiv die verschiedenen Fußballmedien nutzen. Vor allem die *Kicker-Online*-Nutzung wird dadurch positiv beeinflusst.

Betrachtet man hingegen den umgekehrten Zusammenhang – die Einflussfaktoren auf die Nutzungsintensität von *Comunio* – dann zeigt sich, dass die allgemeine Fußballmediennutzung einen weitaus stärkeren Effekt hat als die Nutzung von *Kicker Online*. Personen,

---

16   H2a) Wenn früher (im Jahr 2003) viel *Comunio* gespielt wurde, dann werden zwei Jahre später (im Jahr 2005) Fußballmedien intensiv genutzt.
H2b) Wenn früher (im Jahr 2003) intensiv Fußballmedien genutzt wurden, dann wird zwei Jahre später (im Jahr 2005) intensiver *Comunio* gespielt.

17   Mit *Comunio*-Nutzung ist die tägliche Spieldauer gemeint. Als Antwortalternativen standen im Fragebogen „0–15 min", „15–30 min" und „mehr als 30 min" zur Verfügung. Die frühere *Comunio*-Nutzung wurde in identischer Form erfasst.

die in der Vergangenheit intensiv eine breite Palette an Fußballmedien genutzt haben, gehören in der Gegenwart häufiger zu den aktiven Spielern.

Auch bei dieser Hypothese wird die empirische Prüfung für die bereits oben unterschiedenen Untergruppen wiederholt (Abbildung 2). Anzunehmen ist, dass bei denjenigen, die realistische Managerspiele als Lieblingsspiel haben, stärkere Wechselwirkungsprozesse auftreten. Vor allem ein ausgeprägter Effekt der *Comunio*-Nutzung auf die Nutzung von *Kicker Online* ist bei dieser Gruppe zu erwarten.

Abbildung 2:   Wechselwirkungen zwischen Fußballmediennutzung und *Comunio* in zwei Untergruppen (Regressionsanalysen, beta-Werte)

Spieler, die *realistische Manager* als Lieblingsspiel genannt haben

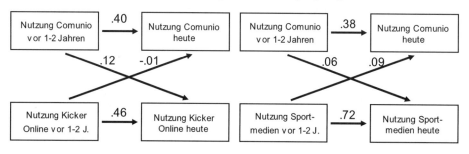

Spieler, die *weniger realistische Manager* als Lieblingsspiel genannt haben

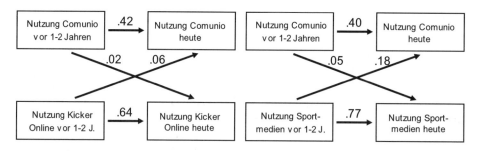

Die empirischen Ergebnisse der Analysen bestätigen die Vermutungen aber nur teilweise. Tatsächlich finden sich nur in der Gruppe der Fans von realistischen Spielen die vermuteten Effekte auf die Nutzung von *Kicker Online*. Das entspricht der formulierten Hypothese. Keine hypothesenkonformen Effekte findet man hingegen bei der allgemeinen Fußballmediennutzung: Sie wirkt sich – anders als vermutet – bei denjenigen, die weniger realistische Manager vorziehen, deutlich stärker auf die *Comunio*-Nutzung aus. Gerade bei solchen Spielern, die eigentlich weniger realistische Spiele präferieren, hat eine häufige Rezeption von Fußballmedien in der Vergangenheit den Effekt, dass sie sich jetzt intensiver mit *Comunio* beschäftigen. Bei denjenigen, die ohnehin die realitätsbezogenen Manager vorziehen, sind solche Verstärkereffekte nicht so ausgeprägt, sie werden durch die Rezeption von

Fußballmedien in geringerem Maße zusätzlich motiviert. Bei ihnen war und ist die durchschnittliche Dauer der *Comunio*-Nutzung allerdings ohnehin merklich länger.[18]

7.3 Effekte des Comunio-Spielens und der Fußballmediennutzung auf das Wissen und den subjektiv wahrgenommen Wissensstand

Im letzten Analyseschritt wird nun geprüft, ob sich auch Wissenseffekte nachweisen lassen.[19] Diese Vermutung beruht auf der Annahme, dass die erfolgreiche Teilnahme an einem Fußballmanagerspiel wie *Comunio* die Beschäftigung mit detaillierter Fachinformation erfordert und dadurch indirekt zur Verbesserung der entsprechenden Fachkenntnisse beitragen sollte. Um die Hypothese zu überprüfen, wurden Regressionen auf drei Wissensvariablen gerechnet (Tabelle 4).

Tabelle 4:   Effekte des *Comunio*-Spielens und der Fußballmediennutzung auf den Wissensstand (Regressionsanalysen, beta-Werte)

	R^2	*Comunio* heute	*Kicker Online* heute	Saison	Nutzungs- veränderung alle Medien
Welches Wissen ist für *Comunio* besonders wichtig?	.05	.14	.14	-	-
Anzahl richtiger Antworten auf Wissensfragen zu *Comunio*	.10	.07	.27	.07	-
Einschätzung des eigenen Fußballwissens im Vergleich zur Zeit vor der *Comunio*-Nutzung	.18	.19	.15	.07	.20

---

[18]   Bei der Interpretation der Ergebnisse muss natürlich berücksichtigt werden, dass es sich nicht um wirkliche Paneldaten handelt. Die Auswertungen beruhen auf Rückerinnerungsfragen, deren Zuverlässigkeit zu hinterfragen ist. Es kann nicht ausgeschlossen werden, dass die Angaben zur gegenwärtigen Nutzung auf die Rückerinnerungen ausstrahlen und diese verzerren, was zu einer Überschätzung der Stabilität führen dürfte. Ein weiteres Problem besteht darin, dass nicht sicher ist, ob der gewählte Zeitraumraum (1-2 Jahre) tatsächlich angemessen ist, denn das dynamisch-transaktionale Modell postuliert keine linearen Prozesse, sondern dynamische. Von daher könnte es sein, dass sich kurzfristig sehr viel deutlichere Veränderungen ergeben haben, die sich mittlerweile schon wieder abgeschwächt haben. Genauso wäre es aber auch möglich, dass sich die Effekte langfristig sogar noch weiter verstärken, oder dass sie wieder völlig verschwinden. Wie stark und stabil die Effekte sind, lässt sich nicht abschließend klären, dass es aber in dem gewählten Zeitraum Effekte gegeben hat, belegen die Ergebnisse.

[19]   H3) Eine intensive Beschäftigung mit *Comunio* und die Rezeption von Fußballmedien führen zur Erhöhung des (subjektiv wahrgenommen) Wissens über das Computerspiel, aber auch über Fußball allgemein.

Die erste Wissensvariable gibt Auskunft darüber, ob die Befragten richtig einschätzen können, welches Wissen für ein erfolgreiches *Comunio*-Spiel erforderlich ist.[20] Die zweite Wissensvariable operationalisiert den tatsächlichen, faktischen Wissensstand zu *Comunio*.[21] Die dritte Wissensvariable misst die subjektive Einschätzung der eigenen Wissenszunahme über Fußball durch *Comunio*. Gefragt wurde: „Wie beurteilen Sie Ihre Informiertheit über Fußball im Vergleich zu der Zeit, als Sie mit *Comunio* anfingen?"[22] Bei der letzten Variablen handelt es sich also nicht um eine tatsächliche Wissensmessung, sondern um die Selbstwahrnehmung der Befragten bezüglich ihres Wissensstandes.

Als unabhängige Variablen wurden (a) die heutige und frühere *Comunio*-Nutzung, (b) die heutige und frühere allgemeine Fußballmediennutzung sowie (c) die heutige und frühere *Kicker-Online*-Nutzung in den Modellen berücksichtigt. Darüber hinaus haben wir für jede dieser drei potenziellen Einflussfaktoren auch die Nutzungsveränderung berechnet und als weitere Erklärungsfaktoren in die Modelle integriert. Schließlich wurde auch geprüft, ob die Dauer der Nutzung (d.h. die Saison, in der *Comunio* gespielt wird) einen Effekt auf die Wissensvariablen hat.

Betrachtet man die erklärte Varianz der Regressionsmodelle (R^2), dann zeigt sich, dass die Erklärungskraft in allen drei Analysen relativ schwach ausfällt. Am besten kann die subjektive Einschätzung des eigenen Fußballwissens erklärt werden. Von den insgesamt zehn geprüften Erklärungsfaktoren erweisen sich nur vier als relevant. Grundsätzlich zeigt sich, dass weder die frühere Nutzungsintensität der Fußballmedien noch die des Computerspiels einen Beitrag zur Erklärung des Wissens leisten kann. Langfristige Effekte auf das Wissen gibt es offenbar nicht. Hingegen hat die gegenwärtige Nutzungsintensität von *Kicker Online* und von *Comunio* einen positiven Effekt auf alle drei Wissensindikatoren. Das heißt: Je länger täglich *Comunio* gespielt wird und je häufiger wöchentlich *Kicker Online* genutzt wird, desto eher wissen die Befragten, welches Wissen für *Comunio* besonders wichtig ist und desto mehr Wissensfragen können sie richtig beantworten. Zudem sind sie der Ansicht, dass sich ihr Fußballwissen verbessert hat. Im Hinblick auf die hier interessierenden Wechselwirkungsprozesse ist besonders interessant, dass das spielbezogene Wissen am stärksten durch die Nutzungsintensität von *Kicker Online* beeinflusst wird, während der stärkere Effekt auf die subjektive Einschätzung des tatsächlichen Fußballwissens von der *Comunio*-Nutzung ausgeht.

Die langfristige Beschäftigung mit *Comunio* wirkt sich auf zwei Wissensindikatoren positiv aus: Je länger die Befragten schon *Comunio* spielen, desto mehr richtige Antworten geben die Befragten auf die *Comunio*-bezogenen Wissensfragen und desto positiver schätzen sie ihr allgemeines Fußballwissen ein. Der stärkste positive Effekt auf das subjektive Fußballwissen geht von einer Veränderung in der allgemeinen Fußballmediennutzung aus. Diejenigen, die heute insgesamt mehr Fußballmedien nutzen als vor zwei Jahren, fühlen sich auch besser über Fußball informiert.

---

[20] Gefragt wurde: „Welches Wissen ist für *Comunio* besonders wichtig?" Es gab sieben Antwortvorgaben, von denen fünf richtig und zwei falsch waren. Auf dieser Basis wurde ein Index gebildet, der die Zahl der richtigen Antworten anzeigt.

[21] Diese Wissensvariable setzt sich aus sieben Fragen zusammen, in denen *Comunio*-spezifisches Wissen abgefragt wurde. Es gab jeweils eine richtige Antwortvorgabe, die restlichen waren falsch. Auf dieser Basis wurde ein Index gebildet, der die Zahl der richtigen Antworten anzeigt.

[22] Auf einer dreistufigen Skala konnten die Befragten zwischen ‚gleich geblieben' bzw. ‚reduziert', ‚ein wenig verstärkt' und ‚sehr verstärkt' abstufen.

8 Resümee

Bei der Beurteilung der Untersuchungsergebnisse ist zu diskutieren, ob sich die gewählte theoretische Perspektive als fruchtbar erwiesen hat, um die eingangs formulierte Forschungsfrage nach der Wechselwirkung zwischen Fußballmanagerspiel und Fußballmediennutzung zu beantworten. Als theoretische Basis der Studie war der dynamisch-transaktionale Ansatz gewählt worden. Dadurch war es möglich, forschungsleitende Hypothesen zu formulieren und einer empirischen Prüfung zu unterziehen, die ohne diese theoretische Fundierung so nicht in den Blick gekommen wären. Durch die dynamisch-transaktionale Perspektive wurde die Aufmerksamkeit auf kognitive Prozesse gelenkt. Die Ergebnisse haben gezeigt, dass die intensive Nutzung des Spiels zu einer verstärkten zielgerichteten Informationsnutzung beiträgt. Diese erhöhte Fußballmediennutzung ist ein Indiz dafür, dass die Spieler bei sich Wissensdefizite wahrgenommen haben, die sie durch die Fußballmediennutzung kompensieren wollten. Diese Interpretation der Befunde wird auch durch die positiven Effekte der Mediennutzung auf die verschiedenen Indikatoren des Fußballwissens unterstützt. Die Wahl des dynamisch-transaktionalen Ansatzes führte zudem dazu, dass der Versuch unternommen wurde, Wechselwirkungsprozesse empirisch zu erfassen. Dabei zeigte sich, dass die intensive Beschäftigung mit fußballbezogenen Informationen auch auf die Beschäftigung mit dem Spiel zurückwirkt. Die Modellvorstellungen wurden somit prinzipiell bestätigt, allerdings handelt es sich dabei offenbar nicht um einen völlig reziproken Prozess. Die Nutzung mancher Fußballmedien ist demnach als Ursache und Ausgangspunkt für die Beschäftigung mit dem Spiel anzusehen, die Nutzung anderer Fußballmedien wurde hingegen durch die Beschäftigung mit dem Spiel angeregt.

Die Attraktivität des untersuchten Managerspiels für die Nutzer ist anscheinend ganz wesentlich auf die unmittelbare Verknüpfung des Spielverlaufs mit Ereignissen in der Realität zurückzuführen. „Spiel ist nicht das »gewöhnliche« oder das »eigentliche« Leben. […] In der Sphäre des Spiels haben die Gesetze und Gebräuche des gewöhnlichen Lebens keine Geltung", schreibt Huizinga (1956, 15 u. 20). Offenbar macht es aber für manche Nutzer gerade den Reiz eines Spiels aus, wenn die Grenze zwischen Spielwelt und eigentlichem Leben überschritten wird.

Literaturverzeichnis

Comunio: Spielregeln. URL: http://www.comunio.de/rules.phtml, zuletzt abgerufen am 28.03.2006.

Eckert, R., Vogelgesang, W. & Wetzstein, T. A. (1993): Computerkulturen. Eine ethnografische Studie. *Publizistik*, 38(2), 167-186.

Fritz, J. (1995): Modelle und Hypothesen zur Faszinationskraft von Bildschirmspielen. In: J. Fritz (Hrsg.): *Warum Computerspiele faszinieren. Empirische Annäherungen an Nutzung und Wirkung von Bildschirmspielen.* Weinheim, München, 11-65.

Fritz, J. (2003): Warum eigentlich spielt jemand Computerspiele? Macht, Herrschaft und Kontrolle faszinieren und motivieren. In: J. Fritz & W. Fehr (Hrsg.): *Computerspiele: Virtuelle Spiel- und Lernwelten.* Bonn: Bundeszentrale für politische Bildung, 10-24.

Früh, W. & Schönbach, K. (1982): Der dynamisch-transaktionale Ansatz: Ein neues Paradigma der Medienwirkungen. *Publizistik*, 27(1), 74-88.

Früh, W. & Schönbach, K. (2005): Der dynamisch-transaktionale Ansatz III: Eine Zwischenbilanz. *Publizistik* 50(1), 4-20.

Glitz, R. (1995): Wir lassen spielen. In: *taz*, 23. Februar 1995, 19.

Huizinga, J. (1956): *Homo Ludens.* Hamburg: Rowohlt.

Moorstedt, T. (2003): Being Beckham. In: *Süddeutsche Zeitung*, 13. Dezember 2003, 44.

Schönbach, K. & Früh, W. (1984): Der dynamisch-transaktionale Ansatz II: Konsequenzen. *Rundfunk und Fernsehen*, 32(3), 314-329.

Schönbach, K. (1992). Transaktionale Modelle der Medienwirkung: Stand der Forschung. In: W. Schulz (Hrsg.): *Medienwirkungen. Einflüsse von Presse, Radio und Fernsehen auf Individuum und Gesellschaft.* Weinheim, 109-119.

Sudek, R. & Marxen, R. (1998): *Der Computer in der Lebenswelt von Schülern. Ergebnisse einer Befragung.* Bad Kreuznach.

4.6

Die Welt der Kriegskunst

Nutzungsmotivation und Spielerleben im Massively Multiplayer Roleplaying Game *World of Warcraft*

Robert Seifert und Sven Jöckel

1   Einleitung

Der digitale Spielemarkt erlebt seit einiger Zeit einen enormen Aufschwung und wird, so die Meinung vieler, in Zukunft noch weiter wachsen. Vor allem PC-Spiele, die ausschließlich online genutzt werden, erfahren aktuell zunehmende Popularität (Chan & Vorderer 2006; DFC 2004; ESA 2006). Insbesondere *World of Warcraft* (Blizzard 2004), ein ‚Massively Multiplayer Online (Role Playing) Game' oder kurz ein MMO(RP)G[1], ist für diesen Boom verantwortlich. Im April 2006 zahlen etwa sechs Millionen Menschen aus verschiedenen Kulturkreisen weltweit (Europa, Asien, Amerika) regelmäßig Gebühren für den Aufenthalt in der ‚Welt der Kriegskunst' (Blizzard 2006). *World of Warcraft* (kurz: *WoW*) darf sich damit erfolgreichstes MMO(RP)G aller Zeiten nennen. Noch 18 Monate nach seiner Veröffentlichung Anfang 2005 lag der Titel in Deutschland auf Platz 1 der Verkaufscharts für PC-Spiele (o.A. 2006b). Mit dem wachsenden (wirtschaftlichen) Erfolg von WoW und anderen aktuellen Titeln steigt auch die Bedeutung dieses Untersuchungsgegenstandes für die Medien- und Kommunikationswissenschaft.

MMO(RP)Gs verkörpern eine einzigartige Spielform innerhalb des wachsenden Online-Spiele-Marktes und bedeuten eine entscheidende Veränderung für das Feld der digitalen Spiele insgesamt. Spiele wie *WoW* verkörpern eine Sonderform von Online-Spielen. Diese können nach einer Reihe von Merkmalsdimensionen differenziert werden (Abbildung 1). Im engeren Sinn handelt es sich um Spiele, die nur im Internet genutzt werden (Chan & Vorderer 2006). Im weiteren Sinn können auch Spiele, die im lokalen Netzwerk gespielt werden, als Online-Games gelten. Grenzen zwischen den verschiedenen Spielformen sind dabei fließend. Die in Abbildung 1 dargestellten Kategorien müssen demnach als Kontinua aufgefasst werden, da viele Spiele variable Spielmodi und individuell sehr verschiedene Spielweisen ermöglichen. Trotz Detailunterschieden lassen sich alle MMO(RP)Gs als Sonderform von Online-Spielen verorten: Sie stellen offene Spielwelten dar, in denen eine nur

---

[1]   Bei MMO(RP)Gs handelt es sich um eine spezifische Form von Online-Spielen. Man versteht darunter „any computer network-mediated games in which at least one thousand players are role-playing simultaneously in a graphical environment" (Filiciak 2003, 88). MMO(G) – Massively Multiplayer Online Game – und MMORPG werden häufig bedeutungsgleich verwendet, obwohl längst nicht alle MMO(G)s eine Rollenspielkomponente beinhalten. Da jedoch definitorisch nicht immer völlig klar ist, ob jeweils eine Rollenspielkomponente vorliegt oder nicht, wird das ‚RP' im Folgenden stets eingeklammert.

durch die technische Kapazität des Servers beschränkte Anzahl an Spielern mit- oder gegeneinander spielen können. Ein MMO(RP)G hat prinzipiell kein Ende. Dies ermöglicht
den Nutzern langfristige, mehr oder weniger stabile Spielervereinigungen wie Clans oder
Gilden, zu bilden (Williams et al. 2006). Spieler können sich jederzeit in das laufende Spiel
einloggen und es auch wieder verlassen. Die konkrete Nutzungssituation setzt eine permanente Online-Verbindung voraus, da der unmittelbare Datenabgleich zwischen zentralem
Server und Client gewährleistet sein muss.

Abbildung 1:   Unterscheidungsdimensionen von Online-Spielen und die Einordnung von
MMO(RP)Gs

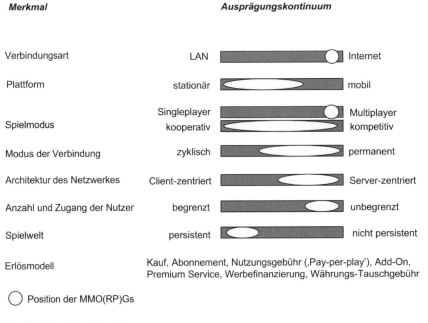

(Quelle: Eigene Darstellung)

Bedeutungsvoll gerade für MMO(RP)Gs ist der Grad der Persistenz der Spielwelt. Der
Begriff Persistenz meint zweierlei. Zum einen ist das Spiel nach der individuellen Beendigung auf Zeit (dem Ausloggen) nicht wirklich vorbei, die Spielwelt nicht erloschen (Chan
& Vorderer 2006). Zum anderen hat vieles, was im Spiel geschieht, nachhaltige Auswirkungen auf den Fortbestand der Welt und kann nicht zurückgenommen werden. Einmal
gestartet, ist ein Zurücksetzen des Spiels nicht bzw. nur in Ausnahmefällen durch den
Betreiber möglich. Dies bleibt nicht ohne Folgen für die Nutzung. Dass die virtuelle Welt
zu jeder Zeit neben der realen existiert und sich permanent entwickelt, bedeutet einen starken zusätzlichen Anreiz für viele Spieler, den es bei anderen Spielformen so nicht gibt. Um
diesen und anderen Gründen für die verbreitete ausgiebige Nutzung von MMO(RP)Gs
nachzugehen, fokussiert der vorliegende Beitrag die Spieler von *WoW*. Konkret geht er der
Frage nach, welche Motivationen zur Nutzung dieses Spiels führen und was die Nutzer
über längere Zeit an das Spiel bindet.

2   Forschungsstand zum Thema MMO(RP)G

Historisch sind MMO(RP)Gs ein relativ junges Phänomen im Bereich digitaler Spiele. Sie etablierten sich in der zweiten Hälfte der 90er Jahre mit Titeln wie *Ultima Online* (Sierra 1997) und „können als direkte Weiterentwicklung von MUDs (Multi-User-Domains/ Dungeons) beziehungsweise Grafik-MUDs und digitalen Solo-Rollenspielen gesehen werden" (Seifert 2006, 18). Wie Castronova (2005) aufzeigt, verkörpern die mit Hilfe einer Client-Server-Architektur realisierten „synthetic worlds" eine vollkommen neue Form der virtuellen Realität. MMO(RP)Gs stellen dabei sowohl eine Form der Internetgemeinschaft dar, vergleichbar mit virtuellen Communities und MUDs, als auch eine besondere Form digitaler Spiele. Besonders die soziale Dynamik dieser neuen virtuellen Kommunikations-räume steht dabei im Vordergrund der wissenschaftlichen Analyse. Untersucht wurden, wie sich Gemeinschaften im Internet bilden und welche Art der Kommunikation die Mitglieder untereinander pflegen (Baur & Kolo 2004; Pena & Hancock 2006; Williams et al. 2006). Die Bildung sozialer Netzwerke durch MMO(RP)Gs (Jakobsson & Tayler 2003) ist ebenso Gegenstand der Forschung wie das Verhältnis zwischen Online- und Offline-Leben (Göt-zenbrucker 2001; Tychsen et al. 2006) oder Einflüsse der virtuellen Realität im Sinne einer Kultivierungshypothese (Williams 2006). Unter medienpsychologischen Gesichtspunkten erweisen sich MMO(RP)Gs ebenfalls als neues Forschungsfeld. Der Forschungsfokus liegt in diesem Bereich eindeutig auf dem sozialen und kommunikativen Charakter von MMO(RP)Gs als einer weiteren Form computervermittelter Kommunikation.

Durch MMO(RP)Gs entstehen nicht nur virtuelle Gemeinschaften, es entwickeln sich auch neue Machtstrukturen zwischen den Produzenten von Inhalten und den Konsumenten (Taylor 2006; Steinkuehler 2006), die so weit gehen, dass Nutzer im Spiel erworbene Ge-genstände anderen Spielern über Tauschplattformen wie E-Bay für reale Währung anbieten (Castronova 2001). Sofern Nutzer jedoch nicht auf diesen schnellen Weg des Aufstiegs zurückgreifen, basieren MMO(RP)Gs darauf, dass Spieler Zeit investieren, um sich ein virtuelles Alter Ego zu erschaffen. Der Logik des Spiels folgend entwickelt sich dieses Alter Ego permanent weiter, indem es neue Fähigkeiten erlernt oder Gegenstände erwirbt. Spielerfolg wird messbar durch den Besitz von virtuellen Statussymbolen oder besonderen Fähigkeiten im Spiel. Spielfähigkeiten und Wissen können zwar dabei helfen, diese Ziele zu erreichen, die Voraussetzung für nachhaltigen und sichtbaren Spielerfolg ist jedoch, viel Zeit ins Spiel zu investieren. Für die etablierten Erlösmodelle in MMO(RP)Gs ist die auf Langzeitspiel ausgelegte Spielmotivation eine zentrale Grundlage. So basiert *WoW*, wie andere Titel auch, auf einer zeitabhängigen Bezahlung. Das heißt, Nutzer zahlen für einzel-ne Spielstunden (in China) oder aber periodisch, beispielsweise via Gebühr für einen be-stimmten Zeitraum (in Europa). Ziel der Anbieter muss es sein, Spieler möglichst lange für das Produkt zu begeistern, um möglichst regelmäßige Zahlungen zu bewirken. Wodurch diese Langzeitmotivation bei Nutzern von *WoW* erzeugt wird, soll hier untersucht werden. Dazu ist es notwendig, sich den Nutzungsmotiven und Spielerfahrungen zu widmen.

Grundlegende Forschungsarbeit wurde in diesem Bereich schon geleistet (Lucas & Sherry 2004; Jansz & Martens 2005). Eine Anwendung auf MMO(RP)Gs findet sich in den Arbeiten von Yee (2006a; 2006b). Sherry (2004) wiederum weist in theoretischer Hinsicht auf eine Verbindung von Spielmotivationen und Spielerfahrungen im Sinne von Flow-Erlebnissen (Csikszentmihalyi 1975) hin. Eine empirische Verknüpfung dieser Elemente im Rahmen von MMO(RP)Gs steht bislang jedoch noch aus.

3   Nutzungsmotive und Spielerfahrungen

Um den Erfolg eines Spiels wie *WoW* zu verstehen – dem es nicht nur gelungen ist hohe Erstverkaufszahlen zu erzielen, sondern gleichzeitig eine Vielzahl an Spielern langfristig zu binden (Duchenaut et al. 2006) –, bietet es sich an, an die bisherige Forschung zur Motivation von Spielern anzuschließen und Verbindungen zwischen unterschiedlichen Spielmotivationen und Spielerfahrungen zu suchen. Vermutlich kann sich nur dann eine langfristige Bindung an ein Spiel ergeben, wenn es dem Spiel gelingt, Nutzern mit unterschiedlichen Motivationen jeweils die adäquaten Erfahrungswelten zu bieten.

Spieler von *WoW* wenden viel Zeit für eine Aktivität auf, von der nach konventionellen Maßstäben kein offensichtlicher Nutzen zu erwarten ist. Es ist jedoch davon auszugehen, dass die Spieler mit gewissen Erwartungen an das Spiel herangehen. So stellt sich die Frage, welche Belohnungen (Gratifikationen) sie sich von einer intensiven Auseinandersetzung mit dem Spiel erhoffen? Ist es z.B. der soziale Status, den sie durch die Entwicklung des virtuellen Alter Egos erleben, oder bietet ihnen die virtuelle Welt eine Flucht vor den Problemen des Alltags? Ausgehend von bewusst, aktiv und zielstrebig agierenden Rezipienten (Katz et al. 1974; Rosengren 1974) fragt die Uses and Gratifications (U&G) Forschung danach, wie der Mensch mit den Medien umgeht und warum er sie auf diese oder jene Weise nutzt (Rubin 1983). Bei der Nutzung interaktiver, internetbasierter Medien ist es notwendig, dass sich die Rezipienten dem Medienangebot aktiv zuwenden, wenn sie damit bestimmte Bedürfnisse befriedigen wollen. Ansätze der U&G Forschung sollten demnach besonders gut zur Erklärung der Nutzung interaktiver, neuer Medien geeignet sein (LaRose & Eastin 2004; Ruggiero 2000). MMO(RP)Gs stellen dabei eine spielerische Form dieser so genannten „lean forward media" (Jansz 2005, 222) dar. In mehreren Studien wurde bereits der U&G Ansatz aufgegriffen und auf digitale Spiele angewendet (z.B. Lucas & Sherry (2004); Schlütz 2002; Yee 2006a; 2006b). Yees Arbeit ist dabei die erste, die sich konkret der Erforschung von MMO(RP)G widmet (ebd.). Es bietet sich an – auch aufgrund der relativen Neuheit des Themas – auf den bestehenden Ansätzen von Yee (2006a; 2006b) aufzubauen und diese für den deutschen Sprachraum zu modifizieren.

Im Sinne einer stärkeren Fokussierung auf die Spezifika digitaler Spiele kann der U&G Ansatz zudem mit Ansätzen zur Beschreibung von Spielerlebnissen, insbesondere der Flow-Theorie (Csikszentmihalyi 1975; 1997), in theoretischer und methodischer Hinsicht verknüpft werden. Denn offensichtlich „hängt die Faszinationskraft der Computerspiele in nicht unbeträchtlichem Maße davon ab, dass diese Aktivität [das Spielen; Anm. die Verfasser] Flow-Erlebnisse ermöglicht" (Fritz 1997, 211). Spiele werden in diesem Beitrag als autotelische Aktivitäten verstanden, wie sie Csikszentmihalyi (1975) definiert, d.h. die Belohnungen, die man sich von ihrer Ausübung verspricht, liegen in der Aktivität selbst. Man spielt um des Spielens willen. Spiele sind konstituieren sich als subjektive Empfindungen, die „im Erleben des Spielenden" liegen (Adamowsky 2000, 48). Diese Subjektivität findet man auch beim Flow-Erleben. Ob man bei einzelnen Tätigkeiten einen Flow-Zustand erreicht, hängt von den individuellen Fähigkeiten und vom empfundenen Schwierigkeitsgrad der Aktivität ab. „Es ist daher unmöglich, in einer konkreten Situation mit völliger Sicherheit vorherzusagen, ob eine bestimmte Person Angst, Langeweile oder Flow erleben wird" (Csikszentmihalyi 2005, 76). Deshalb sind digitale Spiele ein optimales Anwendungsfeld für Flow-Theorien: „Csikszentmihalyi seemed to have video games in mind when he developed the concept of flow" (Sherry 2004, 339).

Die Lösbarkeit der gestellten Aufgabe ist Voraussetzung für das Empfinden eines Flows. Bei digitalen Spielen lassen sich daher nicht ohne Grund Schwierigkeitsgrade anpassen bzw. im Falle von MMO(RP)Gs sehr individuelle Spielerfahrungen durchleben. Dazu unterliegen diese Spiele klaren Regeln, fordern nahezu ununterbrochene Aktivität, und die Spieler erhalten stets ein deutliches Feedback auf ihre Aktionen. In diversen Untersuchungen zu digitalen Spielen wird immer wieder auf die Punkte Kontrolle, Immersion oder Verlust des Zeitgefühls (Wesener 2004; Yee 2006a) hingewiesen. Genau diese Punkte gehören zu den wichtigsten Merkmalen des Flow-Zustandes, wie ihn Csikszentmihalyi (1975, 1992) beschreibt. Die Möglichkeit von unterschiedlichen Flow-Erlebnissen in digitalen Spielen im Allgemeinen und bei MMO(RP)Gs im Besonderen wird dabei zu einem wichtigen Erfolgskriterium für diese. So folgert Sherry (2004, 304):

> […] games that facilitate flow are likely to be adopted whereas games that don't create flow are likely to be discarded. Thus the skill one possesses upon first attempting a video game will determine whether a game is enjoyed or not.

Das Verschmelzen von Handlung und Bewusstsein, wie es sich bei Flow-Erlebnissen einstellt (Csikszentmihalyi 1992, 79), verweist wiederum auf Elemente der U&G Forschung, und zwar auf die eskapistische Motivation. Die Nutzer versuchen realweltliche Zusammenhänge auszublenden (Rubin 1983; Jenderek 2002). Der Zusammenhang zwischen flowähnlichen Spielererlebnissen und unterschiedlichen Gratifikationen, die Spieler in einem Spiel suchen, wird zu einer wichtigen Grundlage für den Erfolg eines Spiels und bildet den theoretischen Rahmen der Untersuchung. In der nachfolgend dargestellten Studie wird deshalb die Beziehung zwischen Motiven und Spielerleben empirisch untersucht.

4   Methodisches Vorgehen

Die Operationalisierung des Spielerlebens von *WoW*-Spielern erfolgte über die von Csikszentmihalyi verwendeten Items zur Ermittlung von Flow-Erlebnissen. Dabei sollte das Spielen von *WoW* mit anderen realweltlichen Aktivitäten verglichen werden. Beispielsweise wurde gefragt, wie stark das Empfinden während des Spiels den Empfindungen beim Ausgehen mit Freunden oder beim Geldwetten ähnelt. Die Nutzungsmotive für das Spiel wurden in Anlehnung an die Studie von Nicholas Yee operationalisiert.

Zu betonen ist der enge wechselseitige Zusammenhang zwischen Spielmotivation und Nutzung. So kann man zunächst vermuten, dass die ursprüngliche Motivation zur Nutzung eines Spiels dem konkreten Spielerleben vorausgeht. Sobald das Spiel jedoch genutzt wird, wandeln sich die Motivationsstrukturen. Möglicherweise treibt einen Spieler anfangs noch die Neugier. Findet er sich dann in der virtuellen Welt zurecht und kennt die zunächst noch ungewohnten Abläufe, kommen vermutlich weitere Motive hinzu. Denkbar in *WoW* wären beispielsweise konkrete Wünsche nach bestimmten Ausrüstungsgegenständen oder das Ziel, einen bestimmten Gegner zu besiegen. Im Bereich der Internet-Forschung spricht man in ähnlichen Zusammenhängen von direkten und indirekten Effekten der Habitualisierung, d.h. indem Nutzer interaktive Angebote (digitale Spiele, das Internet) für bestimmte Tätigkeiten (z.B. Entspannung, Shoppen) nutzen, gewöhnen sie sich an diese und verändern ihre Nutzungsmotive (La Rose & Eastin 2004).

In einer einfachen Befragungsstudie mit Querschnittsdesign – wie sie im Rahmen dieser Untersuchung realisiert wurde – lassen sich solche komplexen theoretischen Modelle, die eine wechselseitige Beeinflussung von Motivationen und Spielerleben postulieren, nicht angemessen prüfen. Im Rahmen einer ersten, explorativen Erhebung zur Verbindung zwischen Nutzungsmotiven und Spielerlebnissen in MMO(RP)Gs erscheint es jedoch vertretbar, zunächst einen einfachen kausalen Zusammenhang zu prüfen. Hier nehmen wir an, dass Spielmotivationen konkreten Spielerfahrungen zeitlich vorgelagert sind und dabei Spielerfahrungen als unabhängige Variable erklären können. Die gesuchten Gratifikationen werden demnach als unabhängige, Formen des Spiellebens als abhängige Variablen operationalisiert. Erlebt jemand das Spiel z.B. als Gemeinschaftserlebnis, so stellt dies zunächst eine Folge von bestimmten Nutzungsmotiven dar, wie z.B. dem Wunsch, mit anderen Leuten in Kontakt zu treten. Um den Zusammenhang zwischen Nutzungsmotiven und Spielerfahrungen prüfen zu können, müssen zunächst zwei grundlegende Fragen beantwortet werden:

• Lassen sich unterschiedliche Spielerlebnisse in *WoW* finden?

• Sind unterschiedliche Nutzungsmotive aus den Antworten der Befragten sinnvoll ableitbar?

Nur wenn diese beiden Fragen positiv beantwortet werden, kann der Zusammenhang zwischen Nutzungsmotiven und Spielerfahrungen konkretisiert werden. Die zentrale Arbeitsthese dazu lautet:

• Spielerlebnisse und Nutzungsmotive stehen in einem signifikanten Zusammenhang, und zwar in der Form, dass spezifische Nutzungsmotive auch spezifische Spielerlebnisse hervorrufen.

Die empirische Untersuchung dieser Zusammenhänge wurde mit Hilfe einer Online-Umfrage durchgeführt. Dazu wurden im Oktober 2005 Nutzer von *WoW*-Foren als Teilnehmer der Umfrage rekrutiert. Insgesamt wurde der auf den Foren-Seiten platzierte Link über 15.000-mal aufgerufen. 10.457 Fälle gingen schließlich in die Auswertung ein.

Es handelt sich dabei keineswegs um ein Sample das Repräsentativität für die Grundgesamtheit der *WoW*-Nutzer beanspruchen kann. Vielmehr treten die bekannten Probleme der Selbst-Selektion in Online-Samples auf. Wir gehen daher davon aus, dass die Stichprobe deutlich in Richtung einer hoch motivierten, am Spiel selbst stark interessierten Nutzergruppe verzerrt ist. Die Befragten waren dabei relativ jung (M = 21,8 Jahre; SD = 6,0 Jahre), fast ausschließlich männlich (94,4 % Männer) und zu einem Großteil in Ausbildung als Schüler, Lehrling oder Student (66,2 %).

Zur Überprüfung von Zusammenhängen zwischen Nutzungsmotiven und Spielerlebnissen im Rahmen einer explorativen Studie ist aber eine Repräsentativität im Bezug auf die Grundgesamtheit aller *WoW*-Spieler keineswegs notwendig. Vielmehr geht es darum, auf Basis unserer Untersuchung konkrete Hypothesen für weitere Forschungsvorhaben zu formulieren. Lassen sich die von uns postulierten Zusammenhänge im Sample finden, so ist dies als vorläufige Bestätigung anzusehen.

5   Ergebnisse der empirischen Untersuchung

Betrachtet man die Ausprägungen der einzelnen Flow-Items (Tabelle 1), so weisen die Spielerlebnisse, die die Spieler bei *WoW* machen, am ehesten Parallelen mit forschenden oder schöpferischen Tätigkeiten auf. Ähnlichkeiten mit anderen Medienerfahrungen sind ebenfalls vorhanden. Die Spielerfahrungen zeigen hingegen nur geringe Gemeinsamkeiten mit risikobehafteten Erfahrungen wie Drogenkonsum. Faktoranalytisch lassen sich die einzelnen Indikatoren der Spielerfahrungen in *WoW* zu vier Dimensionen verdichten (Tabelle 1). Die Faktorenwerte dieser vier Dimensionen dienen im Folgenden als abhängige Variablen der Untersuchung.

Der erste Faktor wird als ‚Erleben des Spiels als Herausforderung' beschrieben. Der zweite Faktor umfasst Items die anzeigen, dass das ‚Spiel als Gemeinschaftserlebnis' erlebt wird. Deutlich wird an beiden Faktoren der duale Charakter von MMO(RP)Gs, die zugleich spielerisches Medium und Kommunikationsraum sein können. Während der Wettbewerb als ein zentrales Element des Spiels gesehen werden kann, verweist der zweite Faktor auf den sozialen Charakter von MMO(RP)Gs als virtuelle Gemeinschaften. ‚Erleben des Spiels als Nervenkitzel' deckt sich in etwa mit der vom Spieletheoretiker Caillois (1958, 12) als „Ilinx" (Schwindel) bezeichneten Komponente von Spielen. Schließlich konstituiert sich der Faktor ‚Erleben des Spiels als Entspannung' aus drei Items, die sich auf die Rezeption anderer Medienarten beziehen, und zeigt damit, dass deren Rezeption von den Befragten relativ ähnlich wahrgenommen wird.

Bezüglich unserer Prämissen lassen sich in der Tat verschiedene Spielerfahrungen mit Hilfe der von Csikszentmihalyi entwickelten Flow-Items ableiten. Es kann vermutet werden, dass verschiedene Nutzungsmotive in enger Verbindung mit diesen Erlebnisformen stehen. So werden Wettbewerb und Gemeinschaft oftmals als zentrale Motivation des Spielens gesehen (vgl. Lucas & Sherry 2004; Jansz & Martens 2005). Zu erwarten wäre dabei, dass ein solches Spielempfinden auch in Verbindung mit dementsprechenden Nutzungsmotiven steht.

Zur Messung der Nutzungsmotive verwendeten wir die Item-Batterie von Yee (2006b). Deren 36 Items wurden mittels Faktorenanalyse zu elf Faktoren verdichtet. Dabei stellten sich ‚Leistung /Spielerfolg' und ‚Community' als die bedeutendsten Faktoren heraus. Die Ausprägungen dieser beiden Merkmale erklären in relativ hohem Maße die Gratifikationen, die Spieler suchen, während die Faktoren ‚Eskapismus' und ‚Spielmechanik' deutlich weniger zur Varianzerklärung beitragen (Tabelle 2).

Insgesamt ergeben sich Faktoren, die mit Ergebnissen anderer Studien übereinstimmen (Jansz 2005; Lucas & Sherry 2004; Yee 2006b). Neben verschiedenen Spielerfahrungen lassen sich also unterschiedliche Motivdimensionen finden. Diese werden im Folgenden als unabhängige Variablen zur Erklärung der identifizierten Erlebnisfaktoren herangezogen.

Alter und Geschlecht dienten dabei als Kontrollvariablen, wobei berücksichtigt werden muss, dass aufgrund der Verzerrung des Samples hin zu überwiegend männlichen und jungen Teilnehmern die Varianz innerhalb dieser beiden soziodemographischen Variablen eher gering ist.

Tabelle 1:   Spielerlebnis-Items

Item	M (SD)	Ladungsmatrix der Faktorenanalyse			
		Erleben des Spiels als...			
„Wie ähnlich ist das Gefühl beim Spielen von *World of Warcraft* im Vergleich zu dem Gefühl, wenn du…"		Heraus-forderung	Gemeinschafts-erlebnis	Nervenkitzel	Ent-spannung
… einen Wettbewerbssport ausübst	2,6 (1,31)	**0,67**	*	0,32	*
… bei einem Wettlauf mitmachst	2,30 (1,23)	**0,66**	*	0,38	*
… etwas Neues entwirfst oder entdeckst	3,17 (1,26)	**0,63**	0,32	*	*
… etwas geschafft/vollendet hast (ein Kunstwerk, eine Reparatur, eine Prüfung oder ähnliches)	3,35 (1,30)	**0,63**	0,32	*	*
… einen unbekannten Ort erkundest	3,46 (1,28)	**0,63**	*	*	*
… mit Freunden auf eine Party gehst	2,29 (1,27)	*	**0,75**	*	*
… mit jemandem flirtest	1,85 (1,12)	*	**0,69**	0,31	*
… mit einem guten Freund etwas unternimmst	3,09 (1,35)	0,33	**0,66**	*	*
… eine Party/ein Fest vorbereitest	2,01 (1,11)	*	**0,60**	0,30	*
… in ein brennendes Haus rennst, um ein Kind zu retten	1,75 (1,15)	*	**0,44**	0,43	*
… Drogen nimmst	1,47 (0,96)	*	*	**0,67**	*
… zu schnell fährst	1,78 (1,06)	*	*	**0,65**	*
… eine Wette um Geld abschließt	1,82 (1,09)	*	*	**0,64**	*
… dich beim Schwimmen im Meer sehr weit hinauswagst	1,90 (1,14)	0,34	0,34	**0,45**	*
… einen guten Film schaust	3,33 (1,28)	*	*	*	**0,80**
… ein gutes Buch liest	2,94 (1,39)	*	*	*	**0,77**
… gute Musik hörst	2,95 (1,31)	*	0,30	*	**0,63**
… ein mathematisches Problem löst	2,19 (1,22)	*	*	*	*
Erklärte Varianz (in %)		*14,99*	*14,67*	*12,66*	*10,90*

Mittelwerte: 1= überhaupt nicht ähnlich; 5 = sehr ähnlich; Hauptkomponenten Analyse, Varimax Rotation, erklär-te Gesamt-Varianz: 53,22 %, KMO: 0,912, * = Ladung unter 0,30; Fett = lädt am stärksten aus diesen Faktor

Tabelle 2: Motive für die *WoW*-Nutzung

Faktor	Erklärte Varianz	Auswahl der zur Erklärung verwendeten Items (Ladung auf den jeweiligen Hauptfaktor >0,6)
Leistung / Spielerfolg	9,13 %	seltene Items zu finden, die nur wenige andere Spieler jemals bekommen werden? (0,78) dass dein Charakter mächtig wird? (0,72)
Community	7,13 %	andere Spieler kennen zu lernen? (0,71) mit anderen Spielern zu chatten? (0,68)
Wettkampf	5,98 %	Dinge zu tun, die andere Spieler verärgern? (0,88) versuchst du, gezielt andere Spieler zu verärgern? (0,86)
Erkundung	5,95 %	alle Gebiete und Zonen der Welt zu erkunden? (0,82) einfach nur die Welt zu durchwandern, um sie zu erkunden? (0,74)
Realitäts-integration	5,53 %	redest du mit deinen *World of Warcraft*-Freunden über persönliche Dinge? (0,81) haben dir deine *World of Warcraft*-Freunde bereits Unterstützung für Probleme im realen Leben angeboten? (0,80)
Ästhetik	5,32 %	dass die Rüstung / das Outfit deines Charakters farblich und stilistisch zusammenpasst? (0,80) dass dein Charakter anders aussieht als andere? (0,75)
Rollenspiel	4,99 %	deinen Charakter möglichst optimal auf seinen Beruf / seine Rolle abzustimmen? (0,67) im Spiel neue Rollen und Persönlichkeiten auszutesten? (0,66)
Führung	4,81 %	übernimmst du die Führung, wenn du in einer Gruppe unterwegs bist? (0,90) eine Gruppe zu führen / zu leiten? (0,87)
Solospiel	4,46 %	dass dein Charakter gut im Solo-Spiel ist? (0,81) einen Charakter zu haben, der selbständig und unabhängig ist? (0,79)
Spielmechanik	3,63 %	nutzt du ein Tool (z.B. einen Talentkalkulator), um die Fähigkeiten deines Charakters bereits frühzeitig zu planen? (0,76) so viel wie möglich über die Spielregeln und Mechanismen (Auswirkungen bestimmter Fähigkeitswerte etc.) zu wissen? (0,62)
Eskapismus	3,52 %	spielst du, um das Denken an Probleme oder Sorgen des realen Lebens zu vermeiden? (0,72) spielst du, um dich von der Arbeit zu erholen oder zu entspannen? (0,65)

Fragen: „Wie oft…" / "Wie sehr genießt du es…" / "Wie wichtig ist es dir…"
Hauptkomponentenanalyse, Varimaxrotation, erklärte Gesamt-Varianz: 60,44 %, KMO: 0,827

Der Zusammenhang zwischen Nutzungsmotiven und Spielerfahrungen wurde über schrittweise lineare Regressionen untersucht, wobei postuliert wurde, dass Nutzungsmotive sowie das Alter und das Geschlecht auf verschiedene Spielerfahrungen kausal einwirken. Nur die Beta-Gewichte von abhängigen Variablen, deren Koeffizienten mit 99%iger Signifikanz als von Null verschieden angenommen werden konnten, wurden in die Interpretation einbezogen.[2] Berechnet man Regressionen mit den Faktorenwerten der Nutzungsmotive als unabhängige Variablen auf die einzelnen Dimensionen der Spielerfahrungen als abhängige Variablen, dann zeigt sich, dass sich die Dimension ‚Spiel als Gemeinschaftserlebnis' am besten erklären lässt (korrigiertes R^2 = 0,14). Nicht jeder Motivfaktor erweist sich jedoch als signifikant für jede Form von Spielerfahrungen. Gleichzeitig sind einige Nutzungsfaktoren wie z.B. ‚Ästhetik', ‚Führung', ‚Solospiel' nur sehr schwache Erklärungsvariablen (beta < 0,1) bei allen Erlebnisfaktoren. Zur Veranschaulichung werden in Tabelle 3 nur diejenigen Erklärungsvariablen ausgewiesen, die signifikante Koeffizienten darstellen und deren Beta-Gewicht zur Erklärung der jeweiligen Spielerfahrungen größer als 0,1 ist.

Tabelle 3: Regressionskoeffizienten der Nutzungsmotive

	Spielerleben als abhängige Variable			
	Herausforderung	Gemeinschafts-erlebnis	Nervenkitzel	Entspannung
	Beta-Gewichte der Regressoren			
Spielerfolg	0,20	*	**0,21**	*
Erkundung	**0,14**	*	*	0,13
Spielmechanik	**0,12**	*	-	*
Gemeinschaft	0,11	**0,14**	*	0,11
Eskapismus	*	*	*	**0,16**
Rollenspiel	*	**0,16**	*	0,16
Führung	*	-	*	-
Ästhetik	*	*	*	*
Wettkampf	*	*	**0,21**	*
Realitätsintegration	-	**0,26**	*	*
Solospiel	-	-	*	-
Geschlecht	-	*	-	*
Alter	-	-	*	
Korrigiertes R^2	0,11	0,14	0,12	0,08
n = 8806				
F-Wert	117,45**	139,59**	106,29**	76,03**

Fett: jeweils höchster Beta-Wert bezogen auf die vier Regressionen, - = nicht signifikant, * = signifikant, aber beta-Gewicht < 0,1

---

2   Aufgrund der Stichprobeneigenschaften dürfen die Signifikanzniveaus nicht so interpretiert werden, dass daraus die Repräsentativität der Ergebnisse für die Grundgesamtheit der *WoW*-Nutzer abgeleitet werden kann. Wir gehen jedoch davon aus, dass die gewählte Methode geeignet ist, bedeutsame von weniger bedeutsamen Effekten zu unterscheiden.

,Rollenspiel' ist für zwei Faktoren (Gemeinschaft und Entspannung) eine bedeutende (beta > 0,1) Erklärungsvariable. ,Spielerfolg' erweist sich als geeignet, Spielerfahrungen der Herausforderung und des Nervenkitzels zu bestimmen. Für die beiden anderen Erfahrungsfaktoren ist ,Spielerfolg' nur eine schwache Erklärungsvariable. Soziodemographische Variablen spielen keine oder nur eine sehr geringe Rolle, was auf die Homogenität der Stichprobe (junge Männer) zurückzuführen ist.

Die gefundenen Zusammenhänge lassen sich inhaltlich plausibel interpretieren. Im Fall der Erfahrung ,Spiel als Gemeinschaftserlebnis' z.B. wurden die Motive ,Führung' und ,Solo-Spiel' als erklärende Variablen ausgeschlossen. Die besten Erklärungsvariablen sind ,Realitätsintegration', ,Rollenspiel' und ,Gemeinschaft'. Es scheint so, dass Nutzungsmotive, die sich auf die Verbindung zwischen Spiel und realer Welt beziehen, am besten zur Erklärung für ein ,Spiel als Gemeinschaftserlebnis' geeignet sind. Spieler, die das Spiel als Gemeinschaftserlebnis erfahren, wenden sich ihm vor allem zu, weil sie die gemeinsamen Aktivitäten darin schätzen und Verbindungen zwischen diesen und ihrem realen Leben ziehen. Motive, die eher auf ein ziel- und erfolgsorientiertes Spielen von *WoW* – vergleichbar einem Einzelspieler-Offline-Spiel – ausgerichtet sind, können gemeinschaftsorientierte Spielerfahrungen kaum erklären.

Leistungsorientierte Motive eignen sich als Erklärungsvariablen für das Spielerleben des Spiels als Herausforderung. Hierbei sind Spieler bemüht, ihre eigene Leistung im Spiel zu verbessern, es ist ihnen wichtig, in die ,Mechanik' des Spiels einzutauchen. Sie sind also beispielsweise bestrebt zu verstehen, was ein ,Stärkewert' von 253 oder ein ,Feuerwiderstand' von 78 bedeuten, und versuchen, diese Kenntnisse für ein erfolgreiches Spiel einzusetzen. Auch das Erkunden der virtuellen Welt steht in Zusammenhang mit einem herausfordernden Spielerleben. Verbindungen zum realen Leben scheiden als erklärende Motivationen eher aus. Überraschenderweise spielt auch das Motiv, das Spiel allein zu spielen, eher eine untergeordnete Rolle.

Ähnliche Motive scheinen für Spielerlebnisse des Wettbewerbs und des Nervenkitzels verantwortlich zu sein. Zwei Motive führen aber offensichtlich zu unterschiedlichen Wahrnehmungen. Das Motiv des Wettkampfs – also Items wie ,Dinge tun, die andere verärgern' – liefert den größten Erklärungsgehalt für den Faktor ,Erleben des Spiels als Nervenkitzel', leistet jedoch nur einen geringen Beitrag (beta < 0,1) für das ,Erleben des Spiels als Herausforderung'. Genau umgekehrt verhält es sich mit dem Motiv der Erkundung. Der Nervenkitzel – so lässt sich vermuten – resultiert vor allem aus dem kompetitiven Spiel, während die Erkundung neuer Welten stärker zu einem sportlichen, auch kooperativ ausgetragenen Wettkampferleben führt.

Den geringsten Erklärungsgehalt liefern die Nutzungsmotive für das Erleben des Spiels als Entspannung. Hierbei erweist sich das Motiv ,Eskapismus' noch als stärkste Erklärungsvariable.

In der Tat verweisen die ermittelten Zusammenhänge darauf, dass sich der spezifische Charakter von MMO(RP)Gs wie *WoW* als Mischung aus Spiel und Gemeinschaftsaktivität auch bei den verschiedenen Nutzungsmotiven und Spielerfahrungen finden lässt. Spiel, Gemeinschaft und gemeinsamer Wettbewerb sind sowohl zentrale Spielerlebnisse als auch Motive, sich dem Spiel zuzuwenden. Die Stärke von *WoW* liegt darin, dass ein großes Spektrum an Nutzungsmotiven in sehr unterschiedlicher Form befriedigt werden kann, da das Spiel offen für verschiedene Spielerlebnisweisen ist. Der Zusammenhang zwischen Nutzungsmotiven und Spielerfahrungen ist dabei komplexer, als in der vereinfachten, monokausalen Darstellung dieser Arbeit unterstellt. Es wird jedoch deutlich, dass sich Verbindungen aufzeigen lassen, deren weitere Analyse ein lohnendes Forschungsfeld darstellen. So ist zu diskutieren, inwieweit eine klare Trennung zwischen Items, die tatsächlich Nutzungsmotive abfragen, und Items, die eher Spielerlebnisdimensionen abfragen, schon in der Konstruktion des Fragebogens geleistet werden kann. Die verwendete Skala von Yee beinhaltete durchaus Items, die in ihrer Formulierung sehr nah an Erlebnisdimensionen anschließen. Gleichzeitig ist die zeitliche Abhängigkeit von Nutzungsmotiven und Spielerlebnissen zu diskutieren, der oben erwähnte Zusammenhang im Zeitverlauf konnte mit unserer Studie nicht beantwortet werden.

6   Fazit und Ausblick

Nutzungsmotive und Spielerfahrungen stehen – so unsere vorläufigen Ergebnisse – in einem nachvollziehbaren Zusammenhang miteinander, wobei Nutzungsmotive wie Rollenspiel, Wettkampf oder Erkundung Spielerfahrungen der Herausforderung, Gemeinschaft, des Nervenkitzels oder der Entspannung begünstigen können. Zu vermuten ist jedoch, dass sich diese Zusammenhänge nicht mittels einfacher Kausalmodelle angemessen beschreiben lassen, sondern auf komplexere, interdependente Verbindungen verweisen. Zudem können sich Spielerfahrungen und -motive im Laufe der Nutzung eines MMO(RP)Gs wandeln. Wir können annehmen, dass man zunächst beispielsweise hauptsächlich aus leistungs- und wettbewerborientierten Motivationen spielt und das Spiel dabei vor allem wie einen sportlichen Wettkampf empfindet. Solche Empfindungen können sich mit konkreten Spielsituationen verändern. Stellt man fest, dass bestimmte Aufgaben nur durch geschicktes Teamwork zu lösen sind, oder wenn sich gar Online-Freundschaften zu anderen Nutzern entwickeln, so rückt allmählich ein verändertes Spielverständnis in den Vordergrund und der virtuellen Gemeinschaft wird größere Bedeutung beigemessen. Die Zeit, die man online verbringt, nimmt zu und der Grund dafür ist nicht mehr das spielerische Töten von Monstern und Sammeln von Gegenständen, sondern stattdessen das Treffen von Freunden. Spiele wie *WoW* ermöglichen vielfältige Spielerfahrungen und fesseln Nutzer mit unterschiedlichen Motivationen.

Die vorgestellten empirische Ergebnisse zeigen, dass Nutzungsmotive und Spielerfahrungen in der Tat – wenn auch schwach – miteinander in Verbindung stehen. Der Fokus künftiger Forschung sollte auf der weiteren Entschlüsselung dieser Zusammenhänge liegen und sich vor allem der zeitlichen Entwicklung der angedeuteten Interdependenzen widmen. Forschungsfragen könnten hier lauten:

- Wie verändern sich Nutzungsmotive und Spielerfahrungen im Verlauf des Spiels?

- Welche spielimmanenten Ereignisse bedingen einen Wandel sowohl der Nutzungsmotive als auch der Spielerfahrungen?

- Besteht ferner ein Zusammenhang zwischen spiel-externen Ereignissen und spielimmanenten Erfahrungen?

- Verändert sich z.B. das Spielerleben, wenn Freunde aus dem Real Life die Spielerfahrungen teilen?

Solche Fragen ließen sich in zukünftigen Längsschnittstudien gezielter untersuchen. Dabei zeigen sich methodisch schon erste Ansätze zur langfristigen Erforschung von MMO(RP)Gs. Wenn Williams (2006) langfristige Effekte bei MMO(RP)Gs in Form einer experimentellen Panelanordnung analysiert, weist er damit einen Weg für weitere Forschungsansätze, die sich dem Spielerleben in MMO(RP)Gs widmen.

Interessant ist es, die Auswirkungen von Nutzungsmotiven und Spielerfahrungen auf die Nutzungsintensität zu untersuchen. Da Online-Spiele verdächtigt werden, ein hohes Suchtpotenzial zu besitzen (Griffiths & Davies 2005), und in den Medien auf spektakuläre Art und Weise von exzessiven Online-Spielverhalten berichtet wird, stellt sich die Frage, welche Spielerfahrungen eben diese Situation befördern und wie der exzessive Konsum eingeschränkt werden kann, ohne den Nutzern erfüllende Spielerfahrungen zu verschließen. Unsere Forschung stellte sich in diesem Fall als noch unzureichend heraus. Nutzungsmotive können knapp 10 % der Varianz der Nutzungsdauer erklären ($R^2 = 0,10$) und Spielerfahrungen eignen sich noch weniger zur Erklärung der abgefragten Nutzungsdauer ($R^2 = 0,03$). Als wenig valides Messinstrument für die Nutzungsdauer von MMO(RP)Gs erwies sich die Selbstauskunft der Nutzer. Technische Messungen scheinen geeigneter und auf Basis von Logfiles auch relativ leicht realisierbar.

Für weiterführende Forschungsarbeiten lassen sich auf Basis unserer Studie folgende Hypothesen formulieren:

- *WoW*-Spieler erleben das Spiel in unterschiedlichem Maß als Herausforderung, als Gemeinschaftserlebnis bzw. als Nervenkitzel oder als Entspannung
- Je wichtiger Motivationen des Spielerfolgs, der Erkundung und der Spielmechanik sind, desto stärker erlebt man das Spiel als Herausforderung.
- Je wichtiger Motivationen des Rollenspiels und der Gemeinschaft sind, desto stärker erlebt man das Spiel als Gemeinschaftserlebnis.
- Je wichtiger man Motivationen des Spielerfolgs einschätzt, jedoch weniger Wert auf Erkundung und Spielmechanik legt, desto stärker erlebt man das Spiel als Nervenkitzel.
- Je wichtiger Motivationen des Eskapismus sind, desto stärker erlebt man das Spiel als Entspannung.

Zu untersuchen ist weiterhin, wie sich Motivationen zum Spiel mit bestimmten Spielerfahrungen verändern, welchen Einfluss soziodemographische Variablen haben und welcher dieser Faktoren die stärksten Auswirkungen auf die (exzessive) Nutzung von MMO(RP)Gs hat. Mit zunehmender Verbreitung von MMO(RP)Gs wird es notwendig, auch die bislang vernachlässigten Spielergruppen (Gelegenheitsspieler, Frauen, Personen älter als 30 Jahre) und deren Spielmotivationen näher zu untersuchen. Neue Formen von MMORPGs, so können wir vermuten, werden dabei auch zu neuartigen Spielerfahrungen führen und gänzlich andere Nutzungsmotive befriedigen können.

Literaturverzeichnis

Adamowsky, N. (2000): *Spielfiguren in virtuellen Welten.* Frankfurt, New York: Campus.

Bartle, R. A. (1996): Hearts, clubs, diamonds, spades: Players who suit MUDs. *Journal of Virtual Environments*, 1(1). URL: http://www.brandeis.edu/pubs/jove/HTML/v1/bartle.html (08.09.2005).

Baur, T. & Kolo, C. (2004): Living a virtual life: social dynamics of online gaming. *Game Studies*, 4 (1). URL: http://www.gamestudies.org/0401/kolo/ (08.12.2004).

Blizzard (2006): *World of Warcraft erreicht über eine Million Kunden in Europa* (Pressemitteilung vom 19.01.2006). URL: http://www.blizzard.de/press/060119.shtml (19.01.2006).

Caillois, R. (1958): *Les jeux et les hommes.* Paris: Gallimard.

Castronova, E. (2001): *Virtual worlds. A first-hand account of market and society on the cyberian frontier.* CESifo Working Paper No. 618.

Castronova, E. (2005): *Synthetic worlds. The business and culture of online games.* The University of Chicago Press: Chicago, London.

Chan, E. & Vorderer, P. (2006): Massively Multiplayer Online Games. In: Vorderer, P. & Bryant, J. (Hrsg.): *Playing video games. Motives, responses and consequences.* Mahwah, London: Lawrence Earlbaum, 77-88.

Csikszentmihalyi, M. (1975): *Beyond boredom and anxiety. The experience of play in work and games.* San Francisco, New York, London: Jossey-Bass.

Csikszentmihalyi, M. (1992): *Flow. Das Geheimnis des Glücks* (Original: 1990). Stuttgart: Klett-Cotta.

Csikszentmihalyi, M. (1997): *Finding Flow. The Psychology of engagement with everyday life.* New York: Basis Books.

Csikszentmihalyi, M. (2005): *Das Flow Erlebnis – Jenseits von Angst und Langeweile. Im Tun aufgehen* (9. Auflage, Original: 1975). Stuttgart: Klett-Cotta.

Ducheneaut, N., Yee, N., Nickell, E., & Moore, R. J. (2006). Building an MMO with mass appeal: A look at gameplay in World of Warcraft. *Games and Culture*, 1(4), 281-317.

ESA (Entertainment Software Association) (2006): *Essential facts about the computer and video game industry.* URL: http://www.theesa.com/facts/index.php (28.09.2006).

Fritz, J. (1997): Langeweile, Streß und Flow. Gefühle beim Computerspiel. In: J. Fritz & W. Fehr (Hrsg.): *Handbuch Medien. Computerspiele.* Bonn: Bundeszentrale für politische Bildung, 207-215.

Götzenbrucker, G. (2001): *Soziale Netzwerke und Internet-Spielewelten.* Wiesbaden: Westdeutscher Verlag.

Griffiths, M, & Davies, M. N. O. (2005): Does video game addiction exist? In: J. Raessens & J. Goldstein (Hrsg.): *Handbook of computer game studies.* Cambridge, London: MIT Press, 359-372.

Jakobsson, M. & Taylor, T. L. (2003): The Sopranos meets EverQuest. Social networking in Massively Multiplayer Online Games. *Digital Arts and Culture, Melbourne*, 81-90. URL: http:// hypertext.rmit.edu.au/dac/papers/Jakobsson.pdf (18.12.06).

Jansz, J. (2005): The emotional appeal of violent video games for adolescent males. *Communication Theory*, (3), 219-241.

Jansz, J. & Martens, L. (2005): Gaming at a LAN event. The social context of playing videogames. *New Media and Society*, (3), 333-355.

Jenderek, B. (2002): *Der Einfluss von Persönlichkeitsmerkmalen auf die Auswahl und Nutzung von Multi-User-Domains.* Magisterarbeit an der Universität Leipzig.

Katz, E., Blumler J. G. & Gurevitsch, M. (1974): Utilization of mass communication by the individual. In: J. G. Blumler, & E. Katz (Hrsg.): *The uses of mass communications. Current perspectives on gratification research.* Beverly Hills: Sage, 19-32.

LaRose, R. & Eastin, M. S. (2004): A social cognitive theory of Internet uses and gratifications. Toward a new model of media attendance. *Journal of Broadcasting and Electronic Media*, 48(3), 358-375.

Lucas, K. & Sherry, J. L. (2004): Sex differences in video game play. A communication-based explanation. *Communication Research*, 31(5), 499-523.

o.A. (2006b): Top 20 PC-Games über 28€. *Gamesmarkt*, 6(17), 44.

Pena, J. & Hancock, J. T. (2006); An analysis of socioemotional and task communication in online multiplayer video games. *Communication Research*, 33, 92-109.

Rosengren, K. E. (1974): Uses and gratifications. A paradigm outlined. In: J. G. Blumler & E. Katz (Hrsg.): *The uses of Mass Communications. Current perspectives of gratifications research*. Beverly Hills: Sage, 269-286.

Rubin, A. M. (1983): Television uses and gratification: The interactions of viewing patterns and motivations. *Journal of Broadcasting*, 27(1), 37-51.

Ruggiero, T. E. (2000): Uses and gratification theory in the 21st century. *Mass Communication and Society*, 3(1), 3 - 37.

Schlütz, D. (2002): *Bildschirmspiele und ihre Faszination. Zuwendungsmotive, Gratifikationen und Erleben interaktiver Medienangebote*. München: Reinhard Fischer.

Seifert, R. (2006): *Flow in Azeroth. Eine Analyse von Spielerfahrungen in MMO(RP)Gs am Beispiel von World of Warcraft*. Diplomarbeit an der Technischen Universität Ilmenau.

Sherry, J. L. (2004): Flow and media enjoyment. *Communication Theory*, 14(4), 328-347.

Steinkuehler, C. (2006): The mangle of play. *Games and Culture*, 1(3), 199-213.

Taylor, T. N. (2006): *Play between worlds. Exploring online game culture*. Cambridge, London: MIT Press.

Tychsen, A., Hitchens, M., Brolund, T., & Kavakli, M. (2006): Live action role-playing games. Control, communication, storytelling, and MMORPG similarities. *Games and Culture*, 1(3), 252-275.

Wesener, S. (2004): *Spielen in virtuellen Welten*. Wiesbaden: VS Verlag.

Williams, D. (2006): Virtual cultivation. Online worlds offline perceptions. *Journal of Communication*, 56(1), 69-87.

Williams, D., Ducheneaut, N., Xiong, L., Zhang, Y., Yee, N., & Nickell, E. (2006). From tree house to barracks: The social life of guilds in World of Warcraft. *Games and Culture*, 1(4), 338-361.

Yee, N. (2006a): The demographics, motivations and derived experiences of users of Massively Multiuser Online Graphical Environments. *Presence: Teleoperators and Virtual Environments*, 15(3), 309-329

Yee, N. (2006b): The psychology of Massively Multiuser Online Role Playing Games. Motivations, emotional investment, relationships and problematic usage. In: R. Schroeder & A. Axelsson (Hrsg.): *Avatars at work and play. Collaboration and interaction in shared virtual environments*. London: Springer, 187-207.

4.7

Echtzeitabenteuer ohne Grafik und Sound

Die Nutzung von Multi-User-Domains

Bastian Jenderek

1   Einleitung

Durch die Verbreitung des Internet wurde den Nutzern von Computerspielen erstmals die Möglichkeit gegeben, einfach und ohne größeren technischen Aufwand (z.B. Aufbau eines lokalen Netzwerkes, vgl. Hepp & Vogelgesang in diesem Band) miteinander und gegeneinander zu spielen. Eine der ältesten Spielformen im Netz sind die Multi-User-Domains (MUDs); auch die Bezeichnungen ‚Multi-User-Dungeons' oder ‚Multi-User-Dimensions' sind gebräuchlich (vgl. Utz 1996 sowie den Beitrag von Behr in diesem Band).

In den MUDs spielen mehrere Spieler gleichzeitig und in Echtzeit in einer virtuellen ‚Textwelt'. Der Spielinhalt (also das, was ‚passiert') wird den Spielern in Textform beschrieben, und die Spieler schreiben – ebenfalls als Text –, was ihre Spielfigur unternehmen soll. Eine grafische Aufbereitung des Spielinhaltes gibt es nicht, die Informationen beruhen ausschließlich auf geschriebenem Text. Die Spiele sind meistens Rollenspielen aus den Genres Fantasy und Science Fiction nachempfunden. Die Spielenden können alleine oder gemeinsam Aufgaben im Spiel lösen, miteinander kommunizieren und oft auch gegeneinander kämpfen. MUDs haben in der Regel kein definiertes ‚finales' Spielziel. Die Spieler können unter Umständen mehrere Jahre mit dem Spiel in einem MUD verbringen. Offensichtlich können diese Spiel- und Kommunikationsplattformen also eine große Anziehungskraft auf ihre Nutzer ausüben.

Doch welche Gründe haben die Spieler, ihre Zeit in einer virtuellen Welt zu verbringen? Sind die virtuellen Abenteuer der Grund der Faszination, oder ist es das Miteinander der Spieler? Welche Persönlichkeiten spielen in den MUDs? Sind MUDs ein Sammelplatz für ‚Freaks' oder spielen ganz normale ‚Durchschnittsmenschen' diese Spiele? Und wie erleben die Spieler ihr Spiel in der Textwelt der MUDs?

Um diesen Fragen nachzugehen, wurden die Spieler mehrerer etablierter deutschsprachiger MUDs befragt. Die Ergebnisse der Befragung werden im Folgenden dargestellt. Zunächst erfolgt eine einleitende Beschreibung eines MUDs (Abschnitt 2.1) und dessen Merkmale als Rollenspiel (Abschnitt 2.2). Im 3. Abschnitt werden die relevanten theoretischen Grundlagen (Persönlichkeitspsychologie, Uses and Gratifications, Flow) dargelegt. Anschließend werden das Erhebungsdesign vorgestellt (4. Abschnitt) und die Ergebnisse der Befragung erklärt und diskutiert (Abschnitt 5). Ein kritisches Fazit im 6. Abschnitt schließt den Beitrag ab.

2   MUDs und Rollenspiele: Gemeinsamkeiten und Unterschiede

2.1   Beschreibung eines MUDs

> Sobald man einen Zug getan hat, erscheint auf dem Bildschirm die Mitteilung, wo man sich be-
> findet und mit welchem Problem man es zu tun hat. Man muss mit zwei oder weniger Wörtern
> ebenso auf günstige Gelegenheiten – Schätze oder Werkzeug, das am Boden einer Höhle liegt –
> wie auf Bedrohungen oder Herausforderungen eingehen – auf den äxteschleudernden Zwerg,
> den Troll, der die Brücke bewacht, den Drachen. (Kidder 1982, 100)

Bereits kurz nach der Entwicklung der ersten Mikrocomputer wurde für diese im Jahr 1979
das Programm *Adventures* geschrieben, das den Benutzer in eine Phantasiewelt versetzte.
Diese bestand aus Höhlen (dungeons), in denen Abenteuer warteten und in denen der Spieler durch eine textbasierte Interaktion mit dem Programm Rätsel lösen und Schätze finden
konnte (nach Kidder 1982, 99 ff.). Das Programm kann als das erste ,Dungeon'-Spiel bezeichnet werden.

Mit Aufkommen des Internets erreichten die Spiele ein größeres Publikum und wurden
weiterentwickelt. Vor allem die Möglichkeit, unabhängig von räumlicher Distanz mit anderen Spielern gemeinsam und gleichzeitig derartige Welten zu erkunden, stellte einen Quan-
tensprung in der Qualität des Spielens dar. Diese Form des interaktiven und synchronen
Spiels wird MUD genannt. Die textbasierten Plattformen geben ihren Nutzern Raum zum
Kommunizieren und Spielen in einer Phantasiewelt – unabhängig davon, an welchem Ort
der realen Welt sie sich im Moment befinden.

Normalerweise erfolgt der Zugriff auf ein MUD durch eine Netzwerk-Applikation
(wie z.B. *telnet*, einem so genannten ,Terminalprogramm'), das mehreren Nutzern den
Zugriff auf einen Hauptrechner und der darauf lokalisierten Datenbank erlaubt (diese Funktion ist bei verschiedenen Browsern bereits integriert). Die eigentliche Spielfigur des Spielers ist eine Datei dieser Datenbank. Die einzelnen Räume des MUD sind ebenfalls Datei-
en: Alle Informationen, die die Spieler erhalten und geben, erfolgen auf Basis von ge-
schriebener Sprache. Ein Beispiel aus dem MUD *Avalon* (avalon.mud.de) kann dies verdeutlichen. Beim Betreten eines Raumes wird zunächst eine Beschreibung angezeigt:

> Sumpf. Nichts als Sumpf. Das ,Blutmoor' ist eine gefaehrliche Gegend. Ein schmaler Pfad
> fuehrt durch den morastigen Sumpf. Ein Schritt links oder rechts davon koennte der grausame
> Tod des langsamen Versinkens warten. Der Pfad verlaeuft vom Westen nach Osten.
> Die Sonne steht im Zenit.
> Ein Ring.

Der Spieler erhält durch den Text Informationen über seine Handlungsmöglichkeiten in
diesem Raum. Er könnte beispielsweise den Raum wieder auf dem Weg verlassen, also
nach Westen oder Osten gehen und dadurch einen neuen Raum betreten, woraufhin automatisch eine Beschreibung des neuen Raumes angezeigt würde. Die zweite Alternative ist,
im aktuellen Raum Spielhandlungen auszuführen. Diese müssen als Text direkt dem MUD
mitgeteilt werden. Dieser vom Spieler eingegebene Text wird in den MUDs durch das Zeichen ,>' vom übrigen Text optisch hervorgehoben: Gibt ein Spieler z.B. ,abc' ein, liest er
auf seinem Bildschirm also ,>abc'. Handelt es sich bei der Eingabe um einen definierten

Befehl, so gibt das MUD dem Spieler eine Rückmeldung auf seine Eingabe. Falls der Befehl nicht existiert, erscheint eine Fehlermeldung.

Im aktuellen Beispiel versucht der Spieler, den in der Raumbeschreibung erwähnten Ring an sich zu nehmen. Dies erfolgt mit dem Befehl ‚nimm'. Danach sieht er sich noch einmal um (‚schau'):

> Sumpf. Nichts als Sumpf. Das 'Blutmoor' ist eine gefaehrliche Gegend. Ein schmaler Pfad fuehrt durch den morastigen Sumpf. Ein Schritt links oder rechts davon koennte der grausame Tod des langsamen Versinkens warten. Der Pfad verlaeuft vom Westen nach Osten.
> Die Sonne steht im Zenit.
> Ein Ring.

> nimm ring

> Du nimmst den Ring.

> schau

> Sumpf. Nichts als Sumpf. Das 'Blutmoor' ist eine gefaehrliche Gegend. Ein schmaler Pfad fuehrt durch den morastigen Sumpf. Ein Schritt links oder rechts davon koennte der grausame Tod des langsamen Versinkens warten. Der Pfad verlaeuft vom Westen nach Osten.
> Die Sonne steht im Zenit.

Der Ring ist nun im Besitz des Spielers, er wird in der Raumbeschreibung nicht mehr angezeigt – der Spieler hat mit dem MUD interagiert.

Nach diesem Grundprinzip erfolgt das gesamte Spiel in den MUDs. Die vorhandenen Befehle variieren von MUD zu MUD, allgemein gibt es Befehle zum Informieren (z.B. schau, untersuche, lies), zum Fortbewegen (z.B. gehe), zum Interagieren mit Gegenständen und Räumen (z.B. nehme, drücke), zum Interagieren mit Monstern und Spielern (z.B. greife an, toete) und zum Kommunizieren (z.B. sage, rufe). Für sehr häufig benutzte Befehle haben sich Kürzel herausgebildet, so genügt in den meisten MUDs die Angabe des ersten Buchstabens einer Himmelsrichtung (z.B. ‚o') anstelle des gesamten Befehls (z.B. ‚gehe nach osten').

Die Strukturen vieler MUDs sind hinsichtlich Spielgestaltung, Aufgaben für die Spieler und Beschreibungen der Spielwelt Rollenspielen nachempfunden – man könnte auch sagen, MUDs sind Rollenspiele, allerdings computervermittelte. Um dies zu verdeutlichen, erfolgt im nächsten Abschnitt eine Beschreibung der MUDs anhand von Kriterien, die an Rollenspiele angelegt werden.

2.2 MUDs als Rollenspiele

Rollenspiele gibt es seit den 70er Jahren des letzten Jahrhunderts. Sie haben sich aus Strategiespielen (Schlachtszenarien, die mit Hilfe von Zinnfiguren dargestellt wurden) entwickelt. Ursprünglich für die Simulation militärischer Konflikte gedacht, wurden diese Spiele von den Spielern verändert, bis schließlich nicht mehr mit Armeen, sondern mit einzelnen Spielfiguren mit individuellen Stärken und Schwächen gespielt wurde (vgl. Bhatty 1999).

Die nächsten Entwicklungsschritte auf dem Weg zum Rollenspiel waren die Einführung eines ‚Schiedsrichters' für Regelstreitigkeiten, aus dem dann der so genannte ‚Spielleiter' hervorging, und der Verzicht auf die eigentliche Spielfigur – die Zinnfiguren wurden durch auf einem Blatt Papier festgehaltene Eigenschaften ersetzt (vgl. Bhatty 1999).

Das erste Rollenspiel im eigentlichen Sinn wurde 1971 unter dem Namen *Blackmoor* von Dave Arneson vorgestellt und enthielt bereits das Konzept der ‚Verbesserung' der gespielten Figuren. Aus dieser Vorlage entwickelte Gary Gygax 1974 das erste kommerzielle Rollenspiel –*Dungeons & Dragons* (D&D):

> *D&D* enthält Regeln, die es einem Spieler ermöglichen, die Rolle eines individuellen Charakters anzunehmen, der an Abenteuern teilnehmen kann, die der Spieler davor nur in der Literatur lesen konnte. Entscheidungen seiner Figur obliegen nun allein dem Spieler und den Parametern der Spielwelt. (Bhatty 1999)

Als Material benötigen die Spieler damals wie heute nur Papier und einen Stift – deswegen auch die häufig benutzte Bezeichnung ‚pen-and-paper role playing game' (RPG). Die wichtigsten Merkmale werden nun vorgestellt. In einem Rollenspiel gibt es – bedingt durch die Funktion innerhalb des Spieles – zwei unterschiedliche Kategorien von Teilnehmern: Spielleiter und Spieler.

- Der *Spielleiter* simuliert die fiktive Welt, in der das Spiel stattfindet, durch eine genaue Beschreibung der Situation, in der sich die Spieler befinden. Diese Rolle übernimmt im MUD der zentrale Rechner: Er simuliert die Umwelt, in der sich die Spielfiguren bewegen und legt fest was passiert, wenn die Spieler bestimmte Aktionen ausführen.

- Die *Spieler* – im Normalfall eine Gruppe – nehmen für das Spiel fiktive Identitäten an, ihre so genannten ‚Charaktere'. Diese befinden sich in der erdachten (Spiel-)Welt und können in dieser agieren. Sie versuchen, in der vom Spielleiter bzw. Rechner bereitgestellten Umgebung zu handeln und dadurch im Kontext der Spielwelt erfolgreich zu werden. So ist beispielsweise das Töten eines Monsters stets mit einer Belohnung verbunden, die den Erfolg in der Spielwelt symbolisiert. Die Ergebnisse der Spielerhandlungen werden durch den Spielleiter (bzw. in den MUDs durch den zentralen Rechner) beschrieben.

- In den meisten Rollenspielen ist ein *Zufallselement* eingebaut, z.B. in der Form von Würfeln, um eine unparteiische und unvorhersehbareEntscheidung über den Ausgang einer Handlung herbeizuführen. In MUDs wird das ‚Würfeln' vom zentralen Rechner übernommen. Dem Spieler wird das Ergebnis mitgeteilt, nämlich ob seine Aktion erfolgreich war oder nicht.

- *Rolle und Charaktererschaffung:*. Der Spieler muss sich für eine ‚Rolle' (meistens ‚Charakterklasse' genannt) in der Spiel-Welt entscheiden (z.B. Krieger, Magier, Dieb, Barde). Diese Rollen werden durch ein Regelwerk vorgegeben, das den Spielern unterschiedliche Rollen anbietet, von denen der Spieler eine auswählt.[1] Der Spieler hat dann normalerweise die Möglichkeit, seinen Charakter zu individualisieren, indem er bestimmte Eigenschaften des Charakters festlegt. So ist es in den meisten Rollenspie-

---

[1] Diese Regelwerke (‚Spielsysteme', z.B. *Dungeons and Dragons* (D&D), *Shadowrun*, *Das schwarze Auge* (DSA) usw.) bestehen aus verschiedenen Publikationen wie z.B. Charakterbänden (die beinhalten, welche Heldentypen in dem betreffenden System existieren), Magierbänden mit Zaubersprüchen und Regelbänden (in denen beschrieben wird, wie der Meister auf eintretende Situationen reagieren sollte).

len möglich, die ‚Rasse' des Charakters festzulegen; in den Fantasy-Spielwelten kann es neben Menschen noch andere, dem Genre entnommene Rassen (Zwerge, Elfen, Gnome, Halblinge usw.) geben. Weiter hat der Spieler die Möglichkeit, bestimmte Eigenschaften seines Charakters zu wählen; dazu zählen körperliche und geistige Fähigkeiten wie Stärke und Intelligenz. Außerdem äußere Merkmale wie Namen, Größe, Haarfarbe und spezielle Fähigkeiten, beispielsweise Schwimmen, Reiten und Fallenstellen. Auch hier folgen die MUDs dem Vorbild der Rollenspiele.

- *Erfahrungspunkte* werden am Ende einer Spielsitzung (bzw. nach Beendigung einer Aufgabe[2]) vom Spielleiter verteilt. Deren Anzahl richtet sich danach, wie schwierig die Aufgabe[2] war, wie gut die Ideen der einzelnen Charaktere zur Lösung dieser Aufgabe waren, aber auch, wie gut der Spieler seinen Charakter ‚gespielt' hat. Im MUD werden die Erfahrungspunkte durch den zentralen Rechner vergeben.

- *Verbesserung des Charakters*: Die Erfahrungspunkte sammelt der Spieler, um sie zur Verbesserung seines Charakters zu nutzen. Die dargestellte Figur gewinnt durch die Punkte an Fähigkeiten, Ansehen und Reichtum, d.h. sie ‚wächst' durch die bestandenen und überlebten Gefahren und wird – im Rahmen der Spielwelt – mächtiger. In den meisten Spielen (und MUDs) erreicht der gespielte Charakter beim Überschreiten bestimmter Punktegrenzen ein neues ‚Level', welches die unterschiedlichsten Verbesserungen der Figur zur Folge haben kann.

- *Kooperation*: Die Aufgaben können nur gelöst werden, wenn die Spieler (bzw. die Charaktere) kooperieren. Nur durch Zusammenarbeit ist das Überleben der Charaktere in der vom Spielleiter geschaffenen Welt möglich. In vielen MUDs gibt es deswegen elaborierte Gruppenspieloptionen, mit deren Hilfe mehrere Spieler ein gemeinsames Ziel miteinander in Angriff nehmen können.

- Wie beim Rollenspiel besteht ein Hauptteil der Aktivität der Spieler in den MUDs darin, miteinander zu *kommunizieren*. Die MUDs bieten den Spielern deswegen eine Reihe von Befehlen an, damit die Charaktere ‚lebensecht' gespielt werden können. Das Spektrum hierbei reicht von der exakten Beschreibung des Erscheinungsbildes des Charakters über eine Vielzahl von Kommunikationsbefehlen (sagen, flüstern, rufen...) bis zur Darstellung emotionaler Zustände (sich ärgern, sich wundern, weinen, lachen).

Ein MUD kann also als Rollenspiel mit allen erforderlichen Kriterien angesehen werden. Der grundlegende Unterschied besteht darin, dass die Kommunikation zwischen den Spielern online erfolgt und die Rolle des menschlichen Spielleiters vom Computer übernommen wird, weshalb für die Spieler nur eingeschränkte Handlungsoptionen zur Verfügung stehen.

3   Die theoretischen Grundlagen, Modelle und Hypothesen

In dieser Studie wird nach einer Erklärung für die Faszinationskraft der MUDs gesucht. Hierfür werden vier theoretische Konstrukte in den Blick genommen: Die Persönlichkeit, die Motive, das Erleben und das Verhalten der Spieler.

---

[2]   Im Normalfall ist eine Aufgabe ein ‚Abenteuer', das die Spielergruppe bewältigen muss. Im Fantasy-Genre kann ein solches Abenteuer das Finden eines wertvollen Schatzes, das Töten eines Drachens, die Befreiung einer Prinzessin oder ähnliches sein.

Abbildung 1:   Allgemeines Forschungsmodell

Es wird vermutet, dass sich diese vier Konstrukte in spezifischer Weise beeinflussen (Abbildung 1). Folgende forschungsleitende Frage kann daraus abgeleitet werden: Kann die Persönlichkeit eines Spielers seine Motive, die Motive sein Spiel-Erleben und dieses wiederum sein Spielverhalten im MUD erklären?

Der Begriff ‚Persönlichkeit' ist aufgrund seiner Vielschichtigkeit für die empirische Forschung problematisch. In der Psychologie wird der Begriff freilich mit einer speziellen Bedeutung verwendet. Es geht darum, die Unterschiede zwischen Personen zu erfassen; das einzelne, isoliert betrachtete Individuum spielt dabei keine Rolle (vgl. Sader 1996, 10). Persönlichkeit in diesem Sinn ist definiert als „ein bei jedem Menschen einzigartiges, relativ stabiles und den Zeitablauf überdauerndes Verhaltenskorrelat" (Sader 1996, 11). Persönlichkeit ist folglich nicht konkretes Verhalten, sondern eine Abstraktion desselben, also die konstanten Größen im Verhalten über verschiedene Situationen hinweg. Die Studie folgt diesem ‚eigenschaftsorientierten' Ansatz der Psychologie und fasst die Persönlichkeitsmerkmale als Dispositionen auf, die in konkreten Situationen realisiert werden.

Die Persönlichkeitsmerkmale werden üblicherweise in Gruppen zusammengefasst, die einzelne Bündel von Eigenschaften bzw. Einzelmerkmalen darstellen. Die wichtigsten Gruppen von Merkmalen (die so genannten ‚Big Five') sind nach Sader (1996, 109 f.): Extraversion, Verträglichkeit, Gewissenhaftigkeit, Emotionale Stabilität und Kultiviertheit/Bildung. Über den letzten Faktor herrscht allerdings auch in der Psychologie wenig Einigkeit, man findet ihn auch unter anderen Bezeichnungen wie „Intellekt" oder „Offenheit für neue Erfahrungen" (vgl. Sader 1996, 109 f.).

Für die Beantwortung der Forschungsfrage sind jedoch vermutlich nicht alle Persönlichkeitsmerkmale gleichermaßen relevant. Deswegen wurden aus der großen Anzahl von Merkmalen jene ausgewählt, bei denen eine gewisse Ähnlichkeit zu den möglichen Motiven der MUD-Nutzer zu erkennen ist.[3] Aus dem 16 Persönlichkeitsfaktoren-Tests (16PF) von Schneewind (1998) wurden die zwei Persönlichkeitsmerkmale ‚Dominanz' und ‚Soziale Orientierung'[4] gewählt:[5]

---

[3]   Die Beschränkung auf einen Teil der Persönlichkeitsmerkmale hat den zusätzlichen Vorteil, dass der Fragebogen kurz gehalten wird und die Befragten nicht überfordert werden.

[4]   Für diese Auswahl wurden die beiden im deutschen Sprachraum etablierten Persönlichkeitstests (16PF und FPI) analysiert. Unter den einzelnen Persönlichkeitsfaktoren der beiden Tests wurden diejenigen ausgewählt, die die größte Ähnlichkeit zu den Motivgruppen der Klassifikation von McQuail, Blumler und Brown (1972) aufwiesen. Das Freiburger Persönlichkeitsinventars (FPI) erhebt beispielsweise das Merkmal „reaktive Aggressivität (Dominanzstreben)". Dieses erscheint zu stark auf Aggressivität spezialisiert (vgl. Fahrenberg 1996) und kann dadurch die hier gewünschte Ausprägung des Faktors Dominanz nicht abbilden.

[5]   Diese Art der Konstruktauswahl birgt natürlich die Gefahr, „überraschende" Ergebnisse von vorneherein sehr unwahrscheinlich werden zu lassen. So ist beispielsweise keine Verbindung der Gratifikationen zu nicht erhobenen Persönlichkeitsmerkmalen möglich, was die Erklärungskraft der Untersuchung einschränkt. Andererseits besteht bei der Verwendung eines ausführlichen Tests unter Einbezug aller Persönlichkeitsfaktoren die Gefahr, die Geduld der Befragten wegen der großen Anzahl an Fragen über Gebühr zu strapazieren. Die Vorgehensweise der Untersuchung ist somit als konfirmatorisch anzusehen, d.h. bestehende Ver-

- Dominante Personen haben die Neigung, anderen ihren Willen aufzuzwingen.
- Sozial orientierte Menschen haben die Neigung, den Umgang mit anderen zu suchen.

Diese beiden Persönlichkeitsmerkmale werden zu den möglichen Motiven für die MUD-Nutzung in Beziehung gesetzt. Theoretisch kann ausgeschlossen werden, dass die Nutzungsmotive kausal auf die Persönlichkeitsmerkmale wirken, da Persönlichkeitsmerkmale über einen längeren Zeitraum hinweg stabil sind und die Motive für die Mediennutzung (und damit auch für die MUD-Nutzung) in der Regel erst situativ in Abhängigkeit von der Rezeptionssituation entstehen. Gäbe es eine solche Einwirkung, könnten die Persönlichkeitsmerkmale nicht über einen längeren Zeitraum hinweg beständig sein. Mit dem gleichen Argument kann auch eine mögliche Inter- bzw. Transaktion von Persönlichkeitsmerkmalen und Motiven ausgeschlossen werden.

Somit bleibt als Beziehung ein Kausalzusammenhang zwischen Persönlichkeitsmerkmalen und Motiven: Die Persönlichkeitsmerkmale sind Dispositionen, die vor, während und nach der gesamten Rezeption vorhanden sind. Deswegen können sie die situativ entstehenden Motive beeinflussen.

Die möglichen Motive für die MUD-Nutzung lassen sich mit Hilfe des Uses and Gratifications-Approach herleiten (vgl. z.B. Palmgreen, 1984). Da im Rahmen der Untersuchung die Unterscheidung zwischen gesuchten und erhaltenen Gratifikationen vorgenommen wird, soll anstatt von ‚Motiven' im Folgenden die Bezeichnung ‚Gratifikationen' verwendet werden. Die gesuchten Gratifikationen entsprechen den Motiven für die Mediennutzung, also den Erwartungen, die an die Mediennutzung gestellt werden. Die erhaltenen Gratifikationen sind die Belohnungen, die durch die Mediennutzung entstehen. Die verschiedenen Gratifikationen lassen sich inhaltlich in Gruppen zusammenfassen, z.B. anhand der Klassifikation von McQuail, Blumler und Brown (1972). Die möglichen Gratifikationen werden dort in die Dimensionen Soziale Interaktion, Kontrolle, Diversion und Identitätsfindung eingeteilt. Eine Beschreibung der Gratifikationen erfolgt in Abschnitt 3.2.

Das Forschungsmodell postuliert, dass bestimmte Persönlichkeitsmerkmale kausal auf bestimmte Gratifikationen wirken: Dominanz als Persönlichkeitsmerkmal sollte – so die These – kausal auf die Gratifikation ‚Kontrolle' wirken, das Merkmal Soziale Orientierung auf die Gratifikation ‚Soziale Interaktion'.[6]

Gesuchte und erhaltene Gratifikationen können verglichen werden, um die Qualität eines Mediums hinsichtlich der Befriedigung der Erwartungen der Nutzer zu charakterisieren. Stimmen gesuchte und erhaltene Gratifikationen hinreichend überein, kann davon ausgegangen werden, dass der Rezipient ein Medium gefunden hat, das seinen Bedürfnissen entspricht. Der Nutzer erlebt den aktiven und absichtlichen Rezeptionsvorgang als befriedi-

---

mutungen werden geprüft. Ein exploratives Vorgehen, also das Entdecken neuer Zusammenhänge, wird in diesem Fall nicht angestrebt.

[6] Die Gratifikationsklassen ‚Diversion'(Ablenkung, Entspannung/Zeitvertreib, Unterhaltung) und ‚Identitätsfindung' werden hier nicht berücksichtigt. Da MUDs Computerspiele sind, wurde angenommen, dass die Gratifikation ‚Diversion' bei allen Spielern vorhanden ist, weil Ablenkung, Unterhaltung und Entspannung/Zeitvertreib konstituierende Merkmale für Spiele an sich sind (vgl. Wünsch & Jenderek in diesem Band). Da alle MUD-Nutzer gleichzeitig auch Spieler sind, sollte diese Gratifikation unabhängig von den jeweiligen Persönlichkeitsmerkmalen sein. Die entsprechende Analyse der Daten bestätigte diese Vermutung, es konnte kein Zusammenhang festgestellt werden. Identitätsfindung als Gratifikation wurde bereits von Utz (1996; 1999) und Reid (1994) ausführlich beschrieben, auf die weitere Untersuchung wurde deswegen verzichtet.

gend. In diesem Fall kann der Nutzer in einen Zustand der Verschmelzung mit seiner Aktivität geraten, der als „Flow" (Csikszentmihaly 1992) bezeichnet wird. Flow ist ein Zustand, der bei allen Tätigkeiten des Menschen, v.a. aber beim Spiel, auftreten kann. „Der Handelnde geht völlig in seiner Aktivität auf. Sie bietet ihm laufend Herausforderungen, so dass keine Zeit für Langeweile bleibt oder Sorgen darüber, was außerhalb dieser Aktivität wichtig wäre" (Fritz 1997, 211). Im Flow verschmelzen „Handlung und Bewusstsein. Die ungeteilte Aufmerksamkeit gilt ganz der Tätigkeit" (Fritz 1997, 211), ohne „die vermittelnde Größe [die Reflexion des eigenen Handelns], welche wir zwischen Stimulus und Reaktion einzuschieben lernen" (Csikszentmihaly 1992, 67, Ergänzung durch d. Verf.).[7] Diese Empfindung wird von den Nutzern angestrebt, da sie als angenehm erlebt wird: „Der emotionale Zweck des Computerspielens ist es, den Flow in Gang zu halten" (Fritz 1997 213; für empirische Belege vgl. Fritz 1997, 207 ff.).

Diese Erlebnisqualität müsste nun, da sie für Computerspiele generell gilt, auch bei MUDs ein bzw. *der* Grund für die Anziehungskraft sein: Die Spieler, die den Flow-Effekt erleben, haben es (fast) geschafft, der realen Welt zu entkommen, und sind weitestgehend in die virtuelle Welt ihres MUDs eingebunden. Treten bei Nutzern Flow-Zustände auf, kann davon ausgegangen werden, dass sie diese Erfahrungen möglichst wiederholen wollen. Das Erreichen dieses Spiel-Erlebens erfordert jedoch eine gewisse Kompetenzstufe bei der Tätigkeit (vgl. Rheinberg 1996, 153 f.), und diese Kompetenz ist nur durch Übung erreichbar. Also müssten die Spieler, die Flow-Zustände erlebt haben, aufgrund ihrer gesteigerten Motivation eine häufigere und intensivere Nutzung der MUDs aufweisen. Ob dieser Zusammenhang bei MUDs auftritt, soll im Rahmen der Studie geklärt werden. Das allgemeine Forschungsmodell kann nun ausdifferenziert werden (Abbildung 2).

Die Forschungsfrage, ob die Persönlichkeit eines Spielers seine Motive und sein Spiel-Erleben und die Nutzung des MUDs erklären kann, wird nun in Hypothesen überführt:

Die erste Hypothese setzt die ausgewählten Persönlichkeitsmerkmale (Dominanz und Soziale Orientierung) in einen Zusammenhang mit den Nutzungsmotiven. Es wird angenommen, dass die jeweiligen Dispositionen sich auf bestimmte Ausprägung der Spielmotive auswirken: Sozial orientierte Personen sollten ein stark ausgeprägtes Motiv der ‚Sozialen Interaktion' aufweisen, dominante Persönlichkeiten sollten versuchen, ihr Kontrollbedürfnis während des Spielens zu realisieren:

Hypothese 1a: Je stärker das Persönlichkeitsmerkmal Soziale Orientierung ausgeprägt ist, desto höher ist das Motiv der Sozialen Interaktion bei den Nutzern.

Hypothese 1b: Je stärker das Persönlichkeitsmerkmal Dominanz ausgeprägt ist, desto höher ist das Motiv der Kontrolle bei den Nutzern.

Werden die Motive eines Spielers durch die MUDs befriedigt, erlebt er sein Spiel als kompetent und seine Handlungen als angemessen, da seine Bedürfnisse ja durch die Tätigkeit erfüllt werden. Er versucht, diese erfolgreiche Strategie weiterzuverfolgen – möglicherweise auch auf Kosten anderer Tätigkeiten. Dabei kann die reale Umwelt während des Spielens ausgeblendet werden. Diese Erlebnisqualität wird als ‚Flow' bezeichnet und resultiert – so die Annahme – aus einer gelungenen Bedürfnisbefriedigung:

---

[7]   Für einen aktuellen Überblick über die Flow-Forschung vgl. Sherry (2004).

Hypothese 2: Je mehr die gesuchten Gratifikationen mit den erhaltenen Gratifikationen übereinstimmen, desto häufiger treten Flow-Zustände auf.

Gerät nun ein Spieler in den ‚Flow', wird er bestrebt sein, dieses für ihn angenehme Erlebnis zu wiederholen und deswegen das MUD erneut besuchen. Mit anderen Worten, die Nutzung des MUDs nimmt in diesem Fall zu:

Hypothese 3: Je häufiger ein Flow-Zustand auftritt, desto mehr wird das MUD genutzt.

Abbildung 2:   Forschungsmodell der MUD-Studie

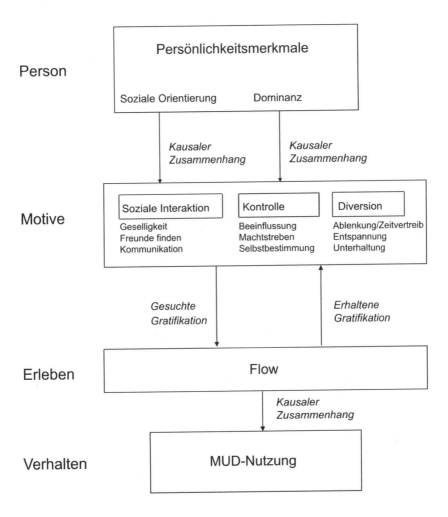

4   Operationalisierung

Die Operationalisierung der Gratifikationen orientierte sich an der Klassifikation der Gratifikationen in der von McQuail, Blumler und Brown verfassten Studie über das Fernsehver-
halten (1972). Deren Studie bezog sich zwar auf die Fernsehnutzung, die Fragen sind allerdings derart allgemein formuliert, dass sie problemlos auf andere Gegenstände – in diesem
Fall auf die Nutzung von MUDs – übertragen werden können. Der Vorteil dieser Vorgehensweise liegt darin, dass diese Gratifikationsdimensionen bereits durch die oben zitierte
Studie validiert wurden.

Jede der drei Gratifikationsgruppen – Soziale Interaktion, Kontrolle und Diversion –
wurde durch sechs Items operationalisiert, welche die verschiedenen Aspekte der jeweiligen Motivgruppe darstellen. Diesen 18 Items für die gesuchten Gratifikationen wurden 18
Items zur Charakterisierung der erhaltenen Gratifikationen gegenübergestellt.[8] So soll eine
Vergleichbarkeit zwischen den Erwartungen und dem tatsächlich Erhaltenen hergestellt
werden. Der Grad der Befriedigung des jeweiligen Motivs lässt sich auf diese Weise erfassen. Die Befragten konnten die einzelnen Aussagen in den Items auf einer fünfstufigen
Skala bewerten.

Für die Erhebung der Persönlichkeitsmerkmale unter den Befragten wurde die überarbeitete, deutsche Version des 16 Persönlichkeitsfaktoren-Tests (16PF) von Schneewind
(1998) verwendet, da bei diesem Test für die zu erfragenden Merkmale die größte Ähnlichkeit zu den Gratifikationen vorlag. Die beiden erfragten Merkmale sind ‚Dominanz' und
‚Soziale Orientierung', beides Subskalen[9] der Globalskala Extraversion (vgl. Schneewind
1998). Der Flow-Zustand wird durch die nachfolgenden Merkmale, die bei Befragungen
von Computerspielen ermittelt wurden, charakterisiert (Fritz 1997, 207 ff.).

(a)   *Kompetenzgefühl/Kontrolle des Spiels* ist eine Voraussetzung für Flow-Erleben, denn
        erst „wenn man das sichere Gefühl hat, die Herausforderungen bewältigen zu können,
        kann man mit der Tätigkeit verschmelzen, weil dann nicht mehr die Notwendigkeit be-
        steht, aus der Aktion reflektierend herauszutreten" (Fritz 1997b, 212).

(b)   Die *Angemessenheit der Handlungen während des Spiels* erfährt der Spieler durch eine
        klare Rückkopplung, die ihm zeigt, „was angemessen ist und was nicht [...]. Man kriegt
        schnell heraus, um was es geht; und man erfährt unverzüglich, ob die Spielhandlungen
        für das Spielziel angemessen oder unangemessen sind" (Fritz 1997b, 213).

(c)   *Konzentration* ist eine weitere Bedingung, denn „gefordert ist die Zentrierung der
        Aufmerksamkeit auf ein bestimmtes Stimulusfeld. Die ungebrochene Konzentrations-
        leistung führt dazu, die Umwelt während des Spiels weitgehend auszublenden" (Fritz
        1997b, 212).

(d)   Diese starke Fokussierung kann zur *Nichtbeachtung der (realen) Zeit und (realer)
        Verpflichtungen* führen: „Dieses Merkmal [...] ist typisch für Computerspieler, die [...]

---

[8]   Beispiel-Item ‚Gesuchte Gratifikation': Im MUD suche ich nach einem Ausgleich zu meinem Alltag. –
        Beispiel-Item ‚Erhaltene Gratifikation': Im MUD werde ich vom Alltag abgelenkt.
[9]   Beispiel-Item ‚Dominanz': Wenn andere etwas tun, das mich stört, mache ich meistens Folgendes: (a) Ich
        lasse es gut sein. (b) Ich bringe es ihnen gegenüber zur Sprache. – Beispiel-Item ‚Soziale Orientierung': Ich
        mag lieber Spiele, bei denen: (a) Man zu einer Mannschaft gehört oder einen Partner/ eine Partnerin hat. (b)
        Jeder für sich selbst spielt.

selbst Hunger und Müdigkeit als Störung des gewünschten Gefühls empfinden. Ganz ‚verschmolzen' mit der Tätigkeit achten sie auch nicht auf die Zeit, auf die Verpflichtungen in der realen Welt oder auf die Folgen lang andauernden Spielens" (Fritz 1997b, 211).

(e) *Schaffen von ‚Sicherheitszonen'*, d.h. Zeiten ohne Spielmöglichkeit im MUD: Vor allem erfahrene Vielspieler haben „gelernt, trotz ständiger Verfügbarkeit angemessen mit den Reizen des Computerspiels umzugehen. Sie schaffen sich ‚Sicherheitszonen' durch Zeitlimitierungen" (Fritz 1997b, 213), da sie sich der Nichtbeachtung der realen Zeit und realer Verpflichtungen im Flow-Zustand bewusst sind und deswegen die Möglichkeit zum Erleben desselben durch eine technische Barriere einschränken.

Für die fünf einzelnen Merkmale wurden insgesamt 10 Items gebildet, die auf einer fünfstufigen Skala beurteilt werden konnten.[10] Fraglich ist hierbei, ob diese Merkmale des Spiel-Erlebens im *Nachhinein* erfragt werden können. Da eine Befragung der Spieler *während* ihres Flow-Erlebens dieses Erleben (zer)stört und zudem auch forschungstechnisch unmöglich war, musste die Befragung nachträglich erfolgen. Erhoben wurden Indikatoren, aus denen sich auf ein vergangenes Flow-Erleben schließen lässt. Diese Vorgehensweise ist zwar nicht optimal, aber im Rahmen des Möglichen eine vertretbare Variante.

Die MUD-Nutzung wurde durch drei Indikatoren erfasst, und zwar durch (a) die Frequenz, also die Anzahl der MUD-Besuche pro Woche, (b) die Dauer, d.h. die insgesamt wöchentlich im MUD verbrachte Zeit, und (c) die Dauer der Spielerkarriere.

Zur Datenerhebung wurde eine computergestützte Befragung mit einem standardisierten Fragebogen angewendet. Hierfür wurden die Fragebogen-Items auf ein Hypertext-Dokument übertragen. Die Vollständigkeit der Datensätze wurde durch entsprechende Programmierung sichergestellt und eine mehrmalige Teilnahme ausgeschlossen.

Über die unter www.mud.de/DML verzeichneten deutschsprachigen MUDs konnte der Kontakt zu den Administratoren von fünf größeren MUDs hergestellt werden, die ihre Spieler über die Umfrage benachrichtigten. Die Ergebnisse sind somit keinesfalls repräsentativ für die Gesamtheit der MUD-Nutzer, sondern beziehen sich lediglich auf die Umfrageteilnehmer. Diese sind ein nicht weiter bestimmbarer Anteil der MUD-Nutzer insgesamt.

5   Ergebnisse

5.1   Beschreibung der Stichprobe

Der Untersuchungszeitraum erstreckte sich vom 20. Dezember 2001 bis zum 5. Februar 2002. In dieser Zeit füllten 207 MUD-Spieler den Fragebogen aus, davon konnten 199 Datensätze ausgewertet werden. Von den 199 Teilnehmern waren 143 männlich (72 %) und 56 (28 %) weiblich. Das Alter der Spieler lag zwischen 15 und 52 Jahren, mit dem Mittelwert 26 Jahre. Die überwiegende Anzahl der Befragten hat Abitur (71 %) und befindet sich derzeit im Angestelltenverhältnis (34 %) oder noch im Studium (36 %). Unter den Studen-

---

[10]   Beispiel-Item Dimension ‚Angemessenheit der Handlungen während des Spiels': Im MUD weiß ich immer, was ich zu tun habe und was ich lassen sollte. – Beispiel-Item Dimension ‚Konzentration': Ich muss mich konzentrieren, wenn ich im MUD bin. – Beispiel-Item Dimension ‚Nichtbeachtung der (realen) Zeit': Im MUD achte ich nicht darauf, wie viel Zeit vergeht.

ten war eine deutliche Tendenz in Richtung naturwissenschaftlich oder technisch orientierte Studiengänge zu erkennen. Der typische Umfrageteilnehmer ist somit ein eher hoch gebildeter junger Mann (und entspricht dem Stereotyp des technisch versierten Computernutzers).Die Stichprobe setzt sich überwiegend aus Spielern der MUDs *Morgengrauen* und *Unitopia* zusammen. Auch aus den MUDs *Silberland, Final Frontier* und *Wunderland* nahm eine größere Anzahl Spieler an der Umfrage teil. Diese MUDs gelten als etablierte Spielergemeinden mit hohen Spielerzahlen. Ein Drittel der Befragten spielt noch in mindestens einem anderen MUD, der Zugang zum MUD erfolgt überwiegend von zuhause aus.

Die durchschnittliche Nutzungszeit beträgt zwischen 2 und 3 Stunden täglich. Dieser Wert zeigt, dass die Spieler bereit sind, viel Zeit in ihr ‚virtuelles Leben' zu investieren. Möglicherweise schätzen die Teilnehmer ihren Zeitaufwand auch systematisch zu hoch oder zu niedrig ein, doch ohne weitere Untersuchungen (wie z.B. mit Hilfe eines Medientagebuchs) kann diese Vermutung nicht weiter diskutiert werden. Die Frequenz der MUD-Nutzung liegt zwischen 0- und 14-mal pro Woche; das arithmetische Mittel hat ebenso wie der Median den Wert sieben. Somit kann bei den meisten Spielern davon ausgegangen werden, dass sie ihrem Hobby einmal täglich nachgehen. Die Dauer der bisherigen Spielerkarriere variiert stark, doch zeigt sich, dass die Spieler ‚ihrem' MUD über lange Zeit hinweg die Treue halten, nämlich seit durchschnittlich drei bis vier Jahren (Mittelwert: 41 Monate).

Tabelle 1:   Ergebnisse der Faktorenanalyse

	Soziale Inter-aktion	Diversion	Kontrolle Mitspieler	Kontrolle Spiel
Ich möchte meine Zeit im MUD gemeinsam mit anderen Leuten verbringen.	,776			
Im MUD will ich alleine sein (-).[11]	,727			
Ich versuche, im MUD Freundschaften zu schließen.	,725			
Im MUD möchte ich mich mit anderen Leuten unterhalten.	,689			
Im MUD suche ich nach einem Ausgleich zu meinem Alltag.		,854		
Ich möchte im MUD meine Probleme hinter mir lassen.		,831		
Im MUD möchte ich mich entspannen.		,627		
Ich möchte die anderen nicht beeinflussen.			,785	
Im MUD soll keine Rangordnung bestehen.			,749	
Ich möchte im MUD Räume verändern können.				,936

Anmerkungen: Mit den Bezeichnungen in der obersten Zeile werden die Faktoren benannt. Nebenladungen, die kleiner als 0,3 waren, wurden in der Tabelle nicht eingetragen.

---

[11]   Diese Variable wurde umkodiert, um ausschliesslich positive Ladungen auf dem Faktor zu erhalten.

5.2 Motivgruppen

Die 18 Items der gesuchten Gratifikationen (Nutzen) wurden zunächst einer Faktorenanalyse unterzogen. Nach einer Hauptkomponentenanalyse mit Varimax-Rotation wurden zehn Items trennscharf zu vier Faktoren zusammengefasst, der KMO- bzw. der Bartlett-Test bestätigten die Analyse. Die Faktoren erklären 64 % der Varianz der Ausgangsvariablen, ein Wert, der die weitere Analyse sinnvoll erscheinen lässt (Tabelle 1, links). Der letzte Faktor (Kontrolle Spiel) besteht nur aus einem Item, welches nicht in die anderen Faktoren integrierbar ist. Dieses Motiv stammt aus der Gratifikationsgruppe ‚Kontrolle', erfasst aber eine andere Dimension als die beiden vorhergehenden Items: Gefragt wurde nicht nach der Beeinflussung der Mitspieler, sondern nach den Einflussmöglichkeiten auf das Spiel.

Die Faktoren entsprechen weitgehend den im Forschungsmodell postulierten Motivgruppen, lediglich die Motivgruppe ‚Kontrolle' musste in die zwei Dimensionen ‚Kontrolle Mitspieler' und ‚Kontrolle Spiel' unterteilt werden. Nun können die gesuchten Gratifikationen der Spieler den erhaltenen Gratifikationen gegenübergestellt werden, um zu erfahren, inwieweit die Bedürfnisse der Spieler durch ihr MUD befriedigt werden (vgl. Tabelle 2).

Tabelle 2:   Übersicht über die Motive der MUD-Nutzer und deren Befriedigung

Motiv	gesucht von[a]	erhalten von[b]	Grad der Befriedigung[c]	Korrelation[d]
Faktor Soziale Interaktion				0,566**
gemeinsam Zeit verbringen	182 (91 %)	177 (89 %)	91 %	0,252**
Freundschaften schließen	161 (81 %)	131 (66 %)	72 %	0,425**
neue Leute kennen lernen	186 (93 %)	177 (89 %)	90 %	0,195**
sich mit anderen unterhalten	182 (91 %)	138 (70 %)	76 %	0.257**
Faktor Diversion				0,718**
Ausgleich zum Alltag	126 (63 %)	122 (61 %)	97 %	0,469**
Probleme hinter sich lassen	93 (42 %)	79 (30 %)	94 %	0,641**
Entspannung	175 (88 %)	101 (51 %)	58 %	0,410**
Faktor Kontrolle Mitspieler				0,241**
andere beeinflussen	60 (30 %)	72 (36 %)	50 %	0,288**
Wunsch nach Rangordnung	121 (61 %)	127 (43 %)	71 %	0,146*
Faktor Kontrolle Spiel				0,588**
Räume verändern	97 (49 %)	108 (55 %)	79 %	0,588**

(a)   Anzahl (Anteil der Stichprobe) der Befragten, die die Gratifikation „sehr" oder „eher" anstreben (Zusammenfassung der ersten zwei Skalenpunkte der fünfstufigen Skala)

(b)   Anzahl (Anteil der Stichprobe) der Befragten, die diese Gratifikation „sehr" oder „eher" erhalten (Zusammenfassung der ersten zwei Skalenpunkte der fünfstufigen Skala)

(c)   Anteil der Befragten, die die Gratifikation „sehr" oder „eher" anstreben, geteilt durch die Anzahl der Befragten, die diese Gratifikation „sehr" oder „eher" anstreben und diese Gratifikation „sehr" oder „eher" erhalten. Die Analyse erfolgt auf Individualdatenebene durch Kreuztabellierung.

(d)   zweiseitiger Korrelationskoeffizient (Pearson) nach Zusammenfassung (Mittelwert) der beteiligten Gratifikationen

N=199; * p < 0,05, ** p < 0,01

Der Blick auf die erste Spalte der Tabelle zeigt, dass die Gratifikationen des Faktors ‚Soziale Interaktion' bei weitem am häufigsten angestrebt werden. Das Miteinander-Erleben der Zeit im MUD ist für die Befragten somit *die* maßgebliche Motivation.

Beim Faktor ‚Diversion' fällt vor allem auf, dass die ablenkenden und unterhaltenden Eigenschaften der MUDs für die Befragten unterschiedliche Wichtigkeit haben. Eine Suche nach einem „Ausgleich zum Alltag" oder einer „Ablenkung von Problemen" wurde nur von jeweils etwa der Hälfte der Befragten angestrebt – „Entspannung" jedoch von fast allen Befragten. Offensichtlich sind die MUDs beim Versuch der Entspannung aber nicht besonders erfolgreich: Nur etwas mehr als die Hälfte der Befragten mit diesem Ziel kann sich während des Spielens entspannen. Der Grund hierfür könnte die Echtzeit-Situation während des Spielens sein, die den Spielenden durch die ständige Forderung nach Aufmerksamkeit eine Entspannung verwehrt. Bei der Suche nach Ausgleich und Ablenkung sind die MUDs ungleich erfolgreicher: Fast alle Spieler mit diesen Bedürfnissen können sich in den MUDs ablenken und Abstand von ihren (Realwelt-)Problemen finden. Dies kann durch den Kontext des Spielens erklärt werden: Da die meisten MUDs in fiktionalen Genres spielen, begünstigen sie einen „kontrollierten Kontrollverlust" (vgl. auch Wünsch & Jenderek in diesem Band).

Beim Faktor ‚Kontrolle Mitspieler' fällt auf, dass der überwiegende Teil der Befragten den Wunsch nach einer ‚Rangordnung'[12] im Spiel hat. Da die meisten MUDs durch ihre Konstruktion (Levelanstieg der Charaktere) eine solche Rangordnung bereits implizit enthalten, kann auch ein großer Teil der Befragten, die dieses wünschen, durch das jeweilige MUD zufrieden gestellt werden. Dieser Aspekt des Faktors ist eher passiv, der Spieler muss – außer spielen – nichts Besonderes tun, um in eine Rangordnung eingeteilt zu werden. Die eher aktive Komponente des Faktors ‚Kontrolle Mitspieler' wird von wesentlich weniger Befragten angestrebt. Möglicherweise stellt die Forderung nach eigener Aktivität eine moralische Hürde dar und wird deswegen seltener genannt, denn eine aktive Beeinflussung ist ein direkter Eingriff in die Freiheit und Unabhängigkeit der anderen Spieler. Ein andere Erklärung wäre, dass die Befragten um die Schwierigkeit der Beeinflussung anderer Spieler wissen und deswegen von vorne herein darauf verzichten: Schließlich ist nur die Hälfte der Befragten mit diesem Ziel dabei auch erfolgreich (vgl. Spalte 3 in Tabelle 2).

Beim letzten Faktor ist bemerkenswert, dass das Bedürfnis, durch das Erschaffen und Verändern von Räumen direkten Einfluss auf das Spiel zu nehmen, nur von etwa der Hälfte der Befragten genannt wird.[13] Von diesen sind jedoch 79 % tatsächlich dazu in der Lage, d.h. dass sie das Recht haben, dies zu tun. Vermutlich wissen die meisten der befragten Spieler, wie aufwändig die Erschaffung und Veränderung von Räumen ist und wie viel Zeit dies in Anspruch nehmen kann, was folglich bei einigen zu einer Ablehnung dieses Bedürf-

---

[12]   Bereits die ‚normalen' Level eines Charakters spiegeln eine Rangordnung wieder, da sie einen (relativen) Vergleich der einzelnen Charaktere erlauben. Viele MUDs verleihen den Spielern noch zusätzliche ‚Ehrentitel', wenn diese bestimmte Bedingungen erfüllt haben, z.B. bei einer großen Anzahl von Erfahrungspunkten, einer schwierigen gelösten Aufgabe oder nach einer bestimmten Spielzeit. Diese Titel wie Erzmagier, Herr der Wälder oder Drachentöter können anderen Spielern schnell eine grobe Auskunft über den Charakter geben. Gleichzeitig können die Titel auch zur Spielmotivation beitragen: Der erreichte Titel kann für den Spieler ein Maß für seinen Fortschritt innerhalb des Spiels darstellen.

[13]   Zwar ist ein MUD formal eine Mehrfachnutzer-Datenbank, jedoch hat nicht jeder Nutzer das Recht, den Inhalt der Datenbank dauerhaft verändern zu dürfen. Denn dieses Recht beinhaltet sehr große Einflussmöglichkeiten auf das gesamte MUD und erfordert deswegen ein großes Maß an Zuverlässigkeit und Verantwortungsbewusstsein. Daher werden derartige Rechte von den MUD-Administratoren im Normalfall nur an sehr erfahrene Spieler vergeben.

nisses führt. Diejenigen, die ein direktes Eingreifen trotz des erkennbaren Aufwandes anstreben, werden dann auch größtenteils mit dementsprechenden Befugnissen belohnt.[14]

5.3 Motive und Persönlichkeitsmerkmale

Im Folgenden wird der Einfluss der Persönlichkeitsmerkmale auf die gesuchten Gratifikationen untersucht, auf den sich die ersten beiden Hypothesen beziehen.[15] Die erste Hypothese postuliert einen Kausalzusammenhang zwischen dem Persönlichkeitsmerkmal ‚Soziale Orientierung' und der gesuchte Gratifikationen der ‚Sozialen Interaktion'. Diese Kausalität kann mit dem Erhebungsdesign einer einwelligen Befragung nicht nachgewiesen werden, ist aber nach der obigen Argumentation der einzige mögliche Beziehungstyp zwischen Persönlichkeitsmerkmal und gesuchten Gratifikationen. Als notwendige Bedingung für eine solche Beziehung muss also eine Korrelation vorliegen. Und dies ist auch der Fall: Der Korrelationskoeffizient beträgt auf hochsignifikantem Niveau 0,30. Damit kann Hypothese 1a soweit bestätigt werden. Dieses Ergebnis deckt sich auch gut mit der Betrachtungsweise von MUDs als Rollenspiele, da bei beiden das Miteinander einen wesentlichen Aspekt des Spielens darstellt (vgl. Abschnitt 2.2).

Die nächste zu überprüfende Hypothese 1b bezieht sich auf den Zusammenhang zwischen dem Persönlichkeitsmerkmal ‚Dominanz' und dem ‚Motiv der Kontrolle' bei den Nutzern. Die Motivgruppe ‚Kontrolle' musste in zwei Dimensionen zerlegt werden: ‚Beeinflussung der Mitspieler' und ‚Kontrolle über das Spiel'. Diese beiden Dimensionen sind voneinander unabhängig und werden deswegen getrennt ausgewertet. Beim Faktor ‚Kontrolle Mitspieler' erreicht der hochsignifikante Korrelationskoeffizient den Wert 0,26. Somit ist der Zusammenhang wie in der Hypothese angenommen: Bei Spielern mit einer hohen Ausprägung des Persönlichkeitsmerkmals Dominanz tritt eher das Motiv ‚Kontrolle Mitspieler' auf. Ein ähnliches Bild ergibt sich für das Motiv ‚Kontrolle Spiel': Hier beträgt der signifikante Korrelationskoeffizient 0,15. Somit wird auch dieser Aspekt der Hypothese 1b bestätigt – allerdings mit der Einschränkung, dass die beiden Aspekte von ‚Kontrolle' unterschiedlich stark mit dem Persönlichkeitsmerkmal korrelieren. Dieser Unterschied kann mit den Eigenschaften des MUDs als Rollenspiel erklärt werden: Der Faktor ‚Kontrolle Mitspieler' beinhaltet Aspekte der Entwicklung der eigenen Spielfigur und der Auseinandersetzung mit den von anderen gespielten Charakteren und entspricht somit der Rollenspielfunktion ‚Spieler' (vgl. Abschnitt 2.2). Der Aspekt ‚Kontrolle Spiel' ist eher mit der Funktion des Spielleiters gleichzusetzen. Diese beinhaltet jedoch im Vergleich zur ‚Spielerrolle' einen ungleich höheren zeitlichen und kognitiven Aufwand, welcher nicht von allen Spielern in Kauf genommen wird.

Im Rahmen der Untersuchungsmöglichkeiten – es wurden anstatt Kausalbeziehungen lediglich die dafür notwendigen Korrelationen nachgewiesen – muss keine der Hypothesen verworfen werden. Insgesamt treffen die Annahmen des Forschungsmodells somit zu.

---

[14] Ein interessantes Phänomen zeigt die letzte Spalte der Tabelle, in der die Korrelation von gesuchter und erhaltener Gratifikation ausgewiesen ist. Bei den Faktoren ‚Soziale Interaktion' und ‚Diversion' ist der Korrelationskoeffizient auf Aggregatebene (also bei den Faktoren) höher als die jeweiligen Koeffizienten der einzelnen Komponenten. Dies kann entweder mit statistischen Artefakten erklärt werden oder aber ein Indikator für eine gelungene Operationalisierung sein.

[15] Der Kolmogorov-Smirnov-Test bestätigte die Normalverteilungsannahme für die Persönlichkeitsmerkmale Dominanz und Soziale Orientierung; die Stichprobe war somit in dieser Hinsicht unauffällig.

5.4 Gratifikationen und Flow-Zustand

Die MUDs sind offensichtlich gut geeignet, die Suche der Spielenden nach Sozialkontakten zu unterstützen und einen Ausgleich zum realen Leben zu ermöglichen (vgl. Abschnitt 5.2). Gleichzeitig eröffnen sie Spielern die Möglichkeit, weitergehende Verantwortung zu übernehmen, wenn die Spieler bereit sind, sich tiefer in die Materie einzulassen. Ein Beispiel hierfür ist die Verleihung des Rechts, Räume in MUDs erschaffen zu dürfen. Einzelne Spieler können also Einfluss auf das Spiel im MUD nehmen und dadurch eine gewisse ‚virtuelle Macht' erlangen. Doch werden die Bedürfnisse ausreichend befriedigt, um den Spielern das Erlebnis eines Flow-Zustandes zu ermöglichen? Dies nimmt Hypothese 2 an: Je mehr die gesuchten Gratifikationen mit den erhaltenen Gratifikationen übereinstimmen, desto häufiger treten Flow-Zustände auf.

Zur Klärung dieser Frage werden zunächst die Items der einzelnen Flow-Dimensionen (vgl. Abschnitt 4) addiert, um die gesamte Stärke des erlebten Effektes zu quantifizieren. Die Korrelation dieser Größe mit den vier Dimensionen der gesuchten und erhaltenen Gratifikationen (Tabelle 3) gibt dann Aufschluss über den vermuteten Zusammenhang.

Tabelle 3: Übersicht über den Zusammenhang gesuchter und erhaltener Gratifikationen mit Flow

Motivgruppe	Korrelation gesuchte Gratifikationen-Flow	Korrelation erhaltene Gratifikationen-Flow	Grad der Befriedigung (aus Tabelle 2)
Faktor Soziale Interaktion	0,067	0,168*	0,566**
Faktor Diversion	0,370**	0,438**	0,718**
Faktor Kontrolle Mitspieler	0,013	0,094	0,241**
Faktor Kontrolle Spiel	-0,052	-0,083	0,588**

N=199; *$p < 0,05$, **$p < 0,01$

Hier ist zu sehen, dass nur zwei der vier Motivgruppen im vermuteten Zusammenhang zum Flow-Erleben stehen, nämlich die Dimensionen ‚Soziale Interaktion' und ‚Diversion'.

Bei der Motivgruppe ‚Soziale Interaktion' ist der Zusammenhang mit Flow leicht nachvollziehbar: Jeder kennt das Gefühl, über einem anregenden Gespräch die Zeit oder anderweitige Verpflichtungen vergessen zu haben (vgl. die Operationalisierungen von Flow in Abschnitt 4).

Bei der Motivgruppe ‚Diversion' erfolgt die Begründung über den Gegenstand der MUDs: Alle Befragten gaben an, MUDs aus dem Bereich ‚Fantasy' zu spielen. Dieses Genre ist stark fiktional und eignet sich deswegen gut für ein ‚Entkommen' aus der Realität. Ein Spieler, der sich von aktuellen Problemen ablenken will, findet in den MUDs wenig, was ihn an diese erinnert. Um diesen für den Spieler angenehmen Zustand aufrechtzuerhalten, werden z.B. aus der Realität stammende Reize unterdrückt. Der Fokus der Aufmerksamkeit (vgl. Abschnitt 4) liegt auf dem die ‚eskapistischen'[16] Motive erfüllenden

---

[16]   Die Motivgruppe ‚Diversion' beinhaltet Items, die Ablenkung (escape) von alltäglichen Routinen und Problemen zum Gegenstand haben (vgl. McQuail, Blumler & Brown 1972).

Spiel – eine gute Übereinstimmung von gesuchter und erhaltener ‚Diversion' begünstigt somit das Auftreten von Flow. Wie in Tabelle 3 zu sehen, ist die Korrelation zwischen gesuchten und erhaltenen Gratifikationen bei der Motivgruppe ‚Diversion' am größten – folgerichtig ist auch der Zusammenhang mit Flow-Erlebnissen hier am stärksten ausgeprägt. Somit kann der vermutete Zusammenhang bestätigt werden: Je mehr die gesuchten Gratifikationen durch das gespielte MUD befriedigt werden, desto wahrscheinlicher ist das Auftreten von Flow-Effekten.

5.5 Flow und Nutzung

Als letzte Hypothese wird überprüft, ob das Auftreten von Flow-Zuständen bei den Spielern eine verstärkte Nutzung von MUDs zur Folge hat (Hypothese 3). Die Nutzung wurde über die drei Variablen Nutzungszeit, Nutzungsfrequenz und Dauer der bisherigen Spielerkarriere erfasst. Ein Zusammenhang mit dem Auftreten von Flow-Zuständen ergab sich weder bei der Nutzungszeit noch bei der Nutzungsfrequenz. Erst die Analyse des Zusammenhangs zwischen der Dauer der Spielerkarriere und der Stärke des erlebten Flow-Effektes zeigte den erwarteten Effekt: Je länger der Spieler in einem MUD aktiv ist, desto wahrscheinlicher ist das Auftreten von Flow-Zuständen. Der hochsignifikante Korrelationskoeffizient zwischen den Variablen Dauer der Spielerkarriere und Flow beträgt 0,21.

Das Ausbleiben signifikanter Korrelationen bei Zeit und Frequenz auf der einen Seite und der Zusammenhang mit der Dauer der Spielerkarriere auf der anderen Seite scheinen sich auf den ersten Blick zu widersprechen. Diese scheinbar widersprüchlichen Befunde können allerdings durch die Art der Erhebung erklärt werden: Da sich die Befragung an aktive MUD-Spieler richtete und diese über ihr MUD rekrutiert wurden, ergibt sich eine geringe Varianz von Nutzungsdauer und -frequenz. Fast alle aktiven Spieler sind mindestens einmal am Tag für mindestens eine Stunde im MUD. Die Dauer der Spielerkarriere ist dagegen unabhängig von diesen medienspezifischen Anforderungen an die Nutzung. Hier zeigt sich der in Hypothese 3 vermutete Effekt: Je häufiger Flow-Zustände bei den Befragten auftraten, desto länger dauert bereits ihre Spielerkarriere.

Hierfür sind zwei Erklärungen denkbar: Einerseits ist es möglich, dass ein Spieler erst durch eine gewisse Dauer der Spielerkarriere die Kompetenzen entwickeln kann, die für ein Flow-Erleben nötig sind, und deswegen nur die erfahrenen Spieler in diesen Zustand geraten können. Dieser Effekt könnte noch durch die rollenspielspezifische Entwicklung der gespielten Charaktere (vgl. Abschnitt 2.2) verstärkt werden, denn diese Entwicklung vollzieht sich beispielsweise durch Levelaufstiege und benötigt eine gewisse Zeit. Während dieser Zeitspanne wird der Charakter im Rahmen der Spielwelt ‚mächtiger', was das Kompetenzgefühl des Spielers und die Wahrnehmung der Angemessenheit der eigenen Handlungen während des Spiels steigern kann und somit zu verstärktem Flow-Erleben führt.

Andererseits könnten Spieler durch das Flow-Erleben zum Weiterspielen im MUD bewegt werden, was sich dann natürlich positiv auf die Dauer der Spielerkarriere auswirkt. Wenn das Flow-Erleben ausbleibt, wird das Spiel im MUD aufgegeben und der ehemalige Spieler konnte aufgrund der Art der Teilnehmerrekrutierung nicht befragt werden. Beide Erklärungen können nicht ausgeschlossen werden; es ist denkbar, dass sich diese Mechanismen gegenseitig bedingen und verstärken. Insgesamt kann Hypothese 3 zwar bestätigt werden – sie muss jedoch spezifiziert werden.

6   Zusammenfassung

Die Textwelten der MUDs stellen ihren Nutzern eine Umgebung zur Verfügung, in der diese im Einklang mit ihrer Persönlichkeitsstruktur ihre Bedürfnisse größtenteils befriedigen können. Vor allem das Bedürfnis sozial orientierter Personen nach Kommunikation wird von den MUDs (eigentlich: von den anderen MUD-Nutzern) hervorragend befriedigt. Die spielbezogenen Bedürfnisse (‚Kontrolle Mitspieler' und ‚Kontrolle Spiel') werden zwar etwas weniger häufig und vor allem von dominanten Persönlichkeiten angestrebt, die MUDs sind aber auch bei der Befriedigung dieser Bedürfnisse durchaus erfolgreich.

Abbildung 3:   Differenziertes Forschungsmodell.

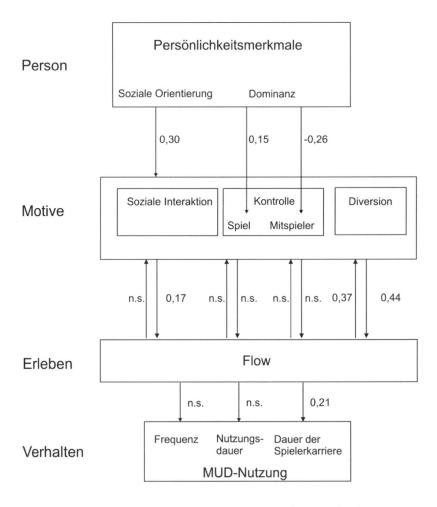

Anmerkung: Nachgewiesene Korrelationen sind *kursiv* eingetragen (*n.s.* – nicht signifikant; * – Korrelation zwischen den erhaltenen Gratifikationen, getrennt nach Motivgruppen, und dem Auftreten von Flow-Zuständen).

Die MUDs erlauben den Spielern, in fiktive Welten einzutauchen, sich darin zu verlieren und auf diese Weise den Erfordernissen der realen Welt zu ,entkommen'. Dieses Angebot wird von den Spielern gerne wahrgenommen. Allerdings ist für das ,Eintauchen' in die Textwelten anscheinend ein gewisses Maß an Spielverständnis und -kompetenz erforderlich, was nur durch ausdauerndes Spiel erworben werden kann – die Ausdauer wird aber wiederum durch das vermehrte Flow-Erleben belohnt.

Diese Möglichkeit des Entkommens aus der realen Welt könnte durch die relative Reizarmut der ,Textwelt' MUD begünstigt werden – diese Reizarmut erleichtert die lebhafte Vorstellung der fiktionalen Welt (vgl. auch Gysbers et al., 2004). Die unterschiedlichen Wirkungen einer reizreichen virtuellen Welt (*World of Warcraft*) auf das Flow-Erleben zeigt der Beitrag von Jöckel und Seifert in diesem Band.

Die gute Übereinstimmung von gesuchten und erhaltenen Gratifikationen bei den Befragten könnte auch durch die Art der Erhebung begünstigt worden sein: Die Spieler, die an der Umfrage teilnahmen, taten dies freiwillig und mussten dafür aktiv mitarbeiten. Damit erfolgt eine Vorauswahl aus der Grundgesamtheit der MUD-Nutzer; die Repräsentativität der Stichprobe für die Grundgesamtheit aller MUD-Spieler ist nicht gewährleistet und die Studie mit den üblichen Problemen von Umfragen im Internet behaftet (vgl. die Beiträge in Batinic et al. 1999). Aufgrund des Erhebungsdesigns hat diese Studie explorativen Charakter, die vermuteten Kausalitätsrichtungen konnten nicht überprüft, sondern nur durch Korrelationen gestützt werden. Zur Veranschaulichung werden diese Korrelationen nun in das Forschungsmodell (Abbildung 3) eingetragen.

Die ursprünglichen Hypothesen konnten alle bestätigt werden – wenn auch teilweise unter Einschränkungen, die anfangs nicht vermutet wurden. Diese Einschränkungen konnten aber unter Rückgriff auf die theoretischen Überlegungen und vor allem durch die Sichtweise von MUDs als Rollenspiele erklärt werden. Fest steht, dass die MUDs ihren Nutzern die Gelegenheit geben, ihre Bedürfnisse auszuleben – und darin sind die MUDs sehr erfolgreich.

Literaturverzeichnis

Batinic, B., Werner, A., Gräf, L & Bandilla, W. (Hrsg.) (1999): *Online-Research. Methoden, Anwendungen und Ergebnisse.* Göttingen u.a.: Hogrefe.

Bhatty, M (1999): *Interaktives Story-Telling: zur historischen Entwicklung und konzeptionellen Strukturierung interaktiver Geschichten.* Aachen: Shaker.

Csikszentmihalyi, M. (1992): *Das Flow-Erlebnis.* Stuttgart: Klett-Cotta.

Fahrenberg, J., Hampel, R. & Selg, H. (1994): *Das Freiburger Persönlichkeitsinventar FPI. Revidierte Fassung FPI-R und teilw. geänd. Fassung FPI-A1. Handanweisung. 6., ergänzte Auflage.* Göttingen: Hogrefe.

Fritz, J. (1997): Langeweile, Stress und Flow. In: J. Fritz & W. Fehr (Hrsg.): *Handbuch Medien: Computerspiele - Theorie, Forschung, Praxis.* Bonn: Bundeszentrale für politische Bildung, o.S.

Gysbers A., Klimmt, C., /Hartmann, T., Nosper, A. & Vorderer, P. (2004): *Exploring the book problem: Text design, mental representations of space, and spatial presence in readers.* Paper presented at the VII. International Workshop on Presence – 'Presence 2004'.
URL: http://www.ijk.hmthannover.de/presence/downloads/scientific/
HMTH%20Presence2004_Exploring%20the%20book%20problem%20revised.pdf.

Kidder, T (1982): *Die Seele einer neuen Maschine.* Basel, Boston, Stuttgart: Birkhäuser.

McQuail, D., Blumler, J. G. & Brown, J. (1972): The television audience. A revised perspective. In: D. McQuail (Hrsg.): *Sociology of mass communication.* Harmondsworth: Penguin, 135-165.

Palmgreen, P. (1984): Der ‚Uses and Gratifications Approach'. Theoretische Perspektiven und praktische Relevanz. *Rundfunk und Fernsehen,* 32(1), 51-62.

Rheinberg, F. (1996): Flow-Erleben. Freude an riskantem Sport und andere ‚unvernünftige' Motivationen. In: J. Kuhl & H. Heckhausen (Hrsg.): *Motivation, Volition und Handlung. Enzyklopädie der Psychologie, Serie IV: Motivation und Emotion, Band 4.* Göttingen: Hogrefe, 331-354.

Reid, E. M. (1994): *Cultural formation in text-based virtual realities. A thesis submitted in fulfillment of the requirements for the degree of Master of Arts Cultural Studies Program, University of Melbourne, January 1994.* URL: http://home.earthlink.net/~aluluei/cult-form.htm.

Sader, M & Weber, H (1996): *Psychologie der Persönlichkeit.* Weinheim: Juventa.

Schneewind, K. A. & Graf, J. (1998): *Der 16-Persönlichkeits-Faktoren-Test. Revidierte Fassung. 16 PF-R.* Testmanual. Bern: Huber.

Sherry, J. (2004): Flow and media enjoyment. *Communication Theory,* 14(4), 328-347.

Utz, S. (1996): *Kommunikationsstrukturen und Persönlichkeitsaspekte bei MUD-Nutzern.* Diplomarbeit Psychologie. Eichstätt: Philosophisch-Pädagogische Fakultät der Katholischen Universität.

Utz, S.(1999): Untersuchungsformen in MUDs. In: B. Batinic et al. (Hrsg.): *Online-Research. Methoden, Anwendungen und Ergebnisse.* Göttingen u.a.: Hogrefe, 305-318.

Autorinnen und Autoren

GÖKALP BABAYIGIT, Dipl.-Jour., geb. 1981. Studium der Diplom-Journalistik an der LMU München. Abschlussarbeit in der Politischen Wissenschaft über „Die Türkei im Prozess der Europäisierung. Türkische Reformpolitik und internationale Verhandlungen mit der Europäischen Union". Seit 2006 Journalist u.a. bei sueddeutsche.de.

KATHARINA-MARIA BEHR, Dipl.-Medienwiss., geb. 1979. Doktorandin am Institut für Publizistikwissenschaft und Medienforschung der Universität Zürich. Wiss. Mitarbeiterin an der Hamburg Media School. Arbeitsschwerpunkte: Unterhaltungsforschung, Computer- und Videospiele, Aneignung, Medienethik im Web 2.0.

JÜRGEN FRITZ, Prof. Dr., geb. 1944. Professor für Spiel- und Interaktionspädagogik, Leiter des Forschungsschwerpunktes „Wirkung virtueller Welten" an der Fachhochschule Köln, Fakultät für Angewandte Sozialwissenschaften. Arbeitsschwerpunkte: Theorie und Pädagogik des Spiels, Didaktik und Methodik des Spiels, virtuelle Spielwelten in Theorie und Empirie, Projekte zur komplexen Kommunikation.

HELMUT GRÜNINGER, geb. 1968. Nach dem Abitur Studium der Medizin (LMU München) und Wirtschaftswissenschaften (FU Hagen). Seit 2002 Magisterstudium Kommunikationswissenschaft in München. Internationaler Manager für elektronische Vertriebskanäle in der Unternehmenszentrale von Linde Gas.

SIMON HAGE, Dipl.-Jour., geb. 1980. Studium der Kommunikationswissenschaft an der LMU München, begleitende Ausbildung an der Deutschen Journalistenschule. Seit September 2006 Redakteur für Unternehmen und Politik bei manager magazin Online.

TILO HARTMANN, Prof. Dr., geb. 1975. Assistant Professor für Kommunikationswissenschaft, Department of Communication Science der Vrije Universiteit Amsterdam. Arbeitsschwerpunkte: Neue Medien, Selektionsforschung, Unterhaltungsforschung, Methoden.

ANDREAS HEPP, Prof. Dr. habil., geb. 1970. Professor für Kommunikationswissenschaft am Institut für Medien, Kommunikation und Information, Fachbereich Kulturwissenschaften der Universität Bremen. Arbeitsschwerpunkte: Medien- und Kommunikationstheorie, Mediensoziologie, Globalisierung/inter- bzw. transkulturelle Kommunikation, Cultural Studies, Medien und Religion, Methoden qualitativer Medienforschung, Medienrezeption/-aneignung und Diskursanalyse.

BASTIAN JENDEREK, M.A., geb. 1975. Wissenschaftlicher Mitarbeiter am Institut für Kommunikations- und Medienwissenschaften der Universität Leipzig. Arbeitsschwerpunkte: Realitätsvermittlung, Computervermittelte Kommunikation.

SVEN JÖCKEL, Dipl. rer. com., M.A., geb. 1977. Wissenschaftlicher Mitarbeiter im Fachgebiet Medienmanagement, Institut für Medien- und Kommunikationswissenschaft, TU Ilmenau. Arbeitsschwerpunkte: Digitale Spiele, Online-Spiele, Markt- und Meinungsforschung, Neue Medien und Ökonomie.

CHRISTOPH KLIMMT, Dr. phil., Dipl.-Medienwiss., geb. 1976. Juniorprofessor für Publizistik mit Schwerpunkt Online-Kommunikation am Institut für Publizistik der Johannes-Gutenberg-Universität Mainz. Arbeitsschwerpunkte: Medienrezeption und Medienwirkung, insbesondere unterhaltsamer Mediengebrauch, Computerspiele, empirische Forschungsmethoden.

ALICE KLINK, geb. 1981. Studium der Kommunikationswissenschaft an der LMU München. Magister-Examen mit der Arbeit „Olympia Digitalia. eSport-Nutzung in Deutschland und Südkorea".

FRIEDRICH KROTZ, Prof. Dr., geb. 1950 in Barcelona. Professor für Kommunikationswissenschaft/Soziale Kommunikation an der Universität Erfurt. Arbeitsschwerpunkte: Theorien der Kommunikationswissenschaft, insbesondere Kultursoziologie und Sozialpsychologie, computervermittelte Kommunikation und interkulturelle Kommunikation, Medien und Globalisierung, Theorie generierende Methoden.

PHILIPP LEHMANN, Dipl.-Medieninf., geb. 1979. Studium der Informatik an der TU München sowie der Medieninformatik an der LMU München. Diplomarbeit zum Thema „Ambiente Visualisierung von Kontextinformationen auf mobilen Endgeräten". Seit 2006 Produkt Manager bei Burda Wireless GmbH.

MICHEL MARCOLESCO, M.A., geb. 1983. Studium der Kommunikationswissenschaft an der LMU München. Magister-Examen mit der Arbeit „Tore, Analysen und Gewinnspiele: Die Bundesliga-Berichterstattung im Fernsehen. Eine Studie zur Beurteilung der Berichterstattungsqualität". Seit 2004 Freier Mitarbeiter beim Internetsportportal Sport1.de.

THORSTEN QUANDT, Prof. Dr., geb. 1971. Juniorprofessor für Kommunikationswissenschaft/Journalistik am Institut für Publizistik- und Kommunikationswissenschaft der Freien Universität Berlin. Arbeitsschwerpunkte: Medieninnovationsforschung, computervermittelte Kommunikation, Kommunikatorforschung, Medientheorie.

ANDREAS REITER, Dipl.-Medieninf., geb. 1981. Studium der Informatik an der TU München und der Medieninformatik an der LMU München. Diplomarbeit über „Design and Implementation of a Persuasive Health Application for Mobile Phones".

TIMM ROTTER, Dipl.-Jour., geb. 1981. Studium der Kommunikationswissenschaft an der LMU München. Diplomarbeit über „Konkurrenzstrategien von Boulevardzeitungen", 2002 bis 2006 Volontär und anschließend Sportredakteur bei der Münchner Abendzeitung, seit Oktober 2006 Redakteur bei Gentlemen's Quarterly (GQ).

SANDRA SCHROETER, M.A., geb. 1982. Studium der Kommunikationswissenschaft an der LMU München. Magister-Examen mit einer Arbeit zum Thema „Zukunftsmusik. Musikmediennutzung Jugendlicher heute und morgen", seit 2006 Studium der BWL an der Eberhard-Karls-Universität Tübingen.

CHRISTINA SCHUMANN, M.A., geb. 1980. Wissenschaftliche Mitarbeiterin am Institut für Medien- und Kommunikationswissenschaft der TU Ilmenau. Arbeitsschwerpunkte: Rezeption von Computerspielen, Unterhaltungserleben beim Computerspielen.

ROBERT SEIFERT, Dipl.-Medienwiss., geb. 1980. Studium der Angewandten Medienwissenschaft an der TU Ilmenau. Diplomarbeit zum Thema „Spielerfahrungen in MMO(RP)Gs". 2006-2007 Produktmanagement und Onlinemarketing bei AOL Deutschland. Seit 2007 Mitarbeiter im Marketing beim Draksal Fachverlag.

SÖNKE SIEMENS, M.A., geb. 1979. Studium der Kommunikationswissenschaft an der LMU München. Magister-Arbeit mit dem Thema „Einfluss von PR auf die Berichterstattung von Print- und Online-Spielemagazinen". 1999-2001 Redakteur bei den Videospielezeitschriften Video Games, Kids Games und PSM2, seit 2002 Freier Autor der Medienagentur plassma (Schwerpunkt Berichterstattung zu Computer- und Videospielen), außerdem Freier Autor für den Entertainment Media Verlag.

KRISTIN VOGEL, geb. 1984. Studentin der Kommunikationswissenschaft an der Ludwig-Maximilians-Universität München. Tätigkeiten im Bereich Onlinemarketing, Onlineredaktion, Digitale Unternehmenskommunikation und Fernsehjournalismus.

WALDEMAR VOGELGESANG, Dr. habil, geb. 1952. Wissenschaftlicher Angestellter an der Universität Trier im Fach Soziologie. Arbeitsschwerpunkte: Jugend-, Medien- und Bildungssoziologie sowie Kultur- und Lebensstilforschung.

PETER VORDERER, Prof. Dr., geb. 1959. Professor und Leiter des Instituts für Kommunikationswissenschaft an der VU University Amsterdam sowie Wissenschaftlicher Direktor des „Center for Advanced Media Research Amsterdam (CAMeRA)". Arbeitsschwerpunkte: Rezeption und Wirkung von (vor allem neuen) Medien(angeboten), Unterhaltungsforschung, Computer- und Videospiele.

JEFFREY WIMMER, Dr., geb. 1972. Wissenschaftlicher Assistent am Institut für Medien, Kommunikation und Information, Fachbereich Kulturwissenschaften der Universität Bremen. Arbeitsschwerpunkte: Soziologie der Medienkommunikation, Public Relations/ Organisationskommunikation, Internationale Kommunikation.

JENS WOLLING, Prof. Dr., geb. 1962. Professor für Empirische Medienforschung/Politische Kommunikation an der TU Ilmenau. Arbeitsschwerpunkte: Rezeptionsforschung, politische Kommunikation.

CARSTEN WÜNSCH, Dr., geb. 1972. Wissenschaftlicher Mitarbeiter am Institut für Kommunikations- und Medienwissenschaft der Universität Leipzig. Arbeitsschwerpunkte: Rezeptionsforschung, Unterhaltungsforschung, Methoden der Kommunikations- und Medienwissenschaft und Politische Kommunikation.

Register

A

B

C

D

E

F

G

H

Kommunikation

Patrick Glogner / Patrick S. Föhl (Hrsg.)

Das Kulturpublikum
Fragestellungen und Befunde der
empirischen Forschung
2010. ca. 200 S. Br. ca. EUR 19,90
ISBN 978-3-531-16422-9

Andreas Hepp / Friedrich Krotz /
Tanja Thomas (Hrsg.)

**Schlüsselwerke der
Cultural Studies**
2009. ca. 300 S. (Medien – Kultur –
Kommunikation) Geb. ca. EUR 32,90
ISBN 978-3-531-15221-9

Andreas Hepp / Veronika Krönert

Medien – Event – Religion
Die Mediatisierung des Religiösen
2009. ca. 250 S. (Medien – Kultur –
Kommunikation) Br. ca. EUR 24,90
ISBN 978-3-531-15544-9

Marcus S. Kleiner /
Jörg-Uwe Nieland (Hrsg.)

**Grundlagentexte
zur sozialwissenschaftlichen
Medienkritik**
2009. ca. 750 S. Br. ca. EUR 36,90
ISBN 978-3-531-14371-2

Hans-Dieter Kübler

Mythos Wissensgesellschaft
Gesellschaftlicher Wandel zwischen
Information, Medien und Wissen.
Eine Einführung
2., durchges. u. erw. Aufl. 2009. IV, 230 S.
mit 4 Abb. u. 1 Tab. Br. EUR 24,90
ISBN 978-3-531-16408-3

Jutta Röser / Tanja Thomas /
Corinna Peil (Hrsg.)

**Alltag in den Medien –
Medien im Alltag**
2009. ca. 270 S. (Medien – Kultur –
Kommunikation) Br. ca. EUR 24,90
ISBN 978-3-531-15916-4

Paddy Scannell

Medien und Kommunikation
2010. ca. 400 S. (Medien – Kultur –
Kommunikation) Br. ca. EUR 29,90
ISBN 978-3-531-16594-3

Angela Schorr (Hrsg.)

Jugendmedienforschung
Forschungsprogramme, Synopse,
Perspektiven
2009. ca. 444 S. mit 47 Abb. u. 29 Tab.
Br. EUR 34,90
ISBN 978-3-531-14170-1

Erhältlich im Buchhandel oder beim Verlag.
Änderungen vorbehalten. Stand: Januar 2009.

www.vs-verlag.de

VS VERLAG FÜR SOZIALWISSENSCHAFTEN

Abraham-Lincoln-Straße 46
65189 Wiesbaden
Tel. 0611.7878-722
Fax 0611.7878-400